KB211944

천도교여성회 100년사

1924 모심과 살림의 길, 정성 공경 믿음의 삶

1925 1926 1927 1928 1929 1930 1931 1932 1933 1934 1935 1936 1937 1938 1939 1940 1941 1942 1943 1944
1945 1946 1947 1948 1949 1950 1951 1952 1953 1954 1955 1956 1957 1958 1959 1960 1961 1962 1963 1964
1965 1966 1967 1968 1969 1970 1971 1972 1973 1974 1975 1976 1977 1978 1979 1980 1981 1982 1983 1984
1985 1986 1987 1988 1989 1990 1991 1992 1993 1994 1995 1996 1997 1998 1999 2000 2001 2002 2003 2004
2005 2006 2007 2008 2009 2010 2011 2012 2013 2014 2015 2016 2017 2018 2019 2020 2021 2022 2023 2024

천도교여성회 100년사

천도교여성회100년사편찬위원회 편

도서출판 모시는사람들

발간사

모심과 살림의 길, 정성 공경 믿음의 삶

모시고 안녕하십니까?

천도교여성회 창립 100주년을 맞이하여 『천도교여성회100년사』를 간행하게 되어 전국 여성회원님들과 무궁한 기쁨을 함께하며 감사드립니다.

우리 천도교여성회는 포덕 65년(1924) 4월 5일, 천일기념일에 수의당 주옥경 초대회장님을 비롯하여 30여 명의 여성들이 '천도교내수단'을 발족함으로써 시작되었습니다.

천도교여성회는 일제강점기 암울한 상황에서도 여성의 자주적인 위상을 정립하고자, 교리 교사는 물론 일반교양 학습에 앞장서고, 생활개선, 미풍조성, 자녀교육, 예술활동 등의 근대적인 생활양식과 문화를 적극적으로 도입하고 연마하며 전파하였습니다.

그래서 당시 천도교 여성회원은 물론이고 한국 여성들의 교양 수준을 높이고, 여성들의 사회 진출과 여권 신장 및 의식 개발에 선도적인 역할을 하였습니다. 이러한 선배 선열 여성들의 자랑스러운 역사를 기록하고 남기는 것은 후학들의 보람이자 중요한 의무라고 생각합니다. 그동안 여성회는 『부인필독』, 『신앙과 여성』, 『천도교여성회60년사』, 『천도교여성회70년사』, 『천도교 여성운동의 선구자 - 수의당 주옥경』, 『한울님 은덕으로 살아온 내 인생』, 『한울마음 여인들』 등의 도서를 출간하여 선배 여성들의 피땀 어린 소중한 삶과 활동을 기록하였으며, 대신사 사모 사적지 답사, 초기 동학 시대의 여성 선배 선열들의 업적과 위상을 제고하는 학술세미나를 개최하여 그분들의 위업이 제대로 평가받을 수 있도록 노력하였습니다. 또한 오늘의 여성들이 그 정신과 지혜와 활동의 역사를 이어받아 되살려 나가고, 앞으로 올 여성회의 후배 세대에게 오롯이 이어주고자 고심을 거듭하고 있습니다.

포덕 163년(2022) 5월 20일 제1차 상임위원회에서 〈천도교여성회100년사준비위원회〉

박 징 재
천도교여성회 회장

를 구성하고 이어 6월 26일, 여성회본부 역대 교화부장 회의를 통해 의견을 청취하였으며, 포덕 163년(2022) 10월 9일 제1차 천도교여성회100년사 발간 준비위원회에서 편찬위원장을 선출한 것을 시작으로 출간 준비를 해 왔습니다.

본문 구성에서는 컬러 사진 위주로 싣기로 결정하였으나 각 지부의 활동 소식과 사진, 행사 날짜 등의 자료가 미비하여 부득이 '1권'(본부 활동사)과 '2권'(지부 활동사)으로 간행키로 하였습니다. '2권'은 금번에 한정판으로 함께 간행하여 각 지부에 배포하고, 이를 토대로 추가 자료 수집과 보완 집필을 거쳐, 향후 별도로 정식 출간을 할 계획입니다.

무엇보다 이 '천도교여성회100년사'는 천도교 여성들의 정성 어린 성금으로 편찬됩니다. 그러므로 이 100년사는 우리 천도교 여성의 마음의 고향 땅이 되고, 우리의 마음 천국으로서 나날이 더욱 넓어지고 높아져 갈 것입니다.

지난 100년의 천도교여성회의 역사는 곧 한국 여성운동 100년사이고, 다가오는 미래 100년을 살아가고 활동해 나갈 후학들에게 귀중한 지침이자 든든한 배경이 되어 줄 것입니다. 이 책은 과거를 기록하지만, 앞으로의 천도교여성회 100년을 다시 시작하는 선언문이기도 합니다. 훌륭한 것은 훌륭한 대로, 부족하고 아쉬운 순간들은 또 그것대로 미래의 귀감이 되고 훗날의 자산이 되기에 부족함이 없을 것입니다. 특히 앞으로 '2권'(지부 활동사) 발간을 위한 조사, 연구 활동과 아울러 통일의 그날을 대비하여 북한 지역 천도교 여성의 역사도 하루빨리 수집되고 통합되어 더 큰 '천도교여성회 역사'가 오롯이 완비되기를 바라며, 이를 다음 세대의 과제로 남겨 두고자 합니다.

이 100년사가 간행되기까지 편찬위원으로서 노고를 아끼지 않으신 지정해, 고윤옥, 김춘옥 님께 감사드립니다. 100년사 편찬은 이에 앞선 '60년사' '70년사'가 있었기에 가능하였습니다. 『천도교여성회 70년사』를 집필해 주신 김응조 선도사님께 깊이 감사드립니다. 또 금번 100년사를 편찬하는 과정에서 이동초 선도사가 편저한 『동학천도교편년사』와 『동학천도교인명대사전』(모시는사람들)이 《천도교여성회보-한울세상》과 함께 결정적인 도움이 되었습니다. 깊이 감사드립니다.

끝으로, 직접 자료를 취합하고 집필을 맡아 주신 노은정 님과 박길수 님, 원고 보완과 교정을 함께하신 소경희 모시는사람들 편집장과 그 밖에 자료를 모아 주고 자문해 주시며, 귀중한 의견을 보내 주신 모든 분들의 관심과 수고에 깊이 감사드립니다.

감사합니다.

포덕 165년(2024) 3월 1일

천도교여성회 회장 박 징 재 심고

축사

후배를 깨우치는 선배의 발자취

조 동 원
종법사

천도교여성회 창립100주년과 『천도교여성회100년사』 출간을 진심으로 축하합니다.

『천도교여성회100년사』는 곧 우리 교단 현대 100년의 숨결을 담아낸 생생한 증언록이라 할 수 있을 것입니다. 우리 천도교여성회는 파란만장한 역사의 소용돌이 속에서도 변함없이, 그리고 묵묵히 내수도 하는 여성의 본분과 역할을 감당함으로써, 교단의 위기를 극복하고, 교회의 내실과 기반을 온전히 지켜낸 자랑스러운 역사를 지니고 있습니다.

단언하건대, 천도교여성회 회원들의 그러한 힘은 오직 지극한 수도연성을 통한 굳건한 신앙심으로부터 비롯된 것임을 의심하지 않습니다.

바야흐로 『천도교여성회100년사』는 단순한 역사의 기록으로서뿐만 아니라, 앞선 선배들의 발자취를 통해 오늘날의 미진한 후배들에게 반성과 각성을 촉구하는 훈계의 기록이기도 하다는 생각을 합니다.

끝으로 다시 한번 성심을 다하여 『천도교여성회100년사』 발간을 축하하며, 100년사 출간을 위해 애쓰신 여성회본부 회장님을 비롯한 임원, 실무진과 편찬위원 여러분의 노고에 감사와 경의를 표합니다.

축사

축하드리고, 감사드립니다

주 용 덕
천도교 교령대행

모시고 안녕하십니까? 여성들이 세상을 이끄는 주역이 되는 세상이 되었습니다. 100년의 역사 속에서 이미 준비를 마친 천도교 여성회원들의 새로운 도약을 응원하며 천도교여성회 창립 100주년을 진심으로 축하드립니다. 아울러 기념사업의 일환으로 시행된『천도교여성회100년사』출간을 전 세계 및 전국의 모든 동덕들과 함께 축하합니다. 또한 여성회의 발전을 위해 성심을 다하시는 박징재 회장님을 비롯한 임원진 여러분의 노고에 감사드리며, 교단 발전의 큰 축을 담당하고 계시는 여성회의 무궁한 발전을 심고 드립니다.

『천도교여성회100년사』는 역대 임원 및 여성회 활동을 망라한 '천도교여성회'의 역사이자 지난 100년간의 활동상과 인물, 조직의 역사를 보여 주는 대기록물입니다. 100년사 발간을 위해 기획 및 편집회의를 거치고, 자료 수집을 위해 동분서주하며, 지난한 집필 과정을 거쳐 편집·교정 작업을 해 오신 그간의 노고는 이루 말할 수 없었을 것을 짐작하고도 남음이 있습니다. 다시 한번 100년사 발간을 위하여 애써 오신 모든 분들께 참으로 고생이 많으셨다는 격려의 말씀, 크나큰 감사의 뜻을 전하는 바입니다.

'천도교여성회'는 주옥경 사모님을 중심으로 여성회원들이 포덕 65년(1924)에 '천도교내수단'을 창단함으로써 천도교가 새롭게 도약하는 기틀을 마련하였습니다. 특히 여성회(내수단) 발전을 위해 헌신적으로 정성을 다하셨던 초대회장 주옥경 사모님의 공로를 마음에 새기면서 깊이 감사와 경의를 표해 마지않습니다. 천도교 여성회원들은 항상 주옥경 사모님을 귀감으로 삼아 교단 발전에 큰 힘이 되어 주시기를 당부 드립니다. 천도교여성회는 대내 활동과 함께 대외 활동도 활발하게 전개하여 여성단체협의회, 답게살기운동, 민족종교협의회, 한국종교인평화회의 등에도 적극 참여하여 활동함으로써 천도교의 위상을 높이고, 동학·천도교를 알리는 일에도 적극 앞장서고 있습니다.

천도교여성회 100년의 역사가 우리 천도교단은 물론이고 우리나라 근현대사에서 차지하는 비중이 매우 크다 할 것입니다. 여성들이 가정이나 남성에 종속되었던 폐쇄적인 사회를 개혁하면서, 천도교여성회는 여성 자신이 주체적인 인간임을 자각하고 능동적이고 적극적으로 활동할 계기를 마련하였습니다. 그리하여 20세기 우리의 여성사를 선도하였고, 다른 여성 단체에 자극을 주고 방향을 제시하는 역할을 하였다고 생각합니다.

박징재 회장님께서, "100년사를 준비하는 과정에서 천도교여성회 선배들의 투철한 사명의식과 책임감을 엿볼 수 있었다"라고 하셨습니다. 참으로 감사한 말씀이라고 생각합니다. 100년의 소중한 역사는 기록되지 않으면 잊히게 되고, 기록되었다 해도 후학들이 살피고 따르지 않으면 묻히기 마련입니다. 여기에 100년사 발간의 큰 의의가 있다고 생각합니다. 천도교여성회 창립 100주년 기념식 및 출판 봉고식이 천도교여성회의 역사를 재인식하고 천도교 여성들에게 같은 역사를 공유한다는 소속감과 연대감을 심어주는 큰 계기가 되기를 바랍니다. 천도교여성회는 천도교단의 중요한 부문단체로서 그 오랜 역사와 활동상은 우리 교회사에서 작지 않은 비중을 차지하고 있으며, 큰 가치를 지니고 있다고 생각합니다.

끝으로, 다시 한번 『천도교여성회100년사』 출간을 진심으로 축하드리면서, 천도교여성회가 교단중흥과 포덕광제 대업을 달성하는 데 더욱더 큰 역할을 해 주시기를 부탁드립니다. 한울님 영기 안에서 모든 여성회원 동덕님들의 도가에 만복이 깃드시고, 항상 건강하며 행복하시기를 한울님과 스승님께 심고 드립니다. 감사합니다.

포덕 165년(2024) 3월 9일

축시

찬란한 수평

- 천도교여성회 창립 100주년을 맞이하며

김민경_ 시인

스승님
부인이 주인이라 하시었습니까
막중한 부르심 앞에 옷깃을 여밉니다
긴 세월 하루같이 어미의 이름으로 살아온 우리
어머니의 어머니가 그리하셨듯
씨줄 날줄 올올이 짜
아가의 옷을 짓고 반듯한 제복
빛나는 용포인들 아니겠습니까
어머니는 창조자입니다
햇살 우러러 오곡백과 다 심어 키우는
포근한 터전 마음 밭을 가꾸며
행여 물을 버리고 해갈을 구하는
우매한 일 없는지 돌아보나니
철 따라 무성한 대지의 영광을 위하여
비바람 눈서리 다 보듬어 품었기로
그 품에 만물을 싸안아 기르는 마음은
온후하고 공평해야 합니다
집안의 여종도 귀한 며느리로 수양딸로 맞으신
우리 스승님의 무량한 뜻을 받들어 모시며
시리도록 찬란한 수평(水平) 눈이 부신
나란히 손잡고 가는 세상을 이루려 합니다

언제나 빛이 되고 둘레가 되어주는 지아비의 손을 잡고
우리 사는 이 세상이 사람과 사람뿐이겠습니까
한울을 공경하고 사람을 공경하고 만물을 공경하는
만유의 천국이 되기를 기도합니다
대지도 때맞추어 씨 뿌리고 거름을 들여야
오곡이 가득하다 하시었습니다
선 자리 수고로운 우리
땀 흘리며 샘을 파듯 밭을 일구듯
더불어 아름다운 공존을 꿈꾸나니
우리 손잡아 어여쁘고 활기찬 한 두레길에
무엇이든 싸 안고 키우려는 어미의 본성은
삶의 포근한 바탕이 될 것입니다 대지가 그러하듯이
오늘 뜻깊은 천도교여성회 창립 100주년을 맞이하며
백 년을 기다려 꽃피운다는 백년초가 꽃을 피우듯
식민지의 척박한 격랑 속에서도
한 줌 쌀을 모으시던 그 정성 위에
발전하는 대한민국의 천도교여성회는 세계를 향하여 나갈 것입니다
마음과 마음으로 손잡아
만민이 하나 되는 지상의 천국을 이루려 합니다
지극한 정성으로 기도하나니 감응하여 주시옵소서.

천도교여성회 역대 회장

주옥경 초대회장
1대(포덕 65.4.~67.12.)
5~6대(포덕 71.4.~73.4.)
17~23대(포덕 87.4.~112.6.)

포덕 67(1926)-포덕 87(1946)

손용화 / 조보화 신남홍
2~3대(포덕 67.12~70.4.)

김우경 4대(포덕 70.4.~71.4.)
한봉소(여성동맹) 5.1(포덕 71.4.)

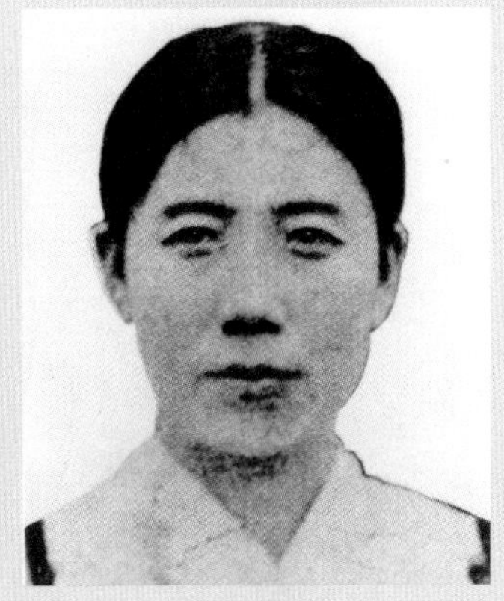

이학득 7대(포덕 73.4.~75.4.)
한봉소 (여성동맹) 7.1(포덕 73.4.)

이경숙
8대(포덕 75.4.~77.4.)

신남홍
9대(포덕 77.4.~79.4.)

손광화
10~16대(포덕 79.4~87.4.)

포덕 112(1971)-포덕 139(1998)

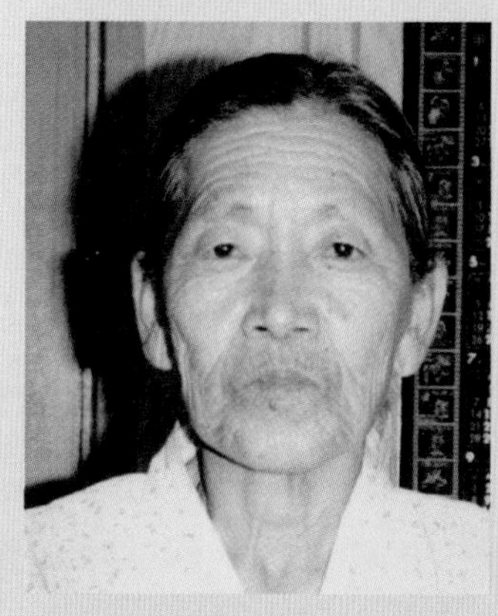

최시영
24~25대(포덕 112.6.~118.5.)

김정숙
26대(포덕 118.5.~121.5.)

전초련
27~28대(포덕 121.5.~126.6.)

박공주
29~30대(포덕 126.6.~130.4.)

김경렬
31~32대(포덕 130.4.~136.4.)

천보경
33대(포덕 136.4.~139.3.)

포덕 139(1998)-포덕 165(2024)

조혜숙
34대(포덕 139.3.~142.3.)

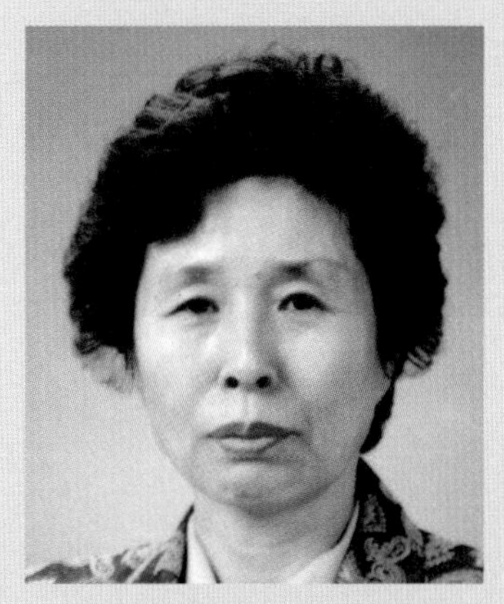
고윤지
35~36대(포덕 142.3.~148.3.)

김영숙
37대(포덕 148.3.~151.3.)

이순종
38~39대(포덕 151.3.~157.3.)

이흥자
40대(포덕 157.3.~160.3.)

박차귀
41대(포덕 160.3.~163.3.)

박징재
42대(포덕 163.3.~현재)

【 일 러 두 기 】

▷ 『천도교여성회100년사』를 저술하면서 집필진은 천도교여성회 100년의 역사가 시련과 고난 속에서 "정성과 공경과 믿음"을 다해 걸어온 "모심과 살림의 길"이었다는 결론에 도달하였고, 이 100년사를 정리하는 기본 마음가짐은 그러한 토대 위에 놓여 있음을 밝혀 둔다.

▷ 포덕 65년(1924) 수운대신사 탄신 100주년의 기념비적 사업은 '대신사출세백년기념관' 건립과 '천도교여성회(내수단)' 창립이다. 백년기념관은 한 갑자 만에 사라졌지만, 천도교여성회는 100년을 이어, 수운대신사 탄신 200주년과 함께 '창립 100주년'을 맞이하게 되었다. 이는 천도교여성회 100주년이 '수운대신사 탄신 300주년'을 내다보는 미래 역사의 출발점이 된다는 점을 암시한다. 나아가, 그렇게 되도록 해야 한다는 사명감을 부여하고 있음을 알게 되었다.

▷ 『천도교여성회100년사』를 '1권'(본부 활동사)과 '2권'(지부 활동사)으로 간행하며, 이 책은 '1권'(본부 활동사)이다.

▷ 100년사 본문의 내적 구조는 '천-지' '주-우' '시-공' '개-벽'으로 구성한다. 본문 제1부는 종적 고찰로 天-宙-時-開의 범주에 해당하고 제2부는 횡적 고찰로 地-宇-空-闢의 범주에 해당한다. 그 밖에 휘보(부록)가 부속된다.

▷ 제1부 종적 고찰에서 여성회 100년사의 시대구분을 시도하였다. 이는 집필진의 역사적 관점에 따른 것이다. 제2부 횡적 고찰에서는 여성회 활동을 몇 개 부문별로 구분하여 서술하였다.

▷ 이 100년사는 『천도교여성회 70년사』와 『천도교 여성운동의 선구자 수의당 주옥경』(이상 수암 김응조 집필)의 내용을 참조하여 다수 내용을 인용하였고, 중복되는 내용은 최소화하고자 했다. 직간접적으로 김응조 선도사의 선행작업이 이 책에 반영되어 있음을 밝혀 둔다.

▷ 100년사를 서술함에 있어 앞의 두 책 외에 《천도교여성회보-한울세상》과 『동학천도교편년사』, 『동학천도교인명대사전』(이동초 편, 모시는사람들 간행)의 천도교여성회 관련 기록이 결정적인 도움이 되었다. 『동학천도교편년사』에는 『천도교회월보』와 『신인간』 및 지난 100년의 여성 관련 주요 신문기사가 수록되었으므로, 이들 자료도 간접적으로 참조하였다. 자료와 사료를 수집 정리하는 이 책의 특성상 이들 책을 참조하는 경우 일일이 인용 표시를 하지 않은 경우가 많았음을 양해하여 주시기 바란다.

▷ 포덕 165년(2024)은 "천도교여성회 창립100주년"이라는 역사적 사실을 중시하면서, 포덕 65년

(1924) 창립 이래의 여성회의 역사는 '천도교여성회의 역사'로서 일관됨을 분명히 하고, 역대 여성회의 명칭 변천사는 부차적인 것으로 보았다. 따라서 본문에서 여성회 명칭은 '천도교여성회'로 표기하는 것을 원칙으로, 내수단 내성단 내수회 부인회 여성동맹 등의 시기별의 명칭은 필요한 경우에 괄호 안에 표기하여 시대적 흐름을 이해하도록 한다.

▷ 회원의 명칭으로 내수도, 부인, 여성은 각각 다른 정체성과 관점을 내포한다. 그러나 이 글에서는 '여성'으로 통일하고, 꼭 필요한 경우에만 내수도, 부인이라는 호칭을 쓴다.

▷ 이 책을 바탕으로 앞으로 여성회 활동의 각 부문별 연구와 조사가 더 이루어지고, 보완될 뿐 아니라, 그것을 바탕으로 미래 활동의 방향과 범위를 기획하는 데 일조하기를 바란다.

▷ 책을 인쇄소로 넘기는 순간까지 자료를 찾고, 빠지거나 잘못된 숫자(연월일시)가 있는지 확인하였으나, 그럼에도 누락되거나 잘못된 내용이 없지 않을 것이다. 그러나 일정으로 말미암아, 한계를 짓지 않을 수 없었다. 누락된 내용(이름)이나 오류 등은 다음 인쇄에서 바로잡을 수 있기를 바라며, 잘못된 내용은 여성회로 제보하고, 널리 혜량하여 주시기를 바란다.

▷ 주옥경 회장은 일반 호칭은 '종법사', 조직 관련 호칭은 '초대회장', 의암성사와 관련되거나 종법사 시절의 관련 활동에는 일부 '사모님'으로 쓴다.

▷ 화보, 부록 등에서 연보, 표 등으로 제시하는 역대 임원, 대회(총회) 일람, 회의, 창립기념식 연보 등의 내용은 본문에서는 중복을 피하여, 그 의미와 특징을 살피는 방식으로 서술한다.

▷ 본서 말미에 〈천도교여성회100년사 연보〉를 정리하였다. 본문에 서술된 역사 외에 단신까지를 망라하였으므로 앞으로 여성회 역사 자료를 추가해 나가는 데, 중요한 기본 토대가 될 것이다. 이 연보 구성에는 《천도교여성회보-한울세상》과 『동학천도교편년사』가 결정적인 기여를 하였음을 밝혀 둔다.

▷ 70년사 간행 이후 지난 30년 사이 한국 사회에 극적인 변화가 있었고, 인구 구성 면에서 고령화와 출생률 저하, 탈종교 현상의 심화에 따른 종교인구 감소 등이 뒤따랐다. 천도교여성회도 그에 따른 변화가 있었고, 교단의 성쇠고락과 연계되면서도 많은 어려움이 있었다. 그에 따라 100년사를 준비하는 과정에서 많은 아쉬움이 있었다. 이 문제는 이후 '2권'(지부 활동사)을 정식으로 간행하는 날까지 최대한 보완해 나갈 것으로 기대한다.

목차

천도교여성회 100년사

부록

제1부 天宙時開

천도교여성회 100년의 시간

시련 속에 일군 한울여성공동체

시간으로 본 여성회 백년

제1부는 천도교여성회100년사를 시간의 흐름에 따라 살핀다. 특히 100년사를 서술함에 있어 시대구분을 시도하였다. 각 시기별로 여성회의 활동 경향과 조직 운영상의 내외적 시대적 환경적 여건을 고려하여 여명기 - 창립기 - 시련기 - 재건기 - 준비기 - 성장기 - 개화기 - 전환기로 나누어보았다. 이로써 시대와 짝하여 나아가며, 또 여세동귀하고자 하는 천도교 여성의 노력과 더불어 그 시대 시대의 여건에 따르는 한계를 동시에 보이고자 하였다. 이로써 각 시기를 이해하는 데 도움이 되기를 바라지만, 이것이 고정된 틀이 되어서는 안 된다는 점도 분명하다. 지난 100년 동안 천도교의 여성 선열들이 정성과 공경과 믿음을 한결같이 하여 시련을 극복하면서 모심과 살림의 한길을 걸어온 점에서는 초지일관하고 수미쌍관하기 때문이다. 어쩌면 먼 훗날에는 이 100년의 역사 전체가 천도교여성회가 알에서 깨어나는 시기였다고, 한마디로 갈음할 수도 있을 것이다.

1장 여명기

한울여성의 탄생 — 1824.10.28.~1924.4.5.

1824.10.28. 수운대신사(최제우) 탄신 —— **1827.3.21.** 해월신사(최시형) 탄신 —— **1860.4.5.** 수운대신사 동학 창도 —— **1863.8.14.** 해월신사 동학 2세 교조 도통 승계 —— **1855.2.1.** 춘암상사(박인호) 탄신 —— **1861.4.8.** 의암성사(손병희) 탄신 —— **1864.3.10.** 수운대신사 순도(대구장대) —— **1894.3.20.** 동학농민혁명 기포 —— **1898.12.24.** 의암성사 동학(천도교) 3세 교조 도통 승계 —— **1905.12.1.** 동학을 천도교로 대고천하 —— **1908.1.18.** —— 춘암상사 4세 대도주 도통 승임 —— **1910.8.29.** —— 조선이 일제의 식민지가 됨 **1919.3.1.** 3·1운동 전개 —— **1919.9.2.** 천도교청년교리강연부 창립 —— **1924.4.5.** 천도교여성회(내수단) 창립. 초대회장 주옥경

천도교여성회의 출발점을 어디로 삼을 것인가. '조직'의 관점에서 보면 지금부터 100년 전인 포덕 65년(1924)이라는 데는 이론(異論)의 여지가 없지만, '한울여성'으로서의 '천도교 여성'이 탄생한 시점을 생각해 보면 그 기점은 동학 창도 시기로 올려 잡아야 한다. 수운대신사가 동학을 창도한 포덕 1년(1860) 4월 5일은 훗날 천도교여성회 창립일이 되었고(창립기념식은 천일기념과의 중복을 피해 3월 25일 거행), 또 대신사 부인 박씨 사모님이 여성으로서 최초의 동학도인(천도교인)이 된 사실, 박씨 사모님과 수양녀가 신유포덕 이래 용담으로 구름같이 몰려오는 수많은 동학(천도교)도인들의 의식주를 도맡아 돌봄을 진행한 것, 또 수운대신사가 노비 두 사람을 해방하여, 수양딸과 며느리로 삼은 일 등은 반드시 기억해야 한다. 그런가 하면 수운대신사를 비롯하여 해월신사, 의암성사 등이 어떻게 '거룩한 내 집 부녀'이자 '나의 스승'으로서의 여성을 재발견하고 이 세상에 선포하였는지, 그리고 왜 부화부순이 우리 도의 종지라고까지 하였는지, 또 「내칙」과 「내수도문」 등을 찬술하여 여성들에게 베풀어주신 의미가 무엇인지를 먼저 살펴보아야 할 것이다. 이것이 천도교 여성운동의 근본정신이며, 천도교 여성이 앞장서야 할 다시 개벽 운동의 근본 토대이기 때문이다. 이 장에서는 천도교여성회가 창립되기 이전 '한울여성'의 정체성이 서서히 밝아져 오던 내력을 살펴본다.

제1절 천도교여성회 운동의 사상적, 역사적 기반

포덕 1년(1860) 4월 5일의 동학 창도는 다시 개벽의 선언일 뿐 아니라, 오랫동안 고해에 잠기어 신음하던 여성들에게도 해방의 빛줄기였다.

조선시대 내내 이 땅의 여성들은 신분질서(반상·적서 차별)에 따른 사회적 고난과 가부장적 질서에 따른 문화적 고난(남녀 차별)의 이중고에 직면해 있었다. 게다가 잘못된 여성문화, 즉 고부 갈등까지 더해지고(며느리 차별), 빈곤의 시련(빈부 격차)까지 보태지면서 한마디로 층층암흑의 세계를 살아가는 사람이 여성들이었던 것이다. 특히 가장(남성)의 경제력에 절대적으로 의존해야 했던 당시의 경제 구조하에서 남편과 사별하거나 남편으로부터 방치되는 경우 여성은 그대로 사지(死地)로 내몰려 생사의 고비를 넘나들기도 하였다. 또한 사회의 경제적 기본 토대가 절대적으로 부족한 상황에서는 생존의 직접적인 수단 마련(살림)이 대부분 여성의 노동에 의존하였으므로, 여성들의 두 어깨에, 아니 온몸에 주어지는 삶의 무게와 고통은 상상을 초월하는 것이었다.

동학 창도는 인간과 만물 모두에게 새로운 길을 열어주는 개벽적 사건이었지만, 특히 여성들이 새로 태어나고, 새 세상에서 다시 살아나는 듯한 기쁨으로 다가왔다. 동학은 시천주(侍天主) 신앙을 바탕으로 입도한 사람은 누구나 평등하게 대하고 존중할 뿐 아니라, 한울님을 모신 존귀한 존재라는 점을 자각하고 자부할 수 있도록 천도(天道)의 진리를 전파하였다. 여기에는 남녀 간의 차별이 있을 수 없었다. 그러므로 수운대신사(水雲大神師 崔濟愚)께서 신유년(1861)에 포덕을 시작하자 선비는 물론이고 남녀노소를 막론한 민중들이 용담으로 몰려들어, 일시에 봄동산 같은 '동학 신앙 공동체'가 형성되었다.

경주 용담의 동학 신앙 공동체는 특히 유무상자(有無相資)라는 동학 특유의 생활경제문화를 기반으로 하였으므로, 이곳에 동참한 사람은 누구나 상부상조하고 서로의 어려움을 보살피는 천도문화에 젖어 들었다. 굶주림을 면하고

제1세 교조 수운 최제우 대신사

제2세 교조 해월 최시형 신사

멸시와 천대의 설움을 해원하며, 외롭고 의지할 데 없는 환과고독(鰥寡孤獨: 홀아비, 과부, 고아, 늙은 이) 모두가 새로운 생명의 길을 찾는 기쁨을 누릴 수 있었다. 또 당시 양반들이 전한 문서에 "남녀노소가 모여 주문을 외운다"는 내용은 창도 초기에 남녀평등의 문화가 형성되고 있었음을 보여준다.

수운대신사가 일찍이 부모를 여의고, 재산마저 큰불 속에 잃어버린 이후 구도의 길에 나서자, 극도의 빈곤에 시달리며 가족의 생계를 책임져야 했던 박씨 사모님은, 동학 창도 초기에는 대신사가 광증(狂症)에 빠진 것으로 알고 절망하였다. 그러나 차츰 자신(박씨 부인)을 대하는 태도가 남다른 것을 알고 그 가르침에 따르기로 함으로써 최초의 동학 입도자가 되었다. 이것이 동학-천도교 여성 역사의 시원(始源)이라 할 수 있다.

수운대신사는 일찍이 어린 여아를 양녀로 거두어 함께 살았으며, 동학을 창도(득도)한 직후에는 거느리던 여종을 해방하여 며느리와 수양딸로 삼았다. 또한 동학의 진리를 포덕하기 위하여 지은 한글경전 『용담유사』에서 여성(부인)들을 "거룩한 내 집 부녀" "현숙한 내 집 부녀"라고 호칭하며, 그 지위와 위상을 격상시켰다. 이 역시 천도교 여성 역사의 원형(元型)을 규정하는 중요한 인식이자 실천 경험이라고 말할 수 있다.

그러나 수운대신사가 예고하고 약속하는 개벽적 전환을 두려워한 구태 기득권 세력에 붙잡혀, 대신사는 포덕 5년(1964) 3월 10일 대구장대에서 좌도난정률의 죄목으로 순도하였다. 그 이후, 박씨 사모님과 아드님, 따님과 며느님 등 가족들의 고난의 시간이 재연되었다. 사가(師家) 여성들의 고난은 이후 천도교 여성회 회원들이 겪게 될 시련과 고난의 시발점이기도 하다.

한편 수운대신사로부터 도통을 승계한 해월신사(海月神師 崔時亨)는 대신사

제3세 교조 의암 손병희 성사

제4세 대도주 춘암 박인호 상사

순도 이후 피폐해진 동학교단을 재건하고, 시천주 신앙을 더욱 구체화하면서 후천 시대 여성의 새로운 삶의 길도 함께 넓혀 나갔다. 시천주 신앙은 인시천-천시인(人是天 天是人), 사인여천(事人如天), 삼경(三敬) 등의 다양한 교리사상으로 구체화되면서 민중, 특히 여성들의 삶을 세심하게 개벽해 나갔다.

특별히 해월신사는 부인(婦人)들의 수도를 장려하고, 부인도통이 동학과 이 세상을 살리는 원천이 될 것이라고 하여, 더욱 적극적으로 여성의 지위 향상을 실현해 나갔다. 부인(여성)이 한 집안의 주인이라 하고, 여성도 다른 사람의 스승이 될 수 있음을 강조했다. 또 경북 김천 복호동에서 「내칙」「내수도문」을 친히 지어 부인들의 수도의 법경(法經)으로 삼게 하셨다. 나아가 이 두 법경을 익혀 태교를 실천하는 여성은 성인(聖人)을 낳아 세상을 살리는 어머니가 될 것임을 예고하고 약속하셨다. 또한 해월신사는 「대인접물」 편에서 '베 짜는 며느리', 즉 당시 사회구조-문화에서 가장 말단의 자리에 놓여 있던 며느리가 바로 한울님이라고 선언함으로써, 구체적이고 일상적인 언어로 여성의 지위를 극적으로 존귀한 존재로서 새롭게 자리매김하는 대 법설을 선포하였다.

동학 시대의 두 분 스승의 가르침과 정신은 포덕 35년(1894) 봉기한 동학(농민)혁명의 당시의 폐정개혁안에서 '과부 재가 허용'의 요구로 집약되어 나타났다. 앞서 말한 대로 당시 여성이 과부로 살아간다는 것은 온갖 위험에 노출될 뿐 아니라, 생존 자체가 위협받는 최악의 벼랑 끝 상황에 떠밀리는 일이었다. 그러므로 과부 재가 허용은 여성에게 덧씌워진 이중삼중의 굴레를 벗겨내는 여성해방, 나아가 민중해방을 이룩하는 상징적인 구호라고 할 수 있다. 이는 최근에 더욱 발전하여, 최근 30년간 극적으로 전환된 여성에 대한 인식 변화를 바탕으로 동학농민혁명에서 활약한 장홍의 여성 동학군 이소사(李召史)와 같은 인물을 주목하고 계승하려는 역사적인 접근도 눈에 띄게 두드러지게 되었다.

천지가 경동(驚動)할 개벽적 법설을 설파하시던 해월신사가 포덕 39년(1898) 관에 체포되어 역시 좌도난정의 죄목으로 순도하신 후 동학의 도통을 승계한 의암성사(義菴聖師 孫秉熙)는 세계정세의 추이를 살피고 문명개화의 실상을 파악하고자 일본으로의 외유길에 올랐다.

제2절 근대적 여성운동과 천도교여성회 창립 전야

의암성사는 일본 망명 시기에 전 지구적 문명전환의 물결이 요동치는 최전선에서 5년 동안의 견문(見聞)을 통해 얻은 혜안을 바탕으로 포덕 46년(1905) 동학을 천도교로 대고천하(선포)함으로써 '천도교 시대'를 열었다. 의암성사께서 교단 제도의 정립과 근대화의 후속조치로 근대 개화기에 대응하는 천도교 시대의 핵심 관건으로 내세운 것은 교육이었다. 이미 일본 망명 시절부터 교단의 청년 인재를 발굴하여, 일본으로 유학케 함으로써 천도교의 새 길을 새로운 세대와 계층이 열어가야 함을 몸소 보여주었다. 천도교 선포 이후에는 교단 내에도 교리강습소, 사범(師範=敎師)강습소를 잇달아 설치하였고, 대외적으로 근대 교육(학교)을 지원하여 사회교육에도 성원을 보내기 시작하였다. 이때 교육 대상으로 남성뿐 아니라 여성도 세상을 건질 지도자로서의 인재로 길러져야 한다는 취지하에, 동덕여학교, 양덕여학교, 명신여학교 등에 대한 지원도 아끼지 않았다. 그뿐만 아니라 성사님의 따님을 비롯한 많은 천도교인 자녀(여성)들을 동덕여학교 등에 진학하게 하여 여성 인재로 양성하는 새 길을 개척하였다. 의암성사 3녀인 손용화, 4녀 손명화, 5녀 손기화가 모두 동덕여학교 졸업생이다. 손용화는 방정환의 부인이자 천도교여성회(내수단) 2, 3대 대표(상무위원 3인 중 1인)이며, 손기화는 훗날 여성회(내수단) 동경지부 포덕부 위원을 역임하였다. 이런 여성 교육 지원과 병행하여 그때까지 무명(無名)의 존재이던 여성에게 이름을 지어 주었다. 즉 포덕 48년(1907)에 천민보록(天民寶錄: 천도교인 명록)을 만들면서 그때까지 김씨 부인, 이씨 부인, ○○댁 등으로만 불리던 여성(부인)에게 남편의 이름 한 글자와 화(嬅) 자를 합하여 이름을 짓게 한 것이다.

근대적인 의미의 조직적이고 구체적인 천도교 여성운동의 시발점은 포덕 62년(1921) 결성된 〈천도교 평양여자청년회〉라고 할 수 있으나, 내용적으로 보면 그보다 이른 시기부터 근대적 한울여성 활동이 싹트고 있었다. 중앙총부는 의암성사 귀국 직후인 2월부터 6월까지 서울(한성) 전역에 16개 전교실을 설치하고 16명의 전교사를 임명하였는데, 이때 남서(南署-종로 이남 지역) 87통 4호(朴永默家)에 '부인전교실'을 설치하였다. 또 남서 초동 7통 1호에도 부인전교실(전교사 全元)을 설치하였다. 서울 사직동 이구(李九)의 집에도 부인전교실을 설치했다. 이때는 아직 남녀가 한자리에 합석하는 것이 원활하지 않아, 여성(부인)들이 모이는 전교실을 따로 설치한 것으로 볼 수 있다.

한편 포덕 47년(1906) 11월 8일 전주교구 이규헌 교인의 부인 이헌화(李憲嬅)가 교회당 건축비로 1백 환을 기부한 기사가 《만세보》에 게재되었는데, 이것은 천도교 시대 이후 여성의 이름으로 성금을 기부한 최초의 기록이다. 또 이해 11월 8일 자 《만세보》 기사에는 전라도 금구군 송내리 박연룡의 처와 박수환의 자당(어머니)이 부인 1백여 명을 입교시키고, 매일 성화회를 열어 교리와 여자교육 방침을 설명하는 중인데, 나날이 입교자가 늘고 있다고 했다.

의암성사는 김연국이 시천교로 이탈한 후 포덕 49년(1908) 1월 18일 선수문을 발표하고 춘암상사(春菴上師, 朴寅浩)에게 대도주직을 승임(陞任)하게 하였다. 교단 체제의 안정을 기하면서, 교세 확장을 위한 포덕 활동과 교인들에 대한 교육도 활발하게 전개되었다.

총부는 포덕 49년(1908)에 각 교구 내에 교육기관으로 야학강습소를 설치하면서 부인들의 참여도 독려하였다. 또 포덕 51년(1910) 3월 5일, 4월 14일에는 중앙총부에서 '부인포교사' 40명을 선발하여 각 지방에 파송하고 부녀전도(婦女傳道)로써 포교한다는 기사가 《황성신문》과 《대한매일신보》 등에 게재되었다. 또 이 해 7월 17일 〈종령〉 제16호(58호)로 의암성사께서 부인의 자격과 권리를 강조하는 종령을 반포하셨다. 그 내용은 아래와 같다.

> 우리의 좋은 자격과 큰 권리는 한울이 일반에게 주신 바라. 어찌 남녀의 분간이 있으리오. 그러나 우리나라 부인은 자격과 권리를 능히 지키지 못하여 좋은 사업을 이루지 못하니 어찌 한울의 근심하실 바 아니리오. 이는 학문을 연구치 아니한 연고라. 대개 학문은 도덕과 지혜를 얻는 근본이니 학문이 아니면 신사의 유훈과 성사의 말씀 기록한 것을 어찌 알리오. 신사의 유훈과 성사의 말씀은 우리로 하여금 한울의 주신 자격과 권리를 지키어 좋은 사업을 이루게 하심이라. 어찌 힘쓰지 않으리오. 언문(諺文)은 우리나라 글이라. 배우기 쉽고 알기 쉬우니 우리 교가(教家)의 부인은 힘써 공부하여 신사의 유훈과 성사의 말씀을 잘 배워 도덕과 지혜를 넓혀 한울이 주신 우리의 자격과 권리를 잃지 말아 이 세상에 좋은 사업을 이룰지어다.

포덕 52년(1911)부터 『천도교회월보』에는 '언문부'를 설치하여 부인은 물론 한문을 해득하지 못한 남성교인들도 열독할 수 있도록 하였다. 이후 전국 각지의 교구(전교실)에는 잇달아 부인야학회(부), 부인성화실 등이 신설되고 시일 부인강습회 등을 개최하면서 부인들의 교회활동 분위기를 조성해 나갔다.

동학 시대를 건너, 천도교 선포(1905) 이후 천도교여성회가 창립되기 전까지 근대 개화기(開化期, 1905~1924)에 형성되고 전파된 천도교 여성운동의 사상적 기반, 그 시기 선구자들의 여성에 대한 인식은 포덕 51년(1910) 창간된 『천도교회월보』의 기사들에서 볼 수 있다. 포덕 53년(1912)경부터 우선 내수도(內修道)를 강조하는 글이 보이기 시작하고(이때 '내수도'는 마음=內, 공부=修道의 의미이다) 여성('부인')에 대한 기사들이 보이기 시작하는데, 여성계(부인계)에 대한 글은 그보다 이른 포덕 52년(1911)부터 등장한다. 초기에는 부인계에 당부하고, 부인계의 분발을 촉구하는 글 등 계몽적인 글이 주를 이룬다. 포덕 55년(1914)을 전후한 시기에는 '여자교육'을 강조하는 글이 등장하기 시작하여, 도가(道家) 부인들의 '신앙 살림살이' 지침, 여성강도회 소식, '부인 교리문답(연재)' '모범부인' 등 여성의 주체성이 상대적으로 두드러지는 글들로 발전해 간다. 특히 '용산교구 어떤 부인'이 10회 이상 연재하였고, 그 밖에 이명선, 박식화, 양주화, 노국화, 장소류 등의 여성 필자가 등장하고 있다.

이와 같이 내수도, 여성, 부인의 주체적인 활동과 그들에 대한 교단 차원의 관심과 기대가 계속되는 가운데 포덕 51년(1910)에 조선은 결국 일제의 식민지로 전락하였다. 그러나 의암성사는 10년을 기약하고 독립운동을 준비한 끝에 포덕 60년(1919) 3월 1일에 거족적인 3·1운동을 전개하였다. 이로써 우리 민족은 가슴속에 독립 정신과 의지 그리고 영원히 꺼지지 않을 희망의 불씨를 품게 되었다. 그러나 그 대가로 교단 차원에서 천도교는 극심한 희생을 치러야 했다. 교단 전체의 재산이 압류되었고, 중앙총부의 교단 지도자들뿐 아니라, 전국 각지의 지도자들도 체포되거나 순국하는 바람에 일시에 지도력의 공백 상태가 야기된 것이다. 이에, 청년들이 새로운 천도교 시대의 전위를 자임하고 나섰다.(천도교청년교리강연부 창설) 그리고 10여 년간 교단 지도자들의 행보를 후원하고 살림을 도맡았던 여성들 사이에서도 조직적 활동의 필요성에 대한 공감대가 확산되어 갔다.

특히 3·1운동 이후 청년단체 결성이 줄지어 이루어지는 것과 궤를 같이하여 여성계(부인계, 여자계)도 '조직화'의 움직임이 나타나기 시작하였다. 포덕 62년(1921) 1월 30일 평양에서 천도교 평양여자청년회가 창단되었다. 천도교 청년회가 남성들에 의해 주도되고 있어 여성들의 필요에 의한 사업이나 운동을 추진해 나가는 데는 한계가 있다고 느낀 것이 천도교 평양여자청년회의 직접적인 창단 계기가 되었다. 송영화, 고영숙, 차기숙, 김연화, 김학선, 송성옥 등 6명의 발기로 창단된 평양여자청년회는 고영숙을 회장으로 선출하고 꾸준히 회원을 늘려 나갔다. 이들은 매월 첫 시일에 교리강연회를 여는 등 대내적인 활동뿐만 아니라, 일제의 경제적 침탈에 맞서 우리 민족의 경제적 자립을 주장한 조선물산장려회의 취지에 공감하여 저축장려운동을 전개하는 등 대외적인 활동에도 적극적으로 나섰다. 천도교 평양청년여자회의 강령은 다음과 같다; "첫째, 천도교의 종지 목적을 연구 체득하여 회원 자신에 대한 천도교 의식의 확립을 기(期)함. 둘째, 천도교를 봉신(奉信)하며 또는 천도교를 이해하는 청년 여성을 총결합하며 이 대도(大道)에 대한 우리 여성으로서의 일대 세력이 되기를 기함. 셋째, 일로 앞날의 세상은 남녀 양성 중 이 일방이 저 일방을 지배할 수 없을 것을 확신하는 동시에 우리 회는 우리, 그리고 우리와 뜻을 같이 하는 이와의 실력으로써 양성쌍보(兩性雙補)의 새 세상을 세우기를 기함."

이를 다시 요약하면 청년 여자의 내적 역량을 강화하고, 여자들의 조직화를 통한 세력화를 도모하며, 양성쌍보, 즉 양성평등과 서로살림의 새 세상을 건설하는 것이라고 할 수 있다. 천도교 여성운동의 뿌리에는 이처럼 여성 자신의 인간적, 사회적 정체성을 확보하고 남녀가 평등한 세상을 지향하는 근대적 인간관이 배경에 깔려 있음을 알 수 있다. 그러나 이러한 천도교 근대 여성운동이 실질적인 조직화의 힘을 얻어 교단 내의 여성운동으로 안착하기 위해서는 '부인'의 등장을 기다려야 했다.

제3절 청년여성의 등장과 조직화

이 절에서는 천도교여성회 창립의 직접적인 근인(近因)이라고 할 '여자청년회' 중 대표적인 사례 몇 가지를 소개한다. 포덕 62년(1921) 11월 20일 천도교 함흥여자청년회가 창립되었다. 함흥여자청년회는 매월 1회 이상 교리와 상식을 놓고 토론 및 강연회를 여는 등의 활동을 펼쳤다. 그런데 함흥여자청년회는 여성 주도로 창립되고 운영되었다기보다는 천도교청년회 함흥지부의 사업부서인 지육부에서 추진한 사업의 일환으로 추정된다.

포덕 63년(1922) 초, 서울에서 천도교여자청년회가 설립되었다. 청년회 본부가 성악과, 풍금과, 바이올린과 등 3과로 나누어 실시한 음악부 강습에서 여성 회원 17명이 수료증을 받았다. 서울에서 조직된 천도교여자청년회는 이들이 주축이 되어 결성한 조직인 것으로 보인다. 또 청년회 각 지부에서는 지육부 활동을 통해 부인회, 여자강습소, 부녀야학회 등을 설치하고 여성 교육 및 여권 신장의 길을 모색해 나갔다.

포덕 64년(1923) 9월 2일, 이돈화, 김기전 등의 발의로 천도교청년당을 창단하였다. 천도교청년교리강연부(1919.9.2.)→천도교청년회(1920.4.25)를 거쳐 조직의 성격과 규모, 그리고 활동의 지향과 범위를 지속적으로 확대한 결과로 명칭도 변경한 것이다. 청년당은 7대 부문 운동을 적극 추진해 나갔는데, 그 가운데 하나가 '여성부(여자부)'였다. 청년당 여성부의 활동 지침은 청년당 운동 지침을 준수하는 동시에 여성부만의 내용이 추가되는 것이었다.

청년당의 활동 지침은 첫째, 당의 정신(우리 道)과 강령·정책·표어·결의 등을 성(盛)히 선전하여 관계 민중으로 하여금 늘 당의 존재와 기세 또는 우리 당과 자기 생활과에 어떠한 관계가 있는 것을 잘 알릴 것. 둘째, 미(未)조직 민중의 조직화와 기성 단체의 지도로써 널리 당적 실세(實勢)를 부식할 것. 셋째, 문자 계몽과 사상 계몽에 주력하여 민중의 기초적 각성을 촉진시킬 것. 넷째, 민중의 사회적·경제적 일반 생활상의 당면 이익 획득에 노력할 것 등이다.

여기에 여성부에서 따라야 할 추가적인 활동 지침이 부여되었다. 첫째, 문자 교양과 사상 교양으로써 원시적 미신, 봉건적 종속 및 금권(金權) 사상 등을 퇴치하고 인내천주의에 의한 여성의 인간적 본위와 사회적 사명을 인식케 할 것. 둘째, 법률상·경제상으로 남녀의 지위적 관계의 평등을 얻게 할 것. 셋째, 여성의 의사를 무시하고 단(單)히 일방의 의사에만 의하는 부당한 결혼과 기타 인신매매의 악습을 없이 하기에 노력할 것. 넷째, 모성보호에 대한 관념, 관례를 사회적으로 환기케 할 것 등이다. 이러한 지침에 따라 청년당은 전국 지부에 여성부 지도위원을 두고 여성운동을 전개해 나가기 시작했다. 이것이 '천도교청년여자회'의 성장 발전으로 이어진다.

나이 어린 여성과 젊은 부녀층이 중심을 이룬 천도교청년여자회는 산발적으로나마 전국 지부로 퍼져나갔으며, 시일학교, 단기 강습, 강연회, 음악회, 연예회, 문고경영, 회가(會歌) 제정 등의 사업을 추진한 것으로 보아 여성들의 교양 및 계몽에 중점을 두었다.

한편, 청년여자회본부는 포덕 68년(1927) 11월 27일 중앙대교당에서 위원회를 열고, 상무위원에 임숙자, 위원에 이두경, 강현숙을 임명했다. 그러나 포덕 65년(1924)에 창단한 '천도교내수단'과 포덕 66년(1925)부터 본격화한 신·구파의 교단분규를 거치면서 미혼 청년여자회는 청년당의 여성부를 통한 여성운동으로, 여성회(내수단)는 '부인(기혼여성) 단체'로서 정체성을 특화하면서 각각의 발전 행보를 밟아 나가게 된다.

'청년당 여성부'와 '내수단'이 미혼과 기혼(부인) 여성으로의 구분은 한편으로 여성회(내수단) 활동이 모심과 살림, 정성 공경 믿음의 길로 나아가면서 그 정체성이 더욱 뚜렷하게 부각되는 결정적인 시발점이 되었다고 할 수 있다.

2장 창립기

천도교여성회 창립과 확장 — 1924.4.5.~1936.4.5.

제1대 65.4.5. 주옥경 천도교내수단 —— **제2대 67.12.19.** 조보희 손용화 신남홍 내수단 —— **제3대 67.12.19.** 조보희 손용화 신남홍 내수단 —— **68.6.2.** 박명화 외 10인 천도교여성동맹(구) —— **69.4.5.** 박명화 외 10인 여성동맹(구) —— **제4대 70.4.4.** 김우경 내수단 —— **제5대 71.4.4.** 주옥경 내수단 **71.4.13** 한봉소 여성동맹 —— **제6대 72.3.16.** 주옥경 내수단 / 여성동맹 —— **제7대 73.4.5.** 이학득 내수단 / 여성동맹 —— **제8대 75.4.5.** 이경숙 내수단 / 여성동맹 —— **제9대 77.4.5.** 신남홍 내수단 / 여성동맹.

포덕 65년(1924) 4월 5일 천도교여성회(내수단)가 창립되고(3월 25일 창립 준비회의) 이후 10여 년의 기간은 '천도교여성회 창립기'로 자리매김할 수 있다. 수운대신사 탄신 100주년, 그리고 창도 65주년, 수운대신사 순도 60주년을 맞이하며 창립된 여성회는 이 10년 동안 창립 주역의 노고근면하는 정성과 공경, 믿음의 힘으로 천도교여성회의 깃발을 높이 세웠다. 일제강점기라는 시대적 상황과 교단의 분란, 그리고 주옥경 사모님 등에 주어진 고단한 역경 속에서 순탄하기만 한 시기는 아니었으나, 막히면 뚫고 다시 막히면 우회하며 천도교여성회 100년의 주춧돌을 깊고 넓게 심어 갔던 시기라고 할 수 있다. 이 장에서는 천도교여성회 창립기 10여 년간의 활동을 살펴본다. 창립기에는 여성회(내수단)의 정체성(단원 자격 연령), 조직 역량을 강화할 수 있는 본부와 지부의 유기적인 연결망 구축 방법, 여성회(내수단, 여성동맹)의 고유한 활동 영역의 확보 등을 두고 고심이 깊었던 시기이기도 하다. 이 시기에 주옥경 회장(대표)이 지역 순회를 통해 지부를 확장하고, 회원들의 마음을 고무 진작시킨 기풍은 이후 여성회 조직 활동의 가장 근본적인 방법론으로 자리매김하게 된다는 점에서 창립기의 의의를 살펴볼 수 있다.

제1절 주옥경 초대회장과 천도교여성회 창립

천도교 선포 이래로 꾸준히 그 활동 범위를 넓혀 오던 천도교의 한울여성들은 본격적인 여성단체 조직에 나선다. 교회 내 여성단체를 조직해야 한다는 필요성이 구체화된 것은 천도교청년회가 포덕 64년(1923) 천도교청년당으로 이름을 바꾸고 교단의 전위단체로 성장해 나가면서부터이다. 이 시기에, 주옥경 사모님은 천도교의 여성운동을 위해 일생을 바치겠다는 결심을 한 것으로 보인다. 이는 우선 의암성사가 여성의 이름을 짓게 한 것과 같은 조치로서 여성에 대한 근본적인 인격적 예우의 기반을 형성한 정신을 계승하는 일이다. 또한 춘암상사가 대도주로서 승임하여, 교단 안팎의 교무를 통리하시면서, 특히 여성교육 기관 지원이라든지 운영을 직간접적으로 지도하고 추도해 나가면서 여성의 의식 계발과, 인권 향상에 심혈을 기울였던 그 정신을 계승하기 위한 방편이기도 했다. 앞서 조직된 천도교 평양여자청년회와 천도교 함흥여자청년회가 지역 조직의 한계를 벗어나지 못하자 주옥경 사모님은 전국적인 조직을 갖춘 여성 단체의 출범을 주도하였다.(이하 특별한 경우를 제외하고 주옥경 사모님의 호칭은 '주옥경 회장' '초대회장 주옥경 종법사'로 표기한다.)

천도교여성회의 최초의 명칭은 '천도교내수단'이다. 수운대신사 탄신 100주년의 해에 접어들어 천도교 여성단체 창립의 움직임은 구체화되어 포덕 65년(1924) 4월 5일 의암성사 부인인 주옥경(朱鈺卿) 사모님(이하 '회장'), 따님인 손광화(孫廣嬅), 최린의 부인 김우경(金友卿), 최시영(崔時英, 德嬅), 차기숙(車基淑) 등이 중심이 되어 창단(발회)하였다.

천도교여성회가 창립된 1924년은 천도교를 창도하신 수운 최제우 대신사님이 탄생하신 지 100주년이 되는 해이다. 교단은 3년 전(1921)에 천도교중앙대교당과 중앙총부본관(현, 우이동 봉황각 경내 총부별관)을 건축한 데 이어 '대신사 출세백년기념관'을 건립코자 전국적으로 성금을 모금하기 시작했다. 이 해

(1924) 6월 15일 기공한 기념관은 10월 28일 준공하고, 11시에 준공식을 거행한 데 이어, 오후 1시부터는 대대적인 축하 문화공연을 개최하여 온 서울 시내가 떠들썩하였다. 백년기념관은 1층과 2층에 1천 4백여 명을 수용할 수가 있어서, 장안에서 제일 큰 공회소(公會所)로 개관하였고, 특히 낙성 후에는 일반사회에 무료로 사용할 수 있도록 하겠다고 천명하여 장안의 화제가 되었다. 이러한 분위기 속에서 천도교의 한울여성들도 좀 더 주체성을 갖고 활동할 토대를 마련하는 데 뜻을 모으고, 대신사 탄신 100주년에 쌓인 희망을 담아내며, 100주년 이후 시대를 준비하는 큰 걸음을 내딛게 된 것이다.

다른 한편 이 시기는 3·1운동 이후 중앙총부와 지방교구의 핵심 지도자들이 투옥되고 순국하면서 일거에 교단의 지도부 공백 상태가 야기되어, 천도교청년교리강연부가 그 공백을 메우면서 새로운 지도 중심을 구축해 나간 지 5년이 경과하던 때였다. 투옥되었던 지도자들이 석방된 이후, 좀 더 장기간에 걸친 독립과 교단 목적 달성의 큰 그림을 그리는 과정에서, 대외적인 활동에 주력하는 청년당과 짝을 이루면서 안 살림을 담당할 조직의 필요성이 무언중에 교단 내부에 팽배하게 되었을 것이다. 이것은 무위이화로 가르침을 베푸는 한울님의 명, 즉 천명이라고 할 수 있었다. 이에 호응하여 천도교여성회(내수단)가 창단된 것이다.

천도교여성회 창립을 가장 먼저 알린 것은 『천도교회월보』163호(1924.4.15) 「천도교내수단이 조직되었습니다」(一記者, 36쪽)이다. 4월 5일 진행된 천도교여성회(내수단)의 창립이 한울님의 뜻[天意]임을 밝히고, 그 목적이 회원(단원)의 '새 수련과 개벽운동'이라고 명시하였다. 또 여성회(내수단)의 출범은 여성들만이 아니라 교인 전체에 큰 기쁨을 주었다는 것과 많은 교인들이 성금을 기탁하여 그 앞길을 축복하며 기대해 마지않는다는 소식이다. 기념비적 글이므로 전문을 소개한다.(현대 맞춤법 표기, 한자를 괄호에 넣음)

> 갑자(1924-필자 주) 3월 31일에 발기회(發起會)를 열고 갑자 4월 5일에 발회식(發會式=창립식-필자 주)을 거행하여 천도교내수단은 탄생되었다. / 생각건대 우리 교의 종지가 인내천이요, 우리 교의 윤리가 사인여천임에 불구하고 우리네의 실제 시위(施爲: 베풀어 이루는바)를 보면 부녀(婦女)와 어린이들의 편에 대해서는 자못 용의(用意: 마음) 부족

> 한 감이 없지 못했다. 몇 해 전에 소년회(少年會)가 생기고 오늘에 내수단이 생긴 것은 실로 천의(天意)의 발동이라 아니 할 수 없다. / 더욱이 내수단의 취의(趣意: 취지)를 보면 단원 그들은 먼저 자기 일신에 대한 천도교적 새 수련(修煉)을 실행하는 동시에 나아가 천도교의 뜻에 맞는 새 세상을 개벽(開闢)하는 일에 한 몫을 맡을 것을 자기(自期: 마음 속에 스스로 기약함)하였나니, 그의 할 일은 지극히 긴요하다. / 이 단이 출생될 때에 있어서 보는 사람으로 하여금 특히 기쁨을 이기지 못하게 하는 것은 단원 일동이 실로 형상할 수 없는 기쁨 속에서 단을 위하여 일하려는 그 정성과, 우리 교인 일반이 특별한 찬성을 그들에게 주는 그것이다. 보아라. 그들은 출생된 익일(翌日: 다음날)부터 곧 활동을 시작하여 천일기념의 전날에는 천일기념에 대한 축하 선전을 행하고 천일 기념 날 밤에는 축하 활동 사진회를 개최한 중, 경향(京鄕: 서울과 지방) 교우 여러분은 별로(別로: 특별히) 그 단의 전도(前途)를 축복하여 다대(多大)한 사업비를 보급(補給: 지원)하는 중, 특히 지방에서 오신 이는 그 간귀한(艱貴: 어렵게 마련한 귀한) 여비(旅費)를 할출(割出: 쪼개어 냄)하여 찬의(贊儀: 도움의 뜻)를 각표(各表: 각각 표시함, 여러 명)하였다. / 천도교내수단의 탄생! 여기에는 천의가 기동(旣動: 이미 움직임)하고 또 단원의 환희(歡喜)가 여허(如許: 이와 같음)하고, 일반 교우의 찬하(贊賀: 찬동과 축하)가 여사(如斯: 이와 같음)하니 내수단의 장래는 그[其] 발전이 무극할 것이다. / 듣건대 이 내수단에서는 금 4월 13일로 제1회 단원 총회를 열고 단(團)이 할 바 일에 대한 일체를 토론하리라 한다. 이 앞으로 실행되는 일은 두고두고 우리의 기쁨이 될 것이다. 위선 일언(一言)으로 내수단이 탄생된 것만을 통기(通寄: 알려 드림)하고 상세는 후일의 별보(別報: 별도 보도)가 있겠습니다.

여기서는 천도교여성회, 즉 내수단의 창단 목적이 새 세상을 개벽하는 데 있음을 명시하고 있다. 그리고 이에 대한 전국 교인들의 기대가 매우 크다는 점도 알 수 있다. 그 밖에 이 글에서 천도교여성회 창립(發會)은 4월 5일임을 분명히 하고 있다. 현재 3월 25일을 '창립일'로 표기하고 그날 창립기념식을 거행하는 것은 교단의 최대 기념일인 천일기념일과의 중복을 피하기 위하여 편의적으로 3월 25일 창립기념식을 거행한 관례에 따른 오해에서 비롯된 것임을 알 수 있다.

여성회(내수단) 초대회장(대표)에 취임한 주옥경 대표는 『천도교회월보』 164

號(1924.5.15, 23쪽)에 기고한 「내수단의 조직을 동덕 제위(여러분)에게 고합니다」라는 글에서 여성회 창립 소식을 공식적으로 전체 교인들에게 공포하였다. 천도교여성회(내수단) 조직 소식을 공식적으로 알리는 여성회장의 첫 번째 글이다. 이 글에서 주옥경 회장은 여성회(내수단)를 창립하는 까닭은 지금까지의 순실한, 즉 맹목적 신앙만 하던 여성들이 자기의 주의주장을 자주적으로 할 수 있는 사람다운 사람으로 거듭나도록 하기 위한, 그것을 위한 배움의 장으로서 내수단을 창단하게 되었다고 밝히고 있다. 그 첫 번째 사업이 (여성회본부 주최의) 강습회이고, 이것을 차츰 지방까지 확장하겠다고 약속하면서 협조와 찬조를 바라는 뜻을 표명하였다. '창단선언문' 격인 이 글의 전문을 소개한다.

> 우리의 주의(主義)인 인내천(人乃天)과 우리의 목적인 포덕천하 광제창생을 철저히 실현하기 위하여 우리 여자 중(심)으로써 내수단(內修團)을 조직하였습니다. / 우리가 과거로부터 지금까지 신앙하여 온 신앙은 다만 순실(純實=맹목-필자 주)한 것뿐이었습니다. 그 가치 있고 참된 것은 깨닫지 못하였습니다. 그리하여서 우리도 가치 있는 참된 신앙의 길로 나아가기 위하여 여자들로서만 지난 4월 천일기념에 조직된 내수단이 출현하였습니다. / 이미 발회식까지 하였으니까 여러 동덕 제위는 잘 아실 줄로 압니다. 그러나 대강 우리 내수단이 조직된 동기와 목적을 여러분께 고하겠습니다. / 참말 우리 여자들은 여적(지금)까지 맹목적 신앙이었습니다. 남자의 지배만 받아 단순하게 가장(家長)이 믿으니까 자기도 믿는다는 외에는 아무런 주의도 주장도 없었습니다. 만약 남자들이 외출하고 없는 사이에 어느 누가 와서 교리(教理)를 묻는다 할지라도 우리의 가치 있는 종교의 참된 진리를 남이 이해하도록 설명할 사람이 몇 사람[幾人]이 못 되리라고 생각합니다. 부분적으로 몇 사람[幾個人]은 물론 훌륭하신 분도 있을 것이나 일반적으로는 그만한 상식 있는 이가 없다고 하여도 과언이 아닌 줄로 압니다. 우리도 이제부터 남들과 같이 사람다운 사람 노릇을 하기 위하여 참되고 가치 있는 신앙의 길로 나아가고자 합니다. 그리하자면 무엇보다도 알아야 하겠습니다. 알려면 배워야 하겠습니다. 그리하여 이제로부터 배우기 위하여 제일착으로 교리 강습을 설치하였습니다. 차차 지방에 계신 우리 여자 동무[同伴]까지 단결하기 위하여 지방 순회강연도 하고자 하옵니다. 아, 우리 동덕 제씨(諸氏)여, 우리 내수단을 위하여 많이 일깨워주시고 찬조하여 주시옵기를 바라옵니다.(주옥경)

이러한 필요성에 따라 창립된 천도교여성회(내수단)의 목적은 내수단 규약에서 "우리 단(團)은 천도교의 종지에 들어맞는 새 세상을 만들기로 목적합니다"라는 조항과 회원(단원)들의 실천 강령인 "1. 천도교를 믿는 여자로 하여금 천도교의 종지에 맞는 새 세상을 만드는 데 있어 한낱 충실한 일꾼이 되게 함. 1. 단결을 굳건히 하여 일반 여자의 지위를 향상케 함"의 두 조항에서 분명히 드러난다. 이를 다시 요약하면 첫째, 천도교의 목적인 다시 개벽을 통한 지상천국 건설, 둘째, 한울여성으로서의 주체적인 인격체로 바로 서도록 하는 것, 셋째, 여성의 역량 강화(교리 교양과 수도)의 세 가지로 정리할 수 있다. 내수단의 목적이 여성들의 자기 수련, 새 수련과 개벽 세상을 위한 활동이라는 것, 그리고 "우리도 가치 있는 참된 신앙의 길로 나아가기 위하여 우리 여자들로서만 조직된 내수단이 출현하였다"는 것, 그리고 "여성 자기의 주의주장을 할 수 있도록" 배우는 것을 강조하는 것, 남편이 믿으니까 나도 믿는다는 의존적 신앙에서 자주적 신앙으로 나아가고자 하는 것 등은 모두 여성의 주체성, 한울여성, 개벽여성으로서의 정체성을 강조하는 내용이다. 이처럼 천도교여성회는 단순히 나 자신, 천도교단만을 위한 조직이 아니라 '가치 있는 참된 신앙의 길로 나아가며' '개벽세상을 지향하는' 활동력을 갖춘 회원으로 구성되는, 전위적인 조직임을 표명하였다.

이러한 천도교여성회 창립의 목적은 현행 규약에서 "본회는 천도교의 인내천주의 목적을 달성하기 위하여 천도교를 믿는 모든 여성들이 동귀일체하여 철저한 수도를 이행함으로써 안으로 도가완성하고 밖으로 포덕천하 하는 데 이바지함을 목적으로 한다"는 목적 조항으로 구체적으로 계승되어 있다.

또한 강령은 현행 규약에서 "1. 우리는 오관과 사계명을 철저히 행함으로써 후천개벽의 새 인간으로서의 인격 향상을 기한다. 2. 우리는 경천, 경인, 경물의 삼경사상을 생활화함으로써 우리나라의 무궁한 번영에 공헌한다. 3. 우리는 보국안민, 포덕천하, 광제창생 함으로써 지상천국을 건설하여 세계평화와 인류 행복에 기여한다"는 것으로 구체화되어 계승하고 있다.

최초의 천도교여성회(내수단) 조직의 임원은 다음과 같다.

위원 주옥경 이정희 최덕화(崔時英) 김연옥 박순욱 임용화 박명화 김우경 김찬수 강성옥 한인화 강숙화 송영화 한봉소 박명화 김상화 차기숙 조양하 노병길 김귀락

대표 주옥경

임원 포덕부장 주옥경, 부원 김우경 박명화 신남홍 강숙화 조양하 김상화, 서기 오숙완 임용화, 서무부장 이정희 부원 김연옥 박춘광, 노무부장 최덕화, 음악부장 박순욱

위원 구성에서도 알 수 있듯이, 주옥경 회장이 대표와 포덕부장을 겸임하고, 대다수 위원이 포덕부원으로 짜인 것은, 초기 천도교여성회의 핵심 과제가 '포덕'이었음을 알 수 있게 한다. 또한 훗날 내수단(신)과 여성동맹(구)이 분열되었을 때 여성동맹 대표를 맡은 한봉소(권동진의 부인)가 창단 위원이라는 점도 특기할 만하다. 한봉소는 합동 시기의 내수단(내성단)에서는 주옥경 회장(대표)을 보필하는 부대표를 여러 차례 역임했다.

천도교여성회의 창립기념일은 이후 포덕 74년(1933)에 발행된 『천도교창건사』(이돈화) 등의 기록 때문에 다소 혼란이 있었다. 그러나 위 기록에서 보이듯 여성회는 포덕 65년(1924) 3월 31일 발기회를 열고, 천일기념일인 4월 5일 12시에 '발회식(發會式)'을 거행한 것을 알 수 있다. 이에 포덕 114년(1973) 7월 16일 천도교중앙총부 교사편찬위원회에서는 "천도교여성회 창립일을 포덕 65년(1924) 4월 5일로 교정하여 확정한다"고 공시하는 내용이 『신인간』 308호(1973.8)에도 게재되었다. 다만, 이후로도 현재까지 천도교여성회에서는 교단의 기념일인 천일기념과의 중복을 피하기 위하여, 창립기념식을 3월 25일에 거행하고 있다.

천도교여성회의 첫 이름이 된 '내수단'의 '내수'는 몇 가지 중요한 뜻을 담고 있다. 첫째는 '내수(內修)'라는 말 그대로, 정성과 공경을 다하여 수도를 지극히 하는(내수도) 천도교의 가장 기본 덕목과 가르침을 실천하는 모임이라는 의미이다. 1905년 천도교 선포 이후《만세보》나 『천도교회월보』 등에서 처음에 쓰인 '내수도'의 의미는 '자기수양' '마음공부' '새 수련'의 의미가 주를 이룬다. 한마디로 "수도의 근본이 내(內=마음)수도에 있음"을 의미하는 것이다.

둘째는 그중에서도 해월신사의 「내칙」「내수도문」의 반포 정신, 즉 천도교 여성의 수도생활을 위해 특별히 찬술하신 경전을 존중하고, 가르침을 따르겠

다는 다짐의 의미를 담았다.

셋째는 여성회의 첫 번째 이름이 '내수단'이 된 이후 '내수도'가 곧 '여성'을 의미하게 되었다. 따라서 '천도교내수단'이 당시로써는 '천도교여성회'의 의미를 띠고 있었다.

넷째는 내수도는 '부인(결혼한 여성)'을 주로 의미한 측면도 있다. 창립 초기에는 기혼자와 미혼자가 함께 조직을 구성하고 활동을 하였으나, 점점 기혼자 중심으로 조직이 안정화되면서 내수단(여성회)은 곧 '부인회' 또는 '어머니회'를 의미하는 것으로 굳어져 갔다.

그러나 내수단의 여러 의미 가운데 핵심적인 것은 결국 첫째의 의미, 즉 '마음(內)공부'를 통한 '내적인 역량을 강화하는 수도'의 주체로서의 여성의 역할과 의의를 강조하는 뜻이 '내수단'이라는 이름에 담겨 있음을 주목해야 한다. 당시 천도교청년당은 내적인 역량 강화를 위한 회원(교인) 교육과 교양에도 신경을 썼지만, 주로는 개벽사 창립과 7대 부문운동 등을 전개하면서 천도교의 전위단체로서 대외적인 활동에 주력해 나가고 있었다. 이에 대하여 '천도교내수단'은 교인으로서의 기본인 자기살림(수도, 수양, 교양교육)과 교단살림(도가, 교구, 청년당 및 중앙총부 활동의 뒷받침)의 기초를 튼튼히 하고, 그 위에 세상살림(포덕천하, 광제창생)의 한울여성으로서의 천명을 수행한다는 마음으로 여성회 이름을 '내수단'으로 정하고, 본격적인 활동에 임한 것으로 보인다.

여성회(내수단)의 구체적인 목적은 규약에도 제시되어 있다. 핵심은 "천도교의 종지에 맞는 새 세상을 만드는 것"이다. 곧 '개벽 세상 창조 운동'을 의미한다. 이 목적 달성을 위한 노력을 효과적으로 실천하기 위하여 여성회는 포덕부, 음악부, 노무부, 서무부 등의 조직을 갖추었다. 여성회(내수단) 본부는 경성(서울)에 두고, 지방에는 지방부를 두었다. 회원은 천도교를 믿는 15세 이상의 여자이고 회원(단원)은 선거권과 피선거권을 갖는다. 최고의결기구는 '총회'이고, 그 밖에 각종 위원회를 설치한다. 이 가운데 입회(입단) 자격을 "15세 이상의 여자에 한"한다는 조항은 얼마 후 "17세 이상의 여자"로 바뀐다.

최초의 여성회 규약(내수단 규약)은 총 17개조(지방부 조항 2개 포함)로 이루어져 있으며 목적, 조직구성, 중요회의, 회원자격 등을 규정하고 있다. 이러한 천도교내수단 규약은 일부 조항이 시대의 흐름에 따라 변경되기는 하였으나, 그 근본정신과 틀은 100년이 지난 오늘날까지도 일관되게 이어져 오고 있다.

제2절 고난 속에서 다진 여성회의 역량

❶ 내수단과 여성동맹의 분립

주옥경 회장이 창립 목적에서도 밝힌 바와 같이 여성회 창립기의 핵심 과제는 한울여성들의 내적인 수도를 강화하며 외적인 교양을 확충하고, 창립 초기의 조직을 안정시키는 것이라고 요약할 수 있다.

그런데 포덕 63년(1922) 5월 19일 의암성사 환원(순국) 이후 흔들렸던 교단(중앙총부)의 지도 체계 문제에 대한 이견이 결국 극한의 갈등 상황으로 치닫게 되면서, 그 여파로 여성회(내수단)는 창단한 지 1년 4개월 만에 위기를 맞게 되었다. 여성회가 창립 16개월 후, 포덕 66년(1925) 8월, 교단(총부)이 신·구파로 분열하면서, 여성회도 두 조직으로 나뉘게 된다. 천도교의 이른바 신·구파 분열은 세부적으로는 더 많은 이합집산이 있지만, 대체로 보면 의암성사 환원 이후 도통을 승계한 춘암상사(春菴上師 朴寅浩)의 법통을 인정하느냐 여부를 둘러싸고 이를 당연시하는 구파와 이를 부인하는 신파로 나뉘어 대립한 사건이다. 이러한 대립은 몇 차례 해소(합동)와 재분열을 야기하면서 천도교 교세 약화의 중요한 원인이 되었다는 평가를 받기도 한다.

이러한 배경하에서 신파 계열 여성회는 천도교내수단이라는 명칭을 그대로 쓰면서, 포덕 67년(1926) 12월 19일 중앙종리원 종법실에서 제4회 정기총회를 개최하였다. 이날 임원을 개편하였는데, 주옥경은 일본 동경으로 유학을 떠나는 관계로 대표에서 사임하는 대신 고문으로 추대되고, 상무위원 조보희, 손용화, 신남홍 3인이 집단지도 체제로 대표 역할을 맡았다. 상무위원 중 조보희에 대해서는 기록이 전무하고, 손용화는 의암성사의 셋째 따님으로 소파 방정환의 부인이다. 이 상무위원 활동 이후 주로 방정환을 보필하는 역할에 치중한 것으로 보인다. 신남홍은 8대 이경숙에 이어 여성회 9대 회장(대표)이 된다.

그 밖에 손광화, 김우경, 김상화, 최덕화(시영)를 위원으로 선임하고, 찬무원(贊務員, 자문위원)으로 천도교청년당의 계연집, 김영환 두 사람을 위촉하여 여성회(내수단)의 일을 돕도록 하였다. 청년당의 임원을 찬무원으로 둔 것은 여성회(내수단) 정기총회에서 내수단본부와 각 지부의 제반 업무를 중앙(지방)종리원, 청년당과 상의하여 추진한다는 총회 결의에 따른 것이다.

구파 계열의 여성회원들은 포덕 68년(1927) 6월 2일 창립총회를 개최하여 '천도교여성동맹'을 결성했다. 여성동맹은 박명화, 한봉소, 홍종희, 김상화, 강운화, 박정자, 김숙, 이소암, 김수월, 박호진 등 10명의 집행위원 집단지도체제로 출범했다. 창립 직후 집행위 김숙이 쓴 「여성동맹의 사명」이라는 글에는 여성동맹의 활동 방향과 이념이 나타나 있다.

> "우리는 인내천주의하에 단결을 굳게 하여 모든 결의에 복종할 의무가 있으며, 교리와 학술을 강습하며, 형편에 따라 지방 순회강연도 개최하려 합니다. (중략) 금일의 시세가 요구하는 것의 제일은 건전한 신체와 고상한 정신이며, 제이는 가정에 있어 생활 상태 개선이 급무이오니… 사회에 공헌하며 자기 수양에 열심하며 실사회에 분자가 되어야 하겠습니다."

여기서 덧붙여 둘 것은 여성회의 경우도 분열을 면치는 못하였지만, 교단과 청년회(청년당, 청년동맹)의 신구파 분열이 때때로 극렬한 갈등 속에서 전개되고 대립했던 것과 달리, 여성회 단체를 별립할 때도 서로에 대한 비방이나 갈등을 야기하는 행동은 거의 보이지 않았다는 점이다. 교단과 청년회(당, 동맹)의 분열은 의암성사 환원 이후 대도주(춘암상사)의 지도(직위) 인정 여부와 관련이 있다. 이에 비해 여성회는 주옥경 초대회장의 지도력이 온전히 유지되고 있었다는 점이 이러한 특성을 낳은 것이 분명하다. 이순종 여성회본부 고문은 이와 관련하여 "내가 직접 주옥경 전 회장님에게 들은 이야기이다. 여성회는 신구 분열에 크게 휩쓸리지 않았다. 교단이 분열하여 대교당에서 시일식을 따로 볼 때도 여성들은 신파 시일식(오전 10시)이 끝나도 그 자리에 그대로 앉아서 구파 시일식(오전 11시)에 참석하는 경우가 일반적이었다. 만약 신파 시일식 후에 자리를 뜨는 회원이 있으면, 나중에라도 주 회장님이 넌지시 '그러지 말라'고 당부하였다"고 증언하였다. 천도교단에 큰 타격을 입힌 신구 분열의 역사가 끝내 '합동'으로 귀결되어 오늘에 이를 수 있었던 것은 이처럼 여성들의 정성과 간절한 마음이 굳건히 화합의 기운을 만들어 내고 있었기 때문이다. 이하 내수단(신)-여성동맹(구), 내성단(신-구), 내수단(신)-부인회(구) 등의 조직 분열 시기에도 여성회원들은 그 이면에서 한마음 한뜻으로 '내수(內修)'하면서, 교회중흥과 포덕광제의 그날을 향한 정성을 다해 나갔음을 잊지 말고, 이 이후의 100년사에서 '조직사업' 중의 분열 시기 서술 부분을 읽어 나가야 할 것이다.

3인 집단지도 체제하의 내수단은 분열의 난관 속에서도 조직을 안정화하여 나갔다. 전국대회를 개최하고, 부인야학을 개설하면서 지부 확장과 회원의 결속력을 다지는 활동도 계속해 나간 것이다.

포덕 69년(1928) 4월 4일, 여성회(내수단)는 전국에서 85명의 대표가 참석한 가운데 중앙대교당에서 제1회 전국대표회의를 개최하여, 규약 개정, 예·결산 심의, 역점 사업 논의를 진행하였다. 이날 강숙화 외 21명의 위원을 선출하였다.(명단은 '최고의결기구' 편 참조) 이날 대회에서는 규약 중 의무금(회비)을 연 30전으로 하여 이를 중앙·군·면에 나누어 쓰는 것으로 개정했다. 그리고 첫째, 미신을 타파하고 순회활동을 강화하며 10만 호 포덕 운동을 전개함, 둘째, 흰옷을 폐지하고 색복(色服)을 입는 동시에 단추 달기 운동을 전개함, 셋째, 머리 쪽찌기 운동을 전개함 등을 결의했다.

일반적으로 한국(조선)에서의 문자보급운동은 주로 언론사(동아, 조선)가 주도하고 학생들이 호응하여 포덕 70년대(1930) 초반부터 본격화한 것으로 알려지고 있으나, 천도교여성회(내수단)는 그보다 2~3년 앞선 시기부터 문자보급운동(부인야학)을 활발하게 전개하고 있었다. 이러한 활동을 통해 천도교 여성들은 삶의 주체로서의 자신과 천도교의 목적 달성을 위한 중요한 일원으로서의 자신, 그리고 변화하는 사회 속에서 함께 성장할 수 있다는 인식을 갖춘 여성으로 성장해 나갔다. 이러한 성취를 배경으로 포덕 70년(1929) 4월 4일 제2회 전국 대표회의를 개최하였다. 당시 신문에 여성회(내수단)는 전국에 120여 개 지회(지부), 1만 8천여 명의 회원을 거느린 조직으로 소개되었다.

제2회 여성회(내수단) 전국 대표회의는 55명의 대표가 참석하여 포덕 69년

제2회 천도교내수단 전국대표대회에 참석한 대표들(포덕 70년 4월 4일, 중앙대교당 앞)

(1928) 결산보고, 규약 개정, 위원 선출, 포덕 70년(1929) 예산안 심의 등을 진행했다. 이날 회의에서 김우경이 대표로 선임되고, 중앙집행위원으로 장태화 외 21명이 선출되었다. 규약 중 연례금(年例金, 회비) 30전을 35전으로 상향하고 본부에 5전, 군(君)에 20전, 면(面)에 10전씩 배분토록 했다. 또 『부인독본』 발행, 창도 70주년 기념포덕, 단세확장 등은 중앙집행위원회에 일임했다.

김우경(金友卿) 제4대 회장(대표)은 포덕 23년(1882) 11월 1일생으로, 최린의 부인이다. 여성회(내수단) 창립위원 겸 포덕부원이며 내수단 중앙위원을 거쳐 포덕 70년(1929) 4월 4일 여성회(내수단) 제4대 회장에 선임되었다. 이후 내성단 중앙집행위원 등을 역임하였으며, 포덕 95년(1954) 11월 20일 환원하였다.

김우경 회장 시기의 중요한 성과는 포덕 70년(1929) 5월 13일부터 16일까지 나흘간 펼쳐진 '아동보육 대강연회'이다. 이는 당시 사회운동의 4대 축이던 여성, 노동, 아동, 교육운동에서 부인(여성)이 아동보육과 교육의 중요한 축을 담당하겠다는 의지의 표명이자, 그 중요한 사례로서 자리매김할 만한 중요한 이정표가 되는 행사가 되었다.('교육사업' 편 참조)

포덕 68년(1927) 초, 교단 분열의 어수선한 상황 속에서 여성회 활동의 새로운 전도를 타개할 근본적인 힘을 키우기 위해 주옥경 여성회(내수단) 고문은 주유천하 격의 해외 유학을 결심하게 된다. 주 고문 스스로는 "의암성사 환원 후 홀로서기의 필요성을 절실히 느끼고", "비록 늦기는 하였으나 배워서 스스로 실력을 키워야 한다고 생각"한 끝에 결심한 바라고 하였다. 일본 유학을 마치고는 미국으로 건너가 배움을 계속하겠다는 뜻도 품고 '영문과'를 지망했다.

포덕 68년(1927) 초 동경에 도착한 주 고문은 일본어학원에 다니면서, 이학득, 이종숙과 함께 여성회(내수단) 동경지부를 조직하였다. 시일마다 동경종리원에 나가 음식을 손수 만들어 나눠 먹으며 교인들과 도담을 나누곤 했다. 학원에서 일본어 과정을 이수한 주 고문은 동경 정칙(正則)영어학교 본과 에 입학코자 하였으나, 고등보통학교 졸업장이 없다는 이유로 입학을 불허했다. 주 고문은 속성과정인 별과(別科)에 입학해서 이를 악물고 공부했다. 훗날 그때를 돌이켜보며 "십 분의 여유도 없이" 지냈다고 회고했다. "(낯선 영어 단어나 발음 등을 익히며 공부하느라) 어떤 때에는 너무 괴로워서 좀 쉬었다가 할까 하는 생각까지 있었지마는 하여튼 내가 (나이도 먹고) 남보다 공부가 떨어졌으니 어서 해야겠다는 것과 조선 사람은 시종이 여일치 못하다는 (일본인 학생들의 뒷)말에 좀 분하더군요. 그래서 내가 병이 들지 않는 한에서는 쉬지를 않으리라 하고 악을 쓰고 했더니, 어떻게 되었는지 한 학기 후에 본과로 들어가게" 되었다고 회고했다.

주 고문이 40세를 바라보는 나이에 자신과 처절한 싸움을 벌이며 팔팔한 젊은이들 사이에서 정칙학교 영문과 과정을 밟아 나가는 동안 교회 간부들은 인편으로 주 고문의 학비와 생활비를 보냈고, 어떤 이는 손수 만든 밑반찬까지 들고 왔다. 주 고문이 방학 중에 일시적으로 귀국할 때면 교인들이 부산까지 마중을 나왔고, 일본으로 다시 돌아갈 때면 일부 교인이 동경까지 동행하기도 하였다. 정칙학교 영문과 2년 과정을 마친 주 고문은 포덕 70년(1929) 12월, 미국 유학을 단념하고 고국으로 돌아온다. 주 고문은 미국행을 단념한 이유에 대해 "여러 가지 사정이 있어서"라고만 밝혔지만, 국내의 교단 사정 또한 영향을 미쳤을 것이다.(김응조, 『천도교 여성운동의 선구자 수의당 주옥경』 참조)

주옥경 고문은 포덕 70년(1929) 12월 2일, 동경 유학을 마치고 귀국했다. 주 고문은 훗날 심경을 "내가 오늘날까지 오는 데 유형·무형의 큰 도움을 받은 것

천도교 내성단 전국 대표회의에 참석한 대표 일동(포덕 72년 4월 4일, 중앙총부 본관 앞)

은 돌아가신 손 선생이지요. 지금이나 앞으로도 당신의 주지(主旨)를 받들어 한평생을 천도교에 바치는 동시에 조선 사회를 위하여 미약하나마 도우려고 합니다"(《매일신보》)라고 밝혔다.

일본 유학에서 돌아온 지 두 달 만인 포덕 71년(1930) 2월 6일부터 그달 말일까지 여성회 조직 확장을 위해 서북 지방을 순회했다. 주 고문은 선천, 의주, 신의주, 용천, 철산, 곽산, 정주, 가산, 안주, 평양, 진남포 등 11개 지역의 지부를 순회하였다. 이 순회에서는 주옥경 고문이 매우 '흡족해할 만큼' 여성회(내수단)가 주력하는 염색한 옷 입기, 머리 쪽 찌기 운동이 활발하게 전개되고 있음을 직접 눈으로 확인할 수 있었다.

이때의 심경을 주 고문은 "규모일치가 제일 감심(感心)거리이고 향토적으로 순후(淳厚)한 인정미를 나타내는 것이라든지 순 동학식(東學式)으로 대인접물을 하는 것이라든지, 4, 50리 밖에서 눈과 바람과 비를 무릅쓰고 험한 길, 높은 고개를 어린아이를 데리고 힘들게 와가지고, 2, 3일을 고생하면서도 괴로운 생각 없이 그저 '사모님, 사모님' 하고 나만 따르고 나만 위하여 주는 데는 실로 눈물이 나다시피 감심이 되었습니다. 그들은 나를 성사님이나 대하는 듯이 진실로 반가워합니다. '어떻게 하면 그들에게 복을 내리게 할 수 있을까' 하고 다시금 심고를 하였습니다. 어쨌든지 그 자리는 천국(天國)이었으며 그 사람들은 천민(天民)이었습니다. 서로 공경하고 서로 붙들고 서로 돕지 못하여 애를 쓰는 그 자리였습니다."라고 회고했다.(춘파(박달성), 「순회의 길에 나섰던 주씨 사모를 모시고」, 『신인간』 제46호, 1930.4)

훗날 이 순회의 성과를 직접 술회하는 글에서 주옥경 회장은 "(강연에서 하는) 이야기는 물론 평안남북도 순회 때의 그 이야기와 같았습니다. 신앙(진리신앙, 운수신앙, 기관신앙)단결, 활동 문제를 비롯하여 일상생활에 있어서 음식, 의복, 위생, 심지어 어린아이 기저귀 채우는 것까지 이야기"하였다.(주옥경, 「함남 일부(一府) 십군(十郡)을 순회하고」, 『신인간』 제50호, 1930.8) 이 중 신앙의 세 가지 요소에 관한 내용은 의암성사가 강조하시던 내용으로 진리신앙은 교리 교사의 공부와 신앙통일을, 운수신앙은 수도연성을, 기관신앙은 교회제도(오관)의 준수와 규모일치에 관한 내용이었다.(앞의 춘파 인터뷰 기사) 주옥경 회장은 또 "사람은 근본적으로 신앙성과 도덕성과 사회성이 있는 것을 이야기하고 거기에 부연하여 상호부조(도덕성), 단체생활(사회성)의 필요를 이야기하고 다시 기관통일 문제를 말하였다"고 강조하였는데, 여기서 '상호부조', 즉 동학의 '유무상자' 전통에 대한 깊은 관심을 재확인할 수 있다.

주옥경 회장의 지부순회는 여성회가 위기에 처할 때마다, 그리고 새로운 전기를 마련할 필요가 있을 때마다 시의적절하게 진행되었다. 내수단과 여성동맹으로 분열되었던 천도교여성회가 합동(천도교내성단)하면서, 절대다수의 지지로 다시 대표로 선출된 주옥경 대표는 포덕 72년(1931) 5월 31일부터 20여 일간 함경남도와 강원도 북부 지역을 순회하였다. 만나는 회원마다 상처받은 마음을 토닥이고 격려하며 분열의 흔적을 지우는 한편, 새로운 도약을 위한 정성을 모아 줄 것을 당부하였다. 당시 순회 지역은 함흥, 홍원, 북청, 이원, 단천, 신흥, 정평, 고원, 영흥, 문천, 원산 등이다.

천도교내수단(신)은 포덕 71년(1930) 4월 4일, 백년기념관에서 재적 53명 가운데 45명이 참석한 가운데 제3회 대표대회를 주옥경 임시의장 주재하에 열고 경과보고, 예·결산 심의, 규약 수정 등을 진행했다. 이날 대회에서는 입단 연령을 21세에서 17세로 낮추고, 연례금은 본부에 10전, 군(郡)에 15전, 면(面)에 5전을 배분하기로 규약을 개정하였다. 또 주옥경 고문을 다시 회장으로 선출하고 중앙집행위원 21인을 새로 선임했다. 이 외에 내수단 마크 제정 건(집행위원회에 위임), 『부인독본』 간행, 전국 강습회, 순회 포덕, 염색 옷 입기 등의 실천을 의결했다.

한편 천도교여성동맹(구)은 포덕 71년(1930) 4월 7일에 중앙대교당에서 정기총회를 개최하고 한봉소 등 11인의 중앙집행위원을 선출하고, 교양 문제(강연 및 토론회, 정기 부인강좌, 여자야학), 조직 문제, 지방 순회 등을 협의하였다. 곧이어 4월 13일, 제1회 중앙집행위원회를 개최하고 집단지도체제에서 벗어나 한봉소를 대표로 선출하면서, 서무부, 경리부, 선전부, 조사부의 부서를 설치하는 한편, 인장(印章)을 마련하고, 순회(회원방문), 강좌, 원유회(야유회), 공문서식 통일 보고 등을 의결하는 등 조직 강화를 위해 애를 썼다. 또 6월 2일에는 한봉소의 사회로 김경함, 이병헌의 축사, 최시영의 연혁 보고 등으로 천도교여성동맹 창립 1주년 기념식을 거행했다.('최고의결기구' 편 참조)

내수단(내성단) 동경 지부 회원들(포덕 72년 3월 25일)

❷ 천도교내성단 시대, 합동과 분열

포덕 71년(1930) 10월, 최린(신)이 권동진(구)을 방문하여 춘암상사의 제4세 대도주 승통을 인정하고 1월 18일을 승통기념일로 한다는 전제 아래 합동을 제안함으로써 분열 극복의 전기가 마련되었다.

신·구 양파로 분열되었던 교단은 포덕 71년(1930) 12월 23일 합동대회를 열고 5년여 만에 통합을 이루었다. 이듬해 포덕 72년(1931) 3월 16일, '내수단'(신)과 '여성동맹'(구)도 합동대회를 열고 '천도교내성단(內誠團)'이라는 이름으로 새롭게 출범했다. 대회에서는 여성회 대표 주옥경, 부대표 한봉소, 집행위원 정인화(상무), 최시영(상무) 외 25명을 선출했다. 새롭게 출범한 여성회(내성단)는 회원 입단 자격을 "17세 이상의 천도교를 믿는 여자로서 3회 이상의 (의무)실행이 있고 단의 규약을 준수하는 자"로 못박고, "내수도(內修道)는 교리를 중심으로 매일 30분 이상 낭독할 것"과 "하복을 제외하고는 염색복을 입되, 단추를 달며 머리를 쪽을 지을 것"을 실행 약속으로 정했다.

여성회(내성단)는 포덕 72년(1931) 4월 4일 백년기념관에서 주옥경 회장(대표)의 사회로 제1차 전국대표대회를 개최했다. 이 자리에서는 위원 18명 등 임원진을 새로 구성하고 예산안 및 중요 사항을 결의했다.

신·구파가 합동한 지 불과 1년 3개월여 만인 포덕 73년(1932) 4월 2일 제2회 천도교대회를 빌미로 다시 두 파로 갈리면서 내성단도 신·구파로 나뉘게 되었다. 양측 모두 천도교내성단이라는 명칭은 그대로 사용하였지만, 전혀 별개의 조직으로 나뉘게 된 것이다. 신파 내성단은 포덕 73년(1932) 4월 5일 대표대회를 열고 대표에 주옥경을 선출하였으나 주옥경이 사의를 표하여 이를 수리하고 이학득(李鶴得)을 신임 대표로 보선하고, 최시영을 상무위원으로 선출하면서 중앙집행위원 21명과 각 부서 위원을 선임했다.(『당성』 1932.05.01)

구파 내성단은 포덕 73년(1932) 4월 24일 전단대표대회 및 중앙집행위원회를 열고 대표 한봉소, 상무 김숙 외에 중앙집행위원과 각부 임원을 선임했다.(구파 내성단은 포덕 80년(1939) 4월 5일 '천도교부인회'로 명칭을 바꾸었다.)

포덕 72년(1931) 3월 16일, 내수단과 여성동맹이 합동하여 내성단(內誠團)을 조직한 무렵에 우이동 봉황각에서 수련한 여성회원(내성단원)들이 의암성사 묘소(수찬되기 전) 앞에서 기념촬영한 것(차기숙 소장, 김병화 증언) 왼쪽에서 5번째가 양이제, 8번째가 손광화, 9번째가 주옥경.

이학득(李鶴得) 제8대 회장(대표)은 여성회(내수단) 창단위원이다. 천도교내수단 동경지부 서무부 위원을 거쳐 포덕 73년(1932) 4월 5일 제7대 천도교여성회(내성단) 회장(대표)으로 선출(보선)되었다. 주옥경 회장과 함께 여성회(내수단) 동경지부 창단위원이며 절친이다. 청우당(경성) 여성부 위원, 경성부 종리원 부령 청년당중앙집행위원 및 여성부위원 등 청년당과 종리원에서도 활동하였다. (※이학득 회장은 『천도교여성회 70년사』에 누락되어, 100년사 발간에 즈음하여 이를 보완 수정하고, 제2차 여성회중앙위원회(포덕 165년 2월 26일) 결의로 여성회 회장 대수에 추가함.)

한봉소(韓鳳韶, 水鳳齋)는 포덕 10년(1869) 12월 5일 황해도 연백군 출신으로 권동진의 부인이다. 포덕 56년(1915) 천도교 입교하였고, 여성회(내수단) 창립위원이었으나 포덕 71년(1930) 4월 7일에 여성동맹(구) 회장격인 대표위원을 역임했다. 이후 여성회(내성단)가 합동하였을 때 부회장(부대표)을 역임하고, 다시 분열한 내성단(구)의 대표를 역임하다가, 포덕 81년(1940) 5월 11일 71세로 계동 자택에서 환원하였다.

신파 내성단은 포덕 74년(1933) 4월 4일 대표대회를 열고 규약을 개정하고, 이어 포덕 75년(1934) 4월 5일 전국 대표회의를 개최하고 제8대 회장(대표)으로 이경숙과 감사위원 조팔보, 안영숙 외에, 중앙집행위원과 각부 임원을 선임했다. 이경숙(李敬淑) 회장(대표)은 『신인간』 제80호(1934.6.1)에 「자학답안발표」를 한 외에 현재까지는 특별한 활동 기록을 찾을 수 없다.

계속해서 신파 내성단은 포덕 77년(1936) 4월 5일 전국 대표회의를 열고, 대표에 신남홍, 상무에 김태강을 선출하였다.

그러나 이 시기에 교단 분열의 여파로 여성회(내성단)의 전국 규모는 지부 85개소, 단원 5천여 명으로 줄어들었다.

신남홍(申南洪, 信實堂) 제9대 회장(대표)은 포덕 21년(1880) 평안남도 용강군 출신으로 포덕 45년(1904) 입교했다. 내수단 창립 때 포덕부원이었으며, 대신사백년기념회원(1924), 내수단 상무위원(1926.12), 경성종리원 종리사, 강사양성강습회 청강생, 경성종리원 부령, 내성단본부 집행위원 등과 함께 청우당경성부 감사 및 여성부 위원, 청년당경성부 집행위원, 경성종리원 순회교사, 청년당경성부 집행위원, 내성단본부 집행위원, 경성내성단 대표 등을 거쳐 포덕 77년(1936) 4월 5일 제9대 회장(대표)으로 선출됐다. 이후 내성단본부 집행위원, 내수회본부 중앙이사(1940.4.21) 등을 역임하였다.

천도교내성단 전국 대표대회에 참석한 대표 일동(포덕 75년 4월 5일, 중앙대교당 앞)

이 해에 조선총독부는 악명 높은 제7대 미나미 지로(南次郎)가 총독으로 부임하여 내선일체를 표방하며 강력한 민족말살정책을 펼쳐 나갔다. 일본어(일본어를 '국어'로 한국어는 '조선어'로 호칭) 상용, 일본식 성명 강요(창씨개명), 지원병 제도 시행 등 노골적인 민족말살정책은 '총후보국'(후방에서의 전시체제)을 내세워 여성들에게도 온갖 치욕적인 행위를 강화하는 방향으로 나아갔다.

제3절 창립기 교육사업과 문화사업

❶ 창립기의 교육사업

여성회 창립기에는 창립 목적 달성을 위해서라도, 그리고 조직의 지속적 발전을 위해서라도 회원들에 대한 교육사업이 핵심적인 사안이 되었다. 교육은 부인야학을 근간으로 하여 강연회와 강습회 등으로 다채롭게 진행되었다. 여성(부인) 교육 강사는 청년당원이나 중앙총부 교역자도 있었지만, 일부 여성이 담당하기도 하였고, 외부 초청연사는 주로 여성들로 선정하여, 여성의 주체적인 활동 역량을 강화하는 데 노력하였다.

천도교여성회의 100년을 이끌어온 가장 큰 힘은 모두가 알듯이 정성과 공경과 믿음을 다한 수도와 연성의 공력이라고 할 수 있다. 천도교여성회의 처음 이름이 '내수단(內修團)'이라는 사실이 그 점을 웅변하고 있음은 1장에서 짚어 보았다. 여성회 창립 초기에는 주로 '부인야학'의 형태로 기본적인 교리와 교사에 대한 교양과 일반교양을 강습함으로써, 여성의 의식과 지적인 소양을 계몽 교화하는 것이 현실적인 과제로 부각되었다. 아래에서 천도교여성회 100년사의 중요한 수도연성과 관련된 흐름을 일별한다.

천도교여성회(내수단) 창립 1주년을 앞두고 포덕 66년(1925) 1월 29일, 대신사출세백년기념관 낙성을 기념하여 중앙대교당에서 부인 대강연회를 개최했다. 이날 행사는 5백여 명의 군중이 대교당을 가득 메운 가운데 주옥경 고문의 사회로 진행됐다. 초청연사인 김미리사(金美理史)는 '완전한 인격'이라는 주제로 강연했으며, 이어 유각경(兪珏卿)이 '혁신의 급선봉'이라는 주제로 강연하려 했으나 입회한 경찰관이 주제가 불온하다는 이유로 제지했다. 이에 주옥경 고문이 부인 문제에 대해 강연하는 것으로 행사를 마무리했다.

여성회(내수단) 창립 이후 포덕 66년(1925) 6월 8일, 전국 지부에 강습과 야학을 권장하고 두 달에 한 번씩 보고하도록 하였다. 또 11월 8일에는 부인야학 및 강습회를 3주 내지 3개월 단위로 하도록 지시했다. 이어 12월 1일에는 여성회(내수단)본부 주최로 부인야학을 개강했다. 부인야학은 이후 3개월 동안 30여 명의 수강생을 대상으로 교리, 조선어, 산술, 일어, 일반상식을 강의했다. 특히 계연집, 이두성, 김영환 등의 남성 외에 부인 한정화가 강사로 나선 것이 이채를 띤다.

부인야학 및 강습회는 이후 전국 지부로 퍼져나가, 경성, 구성, 창성, 북청, 곽산, 정주, 의주, 하갈우, 원산, 벽동, 덕천, 평양, 단천, 갑산, 함흥, 안주, 곡산, 신의주 등 지부에서 실시한 기록이 보인다. 야학 및 강습에서는 천도교 교리 외에도, 조선어, 산술, 상식 및 일본어, 서예, 회의법, 토론, 생리학 등의 다양한 일반 지식을 강습하였다. 그중에서 교리 강습 외에 가장 역점을 둔 것은 시대적인 상황과 여성회(내수단)가 처한 당면과제(회원 역량 강화)에 맞춰, 부인야학의 가장 일차적인 목적인 조선어 강의를 통한 문맹퇴치였다.

여성회의 야학 및 강연은 초기부터 총부 및 청년당과 유기적인 연계를 맺으며 진행되었다. 총부가 포덕 68년(1927) 11월 1일을 '포덕데이'로 정하고 11월 3일까지 각종 포덕 행사를 추진키로 하자 여성회도 주체적으로 이에 응하여, 11월 3일 여성회(내수단) 주최 여성문제 강연회를 개최했다. 김도현(金道賢, 청년당) '후천개벽과 여성운동', 나용환(羅龍煥, 민족대표 33인) '부인문제에 관하여', 조백추(趙白萩, 청년당여성부위원) '여성해방의 근본문제', 김홍식(金弘植, 청년당) '움직이는 우리는 어데로 갈 것인가' 등 당시 시대상을 그대로 반영한 내용이었다. 1920년 창간된 『개벽』 등을 보면 1920년대 우리 사회의 핵심 과제는 여성문제, 교육문제, 노동문제, 아동문제였다. 천도교여성회는 이 시기에 이미 이러한 사회적 흐름 속에 새 길을 여는 노력을 하고 있는 것이다.

창단 이후 분열의 내환에 시달리면서도 단세(團勢) 확장과 회원역량 강화에 고심하던 여성회가 포덕 70년(1929) 5월 13일부터 나흘간 '아동보육 대강연회'라는 제목으로 진행한 강연회는 창단 이래 최대 규모의 행사였다. 이 강연회는 매일 저녁 8시, 민족의 동량으로 자라날 어린이를 바르게 키울 수 있도록 각계 전문가의 강연을 듣는 자리로 마련되었다. 차사백(車士白), 방정환(方定煥), 유홍종이 강사로 참여하여 어린이 보육, 어린이 심리 등에 대한 강의로 성황리에 진행되었고, 미래의 주역이 될 '어린이'를 기르는 핵심 주역으로서의 여성에 대한 새로운 인식을 심어 주었다.('강연' 및 '어린이운동' 편 참조)

포덕 72년(1931) 이후 여성회(내성단)는 내수단 때부터 시행하던 자학(自學)운동을 재정비하여 전국의 단원들을 대상으로 시행해 나갔다. 이는 일제의 탄압이 거세지는 상황에서 내실을 다지려는 방편이기도 했다. 자학운동은 자학문제를 전국의 회원(단원)들에게 보내 스스로 답안지를 작성한 후 본부로 보내는 방식으로 이루어졌다. 이후 교단의 기관지를 통해 모범 답안을 내보냄으로써 스스로 공부 성과를 측정할 수 있게끔 하였다. 이는 천도교청년당이 1926년에 시작한 '신인간 자학' 운동의 영향을 받은 것이기는 하지만, 여성이 스스로 교육 방향을 잡아 나가는 귀중한 사례가 된다.(천도교청년당에서 『자수대학강의』라는 강의록을 간행한 것은 1933년이다.) 내성단 자학운동은 최소한 포덕 78년(1937)까지 이어진 기록을 볼 수 있는데, 이때 자학답안을 제출한 지부만 해도 경성, 차련관, 길주, 정주, 화룡, 정평, 승화, 구성, 신의주, 북청, 함흥, 의주, 부령, 청진, 창성, 선천, 개천, 평양, 순천 등 19개 지부에 달한다.

창립 이후 아직 자리매김을 탄탄히 하지 못한 지부의 역량을 강화하기 위한 지부순회활동도 꾸준히 계속되었다. 전국적인 지부 창설은 물론 일본 동경에도 지부창설이 이루어졌다. 포덕 72년(1931) 3월 25일, 일본 동경에서는 "천도교내성단 8주년 기념 촬영"을 했다.(8주년은 7주년의 오기) 지부 창설에 대한 보고는 창립 후 3년차인 포덕 68년(1927)부터 본부에 보고되고 취합되었다. 포덕 70년대 전후의 지부 중 각종 기록을 통해 수합된 것은 『천도교여성회 70년사』에 수록되어 있다. 그 이름만 기록하면 다음과 같다.

창립기 천도교여성회 전국 지부

〈천도교내수단〉 삭주(朔州) 남간동(南間洞) 벽동(碧潼) 구성(龜城) 은창동(銀倉洞)

하갈우(下碣隅) 통영(統營) 만석동(萬石洞) 남서(南西) 창성(昌城) 단천(端川) 장진(長津)
하기천면(下岐川面) 북청(北靑) 정평(定平) (이상 1927 창단) 맹산(孟山) 갑산(甲山) 태천(泰川)
용정(龍井) 북간도(北間島) 고원(高原) 홍원(洪原) 곽산(郭山) 함흥(咸興) 안주(安州) 풍산(豐山)
이원(利原) 평양(平壤) 차련관(車輦館) 경성(京城) 봉황성(鳳凰城) 여주(麗主) 용산(龍山)
봉성현(鳳省縣) 구룡리(九龍里) 정주(定州) 의주(義州) 개천(价川) 회령(會寧) 양덕(陽德)
철산(鐵山) 평양(平壤) 원산(元山) (이상 1928년 창단) 강계(江界) 영변(寧邊) 화룡(和龍)
곡산(谷山) 은산(殷山) (이상 1929년 창단) 덕천(德川) 순안(順安) 성천(成川) 관전현(寬甸縣)
공성 강서(1930년 창단) 동경(東京) 선천(宣川) 구장(球場) 용천(龍川) 봉명(鳳鳴) 평남(平南)
동상(東上) 단풍 가산(嘉山) 진남포(鎭南浦) 희천(熙川) 함도(咸徒) 신흥(新興) 박천(博川)
자산(慈山) 강동(江東) 신의주(新義州) 순천(順天) 지부 (이상 연도 미상)
〈천도교여성동맹〉 완도(莞島)(1927) 선천(宣川)(미상) 예산(禮山)(1930)
〈천도교내성단〉 (천도교내성단 출범 이후 변동 사항만 기록) 동경(東京) 창성(昌城) 하갈우(下碣隅)
희천(熙川) 신의주(新義州) 순천(順天) 고원(高原) 정주(定州) 영변(寧邊) 장진(長津) 신하리
지부(1931) 홍원(洪原) 아간(阿間)(1931) 남압동(南鴨洞) 덕천(德川) 옹진(甕津) 경성(京城) 맹산(孟山)
진주(晉州) 용천(龍川) 구성(龜城) 가산(嘉山) 등 (이상 『천도교여성회 70년사』 참조)

순회활동 중 기록이 남아 있는 것은 포덕 76년(1935) 4월 여성회(내성단) 중앙 집행위원 손광화가 평남 지방 지부를 순회한 것이다. 이 순회에서 손광화는 각 지부가 활기차게 움직이고 있음을 확인했다. 이때 순회한 지부는 평양, 양덕, 곡산, 상원, 중화 지부 등이다.

❷ 창립기 사회운동과 문화운동

천도교여성회도 그 창립 정신이 '다시 개벽'의 동학-천도교의 역사적 비전 속에 놓여 있으므로, 창립기부터 사회운동과 문화운동을 전개하기 위한 관심과 노력을 기울여 나갔다. 그러나 청년회(청년당)에서 천도교의 개벽적 신문화 운동을 전담하면서 '여성운동'까지 아울러 전개하는 경향이 심화되면서, 운동성의 상당 부분은 청년회 운동 쪽으로 이전되었다. 그럼에도 여성회(내수단, 내

성단, 여성동맹)는 각 시기별로 여성 교육과 계몽의 차원에서 여러 사회운동과 문화운동을 전개했다. 아래에서 그 전체적인 흐름을 종합하여 일별하면 다음과 같다.('사회운동' 편 참조)

포덕 69년(1928) 4월 4일 제1회 전국 대표회의에서 색복 착용 및 단추 달기 운동, 쪽 찌기 운동을 결의하였다. 이는 갑진개화운동 때 남성 중심으로 전개되었던 단발운동을 여성들에게로 확장하는 의미를 띤 것이었다. 이는 의복개량뿐 아니라 여성들의 의식을 근대문명에 일치시켜 나가는 것이었다. 이에 대한 구체적인 사례는 여성회(내성단) 창성지부의 단발운동이 대표적이다.

한편 여성동맹(구)은 포덕 69년(1928) 제1회 전국대표대회에서 근우회 지지를 선언하였다. 근우회는 포덕 68년(1927) 5월에 창립한 전국적 규모의 여성단체로 신간회의 자매단체이다. 신간회가 국내 좌익계와 우익계를 모두 아우른 민족운동단체였던 것처럼 근우회 역시 좌·우익을 초월하여 설립한 단체로, 부인강좌, 순회강연, 야학 운동, 여성 문맹퇴치 운동 등 여성 계몽운동에 앞장섰으며, 남녀평등 및 자주적 민족의식을 강조했다. 여성동맹은 근우회 구성의 핵심 역할을 감당하며 천도교 여성운동에서 중요한 한 축을 담당했다.

천도교여성회(내성단) 본부는 포덕 73년(1932) 5월 8일 단오절을 기하여 색의 장려, 문맹퇴치, 미신타파, 조혼 폐지 등의 표어로 된 삐라(전단)를 만들어 각 지방 지부에 발송하는 한편 경성부에서는 장충단, 동묘, 남묘 등 방면으로 나누어 부인들에게 전단을 배포하였다. 이 시기 여성회 문화사업의 가장 큰 성과는 여성회가 의뢰하여 포덕 73년(1932) 3월 30일 김병제가 집필한 『부인필독(婦人必讀)』 발간이다. 『부인필독』은 그 책이 현재 전하지 않지만, 제50주년 천도교여성회 창립기념일을 앞두고 포덕 114년(1973) 12월 15일에 여성회본부에서 발행한 『신앙과 여성』에 그 내용이 반영되어 전하고 있다.('출간사업' 편 참조)

3장 시련기

일제 말기체제와 분단, 그리고 동란 — 1936.4.5.~1956.4.4.

제10대 79.4.4. 손광화 천도교내성단(신) —— **제11대 80.4.4.** 손광화 내성단(신) —— **80.4.5.** 천도교부인회(구) —— **제12대 81.4.4.** 손광화 내성단(신) —— **제13대 81.4.21.** 손광화 천도교내수회(합) —— **제14대 82.4.4.** 손광화 내수회 —— **제15대 84.4.4.** 손광화 내수회 —— **제16대 85.4.4.** 손광화 내수회 —— **제17대 87.4.5.** 주옥경 내수회 —— **제18대 90.3.21.** 주옥경 내수회 —— **제19대 97.4.4.** 주옥경 천도교부인회

창립 초기의 왕성한 활동이 채 꽃피기도 전에 분열 등의 시련을 겪던 천도교여성회는 주옥경 회장이 다시 5대와 6대 회장을 맡으면서 안정을 찾아갔다. 그러나 얼마 지나지 않아 2차 분열을 겪으면서 천도교단과 마찬가지로 여성회도 침체와 좌절의 고비들을 겪어야 했다. 내수단, 여성동맹, 내성단, 부인회, 내수회 등의 여러 이름을 써야 하는 조직상의 난관 속에서도 천도교여성회는 주옥경 회장을 중심으로 한 지도력을 통하여 내부 갈등을 최소화하면서 생명살림, 도가살림, 교단살림, 세상살림의 역할을 위한 모색을 계속하였다. 그러나 포덕 78년(1937) 이후 일제강점하의 조선반도는 전시체제로 재편되었고, 각종 사회단체가 해산되거나 재편되는 가운데 종교단체 내 부문 조직에도 신산한 시련의 바람이 불어닥쳤다. 1937년부터 해방이 되는 1945년까지 천도교여성회는 마치 수운대신사 순도 이후의 선열들이 겪었던 것과 같은 엄혹한 시간을 보내야만 했다. 마침내 찾아온 8·15광복은 천도교여성회(내수회)에게도 기사회생의 서광을 비추었다. 해방공간의 혼돈 속에서 천도교여성회는 새로운 국가 건설에 일조하고자, 의미 있는 활동을 찾아 나갔다. 그러나 뜻있는 성과를 채 거두기도 전에 동족상잔의 6·25 전쟁이 발발하였고, 여성회 또한 엄혹한 전쟁 시기를 겪어야 했다.

제1절 시련기의 천도교여성회 조직사업

❶ 닥쳐온 시련, 역사의 무게

신남홍 대표는 포덕 77년(1936) 전국대표대회에서 대표로 선출되어 제9대 회장에 취임했다. 이때부터를 천도교여성회의 '시련기 제1기'로 볼 수 있다. 일제의 통치가 전시체제로 전환하면서 조선인에 대한 노골적이고 강압적인 '내선일체' 정책이 시행되고, 일반 사회단체는 물론이고 종교단체에까지 '전시 동원 체제'가 강요되었다.

이어 포덕 79년(1938) 제11차 내성단 전단대표대회에서는 손광화 대표가 회장으로 취임했다.

손광화(孫廣嬅, 敬友堂) 대표(회장)는 포덕 28년(1887) 7월 25일 의암성사와 곽병화(郭秉嬅) 사모님 사이에서 둘째 딸로 청원군 북이면 대주리에서 출생하였다. 포덕 45년(1904) 일본 도쿄에서 정광조와 결혼하여 홍성 대교리에 거주하였다. 대신사백년기념회원(1924), 천도교내수단 중앙위원, 천도교내성단 대표위원, 집행위원을 거쳐 포덕 79년(1938) 천도교여성회(내성단) 회장(대표위원)이 되었다. 이후 여성회 중앙이사 등을 잇달아 역임하였고, 6·25 전쟁 후 군산 염전에서 근무하던 정세호(2남)를 따라 군산에서 살다가 포덕 107년(1956) 6월 13일 군산시 월명동에서 향년 70세로 환원하였다.

신남홍, 손광화 회장 시기의 여성회는 일제의 강압으로 동원체제에 적나라하게 노출되는 약 10년 동안 온갖 수모를 견뎌야 했다. 이 시기는 일제 강점하의 전시체제기로 민족말살정책, 조선에 대한 일본화(내선일체) 획책이 극에 달했으며, 국내뿐 아니라 세계적으로도 세계대전의 참화가 계속된 암흑의 시기였다. 유럽에서는 제2차 세계대전이 발발하고, 포덕 78년(1937) 중국을 침략한 일본은 포덕 79년(1938) 4월 국가총동원령을 공포하여 대륙 침략 전쟁에 필요

부인강좌에 참여한 천도교내성단(구) 단원들(포덕 77년, 중앙대교당 앞)

한 인적, 물적 자원동원체제를 강화해 나갔다. 이러한 압제하에 천도교청우당도 포덕 80년(1939) 4월 3일 해산하기에 이르렀다. 이에 천도교여성회(내성단)는 천도교의 유일한 전위적 단체로 남게 되었다. 일제의 민족말살정책이 날로 가중되고 있는 상황에서 극도로 위축되어 있던 교단은 포덕 81년(1940)에 이르러 신·구파 합동을 모색한 끝에 8년 만에 합동대회를 개최하였다. 내수단(신)과 부인회(구)로 갈렸던 여성회도 '천도교내수회'라는 이름 아래 통합된다. 손광화 대표는 천도교내수회 대표로 선출되지만 전시하의 동원체제 속에서 내수회의 행보는 곧 형극의 길일 뿐이었다.

이에 앞서 천도교중앙교회(구)에서는 포덕 77년(1936) 1월부터 8월까지 7개월여에 걸쳐 평안도, 황해도, 경기도, 전라도 각 지역(선천, 은율, 여주, 광주(廣州), 수원, 용인, 충주, 음성, 예산, 서산, 홍성, 경성, 임실, 장흥, 강진, 완도, 보성, 고흥, 여수, 광양, 전주, 해남, 금구, 정읍, 태인, 김제, 강경, 익산, 제천)의 여성회원(부인)들을 대상으로 교리와 교양(이종린) 강좌, 천덕송 지도(김숙) 등을 대대적으로 진행하였다. 순회 부인강좌를 마치는 지일기념일에는 중앙대교당에서 10시부터 특별부인강좌를 개강하여 이후 2주일간 계속(매일 5시간)하였다. 첫날 개강식은 춘암상사의 훈사, 이종린과 각 관장의 권사(격려사), 각 지부 대표 여성들의 답사로 진행하였다. 오후에는 학과강좌(가사총론-김경함, 용담가-박승룡, 교훈가.권학가-권병덕, 안심가-최준모, 몽중노소문답가.도수사.도덕가.흥비가-김경함, 교사-김재계, 천덕송-박양신, 교회상식-이종린, 한글-이인근)를 진행하고, 강좌 기간 중에는 학과강좌 외에 대토론회(23일)도 개최하여 큰 호응을 불러일으켰다. 27일의 폐강식은 수업(졸업)증서 수여, 대종사장 훈사와 각 기관, 단체장의 축사, 수강생(부인)들의 답사 순으로 진행하고 해산, 귀가하였다. 이 특별강좌는 북으로 평안북도 용천에서부터 남으로 전라도 장흥에 이르기까지 전국 각지의 수강생들이 참여하여, 숙식을 함께하며 열띤 분위기 속에 진행되었다. 중앙교회(구)의 활동은 무인멸왜기도 운동이 발각되기 전까지 계속되었으나, 중앙종리원(신) 쪽의 활동은 1936년 말부터 급격히 일제 체제에 예속되는 경향을 보인다.

포덕 78년(1937) 1월 1일, 중앙대교당에서는 신년 공동세배식(중앙종리원, 신)이 열렸다. 이날 춘암상사 댁으로 중앙총부 임직원과 함께 여성회 회원들이 세배를 드리러 갔다. 이때 여성회는 내성단과 부인회, 즉 신파와 구파를 구분하지 않고 함께 참석하였다. 이는 여성회가 여전히 주옥경 초대회장의 지도력 아래 통합적인 행보를 하고 있었음을 반증하는 것이다.

포덕 79년(1938) 4월 4일, 천도교내성단(신)은 대표 70명 중 38명이 참가한 가운데 제11차 전단대표회의를 열고 경과보고, 결산안 및 예산안 심의 의결에 이어 임원 개편을 했다. 대표는 의암성사의 따님인 손광화가 맡았고, 중앙집행위원 외에 고문에 김병제, 이단을 위촉하였다. 특이한 것은 이때 주옥경 종법사가 실무진(재무위원)으로 참여한 점이다. 이는 당시의 재무(재정) 상황이 그만큼 열악하였음을 보여주는 장면이라 할 수 있다. 한편 그다음 날, 중앙교회(구) 측에서는 한동안 '청년동맹'에 통합되었던 여성동맹을 재건하여 '천도교부인회'를 발족하였다.

포덕 80년(1939) 들어서도 일제의 종교탄압은 거침없이 진행되었다. 내성단의 제12차 전국대표대회는 천도교 전위단체인 청우당이 해산(1939.4.3)한 다음 날인 포덕 80년(1939) 4월 4일 36명의 대표가 중앙대교당에 모여 침통한 분위기 속에서 개최됐다. 주옥경 주재하에 예·결산안을 심의 의결한 후 신규 임원을 선출했다. 손광화 대표는 유임됐으며, 중앙집행위원과 실무위원, 고문도 대체로 유임됐다. 이듬해, 포덕 81년(1940) 4월 4일 내성단은 제13차 전단대표대회를 열고 손광화 대표 이하 임원을 선임(대체로 유임)했다.

만주를 넘어 중국대륙을 점령해 나가던 일제는 급기야 포덕 82년(1941) 12월, 미국 하와이의 군항(軍港) 진주만을 공습함으로써 제2차 세계대전의 불길은 아시아·태평양으로 번졌다. 태평양 전쟁이 막판으로 치달으면서 일제는 포덕 85년(1944) 4월 15일 중앙대교당을 피복공장으로 징발하는 한편, 대신사 출세백년기념관은 구청 청사로 징발하여 사용하였다. 포덕 86년(1945)에 접어들면서 연합군의 승리가 예고되고 일제의 패색이 짙어지는 가운데 이탈리아의 무솔리니가 처형당하고 독일이 항복하였다. 소련은 일본에 선전포고하고 만주와 한반도로 진격하기 시작하였으며, 미국은 일본 히로시마와 나가사키에 원자폭탄을 투하하였다. 8월 15일, 마침내 일본이 연합군에 항복함으로써 우리 민족은 기나긴 일제강점기에서 벗어나 광복을 맞았다.

포덕 77년경부터 포덕 86년(1945) 해방을 맞이할 때까지는 천도교여성회 역사상 가장 엄혹한 시련기, 암흑기라고 할 수 있다. 교단으로서는 일제의 강압과 내부 분열로 교세가 침체되고 교인들의 활동 또한 위축될 수밖에 없었다. 전쟁 수행을 위한 일제의 입김이 모든 곳에 강력하게 작용하는 상황에서, 여성회(내성단, 부인회, 내수회)는 대외 활동은 엄두도 내지 못한 채 절치부심하며 숨죽여 조직을 유지하고 최소한의 활동으로 단원들을 이끌어나갔다. 그러나 그 이면에서는 '무인멸왜기도' 운동에서도 보듯이, 독립의 그날을 그리워하고, 또 바라고 기도하는 마음이 무섭게 끓어오르는 정중동의 시기이기도 했다.

❷ 시련 속의 조직 활동 - 천도교내수회(합동) 출범

포덕 81년(1940) 4월 4일, 8년 만에 중앙종리원(신)과 중앙교회(구) 합동대회가 열렸다. 이날 내성단은 제13차 전단대표대회를 열었는데, 이는 교단 합동이 선포되기 전에 공고된 것이어서 당초 계획에 따라 임원진 일부를 개편한 채 마무리되었으나, 이날 채택한 3개 강령 안에는 '천도교내수회' 조직과 교양에 관한 사항이 포함되었다. 이는 내성단(신)과 부인회(구) 합동을 전제로 한 것이라고 할 수 있다.

봉황각에서 열린 부인강좌에 참가한 내수회 회원들(포덕 81년 8월 18일)

마침내 포덕 81년(1940) 4월 21일 천도교여성회(내수회) 합동대회가 개최됐다. 대회에서는 주옥경 회장을 내수회 최고 예우직인 교도사(教導師)로 추대하고 회장(대표) 손광화 외에 새로운 임원진을 구성했다. 교도사 주옥경 외에 고문에 여성인 김우경과 유상화가 포함된 것이 이채를 띤다.

포덕 82년(1941) 4월 4일 54명의 대표가 참석한 가운데 중앙대교당에서 여성회(내수회) 제2회 정기대회가 열렸다. 사업 경과보고, 예·결산 심의에 이어 새롭게 임원을 선출하였다. 이 대회에서는 대표 손광화 이하 임원들이 대체로 유임하고 일부 보선된 것으로 보인다. 이어 여성회(내수회) 제3회 정기대회는 포덕 84년(1943) 4월 4일, 2년 만에 개최되었다. 주옥경 교도사 주재하에 예산안 심의, 임원진 구성을 했다. 여성회는 정기대회일부터 4월 9일까지 제1회 연성회를 개최했다. 또 포덕 85년(1944) 4월 4일 총부 회의실에서 제4차 전회 대표대회를 열고 사업 경과보고와 결산보고에 이어 제3차 대회 선출 임원을 유임시키는 것으로 결의했다. 손광화 대표와 중앙집행위원 박준화는 제2차 정기대회 후 4월 하순부터, 충남 온양지부와 예산지부를 순회했다.

시련기 전반기(1936.4.5~1945.8.15)의 천도교여성회는 '내성단/부인회'와 '내수회'라는 조직 명칭을 쓰는 시기에 걸쳐 있다. 실질적인 시련은 1930년대 들어

천도교내수회 제1회 연성기념(포덕 84년 4월 9일, 중앙대교당 앞)

서면서부터 시작되었다고 할 수 있으며, 특히 포덕 78년(1937) 이후에는 전시체제가 전개되면서, 일제의 압박 강도와 요구사항이 금도를 넘어서, 인내의 한계를 시험하는 수준으로 비화(飛禍)해 나갔다. 특히 포덕 79년(1938) 4월 4일부터 해방 때까지 회장(10대~16대)을 맡은 손광화 대표는 의암성사의 둘째 따님으로, 온몸으로 시련의 역사를 지나온 셈이다.

천도교여성회(내성단, 부인회, 내수회)의 시련은 포덕 79년(1938) 2월 17일 황해도 신천에서 무인멸왜기도 운동이 발각되고, 일제에 의한 교단 탄압이 극도에 이르면서 더욱 가속화되었다. 4세 대도주 춘암상사 댁도 일제 경찰의 군홧발 아래 놓이고, 대교당까지도 일제의 군수품 공장으로 징발될 정도에 이른 것을 보면, 그 당시 천도교여성들의 고초가 어떠했는지 짐작하고도 남음이 있다. 전시체제하에서 천도교여성들은 천도교인 일반, 그리고 다른 종교단체의 신자들과 마찬가지로 전시체제에 동원되어 수시로 신사 건립과 같은 노역에 종사해야 했으며, 놋그릇 등 물품을 징발당할 때에도 그 전면에 내몰리는 수모를 견뎌야 했다. 이 시기에 신·구로 나뉜 교단과 여성회 조직이 합동을 이루게 된 것은 그나마 불행 중 다행한 일이었다.

그러나 시련이 닥칠수록 천도교의 한울여성들은 기도의 힘과 수도연성으로 어려움을 극복해 나가는 정성스러움을 잃지 않았다. 천도교 여성들은 암중모색으로 일제 패망의 그날을 예감하며 매일기도와 수도연성을 계속하였고, 마침내 포덕 86년(1945) 8월 15일 광복을 맞이하게 되었다.

제2절 해방공간과 동란기의 천도교여성회

❶ 해방공간과 동란기의 여성회 활동

광복 이후 해방공간의 전개, 뒤이은 6·25 전쟁, 전후 복구와 4·19 혁명, 5·16 군사 정변, 그리고 본격적인 산업화 시대의 개막에 이르기까지, 파란만장한 한국 현대사가 꼬리에 꼬리를 물고 이어지던 시기에 주옥경 회장은 백절불굴의 의지로 주어진 자리를 지켰다.

해방된 조국에서 활짝 날개를 펴고 활동할 수 있을 것이라는 기대도 잠시, 금방 해소될 줄 알았던 남북분단은 점점 극단적인 갈등으로 치닫는 쓰라린 상황이 이어졌고, 이에 더해 교단은 또다시 신·구파로 나뉘었다. 다행히 포덕 89년(1948) 신·구파는 다시 합동대회를 열고 분규를 마무리 지었으나, 6·25 전쟁 발발로, 여성회의 시련은 끝을 모르고 계속되었다.

해방 직후부터, 교단 수습에 나선 총부는 포덕 86년(1945) 10월 24일, 일제 말기에 해산했던 천도교청우당을 부활하였다. 다음날인 10월 25일, '천도교총부'도 임시 전국대의원대회를 개최, 교약(教約)을 개정하고 지도체제도 개편코자 하였다. 그러나 이 대회에서 최린의 출교 문제로 신·구파 간 갈등이 재연됐다. 결국 포덕 87년(1946) 5월 23일, 교단은 또다시 분열되었다. 이로 말미암아 포덕 87년(1946) 4월 5일 대표대회를 개최하여 체제를 정비하고, 주옥경을 대표로 선출(10대 회장)하면서 재건의 결의를 다졌던 천도교여성회(내수회)는 도약을 위한 첫 출발부터 삐걱거림을 면치 못하였다.

여기서 언급할 것은 이 시기 천도교여성회의 단체명 변경에 관한 사항이다. 『천도교여성회 70년사』(139쪽)에서는 〈천도교부인회〉 규약을 근거로 포덕 97년(1956)에 '천도교부인회'로 명칭을 변경하였다고 추정하였다. 그러나 〈천도교부인회〉 규약에 제정연도 표기가 없다는 점을 근거로 확정적 판단을 유보한 바 있다. 금번에 100년사를 집필하는 과정에서 새롭게 발굴한 당시 신문기사 등을 참고로 하면, 포덕 87년(1946) 4월 5일 개최된 대표대회에서 '내수회'를 '부인회'로 개칭하는 〈천도교부인회〉 규약을 제정 채택했을 가능성도 있음을 발견하게 된다. 1945년 8월 11일 자《동아일보》에는 '천도교부인회'라는 명칭이 보이고, 천도교 장로 권동진 영결식(1947.3.16)에서는 '부인회'에서 조사를 하였으며, 여성회 창립 20주년(1947.3.25) 기념식은 '천도교내수회-부인회'라는 이름으로, 다시 말해 이중 표기로 기사화되었다. 그해 4월 30일 한 신문 창간 기념 축하 광고는 '천도교내수부인회'라는 이름으로 게재되었고, 5월 7일 총부 기록(〈교화원일지〉)에는 "천도교부인회 신남홍"이라고 기록했다. 또 6월 23일 미소공위협의에 참가하는 정당단체의 대표로 '천도교부인회'의 김정룡이 참여하였고, 포덕 89년(1948)에는 조선농민사 경기지방대표자회가 총부 '부인회 사무실'에서 개최된 교회 기록(〈현기실일지〉)도 있다.

반면, 이 시기에는 '천도교내수회'라는 이름도 다수 보인다. '천도교내수회'가 주옥경 사모님 댁에서 척사대회 개최(1948.1.6), '천도교내수회 부인강좌' 개최(1948.8.23), '천도교내수회 총회' 개최(1949.3.21), '천도교내수회 창립 26주년 기념식'(1949.3.25), '천도교내수회 회의'(1950.1.15), '천도교내수회 간담회 겸 척사대회'(1950.1.24), '천도교내수회 창립 제27주년 기념식'(1950.3.25), '천도교내수회 창립 제31주년 기념식'(1954.3.25) 등이다(이상 〈교화원일지〉). 이 해 6월 30일 자 일지에는 "부인회(내수회)에서 수련 시작 1주년 기념행사를 하여 총부 직원과 청년

천도교부인회 제1회 수련회에 참가한 주옥경 회장과 회원 일동(포덕 97년(1956) 8월 4일, 봉황각 앞).

회 간부를 초대하여 오찬을 하였다"는 기록(〈교무관일지〉)이 있고, 8월 28일에 '천도교내수회'에서 연성을 시작한 기록이 있다. 또 포덕 96년(1955) 인일기념식에 청년회유소년부, 학생회와 함께 '천도교내수회'에서 연예 및 가무 공연을 한 기록이 있다.(『신인간』 206호, 1956. 2.15)

이상의 내용을 종합하면, 해방정국과 동란 이후까지 여성회 명칭이 혼란을 보이는 것은 첫째, 일제강점기 말기에 쓰인 '천도교내수회' 명칭이 그대로 유지되었지만, 그것을 회피하여 구파 여성회에서 쓰던 '천도교부인회'를 썼을 가능성, 둘째, 광복 이후 '내수회'라는 명칭을 당시 일반적으로 (혼인한) 여성을 가리키던 '부인회'로 비공식적으로 통칭하였을 가능성, 셋째, 포덕 87년(1946) 4월 5일에 개칭하였을 가능성 등이 있다. 이에 따르면 '천도교부인회(합동)'의 명칭은 해방공간 시기에 대회를 거쳐 쓰였을 가능성도 배제할 수 없다. 다만, 이런 가능성에도 불구하고 변동 상황을 확정할 결정적 사료가 발견되지 않았으므로, 여기서는 70년사 간행 당시의 비정(批定)을 그대로 따르기로 한다.

해방공간에서의 여성회 활동은 신·구가 나뉘어 있던 전기와 포덕 89년(1948) 4월 합동 이후의 후기로 구분해 볼 수 있다. 광복의 기쁨도 잠시, 이 시기는 내적인 정치 과잉에 더해 외세(군정)의 간섭으로 본격적인 서구화(미국화)가 진행되고 분단이 고착화되면서 전쟁의 기운이 치솟던 때였다. 그런 가운데서도 여성회(내수회(신), 부인회(구))는 재건의 불씨를 되살리고자 분투하였다. 이처럼 재건기는 해방을 맞이하고, 또다시 분단(국가), 분열(교단)-합동의 대 혼란기를 지나며, 재건을 위한 고난의 발걸음을 계속하던 시기이다.

이 시기 교단 체제(집행부) 변천을 살펴보면 다음과 같다. 포덕 89년(1948) 4월 4일, 신구 합동대회를 개최하여, '천도교총부' 내에 장로실, 현기실과 교화원, 교무원, 경리원의 3원, 그리고 감사관 등의 3원 1관제를 채택하고, 3원장(정환석, 계연집, 황생주)이 합의하여 교무를 관장하였다. 6·25 전쟁이 끝날 무렵인 포덕 93년(1952) 4월 5일 광주군 안골에서 전국대회를 개최하고, 장로실과 현기실 외에 3원 1관의 집행부를 구성했다. 포덕 95년(1954) 4월 24일 개최된 대회에서 현기실, 3원(이동락, 최익환, 황생주) 1관의 집행부를 구성했다.

이러한 일종의 과도기를 지난 후, 계속되는 교단 집행부 구성 과정의 잡음을 딛고, 포덕 96년(1955) 1월 17일 임시대의원대회에서 그동안의 교약(敎約)을 교헌(敎憲)으로 개편하고 천도교총부를 '천도교중앙총부'로 하며, 교령제를 채택하여 교령사, 4관, 종의원, 감사원의 총부 체제를 구축하였다. 이 대회에서 공진항 교령이 선출되고, 연원은 조직을 갱시(更始: 다시 시작함)하여 도정-도훈-교훈-신훈의 오늘날 연원제의 골격을 마련하였다.

이 대회 이후 각 부문단체의 본격적인 부활이 이루어졌고, 포덕 97년(1956) 4월 4일, 각 지방 부인대표 40여 명이 참석한 가운데, 내수회 규약을 수정 '천도교부인회'로 하는 규약을 채택한 후 주옥경을 회장으로 선임하였다.

아래에서는 이 기간 동안(1945.8.15~1956.4.5)의 천도교여성회 조직 개편과 활동을 중심으로 다시 역사적 흐름을 살펴본다. 포덕 87년(1946) 8월 10일, '천도교여성회'(내수회)는 '천도교부인회'라는 이름으로 창녀갱생운동을 위한 14개 여성단체 연합회인 '폐업공창(公娼)구제연맹'에 가입하여 활동하였다. 해방 이후 유곽(遊廓)을 벗어나고자 하는 여성들이 도움의 손길을 얻지 못해 부득불 다시 유곽으로 돌아가는 일이 없도록 일자리를 제공하는 등의 구제책을 마련하기 위한 것이다. 그해 11월 15일에는 전국 8개 여성단체 대표자 200여 명이 함께하는 '조선여성단체총연맹'에 참여하여 해방공간에서의 대외 활동의 폭을 넓혀 나갔다. 여성회(부인회)는 포덕 88년(1947) 3월 20일부터 5월 초까지 덕수궁에서 열린 미·소 공동위원회에 대표(김정룡)를 파견했다. 그러나 모스크바 3상회의에서 결의한 한반도 신탁통치에 대한 찬성(우익)과 반대(좌익)가 결사적으로 맞선 가운데 열린 미·소 공동위원회는 미국과 소련 간의 입장 차이를 좁히지 못한 채 끝나면서 분단은 더 고착되고 좌우익 갈등의 골은 깊어만 갔다.

여성회(부인회)는 중간파 여성단체 행동통일운동을 전개하는 등 중도 노선을 지키려 애를 썼다. 한편 포덕 89년(1948) 4월 19일 평양에서 열린 남북정당사회단체대표자 회의에 천도교청우당원 외에 학생대표로 당시 서울대 사학과 학생이던 허경일(1980년 여성회본부 부회장)이 참석하기도 하였다. 이 해 8월 18일에도 중간파 정당의 통일전선의 여성단체 부문에 '천도교부인회'는 7개 단체의 일원으로 참여하였다.

이 시기에도 여성회(내수회, 부인회)는 자체 활동을 계속했다. 포덕 86, 87년의 경우는 기록이 발견되지 않았으나, 포덕 89년(1948) 3월 25일에는 천도교여성회(내수회, 부인회) 창립 제24주년 기념식을 대교당에서 11시에 개최하였다.

창립기념식은 포덕 90년(1949), 91년(1950)에도 거행했다. 또 포덕 90년(1949) 3월 21일에는 신구파가 합동한 가운데 '천도교내수회' 총회를 열고 주옥경(위원장), 김정룡(부위원장) 등 임원을 선출하였다. 권동진 장로 영결식(1947.3.15) 참석,《여성신문》에 축하 광고 게재(1947.4.30), 총부 직원 초대 위로연(1947.5.7) 등의 살림꾼의 면모를 계속해 나갔으며 주옥경 회장을 중심으로 결속력(1948.1.6, 척사대회)을 다져 나갔다. 또 여성회(내수회)의 부인강좌(1948.8.23)와 부인연성(1948.8.28, 7일간)도 간헐적으로 진행되었다. 어려운 가운데 진행된 시일식에서도 설교 시간에 '부인수도'와 부인들의 역할을 강조하는 사례가 많았던 것은 당시 여성들에 기대는 교단 전체의 심정을 대변한 것이라 할 수 있다. 이러한 활동의 성과로 포덕 90년(1949)에는 여성회(내수회) 상무(최종숙)를 선임한 것으로 보아, 여성회 활동이 어느 정도 활성화되었던 것으로 보인다.

주옥경 회장(대표)은 당시 충북 진천으로 피난해 있는 상황에서도 포덕 94년(1953)『신인간』 신년호에 「내수회원들에게」라는 신년인사를 내보냈다. 이 글에서 주옥경 회장은 "전란 중에 부모형제와 생이별을 하고 모진 고생을 하는" 회원들을 위로하고 "이런 때일수록 신앙을 돈독히" 할 것을 당부하였다. 아울러 "새로운 희망을 가지고 수인사대천명하여 성쇠지운(盛衰之運)이 오직 부인수도에 있다는 해월신사의 말씀을 잊지 말라"고 당부하였다. 이때 주옥경 회장이 머물던 곳은 염창달(홍암)·김초순(순화당) 교인 댁과 진천교구 등이며, 염창달의 후손(염상철 외, 서울교구)은 현재도 정성을 다해 신앙을 이어가고 있다.

또 전쟁의 참화가 채 가시기 전인 포덕 95년(1954) 3월 25일에는 제31주년 창립기념식이 거행되었다. 천도교여성회의 이날 창립기념식은 여성회의 기운을 북돋는 명절날일 뿐만 아니라, 교단 전체에 활기를 불어넣고, 세상을 향하여 개벽의 의지를 표명하는 날이었기에, 난관을 무릅쓰고 기어이 기억하고 기념하려 했던 것을 알 수 있다.

한편 분단 및 해방정국이 전개되던 이 시기 민족 최대의 과제였던 '분단 저지'를 위한 남북 천도교의 노력에서 여성회원이 결정적인 역할을 하였다. 서울의 천도교청우당이 북조선청우당과 연대하여 '분단저지운동'(3·1재현운동)을 전개하고자 밀사를 평양으로 파견키로 결정하고 박현화(朴炫嬅), 유은덕(劉恩德) 두 사람을 두 갈래 길로 파견한 것이다. 불행히 유은덕은 해주에서 적발되어

북조선 서선종무원 제2차 여성교역자 양성 강도회 수료식 (포덕 89년 9월 30일) 32명이 참가하여 교리, 교사, 천덕송, 역사 등 30일간 수업. 첫째 줄 왼쪽 첫 번째 옥인애(천덕송 강사), 두 번째 최시영(서선종무원 담당 여성순회강사), 일곱 번째, 김용문, 셋째 줄 왼쪽 네 번째 김경렬

희생되었고, 박현화 열사는 평양에 도착하여 연원대표에게 밀서를 전달함으로써 포덕 89년(1948) 북한 지역에서 대대적인 분단저지운동이 전개되었다. 이후 박현화(誠法堂) 열사는 천도교여성회본부 부회장을 비롯한 여러 직책을 수행하며 여성회 발전과 교단 발전을 위하여 애쓰다가 포덕 115년(1974) 3월 11일 환원하여 중앙총부에서 영결식을 거행, 포천 교회묘지에 안장됐다.

남측의 해방정국 시기에 북조선 천도교(西鮮宗務院)에서 여성교역자 양성 강도회를 여러 차례 실시하였다. 포덕 89년(1948) 9월경에는 2차 강도회를 수료한 여성회원들이 기념사진을 찍었다. 이때 옥인애(천덕송 강사), 최시영(西鮮순회강사) 등이 여성으로서 강사진에 포함되었다.

❷ 해방을 불러오는 기도의 힘

천도교여성회(내성단)는 포덕 77년(1936)경부터 일제의 극심한 탄압하에 놓이게 되었다. 여성회뿐 아니라 천도교단 전체가 같은 상황이었고, 사회 전반에 일제 군국주의 통치의 검은 그림자가 드리우고 있었다. 그런 가운데서 역시 시련을 극복하는 힘은 수도연성에서 찾을 수밖에 없었다. 그리고 그 핵심 역량은 교단 전체를 통틀어 여성들이 감당하였다고 해도 과언이 아니다.

포덕 79년(1938) 4월 8일, 의암성사 탄신 제78회 경축식을 봉행한 후 여성회(내성단) 회원 24명은 의암성사 묘소를 찾아 성묘하였다. 아마도 여성들은 스승님의 묘소 앞에서 소리 없는 통곡을 하였을 것이다. 그리고 그 통곡은 광복의 날을 향해 메아리쳐 갔을 것이다.

한편 포덕 79년(1938) '무인멸왜기도'가 일제에 발각되면서 교단 전체에 일제의 서슬 퍼런 칼날이 밀어닥쳤다. 수많은 교역자들이 체포되어 고초를 겪고 순도 순국하였으며, 그 와중에 그들의 부인이자 며느리이며, 따님이던 여성들의 고초도 이루 말할 수 없었을 것은 두말할 여지가 없다. 예컨대, 춘암상사의 며느님(안예화, 수경당)도 그중 한 분으로, 멸왜기도 발각 이후 수시로 가택수색을 하는 통에 책자와 문서를 감추고 소각하느라 애를 먹었다는 증언을 남기기도 하였다.(『신인간』562호, 1997.6) 이 시기에 일제에 의해 일본어를 '국어'라고 부르도록 하고, 일본어 상용이 강요되는 시기를 앞두고 있었으나, 여성회(내성단) 본부는 포덕 80년(1939) 일본어 외에 조선어와 산술 등과 함께 교리를 수학하는 '부인강습회'를 개최하였다. 강사는 전의찬, 조기간, 김병제, 이단 등 당대 총부의 핵심 교역자들이었다. 또 7월 9일에는 총부 관장회의에서 여성회(내수회) 지방대표 대상 강습회를 열기로 하여 지일기념일부터 우이동 봉황각에서 72명의 여성(부인)을 소집하여 일주일간 부인강좌를 개최하였다.

전시체제의 엄혹한 현실 속에서도 여성회원의 역량 강화와 지부 활성화를 위한 순회는 계속되었다. 포덕 81년(1940)에는 총부의 지원으로 여성회원 조팔보를 순회전문 상무(월40원)로서 부인단체, 즉 여성회(내수회) 지부를 순회하는 역할을 맡도록 하였다. 여성회(내수회) 상무 조성일은 만주지역을 순회하고, 만주지역 포덕에 더 노력할 것을 총부에 건의하였다는 기록도 있다. 포덕 82년(1941) 5월 31일에는 여성회(내수회) 수원지부 조직을 위해 주옥경, 이연 두 사람이 수원교구 순회를 하였고, 9월 8일부터 이듬해(1942) 2월까지, 순천, 자산, 개천, 영변, 운산, 태천, 가산, 박천(博川), 단천, 청진, 길주 등지의 교구에서 순회강도회(강사 조성일)를 실시하였다.

한편 포덕 82년(1941) 9월 13일, 주옥경 회장(고문)은 봉황각이 일제에 징발되거나 훼손될 것을 우려하면서 영구 보존을 위한 방안으로 수도원(修道院)을 건립하는 의견을 내면서, 자신의 조석(朝夕) 30끼니분을 성금으로 기탁하였다. (〈총부일지〉 9.13) 이것이 훗날 포덕 97년(1956) 12월 24일 개최된 원주직 간담회에서, 창도백년기념사업의 일환으로 봉황각을 수도원('의창수도원')으로 전환키로 결의한 시발점이 되었다고 할 수 있다.

포덕 83년(1942) 8월 20일에는 천도교여성회(내수회)본부 주최로 교령(이종린) 등 9명이 봉황각에서 기도회를 하였으며, 이듬해 포덕 84년(1943) 1월 1일부터 7일간의 연성기도회도 여성회 주관하에 실시되었다. 또 포덕 84년 4월 7일부터 제1회 집합연성기도회가 중앙대교당에서 총부 직원, 선도사, 연원대표 등이 참석하여 실시될 때 여성회원도 39명이 이에 동참하였다.

일제의 노역이나 군수품 징발 등에 동원되는 처절한 상황 속에서도 천도교 여성들은 오직 기도만이 이 수모와 시련을 극복할 유일한 길임을 믿고, 어둠을 헤치고 빛을 향해 무릎걸음을 계속해 나아갔던 것이다.

❸ 해방공간과 동란 이후의 수도와 교육

해방공간은 교단 안팎으로 모두 '정치의 시공간'이 펼쳐졌다. 천도교여성회(부인회)는 해방 이듬해인 포덕 87년(1946) 4월 5일 대표대회를 개최하여 체제를 일신하고 주옥경 회장을 대표로 선출하며 새 출발을 기약하였다. 그러나, 곧 이어 교단에 신·구파 갈등이 재연되면서, 손발이 묶이고 말았다. 그런 가운데서도 여성들은 교역자들을 집으로 초청하여 위로하거나 의식(衣食)을 보살피는 살림꾼의 역할을 도맡았고(1947.5.7, 신남홍), 꾸준히 창립기념식을 거행하면서 도약의 계기를 모색해 나갔다.

암울한 시대의 난관을 극복하는 방안도 역시 수도의 힘에서 찾을 수밖에 없었고, 그 역할을 앞장서서 담당한 것은 천도교 여성들이었다. 6·25 전쟁의 참화가 채 끝나기도 전인 포덕 94년(1953) 6월 말경, 천도교여성회(부인회)는 1년 이상 지속할 목표를 세우고 수련회를 시작하였다. 이는 휴전 이후 이듬해까지 이어져 포덕 95년(1954) 6월 30일에 여성회(부인회, 내수회)는 수련 연성 시작 1주년 기념행사를 거행하고, 총부와 청년회 임원을 초대하여 오찬을 함께하였다.(〈교무관일지〉) 여성회는 다시 이 해 8월 28일부터 수련 연성을 시작하여 천도교의 기운을 되살리고, 조국의 통일과 국가의 재건을 기원하였다.

어려운 여건 속에서도, 여성회는 간헐적으로 대외적인 활동에도 참여하였다. 포덕 94년(1953) 7월 27일 휴전협정이 체결되고, 3년간 전 국토를 포화 속에 몰아넣은 6·25 전쟁이 일시 종결(휴전)되자, 정부는 포덕 95년(1954) 제3대 민의원 총선거를 실시했다. 이 선거는 실로 국가의 운명을 좌우할 중차대한 선거였다. 여성회(내수회)는 18개 여성단체와 함께 이 해 5월 13일 공동성명을 발표했다. '5·20 총선거에 제(즈음)하여 1천5백만 여성에게 고함'이라는 제목의 성명서는 여성의 정치적·사회적 지위 향상을 목적으로 민의원 선출의 네 가지 기본 지침을 밝히고 있다. 첫째, 사이비 애국자를 배격할 것, 둘째, 금력으로 권력을 장악하려는 자를 배격할 것, 셋째, 축첩한 자를 배격할 것, 넷째, 남녀 동등의 법률을 보호 실천할 수 있는 인사를 선출할 것 등이다.

3년여의 전쟁이 휴전에 들어가자 여성회는 포덕 95년(1954) 8월 28일부터 연성회를 개최하였고, 청년회 유소년부, 학생회 등과 함께 문화공연을 기획하여 교단 내의 분위기를 쇄신 진작하는 데도 심혈을 기울였다.

한편, 포덕 96년(1955) 1월 21일은 주옥경 회장(대표)의 회갑일이다. 회갑 잔치는 삼청동 자택에서 열렸다. 천도교인은 물론이고 여러 내빈이 참석하거나 선물을 보내왔으며, 독립운동가인 신숙(申肅)은 주옥경 대표의 회갑을 축하하며 〈주 사모님의 육십일 세 환갑을 축하합니다〉라는 시(최동희 번역본)를 지어 올렸다. "원래 장수는 하늘처럼 끝없이 큰 것이지요 / 사람들 사이에선 어찌하여 꼭 살아온 햇수만 세고 있을까요! (사모님의 장수는 교단과 더불어 길이 이어집니다) / 나이 많으신 사모님이 우리 교당에 계시는 것은 크나큰 복입니다. / 성사님이 세상 떠나셨다는 것은 그저 배필의 인연 쪽일 뿐이지요!(우리 교단에는 사모님과 더불어 성사님이 길이 계시지요) / 만고에 드문 정조는 길이길이 달처럼 맑고 밝을 것입니다. / 그 당시 배필의 사랑이야 한때의 연기처럼 사라졌지요!(교단의 사랑은 길이길이 빛나지요.) / 늘그막에 사모님이 낳으신 아들이 없다고 한탄하지 마십시오! / 백만 신도가 슬하에 가득할 것입니다."

이날 회갑연은 '주옥경 사모님'의 개인을 위한 잔치만이 아니라, 고단한 길을 걷고 있던 전체 천도교인과 총부 및 지역의 교역자들에게 모처럼 활기를 선물하는 귀중한 행사가 되었다.

4장 재건기

폐허 위에 다시 세운 깃발 — 1956.4.4.~1968.9.15.

제20대 99.1.26. 주옥경 천도교부인회 —— **제21대 104.4.28.** 주옥경 부인회 —— **제22대 109.9.15.** 주옥경 천도교여성회 제1차 대의원대회

시련기의 천도교여성회는 거대한 역사의 소용돌이 속에 휘둘리면서도 '한울여성'으로서의 정체성을 지키기 위해 안간힘을 썼던 간난신고의 세월을 지나왔다고 말할 수 있다. 엎어지고 자빠지면서도, 결코 완전히 멈춰 버리지는 않았다는 사실은 우리의 심금을 울리고도 남는다. 이 시대의 여성들의 활동은 여성회 100년 역사에서 가장 가느다란 협곡이자 부분부분 흔적마저 지워져 버린, 때로는 지워 나가야 할 역사의 비탈길이기도 하다. 그 고난과 눈물의 발걸음 위에 비로소 100년 천도교여성회사가 가능했음을 잊지 말아야 할 일이다.

휴전 이후 교단을 수습해 나가는 과정에서 천도교 여성들은 중앙총부를 중심으로 한 교단 재건 노력을 뒷받침하는 한편으로, 여성회 자체도 재건의 의지를 굳건히 하면서, 시련을 이겨나갔다. 이 혼란스러운 과정을 시종일관 지휘하고, 뒷받침하며, 독려한 사람은 역시 주옥경 회장이었다. 주옥경 회장의 의지와 권위에 기대어, 천도교여성회는 혼란한 역사 시기를 건너 빛나는 깃발을 다시 세울 수 있었다. 주옥경 회장은 포덕 100주년(1960)을 교단 재건의 결정적인 전기로 삼고자 하였다. 4·19 혁명과 5·16 군사정변 등의 상황으로 이는 꽤 지연되었으나, 결국 재건기를 지나 천도교여성회 시대(1968.9.15)를 맞이하며, 그 내적인 적공(積功)의 결실이 나타나게 된다.

제1절 동란 이후 여성회의 부활과 정비

광복 이후 혼란한 사회상과 남북분단, 6·25 전쟁으로 고초를 겪던 천도교여성회는 포덕 97년(1956) 4월 4일, 각 지방 대표 40여 명이 참석한 가운데 대회를 열었다.(※이 대회에서 여성회는 '천도교내수회'에서 '천도교부인회'로 명칭을 변경했다. 『천도교여성회 70년사』 참조) 이는 바로 전해인 포덕 96년(1955) 총부가 교약(教約)을 교헌(教憲)으로 바꾸면서 교령제(教領制)를 채택하고, 총부 명칭을 '천도교총부'(포덕 89년(1948) 4월 4일 합동 당시)에서 '천도교중앙총부'로 바꾸는 개편을 단행한 것과 궤를 같이한다. 이 대회에서 〈천도교부인회규약〉(부록 참조)을 제정하고 주옥경 회장을 선임하였다.

이 시기에 어떤 기록에도 없는 귀중한 사진 하나가 역사를 웅변하고 있다. 포덕 97년(1956) 7월 7일 중앙대교당 앞에서 주옥경 회장을 비롯한 여성회원 26명과 총부 임원들(9명)이 찍은 기념사진이다. 이는 다른(문서) 기록에는 보이지 않는 것으로, "내수회원 3년 기도 기념"이라고 되어 있는 것으로 보아, 포덕 94년(1953) 휴전에 즈음한 시기부터 기도를 시작하여 이날 마치면서 기념촬영을 한 것으로 보인다. 이는 현재 거의 자료가 남아 있지 않은, 이후 10년간의 재건기(1956.4.5.~1968.9.15.)가 어떠한 맥락 속에서 전개되었는지를 짐작하게 해주는 귀중한 자료이다. 여성회원들의 정성과 공경과 믿음이 전쟁의 폐허 위에서 다시 여성회를 살리고, 천도교를 살리고, 대한민국을 일구어 왔음을 이 사진이 말없이 웅변하고 있는 것이다.

포덕 98년(1957) 1월 6일에 총부(교령사+상주종의원) 연석회의에서는 삼청동에 사시던 주옥경 사모님을 우이동 봉황각 별채로 이거(移居)케 하였다.

여성회(부인회)는 포덕 98년(1957) 3월 11일부터 21일까지 여성교역자 단기강습회를 실시하였고, 그 직후부터 지방교구 순회강연을 시작하여, 3월 22일 광주(廣州)교구, 28일 황화전교실, 29일 구자곡전교실, 6월 8~9일 대전교구 등에

여성회 주옥경 대표를 비롯한 회원들이 6·25 전쟁이 끝난 직후인 포덕 94년 7월부터 3년간의 특별기도를 마친 후 찍은 기념사진(포덕 97년 7월 7일, 중앙대교당 앞)

서 강연회를 실시하였다. 그리고 여세를 몰아 포덕 99년(1958) 12월 21일에는 '연구위원회'를 발족하게 된다.

여성회(부인회)는 포덕 99년(1958) 1월 26일 중앙대교당에서 중앙확대위원회를 열고 포덕 100년 기념사업 추진 등 제반 안건을 심의하고 임원진을 개편했다. 또 이날 회의에서는 첫째, 부인수도의 철저한 실행, 둘째, 포덕운동의 적극 추진, 셋째, 지방부 조직 강화, 넷째, 포덕 100년 기념사업 추진 등을 결의하면서 재도약의 의지를 천명하였다. 이날 선출된 임원은 다음과 같다.

회장	주옥경
부회장	김병화 홍경지
실무위원	총무부장 허경일 부원 이경선, 서무부장 김정숙 부원 조혜숙, 재무부장 곽영숙 부원 김정숙, 사업부장 홍창섭 부원 김춘화 김경렬 이봉열, 조직부장 최시영 부원 박재선, 교화부장 박현화 부원 허경일 김철화, 포덕부장 양이제 부원 김효순 차기숙 차이화
고문	홍순영 홍순화 김상화 박춘화
상임위원	주옥경 김보부 차재봉 박현화 양이제 차이화 김효순 최시영 곽영숙 최중화 홍경지 김정숙 홍창섭 김춘화 허경일
중앙위원	주옥경 김보부 차재봉 박현화 양이제 차이화 박재선 김효순 최시영 곽영숙 박정자 최중화 오명보 정부화 홍경지 김정숙 유정애 김철화 최윤전 이춘호 홍창섭 권미녀 조순화 조봉춘 고인애 최동화 유옥순 심상순 온영주 김정용 이종숙 오일순 박춘재 권태화 고문숙 김용화 노성저 손문화 박진숙 김춘화 변봉화 강동화 김화복 방연화 오복순 김경렬 이봉열 유홍년 허경일

포덕 104년(1963) 4월 28일, 여성회(부인회)는 중앙대교당 2층 회의실에서 김병화의 사회로 중앙확대위원회를 개최했다. 29명이 참가하여 열린 이날 회의에서 부인회는 월례금을 1인당 10원으로 하기로 결의하고 임원진을 개편하여 주옥경 대표 등 임원을 선출했다. 이어 5월 26일과 6월 10일, 제1, 2차 상임위원회를 열고 지방부 조직, 계몽운동, 유소년 지도문제를 토의하는 한편, 허경일을 총무로 선임했다.

포덕 106년(1965), 중앙총부는 부문단체를 체계적으로 지도·육성한다는 방침 아래 '천도교 부문단체지도위원회 규약'을 만들어 17인 이내의 지도위원으로 위원회를 구성하기로 하였다. 이에 따라 그간 여러 가지 여건으로 인해 활성화되지 못한 상태에서 갖은 노력을 기울이고 있던 여성회(부인회)도 지도위원회의 지도를 받게 되었다.

포덕 109년(1968) 8월 6일, 여성회를 발전적인 조직체로 만드는 방안을 논의하기 위해 제22차 중앙상임위원회가 열렸다. 이날 회의에서는 여성회(부인회) 체제 개편을 위한 규약 수정안 작성 등 시대에 맞는 여성 조직체로 탈바꿈하기 위한 준비 작업을 담당할 준비위원을 선출했다. 준비위원은 홍창섭, 박현화, 김병화, 허경일, 노성자, 최시영, 김태화, 홍경지, 김정숙 등 9명이다.

포덕 109년(1968) 9월 4일, 여성회(부인회)는 주옥경 회장 등 상임위원 21명이 참석한 가운데 제23차 부인회 중앙상임위원회를 개최하고 규약 수정 초안을 심의 확정했다. 이어 9월 15일 개최된 중앙확대위원회(대회 기능 수행)에서 확정된 규약에 의해 '천도교부인회'는 '천도교여성회'로 재탄생하게 된다. 본격적인 '천도교여성회 시대'가 개막되는 것이다.

제2절 재건기를 열어 나가는 교육문화사업과 활동

❶ 포덕백년기념사업유지회 재건

여성회(내수회)는 일찍이 살림의 일꾼답게 포덕 100년을 10년이나 앞둔 포덕 90년(1949) 1월 30일에 주옥경 회장 주도로 〈포덕백년기념사업유지회〉를 창립하였다. "여성회원들이 한마음 한뜻으로 십 년을 변치 않으면 반드시 이룸이 있으리라"는 믿음 속에서 "뜻있는 이들을 모으고, 교회의 찬의(贊意)와 성원 밑에서 진정한 인내천주의에 입각한 교육기관 설치를 목적"으로 시작한 일이었다. 이 유지회(有志會) 활동은 그러나 이듬해 발발한 6·25 전쟁으로 무기한 연기될 수밖에 없었다.

천도교부인회는 포덕 100주년을 1년 앞둔 포덕 99년(1959) 1월 26일의 중앙확대위원회에서 유지회의 재건을 선언하였다. 유지회 회장 주옥경을 중심으로 33인의 이사를 구성하여, 매월 '1백 환'의 기금을 모아 나갔다. 일반 회원도 속속 참여를 선언하였고, 월 '1천 환'의 기금을 납부하는 이들까지 생겨났다.

이에 앞서 중앙총부는 포덕 98년(1957) 1월 6일, 포덕백년기념준비위원회를 거교적으로 구성할 것을 결의하고, 4월 6일 조직을 발표했다. 공진항(교령), 신숙 공동위원장 이하 부위원장 8인과 각 부서로 구성된 조직에서는 여성회가 추진하게 되는 용담정 중건을 비롯하여 교사(教史) 편찬, 천훈록(天勳錄; 교인 인명록) 간행 등의 기념사업 계획안이 입안되었다. 포덕 98년 12월 22, 23일 이틀간 열린 임시전국대회에서는 공진항 교령과 이병헌, 황생주 부교령(당시는 '종무원장' 대신 '부교령제' 채택) 외에 3관장, 현기실(장로, 상주선도사), 감사원, 종의원 등의 3원 체제의 중앙총부 진용이 갖추어졌다. 이후 총부는 포덕백년기념사업과 의암손병희선생기념사업회 발족, 포덕의 날(12월 1일→현도기념일) 부활, 동학혁명기념일 제정(1월 1일→3월 21일) 등의 사업을 의욕적으로 벌이면서, 전성기의 천도교 체제를 회복하기 위한 노력을 기울여 나갔다.

그러던 중 포덕 101년(1960) 4월 19일, 4·19혁명이 일어나자, 이승만 체제하에 농림부 장관을 수행했던 공진항 교령이 물러나고, 포덕 101년(1960) 6월 1일 천도교 임시 전국대의원대회에서 신용구(묵암) 교령 외에 새로운 임원을 선출하였다. 이후 일제강점기부터 민족운동에 앞장서 온 천도교인들을 중심으로 결성된 동학회(東學會)를 기반으로 그동안 암중모색해 오던 전위단체를 부활시키기 위하여 '동학당결성준비위원회'를 결성하고 창당준비에 나섰다. 그러나 포덕 102년(1961) 5월 16일의 군사정변으로, 상황은 다시 급변하였다.

이러한 교단 안팎의 시대적 흐름 속에서 여성회도 재기의 깃발을 내세우고, 여성회를 위한, 천도교를 위한, 그리고 여성회와 천도교의 목적인 새 세상 건설을 위한 본격적인 행보를 재개했다.

특히 주목을 끄는 것은 여성회의 창도 100년 기념사업으로 교육기관 설립을 내세웠다는 점이다. 천도교 교육기관은 포덕 46년(1905) 천도교 선포 이래 끊임없이 추진되어 온 교단의 핵심 사업이었다. '사범강습소'는 교역자 양성을, '(일반)강습소'는 교인 교육을 주로 담당하였고, 전국 모든 교구에 '야학'을 설치하여 운용하는 때도 있었다. 그뿐만 아니라 보성전문학교, 동덕여학교를 비롯한 일반 교육기관을 인수하여 운영하고 지원하는 것도 작게는 민족(국가)의 미래를 위한 동량을 길러내는 일이었고, 크게는 천도교의 목적(보국안민, 포덕천하, 광제창생, 지상천국 건설) 달성을 위한 원대한 꿈을 키우는 사업이었다. 그렇기에, '창(創道)도백년'이라는 기념비적인 전환기에 제1 사업으로 '교육기관 설립'을 내세운 것은 당연한 귀결이라 할 수 있다. 그러나 전란이 끝난 지 10년도 채 지나지 않은 시기여서 "우리 교인은 전란에 산산이 흩어져 주거를 정하지 못하게" 된 형편이어서, 사업 추진은 결코 쉽지 않은 일이었다.

경운유치원 생일잔치 (포덕 102년 8월 8일)

❷ 순회활동과 경운학원, 경운유치원 개설

여성회(부인회)에서는 이러한 난관을 교육과 순회강연 활동, 그리고 수도연성의 힘으로 극복하는 정도를 걸어 나갔다. 포덕 99년(1958) 3월 11일부터 21일까지 여성교역자 단기강습회를 실시하고, 바로 이어서 지방교구(지부) 순회강연을 실시한 것이다. 광주교구(3.22), 황화전교실(3.28), 구자곡전교실(3.29)에 이어 6월에는 대전교구(6.8~9)에서 순회강연이 계속되었다.

이러한 기운이 모여, 본격적인 교육기관의 전초기지가 될 교두보 격으로서 〈경운학원(慶雲學院)〉이 개원하기에 이르렀다. 포덕 99년(1958) 4월 7일 개원한 경운학원은 불우한 환경으로 인해 초등(국민)학교에 취학하지 못한 여자아이들과 젊은 여성들이 무료로 '국민학교' 과정을 밟을 수 있도록 한 야학으로, 주옥경 회장이 원장을 맡았다. 매일 오후 7시부터 9시 20분까지 야간수업으로 '국민학교' 전 과정을 3년 만에 수료할 수 있게 했다.

포덕 100년(1959)에는 〈경운유치원〉(원장 주옥경)을 개설했다. 경운학원은 포덕 100년(1959) 3월 30일 제1회 졸업식에서 16명의 졸업생을 배출했다. 경운유치원은 3년을 계속 운영하여 포덕 103년(1962) 2월 10일 제3회 졸업식까지 거행했다. 여성회(부인회)의 여건상 경운학원과 경운유치원을 계속 운영할 수 없어 각각 1회 졸업, 3회 졸업을 끝으로 부득이 문을 닫게 되었다.

포덕 99년(1958) 12월 21일 여성회(부인회) 산하에 발족한 연구위원회는 교리·교사, 교리의 생활화와 실천 이론 연구 등을 위해 김명주 외 18명을 연구위원으로 위촉했다. 여성들의 역량을 강화하는 것이 교단적 과제인 교육기관을 지속적으로 발전시켜 교단을 중흥하고, 새로운 나라를 건설하는 최선의 길이라고 판단한 데 따른 적극적인 조치라고 할 수 있다. 다만 연구위원회의 후속 활동 자료가 발견되지 않아 구체적인 내용을 확인할 길이 없다.

본격적인 교육기관 설립을 염원하던 여성회는 현실적인 여건을 감안하여, 매체를 통한 교육과 계몽에 힘쓰기로 하고, 포덕 100년(1959) 4월 5일, 여성회 기관지《오늘》(신문형, 4면)을 창간했다. 이는 회원들의 교양 제고와 교단 및 부인회 소식 전달을 주 목적으로 한 것으로, 포덕 100년(1959) 1월 18일 열린 중앙상임위원회의 결의에 따른 것이다. 그러나《오늘》은 어려운 재정 형편 등으로 창간호를 끝으로 더는 발간되지 못했다. 그러나 이때의 꿈은 4반세기가 지난 포덕 126년(1985)의《천도교여성회보》창간으로 이어지게 된다.

여성회의 교육 및 교화 활동은 이후 소강상태를 겪다가 포덕 109년(1968) 2월 15일부터 3월 9일까지 '부인회강도회'를 개최하면서 재개되었다. 이 강도회에는 62명의 회원이 참가하여 46명이 수료하였으며, 천도교 개요, 동경대전, 용담유사, 천도교사, 교회중흥책, 수도 요령, 천도교부인회 약사, 국내외 정세, 천덕송, 특강, 연성 등의 강의가 다채롭게 진행되어 본격적인 지도자 교육의 서막을 열면서, 포덕 110년대를 희망차게 맞이하는 마중물이 되었다.

❸ 용담정 복원과 송가대 결성

'포덕 100년'을 천도교여성회와 천도교단 도약, 그리고 포덕광제의 전기로 삼으려던 여성회의 노력은 번번이 좌절을 맛보아야 했다. 그러나 천도교 여성들은 결코 완전히 꺾이지는 않았다. 수도연성으로 다져진 내공의 힘으로 쓰러져도 다시 일어서는 의지를 발휘하고, 막히면 뚫으며, 다시 막히면 우회해서라도 기어코 앞으로, 또 앞으로 나아갔다.

교육기관(경운학원)이 좌초한 이후에도 포덕 100년 기념사업은 새로운 돌파구를 찾아 나갔다. 마침내 여성회(부인회)의 양이제, 권태화, 임재화 등이 주도해서 추진해 온 용담정 중건사업이 결실을 보았다. 포덕 101년(1960) 6월 30일, 여성회원들의 정성 어린 성금으로, 낡고 퇴락한 용담정 구옥을 허물고 3칸으로 된 기와지붕의 용담정을 복원하여 낙성식을 하게 된 것이다. 용담정 구옥은 포덕 55년(1914), 오응선(吳膺善), 이계하(李啓夏) 등 두 교인에 의해 재건되었으며, 일제 말기부터는 최윤 사모님이 기거하며 수호해 왔으나, 반세기가 지나는 동안 이곳저곳이 낡아서 보수가 불가피한 상황이었다. 교육기관 대신 '용담정 복원'을 선택한 여성들의 지혜와 용기가 빛을 발하는 순간이었다. 이후 여성회에서는 포덕 106년(1965) 5월 10일, 용담정에서 대신사 초상화 봉안식을 거행하고 3일간 강도회를 개최하여, 용담정 복원 사업이 천도교 중흥과 포덕의 원점으로 제 역할을 다할 수 있도록 지속적인 정성을 기울였다.

여성회(부인회)는 일찍부터 '문화의 힘'을 중시하였다. 창립 초기부터 의복개선 운동과 미신타파 운동 등에 힘썼으며, 부인야학의 핵심 과목 중 하나도 '천덕송 배우기'였다. 옥인애는 해방공간에서도 천덕송 강사로 활약하였고, 여성회(부인회)는 중앙총부의 중요 기념일 행사 때는 청년회, 소년회 등과 함께 식후 문화행사의 중요한 주역으로 자리매김해 왔다. 6·25 전쟁 직후인 포덕 96년(1955) 인일기념식(12.24)에서는 식후에 '연예 가무' 행사를 기획한 것이 대표적인 사례이다.

포덕 109년(1968) 2월 28일, 여성회(부인회)본부에서는 천덕송 보급에 앞장서고자 송가대(남녀 각 20명)를 결성하기에 이르렀다. 송가대는 지휘 홍이성(최초로 천덕송 LP판 제작자), 반주 유홍현과 책임간사 허동엽, 간사 황영실, 임신호, 강혜숙, 김명세, 최영식, 박성기 등이었다. 송가대가 결성되자 뜻있는 교인들 25명이 송가대후원회를 구성하고 재정적인 뒷받침을 담당하기로 했다.

❹ 포덕 90년대 이후 여성회의 대외 활동

여성회에서는 포덕 109년(1968) 6월 1일, 가톨릭학생회관에서 열린 한국종교인협의회 산하 종교인여성협의회 제1회 총회에 5명의 대표를 파견했다.(홍창섭 허경일 노성저 홍경지 천보경) 그해 6월 30일, 춘천 성심여자대학교에서 열린 제2차 총회에는 홍창섭, 허경일, 김정숙, 천보경, 전영혜, 이영숙, 김경렬 등 7명의 대표가 참가하였다. 이날 총회에는 종교인협회 최덕신 회장과 김수환 가톨릭 대주교, 불교계에서 이청담 스님 등 종교계 지도자를 비롯하여 천도교, 불교, 천주교, 원불교, 기독교 관계자와 언론인 등 51명이 참가하였다.

이 시기에 여성회의 대외 활동은 더 많은 내용이 있었을 것으로 생각되지만, 자료가 미비한 관계로 소략한 서술에 그친다. 한편, '여성 청년'들은 천도교청년회원으로서 안팎으로 활동을 전개하고 있었다. 훗날 여성회본부 회장으로 취임한 이순종은 이미 포덕 109년(1968)에 '여성 청년'으로서 손수 많은 공예품과 생활용품 등으로 바자회를 개최하여 청년회 기금을 조성하고, 교단에서 성금을 기탁하는 등의 활동을 한 사례가 대표적이다. 반면 이때의 여성회(부인회)는 주로 '기혼자'를 중심으로 구성된 지 오래되어, 대외적으로 활발하게 활동하는 데에 한계가 있었던 것을 알 수 있다. 포덕 109년(1968) 9월 15일, '천도교부인회'는 '천도교여성회'로 명칭을 변경하면서, 중대한 전환점을 맞이하게 되었다.

용담수도원에서 수도연성을 마치고(포덕 104년 4월 21일). 첫째 줄 왼쪽 네 번째 양이제 종법사, 다섯 번째 혹부리 할머니, 아홉 번째 노비할머니, 뒷줄 오른쪽 세 번째가 양정순(서울) 등이다. 이때 용담정은 포덕 100년을 맞아 복원된 직후로, 조리 기구와 양식을 가지고 지고 가서 직접 취사하며 수련했다.

5장 준비기

여성운동의 힘을 쌓고 기르다 — 1968.9.15.~1980.5.9.

제23대 111.4.6. 주옥경 천도교여성회. 제2차 대의원대회 —— **제24대 112.6.20.** 최시영 여성회. 제3차 대의원대회 —— **제25대 114.12.22.** 최시영 여성회. 제4차 대의원대회 —— **제26대 118.5.7.** 김정숙 여성회. 제5차 대의원대회

이 시기는 천도교여성회가 창립된 지 반세기를 넘어서고, '천도교여성회'라는 이름으로 여성회가 거듭나게 되면서 성장과 도약을 시작한다. 제2기라고 해도 좋고, '천도교여성회 시대'라고 해도 좋다. 제23대 주옥경 회장(마지막 임기)에 이어 제24, 25대 회장을 역임하는 최시영 회장은 여성회(내수단) 창립위원 세대의 마지막 회장이다. 그러나 재건기(1956~1968)를 지나고서도 다시 준비기라는 과도적 시기를 필요로 했던 것은 교단 내의 분규와 관련이 있다. 준비기 초기는 최덕신 교령이 신선한 바람을 일으키며 교단 중흥의 희망을 불 지피기도 하였으나, 후기 이후 신구 분열과는 또 다른, 교단 운영의 노선을 둘러싼 갈등 때문에 여성회의 재건을 지속시키지 못하였고, 또다시 준비기를 필요로 했다. 이 시기에 여성회는 여성 지도자 양성에 박차를 가하고 수도연성의 열기를 뜨겁게 달구었으며, 전국 지부순회를 일상화함으로써 여성회가 되살아날 수 있는 동력을 비축해 나갔다. 교단은 내분의 상처를 씻고 수련 열기를 가속화하며 다음 시대를 준비해 나갔던 것이다.

제1절 천도교여성회 시대 개막과 새로운 전기

❶ 천도교여성회 시대 초기의 조직사업

의욕적인 재기를 도모하던 여성회는 포덕 100년대 들어 중앙총부 중심의 활동을 보조하는 수준에서 암중모색을 거듭하였다.

신용구 교령은 포덕 101년(1960) 6월 1일 교령에 처음 선출된 이후, 포덕 102년(1961) 4월 6일 대회에서 다시 선출(재선)되었다. 이어 포덕 104년(1963) 4월 3일, 4일 이틀간 열린 전국대의원대회에서 교령으로 선출(3선)되어 세 번째 임기를 시작하였다. 이 해에는 정읍 황토현에 갑오동학혁명기념탑이 건립되었다. 이로써 동학혁명 정신의 재조명이 본격화되는 사회적 분위기가 조성되었다. 또 포덕 105년(1964) 3월 21일에는 대구 달성공원에 대신사 동상이 건립되어, 동학(천도교)의 정치적, 역사적 복권이 명실상부하게 이루어졌다. 이러한 성과에 힘입어 포덕 105년(1964) 12월 12일 전국대의원대회에서 다시 신용구 교령이 선출(4선)되었으며, 이 시기에 봉황각 중수 공사 준비에 착수하였다. 또 포덕 100년(1059)에 진행된 의암성사 묘비 건립(묘소 수찬) 후속 사업으로 동상 건립을 추진하기 시작하여, 포덕 106년(1965) 5월 19일 기공식을, 이듬해 포덕 107년(1966) 5월 19일 탑골공원에서 준공식을 거행하였다. 또 포덕 108년(1967) 5월 19일에는 의암성사 전기를 간행하였다. 한편 포덕 107년(1966) 12월 22일 제7차 전국대의원대회에서 신용구 교령이 다시 선출(5선)되었으며, 이 대회에서는 정양원(靜養院) 설치가 주요 안건으로 상정되어 가결되었다. 그러나 신용구 교령은 포덕 108년(1967) 2월 10일 경남 고성 자택에서 노환으로 환원하면서, 교단은 새로운 전기를 모색하지 않을 수 없게 되었다.

포덕 108년(1967) 4월 4일, 개최된 천도교임시대회에서 최덕신 교령이 신임 교령으로 선출되면서, 교단에 또 다른 차원의 중흥의 바람이 불기 시작했다.

12월 21일 개최된 제9차 임시전국대의원대회에서 최덕신 교령은 연원회의장까지 겸직하면서 강력한 중앙집권적 교령 체제가 출범하였다. 이듬해 포덕 109년(1968) 초부터 최덕신 교령의 전국 순회가 전개되면서, 교단에는 일대 중흥의 기운이 차오르기 시작했다. 또 이 해 8월 14일 지일기념일을 기해 수운회관 신축 계획이 발표됐다. 교단에는 희망의 분위기가 고조되기 시작했다.

이런 분위기 속에서 포덕 109년(1968) 9월 15일, '천도교부인회'(회장 주옥경)는 제3차 중앙확대위원회를 개최하고 규약 초안을 심의한 끝에 일부를 수정하여 채택하였다. 이 규약에 따라 '천도교부인회'는 '천도교여성회'로 명칭을 변경하였다. 이는 새롭게 전개되는 교단의 체제하에서 천도교여성회의 운신의 폭을 넓히는 행보일 뿐 아니라, 본격적인 천도교 여성운동을 재개해 나가겠다는 선언이기도 했다. 이날 회의와 9월 29일 열린 천도교여성회 제1차 중앙상임위원회에서 선출된 임원진은 다음과 같다.(이 회의는 공식적으로 '천도교여성회 제1차 전국대의원대회'이다. 『천도교여성회 70년사』 164~165쪽 참조)

회장	주옥경
부회장	박현화 홍창섭
실무위원	총무부장 허경일, 포덕부장 김정숙 부원 조덕행, 교화부장 노성저, 조직부장 김경렬 부원 천보경, 재무부장 허경일 부원 전영혜, 사업부장 홍경지
상무	이순종
감사	차기숙, 최시영
상임위원	주옥경 홍창섭 박현화 김병화 박재선 김효순 홍경지 김정숙 전영혜 박경화 유미영 허경일 김태화 김화복 박공주 한의성 천보경 노성저 노채봉 김경렬 박을순 조덕행 오명조 김정희 김형비 이종남 강기순 심상세 곽영숙 김석중

여성회 활성화의 서막을 연 것은 어쩌면 당연하게도, 여성회 창립 당시부터 핵심적인 방법론으로 삼아 왔던 '지부순회활동'이었다. 수도연성이 여성회 조직의 마음과 몸(살)을 이루는 것이라면, 순회활동은 핏줄이자 그 핏줄 속을 흐르는 혈액과도 같은 것이었다. 아무리 뼈와 살이 있어도 피가 돌아서 '숨결'을 불어넣고 온몸에 생기를 공급하지 않으면, 그 뼈와 살은 그저 죽은 물건

에 지나지 않는 것이다. 여성회는 창립 이래로 어떠한 출발점에 다시 서게 되더라도 수도연성과 아울러 순회활동을 통해 새로운 전기를 마련했던 것을 알 수 있다. '천도교여성회 시대'의 서막도 이처럼 순회활동을 통해, 도약의 주춧돌을 다져 나가면서 조직 강화의 동력을 확보했다. 이는 한편으로는 신축하는 수운회관 건립 성금모금 활동의 일환이기도 했다.

포덕 110년(1969) 3월부터 11월까지 거의 연중 지부순회를 계속했다. 최북단의 동두천지부에서부터 최남단의 남해 선구지부까지 여성회본부 임원들의 발길이 미치지 않는 곳이 없었다. 이러한 왕성한 순회활동의 결과로 이 해에만 모두 43개 지부가 결성되었고, 16개 지부에 결성준비위원회가 꾸려졌다. 오늘날처럼 교통이 발달하지 않아서, 서울을 벗어나 순회하려고 하면 최소한 1박 2일, 또는 2박 3일이 소요되는 때였다. 그럼에도 거의 매주 순회활동을 계속한 것을 알 수 있다. 실로 초인적인 공력이라고 하지 않을 수 없다. 이때 순회한 지부는 다음과 같다; 부산시, 부산남부, 진해, 공주, 경천, 동대문, 의정부, 인천, 조암, 영등포, 춘천, 대전, 서대전, 논산, 김제, 정읍, 부안, 고부, 사창, 화천, 대구, 대구동부, 창녕, 영산, 진양, 사천, 삼천포, 고성, 경주, 용담, 남해, 선구, 고현, 회화, 여주, 송탄, 아산, 유성, 보은.

포덕 110년(1969) 3월 25일에는 제46주년 창립기념식을 모처럼 만에 성대하게 개최하였고, 이 기념식에서 주옥경 회장을 천도교여성회 최고예우직인 성덕사(成德師)로 추대하면서 훈장을 수여하였다. 이는 천도교여성회의 위상을 강화하고, 여성회원들의 자긍심을 고취하는 중대한 발걸음을 내디딘 사건이었다. '성덕'은 곧 도성덕립(道成德立)의 의미로, 천도교여성회(내수단) 창단의 주역이며, 간난신고 도산검수의 세월을 거치면서 의암성사를 수호하던 그 정성과 마음과 공력으로 여성회를 수호하며 발전시키고 여성회원들의 정신적인 지주 역할을 해 온 데 대한 예우의 의미를 담은 것이었다.

이 기념식은 이듬해(1970)에 24년 만에 '천도교여성회 전국대회'를 개최하는 힘으로 작동하였다. 천도교여성회는 '내수회' 시절이던 포덕 87년(1946) 4월 5일에 '내수회 전국대회'를 개최한 이래로 전국대회를 개최하지 못한 채, '중앙확대위원회'로써 이를 대신해 왔다. 그러나 천도교여성회 시대를 열면서 의욕적인 지부순회와 신규 결성, 재결성 등을 통해 전국적으로 여성회 활성화의 열기가 고조되어, 사반세기 만에 전국대회를 개최한 것이다.

포덕 110년(1969) 12월 28일, 교령사에서 뜻깊은 간담회가 개최되었다. '여성회의 내일'을 주제로 한 간담회는 최덕신 당시 교령을 비롯한 총부 임원 전원과 박현화 부회장을 비롯한 여성회본부 임원 전원이 참석하여 개최되었다. 홍창섭 본부 부회장이 사회를 보았고, 이순종 상무(당시)가 기록을 맡았다. 다만, 당시 주옥경 회장은 함께하지 않았는데, 회의 내용(『신인간』)으로 볼 때, "상징적인 교회 전체의 어머니"에 대한 예우 차원에서 걸맞지 않다고 생각하여 참여치 않게 된 것으로 표현되어 있다. 주옥경 회장은 이 해 창립기념식(1969.3.25)에서 성덕사(여성회 예우직)로 추대되었다.(다만, 당시 최덕신 교령을 둘러싼 갈등도 한 요인이었다) 여성회 요청과 교단의 체질개선을 강조하던 최 교령의 화답으로 이루어진 이 간담회는 여성회(내수단) 창단위원인 최시영 감사(당시)의 표현에 따르면 '여성회 창립 이후 처음 있는' 대규모 간담회였다. 최 교령은 개회 발언에서 여성회 자체 활동 강화. 후배양성. 사회봉사활동 등을 강조하였다. 여성회 임원들은 여성이 종교계의 중추를 이룬다고 전제하며, 천도교여성들도 실성미 운동을 비롯한 내실을 다지는 활동을 전개하여 교회중흥에 앞장설 것을 강조하고, 특히 내년부터 지부순회와 강화에 힘쓰겠다고 약속하였다. 이어 총부도 여성회 활동이 강화될 수 있도록 여성 상근직원을 총부(종무원)에 채용할 것을 건의하였다. 그 밖에 당시로써는 아직 정비되지 않았던 의절(기도식 때 향을 켜는 것, 성미 뜨는 절차와 요령)에 대한 논의도 진행된다.

이날 간담회는 수운회관이 최덕신 교령의 의욕적인(교인들이 보기로는 '무리한') 노력으로 완공이 되었음에도 정작 여성회를 비롯한 천도교 단체들은 수운회관을 사용하지 못하게 된 상황과 이에 따른 교단 내부의 분란도 중요한 이유가 되었다. 여성회로서는 중앙총부 주요 교역자 전체와 여성회본부 임원 전체가 한자리에 모여 대화를 나누었다는 점에 중요한 의의가 있는 자리였다.(『신인간』 272호, 1970.2 참조) 그러나 회의 내용 중에는 수운회관 건립으로 많은 빚을 지게 됨으로써 총부와 부문단체 등의 입주가 불가능하게 된 것이 마치 여성회원들의 성금모금 활동 탓으로 논의되는 대목에서 당시의 고압적인 분위기를 엿볼 수 있다. 참석자는 다음과 같다; 최덕신(교령) 정운채(종무원장) 이응진(종의원 의장) 이우영(감사원장) 김용문(교화관장) 김창업(상임감사) 박현화(여성회 부회장)

위: 제46주년 창립기념일 주옥경 초대회장 성덕사 추대 기념(포덕 110년 3월 25일, 중앙대교당, 앞줄 왼쪽부터 이우영, 김명진, 최덕신, 주옥경 성덕사)

오른쪽: 제31차(→제2차) 여성회 전국대의원대회(포덕 111년 4월 6일 수운회관 강당)

최시영(감사) 허경일(총무) 김경렬(조직) 전영혜 김병화 오명조 류미영 박을순 노채봉 김형비(이상 여성회 상임위원) 홍창섭(부회장, 사회), 이순종(상무).

포덕 111년(1970) 4월 6일, 여성회는 수운회관(일부 개관) 2층 강당에서 제2차 여성회 전국대의원대회를 개최했다.(이 시기 '전국대의원대회 회차'의 혼돈이 있으나, 이하 『천도교여성회 70년사』의 정정 내용에 따른다.) 포덕 87년(1946) 4월 5일 내수단 대표대회가 개최된 이후 여성회 전국대의원대회가 열린 것은 24년 만이다. 전국

60여 개 지부에서 54명의 대의원이 참석한 가운데 열린 이날 회의는 임시의장 최시영, 부의장 허경일의 진행에 따라 먼저 실성미 운동과 수운회관 신축 성금 운동 전개를 결의하고, 이어 임원을 선출했다. 늘어난 전국 여성회 지부 규모를 반영하여 이때부터 중앙위원 숫자를 대폭 확대(75명)하였고, 그중 31명을 상임위원으로 하며, 상임위원 중에 실무위원을 구성하는 오늘날의 조직 구성 방식이 이때부터 정착되었음을 알 수 있다. 신임 임원은 아래와 같다.

회장	주옥경
부회장	홍창섭, 허경일
감사	차기숙 최시영
실무위원	총무부장 전초련, 포덕부장 김병화, 교화부장 김경렬, 조직부장 전영혜, 사업부장 박재선, 재정부장 허경일
중앙위원	주옥경 차기숙 홍경지 김경렬 김태화 김죽희 김효순 김금순 김주영 박경화 김용화 곽영숙 김정희 노채봉 전기남 김화복 김정숙 노성저 박재선 오명조 박공주 김형비 박을순 양정순 이종남 배월금 조덕행 심상세 이신화 정갑순 정현팔 심금순 이신숙 황만주 이경선 정원덕 윤농주 최중화 고문숙 이순희 지덕자 최정숙 오일순 김응옥 성숙분 송기분 박애숙 박차귀 강행순 공말악 신금순 김옥희 이순배 윤만덕 전초련 조임순 박순천 성창화 김보문 전영혜 함숙자 천보경 양이제 홍창섭 조영자 권태화 한의성 박현화 허경일 정부화 강기순 김병화 최시영 유미영 정운벽
상임위원	주옥경 홍창섭 허경일 권태화 김병화 유미영 김경렬 김정숙 김태화 노채봉 박경화 박공주 박을순 홍경지 심금순 심상세 양정순 전영혜 이종남 천보경 김효순 김형비 김정희 정부화 박재선 오명조 강기순 최중화 김화복 전초련 박현화

포덕 112년(1971) 4월 6일 개최된 천도교 전국대의원대회에서 최덕신을 교령으로 재선출하는 한편, 주옥경 천도교여성회 회장 등 12명(나머지는 모두 남성)을 천도교 최고의 예우직인 종법사로 추대하였다. 주옥경 회장은 여성으로서는 최초로 종법사로 추대되었다. 이에 주옥경 회장은 종법사로서 여성회장직을 맡는 것도 적절치 않을뿐더러, 이미 77세의 고령으로서 더 이상 직을 수행하는 것이 어렵다는 이유 등으로 사직의 뜻을 밝혔다.

❷ 여성회 창립 세대의 마지막 헌신, 최시영 회장

주옥경 회장이 사임의 뜻을 밝힘에 따라 여성회는 포덕 112년(1971) 5월 9일 중앙상임위원회를 열고 주옥경 회장의 뜻을 수용키로 하고, 후임 회장 선출을 위한 중앙확대위원회(제3차 여성회 전국대의원대회)를 소집하였다. 포덕 112년(1971) 6월 20일, 수운회관 15층 회의실에서 재적 75명 중 57명이 참석하여 열린 중앙확대위원회에서는 주옥경 전 회장을 명예회장으로 추대하고, 최시영을 24대 회장으로 선출했다. 부회장 홍창섭, 허경일은 유임하고 김효순을 감사로 보선했다. 주옥경 명예회장의 뒤를 이은 최시영 회장은 여성회(내수단) 창립 당시 주옥경 대표(회장)와 함께 창단을 주도했던 여성회 창단위원이며, 처음 이름은 최덕화(崔德嬅)이다.

최시영(崔時英, 知興堂) 제24대 회장은 은 포덕 45년(1904) 황해도 곡산군(谷山郡) 명미면 미산리 출신으로 포덕 64년(1923) 천도교에 입교하였다. 천도교내수단 집행위원으로 여성회 활동을 시작하였고, 동덕여학교를 졸업(1926)하였으며, 포덕 69년(1928)에 조정호와 결혼하였다. 이후 여성회(동맹) 집행위원 및 상무위원, 중앙집행위원(여성동맹), 내성단본부 중앙위원, 집행위원을 잇달아 역임하였다. 한때 천도교에서 세운 평양 광덕학원에서 교사로 봉직했으며, 특히 전국 순회를 통한 강연회 강사로 이름을 떨쳤다. 광복 후 포덕백년기념 준비위원, 여성회 상임위원, 조직부장을 거쳐 여성회 중앙감사로 있던 중에, 여성회 회장으로 선출되었다. 최시영 회장은 이후 여성회 고문을 거쳐 포덕 133년(1992) 2월 1일 88세를 일기로 환원하였고, 종법사로 추서(1994.4.28)되었다.

이 시기까지 거의 반세기에 걸치는 여성회 역사에서 주옥경·손광화(10~16대) 두 회장이 대부분의 기간을 회장으로 봉직하였다. 최시영 회장은 이들을 이으면서, 여성회 창립 1세대로서는 마지막으로 회장직을 수행한 인물이다. 주옥경 회장이 여전히 여성회의 기둥이자 후원자로서 자리매김하고 있었으나, 이제 여성회도 세대교체를 준비해야 할 시기가 된 것이다. 그런 시대 흐름을 간파하고, 최시영 회장은 특히 '여성 지도자, 인재 양성'에 관심을 기울였다. 훗날 최 회장은 "우리 교회는 남녀평등에 대해서 아직도 봉건적인 데가 있는 것 같아요. 교단이 발전하려면 여성을 예우하고 참여시켜야 하는데 (천도교) 전국대회나 종의원에서도 여성이 몇 사람 안 돼요. 그리고 우리 여성들도 교리나 교사 공부는 물론이고 교양을 쌓아서 지적으로나 이론적으로나 인격적으로 무장을 해야 실질적으로 남녀평등이 이루어지는 거야. 경전 한번 읽지 않는 여성이 있으니 여성회가 발전 못 하는 이유가 여기에 있어요. 또한 조직은 힘이에요. 그러니 금년은 우리 여성회원들이 조직을 강화하여 공부도 열심히 해서 질적, 양적으로 발전되길 바랍니다."라고 밝히기도 했다.

최시영 회장은 포덕 112년(1971) 7월 8일 상임위원 간담회를 열고 여성회 임원진의 화합을 당부하면서 여성회 조직 강화를 위한 지부순회와 실성미 운동, 수련 등에 힘쓸 것을 강조했다. 최시영 회장을 비롯한 임원들은 지부의 현황을 파악하고 여성회 발전을 위한 의견을 수렴코자 곧바로 지부순회에 나서 7월부터 9월에 걸쳐 서울, 강원, 경기도 일원 지부를 순회하였다. 이어 포덕 112년(1971) 12월 23일 수운회관 2층 강당에서 제2차 중앙위원회를 개최하여 여성회 당면 사업으로 지부조직 강화 및 순회, 여성 역량 강화를 위한 강도회, 도가표 제작 보급, 봉사활동 강화, 어린이지도 강화, 경전봉독회 개최, 포덕 배가 운동, 천덕송 보급, 여성회 창립 50주년 기념행사 준비 등을 꼽고 그 실행을 위한 세부계획 수립에 나섰다.

포덕 114년(1973) 12월 22일, 제4차 여성회 전국대의원대회를 개최하여 포덕

포덕 112년 여성회 상임위원 일동

114년도 사업 및 결산 보고, 포덕 115년도 사업계획 및 예산안 심의에 이어 전문 10장 47조와 부칙으로 된 규약 수정안을 의결했다. 포덕 115년(1974)에는 회원증 발행, 지부 활동 정기 보고, 창립 50주년 행사, 지부 확장, 회원 배가 운동, 천덕송 및 건전 노래 부르기 운동, 『신앙과 여성』 보급, 강도회 및 교양강좌 실시, 성지 참배단 운영 등을 시행키로 하였다. 포덕 115년(1974) 12월 23일, 여성회 중앙위원회를 개최하여 예결산을 심의하고 규정을 수정했다.

이듬해 포덕 116년(1975) 2월 8일 여성회는 주옥경 명예회장의 팔순 생신에 즈음하여 1백여 명의 총부 직원과 여성회원, 친인척이 모여 성대한 잔치를 거행하였다. 또 3월 25일에는 51주년 창립기념식을 거행하였고, 4월 6일에는 총부에서 용담성지 성역화 사업 기공식을 거행하는 등의 경사가 이어지며 분위기가 고조되어 갔다.

특히 여성회는 포덕 100주년(1960)에 용담정 복원을 주도한 이후에도 '구미산 찾기 모금 운동'을 전개해 오던 중, 용담성지 성역화가 진행되자 이것을 교단 중흥의 획기적인 전기로 삼고자 여성회의 총역량을 성역화 사업 지원으로 모아갔다. 그러나 곧 최덕신 교령의 교단 운영을 둘러싼 교단 내 갈등이 발생하여, 극심한 혼돈의 시기가 전개되었다. 이 갈등은 양측이 서로 각각 대회를

상임위원회에서 연단에 선 최시영 회장 (포덕 113년 6월 2일)

천도교여성회 연성 수련회(포덕 115년 7월 1일~21일, 중앙대교당)

개최하고 시일식을 대교당에서 봉행하지 못하는 등의 극단적인 분규 상황으로 치달아 갔고, 그 사이에서 여성회 임원들도 다수 고초를 겪어야 했다.

주옥경 고문은 양측의 화해 또는 교단 안정화를 위한 수습책을 제시하며 고심하였다. 당시 우이동에 거주하시던 주옥경 사모님은 양측 모두가 의지하고 지지를 얻으려 하는 중심에 자리매김하였다.(이때 주옥경 여성회 교도사 명의로 최덕신 교령의 입장을 지지하는 〈효유문〉을 발송하기도 하였다.) 포덕 117년(1976) 2월 17일 최덕신 전 교령 부부가 미국으로 출국한 이후에도 한동안 계속되던 소송전은 그해 말(12.8.) 화해로 마무리되었고, 그해 12월 27일 제16차 천도교 임시전국대의원대회에서 이영복 교령이 선출되면서 새로운 전기를 마련했다.

❸ 김정숙 회장 취임과 조직사업

포덕 118년(1977) 3월 25일 제53주년 창립기념식을 거행하며 기운을 회복한 여성회는 5월 7일 중앙대교당에서 제5차 여성회 전국대의원대회를 개최했다. 이 대회에서 이영복 교령은 여성회와 교단 발전에 기여한 최시영 회장에게 표창패를 수여했다. 최시영 회장은 개회사에서 "몇 년 동안 구미용담 성역화 사업과 교회 분규로 인하여 여성회 본연의 사업을 못 하고" 임기를 마치게 되어 유감스럽다고 표명했다. 이어 임시의장 김옥희의 사회로 포덕 118년도 사업 계획안 및 예산안을 심의하고, 조직 개편에 들어가 김정숙 회장을 비롯한 신규 임원진을 선출했다.

김정숙 제26대 회장은 포덕 54년(1913) 4월 15일 황해도 봉산군 사리원에서 태어나 여학교를 졸업한 뒤 19세 때 김정호 씨와 결혼하면서 포덕 72년(1931) 천도교에 입교하였다. 같은 해 12월, 천도교평양종리원에서 직영하는 광덕학원(廣德學院) 교사로 부임해 2년간 교편생활을 했다. 이후 남편의 배려로 포덕 74년(1933) 4월 일본으로 유학, 동경도여자치과의원에 입학하여 4년간 수업한 뒤 포덕 78년(1937) 3월에 졸업했다. 귀국 후에는 평양 서문 밖 신양리에 '평안치과'를 개업하는 한편 신앙생활을 독실히 했다. 포덕 86년(1945) 천도교청우당 평남도당 선전부장에 선임되었고 그 해에 서울의 중앙총부에서 개강한 종학원 제1기생으로 참가하여 교리를 익혔다. 포덕 96년(1955)에 종의원 의원, 이듬해에 여성회 상무를 역임했으며, 포덕 99년(1958)에는 여성회 상임위원, 중앙위원, 상무, 포덕부장을 겸임하는 등 활발하게 활동했다. 포덕 114년(1973) 12월에는 여성회 부회장으로 피선되어 여성회를 이끌어갔다. 포덕 116년(1975) 선도사로 추대되었고, 이듬해인 포덕 117년(1976)에는 종무위원을 역임하였다. 제5차 여성회 전국대의원대회에서 회장에 선출됨으로써 여성회 지도자로서 굳게 서게 되었다.

김정숙 회장이 선출되기 한 달여 전인 포덕 118년(1977) 4월 2일, 제17차 천도교 전국대의원대회에서 신임 이영복 교령이 선출되면서 교단은 분규의 후유증을 털고 안정을 되찾아 갔다. 김정숙 회장도 취임 직후부터 본부 임원 특별연성을 시행하면서, 어수선했던 교단의 기운을 쇄신하고 여성회 활성화를 위한 터다짐을 계속해 나갔다. 이 시기에도 여성회는 몸소 움직임으로써 비용을 최소화하면서도 효과를 극대화할 수 있는 지부순회활동을 여성회 발전의 근간 사업으로 삼았다. 김정숙 회장 시기에 쉼 없는 지부순회 등으로 5개 지부가 새로 조직되는 등 점진적인 발전이 이루어져 갔다.

❹ 직할지부로서의 서울시지부

이 시기에 천도교여성회 역사에서 특기할 만한 것은 '직할지부' 체제 운영이다. 이는 천도교서울교구가 중앙총부와 같은 곳(경운동 88)에 자리 잡고 있는 상

여성회 특별연성에 참여한 회원들(포덕 118년 8월 12일)

황이 기본적인 배경이 된다. 중앙총부와 서울교구는 송현동 시절부터 총부-경성교구로서 같은 담 안에 있거나 이웃하여 있었으며, 경운동으로 이전(1921)할 때도 역시 함께 옮겨 왔다. 이후 여성회(내수단) 본부 활동에서 서울지부 회원들은 핵심적인 역량으로 자리매김했다. 초창기 중앙위원의 다수를 서울지부 회원들이 맡았고, 이들의 정성으로 여성회의 역사를 일구어 올 수 있었다. 포덕 110년(1969)대까지, 여러 편차는 있으나 서울교구와 그 부문 조직은 총부 산하의 본부 조직과 인적 구성이나 내용적인 운영상에서는 크게 구분되지 않은 채 유지되어 왔다. 그러던 중 포덕 113년(1972) 12월 13일 종무위원회 결의로 서울교구를 '중앙총부 직할교구'로 하면서 교구장(박내원. 12.18)을 총부에서 임명하는 제도를 도입하였다.

이에 따라 서울교구 소속 여성회원도 독자 활동에 제약이 생기게 되었고, 결국 포덕 115년(1974) 서울지부 여성회가 '본부 직할지부'로 재편되었다. 따라서 이후 직할지부 시기 10년간 여성회(본부) 활동은 본부 중심으로 서울지부의 회원들이 활동하게 되었다.(서울교구사 여성회 편에 이 기간은 공백으로 되어 있다.)

서울교구는 박내원 교구장이 상주선도사(1975.5.15)가 되면서, 다시 교구 총회를 통해 교구조직을 재편하고 독자적인 운영을 하게 되었다. 그러나 여성회

정기중앙위원회 참석자 일동(포덕 119년 12월 23일)

서울시지부는 포덕 124년(1983) 5월 1일 93명의 회원이 참석한 가운데 재결성 창립총회를 열고, 본부 직할지부에서 '천도교여성회 서울시지부'로 새롭게 출발하게 되었다. 직할교구, 직할지부 체제는 서울교구와 서울교구여성회의 특수한 위치상의 문제, 총부와 서울교구와의 관계, 총부-교구의 갈등 문제 등이 복합되면서 일어난 일로, 청년회중앙본부와 서울교구청년회도 이러한 관계상의 변화가 똑같은 구조로 존재한다.

이러한 상황은 이 시기만의 문제가 아니라, 여성회, 청년회가 창립된 포덕 60년대 이후 여러 차례(신구 분열, 일제강점기 조직 통폐합, 해방공간 및 전쟁 전후 조직 재건 시기 등)에 걸쳐 거듭 재연되었던 일이다. 이러한 역사적, 공간적 배경 속에서 서울교구여성회 - 여성회서울시지부는 규모가 큰 지부로서 여성회본부의 지침을 가장 적극적으로 추진할 뿐 아니라 본부의 중요 대외 활동에도 인적인 참여 면에서 독보적인 기여를 해 왔다. 여성회(본부)는 포덕 87년(1946) 4월 5일 이후 20여 년 만인 포덕 111년 4월 6일에야 여성회 전국대의원대회를 개최하는데, 그 사이 20년 동안 '전국' 대회가 열리지 못한 것은 지부의 현황이 그만큼 열악했다는 것의 반증이며, 이 시기에 다시 전국대회가 열리게 된 것은 최시영 회장 체제하의 지부순회가 결실을 거둔 증거가 되는 것이다. 그 20년의 공백은 서울시지부를 중심으로 한 서울 및 인근지부 여성회원들이 감당해 왔다고 해도 과언이 아니다. 직할지부로서의 서울시지부 의미를 특별히 살펴보는 이유가 여기에 있다.

제2절 준비기의 수도연성과 교육사업

포덕 109년(1968) 여성회(부인회) 중앙확대위원회에서 명칭을 '천도교여성회'로 변경하면서, 새로운 도약의 전기를 마련하였다. '부인'이라는 명칭이 '결혼한 여성, 남편의 아내'라는 한정적인 의미를 띤다는 문제의식에서 비롯된 조치였다. '천도교여성회'라는 이름을 내걸게 됨으로써, 여성회가 본격적으로 발전을 위한 준비를 전개하는 힘도 역시 수련과 교육, 그리고 지부순회에서 길러내는 것이 최선이었다. 먼저 수련과 교육의 내용을 교육 중심의 수련과 수련 중심의 교육의 두 부문으로 나눠서 살펴본다.

❶ 여성 지도자 양성을 위한 교육

천도교여성회는 창단(1924.4.5, 내수단)할 때부터 '여성 지도자(교역자)'를 길러낸다는 포부를 항상 품고 있었던 것으로 보인다. 여성회 활동의 양대 축 중의 하나인 지부순회도 결국은 조직 강화를 위한 것이고, 조직 강화의 제1 요건은 지부를 이끌어갈 '여성 지도자' 양성(교육과 수련)인 것으로 초기 지도자들은 인식하고 있었다. 초창기 여성회의 사업에서 그 이름이야 어쨌든 간에 지도자 양성과정 개설이 빠지지 않는 항목이었던 것에서 이를 알 수 있다. 포덕 110년대 이후에도 이런 기조는 계속된다.

포덕 110년(1969) 9월 7일과 10월 5일 두 차례에 걸쳐 교리강좌를, 7월부터 10월까지 4개월간 교양강좌를 실시하였다. 또 포덕 111년(1970)에 이어 포덕 112년(1971) 3월 14일에는 분식장려강습회를 개최하여 시대적 요구에 부응하였고, 4월 7일부터 3일간에는 우이동 종학원에서 45명의 회원이 참가한 가운데 '여성 지도자 양성을 위한 강도회'를 개최하였다. 이 강도회는 제2기 종학원(22명)을 여성들만 대상으로 하는 과정으로 개설한 것이었다. 우이동 총부별관은 포덕 109년(1968) 9월 1일부터 이듬해(1969) 7월까지 10개월간 이전 공사를 하여, 7월 12일 입주 봉고식을 거행하고 '총부별관'으로 명명하였는데, 첫 번째 프로그램이 '여성교역자 양성'이라는 점은 뜻깊은 일이었다. 강좌는 교리 교사 외에 오관의 의미, 천덕송 배우기 등과 함께 '여성 개론'을 개설하여, 시대에 짝하는 여성의 역량 구축을 도모하였다. 이 해에만 4개월간(7월~10월)의 여성 교양강좌, 2회의 특별 교리강좌를 잇달아 열어서 '여성회 시대'를 힘 있게 열어가기 위한 노력을 계속했다.

이후 여성 지도자 양성을 위한 강도회는 계속되었으며 성지순례를 통한 교화와 학습, 그리고 역량 강화 활동도 이어졌다. 이러한 활동을 통해 여성회원들은 스승님의 역사와 정신과 가르침에 대한 생생한 현장 체험을 하는 한편으로 회원 상호 간의 기화상통을 도모해 나갔다.

한편 포덕 113년(1972) 9월 20일부터 총부 교화관(관장 김용문 - 강사) 주관으로 교리연수회를 구성하여 12월 22일까지 3개월간 진행하였다. 이 연수회 10명의 수료생 중 4명(김옥희 박경화 고혜경 정정희)이 여성이었다. 이들 여성 수료생은 이후 여성회와 교구 활성화의 중요한 계기를 제공해 주었다.

포덕 114년(1973)에 여성회는 농한기를 이용한 교리공부 지침으로, 각 지부별로 시일식 후에 경전봉독회를 개설토록 하였다. 또 중앙방송의 종교시간에 방송되는 '천도교 강의'를 적극 청취하여 교양을 강화하고, 포덕에도 활용토록 하였다. 이영복 교령 취임 후 포덕 118년(1977) 2월 26일, 여성회는 교단분규로 인한 후유증을 극복하고 여성회 활성화와 회원 간의 단합을 도모하기 위해 중앙대교당에서 간담회를 개최하는 등 교단에 새로운 활력을 불어넣고자 정성을 다하였다.

포덕 115년(1974) 5월 우이동 종학원 강당에서 여성회 주최 지도자 강도회가 개최되어 5월 1일 개강식이 열렸다. 전국 주요 지부회장을 대상으로 한 강도회는 분임토의, 천덕송 강습, 연성수련, 경전 공부, 『신앙과 여성』 강독 등으로 진행하였다. 특히 강도회 마지막 날에는 '어머니 날'을 맞아 하루종일 비가 오는 가운데 청년회중앙본부 임원(회장 이만연)들이 방문하여 여성 수강생 전원에

서울시지부(본부 직할 지부) 지부회원과 본부 임원들이 봉황각에서 주옥경 회장과 함께 수련하고 있다(포덕 114년 8월 1일~7일, 봉황각)

게 카네이션을 달아 주고 다과회를 베풀었다. 참으로 감격스런 순간이요, 장면이었다.

❷ 여성회와 천도교를 살리는 양식, 수도연성

수도는 천도교인에게 일상적인, 필수적인, 당연지사인 관계로 구체적인 이력을 서술하는 것은 그 양이 너무 많아 부담스럽기까지 하다. 그럼에도, 아래에 기록에 남은 것을 중심으로 그 내용을 서술하는 것은, 수도연성이야말로 여성회는 물론 천도교를 살리고 나아가 세상을 살리는 마음 농사짓기이기 때문이다. 기본적인 사실만 나열하지만 그 속내를 채웠던 여성회원들의 정성과 공경과 믿음의 세월을 헤아려 읽어갈 일이다.

한편 이 시기는 최덕신 교령이 대외적인 활동을 활발하게 전개한 시기와도 맞물린다. 즉 포덕 110년(1969) 기관장연석회의에서 이태 전(1967) 전위단체로 창립한 새인간연맹을 사회단체로 변경하기로 결정한 것이다. 포덕 111년(1970) 4월 4일 창립총회를 개최한 새인간연맹의 활동은 이후 몇 년 동안 천도교단과 여성회 등 기존의 부문단체 활동을 압도하는 형태로 확대되어 갔다. 여성회는 교단 내의 대규모 사업(수운회관 건립과 용담성지 성역화)과 교단 밖으로

전국 지도자강도회에 참가한 여성회원들(포덕 115년 5월 1일~7일, 봉황각)

뻗어 나가는 지도부의 행보를 한편으로 적극 지지하며 또 한편으로는 예의주시하면서 여성회의 정체성을 수호하는 한편 내실을 강화하는 수도연성을 통해, 새로운 시대를 준비해 나갔다.

포덕 112년(1971) 7월 29일부터 5일간은 서울 지역 각 교구와 지부 회원 33명이 참가한 가운데 봉황각 총부별관에서 수련회를 개최했다. 식비 등 수련 비용을 자기 부담한 가운데, 연성수련 25시간, 경전공부 13시간, 천덕송 7시간 외에 4시간의 토론 시간을 운영하여 여성회 발전 방안 마련과 여성회원의 자질 함양을 도모하였다. 이듬해 포덕 113년(1972) 6월 12일부터 일주일간, 여성회본부 임원 수련회를 중앙대교당 2층 수련실에서 실시하였다. 또 포덕 114년(1973) 8월 1일부터 일주일간, 봉황각에서는 서울시지부 중심의 연성회가 주옥경 회장을 모신 가운데 진행되었다.

포덕 115년(1974) 5월 1일부터 10일간 지부회장의 자질 향상과 유대 강화를 위한 지부회장 연성강도회를 개설하여, 교리·교사, 천덕송, 교화 행정, 특강, 토론, 연성 등을 집중 교육했다. 21명의 지부회장과 8명의 청강생이 참여한 이 강도회는 해방 이후 새롭게 재건된 본부 - 지부 전국 체제의 소통 강화를 통하여 여성회 발전의 중요한 전기를 마련하였다. 이 해 7월 1일부터 21일간 여성회 주최 연성수련회는 연인원 611명이 참가하여 열띤 호응 속에 진행되었다. 이 수련회는 여성회가 활성화되는 중요한 분기점이 되었다. 고양된 분위기를 이어 나가고자 지부순회도 확장해 나갔다.

포덕 116년(1975) 6월 16일부터 일주일간 여성회본부 사무실에서 교단 안팎의 엄중한 시국에서 여성회의 바람직한 자리매김과 역할을 모색하면서 임원 중심으로 멸공구국기도회를 진행하고 또 8월 5일부터 일주일간 구미용담 성역화와 도가완성 및 기화상통을 위한 수련회를 개최했다. 이 수련회는 포덕 115년(1974) 10월 구미산 일대가 경주 국립공원지구에 편입됨에 따라 포덕 116년(1975) 4월 8일, 용담성지 성역화의 첫 사업으로 용담정 기공식이 이뤄지고, 본격적인 용담 성역화 사업이 시작된 이후 진행된 것이다. 이는 앞서 여성회가 창도 100년 기념으로 중건한 용담정을 다시 짓는 일이기도 해서, 여성회로서는 곧 여성회 자체 사업의 연장선상에 있다고 여긴 사업이기도 했다.(2부 '기념사업' 참조) 여성회로서는 혼신을 다해 중건한 용담정 구옥이 헐리는 것은 안타까운 일이었으나, 그보다는 본격적인 성역화를 통해 그 이름에 걸맞은 새 용담정이 탄생한다는 기쁨, 그 안에 온전한 정신이 깃들게 하려는 정성 어린 마음으로, 용담 성역화 사업 성금모금과 함께 수련회를 전개해 나갔다. 또 이는 교단 내에 수련 열기를 고조시키는 기폭제가 되었다.

그러나 호사다마랄까. 용담 성역화라는 역사적인 사업을 전개하는 와중에 최덕신 교령을 둘러싼 교단분규가 발생하였다. 포덕 116년(1975) 12월 19일의 감사회의에서 최덕신 교령 등 3명에 대해 징계가 결정됐다. 최덕신 교령 등이 이에 불복하면서 교단은 분규에 휩싸였다. 분규가 시작된 포덕 116년(1975) 12월부터 법정 화해가 이루어진 포덕 117년(1976) 12월까지 만 1년간 교단은 물론 여성회는 본연의 업무를 제대로 수행할 수 없었다. 여성회는 이 난관을 수도연성의 공력으로 이겨나가고자 했다. 포덕 117년(1976) 3월 25~27일 교단의 정상화와 교인들의 인화단결을 기원하는 연성수련회를 개최했다. 여성회의 이러한 노력이 빛을 발하면서, 포덕 117년(1976) 12월 8일 대립하던 양측(총부) 간에 법정 화해가 이루어짐에 따라 교단은 정상의 길로 접어들었다. 포덕 118년(1977) 2월 26일, 여성회는 분규 후유증을 극복하고 여성회 활성화와 회원 간의 단합을 위해 중앙대교당에서 간담회를 개최하는 등 교단에 새로운 활력을

합동수련회에 참가한 여성회원들(포덕 120년 8월 14일부터 일주일간, 용담수도원)

불어넣고자 정성을 다하였다.

제5차 여성회 전국대의원대회(1977.5.7)에서 선출된 김정숙 회장도 교단 정상화를 최우선 과제로 하여 5월 16일부터 일주일간 여성회본부 임원들을 중심으로 특별기도를 실시하였다. 분규 후유증이 적지 않은 어려운 상황 속에서도 이처럼 역대 여성회본부 임원들은 지부순회와 함께 수련에 매진하여, 3년 동안 안정적인 여성회로 거듭나게 되었다. 그해 7월 27일부터는 전국여성 특별연성회(7일간)를 열었다.

포덕 119년(1978) 5월 13일, 여성회 중앙위원회를 중앙대교당에서 개최하고 임원들은 봉황각에서 사흘간 합숙 연성을 하면서, 교단의 기운을 제고하고 여성회 발전 방안에 대한 토론을 이어 나갔다.

포덕 119년(1978) 7월 17일부터 중앙총부 주최로 하기 특별연성회가 봉황각에서 열렸다. 제1차 교구임원(7.17.~7.24.), 제2차 학생회(7.27-8.3)에 이어 여성회원들은 3차 수련으로 8월 5일부터 12일까지 합동수련을 진행했다. 이어 제4차로 청년회원 중심의 수련회가 잇달아 열렸다. 이 수련회는 교단 전체에 수련 기풍을 진작시키는 결정적인 분기점이 되었다. 이후 중앙총부 주최의 동계-하계 정기 합동수련회가 교단의 중요한 수련문화로 정착되어 갔다.

포덕 120년(1979) 8월 14일부터 일주일간 여성회원들은 용담수도원에서 여성회 연성을 7일간 실시하면서 수련 열기를 이어갔다.

❸ 지부순회 - 여성회 발전의 근본 방책

부인회에서 여성회로 거듭난 천도교여성회가 도약을 위한 발판을 마련하는 데에 수도연성과 더불어 중요한 축이 된 것이 지부순회를 통한 조직 강화 활동이다. 의욕적인 새 출발을 다짐한 여성회는 여성회의 장기라고 해도 과언이 아닌 '순회활동'으로서 돌파구를 만들어 나갔다. 포덕 110년(1969) 3월부터 11월까지 동두천, 부산시, 부산남부, 진해, 공주, 경천, 동대문, 의정부, 인천, 조암, 영등포, 춘천, 대전, 서대전, 논산, 김제, 정읍, 부안, 고부, 사창, 화천, 대구, 대구동부, 창녕, 영산, 진양, 사천, 삼천포, 고성, 경주, 용담, 남해, 선구, 고현, 회화, 여주, 송탄, 아산, 유성, 보은 등 전국을 순회하며 43개 지부를 결성하고 16개 지부에 결성준비위원회 구성을 마친 것이다. 그 결실로 이듬해(1970)에는 20여 년 만에 여성회 전국대의원대회를 개최할 수 있었다.

변화의 기운은 또 다른 곳에서도 감지되었다. 포덕 112년(1971), 주옥경 회장이 천도교 전국대의원대회에서 종법사로 추대되고 여성회장직을 사임하자 여성회는 주옥경 회장을 '명예회장'으로 추대하고, 최시영을 후임 회장으로 선출하여 활기를 이어가고자 했다. 최시영 회장은 취임 직후 7월부터 9월까지 지부순회를 실시하여, 서울과 강원도, 경기도 등지의 지부를 샅샅이 순방하며 활성화, 결성, 재결성을 독려하였다.

포덕 113년(1972)에도 연중 지부순회는 계속되어 여주, 동두천, 의정부, 수원, 평택, 진천, 신도안, 공주, 대구, 경주, 용담, 경천, 안강, 영등포, 조암 지부등 경기, 충청, 경상권 지부를 잇달아 순회하고 교화 지도했다. 포덕 115년(1974) 7월 1일부터 계속된 회원 역량 강화를 위한 연성수련회에 즈음하여 도

지일기념식 후 여성 합창단원(포덕 113년 8월 14일, 중앙대교당 앞)

가 방문을 통한 회원 배가와 신앙을 진작하는 활동을 독려해 나갔다.

제3절 준비기 여성회 교화사업과 대내 활동

수도연성과 지부순회가 여성회의 정신과 혈맥을 이룬다면, 교화사업과 문화사업은 여성회의 살이며 숨결이라 할 수 있다. 이러한 교화, 문화사업은 여성회 활성화 활동의 결실이기도 하고, 여성회 활성화를 완성하는 매듭짓기이기도 하다. 여성회는 물론이고 교단 내에 화한 바람이 불게 하는 것이 바로 교화사업과 문화사업 등의 대내외 활동인 것이다.

포덕 112년(1971) 7월 8일, 여성회원 20명으로 이루어진 여성합창단을 결성했다. 박해관 수운합주단 단장의 지도 아래 마음과 소리를 함께 맞춰간 여성합창단은 시일식에서 천덕송 합창을 하며 교인들의 기운을 북돋우고 여성회에도 활기를 불어넣었다. 이는 포덕 109년(1968) 여성회(부인회)본부 주도로 송가대를 결성한 연장선상에서 지도자(홍이성→박해관)의 변경에 따른 개편이었던 것으로 보인다.

또 여성회는 포덕 112년(1971) 7월 중부 지방의 집중호우로 수많은 이재민이 발생하자, 8월 2일부터 3주간에 걸쳐 구호품을 모집하여 동양방송국에 기탁했다. 이 해 연말에는 군부대 장병에게 보낼 위문품을 모집하여 한국일보사에 기탁했다. 이러한 대 사회활동은 이듬해(1972)에도 수재민 돕기, 농번기 일손돕기 운동으로 이어갔다.

포덕 114년(1973) 12월 15일에는 여성회가 창립 50주년 기념사업으로 의욕적으로 추진해 온 『신앙과 여성』이 간행되었다. 이는 포덕 73년(1932) 3월에 최초의 천도교 여성 교서인 『부인필독』을 간행한 이래 41년 만에 발행한 여성 교서이다. 『신앙과 여성』은 여성들의 교양 수준을 일약 진전시킨 것은 물론, 자체적인 교서를 갖게 되었다는 자긍심을 높이는 데도 큰 몫을 하였다. 『신앙과 여성』은 수요가 많아 이후 재판까지 발행(1977.3.25)하였다.

그 밖에도 여성회원들은 염주나 청수보와 같은 일상적인 신앙생활 문화용품을 개발 보급하면서 천도교 종교문화를 다양화하고 활성화하기 위한 노력을 기울여 갔다. 이 시기에도 여성회 주력사업 중 하나인 봉사활동은 계속되었다. 교인 중 불우한 처지에 있는 분들을 찾아 위로하고 위문하는 활동 외에, 농촌 교인을 위한 일손돕기, 군부대 위문, 수재민 등 재해로 고통받는 동포들을 위한 위문품 모집과 전달 활동을 계속해 나갔다. (이상 '2부' 참조)

또한 내적으로 성숙된 여성회 역량을 바탕으로 대외 활동에도 눈을 돌리기 시작하여 포덕 113년(1972) 9월 29일 수운회관에서 개최된 전국여성단체협의회에 여성회 대표 10명이 참석한 것을 시작으로 대외활동을 전개하기 시작하였다. 전국여성단체협의회는 오늘날까지 천도교여성회 핵심 참여 단체 중 하나로 자리매김하고 있다.

그 밖에 포덕 113년(1972) 11월 회원증 발급을 시작하였으며, 지부순회도 강화하였다. 포덕 115년(1974) 6월 9일에는 여성회본부에서 우이동 총부별관에서 야외시일식(50명)을 거행하였고, 7월 10일에는 회원 75명이 서오릉에서 단합야유회를 개최하였다. 또 포덕 120년(1979) 10월 7일 서울 인근교구 여성회

서울 인근지부여성회 야외시일식(포덕 120년 10월 7일, 의암성사님 묘소)

원 100여 명이 참가하여 여성회본부 주최로 봉황각 일대에서 야외시일식을 거행하였다. 이 시기는 서울지부 여성회가 '직할지부'로서 본부 활동의 동력으로 작용하고 있어서(1974~1983), 대규모의 야외 활동이 가능하였던 것이다.

한편 포덕 116년(1975) 4월 8일에는 용담성지 성역화 사업 시작을 알리는 용담정 건립 기공식을 거행하고 수운대신사 탄신 151주년이 되는 10월 28일, 준공봉고식을 봉행했다. 이는 교단으로서는 물론이고 여성회에서 더할 나위 없는 경사였다. 용담정 수호(최윤 양이제) - 복원(양이제 권태화 임재화)으로 이어온 여성회의 정성이 새로운 차원에서 빛을 발하는 순간이었던 것이다. 용담정과 포덕문, 용담수도원, 성화문 등이 완성된 이날은 교단의 큰 잔칫날이었고, 이후 반세기 동안 용담성지의 기본 골격을 형성하는 역사적인 기점이 되었다.

6장 성장기

도약을 향한 새로운 시대 개척 — 1980.5.9.~2001.3.30.

제27대 121.5.9. 전초련 천도교여성회. 제6차 대의원대회 —— **제28대 124.4.13.** 전초련 여성회. 제7차 대의원대회 —— **제29대 126.6.29.** 박공주 여성회. 제8차 대의원대회 —— **제30대 127.4.16.** 박공주 여성회. 제9차 대의원대회 —— **제31대 130.4.21.** 김경렬 여성회. 제10차 대의원대회 —— **제32대 133.4.27.** 김경렬 여성회. 제11차 대의원대회 —— **제33대 136.4.27.** 천보경 여성회. 제12차 대의원대회 —— **제34대 139.3.31.** 조혜숙 여성회. 제13차 대의원대회

광복 - 6·25 전쟁 - 전후 복구 시기를 지나 산업화가 본격적으로 추진되었던 포덕 110년대를 지나 포덕 120년대에 접어들면서 사회적으로는 민주화운동이 시대적 과제로 대두되는 한편으로 포덕 110년대의 고도성장 효과가 다각도로 나타나기 시작하였다. 세계의 경제 환경(3저)과 맞물려 경제 성장이 고도화되는 가운데 포덕 120년대는 군사정권과 이에 맞서는 민주화 세력의 싸움이 가속화되었으나 교단적으로는 포덕 110년대 후반기부터 불기 시작한 수도연성 열기가 교회중흥의 성과로 나타나기 시작한 시기라고 할 수 있다. 여성회는 세대교체로 새로운 바람을 일으킨 이후 도약이라고 할 만한 성장을 일궈나가기 시작하였다. 이 시기에 시작된 가장 중요한 새 바람은《천도교여성회보》의 창간이다. 이는 오늘날까지 약 40년을 이어오며, 여성회 성장, 발전, 안정을 도모하는 큰 기둥 역할을 하고 있다. 또한 이 시기 역대 회장들은 지부순회를 통한 활성화와 수도연성을 통한 내적 역량 강화라는 일관된 목표를 큰 틀에서 유지하면서, 여성회의 체계화와 안정화도 동시에 진행하였다. 동·하계 수련의 제도화와 단기수련과 교양교육 강좌 개설, 문화사업과 대외협력 사업 등, 내적인 활동의 다양성 확보와 외연 확장이 동시에 비교적 성공적으로 이루어져 간 시기라고 할 수 있다.

제1절 도약과 성장을 위한 조직 개편

❶ 전초련 회장 취임과 조직사업

포덕 121년(1980) 5월 9일, 제6차 전국대의원대회에서 제27대 전초련 회장이 선출됐다. 전초련 회장은 만 50세에 회장에 취임함으로써, 해방 이후 취임한 최연소 회장일 뿐 아니라, 무엇보다 여성회가 창립된 이후 태어난 여성이 회장이 되었다는 점에서, 제1세대를 이어 2세대가 여성회를 이끌어가는 시발점을 기록하였다는 의의가 크다.

전초련(全楚蓮, 聖任堂) 제27대 회장은 포덕 72년(1931) 10월 29일 함경북도 청진시 명천 출신으로 청진의학전문학교 3학년 재학 중이던 포덕 91년(1950)에 월남하여, 영동여중고 교사를 시작으로 교직에 봉직하였다. 포덕 111년(1970)에 여성회본부 총무부장을 맡았고 이후, 감사(1973) 등을 역임한 후 포덕 121년(1980) 5월 9일에 여성회 회장에 선출되었다. 이후 말등대교구장, 선도사, 여성회본부 고문 등으로 지내던 중 포덕 146년(2015) 1월 28일 환원하였다.

이에 앞서 총부는 포덕 117년(1976) 12월 27일 제16차 임시전국대의원대회에서 최덕신 교령 후임으로 이우영 교령을 선출하였다. 이어 포덕 118년(1977) 4월 2일 제17차 천도교 정기전국대회에서는 이영복 교령(임기 3년)을 선출하였다. 이후 신 집행부를 중심으로 분규의 후유증을 씻기 위한 노력이 진행되었다. 그 핵심이 바로 교구순회(총부)와 합동(동하계)수련이었다. 김정숙 회장 등 여성회 임원도 교구 및 여성회 지부순회단의 일원으로 활발하게 움직여 나갔다. 그러한 노력을 이어 전초련 회장이 취임하게 된 것이다.

제27기 여성회는 특히 여성회원의 신앙 확립에 사업 역점을 두었다. 전시적인 대외 활동이나 실효를 거두기 어려운 연례행사나 관례적인 사업은 최소화하고 내수도(內修道)를 통한 신앙 확립에 역량을 집중한 것이다. 반면 이 시기에 여성회가 가장 심혈을 기울인 사업이 여성교역자 교육이다. 이러한 활동 방향은 지부로도 확산되어 지부 자체 연성수련이 늘어갔다.

전초련 회장은 포덕 121년(1980) 12월 18일 제1차 중앙위원회를 개최하고, 포덕 122년(1981) 12월 26일 제2차 중앙위원회를 개최하는 등 회의 체제를 정례화하면서 여성회의 기틀을 다져 나갔다. 전 회장은 포덕 124년(1983) 4월 13일, 제7차 여성회 전국대의원대회에서 재선되어 2기 임기(28대)를 시작했다. 이 시기는 이영복 교령 취임과 재선 이후 교단이 안정화되어 가는 추세에 맞춰 여성회도 회원의 신앙 확립에 모든 사업의 초점을 맞추었다.

포덕 118년(1977)부터 6년간 재임하며 교단의 수도기풍을 활성화하면서 분규의 후유증을 털고, 중흥의 발판을 마련한 이영복 교령에 이어 포덕 124년(1983) 4월 2일 제20차 천도교 전국대의원대회에서 고정훈 교령을 선출하며 새로운 천도교 시대의 개막을 알렸다. 고정훈 교령도 수도 열기를 이어가는 한편 새로운 경전을 간행하는 등의 교단 분위기 쇄신 노력을 펼쳐 나갔다.

이러한 분위기 속에서 여성회는 포덕 125년(1984) 3월 25일, 제60주년 창립기념식을 봉황각 총부별관에서 거행하면서 다시 한번 의지를 다졌다. 그해 12월에는 『천도교여성회 60년사』를 출간했다. 포덕 126년(1985) 4월, 전초련 회장

포덕 124년 상임위원 일동(중앙대교당 앞)

이 임기 1년을 남기고 사퇴하는 사태가 발생하였으나 여성회는 흔들리지 않고 백덕실 부회장이 회장대행 체제로 조직을 안정화한 끝에, 6월 29일 중앙확대위원회(제8차 대회)에서 차기 임원 (29대 박공주 회장) 보선을 실시했다.

전초련 회장은 인터뷰(『한울님 은덕으로 살아온 내 인생』)에서 여성회 활동 가운데 지부순회와 봉사, 그리고 수련의 중요성을 이렇게 토로했다; "봉사는 할수록 좋습니다. 수련을 하게 되면, 자연히 봉사를 하지 말래도 해요. 좋아한다는 게 그저 그냥 좋아지는 게 아니지. 남을 위하는 거, 남이 나다, 하는 걸 알았을 때 그저 남과 내가 하나라는 거 아니까 봉사가 되지. 난 봉사 제일 싫어하는 사람이었지. 일하기 싫어서. 근데 (여성회장이 되고 보니) 그게 달라지더라고. 우리가 자꾸 살펴야 돼. 햇볕정책 쓰는 식으로. 여성회가 어떻게 될까, 한 사람이 좌지우지하지는 않는가, 그걸 살펴야 돼. 그래서 고 아픈 데를 만져줘야 되지. 내 사랑하는 사람들이 과연 지부에서 뭘 하고 있는가 그걸 찾아야지. 아무리 돈이 많이 들어도 우리 회장은 자주 댕겨야 돼. 나는 남해에 가서 숱한 대접 받았어. 그래서 남해가 정말 신앙의 고장이다, 하는 걸 알았지."

❷ 박공주 회장 취임과 조직사업

포덕 126년(1985) 4월, 전초련 전 회장의 중도 사퇴에 따라 6월 29일 소집된 확대중앙위원회(제8차 임시 전국대의원대회)에서 제29대 박공주 회장 외 임원진을 새로이 선출했다.

박공주(朴公珠, 信厚堂) 회장은 포덕 62년(1921) 3월 10일 평안북도 가산군 출신으로 가산보통학교를 졸업하고, 구성교리강습회와 내수회 강좌를 수료하면서 여성회 활동에 참여하게 되었다. 천도교부인회 중앙위원과 서울지부 부회장, 본부 재정부장, 중앙위원을 거쳐 8차 여성회 전국대회에서 제29대, 9차 대회에서 30대 천도교여성회장으로 선출되었다. 이후 천도교종의원과 여성회본부 고문, 동원포 선도사에 추대되었고, 포덕 158년(2017) 4월 23일 환원하였다. 임기 중 《천도교여성회보》를 창간하여 오늘에 이르고 있다.

박공주 회장이 재임한 포덕 126년(1985)부터 포덕 130년(1989)까지 우리나라는 그 어느 때보다 격렬한 정치민주화(직선제), 경제민주화(노동운동), 민족통일운동의 3대 운동 열풍이 거셌던 시기이다. 이러한 분위기 속에서 교단 내 다른 부문단체, 즉 청년회나 대학생단 등은 민주화운동과 통일운동의 일익을 담당하기 위한 노력을 경주해 나갔다. 청년회의 민족문화운동(민속연구회)과 대학생단의 성지순례 등이 이 시기의 대표적인 활동이다. 천도교단은 포덕 127년(1986) 4월 2일 제22차 전국대의원대회에서 고정훈 교령을 재선출했다.(이때는 교령 연임 가능)

그러나 이 과정에서 벌어진 뜻밖의 사태로 고정훈 교령이 포덕 130년(1989) 도의적 책임을 지고 사임하고, 포덕 130년(1989) 4월 1일 제23차 임시대의원대회에서 정운채 교령이 선출되었다. 여성회는 이 시기에 상대적으로 교단 내에서의 안정적 성장과 내실화에 중점을 두었다고 할 수 있다. 그런 가운데서 정중동의 자세로, 조심스럽게 대외적인 활동의 여지를 지속적으로 모색해 나갔다. 한편 정운채 교령은 교단 차원의 통일운동에 심혈을 기울였다. 그것이 천도교 중흥의 가장 바람직한 경로라고 여긴 때문이다. 포덕 140년(1989) 4월 1일 제24차 천도교 전국대의원대회에서 오익제 교령이 선출되고 동학혁명 100주년 기념사업 추진 건이 만장일치로 채택되면서, 포덕 140년대가 개막되었다.

박공주 회장은 취임사에서 가정의 신앙화, 조직 확대 및 강화, 수련과 교육 활성화, 교내·외적 활동 강화 등 네 분야에 중점을 두어 60년을 이어온 천도교 여성회의 전통을 수호하고, 재도약의 전기를 마련하겠다고 밝혔다. 잔여임기 1년 동안 박공주 회장은 상당히 역동적으로 움직였다.

박공주 회장 시기에 가장 두드러진 사업도 지부순회이다. 박공주 회장과 김경렬 부회장은 물론이고 모든 임원이 지부순회에 나서고, 지부의 목소리에 귀 기울이며, 제안 사항을 사업에 반영하고자 최선을 다하였다. 총부 주최 동·하계 합동수련 기간의 여성회원 집중 수련 시기에, 수도원을 순방하며 며칠씩 수련을 함께하고 이들을 독려 고무한 것도 기억해야 할 활동이다.

박공주 회장은 재임 당시 특히 "안 가 본 지부가 없을 정도로 순회 많이 다녔"던 것을 가장 인상적인 활동으로 손꼽았다. 또 여성회보를 창간-간행하면서 총부 지원 없이 회원의 성금을 모아서 발행한 것이 뜻깊었다고 회상했다.

지부순회에서는 회비나 성금을 받기가 미안할 만큼 형편이 모두 어려웠던 것을 직접 목격한 일이 마음 아팠다는 점도 손꼽았다. 그러나 그렇게 서로 어려울수록 본부에서는 지부순회 방문을 늘리고, 지부에서는 본부와 협조하는 자세를 잃지 말아야 한다고 강조했다.(『한울님 은덕으로 살아온 내 인생』, 30~31쪽)

포덕 126년(1985) 7월 23일 제5차 상임위원회에서 정한 하반기 중요 사업계획은 여성회 조직 확대, 강화, 지부 활성화, 지부별 교리·교사 강좌 개설 지원, 본부 임원 및 지부회장 등 여성 지도자들의 수련 및 강도회와 생활 속에서의 모범 보이기, 박씨 사모님 유적지 조사, 여성회 기관지 발행, 불우이웃돕기 등 대내외 봉사활동, 회원들의 의무 실행 강화와 여성회의 재정 건전화, 규약수정위원회 구성(박공주 전영혜 김옥희 허경일 고윤지) 등이다. 이 중 여성회 기관지로 포덕 126년(1985) 8월 20일 창간된《천도교여성회보》는 천도교여성회의 제2세대(창립 세대 이후)를 지탱하는 기둥 역할을 했다. 포덕 164년(2023) 12월 현재 176호를 발행하는 동안 40년 가까이 쉼 없이 발간된 것은 여성회 임원과 회원들의 순일한 정성이 핵심 동력이었다.('여성회보' 편 참조)

당시 봉황각에 있던 종학원에 '여성 지도자 교육과정'을 개설한 것, 그리고 '월례 교리교사 강좌'를 개설하여 1년여 동안 시행한 것은 여성회의 분위기를

중앙위원회 참석자
(포덕 126년 12월 23일, 중앙총부 본관-수운회관 앞)

정기중앙위원회 참석자(포덕 127년 12월 19일, 중앙총부본관-수운회관 앞)

쇄신하여, 새로운 시대로 나아가고자 하는 의지를 불러일으키는 계기가 되었다. 이 해에 여성회는 대신사 부인 박씨 사모님 유적지 답사와 사적 조사를 세 차례 시행하며 여성들의 기운을 모아 갔다. 또 지부순회의 성과도 구체적으로 나타나서 동작, 도봉, 용산, 양주, 자인 지부가 새로 결성되었고, 창녕, 동두천 지부가 재결성되었다.

포덕 126년(1985) 11월 13일 본부 사무실에서 제1차 여성회 규약수정위원회가 개최되었다. 박공주 회장과 수정위원 및 본부 임원 등 10여 명이 참석한 이날 수정위원회에서는 여성회원들의 폭넓은 의견을 수렴하고, 연구를 통해 수정안을 마련하기로 했다.

포덕 126년(1985) 12월 23일, 여성회 정기중앙위원회에서는 포덕 127년도 주요 사업으로 학술발표, 교리 교사 월례강좌, 여성 지도자 교육 등을 결정하고 회보 및 교양서적 발간, 지부순회, 기념행사, 성지 및 유적지 순례, 봉사활동 등의 계속사업을 진행키로 했다. 특히 이날 회의에서 대신사 모친 한씨, 부인 박씨 사모님에게 존칭을 추서하자는 건의서를 교령 및 연원회 의장에게 보내기로 의결했다.('선양사업' 참조)

포덕 127년(1986) 4월 16일, 중앙대교당에서 제9차 여성회 전국대의원대회

서울 인근지부장 간담회 참석자(포덕 128년 11월 23일, 중앙대교당 앞)

정기중앙위원회 참석자(포덕 128년 12월 18일, 중앙대교당)

에서는 박공주 회장이 제29대 회장으로 재선되었다. 그 밖에 김경렬, 강기순이 부회장으로, 조혜숙, 김유순이 감사로 선출되었다.

포덕 127년(1986) 12월 19일, 정기중앙위원회에서 127년도 사업 및 결산 보고와 포덕 128년도 사업계획 및 예산안을 심의 의결했다. 포덕 128년도에 여성회는 신앙과 조직 강화를 통해 발전을 모색하고 각종 기념행사와 대내외 활동 강화 및 회원들의 자질 향상을 위해 다양한 사업을 시행하고 그간 숙원사업이었던 대신사 사모님 묘소 정화사업(수찬)을 추진하기로 했다.

포덕 128년(1987) 11월 23일 본부 회의실에서 지부회장 간담회를 개최하고 지부 활성화 등 당면문제를 논의했다. 서울 및 경기, 강원 등지에서 참석한 16

개 지부회장과 여성회본부 임원 등 28명이 참석한 이날 간담회에서 지부회장들은 지부의 자립 기반이 취약한 것 등 여러 문제에도 불구하고 회원들이 도가완성을 기하여 대외 포덕에 주력하겠다는 의지를 나타내고 있어 지부 발전 전망이 밝다고 입을 모았다. 박공주 회장은 부문단체 활성화와 재정적 자립이 총부의 방침이라는 사실을 전하며 각 지부는 더욱 열의를 가지고 여성회 발전을 위해 노력해달라고 당부했다. 각 지부회장은《여성회보》발행에 따르는 각 지부의 협조와 월회비 납부 등 당면문제에 대해 두루 의견을 나누었다.

포덕 128년(1987) 12월 18일, 정기중앙위원회를 개최하고 회원 월례금을 200원에서 500원으로 인상(차무규정 제10조 수정)키로 결의했다. 이는 포덕 121년(1980) 제6차 대회에서 월례금을 200원으로 인상한 이래 처음 이루어진 인상이다. 그 밖에 감사보고, 포덕 128년도 사업 및 결산 보고, 포덕 129년도 사업 계획 및 예산안은 원안대로 의결했다. 또 지부회장만 본부 인준을 받던 제45조 규정을 지부 임원까지 본부 인준을 받는 것으로 수정했다. 특히 이 회의에서 대외 활동 강화를 위해 한국여성단체협의회에 가입하기로 결정하고 세부사항은 실무진에 위임했다.

포덕 129년(1988) 12월 21일, 정기중앙위원회를 개최했다. 재적 위원 49명 중 40명이 참가한 가운데 포덕 129년도 감사보고와 사업 및 결산 보고에 이어 포덕 130년도 사업계획 및 예산안은 심의 후에 차기 집행부에서 재검토하는 것을 전제로 원안대로 의결했다.

박공주 회장 임기 기간에는 특히 지부순회가 활성화되었다. 지부순회는 여성회 창립 이래로 위기에 처한 조직을 재건하기 위해서나, 한 단계 도약하기 위하여 계속해서 이어온 전통이다. 이것이 수도연성과 함께 오늘날 천도교여성회가 전국적인 단일조직으로서는 가장 오랜 전통과 광범위한 지부 조직을 보유한 여성단체로 그 역사와 전통을 계승해 오는 원동력이 된 것이다.

또 이 시기에 활성화된 봉사활동과 불우이웃 돕기도, 이후 활발하게 전개된 여성회 봉사활동의 새로운 출발점이 되었고, 앞으로 되살려 나가야 할 전통의 중요한 분기점을 이룬 것이었다.

❸ 김경렬 회장 취임과 조직사업

포덕 130년(1989) 4월 1일, 제10차 여성회 전국대의원대회에서 제31대 김경렬 회장이 선출됐다.

김경렬(金敬烈, 眞誠堂) 제31대 회장은 포덕 68년(1927) 1월 10일 평안북도 박천군 출신으로 노전보통학교를 졸업하고 구성종리원 교역자강습회를 수료(1946)한 후 청우당박천군당 여성부장을 역임하던 중 월남하여, 여성회본부 조직부장, 본부 상무, 본부 조직부장, 본부 감사 등을 역임하였다. 통일포 교훈을 거쳐 포덕 130년(1989) 제31대 천도교여성회 회장으로 선출, 이어 포덕 133년(1992) 제11차 전국대의원대회에서 32대 회장으로 재선되었다. 종의원, 통일포 선도사, 복호동수도원장을 거쳐 여성회 고문으로 계시던 중 포덕 160년(2019) 10월 19일 환원하여 포천 교회묘지에 안장되었다.

김경렬 회장은 교단적으로나 사회적으로 어수선한 분위기 속에서 취임하였다. 그러나 오랫동안 여성회 활동을 하면서 다져진 내공을 바탕으로 김경렬 회장은 선택과 집중의 정신으로, 중요 사업 과제를 설정하고 이를 힘 있게 밀고 나갔다. 여성회 차원의 내칙·내수도문 반포 100주년 기념비 건립과 복호동수도원 건립 추진, 교단 차원의 동학혁명 100주년 기념사업 추진에 성력을 다한 것이 그것이다.

김경렬 회장 임기에 가장 큰 두 가지 업적을 꼽는다면 경상북도 금릉군 구성면 복호동(용호동)에 내칙·내수도문 반포 100주년 기념비를 건립한 것과 기념비 인근에 복호동수도원 건립을 추진한 것이라 할 수 있다. 기념비 건립 사업은 포덕 131년(1990) 4월 이후 본격적으로 추진되었으며, 이를 위해 여성회는 건립 성금모금 운동을 전개해 나갔다. 포덕 131년(1990) 12월(음력 11월) 20일 기념비를 건립하고 제막식을 거행했다. 이어 복호동수도원 건립을 추진하여 포덕 136년(1995) 4월 25일 낙성식을 치렀으며, 김경렬 회장은 이를 마지막으로 임기를 마치게 되었다.

김경렬 회장이 추진한 사업 가운데 눈에 띄는 또 다른 하나는 여성회·청년회 합동수련회이다. 여성회는 대신사 탄신기념 수련회를 3년간 단독으로 시행해 오다가 대신사 탄신 168주년을 맞아 포덕 133년(1992) 10월 22일부터 일주일간 청년회와 합동수련회를 개최해 서울 인근교구와 지방교구 등 32개 교구에서 매일 200여 명이 참석하는 등 큰 성황을 이루었다. 여성회·청년회 합동수련회는 이후로도 몇 차례 더 이어졌으며, 여성회는 그때마다 수련 기간 모은 성금을 동학혁명 100주년 기념 성금 또는 복호동수도원 건립 성금으로 기탁했다. 이와 함께 여성회 창립 70주년이 되는 포덕 135년(1994)에 펴낸 『천도교여성회 70년사』 등 간행 사업, 지부 활성화를 위한 순회 방문도 꾸준히 이어지는 등 분주하고 성실한 활동의 결과 많은 성과를 이루어낼 수 있었다.

포덕 130년(1989) 12월 21일 정기중앙위원회에서는 포덕 130년(1989) 사업 및 결산 보고와 포덕 131년(1990) 사업계획 및 예산안은 원안대로 가결하고, 포덕 131년 내칙·내수도문 반포 100주년을 맞이하면서 학술발표 및 기념비 건립 사업을 전개하기로 결의하였다. 포덕 131년(1990) 12월 27일 정기중앙위원회는 연례적인 의안을 처리한 후 내칙·내수도문 기념비 건립 추진 경과보고가 주요한 사안으로 논의되었으며, 내년 주요 사업은 전국 순회 교화 활동, 수련 강도회, 지도자 교육, 학술발표회, 성지순례, 대내외 봉사활동 등으로 정하였다. 이 해에 개최하기로 했던 내칙·내수도문 100주년 기념 학술발표회는 기념비 건립에 집중코자 포덕 132년(1991) 여성회 창립기념식을 기해 개최키로 연

정기중앙위원회 참석자(포덕 130년 12월 21일, 총부본관-수운회관 앞)

기하고, 내칙·내수도문 기념비 성금자 명부를 제작 배포하기로 했다.

포덕 132년(1991) 12월 19일 정기중앙위원회에서 감사보고와 포덕 132년도 사업 및 결산 보고, 포덕 133년도 사업계획과 예산안을 심의 의결했다. 그러나 이 회의의 미비점(예산 상황)을 보완하기 위해 포덕 133년(1992) 2월 24일 제14차 상임위원회를 개최하고 예산을 재심의하여 포덕 133년도 여성회 사업을 대체로 축소하기로 의견을 모았다.

포덕 133년(1992) 정기중앙위원회는 12월 15일 중앙대교당에서 개최됐다. 회의에서는 포덕 133년도 사업보고 및 결산, 포덕 134년도 사업계획 및 예산을 심의 의결했다. 이어 내칙·내수도문 기념비의 후속사업으로 내년부터 복호동수도원 건립을 추진하는 과제를 토의하고, 세부사항은 상임위원회에 일임키로 결의하였다.

포덕 133년(1992) 4월 27일 제11차 전국대의원대회에서 제32대 김경렬 회장이 재선되었다. 5월 4일 제1차 상임위원회에서 실무진을 선임하고 여성회 규약수정위원회(위원장 김경렬)를 구성했다. 포덕 133년(1992) 12월 15일, 정기중앙위원회를 개최하고, 포덕 134년 사업계획안을 심의 의결했다. 이날 회의에서는 복호동수도원 건립 문제를 상임위원회에 일임해서 추진키로 의결했다. 또 총부 지원을 크게 기대할 수 없는 상황에서 '성금모금'이 핵심 관건이라는 점을 재확인하면서 대책을 마련해 나가기로 했다.

포덕 134년(1993) 12월 19일, 정기중앙위원회를 개최하고, 내년 사업 방향을 숙의하였다. 포덕 135년(1994)은 여성회 창립 70주년이면서, 교단적으로는 동학혁명 100주년의 해인 관계로 여성회는 양대 사업 모두에 정성을 기울여야 하는 과제를 안게 되었다. 동학혁명 100주년은 교단 차원에서 수년 전부터 준비해 오고 있었지만, 내적으로 교인들의 역량을 결집하고 특히 성금을 모금하는 일에 있어서는 여성회의 역할이 절대적인 사안이기도 했다. 이미 모금운동에는 여성들이 적극적으로 앞장서고 있었다. 여성회 창립 70주년 기념사업은 『천도교여성회 70년사』 간행과 '복호동수도원 건립'의 양대 사업을 축으로 삼아 기획해 나갔다. 이날 회의에서는 '복호동수도원건립추진위원회' 구성과 '여성회 70년사' 간행을 정식으로 의결하였다.

김경렬 회장은 임기 동안 박공주 회장 시기의 지부순회를 더 활성화해 나갔으며 특히 내칙·내수도문 반포 100주년 기념비 건립과 복호동수도원 건립을 추진하여 성사시킨 것은 이후 여성회 활동의 중요한 토대와 정신적 근거를 마련한 기념비적인 업적이라 할 수 있다. 또한 이 시기에는 청년회와 함께 교단 내의 수련 분위기를 고조시키는 합동수련을 주관해 나가면서, 천도교 중흥에 대한 희망을 만들어 나갔던 것, 동학혁명 100주년 성금모금으로 역사적 전기를 이룬 것, 『천도교여성회 70년사』를 간행하여 역사적 징검돌을 놓은 것도 중요한 성과이다.

❹ 천보경 회장 취임과 조직사업

포덕 136년(1995) 4월 27일 제12차 여성회 전국대의원대회에서 제33대 천보경 회장이 선출됐다.

천보경(千輔慶, 誠月堂) 회장은 포덕 70년(1929) 3월 29일 함경북도 명천 북면 용반리 출신으로 포덕 87년(1946)에 입교했다. 나남동여자고등학교 졸업, 청우당명천군당 조직부원, 청우당 총무부원으로 활동하던 중 6·25 전쟁 때 월남하여, 육군본부 휼병감실 원호계에 근무하였다. 여성회 본부 감사, 종의원, 서울교구여성회 부회장을 거쳐 포덕 136년(1995) 제33대 천도교여성회 회장에 선출됐다. 시원포 선도사, 도훈. 현재 본부 고문, 서울교구 및 서울교구여성회 고문으로 있다.

포덕 130년(1989) 4월 1일 제24차 전국대의원대회에서 교령이 선출되고, 포덕 133년(1992) 4월 2일 제25차 천도교 전국대의원대회에서 재선된 오익제 교령은 임기 내내 동학혁명 100주년 기념사업을 의욕적으로 추진하였다. 포덕 135년(1994) 3월 21일 동학혁명 100주년 기념식은 탑골공원까지 시가행진을 하여 의암성사 동상 주변에 2천 명의 군중이 운집한 가운데 진행되었다. 그러나 대교당 앞마당에 100주년 기념관을 짓기로 한 계획과 그 실행 과정에서 발생한 여러 문제들로 말미암아 오익제 교령은 포덕 135년(1994) 6월 15일, 임기 만료 10개월을 앞두고 사퇴하였다. 그해 9월 9일 열린 제27차 임시전국대의원대회에서는 김재중 교령이 후임(잔여임기)으로 선출되었다. 이러한 혼란한 상황 속에서 임기를 시작한 천보경 회장은 회원들의 마음을 안정시키면서 오히려 적극적인 대외 활동으로 여성회의 조직 강화의 길을 개척하고자 했다.

여성회가 국내의 대표적인 여성단체협의체인 한국여성단체협의회에 가입한 것은 천보경 회장 대인 포덕 136년(1995)이다. 이 해 9월 19일, 여성회는 한국여성단체협의회 33번째 회원(단체)으로 가입하고 10월 12일 유관순기념관에서 열린 제32회 전국여성대회에 참가했다. 사실 한국여성단체협의회와 처음 교류를 시도한 것은 최시영 회장 때부터였으니 영향력 있는 여성단체의 일원이 된 것은 실로 20여 년 만의 일이었다. 또한 포덕 139년(1998) 해월신사 순도 100주년을 준비하며 포덕 138년(1997) 9월 29일 중앙대교당에서 개최한 학술세미나는 중앙총부와 해월최시형선생기념사업회의 후원으로 여성회가 단독으로 주최한 행사였다는 데 의의가 크다.

천보경 회장 시기에 추진한 사업 가운데는 봉사활동이나 사회참여 활동이 두드러진다. 북한에 옥수수 보내기 캠페인 및 북한동포 돕기 모금 운동, 북한동포 사랑의 옷 보내기 운동, 서울 인근지부 자원봉사자를 위한 행사 등 교회 안과 밖으로 소외되거나 불우한 이웃 혹은 눈길이 미치지 않는 곳에서 묵묵히 일하는 자원봉사자들에게 도움의 손길을 내밀고 위로하는 정성과 공경의 천도교 정신을 몸소 실천하는 집행부였다. 무엇보다 포덕 136년(1995) 연말에 첫 교육을 받고 이듬해인 포덕 137년(1996) 1월부터 시작한 국립재활원 자원봉사는 이후 5년간(만 4년) 매주 목요일 한 회도 거르지 않고 계속되었다. 서울 인근 19개 지부에서 130여 명이 참여하였고, 3년 이상 장기 봉사한 회원만 16명에 이를 정도로 정성을 다해 임하였다. 이와 함께 사회참여 활동 또한 적지 않아서, IMF 경제난국 극복을 위한 금 모으기 운동 등에도 동참하였다. 안팎으로 모심과 살림을 실천한 천보경 회장 대에 여성회는 한마음이 되어 차분히 내실을 다지면서 바깥으로 눈을 돌려 천도교여성회의 위상을 만천하에 드러낼 수 있었다. 아래에서는 연대별로 주요 회의 내용을 소개한다.

포덕 136년(1995) 12월 28일부터 3일 동안 의창수도원(우이동)에서 제1차 전국 지부장회의 및 단기교육이 개최됐다. 지부회장 간담회에서는 지부 활동 상황 공유, 규약·규정의 주요사항 강의 및 준수, 실성미 생활화 등을 토의했다. 포덕 137년(1996) 2월 23일 정기중앙위원회를 개최하고, 예산안 심의는 상임위원회에 위임하여 처결하기로 결의하였다.

포덕 137년(1996) 7월 24일부터 26일까지 3일간 의창수도원에서 전국 30개 지부에서 64명이 참가한 가운데 제2차 전국 지부장회의 및 단기수련이 진행됐다. 이 행사는 다시 개벽의 변환기를 맞아 시천주 신앙과 수도를 통한 교회 발전 도모에 목적을 두고 단기수련을 겸하여 개최되었다.

포덕 138년(1997) 2월 19일 제2차 정기중앙위원회가 중앙대교당에서 개최되었다. 감사보고에 이어 포덕 137년도 사업 결과 및 결산 보고, 포덕 138년도 사업 계획 및 예산안을 심의 의결했다. 회의에서는 포덕 137년(1996)에 사업기금 1,000만 원을 정기예치했다고 보고했다.

포덕 138년(1997) 8월 18일부터 3일간 의창수도원에서 전국 29개 지부 회원 63명과 중앙위원 15명이 참가한 가운데 단기수련이 진행되었다. 19일 오전과 오후 두 차례로 나뉘어 3시간 30분 동안 제3차 지부장회의가 진행되었으며, 각 지부 활동 보고, 규약 규정 준수 사항, 자원봉사활동 보고, 한국여성단체협의회 활동 보고, 나라 살리기 운동의 일환인 1,000만 가정 한마음 통장 갖기 운동, 『신인간』 1호당 1권 보내기 운동에 대하여 논의했다.

포덕 139년(1998) 2월 26일 제3차 정기중앙위원회가 본부 회의실에서 개최됐다. 중앙위원 49명 중 39명이 참석한 이날 회의에서는 감사보고, 포덕 138년도 사업 및 결산 보고가 이어졌다. 이후 의안인 포덕 139년도 사업계획 및 예산안을 상정, 심도 있게 논의한 후 원안대로 통과시켰다. 기타사항으로 여성회관 건립 기금으로 예치된 3천만 원 처리 건을 차기 대회에 상정하도록 결의하였으며, 중앙총부의 부문단체설치운영규정에 의한 여성회 규약 개정(안)은 상임위원회에 위임하기로 했다. 이에 따라 여성회는 포덕 139년(1998) 2월 26일 제13차 상임위원회와 3월 4일 제14차 상임위원회에서 규약·규정 일부 수정안을 심의 의결하였다.

천도교여성회는 포덕 136년(1995) 여협 가입 이후 대표적인 회원단체로 오늘날까지 활발한 활동을 벌이고 있다. 또 해월신사 순도 100주년 기념 학술세미나를 여성회가 주최한 일, 북한동포 돕기 운동을 활발하게 전개한 것을 비롯하여 봉사활동을 꾸준하게 이어간 것도 특기할 일이다. 자원봉사활동은 이후 갈수록 체계화되어 봉사단 결성으로까지 이어지게 된다. 또 이 시기에 터진 국가부도 사태에 즈음하여 금 모으기 운동에 동참하는 등 경제난국 극복을 위한 정성 어린 활동도 주목해야 할 사업이다.

포덕 136년(1995) 4월 3일, 제28차 정기전국대의원대회에서 김재중 교령이 오익제 전 교령 잔여임기에 이어 신임 교령으로 재선출되면서 교단은 새로운 활기를 찾아갔다. 포덕 136년(1995) 5월 31일에는, 건립을 둘러싼 그간의 분란을 불식시키며 전주에 동학혁명백주년기념관이 개관하였다. 포덕 138년(1997) 2월 23일에는 신인간사가 주식회사 체제로 재편되었다. 포덕 138년(1997) 6월 4일에는 양양군청의 협조를 얻어 대신사 장자(세정)가 순도(1872.5.12)한 강원도 양양관아(양양군청) 자리에서 채토식을 거행하고, 경주 태묘 인근에 봉분을 조성하였다. 이어 포덕 139년(1998) 4월 2일 제29차 천도교 정기 전국대의원대회에서는 김광욱 교령이 선출되어 새로운 총부 집행부가 출범하였다. 이 시기 내내 여성회는 수련강도회를 지속적으로 실시하여, 여성회원들의 도가완성과 심화기화를 도모해 나갔다.

❺ 조혜숙 회장 취임과 조직사업

포덕 139년(1998) 3월 31일 개최된 제13차 여성회 전국대의원대회에서 제34대 조혜숙 회장이 선출됐다.

> 조혜숙(曺惠淑, 信和堂) 제34대 회장은 포덕70(1929) 1월 3일 황해도 곡산군 청계면에서 출생하여 이화여전을 졸업했다. 여성회본부 상임위원을 시작으로 본부 감사를 거쳐 포덕 139년(1998) 제34대 천도교여성회 회장에 선출됐다. 이후 시원포 선도사, 고문 등으로 활동하다가 포덕 160년(2019) 8월 13일 환원하여 포천 교회묘지에 안장되었다.

조혜숙 회장은 평소 "우리 여성회에서 가장 시급한 것은 지부 활동을 어떻게 활성화해 나가느냐 하는 것"이라는 소신을 자주 밝혔다. 지부장회의 등을 통해 전국 각 지부회장과 회원들의 목소리에 귀를 기울였으며, 지부순회에도 열심히 임했다. 지부순회 방문 때는 자주 시일설교에 나섰으며, 동반한 이경화 조직부장이 천덕송 지도를 맡곤 했다. 무엇보다 미결성 지역의 지부 결성을 위해 노력을 기울여야 함을 늘 강조했다. 일본 신호교구에 여성회 지부를 결성하기 위한 준비에 나선 것도 이 시기이다. 조혜숙 회장은 신호지부 결성을 위해 포덕 141년(2000) 8월, 일주일간 신호교구를 방문하기도 했다. 이때 준비에 돌입한 신호지부가 실제로 결성된 것은 포덕 161년(2020) 초의 일이니 실로 20년 만에 결실을 이룬 것이라 하겠다.

대(對)사회 활동도 두드러지는데, 한국여성단체협의회가 시행하는 호주제 폐지운동에 여성회도 동참하기로 한바 포덕 140년(1999) 12월 14일부터 수운회관 입구 벽면에 호주제 폐지 운동 동참을 호소하는 현수막이 휘날리게 되었다. 또 환경보호 이슈에도 관심을 기울여, 중앙총부로부터 위임을 받아 '여성회 환경보호실천한울타리'를 구성하고 전국 여성회원들과 함께 1회용품 안 쓰기 운동을 벌이고 지속해서 환경보호실천 운동을 펼쳐 나갔다.

포덕 140년(1999) 2월 24일 중앙총부 회의실에서 제1차 정기중앙위원회를 개최하고, 포덕 139년도 사업결과 및 결산 보고, 포덕 140년 사업계획 및 예산안을 원안 의결했다. 이어 8월 8일 용담수도원에서 전국 30개 지부에서 모인 지부회장과 본부 임원 등 40여 명이 참석한 가운데 제2차 전국 지부장회의를 개최하고 다음 사항을 의결했다; (1) 8월부터 중앙총부에서 지원하는 포덕비를 각 지부 여성회가 솔선하여 받을 수 있도록 노력한다. (2) 지부회장 연락처 자료집을 제작 배포하여 지부와 회원 간 동귀일체를 기한다. (3) 한국여성단체협의회 주최 전국여성대회(9.16)는 참가비를 여성회에서 지원하여 각 지부 1명씩 참석한다(여비 본인 부담). (4) 권역별로 활성화된 지부가 역내 지부 활성화를 지원토록 한다(예: 부산시지부 - 영산, 창녕, 경주 지부), (5) 각 지부 행사 소식《여성회보》 기고, (6) (건의사항) 농번기와 겹치는 하계수련회 일정 조정(남해지부) 요청을 고려한 하계수련 일정 정하기(내년).

한편 포덕 141년(2000) 3월 8일에는 중앙총부 요청으로 환경운동을 전담할 기구인 여성회 환경운동실천한울타리 모임이 결성되었다.

포덕 141년(2000) 8월 6일 용담수도원에서 제3차 전국 지부장회의를 개최했다. 전국 31개 지부회장과 여성회 임원 등 40여 명이 모인 가운데 다음 사항을 의결했다; (1) 북한 천도교 돕기 성금모금 운동의 일환으로 매 시일 한 끼 금식을 통해 12월 말까지 28주간 성금을 모금키로 한 상임위원회 결정 재확인, (2) 여성회관 건립을 위한 각 지부 활동 사항을 청취하고 10개년을 목표로 여성들의 적극적인 참여 당부, (3) 여성회와 지부 간의 유대 강화를 위해 각 지부 소식을 본부에 알리고 《여성회보》 지면에 소개, (4) '환경보호실천 한울타리' 활동 중 환경부 발급 '명예환경감시원증' 신청서 제출 당부.

조혜숙 회장도 재임 기간 내내 지부 활성화를 최우선 과제로 삼았다. 조혜숙 회장은 지부순회와 함께 지방교구 시일설교 강사로도 활약하면서, 천덕송 지도에 나선 이경화 강사와 짝을 이뤄 지부 활동을 강화해 나갔다. 특히 포덕 141년(2000) 8월에는 일본 신호교구를 방문하여, 이후 20년간에 걸친 노력 끝에 신호지부가 결성되는 출발점을 일구어냈다. 또한 한국 사회의 가부장 문화를 타파하고 여성의 사회적 지위 향상에 결정적인 기여를 하게 되는 호주제 폐지 운동도 조혜숙 회장 대에 시작한 중요한 사업이다.

제2절 성장기를 견인하는 수도연성

포덕 120년대 이후의 여성회 합동수련은 크게 동·하계 수련과 그 밖의 단기 수련 및 특별수련으로 나눌 수 있다. 동·하계 수련은 초기에는 총부 주최 수련회로 진행하다가, 이후 여성회 주최 수련회로 바뀌었다.

포덕 121년(1980)부터 포덕 141년(2000)까지 시기의 초기에는 국가적으로 불행한 사태와 혼란이 계속되었고, 교단도 크고 작은 사건이 연속되면서 여성회도 포덕과 교화사업에 전념하기 어려운 형편이었지만, 민주화가 진전되고 금융위기를 극복해 나가면서 국가적 위상이 크게 올라가는 제2의 성장기이기도 하였다. 그러나 교단적으로는 이 시기 전반기가 성장의 활력이 넘치던 때라면 후반기는 다시 쇠락의 기운이 감돌기 시작한 때라고 할 수 있다.

여성회는 모든 난관을 수도연성과 교육으로 극복하고자 노력하였다. 신입교인을 위한 교리강좌, 동·하계 연성강도회(총부 주최), 여성교역자 양성을 위한 단기교육 등을 잇달아 열어 가며 여성회의 역량 강화, 지부 활성화 등을 위해 매진했다. 특히 포덕 120년대 내내 뜨겁게 달아올랐던 수도연성의 분위기를 더욱 고양시키고 확산시켜 나간 것이 바로 여성회였다.

여성회 동·하계 합동수련은 수도원별로 정례화되었고, 여성회본부 임원들은 수도원을 순회하며 수련에 참여한 여성들을 독려하였다. 이와 함께 지부순회도 강화하여 교단 전체적으로 중흥기를 맞이하는 분위기가 고조되었다.

❶ 여성회 동·하계 수련

포덕 121년(1980) 7월 15일부터는 용담수도원에서 총부 주최 여성회(전국) 하계 연성강도회를, 8월 26일에는 여성회본부 주최 하계 연성강도회를 잇달아 실시하였다. 이러한 기초 다짐을 바탕 삼아 이 해 10월 14일부터는 여성회본부 주최로, 우이동의 종학원 내에 '여성교역자 양성을 위한 단기교육' 프로그램을 마련하여 10개 교구 31명이 참석한 가운데 진행하였다.

포덕 122년(1981) 동계수련에서도 총부에서 일주일 기간으로 개설한 여성회 연성강도회에 38명의 회원이 참여하였고, 6월 2일부터 해월신사의 순도 정신을 기리며, 여성회 주최로 104명이 참석하여 일주일간 중앙대교당에서 특별연성회를 개최하였다. 8월 3일부터는 1백여 명의 여성이 참석하여 성황을 이룬 가운데, 용담수도원에서 하계연성강도회를 실시하였다.

포덕 123년(1982) 2월에는 전국 18개 지부, 80여 명의 회원이 참석한 가운데 7일간 동계수련회를, 그해 9월 17일부터는 중앙대교당에서 일주일간의 특별연성회를 개최하였다. 수련 열기가 고조되고, 안정적으로 정례화하면서, 한동안 침체했던 전국 각지의 여성회지부가 속속 재결성되거나, 활성화되는 결과가 뒤따랐다. 포덕 124년(1983) 5월 1일에는 서울시지부가 90명의 회원이 참석한 가운데 재결성되면서 그 기폭제가 되었다. 포덕 124년(1983) 7월 26일부터 시작된 총부 주최 하계연성강도회에 여성회원은 170여 명이 참석하였고, 이 중 160명이 수료에 참여하는 성과를 거두었다.

포덕 125년(1984) 8월 19일부터는 의창수도원에서 90명이 7일간의 하계수련

위: 포덕 122년 하계수련회에 참가한 여성회원들(포덕 122년 8월 용담수도원)

오른쪽: 용담수도원 동계 연성강도회 참가자들(포덕 122년 1월 9일~16일, 용담성지 포덕문 앞)

회를 진행하였고, 포덕 126년(1985) 1월 20일부터 일주일간 동계연성을 실시하였다. 또 포덕 126년(1985) 8월 3일부터 9일까지 하계 합동수련회 기간에 용담수도원에는 118명, 의창수도원에는 58명의 여성회원이 참가하였는데, 여성회는 양대 수도원 외에 전라도의 호암수도원(부안)과 경기도의 화악산수도원(가평), 강원도의 가리산수도원(홍천)과 강릉수도원(강릉)에서 열리는 하계수련에도 많은 회원이 참가할 수 있도록 독려하고 여성회장 등 임원들이 지속적으로

포덕 127년 하계수련에 참여한 여성회원들(포덕 127년 7월 30일부터 일주일간, 용담수도원)

순방하며 일부 일정을 같이하는 등의 정성을 쏟았다.

포덕 127년(1986)에 중앙총부가 주관하는 하계수련이 포덕 127년(1986) 7월 20일부터 8월 12일까지 학생, 청년, 일반, 여성별로 각각 일주일씩 전국 수도원에서 시행된 가운데 여성회원 수련 일정은 의창수도원이 7월 27일부터 8월 2일, 호암수도원과 강릉수도원, 용담수도원이 7월 30일부터 8월 5일까지로 정해지자 박공주 회장을 비롯한 임원진은 수련 기간 각 수도원을 순방하여 수련에 참여하는 여성회원들과 대화를 나누고 격려했다.

포덕 128년에 들어서도 중앙총부가 주관하는 하계수련 계획에 따라 실시한 5개 수도원의 연성수련에 전국에서 250여 명의 여성회원이 참여했다. 여성회원들은 포덕 128년(1987) 7월 20일 화악산수도원을 시작으로 의창, 호암, 강릉, 용담수도원에서 실시한 수련에 총 250여 명이 참가하여 기대 이상의 성과를 거두었다. 박공주 회장을 비롯한 임원진들은 수련 기간 각 수도원을 찾아 여성회원들의 수련을 격려하였다.

포덕 129년(1988) 7월 20일부터 8월 23일까지 실시한 하계수련회(총부 주최)에 여성회원은 의창, 용담, 호암, 강릉, 화악산, 가리산 등 6개 수도원에서 총 199명이 참가한 것으로 집계되었다. 이는 각 수도원별 하계수련회에 즈음하여 여성회본부에서 전국 지부의 지부회장을 비롯한 임원진들이 솔선해서 수련에 나서줄 것을 당부하고 독려한 결과였다.

포덕 130년(1989)에서 포덕 134년(1993) 사이에도 총부 주최의 신년특별수련회, 서울 시내 교구 합동수련회(연 2회), 남북통일 기원 특별수련회 등이 잇달아 시행되었다. 특히 동·하계 합동수련회는 간단없이 계속되었고, 그 자리마다 여성회원들의 주문 소리가 드높았다.

포덕 134년(1993) 8월 6일부터 일주일간 용담수도원에서 전국 여성 하계수련을 실시했다(총부 주최, 여성회 주관). 이번 수련은 ①자아완성으로 한울님 모심을 체득하자, ②정신개벽으로 한울사람이 되자, ③사인여천을 실천하자는 것과 ④동학혁명 100주년 기념사업의 성공 기원을 담아 진행하였다. 수련에 참가한 교인 수는 전국 28개 지부에서 모인 연인원 560여 명이다.

포덕 135년(1994) 7월 22일부터 29일까지는 의창수도원에서 중앙총부가 주최하는 하계수련회에 20개 지부 회원 연인원 240명이 참여하였다.

총부 주관 수련 일정에 따라 여성회는 포덕 136년(1995) 8월 6일부터 13일까지 7일 동안 의창수도원에서 전국 여성 합동 하계수련을 실시했다. 자아완성 및 교회중흥과 남북통일을 목적으로, 대구, 남해, 고현, 창녕, 춘천 등 17개 지부 연인원 413명이 참가한 가운데 수련, 천덕송, 특강 등을 진행했다.

여성회 주최 하계수련은 포덕 140년(1999)부터 재개되었다. 포덕 140년(1999) 8월 2일부터 일주일간 전국 29개 지부 129명의 회원이 용담수도원에서 7박 8일간 하계수련을 실시하였다. 이 수련회는 여성회원들의 동귀일체와 자아완성, 도가완성을 목적으로 매일 오전 5시부터 저녁 9시 기도식까지 수련과 특강, 천덕송 시간으로 진행되었다. 수련회에 참석하기 위해 남해·고현 지부에서는 버스 1대를 대절하였으며, 부산시지부에서도 봉고차 1대를 동원하는 등 많은 지부가 열의를 갖고 참여하였다.

포덕 141년(2000) 여성회 하계수련은 8월 3일부터 10일까지 7박 8일간 용담수도원에서 진행된 가운데, 전국 41개 지부에서 160여 명의 여성회원이 참여하였다. 이 행사는 자아완성, 도가완성, 동귀일체, 교회중흥, 평화적인 남북통일을 목적으로 매일 오전 5시부터 저녁 9시 기도식까지 수련, 특강, 천덕송 시간으로 진행되었으며, 126명이 수료증을 받았다. 예년에 비해 젊은 여성들의 참여율이 높고 수련회에 처음 참여한 여성들이 많았다. 또한 수련 시간을 더 늘리자는 기존 수련생들의 의견을 반영해 수련 시간이 늘어났다.

② 단기수련과 특별수련

이 시기에 여성회 자체 또는 여성회(+청년회) 주최의 전체 교인 수련회도 일상화되었다. 그 가운데에도 특별한 형태를 띠었던 수련회(여성)를 주로 소개한다. 우선 포덕 126년(1985) 12월 23일부터는 신입 여성교인을 위한 수련강도회가 개최되었다.

포덕 130년(1989) 8월 3일부터 3일간 의창수도원에서 단기수련회를 실시하였다. 포덕 130년대에 접어들면서, 여성회본부가 주최하는 수련은 여성회원뿐만 아니라, 일반교인 전체를 아우르는 교단 차원의 특별수련회로 확대되어 갔다. 이는 여성회원들의 정성과 주도적인 역할이 그만큼 가시적인 성과를 거두기 시작했다는 것, 교회 발전에 있어서 여성회의 역할이 그만큼 중대해졌다는 것을 반증하는 것이다. 그 서막을 연 것은 포덕 131년 순도 및 순국선열 추모 기도회이다.

포덕 131년(1990) 3월 10일 대신사 순도기념일을 앞두고 여성회본부는 3일부터 9일까지 일주일 동안 중앙대교당에서 대신사 순도 및 순국선열 추모 기도회를 실시했다. 매일 오전 6시~7시, 오후 7시~9시 두 차례 실시한 이 기도회에는 서울 인근의 28개 교구에서 연인원 437명이 참가했다. 추모 기도회 기간에 허경일 상임위원과 고정훈 연원회 의장, 이창번 경리관장, 임운길 교화관장, 이영복 종법사, 김경렬 회장이 각각 특강을 맡아 진행했고, 서영모 교수가 천덕송 지도를, 이소원 포덕사는 연성 지도를 담당했다. 폐회식에서 김경렬 회장은 "대신사 순도 126주년을 맞이해서 여성회가 처음으로 추모 기도회를 주최하게 됐다"는 점을 강조하고 성황리에 기도회를 마칠 수 있게 된 데 감사를 표했다.

포덕 132년(1991)이 되면서 여성회 수련문화에 중대한 변화가 일어났다. 그동안 수도원별로 분산해 실시해 오던 수련회를 10년 만에 전국 여성회원들이 한곳에 모여 합동수련회로 진행키로 한 것이다. 이에 따라 포덕 132년(1991) 8월 6일부터 12일까지 일주일간 용담수도원에서 합동 하계수련회를 진행했다. 이 수련회에는 전국 28개 지부, 1백여 명의 회원이 참가하여 성황을 이루었으며, ①기도로써 한울님을 체득하고, ②정신개벽으로 새사람이 되며, ③오관실행으로 신앙의 뿌리를 내리고 포덕광제를 위하여 정성을 다한다는 세 가지 목적하에 새벽 4시 기상에서부터 저녁 9시 기도식 시간까지 뜨거운 열기 속에서 진행했다. 용담수도원 김근오 원장이 전체 지도를 맡은 가운데 오익제 교령, 임운길 교화관장, 김경렬 회장, 김옥희 부회장의 특강도 진행했다. 특히 이 합동수련회에 참여한 여성회원들은 용담수도원의 환경 조성 및 미화를 위해 438만 원의 성금을 모금하여 기탁했다.

포덕 132년(1991)에는 10월 29일부터 11월 4일까지 일주일간 중앙대교당에서 합동수련회를 개최했다. 정신개벽과 포덕교화의 활성화를 목적으로 실시한 합동수련회는 김승복 도정의 지도 아래 서울 인근 남녀 교인 750여 명(연인원)이 참여하여 저녁 7시부터 9시 기도식까지 두 시간 동안 진행됐다. 한편 수련 기간에 1백여만 원의 불우교우돕기 성금이 모금되었다. 여성회는 이 성금을 노약자와 소년·소녀 가장을 돕는 데 쓰기로 하고 전국 지부로부터 제안을 받아 각지의 교인(12.16 대전교구 교인, 12.21 고현교구 소년가장 교인 2인, 12.25에는 와병중인 전직 교무관장에게 각각 25만 원)에게 전달했다.

포덕 133년(1992)에는 3월 3일부터 일주일간 여성회본부 주최로 대신사 및 순도 선열 추모 춘계합동수련회가 중앙대교당에서 개최되어 연인원 744명이 참가하는 성황을 이루었다. 여성회가 수련강도회를 주도하는 흐름은 지부에서도 계속되어 포덕 133년 10월 여성회 마산시지부는 청년회와 함께 교구 수련강도회를 주관하였다.

포덕 133년(1992) 10월 28일, 수운대신사 탄신 168주년을 기념하여, 여성회본부는 청년회중앙본부와 함께 10월 22일부터 중앙대교당에서 일주일간의 합동수련회를 주관하였다. 이는 전국 각지로 확산되어 연인원 2천여 명(서울 32개 교구)이 참여하여 교단에 새로운 기운이 넘쳐흐르는 계기를 만들었다. 김경렬 여성회장은 이 행사와 관련하여 “여성회 주최로 대신사 탄신 기념 수련회를 실시해 온 지 3년이 되었는데, 올해 4년째를 맞으며 청년회와 합동으로

(수련회를) 열게 되어 기쁘다"는 소감을 밝히고 "동귀일체와 포덕이 목적인 이번 수련을 통해 천도교의 견인차 역할을 해야 할 청년회와 교회의 어머니 역할을 해야 할 여성회가 합동수련을 개최하게 된 것은 그간의 정성에 천사님의 감응이 내린 것으로 안다"고 그 의의를 평가했다. 여성회-청년회 합동주관 수련회는 계속되어 포덕 134년(1993) 3월 3일부터는 일주일간의 춘계수련회가 매일 1백여 명의 교인이 참석한 가운데 성황리에 진행되었다.

포덕 134년(1993) 10월 19일부터 연인원 250여 명이 참가한 가운데 추계수련회를 중앙대교당에서 실시하였다. 포덕 135년(1994) 3월 3일부터 여성회와 청년회가 공동주관하는 일주일 합동수련이 연인원 450명이 참가한 가운데 진행되었다. 포덕 136년(1995)에는 3월 3일부터 일주일간, 중앙대교당에서 춘계합동수련회를 청년회와 공동으로 주관하여 실시하였다.

포덕 136년(1995) 9월 27일~10월 4일의 일주일간, 복호동수도원 개원기념 수련회를 진행했다. 이 수련회는 전국 9개 지부 23명의 회원이 참석한 가운데 오전 4시 기상~오후 9시 기도식까지 수련, 경전봉독 등으로 진행되었다. 참석자들은 수련 기간 중 〈내칙·내수도문 기념비〉를 참례하고 정화 활동도 펼쳤다. 10월 4일 폐강식에는 용호리 마을 부인들을 초청하여 천도교를 소개하고 시일에는 마을 어린이들 11명과 함께 시일식을 봉행했다. 중앙총부는 여성회에서 추천한 김경렬 전 회장을 복호동수도원장으로 인준한 바 있다.

포덕 136년(1995) 10월 21일부터 일주일간 대신사 탄신 170주년 기념 수련회를 중앙대교당에서 청년회와 함께 주관하여, 연인원 270여 명이 참석한 가운데 실시하였다.

포덕 137년(1996) 7월 24일부터 26일까지 3일간 의창수도원에서 제2차 전국지부장회의 및 단기수련이 진행됐다. 전국 30개 지부에서 64명이 참가한 수련회는 한태원 의창수도원장의 수련 지도, 이경화 동덕의 천덕송 지도와 함께 지부장회의, 김재중 교령, 정상규 연원회 부의장, 이태근 종무원장, 한태원 의창수도원장의 특강, 의암성사 및 주 사모님 묘소 참배 등으로 진행됐다.

포덕 139년(1998) 8월 5일부터 일주일간 여성회 주최 하계수련회가 용담수도원에서 진행됐다. 전국 32개 지부 여성회원 131명(연인원 900여 명)이 참석한 이 수련회는 수도와 연성을 통한 신앙심 함양과 더불어 여성들의 동귀일체를 목적으로 오전 5시부터 저녁 9시 기도식까지 수련과 강의, 천덕송 지도 등으로 진행되었다. 이 하계수련회는 젊은 여성회원들의 참가가 두드러졌다. 한편, 수련회에 참석한 여성회원들은 특성금 162만 원을 모아 의암성사 묘소 복구 및 검곡 해월신사 어록비 건립 기금으로 중앙총부에 전달했다.

제3절 성장기를 열어가는 교육사업

포덕 120년대에 접어들면서 여성회 수련강도회는 중앙총부의 방침에 따라 매년 여름과 겨울, 의창수도원과 용담수도원에서 정기적이고 모범적으로 실시되었다. 수련회뿐 아니라 여성 지도자 양성 및 회원 역량 강화를 위한 단기교육도 수시로 진행되었다. 이 절에서는 포덕 121년부터 포덕 141년까지의 교육사업을 일별한다.

포덕 121년(1980) 7월 13일부터 신입회원을 위한 교리강좌를 개설하여, 재도약을 위한 발판을 마련한 데 이어, 7월 13일부터 포덕 122년(1981) 6월까지 시일 교양강좌를 1년간 지속적으로 실시하였다. 이어 10월 14~18일 우이동 종학원에서 전국 여성 교역자 단기교육이 실시되었고, 이듬해 포덕 122년(1981) 7월 ~포덕 123년(1982) 12월에 걸쳐 수요강좌를 개설하여 운영했다. 또 포덕 124년(1983) 10월 31일부터 3일간 우이동 봉황각에서 지도자 양성 단기과정을 개설하였다. 또 포덕 124년(1984) 3월 22일부터 25일까지 4일간은 봉황각에서 창립 60주년 기념 전국 여성 지도자 수련강도회를 거행하였다. 창립 60주년을 여성회 발전과 여성 지도자 역량 강화의 기점으로 삼아 교회중흥과 다시 개벽의 전위가 되자는 다짐을 하는 계기가 되었다.

포덕 126년(1985) 9월 6일부터 9일까지 3박 4일간 우이동 종학원에서 여성회 지도자 단기교육이 진행됐다. 여성회 중앙위원과 각 지부 임원들의 소양을 높이기 위한 여성회 지도자 단기교육에는 75명의 여성회 지도자가 참가하여 교리와 교사, 천덕송, 회의 진행 요령, 행정 업무, 여성회 활동 방침 등 실무 교육

창립 60주년 기념 전국 여성 지도자 수련강도회(포덕 125년 3월 22일~25일, 봉황각)

천도교 여성 지도자 단기교육에 참가한 여성회원들(포덕 124년 10월 31일~11월 2일, 봉황각)

여성회 지도자 단기 교육 수료식(포덕 126년 9월 9일, 봉황각)

과 특강, 레크리에이션 지도, 시청각 교육, 수련 등을 익혔다. 교육 기간 참가자들은 매일 새벽 4시에 기상하여 저녁 10시에 취침하는 엄격한 일과에 따라 움직였다. 한편, 9월 9일 폐강식에서는 단기교육에 참가한 75명 전원에게 수료증이 발급되었다.

포덕 126년(1985) 9월 26일 서울교구 회의실에서 '월례 교리교사 강좌' 가 시작됐다. 여성회본부가 임원 및 여성 지도자의 교리·교사 역량을 함양하기 위해 개설한 이 강좌는 매월 마지막 주 목요일에 오후 1시 30분부터 2시간 동안 진행키로 하였다. 첫 강좌에는 21명의 임원과 회원이 참석하였으며, 교리는 최병제 상주선도사가, 교사는 표영삼 상주선도사가 맡아 진행하였다. 월례 교리·교사 강좌는 포덕 127년(1986) 1분기까지 진행되었으며, 이 해 5월 15일 제1차 실무회의에서 '전국 규모가 아닌 것은 가급적 지부 사업으로 추진한다'는 방침 아래 폐지되었다.

포덕 129년(1988) 12월 19일부터 21일까지 2박 3일간 우이동 의창수도원에서 여성 지도자 교육을 시행했다. 여성 교역자들의 자질 향상을 위해 마련된 이 사업에는 전국 지부회장과 중앙위원 등 80여 명이 참여했다. 이번 지도자 교육은 새 시대에 부응할 수 있는 여성 지도자 상을 정립하는 데 역점을 두고 시청각, 수련, 특강, 교사, 행정, 천덕송 등으로 나뉘어 15시간에 걸쳐 시행됐다. 정운채 교령을 비롯한 총부 교역자들을 강사로 초빙하여 여성 지도자의 자세와 사명의식에 대한 강의를 들었다.

포덕 130년(1989) 9월 20일부터 23일까지 3박 4일 동안, 여성 지도자 단기교육이 전국 34개 지부에서 73명 참가한 가운데 우이동 종학원에서 열렸다. 여성 지도자의 자질 향상과 신앙통일, 여성회 업무의 규모일치를 위해 마련한 이 교육에서 65명이 수료했다. 중앙위원과 각 지부회장을 중심으로 이루어진 이번 단기교육은 매일 아침 5시부터 저녁 9시까지 특강과 수련을 중심으로 하여 교리 교사, 행정, 천덕송, 시청각 교육 등의 프로그램으로 진행됐다. 마지막 날 폐강식을 앞두고 진행된 토론 및 좌담회에서는 다음과 같은 사항이 토의 및 건의되었다. ① 가정포덕은 집중 수련이 필요하다. ② 내칙, 내수도문 반포 100주년 기념비를 건립하자. ③ 여성회가 불우 교인 돕기에 앞장서자. ④ 지부 간 유대 강화를 통해서 여성회 발전 역량을 기르자. ⑤ 낡은 관습에서 탈피

천도교 여성 지도자 단기교육(포덕 133년 8월 28일부터 31일, 봉황각)

하고 진취적인 여성회가 되도록 하자. 한편, 단기교육 참가자들은 성금을 모아 의창수도원 부엌 찬장을 보수했다. 포덕 131년과 132년에도 교육사업이 활발하게 진행되었을 것으로 보이지만 기록이 남아 있지 않다.

포덕 133년(1992) 8월 28일부터 3박 4일간, 의창수도원에서 58명(본부 28명, 지부 30명)이 참가한 가운데 지도자 단기교육을 실시하였다. 매번 교육은 여성 지도자로서의 자질 향상과 신앙통일, 행정의 규모 일치, 본부와 지부 간의 유대 강화와 여성회의 발전을 기하는 데 있었다. 이 행사에는 고문, 감사, 중앙위원, 각 지부회장 등 58명이 참석하여 수련, 천덕송, 행정, 특강, 지부 활동 소개 등의 활동을 이어갔다.

포덕 135년(1994) 3월 25일 창립기념식에서는 지부 발전 성공사례 및 체험담 발표회를 통해 전국 각 지부 운영을 위한 교육을 공개강좌 형식으로 진행한 데 이어, 포덕 135년(1994) 7월 2일부터 일주일간 46명이 참석한 가운데 하계수련회를 겸하여 여성 교역자 단기교육을 실시하였다.

포덕 136년(1995) 12월 18일부터 20일까지 제1차 전국 지부장회의 및 단기교육이 3일 동안 우이동 의창수도원에서 열렸다. 24개 지부에서 31명이 참가한 가운데 단기교육을 겸하여 열린 이 지부장회의는 교령, 연원회의장, 여성회장(천보경)의 특강과 간담회 등의 프로그램으로 이어졌다. 특히 교육 마지막 날 열린 지부회장 간담회에서는 각 지부 활동 상황, 규약 규정 개정 사항 준수, 실

제3차 전국 지부장 회의 및 단기수련 참가자(포덕 138년 8월 18일~20일, 봉황각)

성미 생활화 등에 관한 다양한 논의가 진행됐다.

포덕 138년(1997) 8월 18일부터 20일까지 3일간 의창수도원에서 제3차 전국 지부장회의 및 단기수련이 진행됐다. 한태원 의창수도원장의 수련 지도와 김재중 교령, 김광욱 연원회 의장, 박남수 종무원장의 특강 등으로 진행됐다.

포덕 139년(1998)에는 9월 7일부터 9일까지 3일간 우이동 의창수도원에서 제1차 전국 여성 지도자 교육 및 간담회를 개최하였다. 중앙위원, 각 지부회장 등 전국 32개 지부에서 69명이 참가하여 수련과 교리·교사 강좌, 특강, 천덕송 지도, 의암성사 묘소 참배, 간담회에 임하였다. 이철기 연원회 부의장, 박남수 종의원 의장, 조혜숙 여성회장이 각각 특강을 진행했다. 9월 8일 오후 9시 기도식 후 진행된 간담회에서는 영·호남 지역 가운데 취약한 지부는 인근지부와 여성회가 합동으로 지원하여 활성화하며, 여성회관 건립 추진위원회는 조혜숙 회장을 추진위원장으로 하여 구성하되, 지부회장뿐 아니라 고문을 비롯하여 임원까지 확대하기로 했다. 또한 폭우로 성사님 묘소 1/3이 파손되었는데 이때 의암성사 묘소 재해 복구 특성금모금에 여성회원들이 적극적으로 참여하기로 했다.

포덕 120년대와 130년대는 명실상부하게 '수도하는 여성회'의 위상을 정립하고, 천도교단에 수도기풍을 진작시키며, 지속적인 '여성 지도자 양성 교육'으로 여성회의 활동 역량을 배가시켜 간 시기였다. 포덕 138년(1997) 국가부도 사태를 맞이하면서, 또다시 어려움에 봉착하게 되었지만, 여성회는 위기를 기회로 전환시키는 지혜와 용기를 발휘하며, 포덕 140년대 이후 새로운 시대를 힘차게 개척해 나갔다.

제4절 성장기의 문화사업과 사회활동

포덕 123년(1982) 8월 20일, 강원도 홍천군 두촌면에 조동원 원장이 '가리산수도원'을 개원하였다. 여성회 산하 수도원은 아니지만, 여성이 원장인 수도원의 효시로서, 또 이후 오늘날까지 반세기 가까운 세월 동안 수많은 여성회원들의 수도연성의 요람이 되고, 마음의 고향이 된 가리산수도원 개원은 역사적인 일이라 할 수 있다. 이는 포덕 137년(1996) 명동산수도원을 건립한 이소원 원장으로 이어져, 여성들이 수도연성의 주인이라는 것, 부인도통으로 교단을 살리고 세상을 살린다는 가르침을 증명하는 귀중한 사례가 된다.

포덕 124년(1983) 2월 24일에는 총부가 지원하고, 홍경지 여성회본부 고문이 원장을 맡은 하계동 새마을유아원이 개원하였다. 총부 임직원과 서울 지역 교구장과 교인, 여성회원 다수가 참가하여 개원을 축하하며 주옥경 종법사가 시작했던 경운학원의 전통을 이어주기를 기원했다.

포덕 125년(1984) 12월 20일, 『천도교여성회 60년사』가 출간됐다. 여성회 창립 한 갑자를 맞이하며 출간된 60년사는 창립기와 시련기, 그리고 재건기의 여성회 활동과 초기 여성회 지도자 및 회원들의 고난의 역정을 담아내어, 이후 여성회 활동의 중요한 토대가 되었다.(2부-문화사업-출간사업 편 참조)

포덕 126년(1985) 8월 20일, 천도교여성회 기관지 《천도교여성회보》(이하 '《여성회보》')가 창간되었다. 이는 포덕 100년(1959)에 기관지 《오늘》을 창간하였다가 1회만 발행하고 폐간한 이후 사반세기 만에 이루어진 쾌거였다. 회원들의 성금을 바탕으로 창간된 《여성회보》는 4×6배판(190×260mm) 4면으로 시작하여 이후 85호(2002년 5월호)부터 타블로이드 판으로 확장하여 오늘에 이르

내칙·내수도문 반포 100주년을 맞아 여성회가 경북 금릉군 구성면 용호리 복호동에 세운 기념비

고 있다.('여성회보' 편 참조)

포덕 131년(1990) 내칙·내수도문 반포 100주년을 맞아, 여성회는 해월 신사께서 관의 지목을 피해 김창준의 집에 은거하시면서 친히 「내칙」과 「내수도문」을 지어서 반포한 경북 금릉군 구성면 용호리 복호동(伏虎洞) 도로변에 기념비를 세우기로 결의하고, 포덕 130년(1989) 9월 29일 표영삼 상주선도사의 안내로 현지답사를 하였다. 이날 마을 입구 정자나무 옆 바위에 기념비를 건립하기로 잠정 결정하고, 이후 모금활동, 수도연성회, 지부회장 간담회 등을 통해 전국 천도교 여성회원의 정성을 모은 끝에 포덕 131년(1990) 12월(음11월) 20일, 기념비를 건립하고 전국의 여성회원, 천도교 교령을 비롯한 교인과 금릉군수와 구성면장 등 지역 유지 1천여 명이 참석한 가운데 제막식을 거행했다.('기념사업' 편 참조)

한편 이 시기에는 여성회의 사회활동도 활발하게 진행되었다. 포덕 127년(1986) 10월 16일 교단 내 통일 전문 연구 기구로 창립된 민족통일연구회 초청 강연회에 박공주 회장 외 실무진이 참여하면서, 대외적인 활동도 활기를 띠기 시작하였다. 이 해 10월 19일 영우회 위령제에 김병화, 홍경지 고문이 참석하였다. 이분들은 영우회 시절 직간접적으로 이 사건에 관계한 분들이기도 하다. 또 여성회는 이때부터 신앙과 조직 강화를 통한 발전을 모색(1986)하고 지부순회를 강화해 나갔다. 86 아시안게임 이후 활발해지는 사회적 경제적 분위기에 맞추어 여성회 내적으로도 활기를 되찾고 본부-지부의 역동적인 교류를 통한 조직 활성화를 위하여 지부 활성화를 꾀하여 나갔다.

한편 대내적으로 포덕 128년(1987)은 '부문단체 활성화'와 '재정적 자립'이라는 양대 목표를 설정하고 활동을 전개해 나갔다. 박공주 회장은 포덕 128년

(1987) 신년사를 통해 "(지난해는) 국제 유가와 금리 인하에 힘입어 12%가 넘는 경제성장을 이루었고, 국제수지도 흑자를 기록했으며, 86 아시안게임도 기대 이상으로 성공하여 국제적 위신을 높였다"고 강조하고 "다만 합의개헌이 불투명하여 정국이 소란했고 북한 측의 일방적인 중단으로 남북대화가 끊어졌던 점은 마음에 걸리는 일이었다"고 회고했다. 여성회로서는 어떤 한 해였을까? 박공주 회장은 포덕 127년(1986)을 "자리를 잡아 가는 해"로 평가했다. 그리고 포덕 128년(1987)의 가장 중요한 과제로 '지부조직 확대와 활성화'를 꼽았다. 그에 더해 '신앙생활 강화'를 과제로 삼았다.

포덕 127년경(1986-1987)부터 사회적으로 민주화운동 열기가 끓어오르는 가운데, 여성회는 대신사 부인 박씨 사모님과 모친 한씨의 존호 추증을 총부에 건의하며 여성회 위상 찾기를 위한 모색을 해 나갔다. 본부의 지부순회활동의 결과 점점 결성, 재결성되는 지부가 늘어가기 시작한 것도 이 무렵이다. 반면 총부는 부문단체 지도위원회를 통해 '자립'을 강조하고 나섰다. 이는 그만큼 총부의 재정 상황이 열악한 것을 반증하는 사례이다.

포덕 128년(1987)에도 지부순회는 계속 이어졌다. 박공주 회장은 연초 부산시, 동부산, 북부산, 부산남부, 대연지부를 순회하고 여성회 현안 문제를 논의했다. 부산 지역 여성회원들의 모임인 부산여성연합회가 결성된 것은 그 직후의 일로, 부산여성연합회는 포덕 128년(1987) 3월 29일을 창립기념일로 하여 매년 기념행사를 해 오고 있다. 그리고 같은 해 원주, 영산, 북마산, 울산 지부가 새로 결성됐다.

포덕 128년(1987) 10월 22일, 중앙총부 종무원실에서 부문단체 회장단 및 지도위원 연석회의가 개최됐다. 부문단체 지도위원장인 김재중 종무원장이 주재한 이 날 회의에서, "각 부문단체는 중앙총부의 보조 없이 회원들의 회비와 성금, 수익사업 등 적극적인 활동을 통해서 재정적 자립 기반을 다져 나가도록 노력해야 한다"는 중앙총부의 기본 방침이 제시되었다. 이는 중앙총부의 재정 자립도가 취약한 상황에서, 부문단체에 대한 지원의 한계를 극복하려는 고육지책이었으나 한편으로는 부문단체의 자립 의지가 조직의 사활을 좌우한다는 점에서 중요한 시사점이 되었다. 이에 박공주 회장은 11월 23일 개최된 서울 인근지부회장 간담회에서 "부문단체 활성화와 재정적 자립이라는 중앙총부의 방침에 유의해서 각 지부는 더욱 배전의 열의를 가지고 여성회의 발전에 노력해달라"고 강조했다.

박공주 회장은 포덕 130년(1989) 1월 6일 자《여성회보》를 통해 "이번의 전국(대의원)대회는 오늘의 역사적 큰 흐름에 능동적으로 대처할 수 있느냐, 없느냐를 가름하는 계기가 된다는 점에서 여느 대회와 다른 특별한 뜻이 있다. 따라서 여기에 대처할 수 있도록 내실을 다지고 이를 새로운 민족사 창출을 위한 힘으로 분출할 수 있는 대회가 되길 바란다"고 당부했다.

포덕 130년(1989) 1월 6일 자로 박공주 회장이 취임 직후 첫 사업으로 시행했던《여성회보》는 20호를 맞았다. 오로지 전국 회원들의 순수한 성금으로 발간되는《여성회보》는 여성회 창립 100주년이 되는 포덕 165년(2024)까지 쉼 없이 발간되어 왔다는 점에서 박공주 회장이 뿌린 씨알은 이미 그 튼실한 싹을 틔웠다고 평가할 만하다.

포덕 133년(1992) 12월, 화재로 인해 가옥이 손실된 서울지부 소속 임창규 동덕 댁을 방문하여 위로금을 전달하고 불행을 당한 도가의 재기와 평안을 비는 기도식을 가졌다. 포덕 134년(1993) 1월 18일 도일기념식 후 여성회가 주최한 보스니아 헤르체고비나 성폭행 사태에 관한 규탄대회 역시 머나먼 동유럽에서의 일이나 같은 지구 시민이 당한 처참한 현실을 외면하지 않는 천도교여성회의 올바른 정신을 보여준 사례라 하겠다.

한편 포덕 140년(1999) 4월 12일 사회 각 여성단체 대표 21명과 조혜숙 회장을 비롯한 임원진 8명이 용담성지를 순례했다. 순례단은 용담정의 대신사 존영 앞에서 천도교 의식에 따라 청수를 모시고 심고, 주문 3회 병송을 한 뒤 김근오 수도원장으로부터 용담성지에 대한 설명을 들었다.

포덕 130년대(1990) 이후 여성회는 봉사활동, 대외 연대활동, 세계적인 여성인권 문제에 대한 의지 표명 등의 다양한 활동을 통해 외연을 넓혀 나갔다.

7장 개화기

구녀일남의 시대를 열어 가다 — 2001.3.30.~2019.3.12.

제35대 142.3.30 고윤지 천도교여성회. 제14차 대의원총회 —— **제36대 145.3.30** 고윤지 여성회. 제15차 대의원총회 —— **제37대 148.3.30** 김영숙 여성회. 제16차 대의원총회 —— **제38대 151.3.30** 이순종 여성회. 제17차 대의원총회 —— **제39대 154.3.29** 이순종 여성회. 제18차 대의원총회 —— **제40대 157.3.26** 이흥자 여성회. 제19차 대의원총회

포덕 141년은 서기 2000년으로 세계사적으로는 새로운 천년기가 시작되는 시기이다. 이때부터는 성장기에 축적된 여성회의 내적 역량을 바탕으로 다시 한번 세대교체를 이루며, 여성회 활동이 제2의 전성기를 구가하게 된다. 주말수련이라는, 수련의 일상화를 꾀하는 문화이자 제도를 창안하여 오늘날까지 25년 동안 이어오고 있으며, 수련도 중흥기를 지나 다각화하는 방식으로 진화해 갔다. 또한 급격한 사회변화와 맞물리며 새로운 문화를 도입하여 나갔다. 무엇보다 이 시기에 여성회는 그동안 축적해 온 힘을 바탕으로 기념비 건립, 수도원 건립에 이어 복지관 건립 같은 굵직한 기념사업과 선양사업을 전개하였고, 어린이 수련 프로그램, 각종 교육 프로그램 운용도 중요한 성과로 꼽을 수 있고, 또한 중요한 성과를 낳은 내적 기반이 되기도 하였다.

제1절 새로운 성장기의 조직사업

❶ 고윤지 회장 취임과 조직사업

포덕 142년(2001) 3월 30일, 제14차 여성회 전국대의원총회(14차부터 '총회'로 바뀜)에서 35대 고윤지 회장이 선출됐다. 고윤지 회장은 해방 이후 두 번째로 50대에 여성회장이 되었다. 그에 따라 실무위원도 40, 50대의 젊은 여성들로 구성하고, 새로운 천년의 시대를 열어갈 준비에 착수하였다.

고윤지 회장의 재임 시기 중 포덕 141년(2000) 6월 15일 역사적인 남북 최고 지도자(김대중 대통령, 김정일 위원장)의 상봉과 6·15공동선언이 발표되고, 활발한 남북교류가 이루어지면서, 통일의 기운이 만개하였다. 천도교에서도 각 조직별로 일제히 환영 성명을 발표하고, 남북 천도교 교류와 북한 천도교 지원을 위한 준비를 서둘렀다. 이 해 8월 15일에는 이산가족상봉단 단장으로 류미영 북측 천도교지도위원회 위원장이 서울을 방문하면서, 남북한 천도교 교류의 분위기는 한껏 달아올랐다. 천도교단은 물론 여성회에서는 공항 연도에서 대대적인 환영행사를 거행하였다. 이 해 8월 15일 광화문 광장에서 열린 통일대동제에도 교령(김광욱)과 연합합창단을 위시한 다수의 여성회원이 참석하여 통일의 기운을 북돋워 나갔다. 이후 수년간 천도교단과 여성회를 비롯한 각 종교계는 물론이고 전 국민이 통일의 열기 속으로 빠져들어 갔다. 한편 교단 내적으로는 이 시기에도 총부가 소송에 휘말리는 등의 잡음이 끊이지 않았으나, 여성회는 그런 가운데서도 수련강도회와 각종 회의, 그리고 여성회관 건립 추진 등을 통해 회원들의 마음을 하나로 모으고, 새롭게 열리는 통일 기운을 천도교 중흥의 계기로 삼는 길을 모색해 나갔다.

한편 천도교단은 포덕 142년(2001) 4월 2일 제30차 전국대의원대회에서 김철 교령을 선출하고 새로운 시대를 열어나갔다. 김철 교령도 남북 천도교 교류에 적극적으로 대응해 나갔다.

고윤지(高允枝, 德化堂) 제35대 회장은 포덕 86년(1945) 5월 10일 경상남도 남해군 고현면 도마리 출신으로, 여성회본부 조직부장, 총무부장을 거쳐 포덕 142년(2001) 천도교여성회 제35대 회장 및 종의원에 선출되었다.(145년 재선-36대) 남정포 선도사, 한강교구장, 천도교 전위단체인 동학민족통일회 공동의장을 거쳐 상임의장을 역임하였다. 범국민(시민)기구인 민족화해협력범국민협의회(민화협) 공동의장을 역임하였으며, 통일교육협의회 이사, 대통령 자문기구인 민주평화통일정책자문위원회 자문위원을 역임하였다. 포덕 155년(2014) 민화협 공동의장으로서 대통령 표창장을 받았다. 재임 중에 천도교 한강교구를 자가 건물로 매입하여 교구 안정화를 기하였다. 현재(2024) 여성회본부 고문, 남정포 도훈이다.

여성회는 각오를 새롭게 하며 회의 발전과 회원의 보람을 위한 방안을 찾아 나갔다. 우선 이 해(2001) 5월, 전국의 여성회 지부 현황을 파악하고 회원들의 의견을 수렴하여 실질적이고 성과 있는 여성회 사업을 전개하기 위한 설문조사 사업을 진행하였다. 설문 결과, 여성회가 교구와 교단의 중추라는 것과 그에 걸맞은 활동이 요구된다는 점, 본부와 지부의 소통(순회) 강화, 대외적인 활동보다 환경운동과 봉사(소년소녀가장돕기) 등으로의 방향 전환 등의 요청 사항이 접수되었다.

포덕 143년(2002) 2월 23일 제1차 중앙위원회의에서는 포덕 143년(2002)을 "천도교 여성문화 창출, 실천 모임 조직화, 공익활동 강화의 해"로 정하였다. 주요 사업목표는 인재 발굴과 육성, 활동의 내실화 및 실천 모임 조직화, 천도교 여성문화 창출과 공익활동 강화로 정하였다. 구체적인 사업계획은 우선 교화부에서는 여성문제 연구, 서택순 가(家)의 문화 공간화, 여성 지도자 교육, 동·하계수련, 교양자료 발간, 교양강좌, 가족문화 개선운동에 역점을 두기로 했다. 포덕부는 신규 포덕 활동, 하계복지관 후원 및 자원봉사, 조직부는 지부순회, 3대 실천 모임 강화, 지부 결성 및 육성, 환경보호실천 한울타리운동 등을 입안했다. 사업부는 수익사업으로 교인 농가와 농산물 계약재배, 유기농산물 직거래 방안을 연구하기로 하였고, 총무부는 회의 개최 및 성지 정화, 재무부는 지부별 회비수납 및 자산관리 강화를 사업계획으로 제출했다. 이 해 가을 추석을 맞이하면서는 이 무렵 사회적 문제로 부각하고 있던 명절문화의 개선을 통한 행복한 가정문화 만들기를 천도교여성회가 앞장서고자 향아설위(向我設位)에 바탕을 둔 제례(차례)법 실천을 제안했다.('문화사업' 편 참조)

포덕 143년(2002) 1월 4일부터 10일까지 복호동수도원에서 전국 25개 지부 34명의 회원이 참여한 가운데 전국 지부장 수련회를 개최하였다. 수련회 마지막 날에는 수련 평가를 겸하여 지부장 간담회 및 분임토의를 갖고 여성회의 발전 방향을 협의했다. 먼저 여성회의 재무 현황, 장기 사업 추진 사항과 현황을 보고하고 이어 본부 실무진이 각 부서별로 주요 계획과 활동을 소개했다. 이어 3개 접으로 나누어 진행된 분임토의는 접별로 접장과 서기를 뽑아 자율적으로 진행되었다. 여성회는 실무위원회에서 지부장들의 의견을 적극 반영하는 방안을 협의키로 했다.

또 여성회는 포덕 143년(2002) 4월 5일, 강기순, 김경렬, 김옥희, 전초련, 차숭례, 천보경, 허경일 등 8명의 고문단이 참석한 가운데 자문회의를 개최하고 그동안의 사업 경과와 앞으로의 사업계획을 보고했다. 고문들은 여성회가 각 부서별로 역할을 분담하여 일해 나가는 모습, 봉사활동을 전개해 나가는 일을 높이 평가했다. 고문들은 "여성회 활동은 서로 배려하고 비판을 수용하며 서로 포용하는 자세가 필요하다"는 충고도 잊지 않았다.

포덕 144년(2003)은 연간목표를 '지부 활성화의 해'로 정하고 여성회 조직 역량 배가를 최우선 과제로 삼았다. 이 해 1월 6일부터 가리산수도원에서 열린 여성회 동계수련회에서 분임토의를 통해 의견을 수렴하고 마지막 날(11일) 전국 지부회장회의를 개최하여 실천 방안을 마련했다. 2월 13일에는 서울 인근 지부회장회의를 개최하면서 지부 활성화 노력을 이어갔다.

포덕 144년(2003) 2월 22일 제2차 중앙위원회를 개최했다. 사업 결산과 계획에 대한 심의 의결과 함께 주옥경 사모님이 기증한 땅의 활용 문제를 본부 임원에게 위임했으며, 규약 중 '중앙위원의 자격' 요건을 강화하여 위원의 권리와 의무를 다할 수 있도록 했다. 포덕 144년(2003) 11월 17일에는 규모일치를 위한 지도자 모임을 31개 지부회장과 실무진 등 60명이 참석하여 유성유스호스텔에서 개최했다.

포덕 145년(2004) 3월 4일 중앙상임위원회에서는, 지난 3년간 집행부는 실무위원회 112차, 상임위원회 15차, 주말수련 111차를 비롯한 대내 활동가 각종

포덕 145년 제3차 정기중앙위원회 참석자(포덕 145년 2월 19일, 중앙대교당 앞)

대외 활동으로 여성회의 역량을 최대치로 끌어올렸다고 자평했다. 이 해 3월 25일 제80주년 창립기념식은 "기념 의례 위주의 진행을 탈피하고 모든 지부와 여성회원이 함께하는 문화행사로 진행한다"는 취지에서 전국 지부의 적극적인 참여하에 풍성하고 의미 있는 행사로 자리매김했다. 이는 지난 2년 동안 쌓아온 경험의 결과이기도 한데, 여성회 80년을 앞두고 각종 언론 매체에는 여성회 창립 80주년 행사와 천도교여성회를 알리는 기사가 잇따라 소개됐으며, 3월 21일 자《세계일보》에는 고윤지 회장의 인터뷰 기사도 실렸다.

포덕 145년(2004) 3월 30일 열린 제15차 여성회 전국대의원총회에서 제36대 고윤지 회장이 재선되었다. 여성회는 포덕 146년(2005)을 "신앙심 강화의 해"로 정하고 올바른 수련문화 정착에 힘쓰는 한편, 기존의 사업을 정비하면서 실천하는 참 신앙인으로 거듭나는 사업을 강화해 나갔다. 이에 따라 동·하계수련 기간에 집중되는 수련문화를 일상적인 수련을 생활화하는 문화로 개선할 필요성과 젊은 여성들의 수련 참여 제고, 주말수련을 가족수련의 장으로 승화, 다양한 여성 지도자 양성 교육의 장 마련 등을 실행키로 했다. 그 덕분으로 이 해 여성회 하계수련에는 '어린이 여름캠프'가 한층 활성화하면서 참여자가 예년의 두 배로 늘어났다.(교육사업 편 참조)

포덕 146년(2005), 여성회는 통일을 향한 발걸음도 힘차게 내디뎠다. 8월 15일을 전후해 서울에서 열린 8·15민족통일대축전 북측 참가단 환영회를 비롯하여 남북통일 여성 만남의 장, 환송연 등에 참석하고 남북 천도교여성회의 건재함을 대내외에 알렸다. 특히 고윤지 회장은 '민족화해범국민협의회 여성위원회' 위원장으로서 광복 60주년을 맞이하며 발표한 평화통일 염원 815인 여성선언에 여성회 고문 및 중앙위원을 비롯하여 모두 40명의 회원이 동참하는 데 앞장섰고, 이러한 사실은 언론 매체를 통해 대대적으로 보도되었다.

포덕 147년(2006)은 대한민국 헌정 사상 최초로 여성 총리(한명숙)가 탄생한 해이다. 여성회는 5월 5일 자《여성회보》에 '여성 종무원장, 여성 교령을 기다리며'라는 제목의 사설을 실었다. 핵심은 천도교단에서도 여성 역량을 우선적으로 키우는 제도개선과 여성 인재 양성과정이 필요하며, 여성에게 폭넓은 기회를 주어야 한다는 것이다. 사실 '여성시대'의 선포는 천도교여성회가 선도하였다. 즉 포덕 147년(2006) 여성회의 목표는 "여성시대 준비를 위한 해"였다. 이 해 신년사(고윤지)에서 국내외적으로 활발해지고 있는 여성들의 눈부신 활동과 어깨를 나란히 하도록, 천도교여성회의 위상과 역할을 제고하는 제도를 준비하고, 젊은 여성회원의 수련 참여와 출산 장려, 시대와 짝하는 지도자 양성을 계속할 것을 천명했다. 실제로 이 해부터 주말수련과 동·하계수련 등의 모든 수도연성과 교육의 장에서 여성의 주체적이고 주도적인 역할을 강조하고 함양하는 프로그램이 속속 선보였다. 지도자(지부회장) 워크숍 등을 열어 여성교구장 사례발표를 듣고, 여성도 잘할 수 있다는 자신감을 키우는 분임토의를 활성화했다. 여성 인재 양성을 위해 숲 해설 강사학교 입학을 지원하였고, 총부나 여성회가 연계된 여러 사회단체의 활동에 적극 참여토록 독려했다. 다만 초기에는 이러한 활동에 지방 회원들의 참여가 어려웠고, 여성회와 지부간 소통과 공감대 형성이 부족했다는 반성도 제기되었다.

이와 함께 천도교여성회관(복지관) 매입이 본격화되었다.(2006.2.23, 제2차 여성회중앙위원회) 제82주년 창립기념식도 예년과 같이 전국 각지의 지부에서 대거 참석하였고, 특히 부산연합회 회원이 대거 참석하고, 서울과 부산의 여성연합합창단의 합동공연이 펼쳐져 화합의 분위기가 뜨겁게 달아올랐다. 또한 대교당 앞마당에서는 전국 지부별 농산물을 직거래하고 먹거리를 판매하는 한울장터가 성황을 이루었다.

여성회는 포덕 148년(2007)을 "천도교 미래를 열어가는 여성"을 부각시키는 것을 목표로, 지부 활성화를 최우선 과제로 제시했다. 이에 따라 지부회장 교육을 강화하고 본부와의 유대 강화를 핵심 과제로 삼았다. 또 젊은 여성 인재를 발굴해 여성 지도자로 양성하고 지부 활성화의 주역으로 성장할 수 있도록 지원키로 하였다. 그 밖에 유소년 지도에 힘쓰고, 사회단체 활동, 봉사활동을 통해 천도교 홍보와 포덕에도 힘써 나가기로 했다. 특히 이러한 사업을 더욱 힘차게 추진하기 위해 법인체 설립을 추진하는 것도 중요한 계획으로 제시되었다. 무엇보다 이러한 사업 방향과 구체적인 실행안들은 본부 임원과 전국 지부 임원 및 회원들이 워크숍에서의 분임토의 등을 통해 주체적이고 공론화된 분위기 속에서 마련한 것이라는 점이 고무적인 점이다. 여성회의 내적 역량이 그만큼 강화된 것을 반증하는 진전된 상황이라 할 수 있다.

고윤지 회장은 임기 동안 주말수련을 시작한 것, 동·하계 수련과 교리 교사 교육을 강화한 것, 젊은 여성들을 영입하기 위한 어린이 수련, 여성 지도자 양성을 위한 임원 워크숍, 전국 지부 결성일 찾기 등을 1차적인 사업의 성과로 꼽았다. 다음으로는 생활환경실천운동과 호주제 폐지 운동에서 소기의 성과를 거둔 것, 통일운동에 적극 참여하여 평양 남북여성공동행사에서 남측의 여성을 대표하여 북측 대표와 함께 결의문을 낭독한 것이 기억에 남는 일이라고 회고했다. 또 임기 중에 주옥경 회장님 전기 『천도교 여성운동의 선구자 수의당 주옥경』, 원로들의 회고록 『한울님 은덕으로 살아온 내 인생』을 출간한 것도 큰 사업이었으며, 여성회원들의 성금을 기반으로 여성회관의 초석이 될 〈천도교여성교육복지관〉을 마련한 것을 자랑스러운 사업으로 손꼽았다. 임기 중에 도움을 준 분들은 김응조 선도사· 김동순(봉사단장) 부부와 주말수련에 정성을 다해 준 조일제(일암, 영등포), 이진환(진성당, 서울), 또 여성회 중요 사업을 도와준 노은정(원로 회고록 녹취 집필), 박길수· 소경희 부부(여성회보 편집 발행과 여성회 활동 자문)를 꼽고 싶다고 했다. 퇴임 인사(《여성회보》 2007.3.15)에서 고윤지 회장은 "6년 동안 믿고 따라준 실무진에게 따뜻한 밥 한 그릇 편히 대접 못 하고 일만 시킨 것 같아서 정말 죄송하고 감사하다."고 밝혔다.

❷ 김영숙 회장 취임과 조직사업

포덕 148년(2007) 3월 30일, 제16차 여성회 전국대의원총회에서 37대 김영숙 회장이 선출됐다.

김영숙(金英淑, 英修堂) 제37대 회장은 포덕 84년(1943) 7월 13일 황해도 벽성군 출신으로 여성회 본부 사업부장과 선도사, 중앙총부 종무위원, 여성회본부 부회장 등을 거쳐 포덕 148년(2007) 제37대 여성회장으로 선출됐다. 재임 중에 실무진들과 여성원로 녹취록 사업을 직접 함께하고 지부순회에 심혈을 기울였으며, 젊은 여성들의 활동무대를 넓혀 나갔다. 이후 종의원, 본부 상임위원 등을 역임했다.

이 시기에 이르기까지 총부 안팎의 주요 흐름을 일별한다. 이 시기에도 남북 간의 교류협력 분위기는 지속되고 있었고, 천도교의 남북교류도 계속되었다. 포덕 145년(2004) 4월 2일 제31차 전국대의원대회에서 이철기 교령이 선출되어 김철 교령에 이은 임기를 시작하였지만, 포덕 146년(2005) 부적절한 외부단체 행사 참석 문제로 3월 1일 자로 사임하고 징계를 받았다. 이어 5월 7일에는 제32차 임시전국대의원대회에서 한광도 교령을 선출하였다. 이 대회에서는 '교단 중흥을 위한 우리의 다짐' 결의안을 채택하여 교단 분위기 일신과 도약을 위한 마음가짐을 새롭게 하였다. 포덕 146년(2005)은 천도교의 현도백주년으로, 여성회는 이 사업을 위한 성금모금에 성력을 기울여, 성공적인 현도백주년 행사를 치러내는 데 일조하였다. 한편, 포덕 148년(2007) 4월 3일, 제34차 전국대의원대회에서는 김동환 교령이 선출되었다.

김영숙 회장 3년 재임 중 중점사업은 여성 지도자 교육사업이었다. 실력 있는 여성을 길러서 교단과 여성회를 발전시키고 후천 시대 일남구녀의 운을 준비하자는 취지에서다. 김영숙 회장은 취임사에서 여성회 조직 활성화와 수련을 통한 어린이지도, 젊은 내수도 등 여성회원 신앙심 키우기와 통일문제와 환경문제 등에 지속적인 관심을 기울면서 "한울님 심법에 맞는 여성회로 이끌어나가겠다"는 포부를 밝혔다. 이를 위한 방법으로 가장 먼저 주말수련의 새로운 도약과 내실화를 내세웠다. 전임 고윤지 회장 때 시작된 주말수련은 6년

동안 괄목할 만한 성과를 거두며 여성회의 중요한 사업으로 자리매김했다. 김영숙 회장은 2년 전(2005) 여성회에서 매입한 〈수의당기념관〉을 총부의 권고를 받아들여 〈천도교여성교육복지관〉으로 명명(2007.5.22)하고, 주말수련의 중심 근거로 삼았다. 이에 앞서 포덕 147년(2006)에 재단의 지원을 받아 수용 인원을 확장(50명)하기 위한 공사를 하고, 취사 시설을 정비한 바 있다. 명실상부한 주말(숙박) 수련이 가능한 복지관으로 거듭나게 된 것이다. 이에 여성회에서는 포덕 148년(2007) 5월 22일 '천도교여성교육복지관' 현판을 걸고(제자 송범두) 복지관 구입의 토대가 된 주옥경 초대회장의 목적성금과 전국 여성회원들이 성금모금에 참여한 정신을 살려 '천도사업'의 현장으로 자리매김 되기를 기원하였다. 특히 유태자 포덕부장 등 실무진들은 자비를 들여 수련생의 식사 준비를 도맡았다.

포덕 148년(2007)도 사업 목적을 '천도교 미래를 열어가는 여성'이라고 정하고, 구체적으로 교단의 발전을 위해서 미래 준비를 위한 여성 지도자 양성, 천도교와 어린이의 미래를 위한 유소년 지도 그리고 종교인의 최우선 덕목인 봉사활동을 우선 과제로 삼았다. 여성 지도자 양성을 위해서 다양한 교육프로그램과 행사를 실시하였다. 경전 원문 읽기, 몸살림 체조, 동화구연 교육을 실시하였고, 하계 동계수련 및 주말수련을 통하여 강의를 하였다. '공부하는 여성이 되자'라는 주제로 워크숍을 개최하였으며, 새 시대에 맞는 운수를 가진 여성으로 거듭나자는 강의도 공유했다. 교단 내 공식적인 봉사단체가 없고, 무엇보다 독거노인 수용 시설이 시급하다는 인식을 하고, 국가 지원 및 체계적인 관리를 위한 법인화 필요성을 강조했다. 포덕 148년(2007) 7월 3일부터 4일까지 김영숙 회장과 하정덕 부장(사업)이 수련회를 개최하는 남해지부를 순회하고 회원들을 독려한 것을 시작으로 김영숙 회장 임기 중에는 월 2회 지부순회를 목표로 전국 지부를 순회 방문하며, 수련과 교육 참여, 도가완성 등을 통한 지부 활성화를 독려해 나갔다. 한편 9월 13일 제3차 상임위원회에서 여성회 원로 녹취사업을 재개하여, 임원들이 직접 녹취 작업을 하여 제2권을 발간하기로 하고, 매호 회보에 2명씩 연재해 나가기로 했다. 또 이 시기에 '여성회보'도 '한울세상'이라는 이름으로 제호를 변경하여 발행키로 했다. 이 해 11월 7일부터 30일까지는 여성회 주관(KCRP사업 참여)으로 이라크 소년돕기(심장병 수

술)를 진행하였다.('봉사활동' 편 참조)

포덕 148년(2007) 11월 1일에는 서울 인근지부장회의를 열고, 워크숍, 여성회원 교육 등을 보고하고 참여를 독려하였다. 이어 11월 7일, 8일 이틀간 삼천포교구에서 "공부하는 여성이 되자"는 주제로 '지도자 양성을 위한 워크숍'(제4차)을 거행했다. 워크숍은 "실력을 갖춘 당당한 여성으로 거듭나 여성 지도자로서 자질을 갖추고 천도교의 희망이 되고자" 하는 열기로 가득하였다. 자체적으로 식사를 해서 함께 먹으며 강의는 어린이 지도 사례발표(김순련), 지부의 학습 여건 조성(박차귀) 등으로 진행하였다.('교육사업' 편 참조)

포덕 149년(2008)은 "여성 지도자 양성의 해"를 목표로 삼고 출발하였다. 여성 지도자를 양성하여 여성회는 물론 교단 발전을 도모하려는 것이다. 우선 주말수련을 강화하는 한편, 단계적인 교육 프로그램을 개설하고 단기 · 장기 목표를 각각 정해 현실에 맞는 교육을 시행해 나가기로 했다. 전국 지부 회원들을 대상으로 하는 공부(교육) 모임에서 의절, 집례, 경전봉독, 수련지도 등의 기본교육을 시행하고, 모든 회원이 교회 사업에 적극 참여할 수 있도록 독려하며, 일반 교양강좌도 강화하여 실력 있는 지도자를 양성하는 실행계획을 수립했다. 이것은 지난해 개최한 워크숍의 토의 결과를 수렴한 것이었다. 그 밖에 봉사활동과, 사회사업을 위한 여성회 산하 법인체 설립 노력도 계속해 나가기로 했다.

포덕 149년(2008) 2월 28일 개최된 제1차 중앙위원회에서는 오랫동안 어려움 속에서, 여성회가 자체적으로 운영해 온 복호동수도원을 중앙총부에서 공식 수도원으로 운영해 줄 것을 건의하기로 만장일치로 결의하였다. 복호동수도원의 중요한 의의에도 불구하고 총부와 교인들의 접근성이 떨어지는 등의 문제로 말미암아 수련생이 줄어드는 문제를 해결하기 위한 방안이었다. 포덕 149년(2008)에 들어 신 집행부가 지난해 하반기부터 의욕적으로 추진한 동화구연가 지도자 과정(2007.10.24~2008.7.23), 한우리공부방(2008.5~), 경전 원문 공부(2007.9.20~), 몸살림 체조(2007.9.21~) 등의 공부모임이 더욱 활발하게 전개되는 가운데 이 해(2008) 9월 22일에는 3개월 과정의 숲 해설 교육이 개설되었다.('교육사업' 편 참조) 숲 학교 수료식은 11월 30일 열렸는데(25명 수료), 철원 철새도래지에서 1박 2일간의 현장학습으로 진행되었다. 이러한 프로그램이 본부(서울)

중심으로 추진되는 아쉬움은 '한울마음카페'(운영자 박영화 교화부장)를 통해, 지부와의 소통을 극대화하는 노력으로 달려갔다.

포덕 150년(2009)은 "실천하는 여성 지도자의 해"를 목표로 삼고 출발했다. 특히 여성 지도자 상을 "우두머리"가 아닌 "어렵고 힘든 사람, 온 세상 만물을 보살피는 사람"이라고 정의하고, 또 "지도자의 최고 덕목은 본심을 회복하여 세상에 덕을 베푸는 사람"이라고 덧붙인 것은 특기할 만하고 중요한 통찰이다. 일찍이 수운대신사 창도 시기 용담의 동학 신앙공동체에서 보여주었던 '유무상자' 정신이 현대적인 삶과 인간상으로 반영된 것으로 보아도 좋을 것이다. 여성들의 모심과 살림의 경험이 배어 있는 지혜로운 정의라고 할 수도 있다. 이러한 목표는 이 해 멕시코에서 처음 발병해 6월 중순까지 전 세계적으로 214개국 이상에서 확진자가 발생하고 사망자는 15만~57만 명으로 추정되는 신종플루가 우리나라에서도 1년간 263명에 이르는 사망자와 75만 명의 감염자를 발생시킨 때여서 여성회의 연간 목표는 더욱 의미심장한 것이었다.

설교 및 강의 프로그램 제작과 교육을 실시해서 여성회에서 실시한 각종 교육과정을 이수한 여성 지도자들이 여성회원 및 어린이, 일반교인을 대상으로 설교, 수련지도법, 교리 교사, 의절 및 다양한 일반 교양과목을 체계적인 지도를 하자는 계획을 세웠다. 또 지부의 교육 요청에 적극 응하여 지부 활성화를 꾀하고, 여성 지도자를 주말수련 강사로 활용하기로 했다. 또한 시대에 맞게 여성교육복지관 시설을 보완할 방안을 찾아 사회가 인정하는 봉사사업 및 사회사업을 하기 위한 기초적인 준비를 하자는 계획을 세웠다.

포덕 150년(2009) 2월 26일에는 제2차 중앙위원회를 열고 기본 의안(사업 결산과 계획 및 예산) 의결을 진행했다. 이 날 회의에서는 10년째 진행된 여성회관 건립 기금은 올해 본부에 상납케 하고, 제2차 모금을 시작하기로 결의했다. 이 해 4월 3일에는 몸살림 체조 2기 과정이 개강하였다. 또 11월 5일, 6일 이틀간 경주 용담수도원에서 32개 지부 70여 명이 참가한 가운데 제5차 '지부 활성화를 위한 워크숍'을 개최하였다. 우수 지부의 사례발표(영등포, 마산, 남해, 용담)에 이어 접별 토론을 통해 지부 활성화를 위한 본부의 역할에 대한 건의, 정보와 성공 사례 등을 공유하였다.

포덕 151년(2010)은 "지부 활성화"를 최우선 목표로 내세웠다. 본부에서 실시한 교육과정을 지부에 보급하며, 순회 시에 설교 및 강좌를 통하여 신입 및 기존회원을 관리하기로 했다. 상반기 지부회장회의, 하반기 워크숍을 통해 지부 활성화를 꾀하고, 낙안회를 통해 어린이지도 프로그램을 개발하기로 했다. 여성교육복지관 수련장으로 더욱 내실화하고 '복지관' 설립을 추진한다는 사업계획을 세웠다. 김영숙 회장은 여성 지도자 양성 교육('교육사업' 편 참조)에 특히 관심을 기울였다. 또 지부순회, 워크숍에 힘썼으며, 환경운동을 실시하고, 신앙에 헌신한 여성 원로를 초청하여 위로하였다. 특히 전국의 여성회 원로 21명을 찾아가 녹취 작업을 하여 『한울마음 여인들』을 편찬하여 대외적으로도 판매(교보문고 등)하였다. 김영숙 회장은 특히 분단 저지 운동에 희생된 여성 선열, 천도교의 수도원 건립에 앞장선 여성 원로들을 새삼스럽게 알게 되어 보람되었다면서, 전국을 함께 순회하며 녹취와 원고 집필까지 수고한 박영화 교화부장에게 감사의 마음을 전한다고 했다.

김영숙 회장은 퇴임 인사(총회)에서 "지난 3년을 돌이켜보면 정말 파란만장하였습니다. 의암성사께서 천시, 지리는 인화만 못하다고 말씀하셨습니다. 아무리 쇠운이라고 해도 사람 간에 기운이 화해지면 성운이 온다는 이 말을 뼛속까지 느끼는 3년이었습니다. 3년 동안 저를 믿고 성원해 주신 회원들과 임원들께 감사드립니다. 특히 금요일마다 주말수련을 위해 묵묵히 따뜻한 식사를 준비해 준 임원들의 정성 덕분에 3년간 회장직을 잘 수행할 수 있었습니다. 큰절 받으십시오. 지난 3년 정말 고마웠습니다"라고 밝혔다.

❸ 이순종 회장 취임과 조직사업

포덕 151년(2010) 3월 30일, 제17차 여성회 전국대의원총회에서 제38대 이순종 회장이 선출됐다.

이순종 회장은 주옥경 초대회장 당시부터 '청년 여성'으로서 여성회뿐만 아니라 교단 내의 갖가지 움직임을 가장 가까운 곳에서 지켜보았고 적극적으로 참여해 왔으며 때로 앞장서서 여성회와 교인, 청년들을 이끌어왔다. 뒤에서 묵묵히 제 역할에 매진할 때도 많았다. 이순종 회장의 취임은 여성회를 가장 잘 아는 사람 가운데 한 사람으로서 여성회 조직을 더욱 탄탄하게 다지고 여성회원들의 단합을 이끌어냄과 동시에 대외적으로는 천도교와 여성회의 위상을 높일 수 있는 기회가 되었다. 이순종 회장은 취임사를 통해 여덟 가지의 실행 목표를 밝혔다. 첫째는 전국 지부 활성화, 둘째, 회원 간, 지부 간 화목과 화합, 셋째, 수련을 통한 천심 회복과 천도문화 꽃 피우기, 넷째, 회원들의 자질 향상과 자기계발, 다섯째, 여성회관 건립 준비, 여섯째, 천도교 여성 인물사 준비, 일곱째, 남북통일 이후를 대처, 준비, 여덟째, 해외 지부 결성이다.

이순종(李淳鍾, 信義堂, 雅號 智雲) 제38대 회장은 포덕 79년(1938)생으로, 천도교청년회 중앙본부 임원을 역임하고, 서울교구 상무로 봉직하였으며, 포덕 116년(1973) 여성회본부 상무를 시작으로 여성회 활동을 시작했다. 이후 본부 중앙위원, 시원포 선도사, 중앙총부 종무위원(2회), 본부 부회장(2회), 본부 상임위원을 역임하였다. 천도교미술인회 회장을 10년간 역임하며 천도교미술인전을 교단 내 대표적인 문화예술행사로 자리 잡게 했다. 이후에도 본부 감사 및 종의원(2회) 등을 역임하고 포덕 151년(2010) 여성회장(154년 재선, 39대)에 취임했다. 현재(2024) 여성회본부와 서울교구 고문이다. 살아 있는 여성회 100년 역사인 '천도교여성인물사'를 집필 중이다.

한편, 포덕 151년(2010) 4월 3일 제35차 전국대의원대회에서 임운길 교령을 선출하였다. 임운길 교령은 3·1운동 당시 봉황각에서 7차에 걸쳐 진행한 49일 기도의 전통을 계승하여 3년 임기 동안 전국 천도교인의 49일 기도를 7차에 걸쳐서 진행하겠다는 공약을 발표했다. 이러한 조치는 한편으로, 교단이 쇠운을 돌이켜 성운으로 맞이하는 일이 그만큼 절박한 과제로 다가오고 있다는 반증이었다. 또 이는 7차에 걸친 49일 특별기도는 물론이고, 교단에 새 기운을 불어넣는 데서 천도교여성회의 역할이 그 어느 때보다 절실히 요청된다는 뜻이기도 하였다.

이순종 회장은 취임 첫해부터 동·하계수련, 주말수련 등의 기본 활동을 안정적으로 운용하며, 도약의 기운을 모으며 여성회 창립 87주년 기념식을 성대하게 준비해 나갔다. 기념식에는 여성회 고문과 원로, 멀리 부산연합회에서 참석한 회원 등 300여 명이 참석하여 성황을 이루었으며, 이순종 회장은 이날 행사에 즈음하여 염주 1,400개를 주문 제작해 전국의 여성회원들에게 배포했다. 뜻밖의 염주 선물을 받아든 전국 여성회원들의 소속감과 자부심이 한껏

상승한 것은 물론이었다. 이날 기념식에서 이순종 회장은 기념사를 통해 "(올해를) 여성회 숙원사업인 여성회관 건립 원년의 해로 정하여 전심전력하겠다"고 밝히고 이후 임기 내내 지속적인 모금 운동을 전개했다.

포덕 152년은 "지부 활성화의 해"로 하고 세 가지 방침을 정했다. 첫째, 지부 활성화이다. 지부 교육안 보급, 신규 지부 결성 지원, 전국 지부회장회의 수시 개최, 본부 행사와 봉사활동에 지부 참여, 어린이와 젊은 여성의 수련 참여 독려(낙안회와 어린이지도 프로그램 개발), 여성회원 자질 향상을 위한 수련 생활화, 공부하는 여성회. 둘째, 주말수련 강화이다. 가족 단위 참여 권장, 여성회 교육 과정 주말수련 연계로 신앙 활동 동기 부여. 셋째, 사회활동, 특히 봉사활동 강화, 외부 연대·참여 단체 활동 적극 참여, 봉사 실천과 포덕교화 등.

포덕 152년(2011) 11월 10일 제5차 상임위원회에서는 전국 지부회장회의 및 제21주년 복호동 내칙·내수도문 반포 기념비 참례식 등에 관해 논의하고 포덕 153년(2012)부터 여성회관 건립 기금모금을 재개하기로 했다. 또 목감동 주옥경 사모님 유산(대지)과 관련하여 여성회관 건립에 필요하다고 판단할 시 이를 활용할 수 있도록 건의서를 총부와 재단에 제출하기로 했다.

포덕 152년(2011) 11월 18일, 복호동수도원에서 전국 50여 명의 지부회장이 참석한 가운데 여성회 전국 지부회장회의가 열렸다. 이날 회의에서는 복호동수도원 물탱크와 하수관 배관 작업 및 여성회관 건립 기금모금, 주옥경 초대회장 환원 30주기 추모제 등을 안건으로 상정해 심의했다. 여성회 실무진 및 지부회장들은 회의에 앞서 내칙·내수도문 반포 기념비 건립 21주년을 맞아 복호동 기념비 참례식을 거행했다.

포덕 153년(2012) 1월 17일은 주옥경 종법사 환원 30주기였다. 이순종 회장은 이날 중앙대교당에서 주옥경 종법서 30주기 추도식을 개최했다. 이를 위해 여성회 고문과 중앙위원, 전국 지부회장, 전직 회장단과 감사 전원은 준비위원이 되어 행사 준비에 열과 성을 다했다. 이 행사에는 전국의 여성회원과 교인은 물론 대내외 인사 등 400여 명이 참석했으며, 각종 언론 매체에 일제히 보도되면서 천도교여성회의 유서 깊은 역사가 다시 한번 부각되었다.

포덕 153년(2012) 6월 19일부터 총부 주최로 봉황각 건립 100주년 기념행사가 진행되었다. 특히 의암성사 및 주옥경 종법사 유물전시실을 개관하여 유물

전시회를 진행하였다. 여성회에서는 유물 전시를 위해 이순종 회장, 나정숙 부회장을 비롯한 실무진이 의창수도원을 여러 차례 방문하여 전시품 선정과 정비, 전시회 홍보 전단 배포 등에 심혈을 기울였다. 그러나 정작 전시회 개막식 개막 테이프 커팅식에 여성회장이 참여하지 못하는 사태가 발생하였다. 여성회는 이 일이 의암성사를 보필하던 주옥경 사모님이 창립한 천도교여성회(내수단)의 위상에 관련된 중대사일 뿐 아니라, 반상차별, 적서차별, 남녀차별을 타파하는 천도교 역사 전체에도 흠결을 남긴 사태라고 판단하고 이러한 사태의 재발 방지를 촉구하는 결의문을 채택하여 총부에 제출하였다. 여성회 조직의 정체성과 존엄성은 스스로 수호하고 존중될 때 이룰 수 있음을 자각하고 적극적으로 대응한 귀중한 역사의 한 페이지라고 할 수 있는 사례가 되었다.

포덕 154년(2013)은 '수련하는 여성회'를 목표로 내세운 가운데 이순종 회장은 포덕 154년(2013) 3월 29일 제18차 전국대의원총회에서 39대 회장으로 재선되었다. 2차 임기에는 전국 지부 육성과 도가완성을 위한 수련 강화, 사회봉사활동 확대에 역점을 두고 사업을 추진해 나갔다. 무엇보다 수련하는 여성회를 만들기 위해 우이동 여성교육복지관을 전국 여성회원 누구나 언제든지 사용할 수 있는 사랑방으로 개방하고, 신앙 활동의 활력과 동기를 찾아가는 수련장으로 적극 활용했다. 또한 각종 대외협력 활동에서 누구보다 적극적인 행보를 보인 이순종 회장의 활동에 힘입어 천도교여성회의 대외적 위상 또한 한층 더 높일 수 있다. 포덕 154년(2013) 8월 11일 경주 용담수도원에서 26개 지부 30여 명의 지부장이 참석한 가운데 제1차 전국 지부회장회의를 개최하였다. 이날 회의에서는 여성회 및 각 지부 현황 보고에 이어 지부 활성화 대책, 포덕 155년도 사업계획, 여성회관 건립 기금모금, 복호동수도원 현황, 목감동 대지 현황 등을 보고하고 심의하였다.

포덕 155년(2014)은 "봉사하는 여성회는 포덕의 밑거름"이라는 사업목표를 내걸었다. 한편 이 해 1월 6일, 이순종 회장 등 여성회 임원은 박남수 교령과 간담회를 갖고 여성회 내부에 각 부문별 사업 전담 단체를 구성하여 봉사 등의 활동 전개, 교리를 바탕으로 한 자살방지위원회 설치, 인성교육과 생명의 전화 등 현대 사회가 필요로 하는 운동 분야의 관심 확장 등에 대해 협의하였다. 이는 그동안 여성회 내부 워크숍과 분임토의 등에서도 지속적으로 제기해

포덕 155년 제1차 정기중앙위원회 참석자(포덕 155년 2월 27일, 중앙대교당 앞)

오던 활동 방안과도 통하는 주제들이었다. 여성회는 이때부터 5개월여의 준비를 거쳐 포덕 155년(2014) 5월 29일 '나누리봉사단'을 발족했다. 봉사단은 자체교육을 통해 역량을 강화하고, 기존의 '한마음봉사단'과 함께 위안부 여성 인권회복 등 대 사회적인 문제에 집중키로 하였다.('대외 활동' '봉사활동' 편 참조)

2월 18일 열린 제3차 중앙위원회에서는 대의원총회에서 승인받을 규약, 규정 부분 수정안을 심의 의결했다. 제4조에 사무국 설치 근거를 추가하였고, 지부 총회를 1월 이내(종전 2월 이내) 개최, 회원 의무금 중 지부 배정액을 4,000원(종전 3,000원)으로 상향, '상무'를 '사무국장'으로 변경 등의 내용을 담아, 지부 활성화, '사무국' 체제의 여성회 지향 등의 조직 개편안을 반영한 것이다.

포덕 155년(2014) 7월 29일부터 8월 4일까지 용담수도원에서 여성회 하계수련이 개최되는 가운데, 8월 3일에는 26개 지부회장이 참석한 가운데 제2차 전국 지부회장회의를 개최했다. 이날 회의에서는 여성회 현황 보고에 이어 부실 지부와 미결성 지부에 대한 대책이 논의되었다. 이어 포덕 155년도 사업 보고와 회비 인상, 지부 현황 보고, 여성회관 건립 기금모금 등이 안건으로 올라 논의가 이어졌다.

포덕 156년(2015)은 "천도교여성회 창립 100주년 준비 원년"을 선언하며 출발하였다. 이는 주옥경 회장이 포덕 90년(1949)에 "포덕백년기념준비위원회"를 조직한 것에 버금가는 용단이었다. 이 해에 천도교여성회는 KCRP 산하 7대 종

포덕 156년 제2차 중앙위원회의 참석자(포덕 156년 2월 26일, 중앙대교당 앞)

단과 함께하는 '범종단 답게 살기 운동'에 참여하기 시작하면서 그 활동의 영역을 대폭 확장하였다. 이 운동은 사회 부조리와 계층 간 갈등이 심화해 가는 상황을 우선 종교인들이 자기 종교의 가르침을 잘 지키는 데서부터 극복하자는 취지로 출발한 것이다. 다시 말해 '나답게, 천도교인답게, 천도교여성답게 살기'를 선언하고 약속하는 운동이다. 여성회 차원으로 보면 여성회장답게, 임원답게, 회원답게 살기라고도 할 수 있다. 여성회는 본부 내에 '답게 살기 운동' 기구(공동의장 이홍자)를 설치하면서 이 운동을 선도할 수 있도록 노력하기로 했다.(연대사업 편 참조)

포덕 157년(2016) 2월 18일 중앙총부 회의실에서 여성회 제3차 중앙위원회가 개최됐다. 감사보고에 이어 의안으로 규약의 규정 부분수정 심의, 포덕 156년 사업 및 결산 보고, 포덕 157년도 사업계획 및 예산안 심의, 제19차 정기 전국 대의원총회 날짜 확정의 건을 채택하여 결의했다.

이순종 회장은 "내가 회장으로 선출되는 총회에서 참석한 대의원들이 점심 식사도 못하고 기념촬영도 못하고 헤어진 일은 당선자로서 내내 책임을 통감하는 일"이었다고 회고하고, "이를 계기로 이후 여성회 선거에서는 만장일치로 회장을 선출하는 계기가 되었다. 경선을 하게 되더라도 결과가 나온 다음에는 당선자를 존중하는 풍토가 만들어졌다"고 밝혔다. 이후 이홍자, 박차귀, 박징재 회장 등은 모두 만장일치로 선출되었다. 이순종 회장은 "특히 여성회

본부 회장이 지시할 때는 그에 절대로 따르는 여성회 문화가 지켜져야 한다"고 강조했다.

이순종 전 회장은 이임사에서 "6년 동안 존경하는 전국의 천도교 여성회원, 지부회장, 중앙위원 그리고 상임위원께서 도와주셔서 큰 과오 없이 임기를 마무리하는 이 자리에 서게 되어 한울님께 감사드립니다. 그리고 힘들고 어려운 때를 잘 극복할 수 있었던 것은 네 분 스승님의 사모님과 그동안 여성회의 모든 원로, 숙덕 회원 여러분들의 기도의 힘으로 이루어지지 않았나 생각합니다. 지금 이 자리에 계신 분들은 이홍자 회장님 한 분을 돕는 게 아니라 여성회 본부, 중앙총부, 우리나라, 세상을 돕는다는 큰 뜻이 있기 때문에 정성을 모아주십사하는 간곡한 부탁 말씀을 드립니다. 여러분 정말 고맙습니다. 감사합니다."라고 인사의 말을 전했다.

포덕 150년대로 접어들면서 조류독감을 비롯한 가축 감염병이 자주 발병하여 시민들을 불안에 떨게 하고, 환경오염으로 인한 기상이변이 점점 일상화되고 규모가 커져 갔다. 이에 천도교단 내 각 단체별 환경운동 조직이 연대하여 '천도교한울연대'가 포덕 151년(2010) 10월 10일 중앙대교당에서 창립되었다. 김순홍 여성회본부 상임위원(당시)이 공동의장으로 참여하면서, 환경운동의 새로운 장을 개척해 나갔다. 한울연대 등의 환경운동과 함께 당시 교단 차원에서 진행되는 49일 특별기도는 이러한 환경문제에 대한 경각심을 불러일으키고 이를 적극 대처해 나가는 중요한 동력이 되기도 하였다. 포덕 154년(2013) 제36차 정기전국대의원대회에서는 박남수 교령이 선출되었다.(이순종 회장 2기 시작) 한편 이 시기에는 정부의 지원에 의한 인내천선양사업이 활발하게 전개되어 해외 사적 탐방, 인내천강좌 등의 다양한 사업들이 펼쳐졌다. 또 포덕 140년대 초반부터 시작된 남북 천도교 교류사업도 다양한 형태로 지속되었으며, 한국종교인평화회의(KCRP), 민족종교협의회, 한국종교연합(URI-Korea) 등 종교연합단체와의 교류협력 사업도 활발하게 전개되었다. 포덕 155년(2014) 동학농민혁명 120주년을 전후로 천도교와 동학농민혁명기념재단, 동학농민혁명유족회가 연계하여 공동으로 동학농민혁명기념식을 거행하면서, 국가기념일 제정을 압박해 나간 것도 이 무렵의 일이다. 한편 이 해 4월 16일에는 비극적인 세월호 참사가 발생하여 전국적으로 추모 분위기가 고조되는 가운데, 여성회를 비롯한 천도교단의 각 단체도 대교당에서 1주년 추모제(2015.4.16)를 봉행하였다. 또 이 시기에 고윤지 전 회장은 천도교 전위단체인 동학민족통일회 상임의장으로, 박차귀 부산시교구 여성회장은 민족종교협의회 여성회장에 선출되어 천도교여성의 역량을 대내에 발휘하고 있었다. 한편 포덕 156년(2015) 5월 20일, 사회복지법인 시천주복지재단(37차 천도교 전국대의원대회 결의)이 서울시 인가를 받았다(2015.10.18 창립기념식, 대교당). 그러나 이는 이후 교단 내에 극심한 갈등이 시작되는 시발점이 되고 말았다.

이런 가운데 포덕 157년(2016) 3월 17일, 제38차 정기전국대의원대회에서는 이정희 교령이 선출되었다.

❹ 이흥자 회장 취임과 조직사업

포덕 157년(2016) 여성회는 "대도중흥 중일변 민족통일"을 연간목표로 삼고 힘차게 출발했다. 이는 중앙총부의 교단 운영 목표를 반영한 것이기도 했다.

포덕 157년(2016) 3월 26일 개최된 제19차 여성회 전국대의원총회에서 이홍자 대의원이 대의원 만장일치 찬성으로 제40대 여성회장으로 선출됐다.

이흥자(李興子, 鮮敬堂) 제40대 천도교여성회 회장은 포덕 85년(1944) 2월 13일생, 마포교구 교화부장, 통일포 선도사, 여성회본부 부회장(2회), 중앙위원, 포덕 156년(2015) 답게살기운동 천도교 측 공동의장을 거쳐 포덕 157년(2016) 여성회 회장으로 선출되었다. 또 동학민족통일회 공동의장을 역임하였다.

이홍자 회장은 김영숙 회장 당시부터 부회장으로서 대내외 활동에 적극적으로 임해 왔다. 특히 포덕 156년(2015) '답게살기운동' 기구 공동의장(종교계 연대)을 맡아 다양한 행사를 기획하고 이끌어왔다. 회장 취임 이후에는 하계 및 동계 수련을 통해 "답게 살겠습니다" 실천 대회를 성공적으로 실행해 왔으며, 포덕 158년(2017)을 "사인여천 실천운동의 해"로 정하고 범종단 "답게 살겠습니다" 운동의 취지에 맞춰 다양한 사업을 전개해 나갔다.

이홍자 회장은 취임 기간 지부순회를 통한 지부 활성화와 여성교육복지관(여성회관) 신축을 위한 세부계획 수립에 열과 성을 다했다. 또한 포덕을 실행하기 위한 정보 공유와 방법 모색에도 심혈을 기울였다. 단순히 포덕 강화만을 외치는 것이 아니라 이에 대한 구체적 실행 방안을 궁리하고 전국 여성회원들과 이를 공유하였다는 것은 여성회가 대원칙이라는 하드웨어뿐만 아니라 구체적 실행 안이라는 소프트웨어의 중요성도 함께 인식하였다는 것을 의미한다. 무엇보다 여성회뿐만 아니라 교단 내에 "답게 살겠습니다" 운동을 체질화시키는 데 총력을 기울여 괄목할 만한 성과를 냈으며, 이 운동을 통해 천도교의 위상을 전 사회에 드높일 수 있었다는 점도 의의가 크다.

이하에서는 이러한 대원칙하에 구체적으로 전개된 조직사업들을 살펴본다. 포덕 157년(2016) 8월 6일, 의창수도원에서 하계수련이 진행되던 기간 중에 제1차 전국 지부장회의를 개최했다. 회의에서는 각 지부별 현황과 애로사항이 보고되었으며, 참신한 설교를 들을 수 있는 여건 조성 등의 건의사항을 청취하였다. 또 회원이 증가하는 지부의 사례발표, 여성회가 교구의 일상(시일)과 연간 활동의 중추가 되는 사례 등에 대한 보고도 청취하며 서로 격려하고 모범으로 삼자는 결의, 그리고 여성회원이 앞장서서 자녀들의 신앙 활동(시일식 참석 등)을 독려하자는 결의를 다졌다. 지부장들이 발표한 사례(지부명은 생략)는 다음과 같다; "①나이 많은 분들만 있고, 교구 위치도 안 좋아 여성회 운영이 어렵다. ②40여 명의 회원이 34명으로 줄었고 대부분이 나이 많은 분이며, 회비 안 낸다고 한다. 시일설교가 따분한 감이 있어 참신한 설교를 들을 수 있었으면 한다. ③회원이 점차 줄어들고 있어 15명 정도 나온다. 본부와 지부 간의 교류를 확대해 주었으면 한다. 반면 회원이 늘고 있는 지부도 있었다. ④여성회원이 증가하는 추세이며, 여성회가 중심이 되어 집례, 경전봉독 등 시일식을 진행하고 점심을 대접하며 수련도 한다. ⑤잘 운영된다, 수련도 열심히 다니고, 식사 대접도 잘한다. 승용차로 교인을 모시며 시일식 참여를 지원한다. ⑥여성회원 3명이 지부회장, 교화부장, 경리부장을 맡아 여성회가 중심이 되어 교구를 이끌어 간다. 아침 수련을 하고, 식사당번은 돌아가면서 맡는다. 쉬는 동덕들에게 여성회보를 보내서 다시 교구에 나올 수 있도록 노력하고, 소망하던 자체 강도회도 개최하였다. 포덕을 위한 대안도 제시됐다. ⑦멀리서 포덕할 것이 아니라 자제분들이 잘 나오도록 하는 것도 방법이다. 젊은 사람이 많이 나오면 좋겠다."

대내활동으로는 지부순회와 수련강도회, 강좌 및 워크숍 등이 예년과 마찬가지로 정성스럽게 추진되었고 대외 활동으로 "답게 살겠습니다" 운동에도 적극 참여하여 토론회와 정기적으로 개최되는 대표자, 실무자 회의 등에 꾸준히 참석하여 타 종단의 모범이 되는 평가를 받았다. "답게 살겠습니다" 운동은 대내적으로 각 지부별 회원들이 이와 관련된 활동을 일상적으로 전개해 나가며 여성회 활동의 중요한 영역으로 자리매김해 갔다.('연대사업' 편 참조)

이 해 가장 특기할 만한 사업은 신호지부 결성 추진이다. 여성회 이홍자 회장과 홍순억 부회장 등으로 구성된 방문단은 포덕 157년(2016) 11월 17일부터 20일까지 3박 4일 동안 신호교구를 방문하여 일본 신호교구의 지부 결성을 추진하고 '사인여천 실천운동'을 홍보하였다. 방문단은 신호교구 교인 20여 명과 함께 시일식을 봉행하고 도담을 나누고, 이어 신호교구 인근의 의암성사 관련 사적지를 탐방하였다.

포덕 158년(2017)은 "사인여천 실천운동의 해"로 정하여, 첫째, 범종단 "답게 살겠습니다" 운동을 '사인여천 실천' 차원에서 전개해 나가기로 했다. 이를 위해 바르고 공손하게 인사하기 캠페인과 신앙심 강화를 위한 '경전암송의 생활화'를 세부 추진사항으로 정하고 동·하계수련 시 경전암송대회를 열기로 했다. 둘째, 지부순회와 지부 활성화를 꾀하고 여성회가 중심이 되어 교구를 활성화하는 방안도 모색하기로 했다. 셋째, 여성회 문화·복지 사업으로서 우이동 여성교육복지관 신축을 추진키로 했다. 이홍자 회장은 "40대 여성회가 출범한 지 2년 차에 접어들어 업무 수행에 시너지를 발휘할 수 있었다"면서 "천도교여성회가 정기적으로 수행하는 사업들과 새로이 시작된 업무들이 본연의 목적에 맞게 차근차근 진행되었다"고 평가했다.(《한울세상》 제157호, 1면)

포덕 158년(2017) 2월 23일 제1차 중앙위원회에서는 전년도 사업보고와 결산, 올해 사업계획과 예산 외에, 운영상의 어려움에 처한 복호동수도원 발전추진위원회 구성안 등을 논의하였다.

포덕 158년(2017) 3월 9일에는 최근 교단의 첨예한 현안으로 부각된 천도교시천주복지재단 관련 교단 내 기관 합동 회의가 열렸다. 이 회의에는 이정희 교령, 김상길 천도교유지재단 이사장, 계한경 시천주복지재단 이사장, 이범창 종무원장, 김명세 상임감사와 함께 이홍자 회장을 비롯한 여성회 실무진이 참석하였다. 이 회의에서 여성회는 다음과 같은 문제점을 지적하고 협조를 요청하였다. 첫째, 천도교유지재단도 복지사업을 할 수 있음에도 천도교시천주복지재단에 유지재단 소유 재산(부동산)을 출연했으며, 복지재단을 제대로 운영할 방안도 없이 복지사업을 시작한 점에 대한 해명, 둘째, 복지재단 설립 과정과 유지재단 소유의 부동산 이전 과정을 투명하게 확인할 수 있는 관련 장부 공개, 셋째, 목감동 대지는 주옥경 초대회장이 여성회에 기증한 것으로 되어 있는데, 어떤 과정을 거쳐 복지재단에 출연되었는지 관련 서류를 공개하기 바란다는 내용이다.

여성회는 여성교육복지관 신축과 여성회 문화재단 설립을 추진하는 과정에서 재단 명칭이 '시천주복지재단'에서 '천도교시천주복지재단'으로 변경된 것을 인지하고, 여성회가 제기한 문제에 대하여 총부의 대응이 없었다고 보고 이에 대해 내용증명 및 통지서 형식으로 소통하기로 했다. 이후 시천주복지재단 문제는 교단 내에 첨예한 갈등을 불러일으키며, 교인들의 고발과 소송전으로 비화하였다. 현재(2024) 시천주복지재단의 정상화를 비롯한 이 문제의 원만하고 완전한 해결을 위한 노력이 여전히 계속되고 있다.

포덕 159년(2018) 여성회는 "사인여천 실천으로 1인 1포덕 실행에 총력"이라는 구체적인 목표를 내세우고 힘차게 출발했다. 세부 실행 방안은 첫째, 포덕 실행을 위한 정보 공유와 포덕 방법 모색, 둘째, '답게 살겠습니다 - 사인여천 실천운동' 전개, 셋째, 순회를 통해 여성회 지부 활성화로 정했다.

포덕 159년(2018) 2월 21일 총부 회의실(907호)에서 제2차 중앙위원회를 개최하였다. 이홍자 회장은 개회사를 통해 "제40대 여성회의 3차 연도를 맞이한 올해는 더욱더 특별한 마음가짐으로 동계·하계 합동수련, "답게 살겠습니다" 사인여천 실천운동, 목요교리강좌와 유적지 순례, 우이동 천도교 여성교육복지관에서 실시하는 주말수련, 그리고 주요 기념식 및 행사가 충만한 결과를 얻도록 순일한 정성과 지원을 부탁드린다"고 당부했다.

포덕 159년(2018) 제8차 상임위원회에서는 복호동수도원 활성화 방안에 대해 집중 논의했다. 전국 여성회원의 정성 어린 모금으로 건립된 복호동수도원은 중앙총부에 관리·운영을 부탁하여 왔으나 관리가 전혀 안 되고 훼손되어, 보수가 시급한 현실이 주요 논의 사항이었다. 이범창 종무원장은 포덕 160년(2019)에는 복호동수도원을 개·보수할 수 있도록 중앙총부 예산 책정을 위해 노력하겠다고 약속했다. 이날 회의에서는 복호동(전 1,045m²) 명의변경 방안에 대해 여성회 고유번호로 근저당 설정 또는 등기상 가압류해 놓기로 결의하였다. 이에 이홍자 회장 외 여성회 실무진은 포덕 159년(2018) 10월 9일 복호동수도원을 방문하고 마을의 전 이장 및 부녀회장을 만나 복호동수도원에 대한 제반 사항을 논의하였다. 이어 포덕 159년(2018) 11월 2일에는 홍순억 부회장 외 실무진이 재차 복호동수도원을 방문하여 밭 경작 계약서를 체결하고 연간 경작료로 콩 1말(15kg)을 받기로 하고 올해 받은 콩 1말은 사업부에서 판매하여 사업부 수익에 포함하기로 하였다.

포덕 159년(2018) 8월 24일 전국 18개 지부에서 23명이 참석한 가운데 여성회 전국 지부장회의를 용담수도원에서 개최했다. 이 회의에서는 여성회의 159년도 상반기 활동 내용 보고, 각 지부 현황 보고와 함께 여성회본부와 지부 간 더욱 원활한 소통 체계와 포덕 방안에 대해 논의했다. 지부 현황에 대해 각 지부회장이 발표한 내용은 다음과 같다; "①시일식 후 점심을 제공하고 있는데 교인 및 여성회원 수가 점점 줄어 안타깝다. ②시일식 준비 및 설교를 할 수 있는 역량을 키우기 위해 여성회 중심으로 꾸준히 공부하고 있다. ③점심을 준비하는 주방에 식기세척기와 에어컨을 가설했다. 주방 봉사에 대한 여성회원들의 부담을 없애는 것이 목표이다. ④천도교의 수행 및 체험이라는 홍보자료를 만들어 벽보에 붙이고 지하철 홍보란에 게재할 계획이다. ⑤교구에서 운영하는 카톡 수련방을 통하여 교인들이 열심히 수련하고 있다. ⑥가정포덕을 완수하여 가족 15명이 성미도 내고 시일식에도 참여하고 있다. 부모님의 유지를 받들어 정성을 다하고 봉사하다 보니 가족들 모두가 포덕이 되었다. 참 행복하다."

포덕 160년(2019) 2월 11일 중앙총부 회의실에서 재적 인원 49명 중 45명이 참석한 가운데 제3차 중앙위원회가 개최됐다.

이홍자 회장은 임기 중 무엇보다 실무진들의 의견을 수렴하여 일하고자 했던 것을 성과로 꼽으며, 여성교육복지관을 좀 더 폭넓게 활용하지 못한 것을 아쉽게 여겼다. 특히 임기 중에 주옥경 사모님이 기증한 땅과 관련하여 총부, 교령님 등과 실무적인 회의를 거듭한 것이 기억에 남는다고 하였다. 매월 초 1일부터 7일까지 수련을 한 것과 주말수련을 이어간 것도 뜻깊었으며, 김경렬 고문이 특별히 격려해 주신 일이 감사했다고 소감을 밝혔다.

제2절 개화기의 여성회 수도연성

포덕 142년(2001)에 천도교여성회는 전초련 회장 이후 20여 년 만에 다시 50대 여성회장을 선출하면서 비상을 위한 날갯짓을 시작하였다. 무엇보다 그에 앞선 약 20년 동안 끊임없는 지부순회와 수도연성, 교육 등을 통한 내실을 다져온 기반이 서서히 그 위력을 발휘하기 시작한 것이라고 할 수 있다. 회장뿐 아니라 실무진들도 50대와 40대가 등장하면서 천도교여성회에는 새로운 활기와 생기, 그리고 화기가 감돌았다.

이 시기에도 수도연성과 교육사업의 기조는 그대로 유지되었다. 특히 포덕 140년대 이후 천도교여성회는 고윤지(35-36) - 김영숙(37) - 이순종(38-39) - 이홍자(40)로 이어지며, 각종 수련 프로그램이 안정화되고, 부속 특별강좌의 수준이 나날이 높아지는 성과를 거두었다. 주말수련이 시작되어 성공리 안착하고, 동계·하계 수련이 정례화되었으며, 그 밖에 중앙총부 등이 주최하는 특별수련에 참여하거나 주관하는 방식으로 확장, 심화되어 갔다. 특히 동·하계 여성회 수련 시에 여성 참여자를 늘리고 후계 세대 양성을 위한 '어린이 캠프'를 함께 운영한 것은 나날이 침체해 가는 교단에 활기를 불어 넣어 주는 한 줄기 샘물과도 같은 역할을 하였다.

이 시기의 수련도 동·하계 수련과 그 밖의 수련으로 세분하여 살펴본다.

❶ 동·하계수련

포덕 143년(2002) 하계수련(5회차)이 7월 29일부터 8월 5일까지 7박 8일 동안 용담수도원에서 개최됐다. '한울님의 지혜를 받아 새사람이 됩시다'라는 목적 아래 전국 36개 지부에서 150여 명이 참여했다. 오전 5시~저녁 9시 기도식까지 수련과 특강, 천덕송 지도로 진행된 이 행사에서는 수련 성취도를 높이기 위해 젊은 여성들을 중간에 앉도록 하는 등의 조치를 시행했다. 특강 시간에는 장효선 한국검예도협회 회장(최근 입교)이 대신사의 검무를 상징하여 안무한 '검무' 춤을 선보이고 지도했다. 또 여러 차례 한국을 방문하여 연구를 거듭한 끝에 동학연구로 박사학위를 받고 미국 대학에서 강의 중인 커스틴 벨(호주)이 3박 4일 동안 수련회에 참석, 수련을 체험하며 연구를 계속하였다. 특히 어린이 수련을 별도로 실시하여 젊은 여성들이 수련에 전념할 수 있도록 했다. 어린이 수련 프로그램은 유남실 교화부장이 담당하였으며 참가한 14명의 어린이를 대상으로 수련, 천덕송 공부, 놀이 등의 프로그램을 진행했다. 여성회는 이 행사를 예년보다 더 알차고 성숙한 분위기 속에서 '여성 수련회' 고유의 형식으로 안정을 찾아가는 과정이었다고 평가했다.

포덕 144년(2003) 동계수련은 1월 6일부터 11일까지 가리산수도원에서 수련과 특강, 분임토의 등을 병행하여 진행하였다. 이어 7월 23일부터 8일간 여성회 하계수련이 13개 지부 150여 명이 참가한 가운데 용담수도원에서 진행되

포덕 144년 하계 어린이 수련캠프에서 경주 답사에 나선 어린이 참가자들

었다. 이때 어린이 수련도 함께 진행하였다.

포덕 145년(2004) 동계수련은 1월 5일부터 5일간 복호동수도원에서 21개 지부 54명이 참가하여 실시하였다. 특강(수도 요령), 교리, 천덕송(강의)도 함께 진행됐다. 또 하계수련(제7회)은 8월 2일부터 8일간 용담수도원에서 1백여 명의 회원이 참가하여 "나도 포덕 할 수 있다"는 주제로 진행되었다. 하계수련 기간 중 박길수 대표(도서출판 모시는사람들)는 "천도교여성회의 위상 찾기"를 주제로 특강을 진행하였다. 현 천도교여성회의 교단 내적, 외적 위상을 분석하고, 이 시대 천도교의 성장 동력으로서의 여성회를 자리매김하면서 여성이 천도교의 주인이 되기 위한 구체적인 실천 방안을 제시하였다. 낙안회 회원들이 지도교사가 되어 진행한 어린이 수련캠프에 어린이 40명이 참가하였다. 합동수련회에 앞서 여성회원들은 7월 19일부터 매일 주문 2,100독 이상을 송주하는 재가수련을 진행하였으며, 어린이 캠프는 단순히 어린이들을 돌봐주는 데 그치지 않고 어린이들이 천도교인으로서 알아야 할 기본 교리와 자세를 가르쳐 자부심을 갖도록 하는 데 목표를 두고 수련, 천덕송 배우기, 성지 및 신라 유적지 답사, 물놀이 등 다양한 프로그램으로 진행했다.

포덕 146년(2005) 동계수련은 1월 4일부터 6일 동안 복호동수도원에서 42명이 참가하여 실시하였다. 또 하계수련(제8회)은 7월 19일부터 31일까지는 재가수련으로, 8월 1일부터 7일까지는 34개 지부 136명이 참가한 가운데 '여성이 미래다'라는 주제하에 "기쁜 마음, 감사한 마음, 위하는 마음"을 기르자는 데

포덕 146년 여성회 하계수련(포덕 146년 8월 1일~8일, 용담수도원)

주안점을 두고, 용담수도원에서 합동수련으로 시행하였다. 교인의 기본 소양을 기르는 한편, 여성의 위상을 고양하는 데도 심혈을 기울였다. 어린이 수련회 '신나는 어린이 여름 캠프'(한자쓰기, 요리, 바닷가 체험, 숲 해설)도 함께 개최하였다. 어린이, 학생 86명과 교사 13명이 참가하여 성황을 이루었으며, 초·중등 자녀를 둔 여성들이 수련에 정진할 수 있게 했다. 이 해 수련에는 작년 대비 두 배 이상의 여성회원과 어린이들이 참석했지만 수도원 시설이 이들을 수용하기에는 부족한 실정이 부각되어, 개선책을 강구해 나가기로 했다.

포덕 147년(2006) 동계수련은 1월 4일부터 9일까지 '수련으로 여성시대 주역으로 성장하자'는 목표 아래 20개 지부 62명이 참가한 가운데 복호동수도원에서 개최됐다. 고윤지 회장은 개회사에서 "나 한 사람이 한울의 종자사람이라고 생각하여 성심으로 수련하여 대도 기운 조성에 큰 일꾼이 되어 주시길 바란다"고 당부했다. 참가자 수는 예년에 비해 적었으나 수련생의 돈독한 친목을 다지는 기회가 되었다. 또 이 해 하계수련은 7월 18일부터 7월 31일까지 2주간은 재가수련으로, 8월 1일부터 8일까지 일주일간은 우이동 의창수도원에서 합동수련으로 21일간 시행했다. 35개 지부에서 어른 146명, 어린이 98명, 교사 10명 등 245명이 참가한 합동 하계수련은 "여성이 미래다!"라는 슬로건 아래 공부하는 여성이 되자, 수련 후 1인 포덕을 하자, 긍정적이고 참여하는 마음을 갖자는 목표를 두고 진행됐다.

포덕 147년(2006)에도 '신나는 어린이 여름 캠프'를 개최, 유치부, 초등학생들도 함께 참가할 수 있도록 했다. 특히 작년에 여성회에서 매입한 (가칭)수의당교육관은 유치부 프로그램 진행 장소로 활용되었다. 초등 자녀를 둔 내수도의 수련 참가를 독려하는 차원에서 실시된 어린이 여름 캠프는 명실공히 어린이를 위한 독자적인 수련캠프로 자리를 굳혔다. 다만 해마다 늘어나는 어린이 여름 캠프 참가자들로 인해 불가피하게 장소를 의창수도원으로 바꿔 시행하였으나 전체적인 프로그램 완성도에도 불구하고 여전히 시설 면에서 아쉬움을 남겼다.

포덕 148년(2007) 동계수련은 1월 5일부터 10일까지 복호동수도원에서 "여성이 천도교의 희망이 되자"는 주제로 개최했다. 전국 24개 지부에서 72명의 회원이 참가, 복호동수도원 개원 이래 가장 많은 수련생이 참가하였다. 고윤

포덕 148년 하계 어린이 수련캠프 참가자들

지 회장은 폐강사에서 "도는 일하는 데 있고, 노력하는 데 있고, 봉사하는 데 있다는 말씀을 다시금 되새긴다. 참석하신 분들의 정성, 늘 잊지 않고 가슴속에 오래오래 간직하겠다"는 소회를 밝혔다. 이 해 하계수련은 7월 30일부터 8월 6일까지 의창수도원에서 개최하고 어린이 수련학교도 병행하여 시행했다. 7박 8일간 열린 이 행사에는 전국 38개 지부에서 어른 110명, 어린이 77명 등 모두 187명이 참가했다. 여성회는 이번 수련을 통하여 심각한 자연환경 훼손에 대한 진정한 반성을 통해 천지부모를 공경하는 방법을 몸소 실천한다는 취지하에 "천지를 내 부모님같이 섬기자"라는 슬로건을 수련 목적으로 정했다. 어린이 수련학교는 낙안회가 주관하며, 정규 수련 외에 물놀이, 박물관 답사, 다양한 체험 프로그램을 시행했다. 낙안회는 포덕 143년(2002) 여성회가 젊은 인재를 양성하기 위해 시행한 역사체험 교육 과정을 통해 만들어진 모임으로, 4년째 어린이 하계수련을 담당해 왔다. 낙안회는 이후 김미정, 김순련, 이윤정, 정진화, 최경미, 이지영 동덕을 중심으로 어린이시일식 진행, 어린이 문화행사 등을 주관, 주최하는 전문 모임으로 활동하고 있다.

포덕 149년(2008) 동계수련은 1월 4일부터 9일까지 복호동수도원에서 '공부하는 여성이 되자'라는 주제로 개최됐다. 전국 26개 지부에서 64명의 회원이

포덕 149년 어린이 하계 수련캠프 참가자들(포덕 149년 7월 28일~8월 1일, 의창수도원)

포덕 149년 여성회 하계수련 참가자들 (포덕 149년 7월 28일~8월 4일, 의창수도원)

수련 외에 강의, 특강 등의 프로그램에 참여하였다. 이 수련회에서는 교단 내 총부 교역자 외에 김경렬 고문, 손윤자 포덕사, 고윤옥(본부 총무)이 특강 강사로 연단에 섰고, 김순자(본부 감사, 천덕송), 김정숙(몸살림 체조)도 강사로 나서서 그 어느 때보다 여성의 활동이 두드러졌다.

이 해 하계수련은 7월 28일부터 8월 4일까지 의창수도원에서 개최됐다. 합동수련을 앞두고 7월 15일부터 27일까지 2주간 재가수련을 시행했다. "천지는 만물의 아버지요 어머니이니라"는 주제 아래 진행된 수련회에는 26개 지부에서 어른 86명, 어린이 48명 등이 참가했다. 여성회 하계수련 기간에 7년째 함께 시행하고 있는 어린이 하계수련학교도 '역사 속의 천도교'라는 주제로 낙안회가 주관하여 7월 28일부터 8월 1일까지 함께 진행했다. 수련 외에 사발통문 꾸미기, 염주·청수보 만들기, 사물놀이, 요리, 몸살림 체조, 농사체험 등 다채로운 프로그램으로 꾸며졌다.

포덕 150년(2009) 동계수련은 1월 5일부터 10일까지 가리산수도원에서 '본

포덕 150년 여성회 동계수련 참가자들 (1월 5일~10일, 가리산 수도원)

포덕 150년 어린이 하계 수련캠프 중에 의암성사 묘소를 참례한 어린이들(포덕 150년 7월, 우이동)

심을 회복하여 실천하는 여성이 되자'는 주제로 개최됐다. 전국 22개 지부에서 60명의 회원이 참여하였으며, 5박 6일간의 일정은 수련을 위주로 편성됐다. 강사 중 조동원 수도원장과 장정숙(상주선도사, 천덕송), 류미순(몸살림 체조) 등 여성의 활동이 두드러졌다. 고윤지 전 회장은 식사를 맡아 수련의 열기를 배가시켰다. 이 해 7월 30일부터 8월 5일까지 의창수도원에서 '삼경(경천, 경인, 경물) 사상을 생활화하자'는 주제 아래 개최됐다. 어린이 수련회도 낙안회가 주관하여 8년째 시행됐다. 전국 26개 지부에서 어른 103명, 어린이 45명 등 모두 148명이 참가했으며, 하계수련을 앞두고 실시하는 재가수련은 7월 16일부터 29일까지 진행됐다. '내 안의 한울님'이라는 주제로 7월 30일부터 8월 3일까지 시행한 어린이 수련캠프(9회)는 수련과 교리 외에 나무 심기, 요리 실습, 몸살림 체조, 아이스링크 체험 등으로 진행됐다.

포덕 151년(2010) 동계수련은 1월 4일부터 9일까지 5박 6일 동안 '자심자법'을 목적으로 하여, 복호동수도원에서 개최됐다. 전국 16개 지부에서 회원 25명이 참가한 가운데 홍의태 선도사가 수련 지도를 맡았으며, 복호동수도원이 오랫동안 비어 있는 관계로 회원들이 자체적으로 운영하는 수련으로 진행됐다. 하계수련은 7월 26일부터 8월 1일까지 의창수도원에서 '이신환성'을 목적으로 개최됐다. 재가수련은 6월 3일부터 7월 21일까지 실시했으며, 하계수련 기간에 어린이 하계수련학교(10회)도 함께 개최했다. 33개 지부에서 어른 97

명, 어린이 53명, 교사 9명 등이 참가하였다. 어린이 수련학교는 낙안회 주관으로 수련과 교리 외에 염주 만들기, 숲 놀이, 봉숭아 물들이기, 아이스링크 체험 등의 프로그램으로 운영됐다. 한편, 어머니들은 하계수련에 참가하지 않으면서 자녀들만 수련학교에 참가시키는 사례가 늘어, 수련학교의 본래 취지에서 벗어나는 문제점에 대한 새로운 모색이 뒤따라야 한다는 과제를 남겼다.

포덕 152년(2011) 동계수련은 1월 4일부터 10일까지 6박 7일간 '동귀일체'를 목적으로, '성심수련으로 정신을 개벽해 나가자'는 주제 아래 법원수도원에서 개최됐다. 22개 지부에서 51명의 회원이 참여하였으며, 이영노 법원수도원장이 교리를 강의하고 성강현 동천고 종학실장은 교사를 강의했다. 수련 마지막 날에는 소감 발표 분임토의가 진행되어 24명의 수련생들이 소감을 발표했다. 또 하계수련은 7월 27일부터 8월 2일에는 의창수도원에서 '이신환성, 정신개벽'을 목적으로, '성령 수련하여 천심을 회복하자'를 주제로 개최했다. 재가수련은 중앙총부의 49일 '이신환성' 수련과 함께 6월 13일부터 7월 31일까지 실시한 바 있다. 이 수련회에는 장마 기간임에도 불구하고 전국 33개 지부 여성회원 121명이 참가하였다. 어린이 하계수련학교는 낙안회의 지도로 7월 27일부터 30일까지 3박 4일간 48명의 어린이, 학생과 교사 11명이 참가한 가운데 개최됐으며, '한울님, 어디 계세요?'라는 주제로 수련, 교리 교사, 천덕송 배우기, 요리하기, 염주 만들기, 염색하기, 목공놀이, 아이스링크 체험 등 다채로운 프로그램으로 진행됐다. 지난해에 이어 부산남부교구 임우남 교구장은 부산지역 비교인 어린이들을 인솔하여 어린이 하계수련학교를 천도교를 체험하는 교육의 장으로 이끌었다.

포덕 153년(2012) 동계수련은 1월 5일부터 10일까지 5박 6일간 복호동수도원에서 '가정화목, 교회중흥'을 목적으로, '마음이 화하고 기운이 화하면 더불어 같이 화하리라'를 주제로 22개 지부에서 40여 명의 회원이 참가한 가운데 시행했다. 이 해 하계수련은 8월 15일부터 21일까지 우이동 의창수도원에서 '이신환성·정신개벽·대도중흥'을 목표로 하계수련을 시행했다. 이 하계수련은 의암성사께서 봉황각을 지으시고 독립운동에 헌신할 483명의 교역자가수련하기 시작하신 지 100주년을 맞이하는 의미에서, 총부에서 진행한 '이신환성 49일 특별기도' 중 마지막 제7차 수련 기간에 합동으로 시행됐다. 여성회에

포덕 154년 여성회 하계수련 참석자들 (포덕 154년 8월 6일~12일, 용담수도원)

서는 35개 지부에서 100여 명의 회원이 참여하였으며, 중앙총부 임직원 및 일반교인 등 총 137명, 연인원 700여 명이 이 기간 중 특별기도에 참여하였다. 한편, 8월 15일부터 10월 2일까지 진행된 '이신환성 49일 특별기도'에는 이민자 등 5명의 여성회원이 49일 수련에 참여했으며, 한순임 등 4명은 21일, 황연옥 등 4명은 2주 수련을 마쳤다.

포덕 154년(2013) 동계수련은 1월 3일부터 8일까지 의창수도원에서 15개 지부 40여 명이 참석하여 시행됐다. 하계수련은 8월 6일부터 12일까지 용담수도원에서 '신앙심 회복'을 목적으로, '어머니 마음은 한울님 마음 후천운수의 주인이 되자'를 주제로 개최됐다. 하계수련 중 교령(박남수), 수도원장(박남성), 상주선도사(윤석산), 교서편찬위원(양윤석) 외에 이순종 회장이 특강을 한 것을 비롯하여, 김성자(부회장, 수련지도), 장경애(천덕송) 등 여성도 연단에 서서 강의 등을 진행하였다. 또 하계수련 기간 중 총부 주최로 대신사 생가 복원 상량식이 함께 진행되어 대신사 20세 때 화재로 소실된 지 172년 만에 복원됐다.

포덕 156년 여성회 하계수련 참가자들 (포덕 156년 7월 29일~8월 4일, 용담수도원)

포덕 155년(2014) 동계수련은 1월 6일부터 12일까지 1차, 2월 3일부터 9일까지 2차에 걸쳐 법원수도원에서 시행되었다. 1차 수련에는 30개 지부에서 50여 명의 회원이 참석하였으며, 2차 수련에는 10개 지부에서 30여 명의 회원이 참석하였다. 이 해 수련은 '수련의 생활화로 가정천국 이루자'라는 목표 아래 '여성이 주인의식을 갖고 화합하자'라는 주제로 시행됐다. 이 해 하계수련은 7월 29일부터 8월 4일까지 용담수도원에서 '열림과 모심의 신앙 생활화'라는 목적과 '내칙을 생활화하여 모심을 실천합시다'라는 주제하에 열렸다. 전국 지부에서 90여 명의 수련생이 참가하였다. 하계수련 기간 중 8월 3일에는 제2차 지부장회의가 개최됐다.

포덕 156년(2015) 동계수련은 1월 6일부터 12일까지 6박 7일간 용담수도원에서 30개 지부 70여 명이 참여한 가운데 시행됐다. 또 7월 13일부터 8월 30일까지 '광복 70주년, 분단 70년, 남북통일과 민족화합, 심화기화로 한마음 되는 수련회'라는 주제로 중앙총부에서 시행하는 49일 특별수련에 동참하고, 이 기간 중 포덕 156년(2015) 7월 28일부터 8월 4일까지 용담수도원에서 하계수련을 실시했다. "답게 살겠습니다"라는 주제로 150여 명의 수련생이 참가한 가운데 시원포연원회에서 40여 명, 마포교구에서 7명이 별도로 참가한 외에 KCRP '답게 살기 운동' 본부 회장 및 천주교 임원 4명도 참석했다.

포덕 157년(2016) 동계수련은 1월 6일부터 12일까지 용담수도원에서 '믿음

포덕 158년 여성회 동계수련회(포덕 158년 1월 4일~10일, 법원수도원)

과 정성으로 신앙심을 회복하자'라는 목적과 '성령 수련으로 한울님 마음을 회복하자'라는 주제로 개최했다. 33개 지부에서 100여 명이 참석하였으며, 수련 기간 중인 1월 9일 총부 집행부의 신년 봉고식이 개최되어 수련생들은 박남수 교령을 비롯한 총부 교역자와 함께 봉고식에 임하였다. 1월 10일 시일식은 여성회원 및 용담교구 교인 등 80여 명이 함께 봉행하였다. 이 해 하계수련은 8월 1일부터 7일까지 의창수도원에서 시행하였다. 이 수련회는 중앙총부와 함께 실시하기로 함에 따라 '대도중흥 중일변 민족통일을 위한 특별기도'라는 주제로 아침체조, 걷기수련, 대도중흥 특강, 동학의 아동관 강의 등으로 진행했다. 수련 기간 중인 8월 6일에는 "답게 살겠습니다" 사인여천 실천 운동 대회를 개최하였다. 또 8월 4일부터 8일까지는 낙안회 주관으로 여성교육복지관에서 어린이 수련이 진행되었다. 어린이 수련은 수련 외에 청수보 만들기, 염주 만들기, 물놀이, 천덕송 부르기 등 다채로운 프로그램으로 진행되었다.

포덕 158년(2017) 동계수련은 1월 4일부터 10일까지 법원수도원에서 '사인여천을 실천하여 포덕을 합시다'라는 주제로 개최됐다. 수련 기간에 '사인여천 실천운동'의 일환인 경전암송대회가 열렸다. 대상은 수련생이며, 천도교 경전 내용을 자유롭게 선정하여 암송하도록 했다. 이 해 하계수련은 7월 25일부터 31일까지 경주 용담수도원에서 '대도중흥·중일변·민족통일'을 주제로 개최됐다. 어린이 수련은 7월 28일부터 31일까지 낙안회 주관으로 5세부터 초등학생

포덕 159년 하계수련 및 전국 제3차 지부장회의(포덕 159년 7월 31일~8월 6일, 용담수도원)

까지를 대상으로 시행됐다. 이 시기부터 어린이 수련 참가자가 줄어들기 시작했다. 이는 젊은 여성 참여자의 감소(고령화)에 따른 것이고 더 크게는 교인 숫자 감소, 어린이 숫자 감소 등의 인구 변화에 따른 요인이 반영된 것으로 평가되어 이에 대한 대책이 필요하다는 의견이 제기되었다.

포덕 159년(2018) 동계수련은 1월 5일부터 11일까지 용담수도원에서 '1인 1포덕을 실행하자'라는 주제로 개최했다. 전국 20여 개 지부에서 70여 명이 참석하였다. 한편 수련 기간 중인 1월 6일에는 "답게 살겠습니다" 사인여천 실천대회가 열렸다. 수련생들은 '바르게 인사하기' 운동으로 공손한 마음가짐으로 인사하는 연습하고, 경전암송대회를 개최했다. 이 해 3월 29일에는 실무진 성금으로 대교당에 수련 방석 100개를 기증하여 합동수련에 참석하는 교인들의 수련이 더욱 성과 있게 진행될 수 있도록 하였다. 이 해 7월 31일부터 8월 6일에는 용담수도원에서 '동귀일체와 다시 개벽을 위하여'라는 주제하에 여성회 하계 합동수련회가 개최됐다. 이 수련회에는 통일포연원회와 시원포연원회 교인들이 대거 참여하였다.

포덕 160년(2019) 1월 3일부터 9일에는 '동귀일체와 다시 개벽'이라는 주제로 동계수련이 용담수도원에서 열렸다. 전국 23개 지부에서 80여 명의 회원들이 참가한 가운데, 1월 5일에는 '사인여천 실천운동'으로 바르게 인사하기, 경전 암송 대회가 개최됐다.(하계수련은 다음 임기에서 소개)

❷ 주말수련과 그 밖의 수련

포덕 142년(2001) 고윤지 회장은 '주말수련'을 창설하고 매주 금요일 오후 7시부터 일요일 오전 7시까지 2박 3일 동안 의창수도원에서 주말수련회를 정례화하여 교회중흥을 위한 기운을 조성하고 여성회 발전과 회원들의 동귀일체를 도모키로 했다. 포덕 142년(2001) 7월 7일 의창수도원 강의실에서 서울 인근 16개 지부 60명의 회원들이 모인 가운데 개강식을 가졌다. 주말수련회는 여성회에서 주최하지만 부부 동반 또는 가족 단위 참석도 적극 권장하였다. 수련 외에 강의, 수련 체조(국선도) 등 다양한 프로그램도 진행키로 했다.

이후 주말수련회는 코로나19로 인한 사회적 거리 두기로 말미암아 원활하게 진행되지 못했던 포덕 161년과 162년을 제외하고 20년이 지난 오늘날까지 천도교여성회를 지탱하고, 서울 인근교구 교인들이 애용하는 장기적으로 운영되는 핵심 수련 프로그램으로 자리매김했다.('주말수련' 편 참조)

포덕 145년(2004) 2월 5일부터는 여성회 창립 80주년을 앞두고 49일 특별기도를 재가기도로 실시하여 여성회 발전을 위한 기운을 모아 나갔다.

포덕 151년(2010) 교령에 취임한 임운길 교령은 임기 3년 동안 7차에 걸쳐 '이신환성을 위한 49일 특별수련'을 실시키로 의결하여, 이 해 6월 3일부터 9일까지 일주일간은 중앙대교당에서 합동수련을 진행케 되었다. 여성회본부는 49일 기도에 적극 참여키로 하여, 전국의 회원들에게 참여를 독려하였다.

포덕 150년대의 수련은 정례적인 동·하계 수련과 49일 특별기도가 수련 프로그램을 압도하는 시기였다. 이때 여성회의 수련은 주로 동·하계 수련을 중심으로(교육사업 부문은 별도) 진행되었다. 전반적으로 이 시기 들어 (종교)인구감소, 고령화, 49일 특별기도의 장기 진행에 따른 피로도 증가 등으로 수련 참여자 숫자가 점진적으로 줄어드는 추세가 나타났다. 이는 수련문화에 새로운 전기를 마련할 필요성을 제기하고 있었다.

제3절 개화기의 여성회 교육사업과 기념사업

❶ 개화기의 교육사업

비상과 개화를 위한 여성회의 고심이 깊어지는 가운데, 이를 위해서는 수도 연성 외에 교양교육과 전문화 교육이 필수적이라는 데 의견이 모였다.

우선 포덕 142년(2001) 5월에는 지부 현황과 회원들의 의견을 수렴하는 설문 조사를 시행하여 구체적인 과제 파악에 나섰다. 대부분의 응답자들이 여성회가 각 교구에서 핵심적인 역할을 수행하지만, 교리 교사나 수련 이외에 제도적이고 행정적인 측면과 활동 측면의 교양이 필요하다는 점을 토로하였다. 또 장기적인 차원의 대외 활동보다도 직접적인 환경운동이나 봉사(불우이웃 돕기 등)에 나서야 한다는 의견과, 이를 위한 본부 실무진의 투명한 업무 집행과 적극적인 실천 활동을 요구하고 나섰다. ('조사 및 학술연구 사업' 편 참조)

포덕 142년(2001) 여성회는 매주 목요일 오전 실무회의 시간 중 월 1회 이상 실무위원들의 교양을 높이는 자체 소양 교육을 실시하였다. 7월 5일에는 박길수 신인간 편집장이 '천도교 문화운동과 여성회의 역할' 강의, 11월 8일에는 김영자 조직부장이 김포 쓰레기 매립지 견학 소감과 함께 '천도교 환경운동이 나아갈 방향'이라는 주제로 강의했으며, 10월과 12월에 각각 1회씩 여성회 회계 전산화에 따른 용어 이해 및 관련 항목에 대해 공부했다.

'천도교 문화운동과 여성회의 역할' 강의는 천도교여성회 운동의 방향을 어떻게 정할 것인가 하는 문제의식 아래 여성회 역사를 일별하고, 달라진 시대 환경을 반영할 때 '천도교 전위운동으로서의 여성회'라는 새로운 정체성을 수립할 것과, 그 첫 번째 사업으로서 문화운동을 전개할 것을 강조하였다.

포덕 143년(2002) 2월 21일부터 23일까지는 봉황각에서 중앙위원 수련·교육을 시행했다. 총 25명이 참가한 가운데 수련 320분, 의절 교육 140분, 특강 50분, 천덕송 60분, 분임토의 180분 등으로 진행됐다. 마지막 날(23일)에는 중앙위원회가 개최됐다.

포덕 143년 11월 4일부터 이틀간 고윤지 회장 외 32명의 임원 및 회원이 전

포덕 144년 규모일치를 위한 천도교 여성 지도자 워크숍(포덕 144년 11월 7~8일 유성유스호스텔)

라도 지역 성지 및 사적지 답사를 다녀왔다. 이번 답사 행사는 대신사님이 관의 탄압을 피해 머물면서 여러 경전을 집필한 남원 은적암(교룡산성 내)과 동학 혁명의 역사가 서린 전주성, 증산교의 성지 모악산 금산사 등을 답사하였다. 참가자들은 특히 은적암에서 스승님의 거룩한 자취, 천도교경전 집필이라는 위대한 역사가 깃든 은적암이 아무런 기념 시설이 없는 현실을 목격하고 자괴지심(自愧之心)과 함께 여성들이 앞장서서 이 상황을 타개하여 길을 열어가자는 다짐을 새롭게 하였다.

포덕 144년(2003) 6월 16일 개강식을 갖고, 이듬해까지 9개월간에 걸쳐 (주)여행이야기와 제휴하여 '여행 답사 안내 전문가' 양성을 위한 강좌를 진행하였다. 이는 지난해 사적지 답사를 통해, 동학 천도교 역사 현장에 대한 이해, 답사와 순례를 통한 교리 교사 공부와 신앙심 함양과 함께, 여성회원들이 사회의 유능한 전문인으로 자리 잡고 천도교 역사를 널리 알리는 계기를 마련한다는 취지에서 마련됐다. 이 강좌를 통해 23명의 여행안내 전문가가 양성되었고, 수료자 중 몇 사람이 뜻을 모아 여성회 소모임 '낙안회'를 조직하고, 이후 낙안회를 중심으로 천도교여성회 내의 각종 문화, 연구 활동에 참여하여 큰 성과를 거두게 되었다.

포덕 144년(2003) 11월 7일부터 대전 유성유스호스텔에서는 전국 31개 지부 회장과 실무진 60여 명이 참석한 가운데 '규모일치를 위한 지도자 모임'이 개최되었다. 이는 여성 지도자인 임원과 실무진의 자질을 함양하기 위해 기획한 워크숍으로서, 특강과 분임토의 등을 통해 회의법을 익히고, 지부 활성화를 위한 여성들의 주체적이고 주도적인 역할과 역량을 강화하는 다양한 논의를 진행하였다.

포덕 145년(2004) 6월 16일, 여성회원들의 자기계발과 전문성 강화를 목표로 여성회가 개설한 글쓰기 강좌를 개강했다. 강좌는 3개월을 1기로 매주 1회 강의를 진행하였다. 단기적으로는 《여성회보》 등의 기사 작성과 기획 및 취재 능력 함양, 문예 글쓰기와 논술 글쓰기, 문장의 교정과 교열, 맞춤법 등과 함께 자료 수집 등 기술적인 강의도 진행되며, 장기적으로 자기계발과 전문화뿐 아니라 설교원고 작성과 교리논설 집필까지를 목표로 했다. 도서출판 모시는사람들 박길수 대표가 강의를 맡았다.

포덕 146년(2005) 11월 1일부터 2일까지 남해 선구교구에서 제2차 여성시대 준비를 위한 워크숍을 개최하였다. 이 행사에는 전국에서 120명의 회원이 참가하여 천도교의 현재 상황을 짚어 보고 천도교의 미래를 짊어질 인재로서의 여성의 역할, 위상, 자질에 대한 심도 있는 토론을 진행하였다. 이러한 워크숍에서의 논의를 바탕으로 여성회는 포덕 147년 여성회 목표를 "여성시대 준비를 위한 해"로 설정하였다.

포덕 147년(2006) 11월 6일부터 1박 2일 동안 97명의 회원이 참가한 가운데 우이동 봉황각에서 제3차 여성시대 준비를 위한 워크숍을 '천도교 미래를 열어가는 여성'을 주제로 진행했다. 먼저 강대순 당산교구장, 최효선 성남교구장, 주선자 청주교구장 등 여성교구장의 사례발표를 통해, 여성들이 새로운 관점과 접근법으로 교구 운영을 새롭게 개선해 나갈 수 있음을 확인하는 시간을 가졌다. 이어 워크숍은 참가자들을 10개 접으로 구성하여 천도교 미래를 열어갈 과업을 선정하고, 교단 내에서 여성의 위상을 강화할 방안을 자문자답하는 노력을 기울이기로 했다. 워크숍에서 모인 여성들의 의견은 다음과 같다; " ①유소년 지도를 여성회 지부 활동과 연계하여 시일학교 활성화에 힘쓰자. ②상담교사(여성)를 양성하여 교인들 및 일반인들에게 신앙 안내자 역할을 하자. ③젊은 여성들이 여성회(본부, 지부) 활동에 참여토록 하여 세대교체를 준비하자. ④여성을 위한 강좌를 마련하여 주문과 이치를 겸비한 성숙한 여성이 되자.(주말수련 및 책자 배본) ⑤교구 여성회가 중심이 되어 수련을 실시하자. ⑥여성회의 위상을 제도적으로 향상시켜야 한다. ⑦여성 지도자 양성 프로그램을 제작하여 여성교구장 및 지도자로서 교회 발전의 주인 역할을 하자. ⑧총부, 본부, 교구에 여성 인력을 이용하여 교회 발전을 기하자. 여성들은 봉사 인력이 많다. ⑨천도교 여성교인 수에 비례하여 투표권이 주어져야 한다. ⑩기회가 올 때 주저하지 말고 여성의 특성을 잘 살려 당당하게 나아가자. ⑪기본적인 교리 교사 공부를 하여 천도교를 잘 설명할 수 있는 실력을 갖추자. ⑫지역사회 봉사 및 수익사업을 하자. ⑬법인체를 설립하여 적극적인 활동 범위를 넓히자."

포덕 148년(2007) 9월 20일부터는 김정숙(동서울) 동덕의 지도로 몸살림 체조 강습을 진행하였다. 이는 우선 수련 전후로 몸을 푸는 프로그램이 필요하다는 데서 출발하였다. 여성들에게 흔한 근육통이나 뻣뻣해지는 몸을 유연하게 하고, 혈액 순환 등에도 도움이 되는 몸살림 체조는 회원들의 큰 성원 속에 1년 남짓 지속되었다. 이러한 활동들은 여성회의 프로그램이 교리 교사 공부나 수도연성에 국한되지 않고, 여성들의 삶의 질을 향상시키는 방향으로도 확산되어야 한다는 것을 잘 보여준 사례라고 할 것이다.

또 그 연장선상에서 '한우리공부방'을 개설하여 천도교 여성의 소양과 자질을 향상하고, 신입교인(회원)을 지도할 수 있도록 하자는 취지로 진행하였다. 공부는 수련(30분), 주제 토론, 특강 등으로 3시간에 걸쳐 진행되었다. 회원 스스로 공부 목적, 취지, 방법, 내용, 규칙을 정하면서 여성이 스스로 공부하여 지도자로서 성장하고자 노력한 과정이었다.

고윤옥(본부 총무)의 지도하에 경전 원문 읽기 공부도 진행하였다. 어렵게만 여겼던 경전 원문을 되풀이해서 읽으며 공부하는 과정은 용담유사 번역문을 중심으로 공부할 때나 강의를 듣는 것과는 차원이 다른 깊이와 깨달음을 주는 과정이었다. 경전 내용뿐 아니라 한자에 대한 깊은 지식을 쌓는 과정이 되었고, 여성이 주체가 되어 전개한 본격적인 경전 공부라는 의의가 있다.

포덕 148년(2007) 10월 24일, 여성회본부 후원으로 '동화구연가 지도자 과정'을 개설하였다. 색동회에서 강사를 초빙하여 초급, 중급, 고급 과정까지 9개월 과정을 이수하였다. 수료증 외에 시험을 통과한 6명은 자격증까지 받아들었다. 동화를 구연하며 감정표현, 대화체와 해설체, 등장인물별 화법 등을 익혀서 실행하는 과정은 그야말로 종합예술이라고 할 만한 과정이었다. 이들은 여성회 하계수련과 함께 실시하는 어린이 수련캠프에서 강사로 활약하였다. 이러한 프로그램은 오늘날 계승할 가치와 필요가 있다고 볼 것이다.

포덕 148년(2007) 11월 7일부터 8일까지 1박 2일간 삼천포교구에서 제4차 여성회시대 준비 워크숍이 열렸다. 전국에서 87명의 회원이 참석했으며, '공부하는 여성이 되자'는 주제로 분임토의가 이어졌다. 분임토의에서 수합된 의견은 다음과 같다; " ①지방은 공부하는 문화를 조성하기 힘들므로 권역별 공부 모임을 만들자. ②총부에서 실시하는 교리 교사 시험(통신과정)에 적극 참여하자. ③《여성회보》에 경전을 쉽게 풀이한 경전을 연재하자. ④지도력을 함양하는 수련에 힘쓰자. ⑤월 1회 이상 여성이 설교하도록 제도화하자. ⑥의절에 따른 의식 집행 능력을 함양하자. ⑦총부나 여성회본부에서 지부 활성화를 위한 프로그램을 개발하여 시행해 달라. ⑧여성 지도자 양성을 위한 상설기관을 만들자. ⑨경전을 외우자."

포덕 149년(2008) 5월 17일 중앙대교당 성화실에서 가칭 '여성 지도자 공부방' 모임을 개최했다. 공부모임은 포덕 149년(2008) 여성회 사업 목적인 '여성 지도자 양성'을 위해 시행되는 사업이다. 이날 개강식에는 15명의 여성 지도자가 참석하여 모임의 방향성과 운영 등에 대해 토의하였다. 여성 지도자 공부모임은 매주 금요일 오후 3시에서 6시까지 우이동 의창수도원 내에서 운영되었다. 포덕 151년(2010) 복호동수도원에서 개최된 동계수련회에서는 박영화 본부 교화부장이 지난 1년 동안 진행해 온 '여성 지도자 양성을 위한 공부방'의 공부 내용을 발표하였다.

공부는 '천도교, 한울이란, 지기, 시천주, 심고, 궁을, 포덕' 등 천도교의 핵심 교리 용어에 대해 심도 있는 발제와 토론으로 진행되었다. 참가자 중 한 사람인 고향숙 선도사는 "천도교 여성 지도자의 자질을 갖추는 데 큰 도움이 되는 공부를 하였다"면서 "참석자들은 모두 오랫동안 생활수도를 해 오신 분들인데 이번 공부 모임을 통해 천도교 진리를 더욱 쉬운 말로 이웃과 신입교인에게 설명할 수 있다는 자신감을 갖게 되었다."고 밝혔다.

포덕 149년(2008) 9월 22일 총부 회의실(907호)에서, 숲 해설 강사 양성과정의 숲 학교가 개강했다. 숲 학교는 매주 월요일 이론 수업과 매주 토요일 현장 학습으로 3개월간 박노진 숲 학교 교장과 이광호 숲 해설가가 진행했다. 숲 학교는 11월 30일 철원 철새도래지에서 1박 2일간 현장학습을 진행하고 수료식을 진행했다. 과정에 참여한 25명 전원이 교육 수료증을 받았으며, 이들은 차후 숲 해설 강사 및 천도교 환경 지킴이로 활동하기로 했다. 김영숙 회장은 천도교 환경운동은 교단 차원에서 대응할 사안이지만, 여성회가 살림의 정신으로 그 중심이 되자고 수강생들을 격려했다.

포덕 150년(2009) 4월 3일, 여성회본부가 주관하는 몸살림 체조 강좌가 서울교구 성화실에서 개강했다. 강사는 동서울지부 김정숙 동덕으로, 6개월 유료 과정(2만 원/월)으로 실시했다. 또 이 해 11월 5~6일에는 1박 2일간 경주 용담수도원에서 지부 활성화를 위한 제5차 여성회 워크숍을 개최했다. 30개 지부에서 70여 명이 참석했으며, 용담, 영등포, 남해, 마산 지부 등 4개 지부 사례발표와 분임토의를 통해 지부 활성화와 발전 방안을 논의했다. 폐강식 후, 내원암과 적멸굴 등 스승님의 자취를 따라 순례했다.

한편으로는 포덕 150년 1년 동안 환경교육사업 일환으로 10회에 걸쳐 음식물쓰레기 줄이기 교육을 시행했다. 본부 임원 및 연합합창단과 북부산, 영등포, 선구, 부산시, 용담, 송탄, 마산, 한강 지부 등이 교육사업에 참여했다. 전국 18개 단체 공동대표로 구성하여 결성된 생활환경실천운동여성단체연합에 8년 전에 가입해 활동해 온 결과라 할 것이다.

포덕 151년(2010) 10월 7일부터 12월 9일까지는 '제1차 목요교리연구 강좌'를 이영노 법원수도원장을 초빙하여 진행하였다. 이영노 원장은 9회에 걸쳐 『무체법경』을 강의하였으며, 매회 30여 명의 인근지부 회원이 참석하였다.

포덕 153년(2012) 7월 7일에는 목요교리강좌 종강식을 거행했다. 포덕 151년(2010) 10월 7일 개강한 목요교리강좌는 여성회가 지도자 양성을 위한 교육 사업의 일환으로 의암성사법설을 강의했으며, 이영노 법원수도원장을 강사로 모시고 총부 회의실에서 진행하였다. 지난 3년간 총 46차에 걸쳐 92시간의 강의가 이루어졌으며, 연인원 1천여 명이 수강하였다. 또 이 해 10월 11일부터 12월 6일까지는 매주 목요일 총부 회의실(907호)에서 9차에 걸쳐 목요교리 강좌(용담유사/강사 양윤석)를 개최하였다. 이 강좌는 연인원 200명이 수강하여 성

천도교여성회 주최로 열린 청소년 인성교육 여름캠프(포덕 154년 8월 1일~4일, 의창수도원)

황을 이루었다.

포덕 154년(2013)에는 7월 4일부터 제5차 교리연구강좌(강사 양윤석)를 총부 강의실에서 개강하였다. 이 해 8월 1일부터 4일까지 우이동 의창수도원에서 여성회가 주최하고 낙안회가 주관하는 청소년 인성교육 여름캠프가 "너도 나도 한울님"이라는 주제로 열렸다. 문체부와 총부가 후원한 이 사업은 초등학교 5학년부터 고교생까지 50여 명이 참가한 가운데 우리 역사 알아보기, 마음수련, 공동체 놀이, 염주 만들기, 요리하기, 아이스링크 체험 등 다채로운 프로그램으로 진행됐다. 이번 캠프는 비교인 자녀도 참가할 수 있도록 했다. 어린이 캠프 행사를 10년 넘게 주관해 온 낙안회의 한 관계자는 "청소년과 초등학생이 함께할 경우 대상의 폭이 너무 넓어 좀 더 집중된 내용을 구성하기가 어렵다. 그러다 보면 양쪽 모두에게 만족스럽지 못한 결과를 가져올 수 있다"고 진단하고, "(예전 행사에 참가한 어린이들은) 교인과 비교인이 함께할 수 있었던 반면, 청소년 비교인인 경우 수련과 기도식뿐 아니라 시설에 대한 불평 등 불만스러워하는 부분들이 드러났다. 청소년의 경우에는 좀 더 신중하게 비교인에 대한 참여를 고려해야 할 것"이라고 평가했다.(《한울세상》 제140호, 4면)

포덕 155년(2014) 5월 29일 수운회관 회의실에서 여성회본부와 동학민족통일회가 공동주최하는 교양강좌가 열렸다. 여성회 실무진 외에 지부 회원들이 다수 참석한 이 강좌에서 윤미향 한국정신대문제대책협의회 상임대표는 '나비의 꿈'이라는 제목으로 일본군 위안부 문제의 진실에 관해 설명하고, 이를 받아들이는 사회의 인식과 태도가 피해자로 하여금 침묵하게 하는 중요한 요인이 되었다고 강조했다. 이후 여성회에서는 수요집회에 참가하며, 위안부 피해자의 인권 회복을 위해 정성을 보탰다.

포덕 156년(2015) 2월 5일, 천도교여성회 정기교양강좌가 '우리 민족의 저항과 창조정신'을 주제로 임형진 교수를 초빙하여 수운회관에서 진행됐다.

포덕 158년(2017) 9월부터 11월까지 매월 1회 오후 2시부터 3시 30분까지 '행복한 노후생활'을 주제로 제1차 인내천 여성강좌를 개최했다. 또 이 해 11월 1일부터 7일까지 매일 오후 5시부터 6시 30분까지 '행복한 가정 꾸리기 - 아이 잘 키우는 방법'이라는 주제로 제2차 인내천 여성강좌를 개최했다.

포덕 159년(2018) 5월 24일부터 6월 14일, 매주 목요일 오후 2시부터 2시간 동안 총부 회의실(907호)에서 여성회 교육사업의 일환으로 목요교리강좌가 개설됐다. 김혁태 상주선도사가 '다시 개벽과 나와 우리'라는 주제로 총 4회에 걸쳐 강의를 진행했다. 6월 28일에는 제2차 교리강좌를 통한 유적지 순례 행사가 열렸다. 순례지는 충북 청원에 있는 의암성사 생가터와 의암기념관으로,

"답게 살겠습니다" 운동 천도교여성회 워크숍(포덕 158년 11월 3일~4일, 경남 남해)

서울과 경기지역 지부 여성회원과 실무진 등이 참여하였다. 순례단은 의암기념관 문화해설사의 안내에 따라 기념관을 둘러보고 의암영당을 참배하였으며, 생가터에서 의암성사의 성장 과정과 업적에 관해 설명을 들었다. 끝으로 의암성사 유허비를 참례하고 의암성사의 뜻을 기렸다.

② 개화기의 기념사업

여성회는 포덕 146년(2005) 3월 13일 숙원사업인 가칭 여성회관(복지관) 건립을 위한 부지를 매입했다. 이로써 포덕 139년(1998) 3월 30일 여성회 전국대의원대회에서 결의된 여성회관 건립이 그 절반의 결실을 보게 된 것이다. 이 부지는 우이동 봉황각 경내와 경계를 이룬 대지 118평과 한옥으로서 처음에는 '주옥경기념관'으로 이름 지었으나, 총부 종무위원회 의결로 '천도교여성교육복지관'으로 명명되었다. 이 부지(가옥) 매입 비용은 포덕 145년(2004)까지 1차 모금한 1,400여만 원과 포덕 136년(1995) 천보경 회장 재임 시부터 조혜숙 회장을 거쳐 고윤지 회장 대까지 모인 여성회 기금 약 8,550여만 원, 그리고 주옥경 종법사가 일찍이 기탁한 목적성금 1억 1,000만 원을 합한 총 2억 1,000여만 원으로 마련되었다. 부지 매입 가격은 2억 6,500만 원으로 여성회원들의 성금과 전세를 끼고 매입했으며 매입 과정에서 추가로 발생한 비용(수리비) 등을 유지

여성회 주최 목요교리강좌를 통한 유적지 순례(포덕 159년 6월 28일, 충북 청원 의암성사 생가, 기념관)

재단에서 지원하였다. 이후 이 복지관은 포덕 148년(2007) 이후부터는 주말수련과 어린이 수련의 전당으로 사용되며, '여성회관'으로 재탄생할 그날을 기약하고 있다.(세부 내용은 '2부-기념사업' 편 참조)

이 해 창립기념식(81주년, 3.25)에서는 초대회장인 주옥경 종법사의 전기 『천도교 여성운동의 선구자 수의당 주옥경』 출간기념회 및 봉고식을 함께 거행했다.('출간사업' 참조) 이후 이 시기 여성회는 여성 원로 녹취록(『한울님 은덕으로 살아온 내 인생』 『한울마음 여인들』) 등을 잇달아 간행하였다.

포덕 153년(2012) 6월 19일, 봉황각 건립 100주년 기념행사의 일환으로 의암성사 및 주옥경 사모님 유품 전시회가 총부 주최로 열렸다. 이에 앞서 이순종 회장과 임원 및 지부 회원들은 한 달 전부터 수차례 봉황각을 찾아서, 열과 성을 다하여 전시할 유품을 선정하여 청소하고, 준비에 임함으로써 유물전시실 개관에 만전을 기하였다. 그러나 이 전시회 개막식에서는 준비의 노고는 물론 주옥경 사모님(여성회 초대회장)을 모신 당사자이자 유품 전문가이기도 한 여성회장(이순종) 등이 제막 행사에서 홀대되는 사태가 벌어졌다. 여성회는 천도교의 남녀평등 정신을 훼손하는 일이 재발하지 않도록 제도적 뒷받침 조치를 요구하는 입장문을 채택하여 총부에 보냈다.

한편 포덕 158년(2017) 주옥경 종법사와 3·1운동 당시 민족대표 33인을 폄훼하는 역사 왜곡 망언(설민석) 사건이 벌어졌다. 여성회에서는 3월 25일 창립기념식 직후 청년회와 〈설민석의 주옥경 사모님에 대한 진실 왜곡을 강력히 규탄한다〉라는 성명서를 발표했다.(홍순억, 최은석) 성명서에서 "3·1운동의 민족대표들을 폄훼하였을 뿐만 아니라 특히 3·1운동을 영도하신 손병희 선생의 부인 주옥경 사모님을 인격적으로 모독하고 진실을 왜곡하였다"고 적시하고 '1호 룸살롱' '술판' '술에 취해 행패'와 같은 사실에도 부합하지 않은 표현으로 "극단적으로 진실을 왜곡"하였음을 지적하였다. 또한 "이것은 당시 민족대표들뿐만 아니라 대한민국의 건국이념으로 헌법전문에 명시된 3·1정신마저 먹칠하는 몰상식의 극치를 보여주는 행위"로서 "일제강점기에 헌병경찰제도를 앞세운 혹독한 무단통치 아래서 조국의 독립을 위해 민족대표가 된다는 것은 살신성인하는 순국 정신이 없었다면 불가능한 일이었다"고 밝혔다. 또한 "주옥경 사모님은 3·1운동 후 의암 손병희 선생이 서대문감옥에 수감되자 (중략)

옥바라지를 하였을 뿐만 아니라 전신불수의 중병으로 출옥한 의암 선생의 병간호에 헌신적으로 정성을 다하셨다. 의암 선생이 감옥에서의 중병 후유증으로 1922년 5월에 순국하신 후 주옥경 사모님은 천도교내수단을 창단하여 여성운동에 앞장서는 등 미망인이 된 28세부터 87세로 환원하실 때까지 수의당(守義堂)이라는 당호 그대로 일생을 오로지 의암 선생의 정신을 지키기 위한 신념으로 일관하셨다. (중략) 해방 후 '의암손병희선생기념사업회' 주관으로 탑골공원에 의암 선생의 동상을 건립하는 등 기념사업을 추진할 때 온갖 정성을 다하셨다. 또한, 주옥경 사모님은 해방 후 민족대표 33인 유족회 회장직과 광복회 부회장 등을 역임하면서 1971년 52주년 삼일절을 맞아 2만여 명이 참석한 가운데 중앙청 광장에서 거행된 정부 주최의 3·1절 기념식에서 독립선언서를 낭독하시기도 하였다. 천도교중앙총부는 이러한 주옥경 사모님의 공로를 기려 교단 최고 예우직인 종법사로 추대하였으며, 사모님이 87세로 환원하자 정부 요인과 사회 각계의 많은 인사가 참석한 가운데 천도교장(天道教葬)으로 영결식을 봉행하여 고인의 업적을 기렸다"는 역사적인 사실을 명시하고, 설민석은 이에 대해 분명하게 공개적으로 사과할 것을 촉구하였다. 결국 설민석은 교단을 찾아와 사죄하고, 오랫동안 자숙 기간을 가졌다.

이 시기에 여성회 활동을 견인한 또 다른 중요한 사업은 봉사활동이다. 산발적으로 진행되던 봉사활동은 국립재활원 봉사, 하계복지관 봉사 등의 기관봉사를 바탕으로 여성회 내에 '한마음봉사단'(2001) '생활환경실천운동'(2001) '나누리봉사단'(2014) 등의 단체, 모임 결성으로 이어지며 성과를 거두었다.('봉사활동' 편 참조) 또한 대외활동으로 여성운동단체연합, KCRP 여성분과, 민족종교협의회(여성회), 한국사회평화협의회(답게 살겠습니다) 등의 외부 단체와 연대한 활동도 연륜을 더해 가며 많은 성과를 거두었다.('대외협력사업' 편 참조)

8장 전환기

새로운 100년을 위한 전망 — 2019.3.12.~현재

제41대 160.3.12 박차귀 천도교여성회. 제20차 대의원대회 —— **제42대 163.3.25** 박징재 여성회. 제21차 대의원대회

새로운 임기가 시작된 지 1년도 채 되지 않은 포덕 160년(2019) 말(12.31) 코로나19 팬데믹이 시작되었다. 세계는 일시에 '멈춤'과 '비대면 시대'라고 하는 전대미문의 시대 전환의 국면이 갑작스럽게 전개되었다. 세계사가 코로나 이전(BC)과 코로나 이후(AC)로 나뉘게 되었다. 여성회는 오랫동안 안정화돼 오던 수도연성과 교육 프로그램이 중단되면서 커다란 타격을 입어야 했다. 그러나 곧 비대면 일상에 적응하며 여성회는 '비대면 온라인 수련'이라고 하는 새로운 문화를 도입하며 적응하고, 나아가 이를 활용한 새로운 성장의 동력을 만들어 나갔다. 이런 중에 다가오는 여성회 창립 100주년을 새로운 백년을 위한 비전을 마련해 나가야 하는 과제도 수행해 나갔다. 또 이 시기에는 이미 20, 30년 전부터 예고되어 왔던 기후위기가 전면적으로 현실화되는 시기이기도 하다. 전 세계적으로 거대한 기상재난이 잇따르고, 한국 사회도 이로부터 자유롭지 못하다. 이른바 지구적인 차원의 중일변이라고 할 인류세의 도래이다. 이러한 전환은 현재진행형이다. 여성회는 지난 100년 동안의 경험과 지혜를 모두 녹이고 다시 빚어내어, 모심과 살림의 길을 새롭게 걸어가야 하는 사명을 재인식하는 중이다. 천도교여성회 창립 100주년을 맞이하며 위기에 처한 인류, 생명생태계, 전지구를 모시고 살리는 천도교여성회로서 천도교단의 개벽적 전환과 세계사의 다시 개벽이 여성회의 발걸음과 함께하고 있다.

제1절 전환기 조직사업

❶ 박차귀 회장 취임과 조직사업

포덕 160년(2019) 여성회는 '사인여천 실천운동'의 안착을 중요한 기조로 삼고, 첫째, 여성회의 내실화 방안 모색, 둘째, '답게 살겠습니다 - 사인여천 실천운동'의 지속, 셋째, 순회와 지부 활성화 등을 세부 실천 항목으로 정하였다.

포덕 160년(2019) 2월 11일 총부 회의실에서 열린 제3차 중앙위원회를 개최하고 사업 결산과 계획, 창립기념식과 총회 준비 외에 여성회관 건립 성금모금운동, 여성회보(《한울세상》) 성금모금, 복호동 밭, 여성회관 건립 기금 임의사용 금지 건을 논의했다.

포덕 158년경부터 시천주복지재단을 둘러싸고 교단 내 갈등 상황이 지리하게 계속되었다. 포덕 160년(2019) 3월 15일 제39차 전국대의원대회에서 송범두 교령을 선출하면서 분위기 반전을 시도하였으나, 갈등은 잦아들지 않았다. 한편 포덕 160년(2019)은 3·1운동 100주년의 해였다. 중앙총부는 5년 전부터 3·1운동100주년기념사업추진위원회를 구성하고, 100주년을 천도교 위상 강화의 중요한 전기로 삼고자 하였다. 그러나 기념사업회 주요 재정을 특별회계(정부지원금)로 추진하면서 여성회에서 성금모금이나 특별한 역할을 할 계기를 만들지 못하였다. 그런 가운데서도 포덕 160년(2019) 10월 5일에는 천도교여성회와 3·1운동100주년기념사업추진위가 공동으로 38명의 탐사단을 구성하여 창녕군에 위치한 영산호국공원과 밀양독립관, 밀양의열기념관 등을 답사하는 행사를 진행하였다. 그런 가운데 여성회도 새로운 집행부를 구성하게 되었다.

포덕 160년(2019) 3월 12일 제20차 여성회 전국대의원총회에서 제41대 박차귀 회장이 선출됐다.

박차귀(朴次貴, 貞信堂) 제41대 천도교여성회 회장은 포덕 89년(1948) 1월 7일 부산 동구 초량동에서 태어나, 부산시교구학생회와 청년회 유소년부장 등의 활동을 하였으며, 교역자강도회(1967, 여성 지도자 교육(1969)을 수료하고 부산시교구 여성회에서 여러 직책을 거쳐 회장까지 역임하였다. 청년회 주최 웅변대회 최우수상, 여성회 모의설교대회 최우수상 등을 수상하고, 부산여성연합회 회장, 부산여성연합 합창단 단장(창단, 2003), 경상도연원회 여성연합회 창설 및 회장 역임(15년) 동원포 선도사, 종의원(4회), 여성회본부 감사, 중앙상임위원, 본부 부회장을 거쳐 포덕 160년(2019)에 회장에 선출되었다. 현재 총부 종무위원, 부산시교구장을 맡고 있다. 이후 부산시교구 교구장과 KCRP 여성분과 위원장, 민족종교협의회 여성회장장, 한국사회평화협의회 이사(천도교), 한국여성단체협의회 상임기획위원장, 포덕 164년(2023) 여성가족부 장관상을 수상하였다.

박차귀 회장은 사상 처음으로 지방에 거주하며 여성회본부 회장으로 선출되었다. 박차귀 회장은 부산에서 대외적으로 천도교를 알리며 부산, 경상도 여성회원들의 화합과 여성 지도자 양성을 위해 적극적으로 활동해 온 경험을 살려 천도교여성회를 위해 봉사하고 싶어서 회장에 출마하였다고 밝혔다. 지역의 관점을 반영하여 자아완성과 신앙심 회복을 위한 수련에 매진하여 새로운 바람을 불러일으키는 것도 여성회에 도움이 되리라는 생각도 있었다고 했다. 실무진 구성에 난관이 있었지만 젊은 여성들을 발탁하고자 애를 썼다. 취임사에서 본부-지부 임원 워크숍을 통해 여성 지도자로서 자존감을 높이고, 총부와 협의해서 동·하계 수련에 교인 모두 참여할 수 있는 환경 조성, 지부 단합과 활성화, 총부와 연계한 신규 사업 추진 등을 주요 과제로 제시했다.

포덕 160년(2019) 4월 1일 공식 임기를 시작한 제41기 여성회는 사적지 답사, 제1, 2차 방정환학교, 워크숍, 동·하계수련회, 신호교구 방문, 목요강좌, 주말수련, "답게 살겠습니다" 운동 등으로 의욕적인 활동을 전개해 나갔다. 이 해 하계수련(봉황각)에는 200여 명이 참여했고, 어린이 수련캠프도 성공적으로 마무리됐다. 박차귀 회장은 봉황각 하계수련회의 성공을 위해 사전 답사를 실시하고, 미비한 시설(에어컨 등)에 대한 보완을 진행하는 등 만반의 준비를 한 끝에 모처럼 성대한 수련회가 되도록 하였다. 어린이 수련은 포덕 161년(2020) 동계수련에도 계속됐다. 포덕 161년(2020)은 "여성 지도자 교육과 신앙심 강화의 해"로 삼고 의욕적으로 출발하면서 여성 지도자 자질 향상과 제도 개선, 사회활동을 통한 포덕 교화의 장을 마련하는 데 중점을 두고자 했다. 젊은 여성 인재 발굴과 양성을 위해 젊은 여성들을 위한 워크숍을 개최하고, 그들이 주체가 되어 시대와 짝하여 나아가는 여성회를 만들 수 있도록 노력해 나갔다. 또 각종 사회 활동 적극 참여와, 육아와 보육 지원 체계를 위한 아동보호시설 및 유아원 설립 운영을 교단에 건의키로 했다. 청년회와 연계하여 유소년 지도 사업을 시행하고 젊은 엄마와 어린이의 수련 참가환경을 조성해서, 신앙생활에 동기를 부여한다는 계획도 수립하였다.

포덕 161년(2020) 1월부터 본격화된 코로나19 팬데믹으로 대면 활동이 얼어붙은 가운데 여성회의 사업은 거의 대부분이 비대면으로 시행되거나 취소될 수밖에 없었다. 제96주년 창립기념식(2020.3.25)이 사상 초유의 비대면(일부만 대면) 방식으로 진행되었고, 여성회의 주요 프로그램(주말수련, 목요강좌 등)이 취소됐으며, 하계수련도 재가수련 방식으로 전환되었다. 포덕 162년(2021) 1월부터 포덕 163년(2022) 3월 중순까지 온라인 수련방을 통해 49일 기도가 6차까지 진행하였다. 코로나19가 완화되면 묻어두었던 사업 재개와 활성화를 기하려 했으나 코로나19가 종식된 것은 그로부터 1년 후였다. 박차귀 회장은 "엄중하고 암울하여 불안한 시기라 봉사단체를 구성하지 못한 점이 못내 아쉬웠다"고 말했다. 그나마 온라인 수련을 시작으로 불씨를 지펴 온라인 수련이 지금까지 이어지고 있는 것에 대해서는 자랑스럽게 생각한다고 덧붙였다.

온라인 특별수련은 포덕 162년(2021) 1월 1일 비대면 동계수련이 실시된 이후 포덕 163년(2022) 3월 14일까지 434일간 지속되었고, 이는 지금까지도 아침-저녁 수련 방식으로 이어지고 있다. 박차귀 회장은 임기 내의 온라인 수련을 총평하며 함께해 주신 분들에게 감사의 큰절을 올린다고 밝히고, 이 정성의 과정이 천도교여성회 역사에 길이 남을 것이라고 평가했다. 또 이는 "수고하면 얻는 것이 있고 안일하면 이루는 것이 없으니 수고하고 경계하라"는 스승님 말씀을 가슴에 새기고 걸어온 길이라면서 앞으로도 정성을 계속하여 참된 신앙생활을 영위하기를 당부하였다. 끝으로 온라인 수련을 주관한 김미정 교화부장과 임남희 포덕부장을 비롯한 참여회원 모두에게 감사와 박수를 보낸다고 밝히며 '사랑한다'는 말로 인사를 대신한다고 끝맺었다.

"답게 살겠습니다" 운동도 지속적으로 전개하였다. "답게 살겠습니다" 운동은 이웃종교 상호 간의 경청과 이해, 화합을 바탕으로 우리 사회에 새로운 변혁

포덕 161년 제1차 중앙위원회 참석자 (포덕 161년 2월 13일, 총부 회의실)

의 기운을 불러일으키고자 하는 취지에서 시작된 운동이다. 여성회는 포덕 160년(2019) 9월 22일 90여 명이 참석한 여성 지도자 워크숍에서 '다짐' 릴레이 캠페인 발대식을 가진 것을 시작으로 매월 1회 이상 중요 프로그램을 진행했다.

포덕 160년(2010) 11월 15일부터 3일간 박차귀 여성회장 등 임원 13명은 일본 신호교구를 방문하여 시일식을 함께 봉행하고, 교구 현황을 파악하는 한편 '여성회 신호지부 결성'의 의지를 재확인하였다. 이러한 노력에 힘입어 포덕 161년(2020) 초, 일본 신호교구에 여성회 지부가 결성되었다. 이는 해방 이후 역대 회장과 회원들이 지속적으로 관심을 기울여 온 역사에 더하여 이홍자 회장 등이 포덕 157년(2016)에 지부 결성을 타진하기 위하여 순회한 바 있고, 포덕 160년(2019) 11월 사흘간의 방문을 통해 지부 결성의 마지막 징검돌을 놓고 최종적으로 결실을 본 것이다. 신호교구 또한 여성들이 다수를 차지하여 교구 유지의 주축을 이루고 있었다. 신호교구는 이 해(2020) 11월에는 여성들이 중심이 되어 코로나19 극복을 위한 1박 2일간의 수련회를 개최하였다. 또 포덕 164년(2023) 11월 14일부터 5일간, 신호교구 교구장과 여성회원 등이 한국을 방문하여 박징재 회장과 총부 임직원 등이 공항에서 환영하여 맞이하였다. 신호교구 교인들은 봉황각 탐방과 의암성사 묘소 참례, 후 여성회본부 임원들의 환대 속에 서울 일정을 진행하고 귀국하였다.

포덕 161년(2020) 2월 13일 중앙총부 회의실에서 제1차 중앙위원회가 개최

코로나19로 대사회 활동이 어려운 상황에서 여성회는 화상 실무회의를 개최하였다.(포덕 161년 12월 17일)

됐다. 재적 49명 중 33명이 참석한 가운데 감사보고 후 포덕 160년도 사업 및 결산 보고, 포덕 161년도 사업계획 및 예산안을 심의 의결하고, 특히 여성회 창립 100주년 기념사업추진단 결성에 대해서 논의하였다.

포덕 161년(2020) 12월 17일 화상으로 실무회의를 연 것을 시작으로 온라인 회의를 활성화해 나갔다. 온라인 방식의 도입은 대면 회의의 많은 장점을 포기하는 일이었지만, 반대로 시간과 장소의 한계를 극복하는 뜻밖의 효과도 없지 않았다. 온라인 회의의 활성화로 프랑스에 거주 중인 임남희 포덕부장은 이후 적극적으로 여성회 활동에 참여하게 되었다. 이 해에는 거의 모든 사업과 회의가 비대면(온라인) 방식으로 진행되었다.

포덕 162년(2021)은 "여성회원의 위상을 높이는 해"로 정하였다. 특히 여성회 창립 100주년(2024)이 결정적인 분기점이 되도록 만반의 준비를 진행하기로 했다. 또한 '코로나 시대'에 직면하여 여성회원들이 스승님의 가르침을 실천하여 '나를 구하고 가정을 구하고 교단을 구하고 나아가 국가와 세상을 구하는' 주역이 되자고 다짐하였다. 이 해에는 거의 모든 사업과 회의의 온라인화가 이어졌다. 단톡방을 통한 온라인 49일 수련이 회차를 거듭하며 지속되었고 동·하계수련도 비대면 방식으로 새벽수련과 저녁수련을 통해 진행되었다.

포덕 162년(2021) 2월 25일, 재적 인원 49명 중 33명이 거리 두기 방침을 준수하며 참석한 가운데 제2차 여성회 중앙위원회가 중앙대교당에서 개최됐다.

포덕 163년 제3차 중앙위원회 참석자
(포덕 163년 2월 17일, 중앙대교당)

감사보고에 이어 의안 상정된 포덕 161년도 사업 및 결산 보고, 포덕 162년도 사업 계획 및 예산안을 심의 의결하였고, 기타 안건으로 창립 97주년 기념식 계획, 창립 100주년 기념사업추진단 구성, 회보 성금, 여성회관 건립 성금모금, 불우이웃 돕기 사업 건을 논의했다.

포덕 163년(2022) 2월 17일, 제3차 여성회 중앙위원회가 중앙대교당에서 개최됐다. 포덕 162년 사업결과 및 결산안, 포덕 163년 사업계획 및 예산안 등을 심의 의결하고, 규약·규정 개정안을 의결하여 총회에 상정키로 했다. 규약 개정안은 제1장 총칙 4조, 제5장 본부 제22조, 제6장 지부, 제5장 임원 자격과 직능 등 조항의 개정안을 포덕 163년(2022) 3월 25일 개최된 제21차 전국대의원 총회에서 의결했다.

그 밖에 코로나19로 말미암은 상황 개선에 이바지하고자 헌혈운동, 평화음악회 등도 추진하였으며(봉사활동, 교육사업 편 등 참조), 독도수호대회 등의 대외 연대 활동과 사회활동에도 적극 동참하였다.(연대사업 및 사회활동 편 참조)

박차귀 회장은 임기를 마치면서 "함께하는 여성회, 하나 되는 여성회, 실력을 갖춘 당당한 여성회를 만들어 구녀일남의 시대를 앞당기고자 '죽으면 죽으리라'는 심정으로 일했다"고 밝히고, 코로나19가 도래하지 않았던 포덕 160년(2019) 하계수련을 성황리에 마친 것, 여성 지도자 워크숍 운영, 신호지부 결성, 코로나19 시대에 발 빠른 대응(마스크 보급과 비대면 수련 일상화), 청수상 제작 보급 등을 주요 성과로 꼽았다. 또한 여성회의 숙원사업이던 신호지부 결성을 완료한 것도 중요한 성과로 회고했다. 어려운 시대 환경 속에서 집행부를 믿고 정성을 다해 참여하고 서로 격려하며 지나온 전국의 여성회원들께 송구한 마음과 감사한 마음을 표하고, 코로나19로 말미암아 여성회 봉사단을 재구성하지 못한 것을 비롯하여 더 많은 사업을 진행하지 못한 아쉬움이 크지만, '가야 할 때를 알고 물러나 뒷모습이 아름다운, 지혜로운 모습'으로 남고 싶다면서 협조해준 실무진과 가족들에게도 고마움의 뜻을 밝혔다.

❷ 박징재 회장 취임과 조직사업

포덕 163년(2022) 3월 25일 중앙대교당에서 제21차 여성회 전국대의원총회가 열려 박징재 부회장이 만장일치로 42대 회장에 추대되었다.

박징재(朴澄在, 誠守堂) 회장은 포덕 91년(1950) 4월 20일 경북 상주군 출신으로, 포덕 133년 성수당 도호를 받았다. 오랫동안 중앙대교당 시일식 경전봉독(2000~2019)을 하였고, 종학대학원을 수료하였으며, 서울교구여성회 회장, 본부 부회장, 서울교구 감사(2회), 법원포 선도사, 한울연대 활동 등을 해 오던 중 포덕 163년(2022) 제42대 여성회본부 회장으로 선출되었다.

이정희 교령 선출 이후 이 기간까지 중앙총부는 주요 기관장에 대한 징계, 이 중 일부에 관련된 소송 등으로 말미암아 교단 분위기는 어수선하였다. 이런 가운데서도 여성회는 온라인 수련을 계속해 나가며 지부 현황 파악, 복호동수도원 임대운영, 청수상 제작, 교육복지관 활용 방안 모색 등의 현안을 계속해서 논의하고 처리해 나갔다. 포덕 162년(2021) 12월 24일은 중앙대교당 건립 100주년이 되는 날로, 이날 100주년 기념비와 타임캡슐 매설이 진행되었다. 기념비에는 이곳에서 천도교여성운동이 전개되었다는 점을 명기하였으며, 타임캡슐에는 여성회의 실물자료 4종(97주년 창립기념식 자료집, 천도교여성회70년사, 여성회보(167호), 여성 지도자워크숍 자료집)과 4종의 디지털 자료(여성회보, 각종 회의자료, 97주년 창립기념식 자료(ppt, 동영상), 온라인수련참가자 명단)가 함께 소장되었다. 포덕 163년(2022) 3월 17일, 제40차 정기전국대의원대회에서는 박상종 교령이

제21차 천도교 여성회 전국대의원총회 (포덕 163년 3월 25일, 중앙대교당)

선출되었다.

제42기 여성회 임원진은 여성회 창립 100주년을 준비해야 하는 막중한 책임과 임무를 안고 출범했다. 포덕 163년(2022)의 연간목표는 '여성 지도자 준비와 신앙심 회복을 위한 해'(박차귀 회장)로 시작하였다. 박징재 회장은 취임사에서 코로나19 이전의 일상을 회복할 수 있도록, 지부순회활동을 재개하고 하반기에는 목요강좌도 개최할 계획을 밝혔다. 이와 함께 가급적 소장의 여성들로 실무진을 꾸리기 위해 애를 썼다. 포덕 163년(2022) 2분기에 접어들며 방역조치가 점차 완화되어 코로나19 종식에 대한 기대와 더불어 여성회 현장 활동 재개의 기대도 높아졌다. 포덕 163년(2022) 5월 20일, 제1차 상임위원회에서 회장 이취임식(박차귀 - 박징재)과 실무진 임명장 수여식을 거행하면서, 여성회창립100주년 기념사업추진단 구성과 100년사 발행 준비의 첫발을 내디뎠다.

7월 1일에는 주말수련을 재개하여 이 해 10월 28일까지 연인원 226명이 참가하였고, 2,865,000원의 성금을 모금하였다. 하계수련은 8월 1일부터 7일까지 '경천(敬天) 경인(敬人) 경물(敬物)'을 주제로 비대면(단체 카톡방) 재가수련으로 진행했다.

포덕 163년(2022) 10월 9일 총부 회의실(907호)에서 제1차 100주년 기념사업

포덕 163년 제1차 상임위원회 참석자 (포덕 163년 5월 20일, 총부 회의실)

추진위원회를 개최했다. '천도교여성회100년사' 편찬준비위원장에 지정해 동덕을 임명하였으며, 사진, 여성회보, 천도교월보, 신인간, 외부 신문 등 관련 자료를 먼저 정리하기로 했다. 또 창립 100주년 행사는 실무진이 중심이 되어 별도로 준비하고, 학술적인 뒷받침을 위해 포덕 164년(2023) 두 차례 세미나를 열기로 했다. 추진위원회는 11월 13일 제2차 회의를 열고 100주년 기념 학술 세미나를 전담할 김춘성 교수와 100년사 집필을 전담할 노은정(서울교구 사회문화부장)이 함께 기획에 참여했다. 김춘성 교수는 기념 세미나를 여성 발표자 중심으로 꾸리는 것 등을 포함한 주요 방향에 대한 구상을 밝혔다. 100년사 편찬위원회 총무(역대 회장단 실무위원) 교화부장 들이 자료 수집과 정리를 돕기로 했으며, 감수와 출판위원도 선정했다.

포덕 164년(2023)은 '또 다른 100년을 준비하며'라는 기치 아래 출발하였다. 2월 22일 여성회 제1차 중앙위원회가 개최됐다. 이 회의에서 올해부터 여성회 창립 100주년 기념사업을 본격적으로 준비하고 시행하며, 대면수련 재개를 위해 최선의 방안을 강구해 나가기로 했다. 또 여성회 창립 100주년 기념사업추진위원회(명단)와 가칭 '천도교여성회100년사 출판위원회' 명단이 보고되었다. 박징재 회장은 인사말에서 "뜻밖에도 회장에 선출되었으나, 고문님들과 중앙위원, 임원들의 도움으로 중요한 사업들을 성실히 추진해 나가고 있습니다. 특히 창립 100주년을 맞이하면서 역대 여성회장님과 여성회 선열들의 거룩한 뜻이 밝게 빛나도록 하는 데 정성을 다하고자 합니다. 많은 분들이 도움을 주고 계셔서, 힘들지만 하루하루를 즐겁게 지내려고 노력하면서 여성회 발전과 교단중흥 그리고 포덕광제를 위해 고심하고 있습니다."라고 밝혔다.

제2절 전환기 수도연성과 교육사업

포덕 161년(2020) 이후 시기는 코로나19 팬데믹과 맞물리면서 정기적인 동·하계 등의 수련 프로그램을 제대로 운영할 수 없었다. 그런 가운데서도, '온라인 수련회' 방식을 통한 수도연성의 기풍을 새롭게 만들어 갔다. 여기에서는 일자별로 전환기의 수도연성과 교육사업을 통합하여 소개한다.

포덕 160년(2019) 6월 22일과 6월 29일, 10월 5일 3회에 걸쳐, 3·1운동100주년기념사업추진위원회와 여성회본부가 공동으로 주관(총부 주최)하고 문화체육관광부가 후원하는 3·1운동 유적지 답사가 시행됐다. 6월 22일에는 박광일 강사의 안내로 강원도 지역 3·1운동 유적지를 답사했다. 6월 29일에는 정진화 강사의 안내로 서울 지역 3·1운동 유적지를 답사했다. 하반기인 10월 5일에는 영산, 밀양 지역 3·1운동 유적지를 답사했다.

포덕 160년(2019) 6월 2일, 여성회본부가 주관하고 문화체육관광부가 후원(총부 주최)하는 제1차 방정환학교 문화탐방 행사가 실시됐다. 방정환학교는 어린이와 청소년들의 인성교육 차원에서 소파 방정환 선생이 늘 강조했던 어린이들의 꿈과 희망을 응원하는 체험 프로그램을 만들어 낙안회에서 진행하였다. 포덕 160년(2019)에는 6월과 8월, 10월에 각각 1회 실시했다. 6월 2일에는 첫 행사로 "방정환을 찾아 전주로 떠나는 문화탐방"이라는 주제로 31명의 어린이가 참가해 전주향교와 동학혁명기념관, 전주한옥마을, 경기전, 전동성당 등을 답사했다. 10월 3일에는 "방정환을 찾아 떠나는 문화교실"이라는 주제로 인사동과 어린이운동 발상지, 홍인지문, 낙산성 답사, 연극공연 관람, 놀이마당 등으로 진행했다. 그 밖에 8월 11~12일 이틀간 새터민 학생들을 대상으로

3·1운동100주년기념사업추진위원회와 여성회가 공동으로 주관한 3·1운동 유적지 답사가 시행됐다.(포덕 160년 10월 5일, 영산, 밀양 지역)

하는 한울학교를 진행하였다.

포덕 160년(2019)에는 5월 16일부터 6월 20일까지, 여성회가 교육사업의 일환으로 시행하는 상반기 목요교리강좌가 매주 목요일 오후 2시부터 2시간 동안 총부 회의실에서 진행됐다. 주제와 강사는 다음과 같다. 여성과 신앙생활(김춘성 종무원장), 무극대도 이야기(김혁태 상주선도사), 천도교 여성사(이창번 도서관장), 민족종교와 여성(이찬구 박사). 이어 하반기 강좌로 10월 24일부터 11월 14일까지 3대 기념과 오관제도 그리고 춘원 이광수와 동학의 만남(김응조 선도사), 내칙과 거듭남(라명재 송탄교구장), 답게 살기(김혁태 선도사), 1920년대 문화운동과 천도교의 활동(성주현 교수)으로 진행됐다.

포덕 160년(2019) 9월 21일, 22일 이틀간 전국의 천도교여성회 지부 임원과 회원 등 80여 명이 참가한 가운데 여성회 위상 찾기와 동귀일체를 목적으로 하는 여성 지도자 워크숍을 부산 해운대 유스호스텔 등에서 개최하였다. 전국에서 80여 명의 회원이 참석한 가운데 첫날에는 박차귀 회장이 '천도교여성회의 발자취와 미래'라는 주제로 강의하였으며, 이어서 '천도교여성회의 비전과 나아갈 길을 찾다'라는 주제로 원탁회의가 진행됐다. 제1 토론은 여성회원으로서 과거, 현재 그리고 미래의 나와 천도교는 어떤 모습일지 토론하였으며, 제2 토론은 여성회의 발전을 위한 주제를 다시 선정하여 토론하고, 그 결과물을 원탁별로 실천하는 방법을 연구 발표하였다. 이튿날에는 종학대학원 임형

위: 포덕 160년 천도교여성회 여성 지도자 워크숍(포덕 160년 9월 21일, 해운대 유스호스텔)

왼쪽: 포덕 160년 여성회 여성 지도자 워크숍에 참가한 여성회원들(포덕 160년 9월 21일)

포덕 160년 여성회 하계수련 참석자(포덕 160년 7월 3일부터 일주일간, 의창수도원)

진 원장이 '화성의숙과 천도교'라는 주제로 특강을 했으며, 시일식 봉행 후에는 유엔기념공원과 일제강점기동원역사관을 탐방했다.

포덕 160년(2019) 하계수련은 7월 30일부터 일주일간 의창수도원에서 40여 개 지부 170여 명, 어린이 36명 등 모두 200여 명이 참가한 가운데 '모시고 새롭게 - 신앙심 회복'을 주제로 실시하였다. 엄청난 폭염 속에 진행되는 수련회를 위해 실무진들은 수도원 환경을 개선하고(벽 페인트칠, 바닥 교체, 냉장고 구입, 제습기 비치, 에어컨 설치) 수련생들을 맞이하였다. 총부 교역자의 강의 외에 이광호 숲 해설가의 숲 해설 강의도 진행되었다. 특히 수련 기간 중 일본 아베 정권의 경제 보복 조치에 대해 '일본제품불매 궐기대회'를 진행하였다. 또 몇 해 동안 중단되었던 어린이 하계수련을 부활하여 마음 열기, 염주 만들기, 오카리나 배우기, 스승님들의 영상과 이야기 나누기, 아이스링크장에서 스케이트 타기, 숲길 명상, 계곡에서 물놀이, 나도 셰프 요리하기, 과학과 놀기 프로젝트인 오조봇 놀이와 드론 날리기 그리고 건강한 바른 몸을 위한 몸살림 체조와 마음 수련을 진행하여 건강하고 마음이 풍성해지는 시간이 되었다. 이 해 9월 21일부터 22일까지 1박 2일간 여성회와 인내천운동연합 공동행사로 천도교여성회 여성 지도자 워크숍이 부산 해운대 유스호스텔에서 개최됐다. 이 행사에서

포덕 161년 동계수련에 참석한 회원 및 교인(포덕 161년 1월 3일부터 일주일간, 용담수도원)

는 '천도교여성회 발자취와 미래'(박차귀) 강의와 '천도교여성회의 비전과 나아갈 길을 찾다' 원탁토론회 등의 프로그램이 진행됐다.

포덕 161년(2020) 동계수련은 1월 3일부터 일주일간 용담수도원에서 "정성으로 수련하여 신앙심을 회복하자"라는 주제로 35개 지부 150여 명이 참석하여 진행되었다. 주문의 뜻, 천도교여성운동, 시일 규범 및 의절, 영부에 관하여, 포덕 방안, 주문에 관하여, 교단중흥 방안 등의 강의와 '행복 추구'에 대한 송범두 교령의 특강이 있었다. 이 동계수련에서 최초로 어린이 동계수련도 함께 진행되었다. 수련프로그램 외에 10명 남짓한 참가 인원이 자발적으로 용담정에서의 수련, 경전암송 등으로 진행하고, 교인의 배려로 포항제철소 탐방, 경주박물관 등 경주 유적지 나들이도 함께하였다.

포덕 160년(2019) 12월 30일 시작되어 포덕 161년(2020) 들어서면서 팬데믹(세계적 대유행)으로 비화한 코로나19 바이러스 감염증으로 전 세계인의 삶의 방식은 일거에 대전환기에 접어들었다. 이러한 시대 전환은 종교인의 신앙 행태까지도 변화를 일으켰으며, 천도교도 예외가 아니었다. 천도교여성회는 변화한 시대 환경 속에서도, 수도연성의 힘으로 이를 이겨나가기 위해 '온라인 수련'을 채택하고 새로운 수련방법론으로 승화시켜 나갔다. 온라인 수련은 '비대면 합동수련'이라는 면에서 한계가 뚜렷했지만, 다른 한편으로 장소와 시간의 장애를 극복하게 하는 장점도 분명히 갖고 있었다. 여성회는 비대면 온라인 수련(단체 카톡방-단톡방, 화상 등)의 장점을 극대화하는 방향으로 지속적인 수련회를 이어나갔다. 이를 통해 시련에 봉착한 인간의 삶을 개벽하는 대전환을 선도하고, 코로나 이후를 모색하는 지혜와 힘을 기르고자 한 것이다. 온라인 수련은 한마디로 '정성에 또 정성을 더하여 가열차게' 진행되었다.

포덕 162년부터 비대면 온라인 수련이 본격화되었다. 1월 1일부터 일주일간 총부 수련 일정에 맞춰 "한울마음으로 정신을 개벽하자"는 주제로 여성회 수련도 시작하였다. 온라인 단체방에 200여 명의 회원들이 들어와서 새벽기도식 전 코로나19를 극복하기 위한 신사주문을 게시한 다음, 5시 새벽기도식 후 6시까지 묵송과 현송으로 수련하고, 저녁수련과 기도식은 8시부터 9시 전까지 각자 수련한 후 저녁 9시 기도식을 함께 봉행하였다. 비대면 수련의 호응에 힘입어 이후 21일, 49일, 105일을 계속해 갔다.

이 해 하계수련은 7월 6일부터 일주일간 '정심수도(正心修道)'를 주제로 270여 명의 회원들이 단체방을 통해 오전, 오후로 진행하고, 오전 11시와 오후 2시 강의시간에는 영상 강의로 '4대 스승님', '천도교대교당', '봉황각', '동경대전과 용담유사 경전 이야기', '주문과 강시', '동학의 인내천사상과 다시 개벽의

포덕 162년 1월부터 163년 3월까지 434일간 이어진 온라인 동계수련 단체 채팅방과 온라인 동계수련 화면

신문명론' 등을 시청했다. 하계수련 후에는 49일 수련을 계속하였다.

포덕 163년(2022) 동계수련은 1월 1일부터 일주일간 "올바른 주문수행으로 성품을 깨닫자"라는 주제로 250여 명이 참가하여 비대면 방식으로 진행했다. 새벽기도식과 오전 수련, 오전 강의(영상; '시천주'-설교, '포덕문', '동학과 후천개벽', '동학과 과학')가 진행되었다. 포덕 162년 1월 1일부터 시작된 비대면 온라인 수련은 포덕 163년(2022) 3월 14일까지 200~300여 명의 여성회원들의 지극한 정성들이 모여 434일간 이어져 올 수 있었다. 1월 26일에는 대신사의 부인 박씨 사모님 제148주기를 맞아 전국 여성회원이 재가 기도식을 봉행하였다.

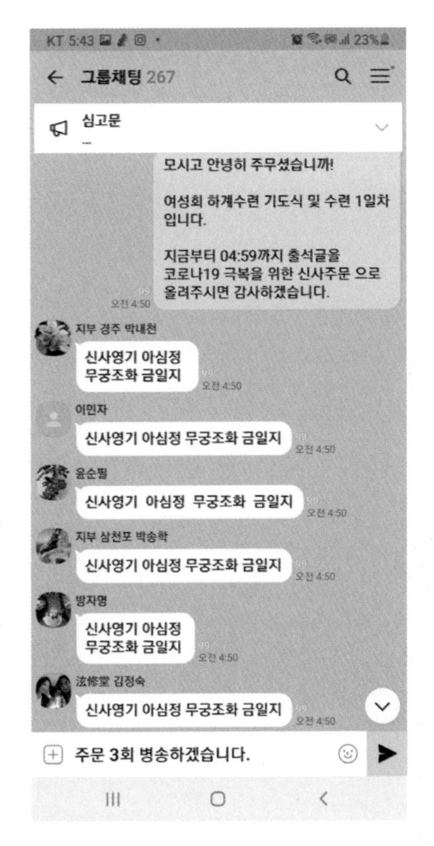

포덕 163년 온라인 하계수련 단체 카카오톡 수련방 화면

포덕 163년(2022) 8월 1일부터 7일간, '경천 경인 경물'을 주제로 여성회 하계수련을 여성회 단체 카카오톡 수련방에서 재가수련으로 진행했다. 여성회는 코로나19로 인한 사회적 거리 두기 방역지침을 지키면서 전임 집행부에서 행한 온라인 수련을 계속 이어갔다. 이 해 수련은 특별히 코로나19 사태나 기상이변으로 드러난 자연에 대한 인간의 불경(不敬)을 되짚어보고 경각심을 갖자는 의미에서 '경천 경인 경물'을 주제로 정했다. 하계수련 기간에는 오문환 교수와 김혁태 선도사의 온라인 특강이 마련됐다. 강의는 사전에 녹화하여 수련 기간 중 하루 한 차례 15분가량 카카오톡 수련방에 올려 수련 집중도를 높였다. 온라인 수련은 일상생활을 하면서 새벽 5시 기도식 후 6시까지, 저녁 8시부터 9시 기도식으로 마무리하기까지 하루 두 차례 시행했다. 수련 기간 중 수련방에 초대된 250여 명 가운데 150여 명이 댓글로 수련에 참여하고 있음을 알렸다. 수련 마지막 날에는 참가자들의 수련 소감이 단체 수련방에 올라왔으며, 많은 성금이 모였다.

천도교 여성 지도자 워크숍 참석자들(포덕 163년 10월 13일~14일, 경기도 파주)

포덕 163년(2022) 10월 13일부터 14일에는 1박 2일간 서울 인근지부장 및 회원들이 참석한 가운데 경기도 파주에서 여성 지도자 워크숍을 개최했다. 이 행사는 창립 100주년을 앞두고 여성회가 지나온 100년을 돌아보고 이후 100년을 헤아려 보자는 뜻에서 '다시 시작하는 천도교여성회 100년'을 주제로 정하여 진행했다. 참가자들은 임진강, 평화누리공원, 프로방스마을 등 파주 일대의 관광지를 둘러본 후 숙소로 돌아와 6개 조로 나누어 토의에 임했다. 세부 토의 주제는 '카톡 수련방 내실화 방안', '여성회 친교를 위한 나눔 마당', '천도교여성회 모범 사례'였다. '카톡 수련방 내실화 방안'을 주제로 토의한 1, 2조에서는 수련 체험담을 소통방에 올려 소통방 활성화의 계기로 삼자, 모범 심고문을 수집해 소통방에 올리자, 교회 활동에 흥미를 느끼는 젊은이들만의 친교방을 따로 만들도록 독려하자 등의 의견이 제시됐다. 또 '여성회 친교를 위한 나눔 마당'을 주제로 토의한 3, 4조에서는 각 지부 간, 지부장 간 교류의 필요성이 역설되었고, 휴면 교인을 발굴하여 독려하기, 각 지부가 잘하는 특정 품목을 정해 바자회 개최 등의 의견을 도출했다. 5, 6조는 '천도교여성회 모범 사례'를 주제로 토의에 나섰는데, 조원들 스스로 각기 한 가지씩은 본인이 모범 사례자라고 밝혔다. 여성회는 워크숍에서 토의한 내용을 실무에 적극 반영

여성회 창립 100주년 기념사업 중 하나로 열린, 미국 유니온신학대학원 현경 교수 초청 강연회(포덕 164년 4월 22일, 중앙대교당)

하기로 했다. 이 워크숍은 지원예산의 제한적인 조건으로 대전을 포함한 서울 인근 지역을 대상으로 실시하고 포덕 164년(2023)에는 부산 인근 지역을 대상으로, 포덕 165년(2024)에는 전국적으로 시행하기로 방침을 정했다.

포덕 163년(2022) 10월 20일부터 4주간 여성 지도자 교육사업의 일환으로 시행하는 목요강좌가 오후 2시부터 4시까지 총부 회의실(907호)에서 진행됐다. 코로나19 사회적 거리 두기를 계기로 비대면 화상 회의, 화상 강의의 경험이 쌓이게 되면서 여성회는 이번 강의에서 처음으로 '줌(Zoom)'을 통한 화상 강의로 진행했다.

포덕 164년(2023) 1월 1일부터 중앙총부 주최 포덕 164년 동계수련(1.1-2.18)이 전국적으로 실시된 가운데 여성회는 7일간의 재가수련을 실시하였다. 1월 29일 박씨 사모님 제149주기 환원 기도식을 재가기도식으로 봉행하였다.

포덕 164년(2023) 4월 7일부터 포덕 165년(2024) 3월 22일까지 천도교여성회 창립 100주년 맞이 전국 여성교리강습회를 매월 2회, 3시간씩 24회에 걸쳐 실시하였다. 강의는 김혁태 전 상주선도사가 맡아서 신앙체계(개요), 동경대전(玄義), 용담유사(精義), 수도요결(理解), 기본정리(요약) 등으로 진행하였다. 이 강의는 김혁태 선도사가 제안하고, 자원봉사로 진행하여 매회 10여 명의 회원이 참석한 가운데 열띤 분위기 속에서 진행되었다. 이어 4월 22일 중앙대교당에서 창립 제100년 기념 초청강연회 '천도교여성회 100년, 다시 개벽'을 주제로

"동학, 천도교와의 만남/동학의 선물/100년의 역사를 가진 여성들의 개벽"이라는 내용으로 미국 뉴욕 유니온신학대학원 현경(玄鏡) 교수를 초빙하여 진행하였다.

제3절 주말수련, 수련의 생활화

주말수련은 포덕 142년(2001) 취임한 고윤지 회장이 오랫동안 고심해 온 수련 생활화의 최선의 방안으로 기획된 것이다. 이는 또 성지인 봉황각이 인적이 없이 쓸쓸히 교인들의 발길을 기다리며 퇴락해 가는 것을 안타깝게 생각하여, 봉황각에 활기를 불어넣기 위한 방안이기도 했다. 무엇보다 봉황각은 '천도교인의 수련'을 위해 건립되었고, 이곳에서 7차에 걸쳐 진행된 49일 수련이 3·1운동의 정신적 동력이 되었던 것을 생각하면, 봉황각에 사람의 발길이 끊이지 않도록 하는 것은 시급한 과제로 다가왔다. 또한 도심 인근의 수도장이라는 이점을 살려 나가는 것도 중요한 과제의 하나였다.

포덕 142년(2001) 7월 7일 의창수도원 강의실에서 서울 인근 16개 지부 60명의 회원들이 모인 가운데 개강식이 진행되었다. 수련생들은 의암성사 묘소 앞에서 주말수련을 시작하는 뜻을 봉고하였다. 이어 진행된 주말수련은 박남성 의창수도원장(당시)의 수련지도와 강의로 진행되었고 여성회원만이 아니라 부부 동반 또는 가족 단위의 참석도 적극 권장하고 있다. 또 수련 외에 강의, 수련 체조(국선도) 등 다양한 프로그램도 준비해 나가기로 했다.

여성회 주말수련은 이후 20여 년 동안 천도교여성회의 강력한 기운의 원천이 되어 왔다. 코로나19로 인한 사회적 거리 두기로 말미암아 포덕 161년과 포덕 162년에 주말수련이 원활하게 진행되지 못한 때를 제외하고 오늘날까지, 역대 회장 및 임원진 모두가 정성과 공경을 다하여, 그리고 사력을 다하여 주말수련을 이어오고 있으며, 천도교여성회를 지탱하고, 서울 인근교구 교인들이 애용하는 핵심 수련 프로그램으로 자리매김했다.

주말수련은 참여 연인원 1만 명을 기록하면서 코로나19 이전의 전성기를 향하여 기운을 회복해 나가고 있다.

주말수련은 포덕 144년[2003] 12월 26일로 105회차를 맞이하였다. 이때까지 39개 지부, 연인원 1,356명이 참가한 것으로 집계되었다.(고윤지 회장 1차 임기 총 111차) 포덕 148년(2007) 고윤지 회장의 2차 임기를 종료하는 시점에 주말수련은 총 220회차, 참여 연인원은 3천여 명에 달했다. 주말수련 담당을 맡아 온 박태량 포덕부장은 경과보고를 마치고 눈물을 쏟았다. 그뿐만 아니라 참석자 모두가 감동과 감사의 눈물을 함께 흘렸다.

주말수련은 그 이후 김영숙, 이순종, 이홍자, 박차귀, 박징재 회장으로 이어오며 오늘날까지 계속되고 있다. 특히 포덕 147년(2006) 천도교여성교육복지관이 개관한 이후에는 이곳을 근거지로 삼아 더욱 열성적으로 주말수련을 이어갔다. 주말수련은 이후 해를 거듭하면서 순수한 수련 이외에 각종 교육 프로그램과 교양강좌를 도입하는 등의 다각화를 도모하였다. 교인 숫자가 늘기는커녕 줄어드는 시대 상황 속에서 참석 인원이 줄어드는 등의 위기 상황도 있었고, 또 총부의 49일 수련, 동·하계 합동수련 참여 등으로 휴식 기간을 갖기도 하였으며, 코로나19 팬데믹 기간 중 부득이하게 주말수련이 중단(재가수련으로 대체)된 해도 있었으나, 여성회원들의 마음은 언제나 주말수련의 장인 봉황각(이후 여성회교육기념관)으로 향하고 있었다.

포덕 163년(2022) 7월 1일에는 코로나19로 2년 넘게 중단되었던 주말수련을 재개하였다. 오랜만의 주말수련 개강을 앞두고 박징재 회장과 고윤지 고문을 비롯한 여성회 임원들은 하루종일 대청소를 실시하며 수련생들을 맞을 준비를 하였고, 오후 7시에 개회식을 봉행했다. 이후 다음 날까지 오랫동안 고요했던 여성교육복지관에 새롭게 기운을 불어넣자는 충심으로 집중적인 주문수련을 계속하였다. 주말수련은 현재까지 20여 년 동안 참여 연인원 1만 명을 기록하면서 나가고 있다.

그동안 주말수련에 참여한 지부는 다음과 같다(가나다순); "강남 강서 공항 관악 관의 당산 대전 도경 도봉 동대문 동두천 동서울 동작 마포 서대문 서부 서울 성남 성동 송탄 수원 수유 시흥 신도안 아산 안중 양주 여주 영등포 용산 원주 의정부 인천 종로 천정 청주 춘천 한강"

제2부 地宇空闢

천도교여성, 100년의 공간

모심과 살림의 정신으로

지상천국 건설의 한길로

공간으로 본 여성회 백년

제2부는 천도교여성회100년사의 활동 내용을 공시(共時)적으로 고찰한다. 천도교여성회 활동을 ▷조직 및 기획사업 ▷조사 및 학술연구 사업 ▷기념사업 ▷문화사업 ▷사회활동과 대외협력사업 등으로 구분하여, 종합적인 고찰을 시도하였다. 말하자면, 여성회 활동을 분야별로 큐레이션(분류 및 재배치)한 것이다. 분류 항목이 너무 많아지지 않도록, 유사한 활동을 하나로 모으는 과정에서 다소 이질적인 것이 묶일 수밖에 없는 경우도 있었으나, 이러한 작업은 다양한 분야에서 전개된 여성회의 각종 활동을 그 내적인 연관에 따라 재구성하여 살펴봄으로써, 각 활동의 이면에 깃든 깊은 의미, 특히 동학 천도교적인 의의를 드러내는 데 유용하다고 보았다.

제2부 말미에 마무리하는 말로 천도교여성회 미래 100년의 전망을 담아, 이 책이 과거사에 머물지 않고, 미래사, 개벽사로 자리매김하기를 바라는 마음을 드러내고자 했다.

1장 조직사업

천도교여성회의 '조직사업'은 여성회 최고의결기구인 '총회'(대회, 중앙확대위원회, 총회)의 연혁과 천도교여성회(내수단) 창립 대회에서부터 제99주년 기념식까지의 '창립기념식' 연혁을 담았다. 이를 통해 역대 천도교여성회본부 임원, 천도교여성회의 명칭 변천사도 자연스레 정리되었다. 총회(대회)는 임원 선출 외에 중요한 사업 결의도 하는바 그 내용과 각 총회 또는 그 전후로 중요한 조직 관련 특기할 만한 내용은 '특기사항'으로 밝혀 두었다. 창립기념식 일람은 모두 100회(창립 대회 포함)에 달하지만, 자료의 미비나 또 시대 상황으로 말미암아 전체 기념식으로 치러지지 못한 사례 등이 있어 상당수가 공란으로 남겨져 있다. 그러나 '창립 100주년'의 의의를 살리는 뜻에서 그 제목만이라도 표기해 두었다. 그 빈 여백에 채워져 있었어야 할 여성회 선배들의 고단한, 그러나 신성한 여정을 마음으로나마 그려보아 주시기를 바란다.

제1절 천도교여성회 최고의결기구(총회-대회)와 역대 임원

천도교여성회는 〈천도교여성회 규약〉에 의거하여, 중앙상임위원과 지부회장으로 구성되는 '총회'(제3장)를 최고의결기관으로 두고, 그 이하에 '중앙상임위원회' 및 '상임위원회'(이상 제4장)를 구성 운영하며, 각 지부에도 이에 준하여 지부 총회와 지부위원회 등을 구성하여 운영한다. 중앙·상임위원 중에서 각 부장(실무진)을 구성한다. 이러한 중층 구조를 통해 여성회 활동의 구심력을 높이고 전국 지부를 포괄하면서 그 지도 역량을 발휘할 수 있는 것이다.

현재 천도교여성회의 최고의결기구 명칭은 (천도교여성회) 전국대의원총회이다. 이는 천도교여성회(1968.9.15) 시대 이후의 명칭으로, 처음에는 '대의원대회'라고 하였으나, 제14차 전국정기대의원총회부터 '대의원총회'로 수정하였다. '천도교 전국대의원대회'와의 차별화를 고려한 조치였다. 대회(총회) 명칭을 쓰기 전에는 '전국대표자대회'가 공식 명칭이고, 대회를 개최하지 못할 경우 '중앙확대위원회(확대중앙위원회)'가 최고의결기구의 기능을 담당했다.

이 절에서는 천도교여성회의 최고의결기구 회의 현황과 선출된 임원을 소개한다. 다만 자료 미비로 일부 회의 결과는 누락되었으며, 해당 시기 여성회의 명칭을 함께 표기한다. 또 교단 분열에 뒤이은 여성회 조직 분열로 내수단(신), 여성동맹(구) 등의 분열이 있던 시기 여성동맹 계열의 총회 상황도 자료를 반영하여 최대한 수록한다. 다만 이 경우 일련번호를 "1.1"과 같은 형식으로 표기하였다. 또 초기 기록 중 『천도교여성회 70년사』 출간 이후에 발굴된 자료가 일부 추가되었다.

천도교여성회 명칭 변천

날 짜	명 칭	비 고
65(1924). 4. 5.	천도교내수단	창단
67(1926). 12. 19.	천도교내수단	신
68(1927). 6. 2.	천도교여성동맹	구
72(1931). 3. 16.	천도교내성단	신+구(합), 신/구(분)
80(1939). 4. 5.	천도교부인회	구
81(1940). 4. 21.	천도교내수회	신+구(합)
97(1956). 4. 4.	천도교부인회	
109(1968). 9. 15.	천도교여성회	

※대회 명칭과 회차는 당시 기록에 따르고 '천도교여성회'(109.9.15) 이후는 일률적으로 '전국대의원대회(총회)'로 표기함.

천도교내수단 창립대회(포덕 65년(1924) 4월 5일 _주옥경(대표))

위원 주옥경 이정희 최덕화 김연옥 박순욱 임용화 박명화(朴蓂嬅) 김우경 김찬수 강성옥 한인화 강숙화 송영화 한봉소 박명화(朴明嬅) 김상화 차기숙 조양하 노병고 김귀락

대표 주옥경

실무위원 포덕부장 주옥경, 부원 김우경 박명화 신남홍 강숙화 조양하 김상화, 서기 오숙완 임용화, 서무부장 이정희 부원 김연옥 박춘광, 노무부장 최덕화, 음악부장 박순욱

제4회 천도교내수단 정기총회(포덕 67년(1926) 12월 19일 _상무위원(3인))

고문 주옥경

상무위원 조보희 손용화 신남홍

위원 손광화 김우경 김상화 최덕화

찬무원 (贊務員) 계연집 김영환

특기사항 교단 분열, 주옥경 대표 동경 유학(고문 추대), 상무위원 집단지도체제

천도교여성동맹(구) 결성대회(포덕68년(1927) 6월 2일 _집행위원)

집행위원 박명화(朴蓂嬅) 한봉소 홍종희 김상화 강운화 박정자 김숙 이소암 김수월 박호진

특기사항 집단지도체제

제1회 천도교내수단 전국대표대회(포덕 69년(1928) 4월 4일 _상무위원(3인))

위원 강숙화 변정화 김봉임 한인화 안녹화 김주명 손용화 허천 최경숙 안문화 김소현 김원화 류정화 김숙화 김우경 조보희 차기숙 손광화 강성옥 김각화 신남홍

상무위원 조보희 손용화 신남홍(유임)

특기사항 규약(의무금) 개정, 69년 예·결산 심의, 역점 사업 논의(미신타파와 순회, 백색의 폐지, 10만 호 포덕, 의복과 머리모양 통일), 21명의 위원을 선출(『신인간』(내수단대회 회록), 《동아》《매일신보》)

제2회 천도교내수단 전국대표대회(포덕 70년(1929) 4월 4일 _김우경)

대표 김우경

중앙집행위원 장태화 안문화 김숙화 이태화 안정수 송병화 김영운 차기숙 홍세영 조백추 한정화 강숙화 김각화 김태정 김봉임 신남홍 손광화 김우경 정인화 김응화 김순화

특기사항 (1) 전국 지부 120개(《동아》《중외》) 대표자 55명 참석, 포덕 69년(1928) 결산보고, 규약 수정안 의결, 임원 선출, 포덕 70년(1929) 예산안 의결, 『부인독본』 간행 결의, 모성보건, 후천 풍기 진작, 창도 70주년 기념포덕, 단세 확장건 등은 중앙상임위원회 위임, 각 지부 건의문 접수(『신인간』(회록), 《동아》《조선》) (2) 당시 회세를 지부 120, 회원 1만 8천 명으로 보도함

제3회 천도교내수단 전국대표대회(포덕 71년(1930) 4월 4일 _주옥경)

대표 주옥경

중앙집행위원 주옥경 김우경 손광화 박현오 안녹화 안정수 김봉임 이경숙 이학득 정인화 조백추 이종숙 이두경 김정숙 김순화 탁상화 최신화 최경숙 전기화 안문화 김숙화

특기사항 주옥경이 유학을 마치고 귀국하여 1인 지도체제 복귀. 천도교내수단 전국대표대회를 오후7시 백년기념관에서 김우경 사회, 회원 45/53명 참석으로 개최, 1929년 결산안, 1930년 예산안 원안 통과. 입단 연령 조정(21세에서 17세) 등의 규약 수정, 중앙집행위원 21명과 대표(주옥경)를 선출하고 폐회. (『신인간』(회록),《동아》《조선》)

제1회 천도교여성동맹(구) 중앙집행위원회(포덕 71년(1930) 4월 13일 _한봉소)

대표 한봉소

중앙집행위원 한봉소 김상화 박호진 김숙 최시영 박명화 안정희 이수화 최시화 유수영 심계화 (4월 7일 총회에서 선출)

실무위원 서무부 최시영 김숙 이수화, 경리부 심계화 유수영, 선전부 박호진 박명화 최시화, 조사부 안정희 김상화

특기사항 이 회의에서 여성동맹도 1인 대표체제 채택하고, 인장(印章)일치, 회원방문, 강좌 강화, 원유회, 서식일치 등을 결의함. 이에 앞선 4월 7일 정기총회에서 21인 집행위원 선출 후, 이날 중집위에서 대표 선출. 정기총회에서는 교양문제(강연 및 토론회, 정기강좌, 여자 야학 설치), 조직 문제, 지방 순회 등 협의

천도교내성단 전국대표대회(합동)(포덕 72년(1931) 3월 16일 _주옥경)

대표 주옥경

부대표 한봉소

집행위원 정인화(상무), 최시영(상무) 외 25명 선출

특기사항 교단이 포덕 71년(1930) 12월 23일 합동함에 따라 내수단(신)과 여성동맹(구)도 3월 16일에 경운동 중앙대교당에서 주옥경 사회로 합동대회를 개최하여 '천도교내성단'으로 이름을 정하고 대표와 위원을 선정(《동아》《조선》)

제1차 천도교내성단 대표대회(포덕 72년(1931) 4월 4일 _주옥경)

대표 주옥경

실무위원 서무부 정인화, 포덕부 박명화, 재무부 주옥경

위원 손광화 김우경 한봉수 안정수 신남홍 김상화 이종숙 이학득 이두경 김규영 김숙 최시영 차정도 탁상화 한익화 최도화 이태화 손병화

특기사항 천도교내성단 제1차 대회를 오후8시 기념관에서 주옥경의 사회로 개최하고 1931년도 예산안과 중요사항을 결의한 후 중앙간부를 선거하다. (『천도교회월보(이하 '회월보')』《동아》)

제2차 천도교내성단(신) 대표대회(포덕 73년(1932) 4월 5일 _이학득)

대표 이학득

상무위원 최시영

중앙집행위원 주옥경 김우경 손광화 이학득 이종숙 이두경 김규영 신남홍 최시영 김상화 김병화 변정화 차기숙 김봉임 정인화 김숙화 차정도 임근화 최경숙 이대화 김병화

특기사항 교단이 포덕 73년(1932) 4월 5일 재차 분열함으로써 여성회도 분열하게 됨. 이때는 '천도교내성단'이라는 이름을 신파 측과 구파 측 여성회에서 공통으로 사용. 이 제2차 천도교내성단(신) 대표회의 기록은 『천도교여성회 70년사』를 간행할 당시에는 누락되었다. 제80주년 기념식 행사 팸플릿에 처음으로 이학득 회장 역사가 기록되었다. 제2차 천도교내성단(신) 회의에서는 당초 주옥경 회장이 대표로 선출되었으나, 주옥경 회장이 사표를 제출하였으므로 이를 수리하고 이학득을 대표로 보선하였다. 그 밖에 포덕의 건, 단세 확장의 건, 교양의 건을 심의 의결했다.(《당성(1932.5.1)》 천도교내성단 제2차 대회 경과)

제2차 천도교내성단(구) 전단대표대회(포덕 73년(1932) 4월 24일 _한봉소)

대표 한봉소

상무 김숙

중앙집행위원 한봉소 박명화 송치화 최세화 최성화 박정자 김영화 심계화 김인봉 유수영 김숙

실무위원 포덕부 박명화 송치화 최세화 최성화, 서무부 김숙 박정자 김경화, 재무부 심계화 김인봉 유수영

특기사항 1)구파측 내성단(여성동맹)은 포덕 73년(1932) 12월 15일에 '천도교청년동맹'에 통합되었다가, 포덕 80년(1939) 4월 5일 '천도교부인회'로 재결성되었다.
2)천도교여성동맹(구)은 포덕 74년(1933)부터 활동 기록이 없고 천도교청년동맹 조직에 여성동맹원이 포함된 것으로 보아 청년동맹과 여성동맹과 합친 것으로 추측된다.(1934.4.4 천도교청년동맹 제3회 전체대회 이후 청년동맹(구) 중앙집행위원 겸 상무위원에 여성인 박명화(朴蓂嬅)가 포함됨)

천도교내성단(신) 전단대표대회(포덕 75년(1934) 4월 5일 _이경숙)

중앙집행위원 주옥경 이학득 신남홍 이종숙 김병화 차기숙 손광화 안녹화 김우경 최시영 변정화 김상화 지만수 김봉주 최경숙 차정도 안문화 김숙 이경숙 김태강

대표 이경숙

감사위원 조팔보, 안영숙

실무위원 상무 최시영, 재무부 주옥경, 서무부 최시영, 포덕부 신남홍, 경제부 이학득

천도교내성단(신) 전국대표대회(포덕 77년(1936) 4월 5일 _신남홍)

대표 신남홍

상무 김태강

특기사항 분열의 여파로 지부(신) 85개, 회원(단원) 5천여 명으로 위축됨. 이후 포덕 78년(1937) 일제의 전시체제하의 '공포 분위기' 조성으로 활동이 계속 위축되고, 일제의 강압에 의한 전시 동원이 가속화 됨.

第11차 천도교내성단(신) 전단대표대회(포덕 79년(1938) 4월 4일 _손광화)

중앙집행위원 주옥경 김우경 손광화 신남홍 홍순화 안영숙 안현권 박현오 변정화 김병화 김태강 계인수 최보부 차기숙 김봉임 조수임 이대화 김태화 길충원 문숙화 김옥

대표 손광화

실무위원 재무위원 주옥경, 상무위원 김옥, 포덕위원 신남홍 홍순화

고문 김병제 이단

특기사항 천도교내성단 제11차 대표대회를 오후 8시부터 중앙대교당에서 38/70명이 참석하여 대표 신남홍의 사회로 개최하다. 임시집행부 선거로 주옥경을 의장으로 선출하고 상무 김태강이 경과보고하다. 결산안을 낭독하여 통과시킨 후 예산안을 심의하여 일사천리로 통과시키다. 임원선거로 중앙집행위원과 임원을 선출하였다.(『신인간』《동아》)

제12차 천도교내성단(신) 전단대표대회(포덕 80년(1939) 4월 4일 _손광화)

중앙집행위원	주옥경 손광화 김옥 김우경 신남홍 홍순화 박현오 김봉임 김태강 조수임 허확연 김신화 차기숙 온영주 이대화 박명화 문숙화 김병화 안영숙 변정화
대표	손광화
실무위원	상무 김옥, 포덕부 신남홍 홍순화 박현오, 재무 주옥경
고문	김병제 이단
특기사항	회의 기록 중 총부로부터 매년 받아오던 지원금(360원)을 지난 2년 동안 받지 못하다가 올해에는 받게 되었다는 내용이 있어, 총부와 여성회의 곤핍(困乏)한 사정을 알 수 있다.

천도교부인회(구) 발회(發會)(포덕 80년(1939) 4월 5일)

※오후 3시에는 중앙교회에서 천도교부인회 발회식를 개최하였다.(《조선》)

제13차 천도교내성단(신) 전단대표대회(포덕 81년(1940) 4월 4일 _손광화)

중앙집행위원	주옥경 김우경 손광화 신남홍 홍순화 김병화 김봉임 온영주 변정화 김종숙 김옥 안영숙 김신화 차기숙 박현옥 김태강 김귀녀 박명화 이대화 고영화 김태화
대표	손광화
실무위원	재무 주옥경, 상무 김옥
특기사항	이 날(4.4) 교단이 8년 만에 합동함에 따라 여성회도 합동하기로 원칙 합의가 되었으나 전단대표대회가 3월 4일 자로 공고된 바 있어, 이에 따라 이 날 대표자들이 이미 모였기에 내성단(신파) 마지막 회의를 열고 12차 대표대회의 임원을 거의 유임한 임원진을 구성하는 것으로 결의함.

제1회 천도교내수회 정기대회(합동대회)(포덕 81년(1940) 4월 21일 _손광화)

대표	손광화
실무위원	총무 김숙, 서무부 상무 김숙, 재무부 상무 김옥, 포덕부 상무 이성화 홍순화
중앙이사	손광화 김숙 김옥 이성화 홍순화 박명화 신남홍 박정자 박명화 박종화

이종숙 김태강 김봉임 김병화 박명화 변정화 김현주 안영숙 차정도
안금선 구영호

교도사 주옥경

고문 김우경 유상화 김병제 박완 이단

특기사항 포덕 81년(1940) 4월 4일, 교단 합동대회 개최. 이에 따라 여성회도 이날(4.21) 합동대회를 열고 주옥경 대표를 교도사로 추대함. 천도교내성단(신)과 천도교부인회(구)는 교회가 합동함에 따라 양측 대표가 합의하여 회명(會名)을 천도교내수회(天道教內修會)로 정하고 부서를 조직한 후에 임원을 선출하였다. 기록상으로 이 대회에서 처음으로 여성회 고문에 김우경, 유상화 등 여성이 포함되었다. (『신인간(21일로 기록)』《동아》《조선(22일로 기록)》)

제2회 천도교내수회 정기대회(포덕 82년(1941) 4월 4일 _손광화)

중앙이사 주옥경 손광화 조성일 김현주 김병화 김봉임 박준화 박정자 박명화(1, 2)
김옥 차정도 홍순화 박현오 차기숙 김태강 이종숙 변정화 신남홍 이성화

대표 손광화

실무위원 총무 김현주, 상무 조성일, 재무 주옥경, 포덕부 상무 조성일 김병화
홍순화

교도사 주옥경

고문 김병제 이단 김우경

특기사항 포덕 82년(1941) 4월 4일 천도교내수회 제2회 정기대회를 오후 8시 중앙교당에서 54명이 참석하여 대표 손광화의 사회로 개최, 임시의장 주옥경을 선출하고 내수회 본부 상무 조성일의 경과보고가 있은 후 예산안과 결산안에 대한 심의는 축조 낭독하여 통과시키다. 9시에는 청수봉전을 하고 기도식을 한 후에 각 지방의 순회 강좌와 국어(國語-日語) 보급에 관한 문제를 결의하다. 임원을 개선하여 주옥경을 비롯한 이사 21명과 대표 손광화를 선출하였다. (『신인간』 제155호/제2회 정기대회록)

제3회 천도교내수회 정기대회(포덕 83년(1942) 4월 4일 _손광화)

교도사 주옥경

대표 손광화

실무위원 총무 김현주, 상무 조성일

고문 손재기 김병제 김우경

중앙이사 손광화 조성일 김병화 홍순화 김봉임 박준화 백정자 박명화(1, 2) 김옥 차정도 김태강 이종숙 변종화 이성화 김상화 김신화 안녹화 김현주 차기숙

특기사항 (1) 3월 25일, 종로서(鐘路署) 고등계에서 천도교내수회 대회의 경과기록을 요청하여 이에 응하다. 3월 31일까지는 기념 준비로 인하여 일지를 생략하다.(〈총부일지〉) (2) 포덕 84년(1943) 4월 4일 천도교내수회 제3차 전회대회를 오후 8시에 천도교당에서 의장 주옥경의 사회로 개최하고 예산안과 생활쇄신의 건을 결의하다.(『신인간』 제175호/총부휘보)

제4회 천도교내수회 대표대회(포덕 85년(1944) 4월 4일 _손광화)

회의결과 제3회 대회 선출 임원 전원 유임

특기사항 1944년 5월 29일자 천도교인 현황(종로경찰서) 전체 교인 180,000만 명, 여성회원 3,500여 명, 서울지역 여성회원은 150명

천도교내수회 대표대회(포덕 87년(1946) 4월 5일 _주옥경)

대표 주옥경

특기사항 중앙총부는 포덕 87년(1946) 5월 23일 재차 신구파 분열하였다가 포덕 89년(1948) 4월 4일 재차 합동

천도교내수회 총회(포덕 90년(1949) 3월 21일 _주옥경)

위원장 주옥경

부위원장 김정룡

상무 최종숙(4월 26일 선임)

특기사항 위 회의는 『천도교여성회 70년사』에서는 포덕 90년(1949) 1월 30일로 추정함. 여기서는 〈교화원일지〉 기록(『동학천도교편년사』)에 따라 3월 21일로 수정함.

천도교부인회 대표대회(포덕 97년(1956) 4월 4일 _주옥경)

회의결과 (1) '천도교내수회'를 '천도교부인회'로 변경
(2) 주옥경 회장 선임

특기사항 광복 이후 혼란한 사회상과 남북분단, 6·25 전쟁으로 침체를 벗어나지 못했던 내수회는 포덕 97년(1956) 4월 4일, 각 지방 대표 40여 명이 참석한 가운데 대회를 열고 '천도교내수회'에서 '천도교 부인회'로 명칭을 바꿨다. 이는 바로 전해인 포덕 96년(1955) 총부가 교약(敎約)을 교헌(敎憲)으로 바꾸고 교령제(敎領制)를 새로 채택하는가 하면, 중앙기구의 명칭을 '천도교총부'에서 '천도교중앙총부'로 바꾸는 등 체제를 일대 개편한 데 따른 것이다. 내수회 역시 시대에 걸맞는 명칭으로 새롭게 재출발하겠다는 다짐을 그대로 담은 선택이었다. 이날 행사에서 참석자들은 천도교 부인회 규약(부록 참조)을 새로 제정하고 주옥경 회장을 선임하였다.

천도교부인회 확대중앙위원회(포덕99년(1958) 1월 26일 _주옥경)

회장 주옥경

부회장 김병화 홍경지

실무위원 총무 부장 허경일 부원 이경선, 서무 부장 김정숙 부원 조혜숙, 재무 부장 곽영숙 부원 김정숙, 사업 부장 홍창섭 부원 김춘화 김경렬 이봉열, 조직 부장 최시영 부원 박재선, 교화 부장 박현화 부원 허경일 김철화, 포덕 부장 양이제 부원 김효순 차기숙 차이화

고문 홍순영 홍순화 김상화 박춘화

상임위원 주옥경 김보부 차재봉 박현화 양이제 차이화 김효순 최시영 곽영숙 최중화 홍경지 김정숙 홍창섭 김춘화 허경일

중앙위원 주옥경 김보부 차재봉 박현화 양이제 차이화 박재선 김효순 최시영 곽영숙 박정자 최중화 오명보 정부화 홍경지 김정숙 유정애 김철화 최윤전 이춘호 홍창섭 권미녀 조순화 조봉춘 고인애 최동화 유옥순 심상순 온영주 김정용 이종숙 오일순 박춘재 권태화 고문숙 김용화 노성저 손문화 박진숙 김춘화 변봉화 강동화 김화복 방연화 오복순 김경렬 이봉열 유홍년 허경일(이상 49명)

특기사항 (1) 위의 명단은 『천도교여성회 60년사』와 『천도교여성회 70년사』에 기록된 자료이다. 『신인간』 214호(속간10), 1958.3.10, 18쪽에는 〈천도교부인회 확대중앙위원회〉가 이 해 1월 1일 개최되었다고 기사화되어 있다. 이 기사에서의 임원 명단은 위 내용과 거의 유사하나 '상임위원'이 누락되어 있고, 일부 중앙위원 명단이 상이(相異)하다. 아마 『신인간』의 수록 이후 바

로 잡은 여성회 내부 기록(회의록 등)이 있었던 것으로 사료되나(『천도교여성회60년사』 편찬 당시), 현재는 자료를 대조할 길이 없다. 『신인간』 기사의 중앙위원 명단에 오자가 보이고, '김병화' 등 당연직이 빠진 채 49명이 채워진 것으로 볼 때, 이후 오류를 수정한 것이 위 명단이 아닌가 한다. 『신인간』 291호(1971.11.10) 「여성회의 조직과 그 연혁」(이재순)에도 현재의 중앙위원 명단만 수록되었다. (2) 이날 확대중앙위원회에서는 포덕백년 사업에 관한 사업을 심의 결정하고, 강력한 실천운동을 전개하기 위하여 임원을 보선하게 되었다. 결의사항은 부인수도의 철저한 실행, 포덕운동의 적극 추진, 지방부 조직의 강화, 포덕 100년 기념사업 진행 등이다.(『신인간』 214호(속간10호), 1958.3.10, 18쪽)

천도교부인회 중앙확대위원회(포덕 104년(1963) 4월 28일 _주옥경)

대표 주옥경

부대표 홍창섭, 박현화

상무 김정숙

실무위원 사업부 한의성, 재무부 전영혜, 포덕부 김태화, 조직부 최시영

감사 차기숙 차이화 김효순

상임위원 김병화 김정숙 차기숙 차이화 김효순 한의성 전영혜 정원덕 김태화 조봉춘 최시영 허경일 박경화 박공주 박재선

천도교여성회 제1차 전국대의원대회(중앙상임위원회)(포덕 109년(1968) 9월 15일 _주옥경)

회장 주옥경

부회장 박현화 홍창섭

실무위원 총무부장 허경일, 포덕부장 김정숙 부원 조덕행, 교화부장 노성저, 조직부장 김경렬 부원 천보경, 재무부장 허경일 부원 전영혜, 사업부장 홍경지

상무 이순종

감사 차기숙 최시영

상임위원 주옥경 홍창섭 박현화 김병화 박재선 김효순 홍경지 김정숙 전영혜 박경화 유미영 허경일 김태화 김화복 박공주 한의성 천보경 노성저 노채봉 김경렬 박을순 조덕행 오명조 김정희 김형비 이종남 강기순 심상세 곽영숙 김석중

특기사항 (1) 이 대회에서 '부인회'를 '여성회'로 변경하였다. 또 포상제도로서 예우제도(성덕사)를 두기로 하였으며 여성회의 규약을 수정하고, 임원을 선출하였다. (『신인간』) (2) 이하 대회 명칭은 '전국대의원대회'로 통일하고, 당시 실제 명칭이 다른 경우 괄호 안에 병기함.

제2차 전국대의원대회(31차, 포덕 111년(1970) 4월 6일 _주옥경)

회장 주옥경

부회장 홍창섭 허경일

감사 차기숙, 최시영

실무위원 총무부장 전초련, 포덕부장 김병화, 교화부장 김경렬, 조직부장 전영혜, 사업부장 박재선, 재정부장 허경일

중앙위원 주옥경 차기숙 홍경지 김경렬 김태화 김죽희 김효순 김금순 김주영 박경화 김용화 곽영숙 김정희 노채봉 전기남 김화복 김정숙 노성저 박재선 오명조 박공주 김형비 박을순 양정순 이종남 배월금 조덕행 심상세 이신화 정갑순 정현팔 심금순 이신숙 황만주 이경선 정원덕 윤농주 최중화 고문숙 이순희 지덕자 최정숙 오일순 김응옥 성숙분 송기분 박애숙 박차귀 강행순 공말악 신금순 김옥희 이순배 윤만덕 전초련 조임순 박순천 성창화 김보문 전영혜 함숙자 천보경 양이제 홍창섭 조영자 권태화 한의성 박현화 허경일 정부화 강기순 김병화 최시영 유미영 정운벽

제2차 천도교여성회 전국 대의원대회. 포덕 111년 4월 6일 여성회 전국대의원대회에서 주옥경을 대표로 선출하고 이튿날부터 3일간 봉황각 강도회에 참가한 여성회원들

상임위원 주옥경 홍창섭 허경일 권태화 김병화 유미영 김경렬 김정숙 김태화 노채봉 박경화 박공주 박을순 홍경지 심금순 심상세 양정순 전영혜 이종남 천보경 김효순 김형비 김정희 정부화 박재선 오명조 강기순 최중화 김화복 전초련 박현화

특기사항 (1) 포덕 87년(1946) 4월 5일 내수단 대표대회 개최 이후 24년 만의 정식 전국 대의원대회. 전국 60여 지부에서 52명의 대의원 참석. 실성미 운동과 수운회관 신축 성금 운동 결의 (2) 이 대회는 〈제31차 여성회전국대의원대회〉라고 표기(사진)되었으나 『천도교여성회 70년사』에서 '2차 전국대의원대회'로 비정(批正)한 바 있다. 수운회관 2층 대강당에서 개최, 1946년의 제30차 대회 이후 20여 년만으로 60개 지부에서 54명의 대의원이 참석하다. 대회에서는 실성미운동과 수운회관 신축성금모금운동을 전개하기로 결의하였다. 대회를 마친 후에는 여성회원 90명은 우이동에서 3일간의 제5차 강도회를 개최하기로 하였다.(『신인간』1970.6.1)

제3차 전국대의원대회(중앙확대위원회)(포덕 112년(1971) 6월 20일 _최시영)

명예회장 주옥경(추대)

회장 최시영

부회장 홍창섭 허경일(유임)

감사 차기숙(유임) 김효순(신임)

특기사항 기타 중앙위원 및 상임위원은 유임. 여성회본부는 제1차 중앙확대위원회를 오후 1시 수운회관 15층 회의실에서 57/74명이 참석하여 개최하고 여성회장을 사임한 주옥경을 명예회장으로 추대하고 신임회장으로 최시영을 선출하였다. 부회장 홍창섭과 허경일은 유임키로 하였다.(『신인간』287호 1971.07.01)

제4차 전국대의원대회(포덕 114년(1973) 12월 22일 _최시영)

고문 권태화, 양이제, 차기숙

회장 최시영

부회장 김정숙, 허경일

감사 김태화, 김효순

실무위원 총무부장 강기순, 포덕부상 김병화, 조직부장 김경렬, 교화부장 천보경, 재무부장 박공주, 사업부장 박귀애

상무 이순종

제4차 전국대의원대회(포덕 114년 12월 22일, 중앙대교당)

상임위원 최시영 김정숙 허경일 김병화 김형비 박재선 박경화 조영자 옥인애 박을순 유미영 박공주 심상세 조순화 김경렬 김옥희 천보경 강기순 전영혜 전초련 오승희

중앙위원 최시영 김정숙 허경일 김태화 김효순 김병화 오명조 양정순 김형비 박재선 홍창섭 박경화 조영자 이종남 옥인애 김죽희 박을순 유미영 박공주 조순화 심상세 백실제 전기남 노채봉 이영희 김경렬 심금순 이화복 김옥희 이봉열 천보경 강기순 전영혜 김정희 전초련 오승희 김보일 차숭례 이순종 김진영 배월금 양명화 이옥희 김원복 강계득 전정오 김순남 김민악 이칠성

제5차 전국대의원대회(포덕 118년(1977) 5월 7일 _김정숙)

고문 양이제, 차기숙, 최시영, 김효순, 김태화, 김병화, 최동화

회장 김정숙

부회장 강기순 천보경

감사 박공주, 전초련

실무위원 총무부장 차숭례, 포덕부장 조순화, 교화부장 장여선, 조직부장 이수복, 재무부장 김보일, 사업부장 박금란

중앙위원 김정숙 강기순 천보경 박재선 옥인애 조순화 조혜숙 조덕행 이문진 허경일 이영희 김옥희 차숭례 최금분 이영신 오일순 송영옥 이수복 김보일 김정희 김화복 홍경지 홍창섭 김경렬 전영혜 조선옥 박금란 장여선 유수자 김동숙 배화식 심상세 조영자 이순종 오승희 이영예

제5차 전국대의원 대회에 참석한 최시영 고문, 김정숙 회장, 차숭례 총무부장, 이순종 중앙위원(좌로부터)

박경화 배월금 정원덕 한창화 송기분 양명화 허방순 강계득 이삼예 안옥희 김순남 이칠성 정찬애

상임위원 21명을 중앙위원회에서 선출

제6차 전국대의원대회(포덕 121년(1980) 5월 9일 _전초련)

회장 전초련

부회장 전영혜 차숭례

실무위원 총무부장 김동숙, 포덕부장 김석중, 교화부장 유수자, 조직부장 고윤지, 재무부장 이영예, 사업부장 백덕실

상무 이선화

감사 김경렬 천보경

중앙위원 전초련 강기순 홍창섭 김석중 심금순 조혜숙 오복순 박경화 조영자 조순화 옥인애 허경일 김옥희 백덕실 김화복 박공주 전영혜 조덕행 정점옥 차숭례 오승희 김보일 송영옥 이영예 이수복 김동숙 유수자 이순종 정원덕 한창화 송기분 허방순 이춘홍 홍경지 최수연 김유순 이칠성 정찬애 이필순 오진자 한승희 고윤지 박선애 노채봉 이문진 김보경 이옥지 심상세 박금절

상임위원 전초련 김옥희 심금순 고윤지 백덕실 김동숙 유수자 정원덕 송기분 전영혜 차숭례 김보일 이수복 이옥지 조혜숙 정점옥 김석중 강기순 오승희 이영예 노채봉

第7차 전국대의원대회(포덕 124년(1983) 4월 13일 _봉황각 별관 _전초련)

고문 홍창섭 김정숙 홍경지, 범애순(명예고문)

회장 전초련

부회장 백덕실 전영혜

감사 김경렬 강기순

실무위원 총무부장 김동숙, 교화부장 유수자, 포덕부장 김석중, 조직부장 고윤지, 재무부장 유금희, 사업부장 조옥남

중앙위원 전초련 전영혜 백덕실 천보경 조옥남 오미경 김명숙 유금희 주명선 장순옥 주창실 옥인애 조덕행 노성저 고윤지 정원덕 송기분 유수자 박애숙 심순애 심상세 조영자 김석중 김성자 이소원 송인희 이정순 김동숙 이춘홍 박정례 오승희 허경일 최영혜 이순종 이문진 차승례 김옥희 김보일 박금란 송영옥 이수복 배화식 조순화 박공주 오진자 김유순 노채봉 신곡자 조혜숙

상임위원 전초련 백덕실 전영혜 정원덕 허경일 김석중 이춘홍 천보경 추명선 유수자 고윤지 박애숙 이수복 김명숙 오미경 조옥남 이정순 차승례 이문진 김동숙 유금희(※상임위원은 같은 날 제1차 중앙위원회에서 선출)

第8차 임시 전국대의원대회(확대중앙위원회 _포덕 126년(1985) 6월 29일 _박공주)

고문 차기숙 김태화 김병화 김효순 최시영 홍창섭 홍경지 김정숙

회장 박공주

부회장 백덕실 전영혜

감사 김경렬 강기순

실무위원 총무부장 김옥희, 조직부장 고윤지, 교화부장 김명숙, 포덕부장 오미경, 사업부장 조옥남, 재무부장 유금희

상임위원 정원덕 허경일 이춘홍 천보경 차승례 이문진 김동숙 추명선 유수자 박애숙 이수복 이정순

중앙위원 (본부 임원 및 상임위원 전원 외에) 장순옥 주창실 옥인애 조덕행 노성저 조순화 송기분 김보일 송영옥 김순애 배화식 이순종 최영혜 심상세 조영자 조혜숙 오진자 김성자 이소원 송인희 오승희 신곡자 노채봉 김유순 심금순 오복순 이경선 박정례

특기사항 전초련 회장 중도 사임(포덕 126년(1985) 4월)에 따라 중앙확대위원회(임시대회) 개최

제9차 전국대의원대회(포덕 127년 4월 16일, 중앙대교당, 고정훈 교령 격려사)

제9차 전국대의원대회(포덕 127년(1986) 4월 16일 _박공주)

회장	박공주
부회장	김경렬 강기순
감사	조혜숙 김유순
실무위원	총무부장 이수복, 포덕부장 오미경, 교화부장 김명숙, 사업부장 조옥남, 조직부장 고윤지, 재무부장 유금희, 상무 박화자
상임위원	박공주 김경렬 강기순 이수복 조옥남 오미경 유금희 김명숙 고윤지 조순화 천보경 김보일 송영옥 차숭례 백덕실 배화식 김옥희 허경일 장순옥 김광식 이정순
중앙위원	박공주 김경렬 강기순 이수복 조옥남 오미경 유금희 김명숙 고윤지 조순화 천보경 김보일 송영옥 차숭례 백덕실 배화식 김옥희 허경일 장순옥 김광식 이정순 이문진 이순종 이영희 정명녀 전영혜 이경선 전초련 유수자 이보옥 이성자 조덕행 최영혜 오승희 노채봉 심금순 오복순 이소원 신곡자 박광연 박정례 하봉순 이삼례 최정희 박금절 윤길선 용옥희 오진자 유점순

제10차 전국대의원대회(포덕 130년(1989) 4월 21일 _김경렬)

회장	김경렬
부회장	이수복 김옥희

감사 조혜숙 전영혜

실무위원 총무부장 조옥남, 포덕부장 오미경, 조직부장 주창실, 교화부장 김명숙, 재무부장 유금희, 사업부장 이춘홍

상임위원 김경렬 이수복 김옥희 조옥남 오미경 주창실 김명숙 유금희 이춘홍 박공주 천보경 김보일 송영옥 차숭례 이성자 백덕실 허경일 장순옥 전초련 이순종 유수자

중앙위원 김경렬 이수복 김옥희 조옥남 오미경 주창실 김명숙 유금희 이춘홍 박공주 천보경 김보일 송영옥 차숭례 이성자 백덕실 허경일 장순옥 전초련 이순종 유수자 조순화 강기순 배화식 이정순 이문진 이영희 이경선 이보옥 조덕행 최영혜 오승희 노채봉 이희영 이소원 한명빈 정원덕 옥인애 김순애 박애숙 오용녀 이정숙 최경자 윤길선 이분희 이삼례 최정희 오진자

특기사항 대회 위임에 따라 중앙위원 및 상임위원은 4월 25일 '선거위원'(신구회장단 임시의장단, 감사)에서 선출

第11차 전국대의원대회(포덕 133년(1992) 4월 27일 _김경렬)

회장 김경렬

부회장 김옥희 천보경

감사 백덕실 이춘홍

실무위원 총무부장 유금희, 재무부장 이희영, 포덕부장 김보일, 교화부장 고윤지, 조직부장 이정순, 사업부장 김영숙

상임위원 김경렬 김옥희 천보경 이수복 유금희 김보일 송영옥 강기순 차숭례 이성자 허경일 장순옥 이순종 전초련 배화식 이희영 이정순 고윤지 전영혜 김영숙 조혜숙

중앙위원 김경렬 김옥희 천보경 고윤지 이수복 유금희 김보일 전영혜 배화식 차숭례 이성자 조혜숙 이희영 허경일 장순옥 김영숙 이정순 이순종 전초련 송영옥 신곡자 홍윤용 최경란 김항결 유수자 이문진 조덕행 최영혜 노채봉 한명빈 김순애 박애숙 최경자 강기순 이의순 이소원 오미경 주창실 김명숙 오진자 이필순 최명숙 윤길선 이분희 전옥순 김순홍 김종순 최정희 이갑엽

第12차 전국대의원대회(포덕 136년(1995) 4월 27일 _천보경)

고문 김효순 김정숙 홍창섭 홍경지 박공주 백덕실

제13차 전국대의원대회(포덕 139년 3월 31일, 중앙대교당)

회장 천보경

부회장 이성자 김보일

감사 김옥희 유금희

실무위원 총무부장 이순종, 포덕부장 이희영, 교화부장 고윤지, 사업부장 김영숙, 조직부장 이정순, 재무부장 김순홍

상임위원 천보경 이성자 김보일 이순종 이희영 고윤지 김영숙 이정순 김순홍

김경렬 전초련 조혜숙 강기순 전영혜 조준희 차숭례 송영옥 이수복 배화식 주창실 유수자

중앙위원 천보경 이성자 김보일 이순종 이희영 고윤지 김영숙 이정순 김순홍 김경렬 전초련 조혜숙 강기순 전영혜 조준희 차숭례 송영옥 이수복 배화식 주창실 유수자 홍윤영 조옥남 최경란 이문진 박화자 이춘홍 조덕행 김순애 김향기 김항결 최영혜 이영이 한영숙 이선영 오금순 이경화 이필순 김경례 최명숙 전옥순 윤상선 정정엽 오진자 두병례 임우남 박정례 이분희 노경옥

제13차 전국대의원대회(포덕 139년(1998) 3월 31일 _조혜숙)

고문 김효순 홍경지 박공주 백덕실 허경일 김경렬 김옥희

회장 조혜숙

부회장 전영혜 이순종

감사 조덕행 조옥남

실무위원 총무부장 고윤지, 포덕부장 김영숙, 조직부장 이경화, 교화부장 김순홍, 재무부장 주창실, 사업부장 오금순

상임위원 조혜숙 전영혜 이순종 고윤지 김영숙 이경화 김순홍 주창실 오금순 천보경 이성자 김보일 강기순 차숭례 송영옥 배화식 이수복 이희영 유수자 이영례 김정자

중앙위원 조혜숙 전영혜 이순종 고윤지 김영숙 이경화 김순홍 주창실 오금순 천보경 이성자 김보일 강기순 차숭례 송영옥 배화식 이수복 이희영 유수자 이영례 김정자 박정례 이분희 두병례 김종순 노경옥 이문진 김상려 전초련 이홍자 이의순 이선영 박애숙 유금희 조준희 김순애 최영혜 이필순 오승희 최경란 이정순 오진자 김경례 김영희 윤상선 박옥례 전옥순 이영이 김명월

제14차 전국대의원총회(포덕 142년(2001) 3월 30일 _고윤지)

고문 김효순 홍경지 박공주 백덕실 허경일 김경렬 김옥희 전초련 천보경 조혜숙 전영혜 강기순 차숭례

회장 고윤지

부회장 김정자 김영숙

감사 이희영 박차귀

실무위원 총무부장 김순홍, 교화부장 유남실, 사업부장 신금순, 포덕부장 김명덕, 재무부장 이옥춘, 조직부장 김영자

상임위원 이순종 김보일 이성자 배화식 송영옥 이수복 유금희 유수자 오금순 이영례 조옥남 남용미(실무위원 포함)

중앙위원 이춘희 이정순 김순애 박재숙 허양선 최영혜 김명월 원영숙 오진자 안옥희 김경례 강정옥 신남옥 김종순 박재순 전옥순 이선영 김영희 윤상선 이필순 이영이 홍윤영 정소연 이의순 박애숙 권영숙 정순자 홍순억 (이하 상임위원 포함)

제14차 전국대의원 총회(포덕 142년 3월 30일, 중앙대교당)

특기사항 중앙위원 및 상임위원에는 회장 부회장, 실무위원이 추가로 포함됨. 이때부터 '총회'가 됨. 다만, 제13차 대의원대회에서 '규약' 개정이 되지 않았고, 그 사이에도 규약 개정을 위한 '임시대회'가 소집된 적이 없다. 그리고 이 14차 대의원총회'에서도 규약 개정은 논의되지 않았다. '대회→총회'의 개칭은 중앙총부로부터 '천도교 전국대의원대회'와 혼동을 일으키며, 부문단체에서 '대회'로 하는 것은 위상에 맞지 않으므로 명칭을 고치라는 '지시'에 의한 것으로 당시 상황을 전하고 있다. 그러나 지시를 수용하더라도, 여성회의 대회(총회)에서 이를 추인하여 규약 개정을 하는 절차를 거치는 것이 옳다. 현행 규약에는 '총회'로 되어 있다.

제15차 전국대의원총회(포덕 145년(2004) 3월 30일 _고윤지)

회장 고윤지

부회장 김정자 김영숙

감사 이순종 박차귀

상임위원 고윤지 김정자 김영숙 신금순 유남실 박태량 정영주 하정덕 박영화 노은정 박화자 유수자 이순옥 박창옥 김영희 나정숙 윤상선 함형숙 원영숙 지정해 이홍자

중앙위원 김재수 이선영 김정자 김순애 유수자 박애숙 지정해 김영숙 고윤지
하정덕 하향심 이순옥 이칠순 정영주 김양옥 강정옥 김정자 하달막
박삼순 강영득 최진심 안옥희 전옥순 박태량 나정숙 원영숙 양현순
노은정 박화자 정홍숙 신금순 유남실 이홍자 윤상선 함형숙 정미라
이영주 박영화 박희숙 장정숙 이춘심 김영희 이정지 박창옥 신남옥
최남이 이연호 윤말수 김동순

실무위원 조직→교화부장 박영화, 포덕부장 박태량, 총무부장 유남실(사임),
조직부장 이홍자, 재무부장 정영주, 교화→총무부장 지정해, 사업부장
하정덕

第16차 전국대의원총회(포덕 148년(2007) 3월 30일 _김영숙)

회장 김영숙

부회장 이홍자 지정해

감사 김순자 박화자

중앙위원 김광자 김순련 김순애 김양옥 김영숙 김영희 김춘성 나정숙 박경자
박삼순 박영화 박차귀 박태량 신금순 이혜자 유태자 이명자 강봉지
강영득 류미순 신옥엽 윤광선 이선영 이순종 이영미 윤상선 임효정
전순자 전영근 이영주 이종애 이춘심 이홍자 정정순 이애준 정영주
고윤옥 정홍숙 이순옥 이순복 신정엽 지정해 홍순억 하정덕 함형숙
최남이 현순옥

상임위원 김춘성 류미순 박영화 윤상선 이순복 임효정 김영숙 박태량 고윤옥
김영희 신금순 유태자 이순옥 이홍자 전영근 지정해 하정덕 정영주
함형숙 현순옥 홍순억

실무위원 조직부장 박태량, 포덕부장 유태자, 교화부장 박영화, 총무부장 고윤옥,
재무부장 정영주, 사업부장 하정덕

第17차 전국대의원총회(포덕 151년(2010) 3월 30일 _이순종)

고문 박공주 백덕실 김경렬 김옥희 전초련 천보경 조혜숙 전영혜 강기순 차숭례

회장 이순종

부회장 김동순 나정숙

감사 김순애 박태량

실무위원 총무부장 홍순억, 교화부장 김성자, 포덕부장 심점례, 조직부장 전영근, 사업부장 김정순, 재무부장 김형자

상임위원 이순종 김동순 나정숙 홍순억 김성자 심점례 전영근 김정순 김형자 김영숙 박차귀 김순홍 박영화 김영희 함형숙 현순옥 이종애 유태자 이순복 김민경 하점선

중앙위원 (위 상임위원 전원 외) 윤광선 박경자 마정희 박화자 김양옥 류미순 이영미 최진심 이소이 이영주 이명자 이홍자 강봉지 김춘희 전정언 정홍숙 윤상선 양금수 하향심 최남이 이춘심 임복립 김미정 주선자 방순남 김순련 박옥자 최난순

第18次 정기전국대의원총회(포덕 154년(2013) 3월 29일 _이순종)

고문 박공주 백덕실 김경렬 김옥희 전초련 천보경 조혜숙 전영혜 강기순 차숭례

회장 이순종

부회장 이홍자 김성자

감사 김순애 류미순

실무위원 총무부장 홍순억, 교화부장 이순복, 포덕부장 고향숙, 사업부장 심점례, 조직부장 장인숙, 재무부장 임지연(상임부장)

상임위원 강대순 고향숙 김명숙 김민경 김성자 김순홍 김영숙 김영희 박영화 박차귀 박태량 심점례 유태자 이순복 이순종 이홍자 임지연 장인숙 함형숙 현순옥 홍순억

중앙위원 강대순 고향숙 김경임 김명숙 김미정 김민경 김성숙 김성자 김순홍 김양옥 김영숙 김영희 김춘희 명은숙 박경자 박둘덕 박선옥 박영화 박차귀 박태량 손윤자 신금순 심점례 양금수 유태자 윤광선 이명자 이소이 이순복 이순종 이영주 이춘심 이칠순 이홍자 임지연 장인숙 전영근 정진화 정홍숙 주선자 최난순 최막이 최영혜 최진심 하정덕 하향심 함형숙 현순옥 홍순억

第19次 정기전국대의원총회(포덕 157년(2016) 3월 26일 _이홍자)

고문 박공주 백덕실 김경렬 김옥희 천보경 조혜숙 강기순 전영혜 차숭례

회장 이홍자

부회장 심점례 홍순억

감사 이순복 류미순

실무위원 총무부장 이미희, 교화부장 정향선, 사업부장 이정녀, 포덕부장 김명덕, 조직부장 장인숙, 재무부장 신주민(사무국장)

상임위원 김명덕 김민경 김순애 김순홍 김영숙 김영희 명은숙 박영화 박징재 박차귀 신주민 심점례 유태자 이미희 이정녀 이홍자 장인숙 정향선 함형숙 현순옥 홍순억

중앙위원 강대순 김경임 김명덕 김명숙 김민경 김성자 김순애 김순홍 김양옥 김영숙 김영희 김춘희 김향기 김형자 명은숙 박노임 박둘덕 박영화 박징재 박차귀 박창옥 손윤자 신정엽 신주민 심점례 유태자 이미희 이순옥 이영주 이영례 이정녀 이춘심 이홍자 장영애 장인숙 전영근 정귀애 정정순 정향선 정홍숙 주선자 최난순 최영주 최영혜 최진심 함형숙 현순옥 황명옥 홍순억

第20차 정기전국대의원총회(포덕 160년(2019) 3월 12일 _박차귀)

고문 백덕실 김경렬 김옥희 천보경 조혜숙 강기순 전영혜 차숭례 이순종

회장 박차귀

부회장 김순홍 박징재

감사 박태량 이미희

실무위원 총무부장 주영선, 교화부장 김미정, 사업부장 소금주, 조직부장 하정덕, 재무부장 신주민, 포덕부장 임남희

상임위원 박차귀 김순홍 박징재 주영선 김미정 소금주 하정덕 신주민 이홍자 심점례 강정옥 김영희 김향기 명은숙 박영화 박혜정 손윤자 조보아 함형숙 황명옥 임남희

중앙위원 강선녀 강정옥 공영희 김경임 김미정 김성자 김순자 김순홍 김영희 김향기 명은숙 문춘옥 박노임 박둘덕 박영화 박징재 박차귀 박혜정 방순남 성경순 소금주 손윤자 신정엽 신주민 심점례 류미순 이복임 이순옥 이윤정 이정녀 이홍자 임남희 장영애 장예성 전영근 정귀애 정남순 정미라 정정순 정홍숙 조보아 주선자 주영선 최영혜 최진심 하정덕 함형숙 현순옥 황명옥

第21차 전국대의원총회(포덕 163년(2022) 3월 25일 _박징재)

고문 백덕실 김옥희 천보경 차숭례 이순종 고윤지 김영숙 이홍자 박차귀

회장 박징재

부회장 고윤옥 김명덕

제21차 전국대의원 총회(포덕 163년 3월 25일, 중앙대교당)

감사	박태량 이미희
실무위원	총무부장 박혜정, 교화부장 조순덕, 포덕부장 한재신, 조직부장 고온자, 재무부장 이순옥, 사업부장 이정녀
상임위원	박징재 고윤옥 김명덕 박혜정 조순덕 이정녀 고온자 한재신 이순옥 신주민 강정옥 문춘옥 박노자 박영화 박징재 박창옥 성경순 손윤자 원정애 장영애 전영근 황명옥
중앙위원	박징재 박혜정 조순덕 한재신 고온자 이정녀 이순옥 신주민 강정옥 문춘옥 박노자 박영화 박창옥 성경순 손윤자 원정애 장영애 전영근 황명옥 공영희 김순자 김정화 김혜영 류미순 박둘덕 박희숙 백영희 신남이 신정엽 심점례 이윤정 임복립 장예성 장정숙 정귀애 정남순 정미라 정홍숙 전남월 주선자 최경자 최영혜 최정옥 최진심 함형숙

제2절 100년간의 창립기념식, 창립에서 99주년까지

천도교여성회가 창립 100주년을 맞이하는 만큼, 100년 중일변의 매듭을 지어 온 역대 창립기념식 행사를 별도로 살펴보는 것도 의의가 클 것으로 보아

독립된 절로 소개키로 한다.

이미 여러 차례 밝힌 바대로, 천도교여성회 100년사는 순탄한 길을 걸어온 역사가 아니라 부침과 명멸을 거듭하고 되풀이해 온 고난 속에 일구어 온 역사였다. 특히 그 시기는 교단 내적인 분란은 물론이고, 일제강점기, 그리고 분단과 전쟁, 산업화의 물결 등 파란만장한 역사와 맞물리며 수많은 자료가 유실되고, 제대로 된 기록을 남길 수 없는 시간의 연속이었다.

따라서, 100회에 걸친 '창립기념식 행사' 중 1/3 정도는 일말의 자료조차 찾을 수 없거나, 아예 개최하지 못하였을 것으로 추정되는 경우에 해당한다. 기록이 없거나 개최된 흔적이 없는 경우 소제목만 밝혀 두었다. 이 또한 천도교여성회 100년사의 일부로, 이 기록에서 '누락되어 공백으로 존재함으로써' 고스란히 그 목소리를 내게 될 것이다. 그러나 우리는 마음의 눈으로, 그 공백에 깃든 천도교여성회 선배들의 성령의 빛을 보고, 마음의 귀로 그 목소리를 들을 수 있을 것이다. 또한 안타까운 교단사의 일부인 구파 여성회도 전체 천도교여성회사의 한 부분으로서, 자료가 있는 것은 반영하여 수록하였다.

천도교여성회 창립(포덕 65년, 1924년 4월 5일 _중앙대교당 _주옥경 _천도교내수단)

※천도교여성회(내수단)의 창립기념일은 4월 5일이다. 이날 12시에 '발회식'을 열어서 창립한 것이다.(『천도교회월보』 163호, 1924.4.15) 그러나 이날은 천도교 창도기념일(천일기념일)이어서 다른 행사들이 많으므로, 이후 여성회 창립기념식은 3월 25일로 앞당겨 기념식을 거행하고 있다.

제1주년 창립기념식(1925년 3월 25일 _주옥경 _천도교내수단)

제2주년 창립기념식(1926년 3월 25일 _주옥경 _천도교내수단)

※포덕 67년(1926) 12월 19일 제4회 천도교내수단 정기총회에서 조보희, 손용화, 신남홍 상무위원 선출(3인 집단지도), 주옥경 고문 추대(일본유학)

제3주년 창립기념식(1927년 3월 25일 _상무위원 _천도교내수단)

※포덕 68(1927) 6월 2일, 천도교여성동맹 결성(박명화 등 10인 집행위원)

제4주년 창립기념식(1928년 3월 25일 _상무위원 _천도교내수단)

※포덕 69년(1928) 4월 4일, 제1회 전국대표대회에서 21인 위원 선출. 상무위원(3인)이 유임된 것으로 보아 이때 21인 위원도(명단 있음) 포덕 67년(1926)에 선출된 것으로 보인다.

제5주년 창립기념식(1929년 3월 25일 _상무위원 _천도교내수단)

※포덕 70년(1929) 4월 4일, 제2회 천도교내수단 전국대표대회에서 김우경 회장 선출

제6주년 창립기념식(1930년 3월 25일 _중앙대교당 _김우경 _천도교내수단)

천도교내수단본부는 창립 제6주년 기념식을 11시 중앙대교당에서 주옥경의 식사(式辭), 정인화의 약력 보고, 정광조 부도령 및 당대표 김기전의 식사로 거행하였다. 오후에는 2백여 명이 '영도사'에서 기념축하연을 거행했다. ※기록상으로 이날까지는 김우경 대표가 회장이다. 주옥경 회장은 이 해 4월 4일 제3회 전국대표대회에서 대표로 선임되었으나, 이날 기념식 '식사'는 주옥경이 한 것으로 기록되어 있다.(『신인간』 및 당시 신문기사)

제3주년 여성동맹(구) 창립기념식(1930년 6월 2일 _천도교여성동맹)

천도교여성동맹은 포덕 71년(1930) 6월 2일 제3주년 창립기념식을 거행했다. 한봉소의 사회로 진행된 이날 행사에서는 김경함, 이병헌의 축사와 함께 최시영의 연혁 보고 등이 있었다. ※포덕 71년(1930) 4월 7일, 천도교여성동맹 정기총회에서 한봉소 등 10인의 중앙집행위원을 선출(집단지도체제)

제7주년 창립기념식(1931년 3월 25일 _주옥경 _천도교내성단)

※맹산 천도교내수단에서 제8주년(7주년의 오기) 창립기념식을 거행한 기록(《동아》)이 있다. 여성회는 포덕 72년(1931) 3월 16일 내수단(신)과 여성동맹(구)이 합동하면서, 명칭을 '천도교내성단'으로 변경하였다. 포덕 72년(1931) 4월 4일, 제1차 천도교내성단 대회에서 주옥경 회장 선출. 이에 앞서 포덕 72년 3월 16일, 천도교내성단 합동대회에서 주옥경 회장 선출

제8주년 창립기념식(1932년 3월 25일 _주옥경 _천도교내성단)

※포덕 73년(1932) 4월 24일 천도교내성단(구) 제2차 대표대회에서 한봉소 대표 선출

제9주년 창립기념식(1933년 3월 25일 _중앙대교당 _주옥경 _천도교내성단)

천도교내성단 제9주년 창립기념식을 11시 중앙대교당에서 거행하였다. 단원의 감상담을 들은 후 '우리의 길'을 합창하고 12시 폐식하였다.(《동아》)

제10주년 창립기념식(1934년 3월 25일 _중앙대교당 _주옥경 _천도교내성단)

천도교내성단 제10주년 창립기념식을 오전 10시 중앙대교당에서 이학득의 사회로 진행했다. 연혁보고를 하고, 성도관정 오상준과 당무 조기간의 축사가 있었으며, 공락가를 합창하고 주악으로 폐식하였다.(《동아》)

※포덕 75년(1934) 4월 4일 천도교내성단 전단대표대회에서 이경숙 회장 선출

제11주년 창립기념식(1935년 3월 25일 _중앙대교당 _이경숙, 천도교내성단)

천도교내성단 제11주년 기념식을 거행하였다.(《조선》)

제12주년 창립기념식(1936년 3월 25일 이경숙, 천도교내성단)

※포덕 77년(1936) 4월 5일 천도교내성단(신) 전단대표대회에서 신남홍 대표 선출

제13주년 창립기념식(1937년 3월 25일 _중앙대교당 _신남홍, 천도교내성단)

천도교내성단 제13주년 창립기념식을 11시에 거행하였다. (〈경도관일지〉)

제14주년 창립기념식(1938년 3월 25일 _신남홍, 천도교내성단)

※포덕 79년(1938) 4월 4일, 천도교내성단 전단대표대회에서 손광화 대표 선출

제15주년 창립기념식(1939년 3월 25일 _중앙대교당 _손광화, 천도교내성단)

천도교내성단 제15주년 창립기념식을 10시 중앙대교당에서 대표 손광화의 집례, 상무위원 김옥의 연혁 보고, 도령 신용구의 축사, 주옥경의 감상담으로 거행하였다.(《동아》) ※(1) 포덕 80년(1939) 4월 4일, 천도교내성단 전단대표대회에서 손광화 대표 선출. (2) 포덕 80년(1939) 천도교여성동맹(구)은 '천도교부인회'로 명칭 변경

제16주년 창립기념식(1940년 3월 25일, 손광화, 천도교내성단)

※포덕 81년(1940) 4월 4일 교단 합동에 따라 포덕 81년(1940) 4월 21일 천도교부인회(구) 천도교내성단(신)이 합동하면서 '천도교내수회'라고 명칭 변경. 천도교내수회 합동대회에서 손광화 대표 선출

제17주년 창립기념식(1941년 3월 25일 _손광화, 천도교내수회)

※포덕 82년(1941) 4월 4일, 제2회 천도교내수회 정기대회에서 손광화 대표 선출

제18주년 창립기념식(1942년 3월 25일 _중앙대교당 _손광화, 천도교내수회)

천도교내수회 전국대회를 창립기념식과 함께 거행하였다. ※1942년 3월 25일 종로경찰서 고등계에 '천도교내수회 대회 경과기록'을 제공한 기록이 보임(〈총부일지〉)

제19주년 창립기념식(1943년 3월 25일 _중앙대교당 _손광화, 천도교내수회)

※포덕 84년(1943) 4월 4일, 천도교내수회 제3차 전회대회를 오후 8시에 의장 주옥경 사회로 개최하고, 예산안과 생활쇄신의 건을 결의하였다.(『신인간』 제175호, 1943.3.15)

제20주년 창립기념식(1944년 3월 25일 _중앙대교당 _손광화, 천도교내수회)

천도교내수회 제20주년 창립기념식을 11시 중앙대교당에서 개최하였다.(《조선》)

제21주년 창립기념식(1945년 3월 25일 _손광화, 천도교내수회)

제22주년 창립기념식(1946년 3월 25일 _손광화, 천도교내수회)
※포덕 87년(1946) 4월 5일, 전국대표대회에서 주옥경 선임

제23주년 창립기념식(1947년 3월 25일 _주옥경, 천도교내수회)

제24주년 창립기념식(1948년 3월 25일 _주옥경, 천도교내수회)

제25주년 창립기념식(1949년 3월 25일 _교무원실 _주옥경, 천도교내수회)
천도교내수회 제25주년 창립기념식을 교무원실에서 봉행하였다.(〈현기실일지〉〈교화원일지〉) ※포덕 90년(1949) 3월 21일 천도교내수회 총회에서 주옥경 회장 선출

제26주년 창립기념식(1950년 3월 25일 _중앙대교당 _주옥경, 천도교내수회)
천도교내수회 제26주년 창립기념식을 거행하였다.(〈현기실일지〉 외)

제27주년 창립기념식(1951년 3월 25일, 피란 중 _주옥경, 천도교내수회)

제28주년 창립기념식(1952년 3월 25일, 피란 중 _주옥경, 천도교내수회)

제29주년 창립기념식(1953년 3월 25일 _피란 중 _주옥경, 천도교내수회)
※이 해 초에 주옥경 회장이 피난지 진천에서 신년사 발표(『신인간』196호, 1953년 신년호)

제30주년 창립기념식(1954년 3월 25일 _중앙대교당 _주옥경, 천도교내수회)
천도교내수회 제30주년 창립기념식을 거행하였다.(〈교화원일지〉)

제31주년 창립기념식(1955년 3월 25일 _주옥경, 천도교내수회)

제32주년 창립기념식(1956년 3월 25일 _주옥경, 천도교내수회)

제33주년 창립기념식(1957년 3월 25일 _주옥경, 천도교부인회)

제34주년 창립기념식(1958년 3월 25일 _주옥경, 천도교부인회)
※포덕 99년(1958) 1월 26일 확대중앙위원회에서 주옥경 회장 등 임원 선출

제35주년 창립기념식(포덕 100년, 1959년 3월 25일 _주옥경, 천도교부인회)

제36주년 창립기념식(1960년 3월 25일 _주옥경, 천도교부인회)

제37주년 창립기념식(1961년 3월 25일 _주옥경, 천도교부인회)

제38주년 창립기념식(1962년 3월 25일 _주옥경, 천도교부인회)

제39주년 창립기념식(1963년 3월 25일 _주옥경, 천도교부인회

제40주년 창립기념식(1964년 3월 25일 _주옥경, 천도교부인회)

제41주년 창립기념식(1965년 3월 25일 _주옥경, 천도교부인회)

제42주년 창립기념식(1966년 3월 25일 _주옥경, 천도교부인회)

제43주년 창립기념식(1967년 3월 25일 _주옥경, 천도교부인회)
※포덕 104년(1963) 4월 28일 중앙확대위원회에서 주옥경 회장 선출

제44주년 창립기념식(1968년 3월 25일 _중앙대교당 _주옥경, 천도교부인회)
※포덕 109년(1968) 9월 29일, 제1차 천도교여성회 중앙상임위원회(제1차 여성회 전국대의원대회)에서 주옥경 천도교여성회 회장 선출. 포덕 109년(1968) 9월 15

제48주년 창립기념식에 참여한 여성회 임원진(포덕 113년 3월 25일, 수운회관 2층 대강당)

일 중앙확대위원회에서 '천도교부인회'를 '천도교여성회'로 명칭 변경

제45주년 창립기념식(1969년 3월 25일 _중앙대교당 _주옥경, 천도교여성회)

제45주년 창립기념식에서, 여성회가 주옥경 회장에게 '성덕사(成德師)' 존칭 및 훈장을 수여하였다.(『신인간』)

제46주년 창립기념식(1970년 3월 25일 _주옥경, 천도교여성회)

※포덕 111년(1970) 4월 6일, 제2차 여성회 전국대의원대회에서 주옥경 회장 선출

제47주년 창립기념식(1971년 3월 25일 _주옥경, 천도교여성회)

※포덕 112년(1971) 6월 20일, 중앙확대위원회에서 최시영 회장 선출(주옥경 회장, 종법사 추대 후 사임에 따라)

제48주년 창립기념식(1972년 3월 25일 _수운회관 대강당 _최시영, 천도교여성회)

제48회 창립기념식을 다수 회원이 참석한 가운데 수운회관 2층 대강당에서 거행하였다. 전초련의 집례로 교회의식 후 강기순의 사계명 낭독, 김옥희의 강령낭독, 전초련의 연혁보고에 이어 최시영 회장이 식사를 하였다. 이어

서 교령과 종무원장 격려사, 천덕송합창에 이어 주옥경 명예회장의 만세삼창으로 폐식하였다. 폐식 후에는 자축연과 기념촬영을 하였다.(『신인간』)

제49주년 창립기념식(1973년 3월 25일 _중앙대교당 _최시영, 천도교여성회)

제49주년 창립기념식을 거행하였다.(『신인간』) ※포덕 114년(1973) 제4차 여성회 전국대의원대회에서 최시영 회장 선출

제50주년 창립기념식(1974년 3월 25일 _중앙대교당 _최시영, 천도교여성회)

총부 임직원 등 300여 명이 참석하여 제50주년 창립기념식을 거행했다. 주옥경 명예회장 등 여성회 발전에 공로가 큰 회원들에게 감사패와 공로메달을 수여했다. 이날 행사는《KBS》와《중앙일보》등 언론에 보도되었다. 이날의 수상자는 다음과 같다. 감사패 주옥경, 공로메달 권태화 양이제 최중화 최동화 방화집 차기숙 조덕자 김용화 손용화 김병화 윤농주 최시영 김효순 김태화 오명조 성창화(환원) 장남이(환원) 박현화(환원), 지부 표창 영등포지부, 부산시지부 (『신인간』,《조선》)

제51주년 창립기념식(1975년 3월 25일 _중앙대교당 _최시영, 천도교여성회)

제51주년 창립기념식을 회원 70명이 참석하여 거행하였다.(『신인간』)

제52주년 창립기념식(1976년 3월 25일 _중앙대교당 _최시영, 천도교여성회)

※분규(최덕신)와 관련하여, 3월 9일 주옥경 명예회장이 전국 여성회원에게 효유문 발표

제53주년 창립기념식(1977년 3월 25일 _중앙대교당 _최시영, 천도교여성회)

제53주년 창립기념식을 거행하였다. 식후에 200여 명의 회원과 교인이 자축 다과회를 개최하였다.(『신인간』) ※포덕 119년(1978) 5월 7일, 제5차 여성회 전국대의원대회에서 김정숙 회장 선출

위: 제50주년 창립기념식 (포덕 115년 3월 25일, 중앙대교당)

왼쪽: 제50주년 창립기념식에서 감사패를 받은 주옥경 명예고문과 공로메달을 받은 여성회 원로들(포덕 115년 3일 25일, 중앙대교당)

제54주년 창립기념식(1978년 3월 25일 _중앙대교당 _김정숙, 천도교여성회)

창립 제54주년 기념식을 200여 명이 참석하여 거행하였다.(『신인간』)

제55주년 창립기념식(1979년 3월 25일 _중앙대교당 _김정숙, 천도교여성회)

제55주년 창립기념식을 거행하였다.(『신인간』)

제56주년 창립기념식(1980년 3월 25일 _중앙대교당 _김정숙, 천도교여성회)

제56주년 창립기념식을 거행하였다.(『신인간』, 《천도교월보》) ※포덕 121년(1980) 5월 9일, 제6차 여성회 전국대의원대회에서 전초련 회장 선출

제57주년 창립기념식(1981년 3월 30일 _중앙대교당 _전초련, 천도교여성회)

제57주년 창립기념식을 재경회원 3백 명과 지방회원 70명, 내빈 등 4백여 명이 참석하여 개최하였다.(《천도교월보》) ※3월 25일이 국회의원 선거일인 관계로 30일에 거행(『신인간』)

제58주년 창립기념식(1982년 3월 25일 _중앙대교당 _전초련, 천도교여성회)

제58주년 창립기념식을 거행하였다. 식후에 이소원 회원이 체험담 발표를 하였다.(『신인간』, 《천도교월보》)

제59주년 창립기념식(1983년 3월 25일 _중앙대교당 _전초련, 천도교여성회)

제59주년 창립기념식을 대교당에서 2백 명이 참석하여 거행하였다.(『신인간』) ※포덕 124년(1983) 4월 13일, 제7차 여성회 전국대의원대회에서 전초련 회장 재선

제60주년 창립기념식(1984년 3월 25일 _총부별관 _전초련, 천도교여성회)

제60주년 창립기념식을 우이동 총부별관에서 약 5백명이 참석하여 거행하였다. 식후에는 학술연구발표회를 개최하였다. 이달 22일부터 전국 35개 지부 회원 95명이 4일간 수련강도회를 개최하였다.(『신인간』, 《천도교월보》)

제60주년 창립기념식(포덕 125년 3월 25일, 우이동 총부별관 앞)

제61주년 창립기념식(1985년 3월 25일 _중앙대교당 _전초련, 천도교여성회)

제61주년 창립기념식을 150명이 참석한 가운데 거행하였다.(《천도교월보》) ※포덕 126년(1985) 6월 29일, 전초련 회장 중도 사임에 따라, 확대중앙위원회(제8차 여성회 임시전국대의원대회)에서 박공주 회장 보선

제62주년 창립기념식(1986년 3월 25일 _중앙대교당 _박공주, 천도교여성회)

300여 명의 회원이 참석한 가운데 제62주년 창립기념식을 거행했다. 기념식 후에는 여성회 7개 지부 12명의 설교자가 참가한 가운데 모의설교대회를 진행했다.('문화사업' 편 참조) ※포덕 127년(1986) 4월 16일, 제9차 여성회 전국대의원 대회에서 박공주 회장 선출

제63주년 창립기념식(1987년 3월 25일 _중앙대교당 _박공주, 천도교여성회)

여성회 원로와 본부 및 지부 임원, 전국 지부 회원 등 200여 명이 참석한 가운데 제63주년 창립기념식을 거행했다. 이날의 수상자는 다음과 같다. 효부상 박명옥(사내), 공로상 박용래 안선희(이상 춘천), 장춘여 정복연(이상 사내). 이날 오후에는 6개 지부에서 9명의 여성회원이 참가한 가운데 모의설교대회가 열렸

제66주년 창립기념식(포덕 131년 3월 25일, 중앙대교당)

다.('문화사업' 편 참조)

제64주년 창립기념식(1988년 3월 25일 _중앙대교당 _박공주, 천도교여성회)

전국에서 200여 명의 회원이 참석한 가운데 제64주년 창립기념식을 거행했다. 기념식에 이어 오후에는 6개 지부에서 8명의 여성 설교자가 참가한 가운데 모의설교대회를 진행했다.

제65주년 창립기념식(1989년 3월 25일 _중앙대교당 _박공주, 천도교여성회)

제65주년 창립기념식 식후에는 예년과 같이 모의설교대회를 개최했다.('문화사업' 편 참조) ※포덕 130년(1989) 4월 21일, 제10차 여성회 전국대의원대회에서 김경렬 회장 선출

제66주년 창립기념식(1990년 3월 25일 _중앙대교당 _김경렬, 천도교여성회)

오익제 교령, 김경렬 회장을 비롯한 200여 명의 회원과 교인이 참석한 가운데 제66주년 창립기념식을 거행했다. 수상자는 다음과 같다. 우수지부상 한강지부, 공로상 박정례(부산시), 김광식(영등포), 김추자(북부산), 임연덕(대전), 김영

선(동대문), 효부상 박심연(포상), 정재필(춘천), 김광자(강서), 정영엽(고현)

第67주년 창립기념식(1991년 3월 25일 _중앙대교당 _김경렬, 천도교여성회)

第67주년 창립기념식을 200여 명의 회원과 총부 임직원 등이 참석한 가운데 김경렬 회장의 기념사와 오익제 교령 축사, 표창패 수여 등의 순으로 진행했다. 표창패는 여성회(지부) 발전에 공로가 큰 이영재(영등포), 정홍숙(울산)에게 주어졌다. 오후에는 기념행사로 내칙·내수도문 반포 100주년 기념 학술발표회를 진행했다.('학술발표' 편 참조)

第68주년 창립기념식(1992년 3월 25일 _중앙대교당 _김경렬, 천도교여성회)

第68주년 창립기념식을 거행하고 여성회 발전을 다짐했다. 총부 임직원과 전국 지부 여성회원 등 2백여 명이 참석한 기념식은 김경렬 회장의 기념사, 오익제 교령 축사, 우수지부 및 효부상 대한 표창 등으로 진행됐다. 식후에는 조동원 가리산수도원장이 '오심즉여심, 동귀일체'라는 제목으로 기념강연을 했으며, 강연 후 수운회관 지하식당에서 자축회를 하였다. 이날의 수상자는 다음과 같다. 우수지부상 부산시지부, 의정부지부, 공로상 김춘자(남부산), 황외선(부산시), 정순점(선구), 두병례(북부산), 이금옥(화천), 강순연(춘천), 효부상 김정신(서울시), 이순순(고현), 이장엽(한강), 라봉린(온양) ※포덕 133년(1992) 제11차 여성회 전국대의원대회에서 김경렬 회장 재선

第69주년 창립기념식(1993년 3월 25일 _중앙대교당 _김경렬, 천도교여성회)

第69주년 창립기념식을 전국 지부 2백여 명의 회원들이 참석한 가운데 김경렬 회장의 기념사와 오익제 교령, 김현국 종법사, 강정원 한국종교여성협의회 회장의 축사로 진행됐다. 기념식 후 체험담과 성공사례를 조준희(서울시), 이영이(동서울), 김순련(한강), 박혜정(영등포) 등이 발표했다. 이어 낙원장에서 자축연을 가졌다. 이날의 수상자는 다음과 같다. 모범지부상 남해지부, 마산시지부, 효부상 이미희(마포), 홍신자(북부산), 김진옥(인천), 공로상 김항결(용산), 오희복(남부산), 정주이(영산)

제69주년 창립기념식(포덕 134년 3월 25일, 중앙대교당)

제70주년 창립기념식(1994년 3월 25일 _중앙대교당 _김경렬, 천도교여성회)

제70주년 창립기념식을 오익제 교령, 중앙총부 임직원, 여성회 원로 고문, 내외 귀빈 등 2백여 명이 참석한 가운데 거행했다. 김경렬 회장은 기념사에서 "(여성회의) 70년간의 빛나는 발자취를 비춰봄으로써 명예스러운 긍지를 가지는 한편, 우리의 사명이 무엇인지 거듭 깨닫고 앞으로 나아갈 길과 해야 할 일에 대한 굳은 다짐이 요구된다"고 강조했다. 기념식 후 여성회 지부 발전 성공 사례 및 체험담 발표가 있었으며 후 낙원장에서 축하연을 가졌다. 이날의 수상자는 다음과 같다. 모범지부상 동서울지부, 효부상 정재순(온양), 박재순(고현), 조현옥(마산), 공로상 윤재심(서울시), 이옥순(동대문), 박옥규(대전), 유숙희(춘천), 포덕상 김순녀(의정부)(『신인간』)

제71주년 창립기념식(1995년 3월 25일 _중앙대교당 _김경렬, 천도교여성회)

제71주년 창립기념식을 김재중 교령을 비롯한 여성회원 200여 명이 참석한 가운데 유금희 총무부장의 사회로 의식에 이어 사계명 낭독, 강령 낭독, 연혁 보고, 김경렬 회장 기념사, 김재중 교령 축사, 천덕송합창 순으로 진행했다. 김경렬 회장은 기념사에서 "성지인 경북 금릉군 구성면 복호동에 스승님의 뜻을

제70주년 창립기념식(포덕 135년 3월 25일, 중앙대교당)

살리기 위해 3년 전부터 우리 여성회원의 정성을 모아 여성의 수도원을 건립" 하고 있다고 밝히고, "지난 3월 8일에 기공되어 현재 회원님들의 정성으로 한 장 한 장 벽돌이 쌓아져 수도원 면모를 갖추고 있다"고 말했다. "5년 전 우리의 힘으로 비(내칙내수도문 100주년)를 세웠듯이 여성의 수도원 역시 우리 여성 전체가 참여하여 우리의 힘으로 지어 놓을 때 먼 훗날 10년, 20년, 50년 후를 생각할 수 있을 것이다"라고 강조했다. 수상자는 다음과 같다. 모범지부상 관의지부, 효부상 이현숙(영등포), 신남옥(북부산), 공로상 양정순(서울), 백실제(용산), 이분희(부산시), 이복려(남부산), 양순덕(광주), 유금희(본부) (『신인간』) ※포덕 136년(1995) 4월 27일, 제12차 여성회 전국대의원대회에서 천보경 회장 선출

제72주년 창립기념식(1996년 3월 25일 _중앙대교당 _천보경, 천도교여성회)

제72주년 기념식을 전국 지부 300여 명의 회원이 참석한 가운데 이순종 총무부장의 사회로 거행했다. 천보경 회장은 기념사에서 뜻깊은 날을 맞아 세계평화와 평화적인 남북통일, 교회 및 여성회 발전, 자아완성, 도가완성을 위해 한마음 한 뜻으로 정성을 다할 것을 다짐했다. 김재중 교령 격려사, 이연숙 한국여성단체협의회 회장, 김몽은 한국종교인협의회 회장, 강정원 한국종교여

성협의회 회장의 축사, 상패 수여, 천덕송합창이 이어졌다. 이날의 수상자는 다음과 같다. 모범지부상 대전지부, 공로패 김경렬(복호동수도원장), 전영혜(서대문), 이희순(서울), 효녀상 김동순(마포) (《천도교월보》)

제73주년 창립기념식(1997년 3월 25일 _중앙대교당 _천보경, 천도교여성회)

제73주년 창립기념식을 전국 지부 회원 300여 명이 참석한 가운데 교회 의식에 이어 고윤지 교화부장의 사계명 낭독, 김순홍 재무부장의 강령 낭독, 연혁보고, 표창패 수여, 천보경 회장 기념사, 김재중 교령 격려사, 강정원 한국종교여성협의회 회장과 최영희 한국여성단체협의회 부회장의 축사로 진행됐다. 기념식 후에 '수운대신사와 해월신사의 사상에서 살펴본 여성에 대한 이해'라는 주제로 차옥숭 교수가 기념강연을 했다. 이날의 수상자는 다음과 같다. 모범지부상 서울시지부, 대구시지부, 용담지부, 공로상 김경례(아산), 정순자(선구), 이은혜(의정부), 이의순(영등포), 윤상선(삼천포), 김영선(동대문), 이경화 천덕송 강사(성남), 효부상 오진자(용담), 양영자(춘천) (『신인간』)

제74주년 창립기념식(1998년 3월 25일 _중앙대교당 _천보경, 천도교여성회)

제74주년 창립기념식을 여성회원, 일반교인, 내빈 등 200여 명이 참석한 가운데 연혁보고와 천보경 회장의 기념사, 김재중 교령의 격려사, 강정원 한국종교협의회 회장, 김몽은 한국종교인평화회의 회장, 정영숙 한국여성단체협의회 수석부회장의 축사, 상패 수여 등으로 거행했다. 수상자는 다음과 같다. 모범지부상 부산남부지부, 인천지부, 공로상 조준희(서울) 김정자(영등포) 김상녀(동대문) 김탄실(천정) 전옥순(익산) 함형숙(춘천), 효부상 허양선(고현) 강봉지(동부산), 감사패 김영백 (『신인간』) ※포덕 139년(1998) 3월 31일, 제13차 여성회 전국대의원대회에서 조혜숙 회장 선출

제75주년 창립기념식(1999년 3월 25일 _중앙대교당 _조혜숙, 천도교여성회)

제75주년 창립기념식은 서울 인근 지역 여성회원과 내빈 등 200여 명이 참석한 가운데 식전공연으로 여성합창단이 〈축하의 노래〉를 부른 후, 고윤지 총무부장의 사회로 시작됐다. 교회의식에 이어 김영숙 포덕부장의 사계명 낭독,

김순홍 교화부장의 강령 낭독, 전영혜 부회장의 연혁보고, 조혜숙 회장의 기념사, 김광욱 교령의 격려사, 상패 수여, 천덕송합창이 이어졌다. 이날의 수상자는 다음과 같다. 공로패 윤길선(대구시), 양금순(성남), 표창패 박차귀(부산시), 김용태(남부산), 효부상 서미연(북부산)(『신인간』《천도교월보》)

第76주년 창립기념식(2000년 3월 25일 _중앙대교당 _조혜숙, 천도교여성회)

第76주년 창립기념식을 150명의 여성회원들이 참석한 가운데 거행했다. 조혜숙 회장은 기념사에서 "고난의 20세기를 보내고 희망의 21세기를 맞은 지금 우리 천도교 여성은 자랑스러운 역사에만 의존하지 말고 스승님의 가르침에 부끄럼 없는 후학이 되도록 노력하자"고 강조했다. 우수지부와 모범회원상 수상자에게는 기념패와 금으로 된 궁을 배지를 부상으로 수여하고, 지부에는 기념패와 금일봉을 각각 수여하였다. 이날의 수상자는 다음과 같다. 우수지부상 고현지부, 아산지부, 북부산지부, 동대문지부, 공로상 김진순(공항), 송기분(영등포), 이활순(남해), 효녀상 이정순(마포). 오후에는 역대 여성회장 열네 분의 사진 봉안식(여성회본부 사무실)을 거행했다.('선양사업' 편 참조)

第77주년 창립기념식(2001년 3월 25일 _중앙대교당 _조혜숙, 천도교여성회)

이날 기념식에는 여성회원 등 200여 명이 참석했다. 조혜숙 회장은 "여성회 창립 77주년을 맞아 선배들의 자랑스러운 역사를 빛내고 새로운 시대에 부합하는 성숙한 모습의 여성회가 되자"고 강조했다. 이날 상패를 받은 수상자는 다음과 같다. 공로상 홍순경(인천), 정순자(선구), 정갑순(영등포), 감사패 김탄실(천정), 효부상 김종숙(서대문) ※포덕 142년(2001) 3월 30일, 제14차 여성회 전국대의원총회에서 고윤지 회장 선출

第78주년 창립기념식(2002년 3월 25일 _중앙대교당 _고윤지, 천도교여성회)

第78주년 창립기념식은 김철 교령, 김승복 연원회 의장, 여성회 고문 및 임원진, 각 지부회장, 여성회원 등 200여 명이 참석한 가운데 김순홍 총무부장 집례로 진행됐다. 이날의 수상자는 다음과 같다. 모범지부상 영등포지부, 도가완성상 오진자(용담), 김춘월(관의), 하복심(선구), 포덕교화상 김순여(춘천), 공

제79주년 창립기념식(포덕 144년 3월 25일, 중앙대교당) 축하공연을 선보인 여성회 풍물놀이패

로상 박상점(삼천포), 소경희(마포교구). 기념식 후에 상황극(〈우리들의 명절, 너희들의 명절〉) 공연, 다 함께 노래 부르기, 연합합창단 발표회 등 다채로운 기념공연이 진행되었다. 행사는 전국의 많은 회원이 참여하도록 기획했으나 실제 서울 인근지부 회원 참여에 그친 점, 각 부문의 전문가 부족 등이 과제로 부각됐다. 그럼에도 불구하고 78주년 기념행사는 여성회가 나아가야 할 지향점, 새로운 출발점을 보여주었다는 데 의의가 있었다. 기념식 하루 전(3.24, 일)에는 중앙대교당에서 '사진으로 본 여성회 창립기념일' 사진 전시회를 열었고, 기념식 날에는 대교당 앞마당에서 유기농산물 홍보와 판매를 진행했다.

제79주년 창립기념식(2003년 3월 25일 _중앙대교당 _고윤지, 천도교여성회)

제79주년 창립기념식을 200여 명의 회원, 교인, 내빈이 참석한 가운데 거행했다. 고윤지 회장은 기념사에서 "올해 사업목표를 '지부 활성화'로 정한 만큼 각 지부에 필요한 지원을 아끼지 않을 것"을 약속했다. 이날의 수상자는 다음과 같다. 모범지부상 선구지부, 도가완성상 안병순(영등포), 포덕교화상 이성자(공주), 강대순(당산), 윤상선(삼천포). 2부 기념행사에서는 노래 함께 부르기, 중창, 시조창 등에 이어 한강지부 여성풍물패의 흥겨운 놀이마당이 펼쳐졌다. 또 기념식에서는 각 지부 회원들의 창작품이 전시되었는데, 8폭 병풍을 비롯하여 손뜨개, 양초공예, 한지공예, 꽃꽂이, 도자기, 그림 등은 전시와 함께 판매도 진행하였다.

제80주년 창립기념식(2004년 3월 25일 _중앙대교당 _고윤지, 천도교여성회)

천도교여성회는 제80주년 창립기념식을 전국에서 여성회원들과 교인, 내·외빈 등 400여 명이 참석한 가운데 기념사와 축사 외에 여성회원이 준비한 축시 낭송과 '영상으로 보는 여성회 80년' 등 이색적인 프로그램이 진행했다. 이날의 수상자는 다음과 같다. 모범지부상 관의지부, 부산시지부, 남해지부, 공로상 김동순(마포), 이영주(용담), 서오순(익산), 포덕교화상 박성자(동부산), 최영경(영등포). 기념식 후 수운회관 1층 강당으로 자리를 옮겨 뷔페식 점심식사와 함께 부채춤 공연과 중창, 가야금 병창, 사물놀이 공연 등 다채로운 문화행사를 즐겼다. 이번 행사에 부산여성연합회와 남해 지역 4개 교구 여성회원들은 각각 버스를 대절하여 참석하는 등 그 어느 때보다 '함께하는 기념행사'로서의 의의가 돋보였다. ※포덕 145년(2004) 제15차 여성회 전국대의원총회에서 고윤지 회장 재선

제81주년 창립기념식(2005년 3월 25일 _중앙대교당 _고윤지, 천도교여성회)

제81주년 창립기념식을 전국의 지부회장 및 회원들과 내빈 등 400여 명이 참석한 가운데 거행하고, 초대회장 주옥경 종법사의 전기(傳記) 『천도교 여성운동의 선구자 수의당 주옥경』을 헌정했다. 집필자 김응조 선도사에게는 감사패가 수여되었으며, 여성회 81년과 주옥경 종법사의 약력을 소개하는 영상이 발표되었다. 일대기는 역사의 뒤안길에 묻혀 있던 의암성사의 독립운동, 천도교 여성운동 관련 귀중 사료로서 언론에서도 주목을 받았다. 기념식을 전후로 대교당 앞마당에는 전국 지부에서 참여하여 우리 농산물로 만든 먹거리를 판매하는 한울장터가 열렸다.

제82주년 창립기념식(2006년 3월 25일 _중앙대교당 _고윤지, 천도교여성회)

천도교여성회는 제82주년 창립기념식을 중앙대교당에서 거행했다. 부산연합회 회원들이 대거 참석한 것을 비롯하여, 200여 명의 회원과 교인, 내빈들이 자리를 빛냈다. 이날 수상자는 다음과 같다. 모범지부상 북부산지부, 성남지부, 공로상 김동순 전 한마음봉사단 단장. 기념식 후에는 서울·부산 연합합창

제80주년 창립기념식(포덕 145년 3월 25일, 중앙대교당)

제81주년 창립기념식 및 수의당 주옥경 회장 출판기념회(포덕 146년 3월 25일, 중앙대교당)

단의 축하공연, 여성회 활동 영상(슬라이드)이 펼쳐졌다. 한편 대교당 앞마당에서는 서울 인근지부에서 한울 먹거리와 농산물을 현지 직송하여 판매하는 한울장터를 개장하였고, 대학생단은 일일찻집을 운영하였다.

第83주년 창립기념식(2007년 3월 25일 _중앙대교당 _고윤지, 천도교여성회)

천도교여성회는 제83주년 창립기념식을 거행했다. 식후에는 여성 원로 34명의 구술 기록을 담은 『한울님 은덕으로 살아온 내 인생』 출판기념회를 진행했다. 이날 행사에서는 숨 가쁘게 달려온 포덕 145년(2004)~147년(2006)까지의 여성회 활동상을 상영하고 서울연합합창단과 부산연합합창단의 축하공연이 펼쳐졌다. 또 『한울님 은덕으로 살아온 내 인생』의 여성 원로 34명이 영상으로 소개되었으며, 고윤지 회장은 전초련 고문에게 녹취록을 헌정했다. 이날의 수상자는 다음과 같다. 모범지부상 마포지부, 포덕교화상 김성자(영등포), 이영주(용담), 최용순(동작), 공로상 이칠순(남부산), 노은정(서울교구). 대교당 앞마당에는 예년과 같이 한울장터가 열려 잔치 분위기를 자아냈다. ※포덕 148년(2007) 3월 30일, 제16차 여성회 전국대의원총회에서 김영숙 회장 선출

第84주년 창립기념식(2008년 3월 25일 _중앙대교당 _김영숙, 천도교여성회)

제84주년 창립기념식을 거행했다. 김영숙 회장은 기념사를 통해 "교역자 양성 교육사업에 적극 동참하여 한 단계 도약하는 여성회가 되자"고 강조했다. 이날의 수상자는 다음과 같다. 모범지부상 삼천포지부, 포덕교화상 김종례(남부산), 김명덕(한강), 박둘덕(삼천포). 대교당 앞마당에서는 한울장터가 열려 각 지부에서 준비한 농수산물과 식품 등을 판매됐다.

第85주년 창립기념식(2009년 3월 25일 _중앙대교당 _김영숙, 천도교여성회)

제85주년 창립기념식을 김동환 교령을 비롯한 총부직원과 일반교인 및 지부 회원 등 150여 명이 참석한 가운데 거행했다. 기념식에서는 포덕 149년도 여성회 활동이 영상으로 상영됐다. 이날의 수상자는 다음과 같다. 모범지부상 인천지부, 공로상 이경화(성남), 포덕교화상 이필순(춘천), 공영희(영등포), 강경애(부산시), 박창옥(의정부). 기념식 후에는 서울 및 부산 연합합창단의 축하공연

제84주년 창립기념식 (포덕 149년 3월 25일, 중앙대교당)

이 진행됐다. 중앙대교당 앞마당에서는 서울 인근지부에서 해마다 실시해 온 한울장터가 열렸다.

제86주년 창립기념식(2010년 3월 25일 _중앙대교당 _김영숙, 천도교여성회)

제86주년 창립기념식을 거행했다. 기념식 후 여성회 원로의 삶과 신앙생활을 담은 체험록 『한울마음 여인들』 출판기념식이 열렸다. 김영숙 회장은 백덕실 고문에게 도서를 헌정했으며, 녹취록 제작 과정과 여성회 3년간의 활동이 각각 영상으로 상영됐으며, 대교당 앞마당에서는 한울장터가 열렸다. 이날의 수상자는 다음과 같다. 모범지부상 남해지부, 공로상 성기남(전 복호동수도원장), 김순련(한강), 노주숙(부산시), 포덕교화상 박노정(대전), 함형숙(춘천), 서경옥(전주) ※포덕 151년(2010) 3월 30일, 제17차 여성회 전국대의원총회에서 이순종 회장 선출

제87주년 창립기념식(2011년 3월 25일 _중앙대교당 _이순종, 천도교여성회)

제87주년 창립기념식을 임운길 교령을 비롯한 교인들과 여성회 고문 및 원로, 여성회원 등 300여 명이 참여한 가운데 거행했다. 부산연합회에서는 버스

를 대절하여 기념식에 참석했다. 이날 행사에서는 포덕 65년(1924)부터 현재까지의 여성회 변천사가 상영되었으며, 이순종 회장은 기념사를 통해 "숙원사업인 여성회관 건립 원년의 해로 정하여 전심전력하겠다"고 밝혔다. 식후에 부산연합합창단과 서울연합합창단의 발표회가 진행됐으며, 대교당 앞마당에서 열린 한울장터에는 서울 인근지부 및 부산연합, 남해지부 등 13개 지부에서 먹을거리, 농수산물 등을 판매했다.

제88주년 창립기념식(2012년 3월 25일 _중앙대교당 _이순종, 천도교여성회)

제88주년 창립기념식을 임운길 교령 등 교인과 고문 및 원로, 여성회원, 교인 등 400여 명이 참석한 가운데 중앙대교당에서 거행했다. 식전공연으로 여성회 연합합창단과 서울교구합창단이 축가를 불렀으며, 기념식은 여성회장의 기념사, 교령의 격려사, 이영복 종법사의 인사말, 여성회의 변천사 상영이 진행됐다. 대교당 앞마당에서는 한울장터가 열려 서울, 경기 인근지부 등 10개 지부에서 먹거리와 농산물을 판매하며 축제 분위기를 돋우었다. 영등포지부는 모범지부상을, 김경임(동부산)이 공로상을 받았다.

제89주년 창립기념식(2013년 3월 25일 _중앙대교당 _이순종, 천도교여성회)

제89주년 창립기념식을 중앙대교당에서 거행했다. 인근지부 회원과 교인, 내빈 등 400여 명이 참석했다. 연합합창단의 축하공연과 일본 신호교구 문양자 동덕에게 공로패 시상 등이 진행됐다. 대교당 앞마당에서는 예년과 같이 한울장터가 열렸다. ※포덕 154년(2013) 3월 29일, 제18차 여성회 전국대의원대회에서 이순종 회장 재선

제90주년 창립기념식(2014년 3월 25일 _중앙대교당 _이순종, 천도교여성회)

제90주년 창립기념식을 고문 및 원로, 인근지부 회원 및 교인 등 600여 명이 참석한 가운데 거행했다. 1부에서는 여성회 90년 변천사가 상영되었고, 사가(師家)의 기풍을 수호한 종부(宗婦) 최말란(용담), 최영혜(성동), 진문희(서울시), 윤명석(서울시) 동덕에게 공로상이 수여됐다. 2부는 김민경 상임위원의 축시, 서울연합합창단과 부산연합합창단의 축하공연과 기념강연(여성회의 탄생 배경과

제90주년 창립기념식 참석자(포덕 155년 3월 25일, 중앙대교당)

역사를 통한 비전/윤석산)이 있었다.(『신인간』《천도교신문》)

제91주년 창립기념식(2015년 3월 25일 _중앙대교당 _이순종, 천도교여성회)

제91주년 창립기념식은 여성회 고문 및 원로, 회원 등 300여 명이 참석한 가운데 1부와 2부로 나뉘어 진행됐다. 1부에서는 포덕 65년(1926)부터 포덕 155년(2014)까지의 여성회 변천사가 상영되었으며, 오희복(남부산), 이칠성(포상), 김경례(아산), 김민경(부안)에게 공로상이 수여됐다. 2부에서는 서울연합합창단의 축하공연이 진행됐다.

제92주년 창립기념식(2016년 3월 25일 _중앙대교당 _이순종, 천도교여성회)

제92주년 창립기념식을 인근지부 회원 등 300여 명이 참석한 가운데 진행했다. 이순종 회장은 기념사에서 "새로 선출된 교령님을 모시고 모든 부서가 새로운 진영으로 새 출발을 시작"한다고 강조하고 "쇠운이 지극하면 성운이 온다는 경전의 말씀을 희망으로 새기며 기도의 힘으로써 교회와 나라, 세상을 살리는 여성회가 되기를 간곡히 심고 드리며, 그동안 정성으로 협력해 주신 모든 존경하는 전국 여성회원들께 머리 숙여 큰절을 드린다"고 인사했다. 이날의 수상

제92주년 창립기념식(포덕 157년 3월 25일, 중앙대교당)

자는 다음과 같다. 이분희 박정례(이상 부산시), 허양선(고현), 이정지(포상), 전옥순(익산), 김정자(광주), 하달막(남해). 축하공연은 여성합창단이 진행했다. ※포덕 157년(2016) 3월 26일, 제19차 여성회 전국대의원총회에서 이홍자 회장 선출

제93주년 창립기념식(2017년 3월 25일 _중앙대교당 _이홍자, 천도교여성회)

제93주년 창립기념식을 전국에서 모인 여성회원 및 교인 180여 명이 참석한 가운데 거행했다. 1부는 이홍자 회장의 기념사와 이정희 교령의 격려사, 이영복 종법사의 축사, 영상으로 보는 여성회 등으로 진행됐다. 2부 축하행사는 서울·부산 연합합창단이 〈한울세상〉, 〈황혼의 노래〉, 〈울산아가씨〉 등을 공연하였다. 한편 이날 기념식 후 주옥경 종법사에 대한 역사왜곡 망언 규탄 성명을 발표하였다. 천도교인과 천도교 여성들은 물론 일반 시민들의 분노를 자아내어, 결국 명예훼손으로 고소당한 설민석은 후손과 유족들에게 손해배상을 한 데 이어, 천도교를 찾아와 사죄하고, 재발 방지를 약속하였다. 이는 역사학 교수 신복룡이 포덕 142년(2001) 8월 4일자 《동아일보》 기사에서 민족대표 33인과 3·1운동의 연관성을 축소 왜곡한 일에 대해서 여성회에서 총부의 대응을 지지하고, 그 실상을 정리한 자료를 전국 지부에 발송하여 회원들에게

제93주년 여성회 창립기념식(포덕 158년 3월 25일, 중앙대교당)

정확한 역사를 다시 한번 상기시켰던 이후 처음 진행한 대응이다.

제94주년 창립기념식(2018년 3월 24일 _중앙대교당 _이흥자, 천도교여성회)

제94주년 창립기념식에서는 포덕 158년도 여성회 활동이 동·하계수련, 주요 회의, 전국 지부순회, 내부 행사, 외부 행사, 자원봉사활동 순서로 영상으로 상영됐다. 서울·부산연합합창단은 축하공연으로 〈한울세상〉, 〈무인도〉 등을 불러 잔치 분위기를 돋우었다.

제95주년 창립기념식(2019년 3월 25일 _중앙대교당 _이흥자, 천도교여성회)

제95주년 창립기념식을 서울 인근지부 여성 원로를 비롯해서 전국에서 많은 회원이 참석한 가운데 거행했다. 공로패는 삼천포지부 이재순이 수상했으며, '영상으로 보는 여성회'에서는 3년간의 여성회 활동을 돌아보았다. 기념식 후에는 서울연합합창단이 〈축하의 노래〉 〈봄처녀〉 등 4곡을 불러 축제 분위기를 더했다. 식후에는 지난 3월 12일 제20차 여성회 전국대의원대회에서 선출된 박차귀 회장 취임식을 거행했다. ※포덕 160년(2019) 3월 12일, 제20차 여성회 전국대의원총회에서 박차귀 회장 선출

제98주년 창립기념식은 코로나19로 인한 사회적거리 두기 조치로 최소한의 인원만 참석한 가운데 치러졌다.(포덕 163년 3월 25일, 중앙대교당)

제96주년 창립기념식(2020년 3월 25일 _중앙대교당+유튜브 _박차귀, 천도교여성회)

제96주년 창립기념식을 중앙대교당(임원진)과 영상(줌) 중계 방식으로 거행했다. 2019년 12월 30일 발병한 코로나19 바이러스가 전 세계적으로 빠르게 확산하는 가운데 거행된 기념식을 사회적 거리 두기에 부응하여 최소한의 임원(10여 명 및 송범두 교령)만 중앙대교당에 참석하고 기념식 장면은 전국 지부와 회원들에게 온라인(유튜브-천도교방송)으로 송출되었다. 기념식은 주영선 총무부장의 집례로 박차귀 회장의 기념사, 송범두 교령의 격려사와 영상으로 보는 여성회의 연혁 및 포덕 160년도 활동 보고, 천덕송 〈동학의 딸〉 순으로 진행됐다. 모범지부상과 공로패 수여, 축하공연, 한울장터 등은 생략되었다.

제97주년 창립기념식(2021년 3월 25일 _유튜브 _박차귀, 천도교여성회)

천도교여성회는 제97주년 창립기념식을 사상 처음으로 전면 온라인(유튜브 방송, 170명)으로 주영선 총무부장 집례, 김미정 교화부장 청수봉전, 박징재 부회장 사계명 낭독, 박차귀 회장 기념사, 송범두 교령 격려사에 이어 각계각층의 축하 영상, 영상으로 보는 여성회 연혁, 포덕 161년 활동 보고, 천덕송(동학의 딸) 순으로 진행됐다. 코로나19 팬데믹에 따른 사회적 거리 두기로 온라인으로 진행하면서 모범지부상 및 공로패 수여, 축하공연, 한울장터 등은 진행되지 못했다. 영상 메시지는 이영복, 조동원 종법사, 하윤수 교총회장, 손병선 한

제99주년 창립기념식 참석자(포덕 164년 3월 25일, 중앙대교당)

국사회평화협의회 이사장, 허명 한국여성단체협의회 회장 등이 보내왔다.

제98주년 창립기념식(2022년 3월 25일 _유튜브 _박차귀, 천도교여성회)

제98주년 창립기념식은 포덕 163년(2022) 3월 25일, 제21차 여성회 전국대의원총회와 함께, 코로나19로 말미암은 사회적 거리 두기로 온라인으로 진행했다. ※제21차 대회에서 제42대 회장으로 박징재 선출

제99주년 창립기념식(2023년 3월 25일 _ 중앙대교당 _박징재)

제99주년 창립기념식을 3년 만에 중앙대교당에서 전국의 회원과 교인 및 내빈 등이 참석한 가운데 거행했다. 기념식장에는 여성회 역대 지도자 사진, 전국 지부 분포도, 1년간의 여성회 영상이 상영되었다. 대교당 앞마당에는 농수산물과 의류, 신발, 자수, 비즈 등의 공예품이 펼쳐진 '경물(敬物) 바자회'가 열렸다. 박징재 회장은 기념사에서 "막막하게 느껴지던 창립 100주년 기념사업이 올해는 좀 더 뚜렷하게 그려질 것"이라고 말하고 여성회가 더욱 발전하기 위해 모든 회원의 정성이 중요하다고 강조하면서, "실무진을 믿고 소통하며 화합해서 신앙생활에 있어 능동적인 자세를 갖추어나가 줄 것"을 당부했다. 이어 박상종 교령의 격려사와 한국여성단체협의회 허명 회장과 한국민족종교협의회 여성위원회 박차귀 회장의 축사가 있었으며, 오세훈 서울시장은 축전을 보내왔다. 기념식 후에는 천도교연합합창단의 축하공연이 진행됐다.

제3절 그 밖의 회의들과 소모임

❶ 해외지부 결성

1) 최초의 해외지부, 일본 동경지부

포덕 68년(1927) 초 주옥경 초대회장은 동경 유학길에 올라 정칙영어학교 본과에 입학하였다. 이때 주옥경 회장은 먼저 유학중이던 이학득, 이종숙 등과 함께 그해(1927)에 천도교내수단 동경지부를 조직하였다. 여성회로서는 최초의 해외 지부인 셈이다.

주옥경 회장의 유학은 포덕 60년대 초에 동경에 유학한 사위 방정환의 권유도 있었고, 의암성사 사후 '의탁하지 않고' 독립적인 존재로서의 자기 정체성을 찾아서 여성운동 등을 좀 더 힘 있게 벌이고 '조선 사회를 위할' 길을 찾기 위한 '주유천하'의 성격도 있었다. 말하자면, 의암성사가 포덕 40년대 초에 일본 망명을 하셨던 상황과 판박이인 것이다. 의암성사와 마찬가지로 주옥경 회장도 일본을 거쳐 미국까지 유학할 생각도 있었으나, 국내 여성회(내수단)의 요구에 응하여 2년 과정을 졸업한 이후 미국 유학을 포기하고 3년 만에 귀국길(1929.12.2)에 오른다. 주옥경 회장 귀국 이후 동경지부는 차기숙을 회장으로 선

일본 신호지부 방문 기념(포덕 160년 11월 15일~17일)

출하였다.

2) 만주 지역의 여성회(내수단) 지부

(1) 포덕 69년(1928) 3월 23일, 북간도 용정지부가 창단되었다. (2) 같은 해 6월 22일 중국 봉천성(奉天省) 석두성(石頭城)에 봉황성지부가 창단되었다. (3) 같은 해 10월 3일에는 봉천성 지역에 봉성현(奉省縣) 지부가 창단되었다. (4) 포덕 70년(1929) 중국 길림성 화룡지부는 제2회 대회를 개최하고 임원 개선 및 의안을 심의 의결했다. (5) 포덕 71년(1930) 6월 17일 길림성 관전현(寬甸縣) 지부가 창단되어 임원을 선출하고 단원 강습, 포덕, 단원 모집 등을 결의하였다.

3) 해방 이후 최초의 해외지부, 신호지부

포덕 141년(2000) 6월 14일 제13차 상임위원회에서 신호지부 결성이 처음 발의되었다. 신호지부를 시작으로 일제강점기에 일본과 중국 등지에 산재했던 지부조직을 되살림으로써 해외 포덕의 전기를 마련하고자 한 것이다. 상임위 결의에 따라 조혜숙 회장 등은 8월 18일부터 일주일간 일본 신호교구를 방문하고 신호지부 여성회 결성 모임을 서둘렀다. 현지 사정으로 이 기간 내에 지부를 결성하지는 못하였으나 준비모임을 만듦으로써 지부 결성의 초석을 놓았다.

이후 신호지부 결성은 오랫동안 숙원사업으로 남겨졌다가, 포덕 153년(2012) 신호교구의 문양자 동덕이 한국을 방문하여 여성회원들과 교류하고 돌아간 이후, 포덕 154년(2013) 10월 22일부터 4일간 이순종 회장이 신호교구를 방문하여 지부 결성의 불씨를 살려냈다. 이어 포덕 157년(2016) 11월 17일부터 3일간 이홍자 회장, 홍순억 부회장 등이 사인여천 실천운동 홍보차 신호교구를 방문하며 재연되었다. 계속해서 포덕 160년(2019) 11월 15일부터 3일간 박차귀 회장이 신호교구를 방문하여 지부 결성을 추진하였고, 마침내 포덕 161년 초에 신호지부 결성이 성사되었다. 이후 신호지부 여성회원들은 코로나19 팬데믹의 어려운 환경 속에서 교구내 수련회를 주관하는 등, 지부 활동과 교구 활성화의 중요한 축으로 자리매김하고 있다.

그 밖에 일제강점기에 북간도 지역에서 천도교여성회 지부를 결성하고 독립운동을 지원한 지부 회원들과, 지부를 조직하지는 못하였지만, 머나먼 이역

쿠바에서 포덕 69년(1928) 천도교에 입교하고 천도교 쿠바종리원장을 역임한 남편 임천택과 함께 천도교를 신앙하며, 성미를 상납한 김귀희(성숙당)를 비롯한 해외의 천도교 여성들의 정성과 노고도 기억해 둘 일이다.

❷ 상임위원회, 실무회의, 기타회의

천도교여성회는 최고의결기구인 '전국대의원총회' 이하 중앙위원회, 상임위원회, 실무위원회로 계층화된 기구 및 임원진으로 구성된다. 총회의 대의원은 49인 이내의 중앙위원과 지부장으로 구성되며 회장, 부회장, 감사 등임원을 선출한다. 상임위원은 중앙위원회에서 위원 중 21인 이내로 선출하고, 실무위원은 대개 상임위원중 회장 1, 부회장 2, 총무, 포덕, 조직, 교화, 재무, 사업 각 부장과 부원 약간 명으로 구성한다. 그 밖에 본부 회장이 약간 명의 고문을 추천하여 총회에서 인준을 얻어 위촉한다.

사업계획과 실행계획 등은 실무위원회에서 입안하여, 상임위원회와 중앙위원회를 거쳐 총회에서 결의를 거쳐 시행한다. 중앙위원회는 연 1회, 상임위원회는 연 3, 4회, 실무위원회는 최소 월 1회 이상 수시로 소집하여 회의 주요사항의 실행 결의를 하거나 상급 회의에 회부하게 된다. 이러한 중층구조의 회의는 때로는 사업 추진의 속도를 더디게 하는 요인이 되지만, 좀 더 많은 임원 및 회원들의 의견 수렴과 결의를 결집하고, 사업 추진에 신중을 기하여, 정성과 공경의 태도를 잃지 않게 하는 탄탄한 구조라고 할 수 있다.

상임위원회와 실무위원회 소식은《한울세상》에 빠짐없이 소개되고, 또 중요한 사항은 중앙위원회 결의사항이나 총회 결의사항으로 소개되었으므로, 상세한 내용은 생략키로 한다.

❸ 천도교여성회 수상 경력

천도교여성회는 교단 안팎의 여러 봉사활동과 정성 어린 사업 참여로 총부와 외부 단체로부터 여러 차례 수상을 하였다.

1) 수운대신사 동상 건립 위해 자발적 모금, 중앙총부 감사패

포덕 129년(1988) 10월 28일, 수운대신사 탄신 160주년을 맞아 용담성지에서 거행된 대신사 동상 제막식에서 대신사 동상 건립을 위해 자발적으로 성금을 모금한 공로로 여성회가 중앙총부의 감사패를 받았다. 이날 행사에는 전국 각지의 여성회 등 3,000여 명의 교인이 참석하여 동상 제막을 경축했다. 여성회는 포덕 129년(1988) 7월 21일 열린 제9차 상임위원회에서 건립 성금을 모금하기로 결의하고 회원들의 자발적인 참여를 촉구한 바 있다. 포덕 129년(1988) 9월 13일까지 전국 지부에서 보내온 성금 총액은 약 170만 원이며, 여성회는 이후에도 계속 성금이 답지할 것으로 내다보았다.

2) 여성회, 천도교 위상 높인 공로로 중앙총부 공로패 수상

포덕 140년(1999) 12월 24일 제102주년 인일기념일을 맞아 중앙대교당에서 거행된 인일기념식에서 여성회가 중앙총부로부터 공로패를 수상하였다. 여성회는 포덕 137년(1996) 1월부터 서울 인근지부 회원들과 함께 국립재활원에서 자원봉사를 시작하여 만 4년간 매주 목요일마다 한 회도 거르지 않고 계속해온 바 있다. 또한 전국 지부 회원들이 북한동포 돕기 행사의 일환으로 의류 및 성금모금에 적극적으로 참여하여 천도교의 위상을 대외에 드높인 것을 인정받아 공로패를 받았다.

3) 국립재활원, 여성회본부에 감사패

여성회가 포덕 141년(2000) 12월 19일, 국립재활원 강당에서 재활원 임직원 및 자원봉사자 150여 명이 참석한 가운데 열린 '2000년 자원봉사 보고회'에서 국립재활원으로부터 감사패를 받았다. 여성회는 국립재활원에서 약 5년 동안 헌신적으로 봉사함으로써 장애인 재활에 기여한 공로가 인정되어 감사패를 받게 됐다. 여성회는 포덕 136년(1995) 12월 13일 서울 인근 12개 지부의 임원, 회원 40여 명과 본부 임원 10여 명이 국립재활원을 찾아 봉사활동 교육을 받은 후 이듬해 1월부터 매주 목요일마다 각 지부별로 봉사를 시작하였다. 12개

지부의 참여로 시작한 봉사활동은 현재 19개 지부로 늘어났으며, 현재까지 연인원 129명이 참여하였다.

❹ 여성회 사무실 이전

총부본관(현 우이동 총부별관)이 건립된 이후 여성회 사무실은 줄곧 본관 내에 자리하였다.

해방 이후 포덕 102년(1961) 당시 대신사출세백년기념관 별관이 낙성되자, 여성회본부는 이곳 2층으로 이전하였다. 그러나 수운회관 건축에 즈음하여 이 별관이 헐린(1968) 뒤에는 대교당 뒤편 가건물 내에서 다른 단체 및 총부와 함께 옹색한 살림을 살아야 했다. 수운회관이 준공(1970)되었지만, 비용 문제(임대료로 건축비 충당 등)로 당장 입주하지 못하였다.

포덕 125년(1984) 2월 10일 비로소 수운회관 15층 4호에 10평 남짓의 공간으로 이사하여, 수운회관 시대를 열었다. 이후 여성회본부 사무실은 중앙총부 이전에 따라 수운회관 2층으로 이사하였다가, 포덕 139년(1998) 12월 1일 다시 중앙총부 이전과 함께 수운회관 9층으로 이전하고, 12월 9일 사무실 이전 봉고식(회장 조혜숙)을 가졌다. 이 자리에는 홍경지, 박공주, 백덕실 고문을 비롯하여 중앙총부 임직원, 서울 인근 18개 지부회장과 여성회원 등 60여 명이 참석하였다. 본부 사무실은 다시 포덕 142년(2001) 5월 초에 현재의 902호로 이전하였다.

❺ 위원회와 봉사단, 실천모임

여성회 100년 역사에서 많은 특별 위원회와 소모임들이 결성되었고, 현재도 이어지는 것들이 적지 않다. 일찍이 주옥경 회장은 포덕 90년(1949)에 〈포덕백년기념사업유지회〉를 설치하여 결국 '용담정 복원'의 성과를 이루어냈다. 또 규약과 규정 개정이 필요할 때도 특별 개정위원회 구성을 결의하여 집중적인 연구를 통해 개정안을 마련하여 실무위원회 - 상임위원회 - 중앙위원회의 계통을 거쳐 대회 결의로써 개정을 계속해 왔다.

그런가 하면 여성회나 교단 내에 중요한 사업들이 있을 때는 '기념사업추진위원회'를 구성하여 사업을 준비해 왔다. 창립 50주년, 60주년, 70주년에는 각각 기념사업추진위원회나 60년사, 70년사편찬위원회를 구성하여 사업을 진행하였고 창립 100년 기념사업추진위원회도 그 연장선상에 있는 것이다.

또 내칙·내수도문 반포 100년 기념비 건립추진위원회, 복호동수도원건립추진위원회 등도 짧게는 2년 길게는 4, 5년 전에 구성하여 성과 있게 마무리를 짓기도 했다. 또한 여성회관건립추진위원회처럼 현재까지 1기, 2기로 이어지며 계속해서 성금모금 등의 활동을 전개하고 있는 위원회도 있다.

한편 여성회 내부에는 한시적인 '위원회'가 아닌 여성회가 주관하여 결성한 송가대와 여성합창단 같은 단체나 목적사업을 위한 소모임도 다수 결성되거나 구성되어 활동했거나 지금도 활동하고 있다. 이는 봉사활동 조직과 사회활동 조직으로 대별할 수 있다.

포덕 141년(2000) 12월 12일 제10차 상임위원회에서 '환경보호실천 한울타리'(봉사단) 결성을 결의하였다. 이어 국립재활원 봉사활동을 계기로 좀 더 전문적이고 체계적인 봉사활동을 위하여 포덕 142년(2001) 11월 13일 한마음봉사단을 구성하였다. 또 포덕 155년(2014) 5월 29일에는 이를 좀 더 확대하여, 나누리봉사단을 결성하였다. 이들은 봉사 범위가 확장됨에 따라 다만 이름을 바꾼 경우도 있고, 재결성 방식으로 새롭게 출발하면서 이름을 새로 정한 경우도 있다.(봉사단 활동 내역은 '봉사활동' 편 참조) 다음으로 특기할 것이 후천개벽실천모임이다. 여성회에서 포덕 142년(2001) 이후 호주제 폐지운동에 적극 참여하는 것을 계기로 좀 더 주체적이고 능동적인 입장에서 대 사회활동을 전개하는 여성회본부 산하 전문기구로서 '후천개벽실천모임' 창립을 기획하게 된 것이다.(실천모임 활동은 '사회운동' 편 참조)

2장 조사 및 학술연구사업

조사 및 학술연구사업은 여성회의 내적 역량이 성숙되었다는 중요한 지표이면서, 또한 여성회의 역량이 성숙해 가는 계기가 되는 사업이다. 최초의 본격적인 조사사업인 수운대신사 부인 박씨 사모님 사적을 3차에 걸쳐 조사한 것을 비롯하여 천도교 여성운동의 교리 교사적인 배경을 학술적으로 규명하는 연구 및 강연 활동, 학술세미나, 그리고 여성회원들이 참여하는 학습 활동이 담겼다. 초기에 동학-천도교에 관심을 가진 외부 학자에 의해 연구되던 데서, 포덕 140년대(2000) 이후에는 천도교인으로서 박사학위를 취득하는 사람들이 생겨났고, 천도교의 여성해방 사상이나, 여성회 활동에 대한 깊이 있는 연구가 나오기 시작하였고, 여성회 창립 100주년을 맞으며 다시 한 단계 높아지고 깊어지는 계기를 만들어 가고 있다.

제1절 박씨 사모님 사적지 순례 및 조사

여성회는 포덕 126년(1985) 7월 23일 본부 사무실에서 열린 제5차 상임위원회를 통해 대신사의 부인이신 박씨 사모님의 생애와 행적을 조사하고 발자취가 담긴 유적지를 답사하여 이를 학술적으로 규명하고 조사 보고회도 열기로 했다. 이 같은 사업을 추진해 나가기 위해 중앙총부의 지원 아래 자체 조사위원을 선출하여 단계적으로 조사와 답사를 병행해 나가기로 했다.

이에 따라 여성회는 포덕 126년(1985) 10월, 표영삼 상주선도사의 안내로 세 차례에 걸쳐 답사를 진행했다. 1차 답사는 10월 4~5일 1박 2일간, 보은과 평온리를 거쳐 동관음까지 답사하며 조사했다.(유금희, 배화식, 이순종) 동관음은 박씨 사모님이 포덕 8년(1867)부터 포덕 11년(1870)까지 가족과 함께 계시던 곳으로, 깊은 산속에 있는 10여 호의 작은 마을이다.

2차 답사는 실무진들이 참가한 가운데 10월 14~15일 양일간 실시하였다. 울산시 유곡동 소재 여시바윗골을 거쳐 경주 용담까지 순례하고 조사하였다.(유금희, 고윤지) 울산은 박씨 사모님의 친가가 있는 곳으로, 박씨 사모님은 17세 때 대신사(당시 19세)와 혼인하여 용담의 가정리에서 기거하셨다. 이후 31세 때(1855) 구도를 위한 주유천하를 마치고 용담으로 돌아오신 대신사는 박씨 사모님의 자녀들을 울산 처가에 이사하게 하시고, 대신사는 여시바윗골에서 기거하며 침사명상(沈思冥想)하셨다. 박씨 사모님은 29세부터 34세까지 울산에서 기거하셨다. 여시바윗골은 대신사께서 포덕전 5년(1855)에 을묘천서(乙卯天書)의 신비체험을 하신 곳이기도 하다.

3차 답사는 10월 21~23일간 2박 3일 일정으로 실시하였다. 여성회 임원(유금희, 고윤지, 이순종, 임순화) 및 회원 외에 김응조 신인간사 주간, 홍장화 교화관 차장이 참여했다. 첫 답사지는 정선군 동면 화암리 싸내(米川) 부락으로, 이곳은 박씨 사모님이 포덕 13년(1872) 9월부터 이듬해 12월 9일 환원하실 때까지 기

포덕 126년 10월 여성회는 표영삼 선도사의 안내로 3차에 걸쳐 대신사 박씨 사모님 유적 답사를 실시했다.
1차 답사(위 왼쪽, 10.4.~5. 상주 동관, 배하식, 유금희, 이순종)
2차 답사 중 박씨 사모님 묘소 참배(위 오른쪽, 10.14~15)
3차 답사 중 영월 소미원으로 가는 길목의 계곡을 건너는 답사단(아래, 10.21.~23.)

거하시던 곳이다. 두 번째 남면 광덕리 문두곡 답사는 김경흠 전 정선교구장이 안내를 맡았다. 첩첩산중에 있는 문두곡은 민가 흔적만 있을 뿐 지금(조사 당시)은 사람조차 살지 않는 곳이다. 박씨 사모님은 포덕 5년(1864) 대신사께서 참형을 당하신 후 몸을 피해 한때 이곳(문두곡)에 기거하셨다. 마지막 답사한 영월군 상동읍 화원2리 소미원은 산중 깊이 자리한 마을로 박씨 사모님이 포덕 11년(1870)부터 포덕 13년(1872)까지 기거하시던 곳이다.

여성회는 포덕 126년 12월 23일 박씨 사모님 유적지 조사 보고회를 실시했다. 유금희(재무), 고윤지(조직) 부장의 발표로 진행된 이날 조사 보고회에는 고 정훈 교령을 비롯하여 총부 고위 간부직과 여성회 중앙위원 및 일반회원 50여 명이 참가했다. 답사보고 내용은 『신인간』 제434호(1985.12.5)에 소개되었다.

제2절 학술연구 사업

천도교여성회(내수단) 창립 당시의 내수단 규약에서 "우리 단은 천도교의 종지에 들어맞는 새 세상을 만들기로 목적합니다"라고 밝힌 것은 천도교여성회의 학술연구 활동의 가장 원천적인 근거가 된다. 이 목적을 달성하기 위해서는 연구, 조사, 학습 과정이 필수적이기 때문이다. 이에 앞서 평양청년여자회도 회의 강령에서 '첫째, 천도교의 종지 목적을 연구 체득하여 회원 자신에 대한 천도교 의식의 확립을 기함'이라고 밝힌 바 있다.

❶ 창립기~시련기의 학술연구 사업

창립기 여성회는 야학 활동을 핵심 사업의 하나로 삼을 만큼 우선은 본격적인 연구보다는 기본 교양과 교리 교사를 학습하는 데 매진했다고 볼 수 있다. 그러나 주옥경 회장이나 이학득 회장 등의 일본 유학, 그리고 남편을 따라 유학하거나 도일(渡日)했던 여성, 그리고 동경의 천도교여성회(내수단, 내성단)에서 활동하던 주요 임원들이 귀국하여 여성회의 주요 직책을 맡으면서 학술연구 사업이 본격 제기되기 시작하였다.

여성회가 창립되기 전, 방정환을 비롯한 천도교청년회 동경 유학생들은 순방단을 결성하고 방학을 이용하여 부산에서 출발하여 원산, 함흥과 신의주에 이르기까지 2, 3개월에 걸쳐 전국을 순회하며 강연회를 개최하여 열화와 같은 호응을 얻었다. 이때 강의 주제로는 '신사회의 부인'과 같이, 여성 청중을 대상으로 하는 주제가 다수 포함되었다. 또 어린이 지도·양육을 위한 어머니의 역할에 대한 강연도 다수이다. 이런 강연들은 여성회 창립의 동력이 되었고, 또 여성들의 지식을 일깨우는 데 선구적인 역할을 했다.

창립기의 중앙위원으로 활동한 김숙이 『천도교회월보』에 쓴 「여성동맹의 사명」이라는 글에도 포덕 68년(1927) 6월 2일 결성된 천도교여성동맹(구)의 활동 방향과 이념이 나타나 있다; "우리는 인내천주의하에 단결을 굳게 하여 모든 결의에 복종할 의무가 있으며 교리와 학술을 강습하며 형편에 따라 지방 순회강연도 개최하려 합니다. (중략) 사회에 공헌하며 자기 수양에 열심하며 실사회에 분자가 되어야 하겠습니다."라고 하여 '교리와 학술 강습'을 핵심 목표로 내세웠다. 당시 여성회는 교단의 분열에 따라 조직적으로 분파하였을 뿐, 그 이념은 대동소이하였으므로 여기서 교리와 학술 강습은 여성회 전체의 이념에 포괄된다고 할 수 있다.

포덕 66년(1925) 1월 27일부터 나흘간 '대신사출세백년기념관 개관 및 축하행사'가 열렸다. 이 중 29일 행사는 천도교여성회(내수단)가 주최하여 오후 7시 30분부터 기념관 내에 여자만 5백여 명이 입장한 가운데 '부녀대강연회'를 개최했다. 주옥경 회장의 사회로 김미리사(金美理士)가 연설을 하고, 유각경이 신년에 여성이해야 할 일에 대해서 30분간 열변을 토했고, 이어 주옥경 회장이 간단한 강연을 하였다. 그 후 방정환의 기념관 건축에 관한 설명, 그리고 환등회(슬라이드 상영)를 끝으로 오후 10시에 폐회하였다.

포덕 68년(1927) 해월신사 탄신 백년기념 연설회도 청년당 및 소년회 등과 함께 여성회가 공동 주최하였는데, '현재 조선 부인의 처지'라는 주제로 민태원(외부 인사)이 강연하였다. 이러한 강연회는 포덕 60년대 내내 전개되었으며, 포덕 70년대 중반 이후 일제의 탄압이 극심해지기 전까지 10년간의 '창립기' 내내 여성회(내수단, 여성동맹, 내성단)의 주요 활동 중 하나였다. 청년회의 경우와 마찬가지로 이때 다져진 학술적 역량은 이후 여성회 활동의 중요한 기반이 되고 있다. 몇 가지 여성 관련 주제만 더 살펴보면 '후천개벽과 여성운동' '부인문제에 관하여' '여성해방의 근본 문제' '여자 해방' '조선여자의 각성' '조선여자의 사명' '참사람이 되시오' '여성운동 대강연회' '어린이 보육법' '어린이의 심리생활' '어린이가 크는 여러 시기' '꾸짖는 법, 칭찬하는 법' 등으로 다채롭다.

또 중앙총부가 포덕 68년(1927) 11월 1일 '포덕데이'로 정하여 대대적인 포덕운동을 전개하는 가운데, 여성회는 11월 3일 여성문제 강연회를 개최하였다. 강연회는 '후천개벽과 여성운동'(金道賢) '부인문제에 관하여'(羅龍煥) '여성해방의 근본문제'(趙白萩) '움직이는 우리는 어디로 갈 것인가'(金弘植) 등의 내용으로 성황리에 개최되었다.

포덕 70년(1929) 5월 13일부터 3일 동안 여성회(내수단)본부 주최로 창단 이래 최대 강연회를 개최했다. '아동보육 대강연회'는 민족의 동량이 될 어린이를 바르고 건강하게 키우기 위한 내용으로 구성되어 대성황리에 진행되었다. 13일에는 '어린이 보육법'(車士白) '어린이 심리생활'(方定煥), 14일에는 어린이 보육법'(車士白) '어린이가 크는 여러 시기'(방정환) 15일에는 '소아병에 대한 가정지식'(유홍종) '꾸짖는 법, 칭찬하는 법'(방정환) 등의 강연이 진행되었다.

또 포덕 71년(1930) 4월 4일부터 여성동맹(구)은 춘계강좌를 일주일 동안 중앙대교당에서 개최하고 매일 2시간씩 60여 명이 교리 교사 상식 등의 강좌를 실시하는 경우와 같이, 정기 또는 임시 강좌도 매년 개최되었다.

포덕 72년(1931)에는 내수단 시절부터 시행하던 자학(自學)운동을 전국으로 확대했다. 내수단(포덕 70년) 및 내성단 시기의 자학문제는 다음과 같다.

◦우리 단은 어느 대 어느 날에 창립되었습니까?
◦우리 단의 강령은 무엇입니까?
◦우리 단에 들어올 사람은 어떠한 자격을 가져야 합니까?
◦단원의 의무금은 일 년에 얼마나 됩니까?
◦단의 일을 하기 위하여 몇 부(서)를 두었습니까? ▷중앙집행위원은 몇 분입니까?
◦내수단은 무엇을 하기 위하여 생겨난 것입니까?
◦어떠한 경우에 단원의 자격을 잃습니까?
◦지방부는 몇 사람이 될 때에 조직됩니까. (이상 〈내수단규약〉에서)
◦전에 교인이라고 부르던 이름은 지금은 무엇이라고 부릅니까?
◦교빙은 몇 살 때부터 몇 달 성미를 계속하여야 가지게 됩니까?
◦도인의 자격은 어떠한 경우에 잃습니까?
◦중앙종리원 기관은 조직이 어떻게 되었으며 지방종리원 조직은 어떻게 되었습니까?
◦포(布)는 도인 몇 호에 달할 때에 한 포가 됩니까?
◦천도교회에 공로가 있는 이에게는 그 등급을 따라 어떠한 훈상을 줍니까? (이상 〈천약〉에서)
◦무극지운이란 무엇입니까?
◦천도교는 무엇 하는 것입니까?
◦후천 시조의 내력을 간단히 말씀하시오.

◦대신사께서 어느 해에 천서를 받았으며 몇 살 때에 대각하셨습니까?

◦산 혼이란 무엇입니까?

제1차 내성단 자학문제(포덕 72년, 1931)

1. 삼세 신성(대신사, 해월신사, 의암성사)의 내력
2. 온쪽 사람과 반쪽 사람의 구별
3. 세 사람(대신사 시대의 이갑순, 김대길, 최경상 3인)의 믿음을 설명하라.
4. 어떠한 경우에 단원의 자격을 잃어버리는가.
5. 천도교 대회는 어떠한 사람의 자격으로 이루어지며 대회에서 하는 일은 어떠어떠한 일인가.
6. 중앙종리원의 사관회는 어떠한 자격의 사람으로 이루어지며 사관회에서 결정하는 일은 어떠어떠한 것인가.
7. 교정쌍전과 성신쌍전의 뜻을 설명하라.
8. 오늘 세계에서 이름 있는 종교의 예를 들어보라.
9. 계몽운동의 뜻과 또 그 행할 방침을 설명하라.
10. 금년은 서력기원으로 몇 해에 해당하며 기원의 유래는 어떠한가.

천도교여성회의 교육사업 중 지부순회 실황을 알 수 있는 사진이다. 천도교 명원포 강도회 기념사진으로, 남성분 아니라 여성들도 다수 참여하여 수강하였다.(포덕 74년 11월 13일, 함경도 고원종리원 앞, 김병제 이돈화 유재순 김달현 등이 강의하였다.)

❷ 천도교여성회 시대의 조사, 학술연구와 강연

일제강점기 말기와 해방공간, 그리고 전쟁 시기를 거치고 포덕 97년(1956) 1월 26일 중앙확대위원회에서 주옥경 회장 등을 선출하면서 재건에 나선 천도교여성회는 포덕 99년(1958) 12월 21일, 교리·교사, 교리의 생활화와 실천 이론 연구 등을 위해 여성회 내부에 〈연구위원회〉를 발족하고 김명주 외 18명을 연구위원으로 위촉한 바 있다.

1) 전국 지부 대상 설문조사 및 자료수집

포덕 142년(2001) 5월 여성회본부 교화부는 전국 지부 현황을 파악하고 회원들의 의견을 수렴하여 여성회 발전 방안을 모색하기 위한 설문조사를 실시하였다. 전국 65개 지부에 5월 28일 자로 설문지를 발송하여 7월 31일까지 43개 지부에서 회수하였다. 설문의 주요 내용과 응답 결과는 다음과 같다(요지). (1) 응답자의 대부분이 여성회가 교구에서 상당 부분 기여를 하고 있으며, 여성회의 위치가 상당히 중요(99%)하다고 느끼지만, 충분한 만큼의 활동을 하지 못한다고 느꼈다. (2) 본부 임원들의 순회를 원하며(69%), 순회 시에는 설교 등의 교화보다는 여성회 운영방안을 주제로 한 토의를 원했다. (3) 본부에서 대사회적 운동을 위해 활동하는 프로그램에는 외부 단체와의 연대 등 간접적인 활동보다 환경운동 또는 소년소녀 가장 돕기 등 직접적으로 참여하여 기여할 수 있는 봉사활동에 상대적으로 더 많은 관심을 나타냈다. (4) 본부 및 임원들에 대한 바람으로는 공개적이고 투명한 업무 집행과 더불어 적극적인 포덕 교화 사업과 신앙 실천 활동을 바라는 회원이 압도적으로 많았다. 이 설문조사에 비록 많은 회원들이 참여한 것은 아니었지만, 본부는 설문 자료를 세밀히 분석하여 사업계획에 적극 반영하여 본부와 지부의 관계가 긴밀해지도록 하며, 운영이 잘 되는 지부의 사례를 연구하여 취약 지부를 도울 수 있는 방법을 강구해 나가기로 했다.

또, 여성회는 창립 80주년을 앞두고 〈여성회 70-80년사 자료집〉을 발간하기로 하고 이를 위한 자료 수집에 나섰다. 지난 10년간의 활동 자료 수집 및 정리를 통해 그간의 성과를 평가함으로써 회원들이 자긍심과 보람을 찾는 데 목적을 두고 수집한 자료들은 차후 여성회의 활동 방향 설정을 위한 기초 자료로 삼기로 했다. 《자료집》은 여성회 창립 80주년이 되는 포덕 145년(2004) 3월 25일 발간할 예정이다. 이번 자료 수집을 위해 여성회 임원들은 전국을 5개 지역으로 나누어 특별 순회하면서 설명회를 열기로 했다.

2) 강연회와 사례발표와 워크숍 분임토의

여성회의 연구 및 학술 사업은 포덕 130년대 들어서면서 '강연회' '사례발표', 여성 지도자 워크숍에서의 '분임토의' 등의 형식으로 다각화되었다. 포덕 133년(1992) 제68주년 창립기념식 후에는 조동원 가리산수도원장의 기념강연(오심즉여심 동귀일체)이 진행되었다.

포덕 134년(1993) 제69주년 창립기념식 후에는 회원의 신앙체험담과 지부 운영의 성공사례발표를 통해 여성들의 교양과 여성회 사업 추진에 대한 이해도를 확장하였다. 이듬해 제70주년 창립기념식 식후 행사에서도 지부 성공 사례발표가 진행되었다.

포덕 138년(1997) 제73주년 창립기념식 후에는 '수운대신사와 해월신사의 사상에서 살펴본 여성에 대한 이해'를 주제로 차옥숭 교수가 강연을 하였다. 포덕 147(2006) 11월 6일부터 1박 2일간 의창수도원에서 열린 워크숍에서 '천도교의 미래를 열어가는 여성'이라는 주제로 여성교구장(강대순 당산, 최효선 성남, 주선자 청주)의 사례발표도 있었다.

포덕 155년(2014) 3월 25일 여성회 제90주년 창립기념식 식후 행사는 '여성회의 탄생 배경과 역사를 통한 비전'을 주제로 한 윤석산 교수의 기념강연으로 진행되었다. 이어 이 해 5월 29일에는 여성회본부 교양강좌와 동민회의 평화포럼을 겸하여 한국정신대문제대책협의회의 윤미향 공동대표를 초청하여 "일본군 위안부 피해자의 인권회복과 재발방지를 위한 진실과 정의실현 : 나비의 꿈"이라는 주제로 특별 강연회를 개최하였다.

포덕 157년(2016) 현도기념일(12.1)에 열린 현도문화제에서는 여성회본부 김명덕 포덕부장이 '여성 포덕 방안'에 대해 발표하여 여성교육복지관을 활용한 유치원 등 기관 설립으로 일자리 창출, 천도교여성재단법인 설립, 수련과 일을 병행한 복호동수도원 활용 방안 등을 제안하였다.

포덕 164년(2023) 4월 22일에는 '여성회 창립 100주년 맞이 초청 강연회'가 중앙대교당에서 개최되었다. 〈천도교 여성 100년, 다시 개벽〉을 주제로 현경 교수가 강연하였다. 이 강연회는 여성회가 창립 100주년을 맞으며 가정의 살림을 책임질 뿐 아니라 사회적인 활동을 통해 '사회적 살림'을 해 나가는 기점을 형성하자는 취지로 마련되었다. 현경 교수는 아시아계 최초로 뉴욕 유니언신학대학원 종신교수가 되었으며 여성, 환경, 평화 부문의 활동가로 명망이 높다. 현경 교수는 김지하 시인의 삶과 사상을 통해 동학을 알게 되고, 김춘성 교수를 통해 좀 더 깊은 동학-천도교의 내면세계를 들여다보게 되었다고 밝히며 강연을 시작했다. 강연에서는 동학의 사상적, 종교적 특징을 첫째, 수운의 신비체험에서 보이는 신(한울님)의 인격성과 범신론적 특성의 통섭을 통한 새로운 종교의 탄생으로 꼽았다. 둘째, 수운대신사와 해월신사 삶과 가르침은 물론, 전봉준 등의 실천적 행보에서 보여주는 새로운 인권의식, 가장 깊은 민주주의를 향한 상상력을 제공한다는 점을 제시했다. 셋째, 해월신사의 경천, 경인, 경물의 삼경사상은 21세기 이후 전 지구적으로 전개되는 기후위기 국면에 대한 대안적인 문명의 출발점이 되는바, 새로운 경제 시스템, AI와의 관계를 풀어나갈 해법을 이 안에서 발견할 수 있을 것으로 진단했다. 넷째, 동학과 풍류, K-문화, K-치유, K영성의 세계화 등의 가능성을 세세하게 제시했다. 끝으로 현경 교수는 천도교 여성들이 스스로 한울님, 곧 여신(女神)임을 자각하고 체화하여 개벽 세상을 만드는 일에 기쁨으로 정진하기를 바란다며, 주문을 낭송하며 강연을 끝맺었다. 강연 후 뜨거운 열기 속에 질의응답이 이어져 이번 강의에 대한 청중의 관심과 호응을 엿볼 수 있었다.

3) 여성회 주최 학술세미나

좀 더 본격적인 형태의 학술발표, 학술세미나, 학술대회도 다양하게 기획, 시행되었다. 포덕 125년(1984) 3월 25일, 제60주년 창립기념식을 우이동에서 약 5백명이 참석하여 거행하고 식후에는 학술연구발표회를 개최하였다.

포덕 132년(1991) 3월 25일, 제67주년 창립기념 '내칙·내수도문 학술발표회'를 개최했다. 제1 발표는 부산공업대학의 강인수 교수가 '내수도문·내칙의 찬제와 해월신사의 사상'이라는 주제로, 제2 발표는 허경일 여성회 상임위원이

'내수도문·내칙의 분석과 그 연원'이라는 주제로 각각 발표하고 김관희 종의원과 유수자 여성회 상임위원, 임순화 회원이 토론에 참여했다.

포덕 139년(1998) 해월신사 순도 100주년 기념사업의 일환으로 여성회본부 주최, 중앙총부와 해월최시형선생기념사업회의 후원으로 포덕 138년(1997) 9월 29일 중앙대교당에서 학술세미나를 개최했다. 여성회원과 교인 등 300여 명이 참석한 이날 행사 1부는 이순종 총무부장 집례로 개식에 이어 천보경 회장의 개회사, 김재중 교령의 격려사, 내빈소개, 기념촬영 순으로 진행됐다. 2부 학술세미나는 제1 발표 '해월 최시형의 근대 지향적 여성관'(성신여대 박용옥 교수), 제2 발표 '해월 최시형의 종교 사상'(한일대학 차옥승 교수)과 윤석산 한양대 교수, 김춘성 부산예술전문대학 교수의 지정토론, 종합토론 및 강평으로 진행되었다. 이 행사는 천도교여성회의 학술발표 기획 및 진행 역량을 한껏 고양한 행사가 되었다.

③ 모의설교대회와 글쓰기 강좌

포덕 127년(1986) 3월 25일 창립 62주년 기념식 후 모의설교대회가 진행됐다. 설교 주제는 천도교와 여성, 부화부순, 사인여천, 포덕으로 제시되었고, 표영삼 상주선도사(위원장) 정상문 교화관장, 박공주 여성회장(위원)이 심사를 맡아 입상자를 선정하였다. 최우수상 박차귀(부산시), 우수상 고윤옥(한강), 장려상 김순홍 유명희(이상 인천), 황명옥(대구시). 수상자의 면면에서 알 수 있듯이 이 행사는 장래의 지도자를 길러내는 중요한 교육사업의 역할을 담당했다.

이듬해 4월 5일 제63주년 창립기념식 후 설교 대회에는 6개 지부에서 9명이 참가하였다. 최우수상 황명옥(대구시), 우수상 김수현(원주), 장려상 박명옥(도봉) 강옥재(포상).

포덕 129년(1988) 4월 5일 제64주년 기념식 후 모의설교대회는 6개 지부에서 8명의 여성 설교자가 참가했다. 최우수상 양영자(원주), 우수상 주정덕(대구시), 장려상 이봉옥(공항) 손윤자(부산시).

포덕 130년(1989) 제65주년 기념식 후 모의설교대회에서는 최우수상 주정덕

(대구시 자부회), 우수상 김수현(대전), 변은희(대구, 자부회)가 수상하였다. 모의설교대회는 훌륭한 교육적 기능에도 불구하고 이후 지속되지 못하고 있으나, 꼭 재개해야 할 사업이라 할 수 있다.

한편, 포덕 145년(2004) 6월 16일에는 여성회본부가 주최하는 '글쓰기 강좌' 개강식을 갖고 3개월간의 1기 강좌를 시작했다. 여성회원들의 자기계발과 전문성 강화를 목표로 여성회가 개설한 글쓰기 강좌가 《여성회보》 등의 기사 작성과 기획 및 취재 능력 함양, 문예 글쓰기와 논술 글쓰기, 문장의 교정과 교열, 맞춤법 등과 함께 자료 수집 등 기술적인 강의도 진행되며, 도서출판 모시는사람들 박길수 대표가 강의를 맡았다. 글쓰기 강좌 또한 여성들의 자질과 역량을 강화하며, 특히 달라진 시대 환경에서 여성들의 활동력을 강화하는 데 필수적인 교육 프로그램이 될 수 있으므로, 반드시 재개해야 할 사업이다.

❹ 여성회 창립 100주년 기념 학술세미나

포덕 164년(2023) 10월 21일에는 '동학 천도교 여성의 삶과 새로운 시작'이라는 주제로 100주년 기념 학술세미나가 개최됐다. 이 발표는 여성회 창립 100주년을 기념한다는 의미로 김춘성 교수가 기획하고, 여성들만으로 발표자를 구성하였으며 여성시대를 여는 데 걸맞은 내용으로 구성되어 청중에게 큰 울림을 심어 주었다. 기조발표는 김춘성 교수가 "천도교 여성운동의 방향과 과제"를 주제로 천도교여성회 100년의 성찰을 통한 미래 과제를 제시하였다. 김춘성 교수는 "천도교여성회는 앞으로 생명과 살림을 핵심 주제로 태교와 청소년 인성교육, 예비부부 대상 부화부순 교육, 수심정기 수련법과 이신환성 수양법 보급 등을 실행하고 전 지구적 위기의 현시대에서 '지구 어머니'로서의 한울님을 모시는 역할을 다해 나가자"고 제안했다.

세미나는 오문환 선도사의 사회로 진행됐다. 제1 발표는 정혜정 교수가 "일제하의 천도교 여성운동론"을 주제로 "'사람성주의(인내천주의)'의 자천자각과 천지공경의 정신을 바탕으로 여성의 가정 내 역할을 중시하는 동시에 사회 진출도 중시하고, 남녀관계를 상보적인 것으로 보았으며, 가정개벽과 후천개벽

여성회 창립 100주년 기념 학술세미나
(포덕 164년 10월 21일, 중앙대교당)

주체로 여성해방 인간해방을 지향함으로써 단순한 여권신장이 아닌 우주 원리에 대한 인식 전환을 도모하는 근원적인 운동"을 전개했다고 발표했다. 제2 발표는 김춘옥(소설가) 교수가 "소설로 본 동학 여성인물 연구"를 주제로 대하소설 『녹두장군』(송기숙)과 『갑오농민전쟁』(박태원)에 나타난 동학여성 인물을 통해 "천도교여성회는 회원들에게 영적 안정과 자존감 고양을 제공하고, 가정생활과 사회생활에 실질적인 도움을 주는 기능을 회복해야 한다. 지난 100년은 여성의 존엄과 문명개화를 위한 개벽운동이었다면, 앞으로 100년은 영성을 기반으로 한 개벽운동이 필요하다"고 강조했다. 제3 발표는 이상임 경희대 교수가 "용담에서 세계로-여성과 동학의 글로컬리제이션(glocalization, 지구지역화)"을 주제로 경주 용담정을 중심으로 활동한 최윤, 양이제 두 분을 소개하며 이분들의 땀과 노력은 동학 천도교의 글로컬리제이션을 이루어낸 주된 동력이라고 평가하면서, 여성회 과제로 다음 사항을 제안하였다; (1) 아내나 어머니 역할을 넘어 여성 자신의 모습으로 활동하는 천도교 여성상 제시 (2) 천도교 다시 개벽을 위한 여성 지도자 출현에 대한 기대와 남녀 모두의 노력. 제4 발표는 박소정 성균관대 교수가 "이름 없는 동학도를 위한 허스토리(herstory)"를 주제로 동학의 역사에서 중요한 시기를 온몸으로 살아낸, '5대에 걸친 따님들의 삶'을 재구성하여 소개하면서 '동학 여성 역사를 다루는 방법'을 제시하였다.

동학의 소중한 가치인 모심과 살림을 이어받고 물려주는 가운데 한국 근대사의 여러 장면을 통과하는 여성의 역사이자, 모든 한울님의 역사이기도 한 발표자 본인 집안 이야기를 다룸으로써 오늘날 동학 연구자로 자립하게 된 자신의 정체성을 재확인하는 흥미로운 발표로 참석자들의 감동을 자아냈다. 이 발표에는 성주현 신인간사 주필, 김용휘 대구대 교수, 조극훈 경기대 교수, 채길순 명지전문대 명예교수가 토론자로 참여했다.

3장 기념사업

이 장에는 천도교여성회가 벌여온 여러 가지 '기념사업'들을 담았다. 선양사업은 스승님 및 사모님과 역대 회장, 원로 등의 업적과 정신을 선양하고 숭모하는 사업이다. 그리고 교단 차원의 사업이지만 여성회원들이 주관하거나 특별한 성력을 쏟은 사업들을 소개하였다. 또한 수도원이나 복지관과 같은 기념비적 사업도 소개하였다. 고난으로 점철된 역사적 배경과 시대적, 재정적 환경의 불리한 여건을 무릅쓰고 천도교 여성들은 오직 정성과 공경과 믿음을 다하여 굵직굵직한 사업들을 입안하고 성취시켜 왔다. 이러한 성과들은 향후 여성회가 전개할 사업들의 중요한 귀감이 될 것이다.

제1절 기념선양사업

뿌리 없는 나무가 없고, 근원이 없는 샘과 물길은 없는 법이다. 천도교여성회는 근본적으로 수운대신사의 동학 천도교 창도와 그 이후 스승님들의 가르침과 실천을 근간으로 하여 탄생한 조직이다. 그중에서도 특히 여성이라는 조건을 특별히 고려하면서 선열, 선배들의 업적을 기리고 그 삶을 기억하는 사업들 또한 천도교여성회의 중요한 사업이다. 이를 '기념선양사업'이라고 명명할 수 있다.

천도교여성회는 창립 첫해(1924)의 거교적인 사업인 대신사탄신백주년 기념사업(기념관 건립)에서부터 100년 동안 교단의 대소사에 모두 앞장서서 성력을 다해 왔다. 예컨대, 대신사탄신백주년 기념사업 성금자 명부(천도교중앙도서관 소장)에 수록된 3만 명의 성금자 중 다수가 여성들이다. 그 명부에는 의암성사 사모님이자 여성회 초대회장인 주옥경 종법사와 의암성사의 따님들은 물론이고, 역대 여성회장, 그리고 그 지부회장을 비롯하여 초기 천도교여성회를 이끌어 온 수만 명의 여성(회원)의 이름이 기록되어 있다. 그 이후 천도교여성회는 포덕백년기념준비위원회를 구성하여 포덕 100년을 준비하는 데도 선구적으로 앞장섰고, 천도교중앙총부가 주최, 주관하는 수많은 기념사업과 선양사업들에 중추적인 역할을 감당해 왔다. 포덕 129년(1988) 10월 28일 대신사 탄신 160주년 기념 동상 제막식(용담정 경내)에서는 성금모금에 자발적으로 참여한 천도교여성회에 중앙총부가 감사패를 수여했다. 이는 여성회가 그 전에도 벌여왔고, 그 이후에도 전개한 수많은 선양사업 참여 사례 중 하나일 뿐이다.

천도교여성회의 기념선양사업은 단지 여성 선열, 선배만이 아니라, 모시는 사람, 살림의 일꾼으로서 동학 천도교를 만들고 지키고 가꾸며 이어온 모든 스승님과 선열, 선배 동덕님들을 기리는 사업이라고 할 수 있다. 이 절에서는 그중에서 여성회 스스로에게 귀감이 되고, 앞으로도 동일한 유형의 사례를 더 많이 만들어 가야 할 몇 가지 사업들을 제시하기로 한다.

❶ 대신사 모친 한씨, 박씨 사모님 도당호 추서

여성회는 포덕 126년(1985) 사업계획의 일환으로 표영삼 상주선도사의 안내로 박씨 사모님의 유적지를 세 차례에 걸쳐 답사했다.('조사사업' 편 참조) 기록으로서만이 아니라, 현장을 찾아가서 보고 느낀 박씨 사모님과 사가(師家) 여성들의 고난과 비운, 그리고 그 속에서도 정성을 다해 수운대신사의 거룩한 정신을 수호하고자 한 역사는 참가자들 모두의 눈물을 쏟게 하기에 충분하였다. 그 이후 여성회에서는 어떤 방식으로든 대신사의 부인 박씨 사모님과 모친 한씨의 생애와 위업을 숭모하는 사업이 필요하다는 공감대가 자연스레 형성됐다. 이에 포덕 126년(1985) 12월 23일 중앙위원회 결의에 따라 사모님들의 존칭을 자체 제정하고 도호(道號, 堂號)를 추서해 줄 것을 중앙총부에 건의했다. 건의서의 핵심 내용은 다음과 같다; "대신사께서는 광제창생의 대도를 위해 순도하셨고, 부인이신 박씨 사모님과 온 가족은 형극의 일생을 마칠 수밖에 없었습니다. 만약 박씨 사모님의 희생적인 내조가 없었던들 오늘의 천도교가 어찌 설 수 있었겠으며, 오늘과 같이 우리 전체 동덕들이 자유스러운 신앙생활을 어찌 할 수 있었겠습니까. 그뿐만 아니라 대신사의 어머님이신 한씨 사모님 역시 구미산의 정기를 받아 대신사를 낳으셨으니 우리 후세들이 어찌 그 은덕을 모른다고 할 수 있겠습니까. 하온데 아직까지 우리 교회에서는 한씨 사모님이나 박씨 사모님에게 당호조차 정해드리지 못하고 있는 데 대해 진실로 가슴 아프게 생각하는 바입니다. (중략) 하오니 지금이라도 두 분 사모님의 은덕을 포상하는 의미에서라도 도당호를 추서하시어 우리 후예들로 하여금 '한씨 사모님' '박씨 사모님'이라고 부르는 불경을 면하게 하여 주시기를 전체 중앙위원의 이름으로 건의하는 바입니다."

여성회가 추증(追贈)을 건의한 박씨 사모님의 도호는 천수당(天守堂), 한씨 사모님 도호는 천인당(天因堂)이다. 여성회의 이 건의서에 대해 중앙총부의 답변이 지연되자 포덕 127년(1986) 11월 11일 이를 재차 건의했으며, 포덕 128년

박씨 사모님 묘소

(1987) 6월 5일 제13차 종무위원회의에서 이 문제가 논의되었다. 고정훈 교령과 김재중 종무원장 등이 모두 참석한 종무위원회의에서 두 분 사모님의 존칭 문제를 교령에게 위임하되, 종법사님의 자문을 받고 교서편찬위원회에서 결정키로 결의했다. 여성회는 두 분 사모님의 존칭이 확정되기까지는 상당한 시일이 걸릴 것으로 보고 있다. 한편 일부 여성회원은 사모님 존칭 추증이 부당하다는 청원서를 제출했다. 이 청원서에 대해 총부(교화관)는 포덕 128년(1987) 8월 17일 자로 다음과 같이 회신했다.; ① 존칭 제정 건의는 여성회 중앙위원회의 결의를 거친 것이므로 전체 여성회원의 의사를 대표한 것으로 본다. ② 대신사님의 존칭도 포덕 49년(1910) 중앙총부의 공의에 의해 결정되었으므로 한씨 사모님과 박씨 사모님의 존칭도 관계 기관의 결의를 거쳐 제정할 수 있다고 본다. ③ 두 분 사모님께 일반교인들과 같이 도·당호를 정한다는 것은 불가하나 존칭 제정은 스승님의 존칭을 정한 것과 같이 신중을 기하여 교사편찬위원회의 숙의와 종법사의 자문, 관계 기관의 결의를 거치는 과정에서 존칭의 필요성이 없다고 판단되면 시행하지 않는다.' 이후 총부의 입장은 "두 분 사모님께 일반교인들과 같이 도당호를 정한다는 것은 불가하나 신중을 기할 필요가 있는 사안이며, 관계 기관의 결의를 거쳐 가부(可否)를 정하겠다"는 데서 진전되지 못하고, 실질적으로 '불가' 쪽으로 귀결되었다. 이 안건은 그간 한 번도 공식적으로 논의된 적이 없었던 것으로, 여성회가 처음 문제를 제기했다는

여성회는 해마다 우이동 의암성사 묘소를 찾아 정화작업을 하고 있다

점, 교단 내에서 여성의 위상과 여성에 초점을 맞춘 제도와 교사 이해의 새로운 지평을 열었다는 점에 의의가 있다고 할 것이다.

❷ 스승님 및 사모님 묘역 수찬과 수호

여성회본부는 매년 여주 천덕산에 있는 해월신사 묘소 및 사모님 묘소와 강북구 우이동에 있는 의암성사 묘소 및 사모님 묘소를 성묘하고, 훼손이 발생한 경우에는 수찬공사를 진행하면서 사모님들의 고난과 스승님들을 보필해 온 거룩한 희생, 그리고 뜻을 기리고 있다. 특히 매년 1월 17일 주옥경 종법사 환원일에는 종법사님의 묘소 참례식과 당일 저녁 재가기도식을 봉행하면서 여성회 창립의 의미를 되새기고 있다.

❸ 역대 여성회장 및 여성회 원로 선양

1) 역대 여성회장 사진 봉안

여성회본부는 포덕 141년(2000) 3월 25일 제76주년 창립기념식에 즈음하여

포덕 143년부터 연차 사업으로 진행한 여성회 원로 녹취록 사업이 포덕 148년 3월 25일 결실을 맺고 창립기념식을 기해 녹취록 주인공들을 모시고 발간 기념 행사를 가졌다.

역대 여성회장 사진 봉안식을 거행했다. 여성회 임원진과 회원들이 참석한 가운데 진행된 이 행사에서 봉안된 사진은 주옥경 초대회장 이래 여성회장을 역임한 분들의 사진으로, 액자에 담아 여성회 사무실에 봉안하게 됐다.

2) 여성회 원로 및 회원 녹취록 사업

포덕 143년(2002) 5월 26일, 여성회 고문을 비롯한 원로 임원과 회원들의 증언을 녹취하는 사업이 시작됐다. 고윤지 회장은 이 같은 사업을 시작하게 된 취지에 대해 "매일신보사에서 1900년대 여성 지도자 1만 명의 명감을 제작한다고 우리 천도교여성회 지도자 명단을 제출해달라는 부탁을 받고, 옛 어른들의 약력을 찾아서 그 자료를 더 보충해야겠다는 마음이 생겼다."고 밝혔다. 또 진작 했어야 한다는 아쉬움도 있다고 토로하면서 "평생 천도교를 위해 헌신 봉사하신 원로님들이 교회와 여성회를 아끼는 마음을 이어받고 이분들의 기대에 어긋나지 않는 여성회가 되도록 해야겠다는 무거운 책임감을 느낀다"고 덧붙였다. 1기 녹취록 사업은 포덕 143년(2002)부터 5년간에 걸쳐 진행되었으며, 고윤지 회장 등 임원들과 서울교구 노은정 교화차장이 녹취와 기록을 맡아 포덕 148년(2007) 3월 『한울님 은덕으로 살아온 내 인생』으로 세상에 빛을 보았다. 2기 녹취록 사업은 김영숙 회장과 박영화 교화부장 등 임원진이 3년 동안 전국 21명의 원로여성들을 직접 탐방 취재하여 『한울마음 여인들』(포

덕 151년 3월) 간행으로 결실을 맺었다. ('간행사업' 편 등 참조)

❹ 주옥경 초대회장 30주기 추모제

여성회는 포덕 122년(1971) 1월 17일 주옥경 초대회장 환원 이후 매년 환원일마다 우이동 봉황각 경내 의암성사 묘역 아래쪽에 모셔진 주옥경 회장 묘소를 참례해 왔다.

포덕 152년(2011) 11월 10일, 제5차 여성회 상임위원회에서, 주옥경 종법사(여성회 초대회장) 환원 30주기 추모제를 총부와 협의하여 중앙대교당에서 대대적으로 봉행키로 결의했다. 이순종 회장은 이번 추모제는 "여성회를 창립하여 한울여성의 위상을 드높이고, 반세기 이상 헌신해 오신 주옥경 종법사님을 추모하는 일은 이 시기에 여성회원들의 마음을 다시 한번 새롭게 다지는 소중한 기회가 될 것"이라고 그 의의를 밝히면서, 협조를 당부하였다. 이달 18일의 전국 지부장회의에서 이 안건을 다시 결의하였으며, 여성회 고문 및 중앙위원, 전국 지부회장, 전직 부회장 등으로 추도식준비위원회를 구성하여 2개월여의 준비에 정성과 공경을 다하였다.

포덕 153년(2012) 1월 17일, 중앙대교당에서 400여 명의 여성회원, 천도교인과 내빈 등이 참석한 가운데 "주옥경 초대회장 환원 30주년 추도식"이 봉행되었다. 이순종 회장의 약력 보고, 이범창 종무원장 추모사, 임운길 교령, 박유철 광복회장, 김정숙 여성단체연합회장, 한양원 민족종교협회 회장 등의 헌사, 김민경(부안지부)의 헌시, 유족 인사(윤태원 외증손사위) 등으로 진행되었다. 추도식 후에는 김응조 상주선도사가 '수의당의 생애와 의암성사'라는 강연을 했고, 이순종 회장 등 임원과 회원들은 주옥경 종법사 묘소(우이동)를 참례하고 성령출세와 영원무궁한 장생을 심고 드렸다. 이날 행사장에는 주옥경 회장이 포덕 95년(1954) 전후에 피난 생활을 할 때 자택을 제공한 진천 염창달 교인의 후손 염경철, 염상철, 노금순, 손광자 등이 참석하여 주옥경 회장과의 인연을 회고하였다.

❺ 대신사 모친과 부인 숭모 선양

1) 대신사 대사모 숭모비

포덕 164년(2023) 10월 25일, 수운대신사 탄신 199주년에 즈음하여, 경주 현곡면 가정리 대신사님 고택 앞 뜨락 공원에 대신사 대사모 숭모비(崇慕碑)를 건립하고 봉고식을 거행했다. 이 사업은 여성회본부가 박노진 선도사와 함께 총부에 제안하여 성사되었다. '대사모'는 수운대신사 부인 박씨 사모님의 존칭으로, 이번 기념비는 대신사님이 오랜 구도 끝에 동학을 창도할 때까지 뒷바라지와 살림을 전담하시고, 창도 이후에는 수많은 제자(도인)들의 돌봄을 전담하셨으며, 대신사 순도 이후에는 모진 고생을 감내하면서 교인들의 귀감이 되시고, 존경과 의지처가 되셨던 대사모(박씨 사모님)를 기리는 기념사업이다. 또한 여성회가 창립 100주년에 즈음하여 벌이는 기념사업의 일환이기도 하다.

특히 대사모 숭모비는 대신사와 대사모의 부화부순 정신을 오늘 천도교인들이 계승해야 할 바람직한 부부윤리로 되새김하고, 이 시대에 다시금 바람직한 가정문화와 남녀 간 동등한 상호존중의 문화를 펼쳐나가는 출발점이 될 수 있을 것으로 기대하고 있다.

여성회본부 등의 제안으로 포덕 163년(2022) 9월 27일 대사모숭모비건립추진위가 구성되었으며, 교단 내 기관의 의견을 청취한 후 1년여 동안 성금을 모아 건립하고, 봉고식을 거행하기에 이른 것이다. 이날 봉고식은 전국에서 350여 명의 교인이 모인 가운데, 이미애 교화관장의 집례로 경전봉독(최중환 용담교구 교무부장), 제막식, 경과보고(신명식 유지재단 이사장), 봉고사(주용덕 종무원장), 격려사(박상종 교령) 순으로 진행되었다. 여성회에서는 박차귀 고문이 제막 순서에 참석했다.

2) 대신사 어머니 한씨 사모님과 부인 박씨 사모님

수운대신사 부친인 근암공 최옥은 세 번 혼인을 했다. 첫째 부인 오천 정씨와 17세 때(1778) 혼인하였으나, 정씨 부인은 근암공 36세(1797) 때에 병사하였다. 일년상을 치른 후 당시 관습대로 37세(1798)에 달성 서씨와 혼인하였으나, 근암공 50세(1811)에 서씨 부인과도 사별하게 되었다. 이후 10여 년을 홀로 지

포덕 164년 10월 25일 대신사 대사모 숭모비가 수운대신사 고택 앞에 건립되었다. 숭모비를 참례하는 여성회원 일동

내시던 근암공은, 제자들의 주선에 의해 63세(1824) 2월 초, 남편과 사별하고 친정에 와 있던 곡산 한씨와 재혼하였다. 그로부터 10개월 만인 포덕전 36년(1924) 10월 28일, 수운대신사가 탄생하였다. 전하는 말에 의하면, 이날부터 구미산이 3일간 연달아 소리를 내며 울었다고 한다. 이러한 설화는 수운대신사도 흠모하고 자랑스러워했던 7대조 정무공 최진립 장군 때도 있었던 이야기이며, 또 근암공과 가까웠던 외와(畏窩) 최림이 탄생할 때도 있었던 설화이다. 그러한 설화가 수운대신사 탄신 때도 이어진 것이다. 당시 이 지역 사람들이 수운을 어떻게 보았는지를 알 수 있게 하는 대목이다. 수운대신사의 아명인 '복술'이는 관례대로 모친 한씨가 지었을 것으로 추정된다. 모친 한씨 부인은 수운대신사가 10세 되던 해(1834)에 돌아가셨다. 한씨 부인에 대한 기록은 거의 남아 있지 않아, 안타까움을 더한다.

수운대신사 부인 박씨 사모님은 밀양(또는 월성) 박씨로, 대신사가 13세 때 혼인했다는 설(『시천교역사』)도 있으나, 천도교단에서는 『천도교서』의 기록을 토대로 대체로 19세(1842) 때 혼인한 것으로 추정한다. 수운대신사는 부친으로부터 물려받았던 집이 불타 버리자(1843) 잠시 제환 형님(양형, 수운대신사 탄신 전에 근암공이 조카를 입양함) 댁에 살다가, 10월경 솔가하여 용담으로 들어갔다. 무예 수업을 하면서 2년여를 보내다 생계를 위해, 또 세상 형편을 돌아보기 위해 장삿길로 나섰다. 이때까지의 삶도 박씨 부인에게는 고단하기 이를 데 없었으나, 수운대신사가 장삿길로 나서자 집안 살림은 박씨 부인의 몫이 되었다. 결과적으로 장사는 여의롭지 못하여, 수운대신사는 박씨 부인과 자녀들을 거느리고 처가가 있는 울산으로 이주하여 처가(박씨 부인 친정)에 가족들을 의탁한 후 당신은 여시바윗골에 거처를 마련하여 명상을 통한 구도를 계속해 나간다.

두 차례의 49일 기도 끝에, 기미년(1859) 10월에 다시 가족과 함께 용담으로 돌아온 후 이듬해 4월 5일 동학을 득도하는 대각을 이루게 되었다. 대신사님이 신비체험을 하는 동안 박씨 부인이나 자녀들에게 대신사님의 행동은 광인(狂人)의 그것과 흡사한 것으로만 보였고, 박씨 부인은 자녀들과 함께 절망적인 상황으로 내몰렸다. "경황실색 우는 자식 구석마다 끼어 있고 댁(=박씨 부인)의 거동 볼작시면 자방머리 행주치마 엎어지며 자빠지며 종종걸음 한창 할 때…"(〈안심가〉)라는 구절이 당시 박씨 부인의 처지를 잘 보여준다. 결국 박씨 부인은 몇 차례나 자결할 결심을 하였다고 전해 온다. 그러나 대신사의 간곡한 만류와 또 부인을 대하는 태도에 감명되어 드디어 경신년(1860) 후기에 박씨 부인은 (아마도) 최초의 동학교도로서 수운대신사의 제자가 되었다.

그러나 박씨 부인의 귀의에도 불구하고, 고난은 끝나지 않았다. 포덕을 시작(1861.6)한 지 채 4개월도 지나지 않아 관(경주관아)의 지목이 시작되어 전라도로 원행을 다녀와야 했고, 용담에 잠시 머물다가 경상북도 지역으로 순회를 떠나 한동안 머물렀다. 그 사이 용담으로 찾아오는 사람들을 수발하는 모든 책임은 박씨 부인에게 주어졌다. 양녀, 따님들과 함께 그 일을 해내느라 손이 마를 날이 없었고, 몸 여기저기가 늘상 아픈 상태였다.

그러다가 마침내 수운대신사와 함께 붙잡혀 경주진영에 갇힌 몸이 되었고, 포덕 5년(1864) 3월 10일 수운대신사가 순도하기에 이르렀을 때는 하늘이 무너지는 슬픔 속에서도 남은 자식들을 거느리고 살길을 도모해야 하는 처지로 내몰렸다. 대신사 순도 이후 풀려난 박씨 사모님은 잠시 조카(세조)의 집에 머물다 제자들의 주선으로 강원도 정선(문두재)으로 옮겨갔다. 이어 상주 동관음으로 옮겼다가 영양 용화동의 해월신사 거처로 옮겨갔다. 모두 경제적으로나 남의 이목을 피하는 면에서나 한곳에 오래 머무를 수 없는 형편 때문이었다. 해월신사의 보살핌을 받을 때는 그나마 평안하였으나, 이필제의 교조신원운동이 터지자 다시금 고난의 피난길이 재개되었다.

정선 동면 홍석범 가와 양양(아들들)으로 이산가족으로 살다가, 소미원으로 옮겨갔다. 해월신사는 쫓기는 중에도 사모님(박씨 부인) 등 사가 가족을 보살피는 데 최선을 다하였으나, 자주 연락이 끊어지며 박씨 부인의 고난은 계속되었다. 포덕 13년에는 장자 세정과 둘째 딸 최완, 며느리 등이 인제 교졸들에게 붙잡히고 말았다. 모진 고문 끝에 세정은 그해 5월 장사(杖死)하고, 박씨 사모님은 해월신사 주선으로 정선 무은담으로 피신하였다. 그곳까지 가는 동안의 고생한 기록이 『도원기서』에 생생히 남아 있다. 그곳에서 며칠간 몸을 추스른 박씨 부인, 둘째 아들(세청) 내외, 딸 셋은 다시 정선군 동면 싸내(米川)로 옮겨갔다.

주변 도인들의 도움의 손길이 없지 않았으나, 결국 포덕 14년(1873) 12월 9일(양1874.1.26) 박씨 부인은 고단한 일생으로 말미암은 영양실조로, 49세를 일기로 생애를 마쳤다. 임종시에 세청이 단지(斷指) 봉양을 하였으나, 효험이 없었다. 장례를 치르는 것마저 여의치 못하여 이듬해 2월 19일(양4.5)에야 겨우 해월신사 주선으로 장례를 치렀다. 이듬해(1875)에는 둘째 세청마저 병사하였다. 일찍이 장녀는 윤씨 가문에, 차녀 역시 윤씨 가문에 출가하였고, 박씨 부인과 세청이 돌아간 후에 3녀는 허씨 가문에 4녀는 한씨 가문에 출가하였다(『해월선생문집』)고 하였으나 표영삼 선도사는 '허씨 가문에 출가한 이는 3녀가 아니라 차녀 - 최완'이라고 하였다. 남편은 허찬으로 그 후손들이 현재 성심성의를 다하여 천도교를 신앙하고 있다.

박씨 부인과 세청의 묘는 포덕 17년(1876) 허찬 등 사위들이 힘을 모아 영춘 의풍(현 영춘면 의풍리)에 이장하였고, 포덕 84년(1943)에 용담 구미산 자락의 태묘 옆으로 이장하였다. 세정의 부인 강릉 김씨(1920 환원)의 묘소도 태묘 근처에 모셨다가, 포덕 125년(1984) 박씨 부인 묘소 아래로 모셨다. 포덕 138년(1997) 총부(교령 김재중)에서 세정이 순도한 강원도 양양군청(양양관아)에서 채토식을 하여 태묘 묘역에 봉분을 조성하였다.(『표영삼의 동학이야기』, 모시는사람들 참조)

❻ 그 밖의 숭모사업

(1) 최초의 천도교여성회본부장(葬) : 천도교여성회 고문 최시영 회장이 포덕 133년(1992) 2월 1일 오전 5시 노환으로 인해 88세를 일기로 우이동 자택에서 환원, 2월 3일 오전 11시 우이동 봉황각에서 여성회본부장 영결식을 봉행했다. 영결식은 약력 보고, 김경렬 회장의 위령문 낭독, 오익제 교령의 조사, 위령송 합창, 분향의 순으로 진행되었으며, 유택은 포천에 있는 교회 묘지에 마련됐다.

(2) 첫 번째 여성 중앙총부장(葬) : 주옥경 초대회장이 포덕 123년(1982) 1월 17일 환원하여 천도교회장으로 영결식을 봉행한 이래, 여성으로서는 최초의 중앙총부장으로 영결식을 한 분이 차기숙 종법사이다. 차기숙 종법사는 포덕 135년(1994) 12월 2일 오전 8시 10분 자택에서 향년 96세로 환원, 12월 4일 오전 9시 30분 중앙대교당 앞마당에서 중앙총부장으로 영결식을 봉행하였다. 영결식은 유족 및 친지, 교인 등 100여 명이 참석한 가운데 임운길 화악산수도원장의 약력 보고, 김경렬 여성회장의 위령문, 김재중 교령의 조사 등의 순으로 이어졌다. 유해는 포천 교회묘지에 안장되었다. 생전인 포덕 130년(1989) 4월 종법사에 추대되었다.

(3) 최시영 종법사 묘비 제막식 : 포덕 137년(1996) 4월 28일 포천 교회묘지 묘역에서 최시영 종법사 묘비를 제막했다.(묘비건립위원회 위원장 김광욱) 묘비 제막식은 교회 의식에 이어 제막, 헌화 및 분향, 천보경 회장의 약력 보고, 손권순 선도사의 묘비문 낭독, 김광욱 위원장(연원회 의장)의 식사, 김재중 교령의 추념사, 유족대표의 인사 순으로 진행됐다. 묘비의 제자는 김재중 교령, 묘비문은 따님 조혜숙(당시 여성회본부 상임위원)이 작성했다.

(4) 서택순 선생 생가 성역화 : 포덕 142년(2001) 9월 13일에는 해월신사께서 "베짜는 며느리가 한울님"이라는 설법을 하는 계기가 되었던 서택순 성도사 생가(충북 청원 북이면 금암 2리 128)를 방문하고, 성도사님 묘역도 참례하였다. 또 후손댁을 방문하여 청수봉전과 〈대인접물〉 편 봉독의 기념 의식을 진행하였다. 여성회는 이번 방문을 통해, 해월신사의 여성존중 사상의 현재적 의의를 되찾고, 특히 '며느리'를 존중하는 현대적 문화로 승화시킬 방안을 모색하기로

했다. 이후 '베 짜는 며느리가 한울님'의 설법은 '일하는 한울님'이라는 개념으로 더욱 승화되어 현대인에게 많은 공감과 감동을 자아내고 있다.

제2절 여성회 인물사

❶ 여성 종법사

종법사는 천도교 최고 예우직이지만 (※교헌 규정) 오랫동안 남성 원로들에 한정된 직책으로 머물렀다. 종법사 추서는 천도교연원회에서 결의하는데 천도교여성회 초대회장 주옥경 종법사가 최초의 여성종법사로 추서되었다.

1) 주옥경 종법사

포덕 112년(1971) 4월, 수의당(守義堂) 주옥경 천도교여성회 초대회장이 천도교 최고 예우직인 종법사에 추대되었다. 여성으로서는 최초의 종법사가 되셨다. 이에 앞서 여성회에서는 포덕 110년(1969) 3월 25일, 제46주년 창립기념식장에서 주옥경 종법사를 여성회 최고 예우직인 성덕사(成德師)로 추대한 바 있다. '성덕사'란 '도성덕립'을 이룬 분이라는 의미를 담은 용어이다.

주옥경 종법사

주옥경 종법사는 포덕 35년(1894) 12월 28일 평양 근교 숙천에서 주병규 어른과 어머니 김씨 사이에서 무남독녀로 태어났다. 포덕 49년(1908, 15세) 때 상경하여, 포덕 52년(1911, 18세)부터 의암성사를 모시게 되었다. 포덕 60년(1919) 3·1운동 이후 서대문감옥에

주옥경 종법사의 영결식(포덕 123년 1월 17일 환원, 1월 21일 영결식, 중앙대교당 앞)

투옥된 의암성사를 손수 옥바라지하였으며, 의암성사 환원 이후 포덕 65년(1924) 4월 5일 천도교여성회(내수단)를 창립하며 초대회장(대표)을 역임하고 이후 5~6대, 17~23대까지 회장을 역임하였다. 포덕 67년(1926)에 일본 동경에 유학하여 정칙영어학교 본과를 졸업하였다. 이때 여성회(내수단) 동경지부를 창단하고, 초대 지부회장이 되었다. 포덕 81년(1940) 천도교여성회(내수회)에서 교도사(敎導師)로 추대하였다. 포덕 96년(1955) 환갑을 맞이하고, 포덕 98년(1957)부터 삼청동에서 봉황각으로 이주하여 기거하면서 포덕 100년(1959)부터 의암성사 묘소를 수호하면서 의암성사기념사업에 진력하여 묘역 확장과 묘비 건립(1959), 의암성사동상 건립(탑골공원, 1966), 의암성사 전기 간행(1967) 등에 매진하였다. 포덕 103(1962) 대한민국정부가 의암성사에게 추서하는 '건국훈장 대한민국장'을 받으셨다. 포덕 106년(1965)에는 '민족대표33인유족회' 회장, 포덕 108년(1967)에는 광복회 부회장을 역임하였다. 포덕 112년(1971) 종법사로 추대되면서, 천도교여성회장직을 사임하였다.

포덕 123년(1982) 1월 17일, 만 87세로 환원하여, 천도교회장으로 영결식을 봉행하고, 의암성사 묘역 아래쪽에 유택을 마련하였다.

양이제 종법사, 왼쪽 두 번째. 최윤 사모님 맨 오른쪽

2) 양이제 종법사

포덕 121년(1980) 4월 3일, 천도교연원회는 여성회본부 양이제(楊利濟) 고문을 종법사로 추대하였다. 양이제 종법사는 포덕 33년(1892) 8월 10일 평남 중화군 출신으로 포덕 47년(1906) 3월 10일 천도교에 입교하였다. 결혼 후 천도교를 신앙하지 않던 시댁을 '동이청수'를 모시며 정성 들인 끝에 모두 입교하게 하였고, 3·1운동에 참여 6개월 옥고를 치렀다. 천도교여성회(내수단)의 효시가 되는 천도교평양여자청년회 창단 주역으로 천도교 교리 연구와 여자교리강습회 등을 하였으며, 이후 천도교여성회(내수단) 평양지부와 평양교구 순회교사로 활동하였다. 광복 후 평양교구에서 순회 포덕에 큰 성과를 거두었고, 6·25 전쟁 시 월남하여, 포덕 92년(1951)부터 용담정으로 들어가 천일 독공수련을 하셨다. 이후 양이제 종법사는 평생을 주문 수련으로 일관하여, 여

양이제 종법사

성회원뿐 아니라, 교인들의 귀감이 되었다. 포덕 97년(1956) 상임위원을 시작으로 본부 활동을 시작하였고, 경주 용담 일대에 큰 포덕을 이루었다. 포덕 100년을 맞으며 용담정 복원 사업에 앞장선 공로로 총부로부터 표창을 받았으며, 포덕 103년(1962) 5월 25일, 정성으로 일군 대 포덕의 결실로서 교단 내에서 최초의 여성 도정이 되었다. 포덕 114년(1973) 12월 22일 여성회본부 고문으로 추대되었고, 포덕 125년(1984) 5월 21일 아현동 자택에서 93세를 일기로 환원하여, 중앙총부장(葬)으로 영결식을 거행하고, 포천 교회묘지에 안장하였다. 포덕 126년(1985) 5월 21일, 양이제선생묘비건립위원회에서 묘비를 건립하였다.

3) 차기숙 종법사

포덕 130년(1989) 4월 2일 천도교연원회는 법실당(法實堂) 차기숙(車基淑) 여성회본부 고문을 종법사로 추대했다.

차기숙 종법사

차기숙 종법사는 포덕 40년(1899) 12월 10일 평양에서 출생, 19세 때 조기간 선생과 결혼하였다. 조기간이 동경종리원장과 천도교 청년당 당수 등을 역임하며 천도교 지도자로서 활동하는 동안 내조하며 신앙에 진력하였다.

차기숙 종법사는 포덕 62년(1921) 1월 천도교 최초의 여성단체인 '평양여자청년회' 발기인 중의 한 사람이며, 천도교여성회(내수단) 창단 발기위원으로 참여한 이래, 이사, 상임위원, 감사 등을 두루 거치며 여성회 발전에 공헌하였다. 그 공로로 여성회 창립기념일에 두 차례(50주년, 60주년) 공로표창을 받았다. 포덕 130년(1989) 4월 여성으로서 세 번째로 종법사로 추대되고, 포덕 135년(1994) 12월 2일 96세로 환원하여 총부장으로 영결식을 거행한 후 포천묘지에 안장되었다.

4) 최시영 종법사

포덕 135년(1994) 4월 20일 천도교연원회는 지흥당(知興堂) 최시영(崔時英) 여

최시영 종법사

성회본부 고문을 종법사로 추대했다. 최시영 종법사는 포덕 45년(1904) 7월 19일 황해도 공산군 명미면 장골마을에서 최원룡 어른의 2녀 중 막내딸로 태어났다. 3·1운동 후 상경하여 동덕여학교에 재학중 천도교여성회(내수단) 창단위원-노무부장으로 참여하였다.(당시 이름 최덕화) 24세 때 조정호 선생과 결혼 후 여성회본부 상무, 중앙위원을 역임하고, 포덕 77년(1936)에는 평양종리원이 운영하는 광덕학원 교사로 근무하였다. 광복 후 천도교 북조선종무원의 유일한 여성 순회강사로 활약하였고, 주옥경 회장이 종법사로 추대한 뒤, 포덕 112년(1971)부터 6년간 여성회 회장을 역임했다. 여성회 공로표창을 2회(50, 60주년) 수상했다. 포덕 133년(1992) 환원한 후 여성회본부장(葬)으로 영결식을 거행하고, 포천교회묘지에 안장되었다. 환원한 지 2년여 후, 포덕 135년(1994) 4월 20일 네 번째로 여성 종법사로 추대되었다.

5) 조동원 종법사

조동원 종법사

포덕 158년(2019) 3월 22일 천도교연원회는 조동원 가리산수도원장을 종법사로 추대했다. 최시영 종법사 이후 20여 년 만에 추대된 여성 종법사이다. 조동원 종법사는 가리산수도원 원장으로서 30여 년간 수많은 교인들을 지도하였으며, 설교 등으로 교인들의 신앙을 돈독하게 한 공로로 종법사로 추대됐다.

조동원 종법사는 포덕 67년(1926) 평안북도 구성군 이현면 진도동에서 부친 조만경과 모친 김문체의 2남 3녀 중 2녀로 출생했다. 포덕 86년(1945) 우암 김동화 선도사와 결

주옥경 종법사 팔순 잔치 기념(포덕 116년 2월 8일(음12.28), 봉황각) 앞줄 좌 첫째부터 김보일, 류미영, 양이제(종법사), 주옥경(종법사), 최동화, 최시영(종법사), 둘째 줄 좌 둘째 전영혜, 넷째부터 김효순, 차기숙(종법사), 이순종 셋째 줄 좌 첫째부터 오춘단, 강기순, 이종남, 김태화, 김정숙, 김병화, 옥인애, 이영신, 조영자, 조순화, 이영희

혼하고, 포덕 88년(1947) 월남하여 강원도 춘천에 정착하였다. 포덕 109년(1968) 충남 대덕 탄동으로 이주하여 탄동전교실 운영하였고, 포덕 110년에 천도교 종학원을 수료한 후 유성전교실 전교사로 봉직하였다. 포덕 118년(1978) 강원도 홍천전교실을 운영하고, 포덕 120년(1979)부터 3년간 독공수련을 한 끝에 포덕 123년(1982) 8월 20일 가리산수도원을 개원하며 초대원장에 취임한 이래 수천 명의 교인들의 수도연성을 지도 양성하였다. 포덕 134년(1993) 금강포 도훈으로 봉직하였고, 포덕 153년(2012) 8월 20일 가리산수도원 개원 30주년에 즈음하여 여성으로서는 최초의 설교 강론집인 『노학이 알을 까서 천하에 퍼뜨리니』(모시는사람들)를 간행하였다.

조동원 종법사는 가리산수도원 원장으로서 30여 년간 수많은 교인들을 지도하였으며, 설교 등으로 교인들의 신앙을 돈독하게 한 공로로 포덕 158년(2019) 3월 22일 종법사로 추대되었다.

❷ 여성 종의원, 교구장, 총부 임원, 수도원장

1) 종의원

종의원은 천도교의 입법기관으로, 매년 중앙총부와 산하 부문, 임의, 전위단체 등의 예산 및 결산, 사업보고 및 계획 등을 심의 의결하고, 규정 제·개정안 등을 심의 의결한다. 다음은 역대 여성 종의원의 명단이다.(선출 연도순)

(1) 김병화(지길당)는 포덕 42년(1901) 평남 순천군 출신으로 포덕 98년(1957) 12월 23일 천도교 제3차 임시전국대의원대회에서 종의원에 선출되었다.

(2) 김정숙(성실당)은 포덕 52년(1911) 황해도 봉산군 출신으로 포덕 102년(1961) 4월 6일 천도교 제4차 정기전국대의원대회에서 종의원으로 선출되었다. 이후 포덕 103.4.6(5차), 104.4.4(6차). 116.4.6(14차), 118.4.2(17차), 121.4.2(19차)에서 종의원으로 선출되었다.

(3) 박현화(성법당)는 포덕 52년(1911) 평남 안주군 출신으로 포덕 107년(1966) 12월 22일, 제7차 정기전국대의원대회에서 종의원으로 선출되었다.

(4) 홍창섭(경현당)은 포덕 54년(1913) 10월 3일생으로, 포덕 108년(1967) 4월 4일 제8차 임시전국대의원대회에서 종의원으로 선출되었다. 이후 108.12.21(9차), 112.4.6(11차)에서 종의원으로 선출되었다.

(5) 허경일(진성당)은 포덕 67년(1926) 함북 신의주 출신으로 포덕 108년(1967) 12월 21일 제9차 임시대의원대회에서 종의원으로 선출되었다. 이후 112.4.6(4차), 116.4.6(14차), 118.4.2(17차), 121.4.2(19차), 124.4.2(20차)에서 종의원으로 선출되었다.

(6) 전초련(성임당)은 포덕 72년(1931) 함북 청진 출신으로 포덕 124년(1983) 4월 2일 제20차 정기전국대의원대회에서 종의원으로 선출되었다.

(7) 강기순(신홍당)은 포덕 70년(1929) 황해도 연백 출신으로 포덕 127년(1986) 4월 2일 제22차 정기전국대의원대회에서 종의원으로 선출되었다.

(8) 박공주(신후당)는 포덕 62년(1921) 평북 가산군 출신으로, 포덕 127년(1986) 4월 3일 제23차 임시전국대의원대회에서 종의원으로 선출되었다.

(9) 김경렬(진성당)은 포덕 68년(1927) 평북 박천 출신으로, 포덕 133년(1992) 4월 2일 개최된 제25차 정기전국대의원대회에서 종의원으로 선출되었다.

(10) 조혜숙(신화당)은 포덕 70년(1929) 황해도 곡산 출신으로 포덕 139년(1998) 5월 1일 개최된 제29차 정기전국대의원대회에서 종의원으로 선출되었다.

(11) 고윤지(덕화당)는 포덕 86년(1945) 경남 남해 출신으로 포덕 142년(2001) 4월 2일 개최된 제30차 정기전국대의원대회에서 종의원으로 선출되었다.

(12) 장정숙(명화당)은 포덕 83년(1942)생으로, 포덕 137년(1996) 및 포덕 142년(2001) 4월 대회에서 종의원으로 선출되었다.

(13) 김영숙(영수당)은 포덕 84년(1943) 경기도 양주 출신으로, 포덕 148년(2007) 4월 2일 개최된 제30차 정기전국대의원대회에서 종의원으로 선출되었다.

(14) 이순종(신의당)은 포덕 79년(1938)생으로, 포덕 151년(2010) 4월 1일 개최된, 제35차 정기전국대의원대회에서 종의원으로 선출되었다.

(15) 김순홍(진성당)은 포덕 92년(1951) 충북 태안 출신으로, 포덕 151년(2010) 4월 1일 개최된, 제35차 정기전국대의원대회에서 종의원으로 선출되었다.

(16) 심점례(혜영당)는 포덕 83년(1942)생으로, 포덕 151년(2010) 4월 1일 개최된, 제35차 정기전국대의원대회에서 종의원으로 선출되었다.

(17) 이홍자(선경당)는 포덕 85년(1944)생으로, 포덕 157년(2016) 3월 17일 제38차 정기전국대의원대회에서 종의원으로 선출되었다.

(18) 김영란(의향당)은 포덕 100년(1959)생으로, 포덕 157년(2016) 3월 17일 제38차 정기전국대의원대회에서 종의원으로 선출되었다. 포덕 160년(2019) 3월 15일 제39차 정기전국대의원대회에서 종의원으로 선출되었다. 포덕 163년(2022) 3월 17일 제40차 정기전국대의원대회에서 종의원으로 선출되었다.

(19) 박차귀(정신당)는 포덕 89년(1948) 경남 진해 출신으로. 포덕 160년(2019) 3월 15일 제39차 정기전국대의원대회에서 종의원으로 선출되었다.

(20) 김순자(해심당)는 포덕 94년(1953)생으로, 포덕 160년(2019) 3월 15일 제39차 정기전국대의원대회에서 종의원으로 선출되었다.

(21) 문제월은 포덕 101년(1960) 충남 서산 출신으로, 포덕 160년(2019) 3월 15일 제39차 정기전국대의원대회에서 종의원으로 선출되었다. 이어, 포덕 164년(2023) 3월 17일 제40차 정기전국대의원대회에서 종의원으로 선출되었다.

(22) 이미애(인화당)는 포덕 103년(1962) 전북 옥구 출신으로, 포덕 160년(2019) 3월 15일 제39차 정기전국대의원대회에서 종의원으로 선출되었다.

(23) 임우남(고운당)은 포덕 97년(1956)생으로, 포덕 160년(2019) 3월 15일 제39차 정기전국대의원대회에서 종의원으로 선출되었다.

(24) 김병휴(정운당)는 포덕 104년(1963) 전북 고창 출신으로, 포덕 164년(2023) 3월 17일 제40차 정기전국대의원대회에서 종의원으로 선출되었다.

(25) 장영애(영신당)는 포덕 97년(1956) 경남 남해 출신으로, 포덕 163년(2022) 3월 17일 제40차 정기전국대의원대회에서 종의원으로 선출되었다.

(26) 하점선(승수당)은 포덕 89년(1948) 경남 남해 출신으로, 포덕 163년(2022) 3월 17일 제40차 정기전국대의원대회에서 종의원으로 선출되었다.

(27) 김미정(수성당)은 포덕 111년(1970) 경남 남해 출신으로, 포덕 163년(2022) 3월 17일 제40차 정기전국대의원대회에서 종의원으로 선출되었다.

(28) 박징재(성수당)는 포덕 91년(1950) 경북 상주 출신으로, 포덕 163년(2022) 3월 17일 제40차 정기전국대의원대회에서 종의원으로 선출되었다.

2) 교구장 및 종무위원

(1) 강대순(대신당)은 포덕 89년(1948) 경남 고성군 개천면 출신으로 포덕 145년(2004.6.16; 2007) 6월 16일에 당산교구장으로 취임하였다.

(2) 고윤지(덕화당)는 포덕 86년(1945) 경남 남해군 출신으로 포덕 148년(2007.7.5; 2010.7.15; 2013.6.26) 한강교구장으로 취임하였다. 재직 중(2013)에 한강교구 교당을 저가로 매입 완료하였다.

(3) 김순자(수연당)는 포덕 93년(1952) 1월 7일 경기도 고양군 출신으로 포덕 141년(2010.3.5, 2013.3.22, 2016.3.15) 인천교구장에 취임하였다.

(4) 김진순(덕신당)은 포덕 95년(1954) 11월 12일생으로 포덕 160년(2019.2.28) 마포교구장으로 취임하였다.

(5) 박노임(경일당)은 포덕 95년(1954) 7월 8일 대전시 출신으로 포덕 162년(2021.11.17; 2022.5.23) 대전시교구장으로 취임하였다.

(6) 박위생(생수당)은 포덕 88년(1947) 7월 19일 대구시 출신으로 포덕 148년(2007.5.31, 2010.6.10, 2013.5.9) 대구시교구장으로 취임하였다.

(7) 박차귀(정신당)는 포덕 89년(1948) 1월 7일 경남 진해시 출신으로 포덕 163

년(2022.2.24) 부산시교구장에 취임하였다.

(8) 신정엽(정순당)은 포덕 94년(1953) 7월 30일, 경남 남해군 출신으로 포덕 157년(2016.2.1; 2019.2.18; 2022.2.8) 고현교구장에 취임하였다.

(9) 심점례(정의당)는 포덕 83년(1942) 1월 5일생으로 포덕 142년(2001.2.28, 2005.1.21; 2019.5.1; 2024.2.25-도봉종로교구) 도봉교구(도봉수유) 교구장으로 취임하였다.

(10) 이애준(예은당)은 포덕 84년(1943) 12월 6일 서울 종로구 명륜동 출신으로 포덕 153(2012.2.23; 2013.2.26)에 성동교구장에 취임하였다.

(11) 주선자(대덕당)는 포덕 164년(1957) 1월 25일 청주시 흥덕구 사직동 출신으로 포덕 145년(2004)에 청주교구장으로 취임하여 7기 연속(~2007)으로 연임하고 포덕 165년(2023.6.6)에 다시 교구장으로 취임하였다.

(12) 전초련(성임당)은 포덕 72년(1931) 함북 청진시 명천출신으로, 포덕 131년(1990.3.15) 말등대교구장으로 취임하였다.

(13) 최효선(연호당)은 포덕 147년(2006.4.20) 성남교구장으로 취임하였다.

3) 총부 임원(상주선도사, 종무원장, 관장, 종무위원)

총부에 관장 이상의 교역자로 여성이 봉직하기로는 주옥경 초대회장이 포덕 73년(1932) 12월 22일 천도교회 제5회 임시대회(신)에서 경도관정(현 교무관장)에 임명된 것이 최초이다. 최덕신 교령 당시인 포덕 110년대 들어 여성회의 건의에 따라 김옥희(수옥당) 선도사가 교화차장에 임명되면서 총부 내의 여성 교역자 역사가 재개되었다. 이후 총부 임원으로 봉직한 여성은 다음과 같다.(가나다순)

(1) 김춘성(혜원당)은 포덕 151년(2010.6.1) 여성으로서 최초의 종학대학원장에 임명되었다.

(2) 김춘성(혜원당)은 포덕 160년(2019.4.1) 4월 1일, 여성으로서 최초의 종무원장에 선출(인준)되었다. 김춘성 원장은 총부 교서편찬위원(2010-2019)으로 임명되었다.

(3) 이선영(봉천당)은 포덕 148년(2007.4.16) 여성으로서 최초로 교화관장에 임명되었으며, 교무관장도 역임하였다.

(4) 이선영(봉천당)은 포덕 151년(2010.4.1) 중앙총부 중앙감사(상임)에 선출(대

회)되었다.

(5) 이미애(인화당)는 포덕 163년(2022) 사회문화관장, 교화관장(겸임)에 임명되었다.

(6) 장정숙(명화당)은 포덕 143년(2003.6.16) 여성으로서 최초로 총부 상주선도사로 임명되었다.(이후 2004.4.6; 2005.6.1; 2007.4.16; 2010.4.5 상주선도사 임명)

(7) 정정숙(숙현당)은 포덕 150년(2009), 포덕 153년(2012)에 교화관장, 교무관장 및 교서편찬위원, 포덕 158년(2017) 설치된 총부 사회문화관 최초의 관장으로 임명되었다.

(8) 허경일(진성당)은 포덕 124년(1983) 4월 2일 여성 최초로 종학원 원감으로 임명되었다.

(9) 허경일(진성당) 도정은 포덕 136년(1995) 4월 3일 개최된 연원회회의에서 여성 최초로 연원회부의장에 선출되었다.

(10) 중앙총부 종무원의 의결기구 위원인 종무위원으로 포덕 116년(1975)에 김정숙 여성회본부 회장이 최초로 선임된 이래 여러 여성들이 종무위원으로 선임되었다(가나다순). 김순홍(2007), 김영숙(2001), 김정숙(1975, 교보) 김진순(2019) 박노임(2022) 박위생(2014, 2016) 박차귀(2022) 옥인애(1976, 교보) 이선영(2007) 이성자(1989, 1997, 1998) 이순종(1998, 1999, 2008) 이애준(2004, 2005) 정정숙(2006, 2010, 2013, 2016, 2017)

4) 여성 수도원장

천도교중앙총부의 직할 수도원은 용담수도원과 의창수도원이다. 그 밖에 여러 수도원이 교구 또는 교인 특성에 따라 설립되어 운영되고 있으며, 그중 여성 수도원장으로 봉직한 사례는 다음과 같다.

(1) 조동원(은성당) 종법사는 포덕 123년(1982) 8월 20일 가리산수도원을 개원하면서, 여성으로서는 최초의 수도원장에 취임하여, 포덕 165년 현재까지 봉직하고 있다.

(2) 김경렬(진성당) 여성회본부 고문은 포덕 136년(1995) 4월 24일 완공된 복호동수도원의 초대원장에 취임하여(총부인준, 8.28) 포덕 142년(2001)까지 원장으로 봉직하였다.

(3) 이소원(지화당) 선도사는 포덕 137년(1996) 11월 2일 인가(11.3 개원 낙성)된 명동산수도원 초대원장에 인준되어, 포덕 154년(7.22. 환원)까지 봉직하였다.

(4) 손모경(경심당) 동덕은 이소원 명동산수도원 초대원장의 따님으로, 포덕 154년(2013) 명동산수도원장에 취임하였다.

❸ 모심과 살림의 사람들

천도교여성회 100년사는 '사람'의 역사이다. 천도교여성회는 곧 '천도교 여성'들의 모임이고, 역사란 결국 사람의 언어동작, 의식주거, 생로병사 과정의 흔적과 결과들을 취사선택하여 나열한 것이라 할 수 있기 때문이다. 그러다가 하나의 조직(단체)이 만들어지고 나면, 조직은 '사람들'을 둘러싼 외곽이 되고, 갑옷 역할, 때로는 그 사람의 연장이며 확장으로서의 도구 역할을 하게 마련이다. 그러나 이러한 때에도 그 조직을 구성하는 본래의 요소는 사람이라는 것을 잊어서는 안 된다. 이 책은 우선 조직(단체) 활동에 초점을 맞추기 때문에 그 속에서 생생활활(生生活活)하는 사람, 즉 여성회원들의 삶과 마음을 하나하나 기록하지 못한다. 이 부문은 별도의 책, 여러 권으로 묶어질 날이 있으리라 믿는다. 그러나 여기서는 이 책갈피마다 깃들어 있는 지난 100년 천도교 '여자사람' 즉 여성회원들의 삶이 어떠한 것인지, 모심과 살림의 일생을 알아오신 분들을 모두 기억하는 일, 그 신앙적 상상력을 원만히 발휘하는 데 조금이나마 보탬이 되도록, 몇 분의 여성 선열(회원)들의 삶을 간략히 소개한다.

(1) 권태화(權泰嬅, 誠節堂)는 포덕 28년(1887) 11월 10일 평북 박천 출신으로 포덕 60년대에는 청년당 활동을 하였으며 월남 후에는 시원포 도훈, 선도사를 역임하셨다. 평생을 전국의 수도처를 전전하며 수도하였으며 그 성력을 기반으로 포덕 100년에는 용담수도원(양이제 권태화 임재화)이, 포덕 111년(1970)에는 화악산수도원이 건립되었다. 화악산수도원은 춘천지부 이필순과 함께 답사한 끝에 장소를 정하여 개원하였고, 환원 직전에 영등포교구에 운영을 위탁하셨다. 여성회본부 중앙위원, 상임위원을 거쳐 고문으로 추대(1973.12.22)되었으며, 현재 화악산수도원 경내의 팔각정은 성절당의 유언에 따라 그 따님(한명빈)

의 성력으로 지은 것이다. 성절당은 포덕 115년(1974) 5월 9일, 88세를 일기로 환원하셨다. 「권태화 선도사 1주기 거행」(『신인간』 327호, 1975.6) 「성절당 권태화 할머니」(『신인간』 358호, 1978.6) 「봉래정은 봉황이 온다는 뜻이에요」(『한울마음 여인들』 2010.3.23) 등이 성절당의 정성 어린 삶을 증언하고 있다.

(2) 손용화(孫溶嬅, 信興堂)는 포덕 39년(1898) 7월 30일 의암성사의 셋째 딸로 태어났다. 포덕 47년(1906) 천도교에 입교하고, 동덕여학교 고등과를 제1회로 졸업하였다. 포덕 44년(1903)경에는 일본 체류 중이던 의암성사를 따라 일본에 거주하다가 1906년 1월 의암성사와 함께 귀국하였다. 포덕 58년(1917) 송현동 중앙총부 본관에서 방정환과 혼인하였고, 천도교여성회(내수단) 창단위원으로, 주옥경 초대회장 유학에 즈음하여 3인 상무위원 중 한 사람으로 여성회 공동대표가 되었다.(제2대, 3대) 슬하에 방운용, 방하용 두 아드님을 두셨으나 포덕 60년대 내내 어린이 운동에 매진하는 남편을 대신하여 자녀들을 보살피며 살림을 꾸려나가느라 고단한 삶을 영위하였다. 특히 방정환 선생 환원(1931.7.23) 이후에 그 곤핍함은 더하여 갔다. 해방 이후에도 살림은 좀처럼 나아지지 않았으나, 그 고귀한 품격은 사모님을 찾는 이들의 옷깃을 여미게 하였다. 포덕 132년(1991) 10월 18일 향년 90세로 환원하였다. 『신인간』 326호(1975.4)에 「4월의 추모」라는 글을 남겼고, 『신인간』 367호에 아드님 방운용과 함께 「소파 선생과 어린이 운동」이라는 회고 대담 기록을 남겼다.

(3) 이소원(李昭媛 至和堂)은 포덕 71년(1930) 4월 9일 천도교 집안에서 출생하여 17세때 2개월간 수련 강도회를 하면서 본격적인 신앙생활을 하였다. 포덕 91년(1050) 청우당 성천군 선전부장 손두정(종의원 사무장 역임)과 결혼한 직후 월남하여 부산시교구에서 신앙생활을 하다가, 인천교구 포덕사, 당산교구 상무 등을 역임하고, 화악산수도원에서 수련한 이후 3년 독공(일일 삼만독 이상) 등을 통해 성력을 길러 나갔다. 다시 화악산수도원에서 105일 기도를 마치고 포덕 120년(1979) 총부로부터 포덕사(교령 이영복) 인장을 받고 인천, 원주, 울산 등지에서 포덕 활동에 나섰다. 수도원 건립을 작정하고 성심회원(13명)이 6년간 모은 성금으로 포덕 137년(1996) 경북 영덕군 지품면 속곡리에 명동산수도원을 건립(1996.11.3)하고 10여 년간 수도원장으로 봉직하면서 많은 수련생을 지도하였다. 명동산수도원은 특히 여성회원들이 많이 찾는 수도의 요람이 되었으며,

수도원장님의 비범한 지도 성과가 수도원 운영의 중요한 동력이 되었다. 이소원 원장은 포덕 154년(2013) 7월 22일 84세를 일기로 환원하였다. 명동산 수도원은 이후 따님인 손모경 동덕이 수도원장으로 봉직하고 있다. 회고록 「인과를 알고 헤아려 벗어나야」(『한울마음 여인들』)를 남겼다.

(4) 이경화(李璟花, 敬信堂)는 포덕 70년(1929) 11월 25일생으로, 기독교를 신앙하다가 포덕 121년(1980)에 천도교 교리를 흠모하여 입교하였다. 열악한 시일식 봉행 상황을 개선하는 방안으로 "한울님이 10년만 더 건강을 허락하신다면 천덕송을 소리 높이 부르며 열심히 뛸 각오로" 시일에 교인들을 지도하고, 방학을 이용하여 학생들을 집중 지도하면서 천덕송 강사의 길로 뛰어들었다. 제57주년 여성회 창립기념식(1981.3.30)에서 그간의 성과를 체험담으로 발표하였고, 이후 성남교구 포덕사를 거쳐 오랫동안 천덕송 강사 및 순회선도사로 활동하였다. 포덕 127년(1986) 여성회 지부순회에 참여하며 각 지부에서 천덕송 지도를 하였으며 교구 및 수도원의 수련강도회 등에서 포덕 150년(2009) 대까지 천덕송 강사 활동을 활발하게 전개하였다. 20년간 천덕송 지도와 보급에 공헌한 정성을 인정받으며 여성회 창립 65주년(1989), 73주년(1997), 85주년(2009) 기념식에서 세 차례의 공로상을 받았다.(개인 최다) 회고록 「감사하는 마음으로」(『신인간』 388호)를 남겼다.

(5) 범애순(范愛順)은 포덕 57년(1916) 7월 27일 전남 장성군 마산리 출신으로 포덕 75년(1934) 결혼하였으나 곧 남편과 사별하고, 자녀마저 다 잃은 뒤로 홀로 살았다. 포덕 115년(1974) 천도교에 입교하여 독실한 신앙생활을 하였으며, 포덕 122년(1981) 7월, 고난 속에 근검절약하며 모아 온 당시 1억 원 상당액의 재산(2층 건물)을 희사하여 시흥교구로 사용토록 하였다. 이러한 공로를 인정하여 총부에서는 포덕 122년 인일기념식전에서 표창패를 수여(이영복 교령)하였으며, 여성회본부는 포덕 124년(1983) 4월 13일, 제7차 여성회 대의원대회에서 역사상 처음으로 본부 명예고문으로 추대하였다. 포덕 125년(1984) 4월 29일 지병으로 인해 68세를 일기로 환원하였다. 총부는 장의위원회(위원장 곽훈)를 구성하고 5월 1일 중앙총부장으로 대교당 앞뜰에서 영결식을 거행하고 성령출세를 기원하였다. 미담기사 「풍요로운 황혼 - 범애순 할머니」(『신인간』 395호(1982.2))와 환원기사(「범애순 여사 환원」(『신인간』 419호, 1984.6), 〈천도교월보〉)에 재산

희사 소식이 게재되어 있다.

(6) 최말란(崔末蘭, 眞誠堂)은 포덕 64년(1923) 6월 4일 경주시 현곡면 상구리 출신으로 수운대신사의 종고손녀이며, 포덕 101년(1960)에 입교하였다. 포덕 124년(1983) 용담정에서 100일 기도를 드린 이후부터 대신사 사적을 성역화하는 데 평생 정성을 기울였다. 수운대신사 유허비(가정리), 대신사 동상 건립(1988), 동학계열 종단의 비각 설치 저지(1989), 대신사 태묘 묘비 건립(1989), 울산여시바윗골 성역화(1997), 용담성지 경내 성역화, 용담수도원 내 진성관 및 포덕관 건립(2008), 용담정 유래비 건립(2009) 등의 굵직한 사업 외에 용담정 내에 청수기 등 비품 기증, 식수(植樹), 대신사 모친과 박씨 사모, 아드님 등 사가(師家) 묘역 수찬, 용담정 일대 도로 및 시설 공사 등 수없이 많은 사업들을 주관하거나 후원하였다. 또 가정리 대신사님 집터를 복원하는 데에도 복원공사 설계도를 제출하고 관련 세미나에서 증언 등을 함으로써, 오늘의 수운고택이 복원되는 데 크게 이바지하였다. 그간의 공로로 포덕 131년(1990) 총부 감사패(태묘 묘지 제막식), 포덕 139년(1998) 총부 공로패(여시바윗골 대신사 유허비 제막식) 잇달아 수상하였으나, 이는 실제 성업을 모두 반영하지 못하였다고 할 것이다. 여성회에서는 제90주년 창립기념일을 맞이하여 포덕 155년(2014) 공로패(90주년 기념)를 수여하였다. 회고록으로 「이 어른 말만 하면 눈물이 나요」(『한울마음 여인들』)와 「이제 모두 잘 될 거예요」(『신인간』 2015.10)를 남겼다.

(7) 최윤(崔潤, 謹守堂)은 포덕 19년(1878) 10월 18일 해월신사의 장녀로 출생하였다. 생모(김씨)를 9세 때 여의고 오빠(덕기)마저 15세 때 사별(1893)한 후, 최윤은 동학혁명 시기에 접어들었다. 최윤은 어머니 손씨 부인과 옥천관아에 체포되어, 17세 되던 해(1895)에 관아의 통인(通人)과 늑혼(勒婚: 억지 결혼)을 하였다. 최윤은 포덕 42년(1901) 아들 순철을 낳았지만, 시댁으로부터 역적의 딸이라는 눈총을 받으며 고단한 삶을 살다가 결국 남편과 별거하고 농사를 지으며 살았다. 아들 순철이 상경하여 의암성사 집에서 살 때, 최윤도 상경하여 함께 살았다.(포덕 50년 전후) 그러나 3·1운동 이후 교단 사정이 어려워지자, 최윤은 순철과 함께 창신동 근처에서 셋방살이를 한다. 아들 정순철은 방정환과 함께 〈색동회〉를 결성하는 등 천도교 어린이운동의 핵심 활동가 중 한 사람이며, 특히 동요 작곡가로서 '짝자꿍'을 비롯하여 '졸업식의 노래' 등을 작사작곡한 인물이

다. 포덕 71년(1930) 이후에는 김연국(상제교 교주, 형부)에게 의탁하였다가 포덕 72년(1931) 경주 용담정으로 들어가, 수운대신사의 '불출산외' 맹세를 따르듯 용담정을 수호하며 살아간다. 이때 이후 최윤은 곤핍한 가운데서도 고결한 품격과 높은 덕망으로 인근의 많은 사람들을 교화하고 포덕하며 '용담할매'로 불렸다. 최윤은 용담정에서 천일기도를 봉행한 이후 역시 용담 일대의 포덕에 크게 성력을 발휘하신 양이제 종법사와 서로 의지하며, 용담 인근 천도교인들의 정신적 지주로서 자리매김하며 포덕 활동에 전념하였다. 무엇보다 두 분의 활동이 있었기에 포덕 100년 기념사업으로 여성회원들이 앞장서서 용담정을 복원할 수 있게 되었고, 오늘 다시 천도교가 천도의 이상향을 향해 가는 법보를 계속하게 된 것이라 할 수 있다. 최윤은 포덕 97년(1956) 음력 3월 1일, 77세를 일기로 '주무시는 것처럼 환원' 하였다. 그 묘소는 대신사님 가족들이 함께 묻혀 있는 구미산 자락 아래쪽에 마련되었다. 포덕 160년(2019) 10월 19일, 후손과 후학들이 묘역에 '천도교 동학의 딸 최윤의 묘'라는 묘비를 건립하였다. 한편 『신인간』 554호(1996.9)에는 〈용담할매〉(강인수)라는 단편소설이 발표되었고, 포덕 156년(2015)에는 근수당의 삶을 소설화한 『용담할매』(고은광순, 모시는사람들)가 간행되었다. 포덕 161년(2020)에는 연구논문(「용담할매, 근수당 최윤에 대한 소고」(이상임, 『동학학보』, 57호)이 발표되었다.

(8) 허경일(許景日 眞誠堂)은 포덕 67년(1926) 10월 30일 함북 신의주 수진면 풍양동 출신으로 포덕 89년(1948) 김구 선생 등 남측의 지도자가 평양으로 건너가 함께한 남북지도자연석회의 학생대표(당시 서울대 사학과 학생)로 참여하였다. 피난 시절 부산에 정착하여 부산대 강사 등을 역임하고, 덕성여대 조교수로 봉직하였다. 포덕 108년(1968) 이후 6차례에 걸쳐 종의원을 역임하였고, 여성회본부 부회장을 여러 역임하시고 포덕 142년(2001) 3월 30일, 14차 여성회 대회에서 고문으로 추대되었다. 포덕 124년(1983)에는 여성으로서는 최초로 종학원 원감으로 임명되었으며, 수명포 도훈을 거쳐 포덕 135년(1994)에는 도정이 되시고, 포덕 136년(1995)에는 여성 최초의 연원회 부의장에 선출되었다. 노후에는 도봉교구 한문글방과 유아원을 운영하시다가 포덕 149년(2008) 7월 8일 83세로 환원하셨다. 『신인간』에 다수의 설교와 논설을 발표했으며, 『동경대전』 주해서(모시는사람들 간)를 남겼다.

(9) 홍경지(洪敬志, 敬信堂)는 포덕 54년(1913) 12월 23일 평남 안주 출신으로, 김현국 종법사와 결혼 직후 도일하여 여성회(내수단) 동경지부 포덕부 위원(1930)을 하며 여성회 활동을 시작했다. 청우당서울시당부 위원 등을 역임하는 동안 중국에서 독립운동을 하시는 김현국 종법사를 보필하였다. 해방 이후 여성회본부 사업부장, 중앙위원 등을 역임하시다가, 포덕 99년(1958) 1월 26일 중앙확대위원회(대회)에서 부회장에 선임되었으며, 포덕 124년(1983) 제7차 여성회 대회에서 고문으로 추대되었다. 포덕 131년(1990) 12월 20일 복호동에 내칙·내수도문 반포 100년 기념비를 건립할 때는 건립에 기여한 공로로 김경렬 건립추진위원장(여성회 회장)으로부터 공로패를 받았다. 홍경지 고문은 일제강점기에도 집안 살림을 책임지는 가장 노릇을 하였고, 여성회본부 고문 추대 이후 환원하실 때까지 여성회 활동에 열성적으로 참여하며 후배들을 독려한 것으로 유명하다. 포덕 145년(2004) 8월 8일 환원하여 강서교구장(葬)으로 영결식을 봉행하였다.

제3절 용담정 복원 사업

주옥경 회장 시기인 포덕 90년(1949) 1월 30일에 〈포덕백년기념사업유지회〉를 창립하여 10년 후 포덕 100년을 준비하였다. 여성회는 백년 기념사업으로 '교육기관 설립'을 내세우고 정성을 기울여 나갔으나 곧 이은 전쟁으로 말미암아 한동안 사업을 추진하지 못하였다. 그럼에도 주옥경 회장 이하 여성회 지도자들은 꿈을 버리지 않고 절치부심하여 포덕 99년(1958)에 경운학원과 경운유치원을 개원하면서 서광이 비치는 듯하였다. 그러나 재정 문제 등으로 이 기관은 3년 만에 문을 닫고 말았다.

이 시기에 포덕 100년 기념사업으로 천도교여성회(부인회)에서 의욕적으로 추진한 것이 〈용담정〉 복원 사업이다 대신사 순도 이후 폐허로 남아 있던 이 부지에는 포덕 55년(1914) 오응선, 이계하 등 교인이 찾아와 재건한 구옥이 있었다. 일제 말기부터 최윤 사모님이 기거해 온 이 구옥은 작고 초라하여 이곳을 찾는 이들을 안타깝게 하였다. 이에 여성회 양이제, 권태화, 임재화 등이 앞서서 추진해 온 용담정 중건사업은 마침내 포덕 101년(1960) 6월 30일 3칸으로 된 기와지붕 용담정으로 복원되기에 이르렀다. 이 용담정 복원 사업은 흩어지고 한미해진 교단의 기운을 되살리고, 여성회에도 자긍심과 희망을 안겨주는 거룩한 기념사업이 되었다. 준공 이후 양이제, 권태화, 임재화 사모님 등은 중앙총부로부터 공로표창을 수상하였다.

제4절 천도교여성회가 함께한 천도교의 기념사업

천도교여성회는 근본적으로 "천도교의 종지에 들어맞는 새 세상을 만들기로 목적(창립 당시 내수단 규약의 목적 조항)"하는 단체로 창립되었다. 이를 위하여 여성회원의 역량을 배가하는 것과 여성회 주최로 대사회적인 포덕사업을 전개하는 것이 목적 수행을 위한 직접적인 사업이라 할 수 있다. 그러나 이 목적 조항을 좀 더 거시적으로 보면, 천도교의 종지를 수행하는 본원적 조직인 천도교(단)에 대한 기여와 복무도 중요한 과업이 됨을 알 수 있다. 실제로 천도교 여성회의 모든 사업은 그 자체로 천도교 사업의 일부를 이루는 것이다. 무엇보다 교단이 시련과 고비를 겪을 때마다 여성들은 수도연성의 강화를 통한 정성, 공경, 믿음의 공력으로 그 위기를 극복하는 원동력을 살려내었다.

천도교여성회는 자기 고유의 활동 외에 여성 천도교인으로서 천도교(중앙총부)의 목적 달성에 이바지하는 데도 헌신하였다. 어떠한 천도교 사업에도 여성이 빠진 적이 없다고 보아도 좋을 것이다. 실제로 지난 165년의 천도교 역사는 천도교 여성들의 모심과 살림의 활동에 의하여 성립하고 발전해 왔다고 해도 과언이 아니다. 이 절에서는 천도교여성회가 천도교단 사업에 참여하거나 봉사한 활동을 '교단사업'이라고 명명하면서 그중에서도 특히 여성(회원)이나 여성회가 직접 간접으로 크게 이바지하였거나, 천도교 역사에서 중요한 마디를 짓는 역할을 한 주요한 사업 몇 가지를 살펴보고자 한다.

첫째, 포덕 65년(1924)은 여성회가 창립된 해이면서, 동학 천도교를 창도하신 수운 최제우 대신사께서 탄신하신 지 100주년이 되는 해이다. 이 해에 즈음하여 천도교중앙총부는 '대신사출세(出世=탄신)백년기념관'을 건축키로 하고 모든 도가 교인들이 1원이라도 성금을 내도록 독려하였다. 의암성사 부인과 따님들도 성금 대열에 참여한 것을 비롯하여 전국의 천도교 여성들 1만여 명이 성금을 낸 기록이 지금도 남아 있다.(전체 명부 3만 명 중 절반 이상이 여성이라고 봄) 이 시기의 성금모금은 그보다 몇 해 앞서 천도교중앙대교당 건축을 위한 성금(많은 부분이 3·1운동과 독립운동 자금으로 사용된)을 모금하는 데도, 집안의 살림꾼인 여성들의 참여와 헌신이 큰 힘이 되었을 것은 자명한 일이다. 이렇게 해서 건립된 백주년 기념관은 여성회를 비롯한 천도교단 내 여러 부문단체들이 문화행사를 벌이는 중요한 장소가 되었다. 여성회도 이 기념관에서 강연회나 문화행사를 전개하여 수백 명에서 많게는 천여 명에 이르는 청중들을 계몽하는 것은 물론, 감동과 해학으로 울고, 웃게 만들며, 천도교로 입교하게 하였다.

둘째, 포덕백년기념사업유지회는 포덕 90년(1949) 주옥경 회장이 주도하여, 포덕 100년(1960)까지 '교육기관'을 설립하여, 교단 중흥과 다시 개벽 운동의 본격적인 재기를 도모한 일이다. 유지회 창립 직후 닥친 전란으로 말미암아 오랫동안 휴지기를 거치면서 본격적인 교육기관 설립을 성사시키는 데로 나아가지는 못했으나(경운학원, 경운유치원 설립을 하였으나 3년 만에 폐교함), 우여곡절을 딛고 포덕 100년에 즈음하여 용담정을 복원하는 데 성공하였다.(천도교부인회) 이 용담정은 포덕 116년(1975) 용담정 성역화 사업으로 좀 더 규모가 큰 건물로 중건되어 오늘에 이르고 있다. 여성회가 주도한 용담정 복원 사업은 창도 이후 100년 동안 온갖 시련에 시달렸던 동학 천도교의 비운의 역사를 털어버리고 새 시대를 맞이하기 위한 기도이기도 하였다.

셋째, 포덕 100년(1959)에 교단 차원에서는 의암손병희선생기념사업회(회장 조동식), 김상근(의암성사의 조카사위) 등을 중심으로 의암성사 묘소 수찬, 묘비 건립, 동상 건립(탑골공원)을 잇달아 시행하였다. 이 일은 수의당 주옥경 초대회장의 숙원사업이기도 하였다. '수의당(守義堂)'이라는 당호가 "의암성사를 돌보고 그 정신을 지켜 나간다"는 뜻을 담은 것이기 때문이다. 이 사업에는 주옥

의암성사 묘비 제막식에 참석한 여성회원들(포덕 100년 10월 8일, 우이동 의암성사 묘소 앞)

경 초대회장이 안팎으로 정성을 다한 것은 물론, 여성들도 직간접적으로 정성을 들여 기도하고, 참여하였다. 포덕 100년(1959) 10월 8일 의암성사 묘소를 수찬하고 묘비 제막식이 묘소 앞에서 거행되었으며, 이때 천도교 여성들도 주옥경 초대회장과 함께 참여하였다. 포덕 107년(1966) 5월 19일, 제44주기 환원기도일을 맞아 탑골공원에는 의암성사 동상이 건립되었다. 탑골공원에는 본래 이승만 대통령의 동상이 서 있었는데, 4·19 혁명으로 시민들이 동상을 쓰러뜨려 버린 후 의암성사 동상을 이 자리에 세우게 된 것이다. 이는 의암성사가 실질적으로 대한민국 건국사에서 가장 중요한 인물임을 암묵적으로 상징하는 사업이었다. 동상 제막식은 대통령(대리) 이하 정부 요인과 시민을 비롯하여 천도교인들이 참석한 가운데 군악대의 예식(조총) 등 성대한 의식 속에서 거행되었다. 주옥경 초대회장은 감사의 말씀(禮辭)을 하였으며, 이 동상 건립에도 많은 여성들이 정성을 다하였다. 의암성사 전기는 포덕 108년(1967)에 간행되었으며, 이때도 주옥경 초대회장의 생생한 증언이 원고 집필의 중요한 근거로 자리매김하였다. 『의암손병희선생전기』는 본격적인 천도교단사인 『천도교백년약사』가 나오기 20년 전에 간행되어, 20년 동안 실질적인 천도교단사 역할을 한 귀중한 책으로, 천도교 현대사에서 가장 중요한 역사적 기록 유산 중 하나라고 할 것이다. 한편 포덕 100년(1959)에는 의암성사께서 회생시키고 인수운영까지 하였던 보성전문학교의 후신 고려대학교 구내(문과대학 앞)에 의암성사 흉상이 공진항 당시 교령과 고대교우 등이 참석한 가운데 건립(1959.11.14)되어 오늘에 이르며, 고려대학교(보성전문학교)의 역사를 묵묵히 증언하고 있다.

넷째, 포덕 105년(1964) 3월 21일 수운대신사 순도 100주년을 맞아 순도지인 대구의 중요 사적인 달성공원에 대신사순도 100년기념 동상이 제막되었다. 이날 행사에는 천도교인과 시민, 그리고 정부 요인과 지역 유지 등 5천여 명이 참여하여 대성황을 이루었다. 해방 이후 천도교가 주최한 행사 중 최대 인원이 참석한 것이다. 주옥경 초대회장은 주빈으로서 묵암 신용구 교령(당시)과 함께 단상 중앙에서 전국에서 모인 천도교 여성을 비롯한 참례객들을 환영하였으며, 제막에도 참여하였다. 대통령(대독)을 비롯한 정부 삼부요인과 각계 인사의 축사 등과 문화행사가 있었다. 이 사업은 천도교인 60여만 명이 모금한 290만 원이 종잣돈이 된 것으로 이 사업에도 수많은 여성들의 헌신적인 참여가 있었음을 짐작케 한다.

다섯째, 포덕 129년(1988) 10월 28일 용담정 경내(포덕문 안쪽)에 수운대신사

대신사 탄신 160주년 기념 수운대신사 동상 건립 기공식 참석자들(포덕 129년 8월 25일, 용담성지)

동상이 건립되었다. 이 사업은 수운대신사 탄신 160주년 기념사업으로 전국 교인들의 성금모금에 의하여 진행되었다. 이때 천도교여성회는 각 지부를 통해 조직적으로 성금모금에 앞장섰다. 전국의 여성회 지부 결성 이유 중 하나가 바로 이 성금모금에 지부별로 적극적으로 동참하기 위해서, 혹은 동참하는 과정에서 이루어졌을 정도로 여성회본부와 전국의 여성들은 이 사업에 정성을 기울였다. 이에 앞선 의암성사 관련 기념사업이 정부 지원이나 기념사업회(외부인 다수 참여)의 성력에 크게 의존하였다면, 대신사 동상 건립 사업은 특히 천도교 여성들의 정성이 크게 이바지하였다고 말할 수 있다. 이러한 정성에 대한 보답으로 중앙총부(교령 정운채)는 천도교여성회(회장 박공주)에 공로상을 수여하였다.

여섯째, 대신사 동상 건립과 궤를 같이하여 포덕 131년(1989) 3월 10일 순도일에 즈음하여 구미산 자락에 있는 대신사 태묘('동학 창도주 수운 최제우 스승님 묘') 성역화가 이루어졌다.(묘소 수찬) 여성회는 다시 한번 성금모금에 성력을 다하여 성공적인 사업 진행에 중요한 역할을 하였다. 이때 묘비명에서 동학 계열 종단 전체를 아우르기 위하여 '대신사'라는 이름은 쓰지 않았다. 해방 전에 해월신사 따님 최윤 사모님이 용담정을 수호하기 시작한 이래 양이제 종법사의 수호와 용담 일대 포덕, 그리고 용담정 중건, 대신사 동상 건립, 태묘 건립에 이르는 일련의 과정이 보여주듯 천도교 역사의 흐름과 기념비적인 사업은, 크게 부각되지는 않았지만, 실제로는 천도교여성회(원)의 결정적인 이바지를 통해 전개되었던 것을 알 수 있다. 이와 관련하여 말하여 둘 것은, 천도교에서 대외적인 차원에서 수재의연금 등 성금 기탁을 할 필요가 있을 때에도 여성회가 가장 앞장서서 그 몫을 십분 이상 발휘하였다는 점이다.

일곱째, 포덕 135년(1994) 3월 21일을 전후로 1년여에 걸쳐 대대적으로 실시된 동학혁명 100주년 기념사업에서도 여성회와 회원들의 역할은 지대하였다. 중앙총부는 포덕 131년부터 100주년 기념사업을 준비하고, 5년에 걸쳐 대대적인 성금모금을 하였으며 여성회도 전국 지부를 통해 성금모금운동을 대대적으로 전개하였다. 또 이 사업의 성공을 기원하며 동계, 하계 수련 등에서 지속적인 수도연성을 계속해 나갔다. 당시 여성회는 1천여만 원의 성금을 모아 총부를 지원하여, 분란에도 불구하고 성공적인 동학혁명 100주년 사업이 전개될 수 있도록 혼신의 노력을 기울였다.

여덟째, 포덕 139년(1998) 해월신사순도 100주년은 대신사순도 100주년(1964) 이후 가장 중대한 스승님 관련의 범교단적인 사업이었다. 이 사업에서 여성회는 사업 성금모금 외에 순도 100주년 기념학술세미나를 개최하여, 해월신사 순도의 역사적 의미와 그 사상의 철학적, 세계사적 의미를 구명함으로써, 기념사업은 물론 이 시대와 짝하여 나아가는 천도교상(像)을 정립하고 널리 선포해 나가는 데 앞장섰다. 여성회는 이에 앞선 인일기념 100주년(1997.12.24)에도 중앙총부의 기념사업을 위한 성금모금과 행사 진행에 성력을 기울여 이바지하였다. 한편 여성회는 포덕 100년(1959) 의암성사 묘소 수찬, 포덕 121년(1980) 3월 21일 해월신사 묘소 수찬과 묘비 건립, 포덕 123년(1982) 1월 17일 주옥경 초대회장(사모님) 환원 및 묘소 마련 이후 거의 매년 해월신사 묘소와 의암성사 묘소, 주옥경 초대회장 묘역 벌초와 성묘를 진행하는 등 스승님과 사모님들의 묘역을 돌보는 데도 정성을 다하였다.

이후 천도교 역사에서 중요한 기념일은 포덕 146년(2005) 12월 1일 현도 100주년 기념, 포덕 160년(2019) 3월 1일 3·1운동 100주년, 포덕 162년(2021) 5월 1일 어린이날 제정 100주년으로 이어져 왔다. 이들 행사에서도, 여성들의 봉사의 손길은 빠지지 않고 이어졌다.

아홉째, 이상에서 살펴본 특별한 교단사업 외에 여성들은 천도교단의 일상적인 기념사업인 천일기념일(동학 천도교 창도기념일, 4.5), 지일기념일(해월신사의 도통 전수기념일, 8.14), 인일기념일(의암성사의 도통 전수기념일, 12.24), 도일기념일(춘암상사의 도통 전수기념일, 1.18), 3·1절(3.1), 현도기념일(동학을 천도교로 대고천하한 기념일, 12.1), 순도 순국 선열 합동 위령식(3.10, 수운 최제우 대신사가 순도한 날에, 동학 천도교 역사에서 순도 순국한 선열들을 추모하는 기념일), 동학농민혁명기념일(5.11) 등 교단의 중요한 연간 기념사업에서 안내, 차 대접 등의 봉사활동을 전담해 오고 있다. 이들은 여성회원으로서만이 아니라, 천도교인으로서의 주인 됨의 발로이기도 하지만, 일찍이 해월신사께서 "음식을 만들고, 의복을 짓고, 아이를 기르고, 손님을 대접하고, 제사를 받드는 일을 부인이 감당하니, 주부가 만일 정성 없이 음식을 갖추면 한울이 반드시 감응치 아니하는 것이요, 정성 없이 아이를 기르면 아이가 반드시 충실치 못하나니, 부인수도는 우리

동학혁명 100주년 기념행사를 마친 후 거리 행진하는 여성 회원들(포덕 135년 3월 21일, 창경궁~탑골공원)

도의 근본이니라. 이제로부터 부인도통이 많이 나리라. 이것은 일남구녀를 비한 운이니, 지난 때에는 부인을 압박하였으나 지금 이 운을 당하여서는 부인도통으로 사람 살리는 이가 많으리니, 이것은 사람이 다 어머니의 포태 속에서 나서 자라는 것과 같으니라."라고 하신 가르침에 따라 교회와 이 세상을 모시고 살리는 활동이며, 여성이 '여성도통'을 이루어가는 과정이기도 한 것이다.

❶ 기념비를 건립하기까지

해월신사는 포덕 4년(1863) 8월 14일 동학 제2세 교조가 되신 이후, 수운대신사의 유훈에 따라 고비원주(高飛遠走), 즉 동학의 가르침을 높이 드날리고 멀리까지 퍼뜨릴 수 있도록, 관의 지목을 피해 은신을 거듭하면서 포덕에 매진하였다. 영해교조신원운동(1870)의 고비를 넘긴 이후 동학의 교세는 강원도를 넘어 충청도, 나아가 전라도 지역까지 퍼져 나갔다.

해월신사는 포덕 31년 11월 경북 금릉군 구성면 용호리의 김창준 집에 은거하시는 동안 친히 「내칙」과 「내수도문」을 지어서 각 포에 보내서 읽고 외우게 함으로써, 동학을 신봉하는 여성들에게 무한한 자긍심과 수도생활의 근본적인 방향을 일러주셨다.

포덕 131년(1990)에는 내칙·내수도문 반포 100주년을 맞아 두 법설을 반포한 복호동(伏虎洞)에 기념비를 세우기로 결의하고, 포덕 130년(1989) 9월 29일 현지답사를 했다. 그러나 표영삼 상주선도사의 안내로 김경렬 회장을 비롯한 임원 10여 명이 찾은 현장에서는 해월신사께서 은거하신 김창준의 집터를 비롯하여, 해월신사와 관련된 어떠한 흔적도 찾을 수 없었다. 마을 주민들도 이와 관련된 이야기는 금시초문이었다. 이에 답사단은 표영삼 상주선도사의 의견과 김경렬 회장 및 임원들의 뜻을 모아 마을 입구 정자나무 옆 바위에 기념비를 건립하기로 잠정 결정했다.

「내칙」은 태교의 이치와 요령을 국문으로 지어 가르친 것이고, 「내수도문」은 부인들의 일상적인 몸가짐과 위생적인 삶에 대한 가르침을 역시 국문으로 쓴 글이다. 이들 법설에서 해월신사는 이미 태아를 한울님을 모신 독립된 인격체로 보고 있음을 알 수 있다. 그러므로 여성이 포태하면 부정한 음식을 일절 금하는 등 섭생에 주의할 것은 물론 일상생활의 언행까지도 조심할 것을 당부하였다. 또 「내칙」의 가르침을 온전히 실행하면 성인이 될 만한 자녀를 낳을 수 있다고 했다. 「내수도문」에서 해월신사는 도가 부인들의 대인접물의 기본자세를 제시하고 있다. 식고와 심고로서 한울님 섬기는 법을 말씀하시고, 부모에게 효도함은 물론이요, 자식과 며느리, 가축까지도 사랑하라고 하셨다. 특히 어린아이도 한울님을 모셨으니 어린아이를 때리는 것은 곧 한울님을 때리는 것과 같다고 하여, 후일 천도교가 우리나라 어린이 운동을 선도하는 사상적 근거를 제시하였다. 그 밖에 위생에 대한 가르침을 담아 근대적 위생 관념이 부족했던 당시 부인들에게 생활의 본보기를 제시하였다.

포덕 131년(1990) 9월 19일 제9차 상임위원회에서는 기념비 건립추진위원회 구성을 의결했다.(명단 아래 참조) 또 전국 지부 및 회원들에게 건립 취지문을 발송하여 적극적인 관심과 참여를 요청하였다.

〈내칙·내수도문 반포 100주년 기념비 건립 취지문〉

해월신사께서 내칙과 내수도문을 반포하신 지도 11월이면 어느덧 100주년이 됩니다. 내칙·내수도문은 부인수도의 요체를 밝혀주시고 시천주 정신에 입각한 인간 교육의 기본 방향을 제시해주신 매우 소중한 법설입니다.

해월신사께서는 동학에 대한 관헌들의 지목으로 항상 숨어다녀야 하는 어려움 속에서도 오직 대도창명과 포덕광제를 위하여 심혈을 기울이셨습니다. 특히 여성을 천시, 압박하던 낡은 관습을 개혁하여 여성의 지위를 높여주셨을 뿐만 아니라 부인은 가정의 주인이요, 우리 도는 내수도가 으뜸이라고 하시면서 여성들의 주인의식을 일깨워주셨으며 내칙·내수도문을 지으시어 부인수도와 가도화순의 길을 활짝 열어 주셨습니다.

그리고 훌륭한 후세를 위하여 포태한 여성들이 마음가짐과 생활 태도를 바르게 하고 어육을 먹지 말고 수도를 해야 한다는 등 태교의 중요성을 말씀하시면서 어린이와 부녀자와 하인과 모든 사람을 한울같이 공경하고 또한 동식물도 다 아끼고 천지부모님을 극진히 공경하도록 생활 속의 수도 방법을 자상히 가르쳐 주셨습니다.

또한 삼라만상이 하나의 생명체임을 일깨워주시고 정성·공경·믿음으로 자연과 인간이 더불어 사는 우주 시대의 새 삶의 길을 쉬운 말씀으로 밝혀주셨습니다. 「천지조화가 이 내칙과 내수도문 두 편에 들었으나 부디 범연하게 보지 말고 이대로만 밟아 봉행하옵소서」라고 하시며 누구나 마음에 깊이 새기도록 당부하셨습니다. 따라서 내칙·내수도에 대한 세상 사람들의 관심은 날이 갈수록 높아갈 것이며 이 법설은 영원히 인류의 등불로 빛날 것입니다.

이제 뜻깊은 내칙·내수도문 반포 100주년을 맞으면서 스승님의 정신과 체취가 서린 유적지 금릉군 복호동에 작게나마 기념비를 세워 그 거룩한 정신을 기리고 후세에 길이 전하기 위하여 감히 여성회에서 여러분의 성금으로 이 사업을 추진하고자 합니다.

여러분의 적극적인 참여와 협찬을 바랍니다.

포덕 131년 9월

내칙·내수도문 반포 100주년 기념비 건립추진위원회

▷ 자문위원(무순) 차기숙 최시영 김효순 김태화 홍경지 홍창섭 김정숙 박공주 전초련 백덕실 강기순 김유순 천보경 차숭례 허경일 조혜숙 전영혜 양정순 곽영숙 심상세 박경화 홍섭 김명주 한명빈 최선례 오복순 오일순 이옥순

▷위원장 김경렬

▷부위원장 김옥희 이수복

▷총무부 조옥남, 의전부 김명숙, 재무부 유금희, 섭외부 이춘홍 오미경

▷추진위원(무순) 이성자 심호연 고윤지 한영숙 김탄실 심점례 이봉옥 박해옥 유수자 김정희 백실제 용옥희 김진숙 이은해 최애자 김보배 김봉녀 김영숙 한난애 장엽순 함명자 함형복 이필순 이정일 김동운 김수현 박금절 김경례 남궁천연 안옥희 이순분 신효식 박정례 오희복 두병례 강봉지 조영순 김분자 정순자 박재순 이갑엽 진필분 박남엽 윤상선 김행희 조임선 박순자 공경찬 윤말수 김국자 이영주 정삼례 유영자 한귀남 김희자 김말련 신분도 정홍숙 김정란 정복순 이금주 최경란 박태량 홍윤영 이희순 김보일 배화식 이희영 최경자 송영옥 이정순 최명숙 윤길선 이문진 이소원 이분희 이영희 이삼례 최정희 장순옥 옥인애 오진자 이순종 조덕행 김순애 유수자 최영혜 박애숙 오승희 오용녀 조준희 이보옥 이병엽 박암숙 이정희 노채봉 이경선 조순화 이정숙 정원덕 이금분 하달막 고찬순 고삼순 이복임 홍선비

원종옥 김영선 장명숙 이영선 황연옥 김미자 정봉선 김정자 오은임 정순호 윤재명 조성희 조성례 김광식 박미숙 김향기 박경자 홍순경 박옥 임순화

포덕 131년(1990) 9월 25일에는 수운회관 2층 동학선양회 강의실에서 전국 지부장회의를 열어서 내칙·내수도문 반포 100주년 기념비 건립 추진의 경위, 그동안의 경과를 설명하고 전국 지부와 여성회원들의 참여(성금, 10.30 마감)를 결의했다. 참석자들은 기념비 건립은 천도교 여성회원 전체가 참가하는 데 의의가 있으므로 지부회장들이 최선을 다해 솔선하자고 결의했다. 또 여성회는 사업의 성공을 기원하고 다짐하며 포덕 131년(1990) 10월 11일부터 17일까지 일주일간 전체 여성회원이 참여하는 특별 재가수련을 실시했다.

내칙·내수도문 반포 100주년 기념비 제막식(포덕 131년 12월 20일, 복호동)

② 내칙·내수도문 반포 100주년 기념비 제막식

포덕 131년(1990) 12월(음 11월) 20일, 경북 금릉군 구성면 용호동(복호동) 현지에서 반포 100주년 기념비 제막식을 거행했다. 제막식은 전국에서 모인 여성회원과 교인 및 현지 군수, 면장, 주민 등 약 1천여 명이 참석한 가운데, 교회 의식에 이어 기념비 제막, 헌화, 비문 낭독, 경과보고, 감사패 수여로 진행됐다. 이해천(석재회사), 양재한 선도사(비문), 문정화 선도사(조각) 외에 기념비 건립에 기여한 홍경지 고문, 이종석 이장(용호동) 등 5명이 김경렬 위원장으로부터 감사패를 받았다.

기념비는 높이 6자, 넓이 3자 5치, 두께 1자 5치로, 화강암 받침대에 오석으로 되어 있으며, 총공사비는 이날까지 제작비, 추진비, 행사비를 합쳐 1,400여만 원이 들었다. 주최 측은 이날 행사를 열기까지 전폭적인 협조를 아끼지 않은 마을 주민들을 위해 떡과 고기 등 음식을 제공하고 잔치를 베풀었다. 기념비문과 내칙·내수도문의 내용은 다음과 같다.

伏虎洞

내칙·내수도문 지어 편 곳

동학 천도교 제2세 교조 신사 해월 최시형은 단기 4223년(포덕 31년, 1890년) 11월(음) 복호동 김창준 집에서 내칙·내수도문을 지어 펴시다. 이 가르침에 따라 천도교소년회가 만들어졌으며 뒤이어 이 나라 어린이운동이 시작되다.

「내수도문」

1. 부모님께 효를 극진히 하오며, 남편을 극진히 공경하오며, 내 자식과 며느리를 극진히 사랑하오며, 하인을 내 자식과 같이 아끼며, 육축이라도 다 아끼며, 나무라도 생순을 꺾지 말며, 부모님 분노하시거든 성품을 거슬리지 말며 웃고, 어린 자식 치지 말고 울리지 마옵소서. 어린아이도 한울님을 모셨으니 아이 치는 것이 곧 한울님을 치는 것이오니 천리를 모르고 일행 아이를 치면 그 아이가 곧 죽을 것이니 부디 집 안에 큰소리를 내지 말고 화순하기만 힘쓰옵소서. 이같이 한울님을 공경하고 효성하오면 한울님이 좋아하시고 복을 주시나니 부디 한울님을 극진히 공경하옵소서.

1. 가신 물이나 아무 물이나 땅에 부을 때에 멀리 뿌리지 말며, 가래침을 멀리 뱉지 말며, 코를 멀리 풀지 말며, 침과 코가 땅에 떨어지거든 닦아 없이하고, 또한 침을 멀리 뱉고, 코를 멀리 풀고, 물을 멀리 뿌리면 곧 천지부모님 얼굴에 뱉는 것이니 부디 그리 아시고 조심하옵소서.
1. 잘 때에 잡니다 고하고, 일어날 때에 일어납니다 고하고, 물 길러 갈 때에 물 길러 갑니다 고하고, 방아 찧으러 갈 때에 방아 찧으러 갑니다 고하고, 정하게 다 찧은 후에 몇말 몇되 찧었더니 쌀 몇말 몇되 났습니다 고하고, 쌀 그릇에 넣을 때에 쌀 몇 말 몇 되 넣습니다 고하옵소서.
1. 먹던 밥 새 밥에 섞지 말고, 먹던 국 새 국에 섞지 말고, 먹던 침채 새 침채에 섞지 말고, 먹던 반찬 새 반찬에 섞지 말고, 먹던 밥과 국과 침채와 장과 반찬 등절은 따로 두었다가 시장하거든 먹되 고하지 말고 그저 먹습니다고 하옵소서.
1. 조석 할 때에 새 물에다가 쌀 다섯 번 씻어 앉히고 밥해서 풀 때에 국이나 장이나 침채나 한 그릇 놓고 고하옵소서.
1. 금난 그릇에 먹지 말고, 이빠진 그릇에 먹지 말고, 살생하지 말고, 삼시를 부모님 처사와 같이 받드옵소서.
1. 일가 집이나 남의 집이나 무슨 볼 일 있어 가거든 무슨 볼 일 있어 갑니다 고하고, 볼 일 보고 집에 올 때에 무슨 볼 일 보고 갑니다 고하고, 일가나 남이나 무엇이든지 줄 때에 아무것 줍니다 고하고, 일가나 남이나 무엇이든지 주거든 아무것 받습니다 고하옵소서.
이 칠 조목을 하나도 잊지 말고 매매사사를 다 한울님께 고하오면, 병과 윤감을 아니하고, 악질과 장학을 아니하오며 별복과 초학을 아니하오며, 간질과 풍병이라도 다 나으리니 부디 정성하고 공경하고 믿어 하옵소서. 병도 나으려니와 위선 대도를 속히 통할 것이니 그리 알고 진심 봉행하옵소서.

「내칙」
포태하거든 육종을 먹지 말며, 해어도 먹지 말며, 논에 우렁도 먹지 말며, 거렁에 가재도 먹지 말며, 고기냄새도 맡지 말며, 무론 아무 고기라도 먹으면 그 고기 기운을 따라 사람이 나면 모질고 탁하니, 일삭이 되거든 기운 자리에 앉지 말며, 잘 때에 반듯이 자고, 모로 눕지 말며, 침채와 채소와 떡이라도 기울게 썰어 먹지 말며, 울새 터

논 데로 다니지 말며, 남의 말 하지 말며, 담 무너진 데로 다니지 말며, 지름길로 다니지 말며, 성내지 말며, 무거운 것 들지 말며, 무거운 것 이지 말며, 가벼운 것이라도 무거운 듯이 들며, 방아 찧을 때에 너무 되게도 찧지 말며, 급하게 먹지 말며, 너무 찬 음식도 먹지 말며, 너무 뜨거운 음식도 먹지 말며, 기대앉지 말며, 비껴서지 말며, 남의 눈을 속이지 말라.

이같이 아니 말면 사람이 나서 요사도 하고, 횡사도 하고, 조사도 하고, 병신도 되나니 이 여러 가지 경계하신 말씀을 잊지 말고 이같이 십삭을 공경하고, 믿어 하고, 조심하오면, 사람이 나서 체도도 바르고, 총명도 하고, 지국과 재기가 옳게 날 것이니 부디 그리 알고 각별 조심하옵소서.

이대로만 시행하시면 문왕 같은 성인과 공자 같은 성인을 낳을 것이니, 그리 알고 수도를 지성으로 하옵소서.

이 내칙과 내수도하는 법문을 첨상가에 던져두지 말고, 조용하고 한가한 때를 타서 수도하시는 부인에게 외워드려 뼈에 새기고 마음에 지니게 하옵소서. 천지조화가 다 이 내칙과 내수도문 두 편에 들었으니 부디 범연히 보지 말고 이대로만 밟아 봉행하옵소서.

내칙·내수도문 반포 100주년 기념비 건립 1주년을 기념하여 복호동 참례에 나선 여성회본부와 서울 인근지부 회원들 (포덕 132년 11월 29일, 복호동)

❸ 기념비 수호를 위한 노력

여성회는 포덕 132년(1991) 6월 19일 복호동(용호리)을 방문하여 마을 주민 50여 명이 참석한 가운데 포덕 좌담회를 열고 천도교 신앙과 역사를 소개했다. 이종석 동장 댁에서 진행된 이날 모임에는 김경렬 회장과 실무임원 유금희, 오미경, 주창실, 총부의 임운길 교화관장이 참석했다. 여성회에서는 떡을 준비하여 마을 주민들과 나누었고, 모임은 시종일관 화기애애한 분위기 속에서 진행됐다. 임운길 교화관장은 총부를 대표해 용호리 도로 확장 기금 1백만 원을 희사했다. 또 이날 모임에서 천도교 소개 영상(비디오)을 방영하여 마을 주민들이 동학·천도교를 이해할 수 있도록 했다. 초기에 용호리 마을 주민들 중 일부는 내칙·내수도문 기념비에 대한 이해 부족으로 건립을 반대하거나 회의적인 태도를 보이기도 하였다. 그러나 기념비 건립 후 이를 자랑스럽게 여기고 있을 뿐 아니라 천도교에 대한 관심과 이해의 폭도 점차 높아져 왔다. 여성회는 앞으로도 복호동 주민들과 유대를 강화하고 스승님의 자취가 서린 이 고장을 궁을촌으로 승화시켜 나가기로 했다. 이어 여성회 임원들은 포덕 132년(1991) 7월 4일 복호동 이종석 동장 회갑연 축하차 현지를 방문하고, 면장, 동장, 지서장을 비롯한 현지 유지인사와 주민들을 만나 대화를 나누고 천도교를 새롭게 인식시키는 데 정성을 다했다.

포덕 132년(1991) 11월 29일 여성회 주최로 내칙·내수도문 반포 100주년 기념비 건립 1주년을 기념하는 복호동 유적지 순례가 진행됐다. 여성회 임원과 서울 인근 여성회원 등 46명이 참가한 이날 행사에서 순례단은 현지에 도착해 기념비 앞에서 참례식을 봉행한 후 현지 주민들에게 기념품과 떡 등을 나누어 주고 우의를 다졌다. 순례단은 또 성금 30만 원을 모아 차후 내칙·내수도문을 반포한 이곳에 복호동수도원을 건립하는 기금으로 쓰기로 뜻을 모았다. 기념비 건립 이후 여성회는 매년 기념비 건립일에 맞춰 기념비를 참례하고 있다. 또 기념비의 수호와 현창을 위해 후속 사업으로 '복호동수도원' 건립을 추진하기에 이르렀다.

제5절 복호동수도원 건립

❶ 복호동수도원 건립 준비와 추진위원회 구성

포덕 133년(1992) 8월 17일, 재적 위원 21명 중 17명의 상임위원이 참가한 가운데 열린 제2차 여성회본부 상임위원회에서 복호동에 여성회원 전용 수도원을 건립하기로 결의했다. 복호동수도원 건립 건에 대해 교구 설립이 먼저냐 수도원 건립이 먼저냐를 두고 다소 논란이 있었으나 수도원 건립을 선행하기로 의견을 모았다.

이어 포덕 134년(1993) 1월 11일, 재적 위원 21명 중 14명의 상임위원 등 18명이 참가한 가운데 열린 제4차(134) 상임위원회에서 복호동수도원 건립추진위원회 구성을 결의하였다. 추진위원회에선 상임위원 및 중앙위원, 각 지부 회장, 여성회 실무위원을 비롯하여 고문 및 회원들을 대거 위촉하기로 하였다. 수도원은 대지 200평에 건평 35~40평 정도의 시멘트 벽돌 구조로 건립하고 소요 예산은 여성회 비축금과 회원들의 성금, 총부의 지원을 받을 방침이다. 건축 예산은 대략 6,000여만 원으로 추산하였다.

포덕 135년(1994) 5월 30일 개최한 제4차(135) 상임위원회에서 수도원건립추진위원회 자문위원으로 여성회 전임 회장 및 감사를, 건립 추진위원은 중앙위원, 교령 사모님, 지부회장 들로 구성하는 한편, 각 지부 회원을 일반위원으로 위촉하기로 했다. 또한 수도원 건물은 세라믹 구조 35평(화장실, 세면실은 별도)으로 결정했다.

창립 70주년을 맞은 여성회는 그동안의 숙원사업이었던 복호동수도원 건립 추진위원회를 구성하는 한편, 취지문을 발표하고 적극적인 수도원 건립을 추진하였다. 취지문에 의하면 "(복호동)수도원의 건립은 비단 우리 천도교 내수도의 수련만을 위해서가 아니라 장차 동학의 유적지인 복호동 일대의 포덕 및 보존을 위해서도, 더 나아가 천도교와 해월신사의 정신을 사회에 널리 선양하기 위해서도 반드시 필요한 것이며 동시에 이것은 우리 후학들이 당연히 해야 할 의무요, 사명"임을 전제하고 "내칙·내수도문을 지어 펴주신 이곳 복호동에 아무쪼록 수도원이 성공적으로 건립될 수 있도록 많은 동덕들의 사심 없는 정성과 지원"을 바란다고 밝혔다.

〈복호동수도원 건립 취지문〉

올해로 창립 70주년을 맞이하는 천도교여성회는 그동안 전국 회원들의 한결같은 정성을 모아 해월신사께서 내칙·내수도문을 찬제 반포하신 지 100주년이 되는 포덕 131년 12월에 반포지 복호동에 기념비를 세우고 성대하게 제막식을 거행한 바 있습니다. 아시다시피 내칙·내수도문은 시천주 신앙을 바탕으로 부녀자들의 수도와 일상생활에서 지켜야 할 규범을 매우 알기 쉽게 서술함으로써 민중의 지도자로서의 해월신사의 정신이 잘 나타난 가르침으로 높이 평가되고 있습니다. 당시 우리나라에 악질(전염병)이 만연하여 많은 사람들이 고통받는 상황에서도 내칙과 내수도문의 가르침을 충실히 따랐던 동학도인들만큼은 무사했었다는 역사적 사실이 말해주듯 해월신사의 가르침이 단순히 종교적인 측면만이 아니라 오늘날에도 상당한 과학적인 근거를 가지고 있다는 데 새삼 놀라움과 경탄을 금할 수 없는 것입니다. 그래서 여성회는 이와 같이 훌륭한 스승님의 가르침을 기념비 하나 건립하는 것으로 그칠 것이 아니라 우리 전체 여성회원과 내수도들이 수련을 통해 실제로 몸에 익혀 실천할 수 있도록 내칙·내수도문 반포지인 복호동에 여성 전용 수도원을 건립하기로 하였습니다. 이 수도원의 건립은 비단 우리 천도교 내수도의 수련만을 위해서가 아니라 장차 동학의 유적지인 복호동 일대의 포덕 및 보존을 위해서도, 더 나아가 천도교와 해월신사의 정신을 사회에 널리 선양하기 위해서도 반드시 필요한 것이며 동시에 이것은 우리 후학들이 당연히 해야 할 의무요, 사명이라고 사료됩니다.

그러한 뜻에서 여성회본부는 이미 복호동 현지에 수도원을 건립하기 위한 대지 2백평을 매입 확보하고 중앙위원회의 결의에 따라 동학혁명 100주년이며 여성회 창립 70주년을 맞이하는 금년 중에 수도원을 건립하기로 하고 감히 성금을 모아 이 사업을 추진하기로 하였습니다.

해월신사께서 온갖 고난과 박해 속에서도 우리 내수도와 후학들을 위해 내칙·내수도문을 지어 펴주신 이곳 복호동에 아무쪼록 수도원이 성공적으로 건립될 수 있도록 많은 동덕들의 사심 없는 정성과 지원이 있으시기를 간곡히 바라는 바입니다.

포덕 135년 7월 4일

복호동수도원 건립추진위원회

▷고문　김효순 김정숙 박공주 차기숙 홍장섭 홍경지

▷특별지도위원　방진규 고문해

▷자문위원　강기순 백덕실 이춘홍 전초련 조혜숙 전영혜 허경일

▷집행위위원장　김경렬, 부위원장 김옥희 천보경, 총무부 유금희, 의전부 김보일 고윤지, 재무부 이희용, 섭외부 김영숙 이정순

▷추진위원(무순)　김항결 김종순 신곡자 유수자 김순애 노채봉 송영옥 윤길선 김명숙 박애숙 오미경 이수복 김순홍 배화식 오진자 이성자 이순종 이갑엽 주창실 최명숙 이문진 이필순 최경란 차숭례 이의순 장순옥 최영혜 한명빈 이소원 전옥순 김향기 노경옥 이옥희 조준희 김상여 박성자 이경화 조선옥 김광자 박동숙 이정일 진필분 최경자 김수현 신분도 심점례 이복수 최장례 한귀남 김분자 오복순 오동옥 이정지 함형숙 함숙자 김갑례 유명자 유정순 장삼례 홍순경 박순자 이은해 조임선 김진순 백실제 이성자 양금수 이복덕 정보수 김행희 강정옥 임또선 전정언 이영이 고찬순 최경자 김탄실 이흥자 정순자 장엽순 이경자 최용순 김경례 김동운 공경찬 이춘심 허양선 김진숙 김윤자 오순아 이경헌 함명자 홍윤영 이분희 조덕행 최정희

▷위원(무순)　양정순 곽영숙 채분선 이보옥 최경선 이영희 김양훈 이병엽 원영숙 임순화 지순옥 김명주 한영숙 정원덕 김정자 강신자 명은숙 방만실 유남실 이정녀 김선화 이윤심 조동원 박선자 이문진 최선녀 조순화 이희순 심상세 홍영자 김정례 김천난 옥인애 유은예 정춘자 이영제 김광식 노성저 마정애 강선녀 주지혜 김순자 송광숙 박예자 김일선 김막순 정정자 김명순 김순애 오춘단 조옥남 이정순 송한례 염정희 박태량 윤길선 박경화 오승희 정재필 김정자 김귀례 신금옥 강대순 박금주 김경숙 조영임 박금자 김성숙 하분선 김진순 박복금 정춘자 박형자 최돌선 김순례 김정희 김연임 유외선 이장엽 황의선 이경래 신분도 황명옥 김양옥 정복연 임미령 김미옥 박정숙

윤정란 공소애 함형복 정정엽 곽선옥

② 복호동수도원 건립과 이후 활동

포덕 136년(1995) 4월 25일, 경북 금릉군 구성면 용호리 복호동수도원이 완공됐다. 이날 김재중 교령, 여성회 고문을 비롯하여 교인 및 주민 등 200여 명이 참석하여 테이프 커팅과 현판식을 진행한 후 낙성식을 거행했다. 김경렬 회장의 식사, 유금희 총무부장 경과보고, 김재중 교령, 김광욱 연원회 의장, 조동원 가리산수도원장, 이종석 동장의 축사, 감사패 수여, 천덕송합창(여성합창단)을 했다. 이날 감사패를 받은 수상 지부와 수상자는 다음과 같다; (개인) 안호성 이종석 홍경지(고문) 조현수 강대순(당산) 신곡자(진주), (지부) 서울시지부, 부산시지부, 관의지부, 대전지부, 온양지부, 용산지부, 남해지부.

포덕 136년(1995) 9월 27일부터 10월 4일까지 7일 동안 개원기념수련회를 진행했다. 서울지부 등 전국 9개 지부 회원 23명이 참석한 가운데 오전 4시 기상하여 오후 9시 기도식까지 수련, 경전봉독 등으로 진행되었다. 참석자들은 수

복호동수도원 동계 수련에 참석한 여성 회원들(포덕 149년 1월 4일~9일, 복호동수도원)

련 기간 중 해월신사 내칙·내수도문 기념비를 찾아 참례하고 봉사활동도 펼쳤다. 10월 4일 폐강식에는 용호리 마을 부인들을 초청하여 천도교를 소개하고, 시일에는 마을 어린이들 11명과 함께 시일식을 봉행했다. 복호동수도원 개원을 축하하며, 최경란 서울지부 회장이 피아노 1대를 기증하였다. 한편 총부는 여성회에서 추천한 김경렬 전 여성회본부 회장을 복호동수도원장으로 인준(1995.8.28)하였다. 이후 포덕 144년(2003) 7월 9일 성기남(관의) 원장이 취임하여 포덕 148년까지 봉직한 이래, 수도원장 직은 공석으로 남아 있다.

한편 여성회는 복호동수도원의 지속적인 발전을 위해, 복호동수도원을 천도교유지재단에 편입시킨 이후에도 실질적인 관리 운영을 계속하고 있다. 포덕 142년(2001. 고윤지 회장) 이후 수도원 시설을 보완하고, 인접 부지를 추가로 매입하여 청소년과 노인을 위한 복지시설, 한울공동체를 만든다는 목표 아래 "땅 한 평 사기 운동"을 전개하였다. 전국 여성들의 성금이 답지하여 1천5백만 원이 모금되었고, 1차로 부지 매입을 시도하였으나 땅 주인의 거부로 매입을 성사시키지 못하고 여성회 기금(명)으로 적립하였다. 이후에도 기금은 계속 모금하여 현재 2천여만 원이 적립되어 있다. 여성회 100년사 발간에 즈음하여. '마음의 땅 사기' 차원에서 기금을 활용할 방안을 논의하였다.

땅 한 평 사기 운동 전개에 즈음하여 포덕 141년(2003) 8월 29일에는 황화전교실 박노분 선도사가 수도원 인근의 땅(300여 평)을 사비로 매입하여 복호동수도원(원장 성기남)에 기증하였다.(절차 문제로 성기남 원장 개인명의 등기) 성기남 수도원장이 환원(2016.4.10)한 이후 자손에게 상속이 되었으나, 소유권을 분명하게 하기 위하여 포덕 160년(2018) 여성회본부 이홍자 회장과 성강현 사이에 근저당설정계약서를 작성한 채 현재에 이르고 있다. 여성회는 이 땅의 활용 방안을 장기과제로 삼고 있다. 박노분 선도사는 포덕 100년(1959) 12월 2일 출생으로, 수도연성에 성력을 다하였을 뿐 아니라 원동수도원의 증축에도 특성을 하였고, 법원수도원에도 사물함을 제공하는 등, 교단 내에 중요한 사업에 특성을 지속하여 포덕 146년(2005) 인일기념식에서 남편 장영균 동덕과 함께 공로패를 수상하였다.

제6절 천도교여성회관 및 천도교여성교육복지관

❶ 천도교여성회관 건립 추진

천도교여성회관 건립은 포덕 136년(1995) 제33대 천보경 회장 때에 발의되어 기금을 모금하기 시작하였다. 여성회원들은 여성회비 외에 '여성회관 건립 성금'을 납부하였다.

포덕 139년(1998) 3월 26일 중앙위원회 결의(현 예치금 3천만 원)를 거쳐 그해 3월 31일 개최된 제13차 전국대의원대회에서는 여성회관건립추진위원회 구성 및 건립 추진을 결의했다.

건립추진위원회는 포덕 141년(2000) 12월 13일 열린 제15차 상임위원회 실무위원회에서 상정한 구성안이 의결됐다. 추진위원회는 추진위원장, 부위원장, 감사, 총무위원, 재무위원, 의전위원, 사업위원, 섭외위원, 홍보위원으로 구성하되 각 부서 위원장은 여성회 실무임원이 담당하기로 했다. 자문위원은 여성회 고문과 전직 회장단 및 감사, 포덕 99년 이후 상임위원과 중앙위원을 역임한 분으로 구성하고, 운영위원은 전국 지부회장, 지부고문, 중앙위원을 역임한 분과 현직 지부회장으로 구성하였다. 지역별 추진위원장은 각 지역 지부회장 회의에서 정하는 한편, 모든 회원을 추진위원으로 구성하기로 결의했다.

이후 추진위원회 회의는 여성회 각급 회의(중앙위원회, 상임위원회)와 병합하여 진행하였다. 포덕 145년(2004) 상임위원회에서는 여성회관 건립을 10년 계획으로 추진키로 하였으며, 포덕 146년(2005) 3월 13일에는 여성회관 건립 부지(건물 포함)를 매입하였다.(봉황각과 맞닿은 118평 한옥, 재단으로의 등기 이전은 2005년 11월 16일 완결) 이 부지는 주옥경 종법사가 기탁한 목적성금 1억 1천만 원과 여성회가 136년부터 이날 현재 모금한 8,550여 만 원 등을 합한 10,300,000원의 성금으로 마련한 것이다.(부족분은 전세금과 전국 지부 성금) 이 건물은 현재 '천도교여성교육복지관'으로서 주말수련의 요람으로 활용되고 있으며, 이후 여성회관 건립을 위한 핵심 자산으로 활용될 예정이다.

포덕 150년(2009) 2월 26일 제2차 중앙위원회에서는 각 지부가 10년째 모금

해온 여성회관 건립 성금을 본부에 납부토록 하고, 차후 10년 계획의 2차 모금 운동을 전개키로 결의했다.(이후는 1년 단위로 본부 납부) 이 해 대회에서 선출된 이순종 회장은 취임 일성으로 '여성회관 건립'을 핵심 사업 과제로 선정하였고, 이어 포덕 152년 제87주년 창립기념식에서는 올해를 "여성회관 건립 원년의 해"로 선포하였다. 이후 지속적인 회의를 통해 성금모금을 독려해 나갔다.

이후에도 여성회의 각종 회의, 지부장회의 등에서 '여성회관 건립'은 반드시 보고사항이나 추진에 대한 결의사항 등의 안건으로 상정되어 진행 경과를 공유하고 있다.

한편, 여성회에서는 당연하게 '여성회관 건립'의 기본자산 혹은 건립 부지로 활용될 것을 기대하고 있던 목감동 대지(주옥경 종법사 기증)가 천도교 전국대의원대회에서 '시천주복지재단' 설립의 기본자산으로 출연되었다. 그 과정에서 교단 내에서 극심한 갈등이 야기되어 현재까지 완전한 해결을 보지 못하고 있다. 이 문제는 앞으로도 여성회관과 연관 지을 여지가 있는지 그 추이를 지켜보고 있다.

천도교여성교육복지관 전경(포덕 148년 5월 20일 현판식 후)

❷ 천도교여성교육복지관 설립

'천도교여성교육복지관'은 천도교여성회의 숙원사업인 여성회관 건립 사업의 일환으로 진행되었다고 볼 수 있다. 포덕 146년(2005), 그동안 모금한 성금과 주옥경 종법사가 기탁한 목적성금 등 2억여 원(외 부족분은 전세금)으로 구입한 건물(부지)을 우선 '수의당교육관'으로 잠정 결정하고 내부 수선을 거쳐 활용에 들어갔다. 명칭은 포덕 148년(2007) 종무위원회의 권고를 받아 '천도교여성교육복지관'으로 변경 확정되었다.

포덕 148년(2007) 5월 8일에는 그동안 봉황각에서 진행되던 주말수련회를 이 교육복지관에서 개강하였다. 이후 교육복지관은 주말수련의 요람으로서 현재까지 활용되고 있다. 그 밖에도 원로초청 오찬회, 어린이 수련캠프 등도 이곳 복지관에서 진행하고 있다. 코로나19 팬데믹 이후 참여율이 떨어져서 회복 중인 상황임에도 포덕 163년(2022) 10월 28일 결산한 이 해 참여 연인원은 226명, 성금은 2,865,000원이 모금되었다.

현재의 복지관은 건물이 오래된 관계로 지속적인 수선이 요구되고 있다는 점이 과제로 부각되고 있으며, 주말수련 이외에 상설적인 활용 방안도 계속되는 연구 주제로 남아 있다. 그러나 여성교육복지관은 부문단체가 주축이 되어 마련한 최초의 자산이자 교육관으로서, 앞으로 건립될 여성회관의 꿈을 안고 오늘도 꿋꿋하게 봉황각을 수호하고 있다.(복지관은 봉황각 경내에 바로 잇닿은 부지-건물이다.)

4장 문화사업

여성회는 창립 초기부터 교단 내 중요한 기념일에 청년회, 소년회 등과 협력하여 문화행사를 직접 기획하고 시행하였다. 그러나 그 이후 시련기를 거치며 문화사업 영역은 극도로 위축되었다. 천도교여성회 시대를 맞이하며 회복된 여성회의 문화적 역량은 음악과 미술, 출판 분야로 확장되어 왔다. 또한 신앙 용품을 개발하고, 농산물과 공예품을 판매하는 사업 - 한울장터를 개설하여, 운영하고 있는 것도 특기할 만하다. 이후에 좀 더 본격적인 판매사업을 통한 한울경제공동체를 기약하는 소중한 경험들을 모았다.

제1절 문화사업과 판매사업

❶ 창립기 ~ 재건기의 문화사업 일별

문화사업은 천도교여성회의 특장(特長)을 가장 잘 발휘할 수 있는 영역이라 할 수 있다. 이 절에서는 여성회 문화사업 중 출판 부문을 제외한 예술 분야 활동을 집중 소개한다. 여성회는 창립 초기부터 문화 활동에 관심을 기울였고, 시련을 극복하는 어려운 조직 활동 속에서도 항상 문화 활동, 문화를 통한 포덕과 교화사업을 전개하려 애써 왔다. 창립기와 시련기, 그리고 재건기에 걸친 시기는 사회경제적으로 최저 빈곤선을 넘어서는 기초적인 생존 여건을 개선하는 것과 기본 교양을 강화하는 것이 급선무였다. 그러나 그런 가운데서도 여성회 창립 이전인 '청년여자회' 시기부터 음악회, 연예회, 문고경영, 회가(會歌) 제정 등을 추진한 것만 보아도, 문화사업을 통해 후천개벽의 새로운 미래를 꿈꾸는 천도교 여성의 지향성을 엿볼 수 있다. 여성회(내수단) 창립 이후 핵심 사업이던 부인야학에서도 실용적인 지식, 교리 교사 외에도 서예 과목을 개설하여, 부인들의 예술적인 역량을 강화하는 데 관심을 기울였다.

창립기(1924~1936)의 주요 활동에서도 단발(斷髮)과 염색옷 입기, 단추 달기 등의 생활문화 개선안을 계몽하고 실천해 나간 것 또한 문화운동으로서의 문화사업이 끊이지 않고 전개되었음을 보여준다. 또 이 시기에 여성회(내수단)는 총부의 주요한 기념식 등에서 청년당, 소년회 등과 함께 식후 문화행사에 참여하여 기량을 발휘하고 교인들의 심화기화를 도모하였다.

시련기(1937~1956)는 일제 말기 전시체제, 해방공간의 혼란, 6·25 전쟁과 전후 수습 등으로 말미암아 온전한 문화사업을 진행하기가 쉽지 않았다. 포덕 96년(1955) 주옥경 회장 회갑 잔치를 하면서 서서히 기운을 모으기 시작하여, 60년대 중반까지는 강습회, 지부순회 등을 통해 조직 재건에 전념하였다. 경운학원과 경운유치원 개원(1958), 신문형 기관지 《오늘》(1959) 창간(1호로 종간) 등이 이 시기의 주요 문화사업이다.

② 송가대와 여성합창단

포덕 109년(1968) 2월 28일, 천도교여성회(부인회)가 주관하여 천덕송 보급에 앞장서고자 송가대를 결성했다. 지휘 및 지도 홍이성, 반주 유홍현, 책임간사 허동엽, 간사 황영실 임신호 강혜숙 김명세 최영식 박성기 등이다. 송가대가 결성되자 뜻있는 교인들 25명이 모여 천덕송 송가대 후원회를 구성하고 재정적인 뒷받침을 하기로 했다. 이때는 남성 20명, 여성 20명으로 구성된 혼성 송가대였다. 송가대는 포덕 112년(1971) 7월 8일, 여성회원 20명으로 구성된 합창단을 결성했다. 박해관 수운합주단 단장의 지도 아래, 여성합창단은 대교당 시일식의 천덕송 합창과 각종 기념식장에서의 합창을 선도해 나갔다.

인일기념일 경축행사에서 기념공연을 한 천도교여성합창단(포덕 145년 12월 24일, 중앙대교당)

❸ 신앙 용품 제작 보급

포덕 112년(1971)과 114년(1973)에 최시영 회장이 취임한 시기에는 특히 신앙 용품 개발과 제작 보급이 활성화되었다. 그때 상무로 봉직한 이순종 여성회 고문(현)의 회고에 따르면 이 시기에 최시영 회장의 주도하에 청수기, 청수상보, 청수상, 궁을 배지, 궁을 반지, 궁을 목걸이, 도가표 등을 잇달아 개발하여 전국에 보급하였다. 이는 단순한 수익사업이나 용품 보급만이 아니라 그 과정에서 지부 결성의 성과로도 나타났다. 여성회에서 보급 판매하는 물품들은 무엇보다 정성 어린 마음을 담아내는 것이었기 때문이다. 이때 청수기 제작에는 관의교구 이지수 동덕의 도움이 컸다. 이때까지만 해도 각 도가에서는 특별 제작된 청수기가 아니라, 집안에서 가장 소중한 제사용 그릇으로 청수를 모시는 것이 일반적이었으나, 이 시기 이후 '수심정기' 네 글자와 궁을장이 새겨진 청수기와 청수상, 청수보가 점점 일반적인 신앙 필수품으로 자리 잡게 되었다.

❹ 여성회 인터넷 홈페이지

포덕 141년(2000) 4월 5일 여성회는 신인간사에서 '천도교여성회 홈페이지' 시연회 및 개통식을 가졌다. 여성회 홈페이지는 신인간사 인터넷사업부에 제작을 의뢰하여 이날 개통한 것으로, 환경보호실천한울타리를 비롯하여 자유게시판, 여성회본부, 여성회 조직, 전국 지부, 주요활동, 자료실, 여성회회보, 추천사이트로 나뉘어 자세하게 소개되어 있다.

❺ 천도교 여성문화 창출 시대

포덕 142년(2001) 취임한 고윤지 회장은 "천도교 여성문화 창출"을 주요 과제로 내세웠다. 포덕 143년(2002) 2월 23일 제1차 중앙상임위원회에서는 '서택순가(家) 문화공간화', '가족문화 개선운동' 등을 제안하고 실행을 위한 연구에 들어갔다. 포덕 143년(2002) 3월 25일 창립기념식에서는 처음으로 '사진으로 본 여성회 창립기념일'을 주제로 사진전시회를 열어서 활기를 띠었다. 이후 이 전시회는 사진은 물론 영상(사진)으로도 만들어져 상영되며 창립기념식 행사의 고정 프로그램으로 자리매김하였다. 특히 이날 기념식 후 행사로는 '즐거운 명절 보내기' 상황극이 마련되어 참석자들의 열띤 반응을 자아냈다. 이 상황극은 여성회가 벌이는 '행복한 가정문화 만들기 운동'의 일환으로, 낡은 가부장 중심 문화나 여성상위라는 양극단을 배제하고, 시천주 신앙으로 건강하고 바람직한 가정, 가족문화와 명절문화를 보급하는데 일조하고자 마련된 것이었다. 이날 여성회는 '포덕 143년, 행복한 가정문화 만들기 운동' 선언문과 '건강한 먹거리, 밥상을 살리자'라는 선언문을 채택했다.

화목한 천도교 가족문화 만들기에 나서며 - 후천개벽실천운동 포덕 143년 선언

우리는 누구나 행복을 꿈꾸며 살고 있습니다. 그리고 행복한 가정을 이루기 위해 애씁니다. 그러나 행복한 가정에서 행복하게 사는 삶을 꾸리고 이끌어 가는 일은 쉽지 않습니다.

어떤 사람들은 나의 행복이 누군가의 희생 위에서만 가능하다고 생각합니다. 이런 경우에 남편은 아내에게, 아내는 남편에게, 부모는 자녀에게, 자녀는 부모에게 보이지 않는 희생을 강요합니다. 때로 그런 사람들은 자신의 불행을 남의 탓으로 돌립니다. 남편 때문에 아내 때문에 부모 때문에 자식 때문에, 나는 힘들고 불행하다고 생각합니다. 혹은 나의 행복을 남이 가져다주기를 바랍니다. '내가 너를 위해 얼마나 희생했는데' 라는 말이 따라붙습니다.

또 어떤 사람들은 정반대의 길을 걷습니다. 그들은 상대방의 행복을 위해서는 나의 희생은 어쩔 수 없다고 생각하며 살아갑니다. 그러나 누군가의 희생을 통해서 행복해지는 사람이 있다면 그의 행복은 결코 진실된 것이라 할 수 없습니다.

또 한편 사람들은 누구나 물질이 행복의 필수조건이 아님을 알고 있으면서도 실제의 생활에서는 물질적인 것들을 얻는 데에 소중한 다른 것들을 다 바치기 일쑤입니다.

우리는 동귀일체와 지상천국을 꿈꾸는 천도교 여성들입니다. 가도화순을 으뜸으로 삼고 모두가 한울님을 모신 존귀한 인격체임을 아는 사람들입니다. 따라서 우리는 낡은 가부장 중심의 문화나 여성상위라는 극단의 논리 모두를 아우르고 토닥거려,

시천주 신앙으로 건전한 공동체로서의 가정과 가족문화를 만들어 가고자 합니다.
남자와 여자, 어른과 아이의 다름은 군림하는 위와 복종하는 아래의 관계가 아니라 서로 조화하고 서로 살리는 이치로 맺어진 관계입니다. 그것이 바로 '시천주'의 참뜻이 이루어진 도가완성입니다. 가족 구성원 모두가 각자의 가치를 존중하고 서로 할 일을 다하며 조화를 이루는 가정이야말로 한울님의 참뜻을 제대로 살려가는 가정입니다.
또한 가정이란 사회의 기본 단위로서, 화목하고 조화로운 가정에서 자라난 아이들 만이 건전한 사회를 이룬다는 사실과 우리는 모두 서로를 한울 사람이라 여기며 공경하는 천도교 신앙인의 자세로서 사회에 모범이 되는 가족 문화를 만들고자 합니다. 이에 천도교여성회는 어떤 방법과 노력을 해야 하는가를 전국의 회원들과 같이 연구하고 실천하고자 합니다. 천도교 여성회원 여러분! 전국의 도가마다 한 향기 높아, 뭇 사람들이 천도교인 가정을 향해 고개를 돌리도록 화목한 천도교 가족문화를 만들어 가는 일에 함께해 주십시오. 그것이 포덕의 첫걸음입니다.
회원 여러분도 적극 동참하시어 내 행복을 위해 상대방의 행복을 가져오려는 이기심을 버리고 상대방의 행복을 위해 내 것을 나눌 줄 아는 참된 종교인의 모습이 담긴 화목한 천도교 가족문화가 만들어질 수 있도록 노력해 주시기 바랍니다.
포덕 143년 3월 25일
천도교여성회본부 후천개벽실천모임

건강한 먹거리로 우리와 한울님을 서로 살리자! - 환경 보호 실천 포덕 143년 선언
사람은 사회에서 떨어져 혼자 살아갈 수 없듯이, 인류는 생태계와 더불어 살아가지 않고는 그 삶을 지탱할 수 없습니다. 20세기 말부터 전 세계 인류는 물론 생명계 전체는 우리가 환경이라고 부르는 생태계와 인류가 서로 상생하지 않으면 '생명' 전체가 절멸(絶滅)할 수도 있다는 사실을 피부로 느끼게 되었습니다.
그 모든 사태가 수십만, 수백만 년에 걸친 인류 역사상으로 놓고 볼 때, 지극히 짧은 한순간에 일어난 일로서, 이제 우리는 환경을 위해 환경을 보호하는 것이 아니라, 우리 자신을 위해서 환경을 되살리지 않으면 안 되는 절박한 지점에 도달해 있는 것입니다. 일찍이 '땅 아끼기를 어머님 살같이 하라' 하신 해월신사의 그 가르침은 환경오염과 생태계 위기가 조금도 느껴지지 못하던 때에 하신 말씀이라는 점에서 단

지 '자연보호'를 위한 언설이 아니었음이 오늘날 더욱더 분명해지고 있습니다.

그러나 해월신사의 가르침에도 불구하고 지난 한 세기 동안 세상은 '땅'을 오로지 도구로서만 여기는 문명이 득세하고 판쳐 왔습니다. 그 속에서 살아온 우리들의 삶 또한 '땅'을 도구로 여기고, 자연을 정복의 대상으로만 여기는 문명 위에 놓여 조금 더 많은 물질, 조금 더 안락한 생활만을 추구하며 살아왔습니다.

우리는 말하고자 합니다. 천도교여성회의 한울타리 환경보호운동은 '환경을 보호하자'는 캠페인이 아니라, 우리 안에 깃들어 있는 그러한 삶의 태도, 자연을 바라보는 그릇된 인식 태도, 육신의 안락함만을 추구하는 문명의 양식 전부를 반성하는 것이라는 점을. 그것은 자연 속에 깃든 한울로써 내 한울을 살리고 내 한울로써 자연 속에 깃든 한울을 살리는 '살림'이며 나와 너가 서로 주고받는 '나눔' 운동입니다.

올해의 살림의 화두는 '건강한 먹을거리'를 챙기는 일로 삼았습니다. '우리는 우리가 먹는 것(음식)'이라는 말이 있습니다. 우리가 먹은 음식이 우리의 피가 되고 살이 되어 '나'라 부르는 생명체를 이루기 때문입니다. 또한 우리 각자의 마음은 우리 몸속에 자리 잡기 때문입니다. 따라서 우리가 스스로 건강해지기 위해서는 건강한 먹거리를 가려 먹는 지혜와 용기가 필요합니다. 나아가 건강한 땅에서 자란 먹거리를 섭취하는 일은 그 먹거리를 키우는 땅을 살리는 일이요, 농약으로 오염되는 물과 공기를 다시 살리는 일이 됩니다.

천도교 여성회원 여러분! 여성들이 하는 일을 '살림'이라고 합니다. 그것은 살아 있는 것을 계속 살아 있게 하는 살림이며, 죽어가는 것을 다시 살아나게 하는 살림이며, 이미 수명이 다한 것들을 땅으로 돌려보내 되살아나게 하는 살림입니다. 살림은 바로 우리들이 먹을거리를 챙기고 나누는 일에서 시작되고 끝이 납니다. 그리고 그것은 바로 '한울로써 한울을 먹는다'고 하신 해월신사의 '이천식천' 설을 오늘 이 시점에서 되새겨 보는 일에 다름 아닙니다.

후천개벽의 살림꾼 천도교 여성회원 여러분! 사실, 우리의 생태계는 지금 이렇게 차분한 목소리로 얘기하기에는 너무도 절박한 위기에 직면해 있습니다. 곳곳에서 나무가 죽어 가고 물이 썩어 가고 야생동물이 멸종해 가고 공기는 말할 수 없이 오염되고 있습니다. 우리의 출발은 너무 늦었는지도 모릅니다. 그러나 한편으로 가장 늦었다고 할 때가 가장 빠른 것이며, 우리에게는 한울님과 스승님의 가르침이 밝은 태양빛처럼 앞길을 밝혀 주고 있음을 알아야겠습니다.

포덕 143년의 출발을 거울삼아 해마다 한 걸음씩 나아가는 환경보호실천 한울타리가 되도록 할 것입니다. 여성회원 여러분들의 동참을 바랍니다.

포덕 143년 3월 25일

천도교여성회본부 환경보호실천한울타리

포덕 144년(2003) 창립기념식 후에는 노래 함께 부르기, 중창 및 시조창 공연에 이어 한강지부 '여성풍물패'의 흥겨운 놀이마당이 펼쳐졌다. 여성 풍물패는 박길수 서울교구 풍물패 상쇠의 지도로, 수개월간의 연습을 거쳐 이날 처음으로 공개 공연을 펼친 것이다. 또한 지부 회원들의 기량이 담긴 공예품, 도자기, 그림 등이 전시되어 한층 풍성한 문화마당이 전개되었다.

포덕 147년(2007) 창립기념식 후에는 처음으로 서울 여성연합합창단과 부산연합회 여성합창단의 합동공연이 펼쳐졌다. 이후 연합합창은 '사진으로 보는 여성회' 전시회와 함께 현재까지 매년 이어지며 공연되는 고정 프로그램으로, 천도교 여성들이 주축이 되는 대표적인 문화행사로 자리매김하였다. 서울 연합합창단과 부산연합합창단은 대내 행사뿐 아니라, 종교문화제 등의 행사에서 천도교를 대표하는 문화단체로서 활발한 활동을 벌이고 있다.

서울 여성연합합창단과 부산연합회 여성합창단의 합동공연은 포덕 147년 이후 매년 창립기념식 때마다 고정 프로그램으로 이어져 오고 있다.

이상에서 살펴본 바와 같이 천도교여성회의 문화사업은 주로 창립기념식 식후 행사에서 새로운 국면을 전개시켜 왔다. 그러나 포덕 150년대 이후에 기념식 식후 행사는 '한울장터'가 중심이 되면서, 연합합창 이외의 답사나 사적 탐방 등 일부를 제외하고는 새로운 프로그램 개발이 이루어지지 않고 있는 점은 연구 과제라 할 것이다. 특히 포덕 161년(2020) 이후 전 세계를 덮친 코로나 19 팬데믹에 따른 비대면 활동이 장기화된 여파로 한풀 꺾인 문화행사 열기를 회복하는 것이 시급한 과제로 부각되고 있다. 현대 사회에서 '문화'의 중요성이 더욱 커지는 만큼 수도연성과 교육사업, 지부순회 외에 문화 프로그램 개발과 문화사업도 여성회 활성화와 천도문화사업의 중요한 축으로서, 여성회의 핵심 사업으로 자리매김 되도록 해야 할 것이다.

❻ 농산물 직거래와 한울장터

여성회의 판매사업은 수익 외에 환경운동과 여성회원 및 지부 간의 소통을 위한 창구로 마련되어 왔다. 포덕 136년(1995) 7월 5일부터는 3차에 걸쳐 무공해 비누를 제작해 판매하였다. 이는 이 시기에 활발하게 전개된 환경운동 중 하나로 여성들의 봉사로써 환경보호에 이바지하고자 하는 활동이었다.

포덕 142년(2001) 하반기부터 여성회본부 사업부는 농산물 직거래 판매 사업을 시작하였다. 이는 본부와 지부 간의 유대 강화와 회원 간의 기화를 도모, 기금 조성, 건강하고 생태 친화적인 농산물 보급 등 다양한 목적을 위하여 각 지부 회원 도가에서 재배하는 농산물을 서울 및 인근 지역의 회원들에게 판매하는 사업이다. 그동안에도 본부에서는 흰떡을 비롯하여 참기름, 유자차, 들기름, 참깨, 감식초 등을 판매해 왔는데, 포덕 141년(2000) 하반기부터는 이를 확장하여 지부 회원 도가에서 재배하는 농산물을 회원들이 구입할 수 있도록 직거래를 주선해 왔다. 용담지부에서 고추, 배, 포상지부에서 메주, 남해지부에서 유자차, 양주지부에서 검정콩 등을 판매 물품에 올렸다. 본부 사업부는 '예약 재배'를 통해 싱싱하고 더 좋은 품질의 먹거리를 회원들에게 제공하도록 하고, 판매 수익금은 여성회 사업에 쓰기로 했다.

포덕 146년(2005) 3월 25일 제81주년 창립기념식 날에는 대교당 앞마당에서 우리 농산물을 전시 판매하는 '한울장터'가 처음으로 열렸다. 이후 창립기념식 '한울장터'는 해마다 더욱 다양한 물품을 선보이며, 중요한 사업으로 자리매김하게 된다. 장터는 단순히 농산물과 회원 공예품 등을 사고파는 장소가 아니라, 마음과 마음을 나누고 지부와 지부가 서로 소통하는 유쾌한 잔치마당으로 승화되었다. 한울장터는 포덕 147년(2006)에도 개장하였고, 이 해에는 대학생단의 일일찻집도 함께 열렸다. 이후 코로나19 기간을 제외하고는 한울장터는 대개 매년 개최되는 고정 프로그램으로 자리매김하였다. 포덕 164년(2023) 창립기념식은 모처럼 재개된 대면 기념식으로 진행되었는데, 한울장터를 '경물(敬物)바자회'로 확대 개편하여 농산물 외에 의류, 신발, 자수 공예품, 비즈 등을 전시 판매하는 문화행사 겸 한울장터로 운영하여, 앞으로 더욱 기대할 만한 사업이 되고 있다.

한편 여성회는 포덕 159년(2018) 복호동수도원 부지의 일부인 밭을 복호동마을 주민에게 경작케 하고, 연간 경작료로 콩 1말을 받아 사업부에서 판매하기 시작했다. 또 포덕 164년(2023)부터 사각형과 원형 2종의 청수상과 청수잔, 청수보(사각, 원형)를 제작하여 전국 회원 및 교인들에게 판매하고 있다.

❼ 천도교미술인회와 여성

천도교미술인회는 여성회 산하 조직은 아니지만 천도교여성의 활동이 두드러진 교단 내의 문화사업 전문 단체이므로, 여성들의 활동을 중심으로 간략하게 소개한다. 포덕 124년(1983) 서영모 당시 숙명여대 교수(천도교합창단 지휘, 지도)의 발의로 〈수운문화예술인회〉가 발족하면서 미술분과에 문정화 선도사가 참여하였다. 이어 포덕 131년(1990)에 양재한 선도사(서예)를 회장으로 최필중, 염종문 선도사를 부회장으로 천도교미술인회가 발족하였다. 그 해(1990)에 시작된 '대한민국종교인미술큰잔치'에 참여하는 일과도 관련이 있었으나, 이렇게 출범한 미술인회는 그 이후 교단 내에서 가장 활발한 활동을 벌이는 문화단체로 자리매김하였다. 포덕 132년(1991) 천일기념일을 맞아 제1회 천도교

미술인회 서화전이 개막되었다. 이때를 기점으로 포덕 164년(2023) 8월 현재까지 미술인전은 33회를 기록하고 있고, 매년 종교인문화제(대한민국종교예술제)에도 참여하여 천도교인들의 문화적 역량을 알리고 있다.

포덕 133년(1992) 임원 개선 때 천보경 현 여성회 고문이 부회장으로 선임되면서 여성들의 본격적인 참여가 이루어졌다. 그 이후 포덕 144년(2003) 이순종 현 여성회 고문이 미술인회 회장으로 취임하면서 미술인회는 큰 전환점을 맞이하게 되었다. 포덕 146년 미술인전부터는 기존의 미술인전에 더하여 어린이학생미술대전이 창설되어 그 이후 현재까지 이어지고 있으며, 서예와 동양화, 서양화, 조각 등 다양한 분야로 확산되어 왔다. 또 원로전, 유작전 등의 다양한 기획전도 함께 이루어져서, 교단 내의 문화 역량을 확장시키는 효과도 거두고 있다. 특히 어린이학생미술전을 통해 매년 수십 명의 어린이-학생들이 미술인전에 참여한 경험을 쌓고 이후 전문 작가로 성장하는 사례가 늘어나고 있으며, 그에 미치지 못하더라도 교회 문화행사에 참여한 경험이 신앙의 새로운 동기를 부여하여, 인재 양성과 포덕의 효과까지 거두고 있다. 이순종 고문은 포덕 160년(2019)까지 약 20년간 미술인회 회장으로 봉직하며 천도교단의 미술 분야 문화수준을 한층 고양시키고, 이 해에 퇴임하여 미술인회 명예회장으로 추대되었다. 현재도 미술인회에는 여성 임원의 비중이 교단 내 어떤 조직보다도 큰 비중을 차지하고 있어, 여성들의 교단 내에서의 역할과 지위 향상에 크게 이바지하고 있다.

제2절 천도교여성회보 - 한울세상

포덕 126년(1985) 8월 20일《천도교여성회보》(이하《여성회보》)가 창간되었다. 《여성회보》 창간은 여성회 역사상 획기적인 사건이라는 데 이의를 제기할 사람은 없을 것이다.

〈창간사〉(1985.8.20)

바라고 바랐던 《천도교여성회보》가 오늘에 비로소 첫선을 보이게 되었다. 비록 4×6배판 4면이란 작은 규모의 회보지만 천도교 여성단체가 발족한 지 60년 만에 처음으로 간행된 것이므로 그 의의는 매우 크다. 회보의 창간에 대해서 전체 천도교 여성회원들과 자축하는 마음 간절하다.

천도교여성회본부의 새로운 사업계획에 의하여 창간된 본 회보는 특성회원들의 성금에 의해 비로소 그 실현을 보게 되었다. 여성회본부가 회보를 간행하게 된 목적은 첫째로 여성회본부와 지부의 움직임을 회원들에게 매월 최소한 한 번씩은 알려줌으로써 조직의 민주화를 다지며 회원들의 참여도를 높여 여성회의 조직 강화와 확대를 도모하자는 데 있다. 둘째로는 교사, 교리, 신앙 관계의 글과 일반 시민의 교양관계를 게재함으로써 내수도의 승화는 물론 회원의 교양도를 높이자는 데 있다. 끝으로 천도교의 독특한 교의에 바탕을 둔 역사 의식을 높여 지상천국을 건설하는 데 앞장서는 역사적 창조자가 되게끔 하자는 데 있다.

물론 작은 지면으로 이러한 목적들을 접근시켜 간다는 것은 한계가 있다. 그러나 꾸준한 노력으로 경험을 쌓는다면 8면이나 12면으로 증면시킬 수도 있으며 내용 또한 알차게 꾸며 갈 수 있다. 과거 우리 선배들은 어려운 일제의 기반 아래서도 월간 여성잡지인 『부인』과 『신여성』을 간행하여 한국여성운동에 크게 기여한 바 있었다. 모든 일은 시작이 반이라고 《천도교여성회보》 도 그 첫발을 내디디었으니 오직 전력을 기울일 따름이다. 알찬 회보를 어떻게 만들 수 있을까 하는 과제와 대결한다면 소기의 성과가 이루어질 것으로 믿는다.

기관지의 알찬 편집은 실무자의 기술에 앞서 여성회 활동이 중요하다. 여성회가 알찬 활동을 한다면 알찬 기사는 저절로 만들어지게 되어 있다. 여성회원 여러분은 이 점을 명심해야 될 줄 안다. 알찬 활동과 알찬 기사는 둘이 아니라 하나이다.

지금 우리들은 국민소득 2천 불에 겪는 새로운 충격을 받고 있다. 우리 천도교여성회는 〈내수단〉 선배들이 내걸었던 강령 정신을 이어받아 분발할 때가 왔다. '새 세상을 창조하는 충실한 일꾼' 이 되어 '단결된 힘을 통해 여자의 지위를 향상시키는 일' 에 앞장설 때가 왔다. 그리고 천도교의 목적인 광제창생, 포덕천하, 보국안민의 대업을 달성하는데 이바지해야 한다.

끝으로 여러 회원의 적극적인 참여로 《천도교여성회보》가 무궁토록 발전하기를 거듭 기원하는 바이다.

창간호는 '창간사' 외에 고정훈 당시 교령의 축사, (소식) 확대중앙위원회, 본부임원명단, 회장(박공주) 취임사, 하반기 사업계획, (단신) 박씨 사모님의 주요 발자취, (소식)여름철 집단수련회, (단신)시일강좌 소식, 여성회동정, 마산·도봉 지부장 인준, 영등포지부 회원 성사 묘역 제초 작업, (축시)개벽의 등불, 회지발간 성금자 명단 등으로 구성되었다. 임순화 동덕의 창간 축시(〈개벽의 등불〉)는 이후 서울교구 권호성 동덕의 작곡으로 노래로 지어져 불리고 있다.

포덕 146년(2005) 7월 20일 제100호가 발행되었다. 100호 특집호는 100호 발간사(개벽의 등불 밝히는 길잡이, 고윤지 회장)와 고정훈 종법사, 한광도 교령, 김동환 종무원장, 조동원 가리산수도원장, 이소원 명동산수도원장, 이순종 감사 등의 축사와 창간 주역인 박공주 여성회본부 고문 인터뷰, 여성회 산하 소모임과 실무진 및 주요 지부회장과 회원들의 목소리로 채워졌다. 이 시기에 풍물패(단장 김순련), 한마음봉사단(단장 김동순), 여성회 카페(박영화 교화부장), 농산물직거래(하정덕 사업부장), 주말수련(박태량 포덕부장), 글쓰기 모임(고온자) 등이 운영 중이었음을 알 수 있다.

100호 발간사는 '개벽의 등불을 밝히는 길잡이'라는 제목으로 고윤지 당시 회장이 썼다(요지); "《천도교여성회보》 100호를 발행하게 됨을 전국 회원들과 함께 축하합니다. 여성회보는 여성회 창립 60주년인 포덕 126년(1985) 8월 20

천도교여성회보 창간호 [1]

천도교여성회보

창 간 사

회보의 발전을 축하한다

고 정 훈

제100호 포덕 146년 7월호 [1]

천도교여성회보

기쁘고, 감사하고, 위하는 마음

여성회 합동 하계수련, 8월 1일부터 용담수도원에서

회보 100호, 다시 내일로 향하여

포덕 146년도 천도교 여성회 하계수련 안내

여 성 회 본 부

한울세상

여성회보 제150호를 맞으며

祝

천도교중앙총부

왼쪽부터 《천도교여성회보》 창간호, 《천도교여성회보》 100호, 《한울세상》 150호

일에 창간호를 발행하면서 희망찬 출발을 하였고, 20년이 지난 오늘 100호 특집을 발행하게 되어 감회가 새롭습니다. 회보가 끊이지 않고 긴 세월 동안 발행되어온 것은 성지우성하여 주신 고문님과 전 회장님들 그리고 전국 회원들의 관심과 성원으로 이루어진 것으로 생각됩니다. 다시 한번 머리 숙여 감사의 뜻을 전합니다. (중략) 전직 회장님과 전국 회원님들 정성으로 지금은 타블로이드판 4~8면으로 제작하여 연 4~5회 발행하고 있습니다. 그리고 내용 면에서는 중점적으로 지부 활동과 회원들의 글을 우선적으로 알림으로써 본부와 지부 회원 간의 연결고리를 돈독하게 하고 있습니다. (중략) 앞으로 회보의 역할은 본부와 전국 지부의 한 차원 높은 적극적인 활동이 이루어지도록 내실을 굳히는 데 노력함은 물론 세상 사람들 마음을 움직일 수 있는 회원들의 진심 어린 신앙 기사가 넘쳐나도록 하여야 할 것입니다. 암울하던 일제 시대 우리 여성회가 조직되어 시대에 앞서 활동하던 그때처럼 다시 개벽의 등불 밝히는 길잡이로서의 역할을 하도록 회보가 선도해야 할 것입니다."

이후 40여 년간 계속 발행되어 온 《여성회보-한울세상》은 여성회 창립 100주년을 앞둔 포덕 164년(2023) 12월 28일, 제176호를 발행했다. 《한울세상》이 무려 40년 가까이 한 번도 쉼 없이 발간될 수 있었던 데는 여성회 임원과 회원들의 순일한 정성과 지원이 뒷받침되었음은 두말할 필요가 없다. 출간 간격이 조금 벌어지기도 하고 중간에 판형과 제호가 바뀌기도 했지만 출간이 안 됐던 적은 한 번도 없었다.

회원들의 성금을 기반으로 창간된 《여성회보》는 창간 당시 4×6배판(B5) 4면으로, 매월 간행하여 무료 배포하였다. 창간사를 통해 박공주 회장은 "여성회보 간행 목적은 첫째, 여성회본부와 지부의 활동을 회원들에게 알려줌으로써 조직의 민주화를 다지며 회원들의 참여도를 높여 여성회의 조직 강화와 확대를 도모한다. 둘째, 교사 교리, 신앙 관계의 글과 일반 시민으로서의 교양 함양의 글을 게재함으로써 내수도(內修道)의 승화는 물론 회원의 교양을 높인다. 셋째, 천도교의 교의에 바탕을 둔 여성들의 역사의식을 높여 지상천국을 건설하는 데 앞장서는 역사적 창조자가 되게 한다"고 창간 목적을 밝혔다.

포덕 130년(1989) 1월 6일 자로 20호를 발행한 《여성회보》의 정진을 자축하고자 1월 10일, 수운회관 동학선양회 강당에서 20호 발행 자축회를 열었다.

포덕 136년(1995) 12월, 50호 특집호를 발간하였다. 특집호 간행사를 통해 천보경 회장은 "첫째 여성회본부와 지부의 움직임을 회원들에게 알려줌으로써 조직의 민주화를 다지고 회원들의 참여도를 높여 조직의 확대 강화를 기하는 데 있다. 둘째, 교리 교사, 신앙, 교양 등의 기사를 게재하여 내수도의 승화는 물론 회원의 교양도를 높일 수 있도록 한다. 셋째, 천도교의 독특한 교의를 바탕으로 한 역사의식을 심어줌으로써 회원들로 하여금 역사적 창조자가 될 수 있도록 한다."고 발간 목적을 밝혔다. 50호에는 특집으로 김재중, 김광욱, 고정훈, 한광도, 박남수, 유봉선, 강정원, 김응조, 손윤자, 김양주, 소경희 등의 축하 글이 실렸다.

67호(포덕 139년 12월)에는 여성회 역대 회장 간담회 내용을 게재하였다. 이순종 부회장(당시)의 사회로 전초련, 박공주, 김경렬, 천보경, 조혜숙 회장님이 한자리에 모여 여성회 발전을 위한 간담회가 열렸다. 또 73호(포덕 140년 11월)에는 고문 간담회 내용을 게재하였다. 여성회의 산증인인 김효순, 홍경지, 박공주, 백덕실, 허경일, 김경렬, 김옥희 고문이 참석, 고문님들의 지나온 이야기를 듣는 뜻깊은 자리였다.

포덕 143년(2002) 5월 1일을 기하여《여성회보》제85호는 타블로이드판으로 확대하여 발행하였다. 판형을 바꾼 이유는 지부 활동 소식과 회원 참여란을 늘림으로써 여성회의 활동을 좀 더 강화하고 본부-지부-회원 간의 소통을 늘리기 위함이었다. 출간 간격은 2~3개월에 1회, 4면으로 발간했으며 특별한 경우에는 8면으로 발행하기도 했다. 판형 변경에 즈음하여《여성회보》창간호부터 84호(포덕 143년 1월)까지를《천도교여성회보1》로 합본하였다.

한편, 87호(포덕 143년 9월호)에는 〈특집, 행복한 가정문화 만들기-추석 편〉이 마련되어 추석 차례 상 준비와 추석 연휴 기간 동안 가족이 조상님들의 은덕을 생각하고 새로운 결실에 대한 감사한 마음을 잊지 않는 것이 행복한 가정문화 만들기의 핵심이라는 내용이 소개되었다. 97호(포덕 146년 1월호)에는 각 지부장(21명)의 새해인사 및 여성회에 바라는 글을 수록하였다. 전국 지부장의 글을 한꺼번에 소개한 것은 이때가 처음이다.

포덕 146년(2005) 7월호로《여성회보》100호를 발행하였다.(회장 고윤지) 이는 창간 이후 21년 만에 이룬 쾌거이다. 그동안《여성회보》는 박공주, 김경렬,

천보경, 조혜숙, 고윤지 회장으로 이어지면서 평균 2.5개월에 한 번씩 간행되었다. 《여성회보》 100호는 100호 발간사(고윤지 회장)와 축사(고정훈, 한광도, 김동환, 조동원, 이소원, 이순종) 외에 임원 및 지부장, 회원들의 축하, 박공주 고문 인터뷰, 여성회본부 산하 각종 소모임 소개, 본부 활동, 성금자 명단 등을 게재했다.

또한 여성회원 녹취록 발간에 앞서 여성 원로들의 녹취를 소개하였다. 권태화 고문(111호)을 시작으로 백덕실, 김병화, 조동원(이상 고문, 당시 기준), 김명순, 이소원, 이필순, 홍윤영, 이금순, 전옥순, 오희복, 이정숙, 김수현, 이영제, 최말란, 함형복, 고찬순, 박옥례, 차금순, 정순임(이상 원로, 당시 기준)을 끝으로 소개하였다.

《여성회보》는 112호(포덕 149년 1월호)부터 제호를 《한울세상》으로 변경하였다. 여성회보 편집회의에서 제호 공모에 들어가 제3차 상임위원회의(포덕 148년 9월 13일)에서 10여 편의 후보작 중 《한울세상》을 새로운 제호로 확정하였다. 《한울세상》은 연 4회(계간), 8면을 발행하기로 결정하였다. 또 《한울세상》은 118호(포덕 150년 5월호)부터 전면 컬러로 제작하였다.

포덕 157년(2016) 3월 13일 자로 《한울세상》 제150호를 발간하였다. 이순종 당시 회장은 다음과 같이 소회를 밝혔다.(요지) "제29대 박공주 회장 당시 표영삼 상주선도사께 회보의 경비 제반 준비 사항들을 자문받아 회의에 안을 내놓았다. 당시 고문(차기숙, 김태화, 김병화, 김효순, 최시영, 홍창섭, 김정숙, 홍경지)들이 무척 기뻐하여 많은 성원을 해주셨던 기억을 잊을 수 없다. 회보 창간 10주년을 맞아 제33대 천보경 회장에 의해 포덕 136년(1995) 12월 11일 50호 특집을 발행하였고, 100호는 포덕 146년(2006) 7월 20일 제36대 고윤지 회장 때 발행되었고, 다시 10여 년이 흘러 제150호로 지금에 이르고 있다. 150호가 대행진을 할 수 있게 된 것은 박공주 회장의 뒤를 이어 김경렬, 천보경, 조혜숙, 고윤지, 김영숙 회장의 아낌없는 정성과 노력 그리고 역대 회장과 임기를 함께한 중앙상임위원, 실무임원, 지부회장 여러분들의 성금과 노력의 결과라고 생각하며 감사드린다. 앞으로 200호, 300호 이어서 전국 지부 소식과 본부와 회원 간의 소통의 장으로서 명실공히 여성이 만드는 격월간지가 되기 바란다."

《한울세상》 150호에는 이순종 회장의 소회와 축사(이영복, 박남수, 한광도, 김인환, 박성호, 주선원, 김응조) 외에 실무진의 인사의 글, 동계수련 소식, 여성회 3년 활동, 각종 회의 등을 게재했다. 《한울세상》은 여성회의 소식은 물론 회원들의 일상, 원로들의 인터뷰 등을 통해 천도교 여성회원으로서 신앙심을 고취하는 데 크게 기여하고 있다. 《한울세상》은 그간 존재 자체로 조직의 위상을 강화하였고 정체성을 분명히 하는 데도 이바지하였다.

여성회는 앞으로 《한울세상》이 회원들의 요구에 좀 더 부응함으로써 '읽히는' 회보로 탈바꿈하는 것을 우선적으로 해결해야 할 과제라고 보고 있다. 또 한발 빠르게 소식을 전하고 심층 취재를 통해 생활의 유익함을 전하는 기능을 수행하기 위해 편집위원회를 확대 강화하고 취재기자를 늘리는 것은 물론 회원들의 자발적인 참여가 요구된다고 자평했다.

《여성회보-한울세상》 간행 초기에는 여성회 활동을 주로 다뤘다면 점차 수련 소감, 워크숍 소감, 기획기사 등 여성회원들의 참여가 넓어지고 있다.

152호(포덕 157년 9월)에는 하계수련회 중 열린 전국 지부회장회의에서 전국 지부회장의 다양한 목소리를 통해 지부 현황 소식을 담았다. 107호(포덕 148년 1월호)에는 〈특집, 여성시대를 위한 젊은 여성의 제언〉이라는 주제로 여러 글이 게재되었다. 여성회원 중에서 전문직 여성을 집중 소개함으로써 앞으로 여성회가 무엇을 해야 하는지를 가늠해 보는 기획이었다.

《여성회보》는 특히 코로나19 상황에서도 비대면 수련 개최에 따른 수련 소식도 빠지지 않고 게재하여 중요한 소통의 통로를 제공하였다. 각자 집에서 수련에 임한 사진이 소개되었을 뿐만 아니라 다수 회원들의 소감문이 게재되어 수련 참여를 독려하고 수련의 참뜻을 알리는 데 크게 기여하였다. 또한 3년간의 본부 실무직 임원들이 업무를 수행하면서 느낀 3년 활동 회고도 눈여겨 볼 만하다.(93호, 108호, 122호, 137호, 150호, 169호)

포덕 126년(1985) 8월 20일에 탄생한 천도교여성회 회보 《한울세상》은 이렇게 40여 년 동안 이어져오고 있다. 화려하거나 야단스럽지 않고 묵묵히 40여 년을 발간해오고 있다. 특히 어려운 여건 속에서도 《한울세상》이 중단 없이 발행된 것은 회원들의 정성을 그대로 보여주는 잣대다.

오늘날 SNS의 발달로 소통이 더욱 활발해지고, 종이 매체에 대한 매력이 점점 감소하는 가운데서도 《여성회보-한울세상》의 가치는 줄어들기보다는 오히려 배가되고 있다. SNS는 편리함 대신에 보존성이 떨어지고, 공공성을 확보하는 데는 한계가 있다. 여성회원들이 오래 호흡을 맞추면서 《한울세상》이 "한울세상이 올 때까지" 계속해서 달려 나가길 바란다.

제3절 천도교여성회 출간사업

❶ 『부인필독』

포덕 63년(1922) 개벽사에서 『부인』(1923년에 '신여성'으로 제호 변경) 지를 창간하여 천도교 여성운동의 이념과 철학을 전파하기는 하였으나, 천도교여성들을 위한 교재 개발이 시급한 과제였다. 이에 여성회에서는 교재 개발에 착수하여 포덕 73년(1932) 3월 30일, 김병제(金秉濟)가 집필한 『부인필독(婦人必讀)』이 발간됐다. 책은 지금 남아 있지 않아, 당시의 광고와 목차를 참조로 내용과 형식을 설명할 수밖에 없다. 『부인필독』은 여성회 회원들의 교양을 위해 발행한 필수 교서이다. 4·6판 크기에 총 180쪽 분량으로 되어 있으며, 가격은 40전이다. 『부인필독』은 부녀자들이 쉽게 이해할 수 있도록 한글로 알기 쉽게 쓰였다. 여성의 지위에 관한 역사적인 변천 과정, 당대 여성문제 진단 및 방향성, 각 종교의 여성관, 천도교의 여성관 등을 폭넓게 다루고 있으며, 여성의 의식 개혁과 지위 향상을 위해 매우 진보적인 시각으로 쓰였음을 알 수 있다.

『부인필독』

『부인필독』에서는 '조선부인의 현재 상태'를 '글 못 보는 장님인 것, 미신이 많은 것, 노예적 근성이 박힌 것, 단결심이 부족한 것, 보수적 사상이 많은 것'으로 진단하고 이를 개선하기 위한 '부인문제와 부인운동의 대강(大綱, 큰줄기)'으로 '습관문제, 교육문제, 혼인문제, 법률문제, 모성보호문제, 참정권문제, 직업문제, 노동문제' 등을 제시하였다. 또 '과거 종교의 부인관'으로 '유교의 부인관, 기독교의 부인관, 불교의 부인관'을 살펴보고 가장 중요하게는 '천도교와 부인문제' 항목으로 '인내천 종지와 부인관, 성신쌍전과 부인관, 후천개벽과 부인운동의 실제' 등을 다루고 있다. "조선 부인의 복음(福音)"이라는 선전 제목 이하 『부인필독』을 소개하는 광고 내용(본문)을 짐작해 볼 수 있다.

> "몇천 년 동안 남성의 지배 아래서 노예생활을 되풀이해 온 여성들은, 더욱이 조선 여성들은 오늘날까지도 낡은 도덕과 묵은 습관의 쇠사슬에 얽매여 있을 뿐 아니라 '무지'라는 어두움 속에서 울고 있습니다. 천도교내성단에서는 그들을 구제하기 위하야 제1착으로 이 『부인필독』을 선물하게 되었사온바, 이 책의 내용 정신은 인내천 진리의 토대 위에서 부인생활의 변천된 것을 역사적으로 고찰하고 부인운동의 유래 및 장래를 아주 통속적으로 순한글로써 설명하였습니다. 명경(明鏡)은 사람의 외형만을 비치는 것이지만은 이 부인필독은 수천 년 동안 부인 생활의 내막을 숨김없이 그려 놓은 양서이오니, 일반부인은 물론이요 여성문제를 논평하고 여성운동에 유의(留意)하는 사람은 누구든지 일독할 필요가 있다고 소개하나이다."
>
> ▷내용요목(內容要目) : 1. 사회진화의 경개(梗槪) 2. 태고시대와 부인의 지위 3. 사회진화와 부인생활의 변천 4. 상고시대와 부인의 지위 5. 봉건시대와 부인의 지위 6. 조선여성의 특수현상 7. 자본주의시대와 부인의 지위 8. 부인운동의 유래 9. 천도교와 부인 10. 과거종교의 부인관 11. 인내천 종지로 본 부인관 12. 성신쌍전으로 본 부인 문제 13. 후천개벽과 부인운동

『부인필독』은 그 책이 현재 전하지 않지만, 포덕 114년(1973)에 여성회본부에서 간행한 『신앙과 여성』에 그 내용이 반영되어 전하고 있다.

❷ 『신앙과 여성』

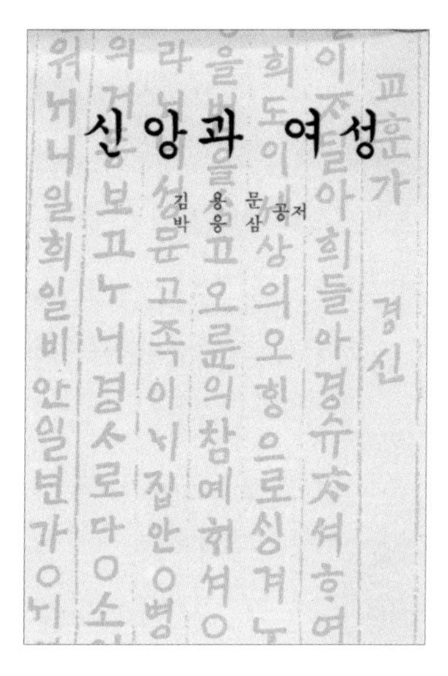

『신앙과 여성』

포덕 114년(1973) 12월 15일 천도교여성회에서 발행하는 두 번째 여성 교서, 『신앙과 여성』 간행되었다. 포덕 73년(1932) 3월 여성회(내성단)에서 발행한 『부인필독』 이래 41년 만에 여성회가 발행한 교서이다. 『신앙과 여성』은 포덕 113년(1972) 6월 2일 제6차 상임위원회에서 '여성 교리 상식' 발간을 결의한 데 따른 것이다. 이후 같은 해 11월 9일 제13차 실무회의에서 '여성 필수 교서' 발간을 재확인 결의, 최시영 회장을 위원장으로 하는 교서발간추진위원회를 구성하고 김용문, 박응삼에게 집필을 의뢰했다. 『신앙과 여성』은 4·6판(130×190) 280면으로, 당초 '천도교여성회 50년사'를 같이 수록하기로 예정되어 있었으나 사정에 의해 신앙과 수도, 교리를 중심으로 발행됐다. 여성회는 포덕 114년(1973) 12월 25일 중앙총부 임직원과 집필자, 여성회 임원이 참석한 가운데 출판기념회를 열었다.

『신앙과 여성』은 서울, 영등포, 서대문, 동대문, 일본 교토(京都), 부산시, 부산남부, 고현, 대전, 대구, 삼천포, 공주, 인천, 춘천, 여주, 송탄, 동두천 지부 회원들의 희사금으로 발행됐다.

주요 목차는 다음과 같다; 제1장 천도교의 출현과 역사적 필연성, 제2장 수운대신사의 생애, 제3장 수운대신사의 거룩한 인격, 제4장 천도의 대각, 제5장 천도의 개의, 제6장 천도와 인도, 제7장 여성의 역사적 지위, 제8장 수도 생활의 의의, 제9장 수도와 생활, 제10장 교리 문답, 부록 천도교 용어 해설

『신앙과 여성』은 전국 여성회원들의 보급(포덕) 활동으로 수요가 많아 포덕 118년(1977) 3월 25일 재판까지 발행하였다.

❸ 『천도교여성회 60년사』

『천도교여성회 60년사』(

포덕 125년(1984) 12월 『천도교여성회 60년사』가 간행되었다. 여성회 60년사 간행은 여성회원 31명이 사인여천 친목계를 조직하여 적립한 백만 원을 포덕 123년(1982) 9월 4일 여성회 상임위원회에서 여성회 연혁 발간 비용으로 쓰기로 결의함으로써 공식화하고, 김응조 신인간사 주간에게 집필을 의뢰키로 하였다. 이 책은 크게 1. 천도교 여성운동의 기본정신 2. 초창기 여성운동 및 그 조직 3. 천도교내수단 4. 천도교여성동맹 5. 천도교내성단 6. 천도교내수회 7. 천도교부인회 8. 천도교여성회, 후기 등으로 구성되었다.

❹ 『천도교여성회 70년사』

『천도교여성회 70년사』

포덕 135년(1994) 9월 15일 『천도교여성회 70년사』가 간행되었다. 포덕 134년(1993) 12월 29일 중앙위원회에서 여성회 창립 70주년을 맞아 '여성회 70년사'를 발행하기로 결의했다. 『천도교여성회60년사』 집필자 김응조 선도사에게 집필을 의뢰했다. 포덕 135년(1994) 10월 13일 중앙대교당에서 김재중 교령, 차기숙 종법사 등 교인 100여 명이 참석한 가운데 『천도교여성회 70년사』 출판기념식을 가졌다. 이날 출판기념식은 의식에 이어 김경렬 회장의 기념사, 김재중 교령의 격려사, 강정원 한국종교여성협의회 회장의 축사, 공로패 수여, 천덕송 합창 등의 순으로 이어졌다. 공로패는 차기숙 종법사, 김응조 전 신인간사 주간, 이순종 상임위원에게 수여되었다.

『천도교여성회 70년사』는 소략했던 60년사에 비해 한층 많은 자료를 수록하였다. 주요 목차는 Ⅰ. 천도교 여성운동의 기본 정신 Ⅱ. 초창기 여성운동 및 그 조직 Ⅲ. 천도교 내수단 Ⅳ. 천도교 여성동맹 Ⅴ. 천도교 내성단 Ⅵ. 천도교 내수회 Ⅶ. 천도교 부인회 Ⅷ. 천도교여성회 Ⅸ. 천도교여성회 70년사(여성회 창립 60주년 이후 10년사)로 구성되어 있다. 김경렬 회장은 간행사에서, "『천도교여성회 60년사』가 품절된 지 오래되어 여러 차례 재간행의 필요성이 제기되어 왔으나 사정에 의해 미루어져 왔다"고 밝히고 "여성회 창립 70주년에 즈음해 『천도교여성회 70년사』를 간행해야 한다는 중론에 따라 70년사의 간행을 결의하게 되었다."고 말했다. 신국판(152×225), 반양장, 334면으로 간행되었다.

❺ 『천도교 여성운동의 선구자 수의당 주옥경』

포덕 146년(2005) 3월 25일 제81주년 창립 기념식에 즈음하여 초대회장 주옥경 종법사의 전기, 『천도교 여성운동의 선구자 수의당 주옥경』 출판기념회를 봉행했다. 기념식에서 전국의 지부장 및 회원들과 내빈 등 400여 명이 참석한 가운데 주옥경 종법사 영전에 헌정식이 진행되었다. 집필자 김응조 선도사에게 감사패가 수여되었으며, 여성회 81년과 주옥경 종법사의 약력을 소개하는 영상이 발표되었다. 주옥경 종법사의 일대기는 그간 역사의 뒤안길에 묻혀 있던 의암 성사의 독립운동, 천도교 여성운동에 관한 가치 있는 사료(史料)로서 각계 언론에서도

『천도교 여성운동의 선구자 수의당 주옥경』

주목을 받았다.

『천도교 여성운동의 선구자 수의당 주옥경』은 천도교여성회(내수단)를 창립하고 초대회장 등 모두 30여 년간 여성회장을 역임한 주옥경 종법사의 전기로서 포덕 145년(2004) 여성회 실무위원회에서 발의하여 김응조 선도사가 집필을 맡았고, 포덕 146년(2005) 제5차 상임위원회에서 최종적으로 출판이 결정되었다. 전기는 총 9개 장으로 구성되어 있다. ▷제1장 일급 명기 주산월과 의암성사의 만남 ▷제2장 서대문감옥의 의암성사 옥바라지 ▷제3장 의암성사의 환원과 장엄한 장례행렬 ▷제4장 천도교내수단 창립과 주옥경 ▷제5장 일제 말기의 탄압과 천도교내수회 ▷제6장 광복 후의 남북분단과 천도교 ▷제7장 의암성사 숭모사업 추진 ▷제8장 천도교여성회의 출범과 종법사 추대 등이다. 김응조 선도사는 "주옥경 종법사의 인생역정을 집필하면서 28세의 젊디젊은 나이에 의암성사와 사별한 후 60년이라는 결코 짧지 않은 세월을 일편단심 지조를 지키며 성사와 교회의 명예를 지켜온 주옥경 종법사에 대해 내심 존경과 찬사를 금할 수 없었다. 그것은 한마디로 초인적인 인내와 각고의 결정이었다. 그런 고난의 역정 속에서도 천도교의 여성운동을 주도하고, 일본 동경에 유학하는 등 흔들림 없이 매진하는 주옥경 종법사의 실천적인 모습이야말로 천도교 여성들의 사표가 되기에 충분했다"라고 소감을 피력했다.

⑥ 『한울님 은덕으로 살아온 내 인생』

포덕 148년(2007) 3월 25일 제83주년 기념식 후에 여성 지도자 34명의 구술기록을 담은 『한울님 은덕으로 살아온 내 인생』 출판기념회를 개최했다. 이 책은 고윤지 회장 등이 5년 동안 전국을 순회하면서 여성 지도자 34명의 구술을 담은 책이다. 평생을 천도교를 하며 일용행사를 신앙으로 실천한 여성 지도자의 삶을 소개하였다. 수록된 인물은 홍경지, 박공주, 허경일, 전초련, 김경렬, 김옥희, 천보경, 전영혜, 강기순, 차숭례, 이춘홍, 조덕행, 유금희, 이희영, 김보일, 조옥남, 손현수, 이분희, 박정례, 반득연, 이칠순, 박차귀, 김치삼, 조순화, 조준희, 이영례, 정운벽, 김명주, 김탄실, 정명녀, 노채봉, 안순화,

한창화, 전기남 등이다.

고윤지 회장은 간행사를 통해 "평생을 신앙하며 실천한 천도교 어머니들, 모성애와 부화부순이 이 책 속에 담겨 있다. 가정화목 지켜가며 평생을 봉사의 삶을 사신 분들의 녹취록이다. 제대로 교육을 받지 못해 글로도 서툴고 말로도 서툴지만 믿는 마음만은 어느 누구보다도 강하게 숨쉬며 살아 있는 삶의 체험담이다"라고 피력했다. 책은 신국판, 328쪽이다. 노은정(서울교구) 동덕이 녹취와 편집을 전담했다.

『한울님 은덕으로 살아온 내 인생』

7 『한울마음 여인들』

포덕 151년(2010) 3월 25일 제86주년 천도교여성회 창립기념식 후 여성회 원로의 삶과 신앙생활을 담은 체험록 『한울마음 여인들』 출판기념회를 개최했다. 김영숙 회장이 백덕실 고문에게 도서를 헌정했으며, 이어 녹취록 제작 과정이 영상자료로 공개됐다. 이 책은 『한울님 은덕으로 살아온 내 인생』에 이은 두 번째 구술 기록이다. 김영숙 회장과 박영화를 비롯한 임원들이 3년 동안 전국을 순회하면서 만난 여성 지도자들의 삶과 수도를 담아냈다. 이 책에는 모두 21명의 여성들이 소개되었다. 조동원, 이소원, 권태화, 오희복, 김명순, 홍윤영, 이필순, 김병화, 이금순, 박옥례, 고찬순, 장순임, 함형복, 이영제, 최말란, 전옥순, 백덕실, 차근순, 김수현, 김종례, 이정숙 등이

『한울마음 여인들』

다. 김영숙 회장은 간행사에서 "'일용행사가 도 아님이 없다'라는 말씀을 진심으로 실천하며 진솔하게 살아온 삶을 그려낸 이분들의 체험담은 각박한 세상을 서성이는 사람들의 삶의 이정표가 될 것"이라고 말했다. 박영화 교화부장이 녹취와 기록을 맡았고, 처음 제목은 '한울을 모신 삶'이었는데 포덕 사업용으로 활용할 수 있도록 '한울마음 여인들'이라고 다시 정했고, 표지 디자인도 달리 정했다. 김용휘 교수가 마지막 감수와 편집디자인에 도움을 주었다. 일반 출판사를 통해 간행하여, 교보문고 등에서 판매하였다. 책은 신국판, 268쪽이다.

한편 천도교여성회의 간행물은 아니지만, 천도교 여성들의 역사를 간직한 책들도 적지 않다. 천도교기관지인 『천도교회월보』(1910~1937)와 『신인간』(1926~현재)에는 이 책에 미처 담지 못한 수많은 천도교 여성들의 신앙 및 수련 소감 등이 수록되어 있다. 또 단행본으로도 『한국인의 종교경험-천도교·대종교』(차옥숭, 서광사, 2000)에는 그때 수집된 천도교인들의 신앙체험담이 다수 소개되어 있는데, 이 중 여성회원들의 사례도 많이 들어 있다. 『동학천도교인명대사전』(개벽라키비움 동학천도교사전연구회 기획, 이동초·박길수 편저, 모시는사람들, 2022)에는 총 25만 명(표제인물 10만, 가족 15만) 이상의 동학 천도교인들이 수록되어 있는데, 이 중 10만 명 정도가 여성이고, 그중 3만명 이상이 여성회원(기혼)인 것으로 추정되고 있다. 앞으로 이들 여성회원들의 인명록이 별도로 만들어질 날을 기대해 본다. 『조동원 설교강론집 - 노학이 알을 까서 천하에 퍼뜨리니』(은성당설교강론집편찬위원회, 모시는사람들, 2012)는 조동원 종법사의 설교 강론집으로, 교단 내에 여성 필자가 지은 유일한 설교집(단행본)이다.

그 밖에도 많은 여성 필자(저자)들이 학술연구서나 비공식 간행으로 자신의 글을 모아 엮은 사례가 적지 않다. 앞으로 여성 저자들의 활약을 기대해 본다.

165년에 걸친 천도교에서 여성의 역할은 수많은 어려움과 제약에 직면했음에도 불구

『동학천도교인명대사전』

하고 천도교 발전에 중추적인 역할을 다해 왔다. 천도교 여성들의 정성과 기도로 천도교 발전에 헌신한 여성의 역할은 과소평가될 수 없다. 그중에서도 출판은 신앙심을 다지며 포덕의 역할을 톡톡히 해냈다. 여성회 초기에는 여성들을 위한 교양교리서에 중점을 두었다면 이후에는 여성 원로들의 신앙 체험담을 출판하였는데 신앙 체험담을 통해 신앙을 돈독히 다지는 계기를 만들려는 취지를 엿볼 수 있다. 위에서 살펴본 대로 지난 100년 동안 천도교여성회는 총 7종의 책을 발간했다.

이들을 세 분야로 나누어 볼 수 있다. 첫째, 여성회 회원들의 교양을 위해 발행한 필수 교서인 『부인필독』, 『신앙과 여성』, 둘째, 내수단을 창립하고 30여 년간 여성회장을 역임한 주옥경 종법사의 전기(傳記)인 『천도교 여성운동의 선구자 수의당 주옥경』, 셋째, 여성회원들의 구술서인 『한울님 은덕으로 살아온 내 인생』, 『한울마음 여인들』이다. 결코 많다고 할 수 없으나 하나하나가 주옥같은 책이라고 할 수 있다. 이 중 일부 도서는 재간행할 가치가 충분히 있으며, 『천도교회월보』 『신인간』 《천도교여성회보-한울세상》 등에 수록된 여성 관련 글을 모아 여성용 교서를 발간하고, 일반 독자들에게 판매함으로써 천도교여성회 활동과 여성회원들의 정성 어린 신앙을 널리 알리는 것도 필요할 것이다. 이는 포덕 활동에도 크게 도움이 되리라 생각한다.

나아가, 천도교여성운동을 연구한 논문을 취합한 연구서나, 새로운 관점에서 천도교여성운동의 이념과 미래적 가치를 다룬 교서, 단행본 발간을 기획하여 출간할 필요가 있다. 또한 달라진 시대환경에 맞게 홈페이지 운영과 온라인 정기 간행물 간행, 여성회원들에 대한 지속적인 녹취사업, 사회적네트워크서비스(SNS)를 활용한 적극적인 매체 활동 전략도 수립하여 시행해야 할 것이다. 그뿐만 아니라, 천도교 여성 관련 자료실(아카이브) 운영, 천도교여성박물관 등도 향후 건립될 천도교여성회관의 활용성과 관련하여 기획하고 장기계획을 수립해 나아가야 할 과제이다.

제4절 천도교여성회의 어린이운동

천도교에서 어린이운동은 포덕 62년(1921) 5월 1일 천도교소년회가 창립된 이래 청년회의 고유사업으로 자리매김 되어 있다. 그러나 어린이에 대한 직접적인 보육을 책임 진 어머니들이 다수를 점하는 천도교여성회 역시 어린이운동 영역에서 간과해서는 안 될 역사를 일구어 왔다. 일찍이 해월신사께서 "부인은 한 집안의 주인"이라고 하면서 "아이를 기르는 것"이 부인이 감당하는 일이라는 것과 "주부가 정성 없이 아이를 기르면 아이가 반드시 충실치 못하므로" 아이 기르는 것을 수도하는 것처럼 해야 한다고 말씀하시고, 이어서 '일남구녀'의 운을 말씀하셨다.(《부인수도》) 또 「내수도문」에서 "어린 자식 치지 말고 울리지 마옵소서, 어린아이도 한울님을 모셨으니 아이 치는 것이 곧 한울님을 치는 것이오니, 천리를 모르고 일행 아이를 치면 그 아이가 곧 죽을 것이니…" 라고 하여 이후 방정환 등이 주도하는 어린이 운동의 근본정신을 제시하였다. 「내칙」에서 부인수도로써 '문왕이나 공자와 같은 성인'의 자질을 가진 아이를 낳는다고 하신 것도 여성회(부인)와 어린이지도(운동)는 떼려야 뗄 수 없는 관계에 있음을 알 수 있다.

천도교여성회에서 전개한 어린이 운동은 1부의 역대 여성회 활동에서 시기별로 언급하였으므로 여기에서 이에 대한 종합적인 의의를 중심으로 서술하기로 한다.

포덕 69년(1928) 4월 5일 천도교여성동맹(구) 제1차 전국대표대회에서는 결의사항 중 하나로 '아동보호'에 관한 건을 포함하였다. 이는 내수단의 모성보호운동과 맥을 같이 하는 것으로 조직의 분파와 상관 없이 모두 천도교여성회의 어린이운동 정신을 실천하고자 하는 의지의 산물이다.

포덕 70년(1929) 5월 13일부터 사흘간 여성회(내수단)가 주최한 '아동보육 대강연회'는 어머니들이 어린이를 보육함에 있어서 갖추어야 할 상식과 교양을 길러주는 일대 전환점이 되었다. 이 시기는 초기 왕성했던 천도교청년회 중심의 어린이운동이 외부단체와의 갈등과 일제의 탄압으로 약간의 소강상태에 접어들기 시작한 때로, 이러한 틈을 여성회가 메우고 나선 것이다.

이후 여성회가 시련기를 거치고, 자체 조직의 재건에 힘쓰는 동안 어린이운동은 청년회의 '어린이날 행사'를 중심으로 전개되었다. 그러다 포덕 110년(1969)에 여성회는 각 지부에 '어린이 시일식'을 개설하도록 지시하였다. 포덕 112년(1971) 7월 8일 개최된 여성회본부 중앙위원회에서는 여성회 중요한 사업으로 어린이지도를 강화하는 내용을 포함하였다. 그 이후 청년회 중심의 어린이운동이 활발하게 진행되면서, 여성회는 어린이운동 부문에서 한 걸음 물러서는 입장을 취하였다.

포덕 140년대 들면서, 새로운 관점에서 여성회의 어린이운동이 전개되었다. 즉 이 시기에 나날이 확장되는 동·하계 합동수련에 여성들이 다수 참여하도록 하는 데 중요한 전제 조건이던 '어린이 보육과 지도' 문제(어머니인 여성들이 수도원에 있는 동안 어린이 돌봄과 지도)가 부각된 것이다. 이에 여성회에서는 합동수련이나 여성회 강습회, 워크숍 등을 진행할 때 어린이 수련회나 문화 프로그램을 함께 기획하여 참여를 유도하였다.

어린이 수련캠프(포덕 146년 8월 1일~8일, 용담수도원)

포덕 143년(2002) 7월 29일부터 용담수도원에서 열린 여성회 하계수련회에서부터 어린이 수련회가 정식으로 편성되었다. 이후 여성회 수련과 어린이 수련캠프는 용담수도원, 의창수도원(여성교육복지관) 등 장소를 옮겨 가며 계속되었다. 포덕 145년(2004)부터는 여성회 내의 역사강사 전문가 모임인 낙안회가 지도를 담당하여 이 해에 어린이와 학생 40여 명, 그리고 이듬해 포덕 146년(2005)에 어린이(학생)와 지도교사만 86명이 참여하여 성황을 이루었다. 이후 낙안회는 매년 여성회 하계수련 기간의 어린이 수련캠프를 전담하여 기획하고 진행하여, 여성회원과 어린이들의 호응을 얻었다. 낙안회는 포덕 154년(2013)에는 여성회가 주최하는 '청소년 인성교육 여름 캠프 - 너도 나도 한울님' 행사를 주관하면서, 그동안의 축적된 경험을 발휘하여 어린이지도 전문가로서 거듭난 면모를 보여주기도 했다.

포덕 149년(2008) 9월 22일에는 여성회본부 주관으로 숲 학교를 개설하여 숲해설 강사를 양성하였다. 개설한 숲 학교를 수료한 회원들은 환경운동의 일환으로 유아교육 프로그램과 연계하여 심화 교육 과정을 밟는 한편, 천도교 어

방정환학교 문화탐방 답사단이 전주 일대를 방문했다.(포덕 160년 6월 2일)

린이 시일학교를 지도하는 방법도 모색했다. 이렇듯 여성회가 개설한 교육 과정이 구체적인 성과로 나타난 것은 매우 고무적인 일이다.

포덕 160년(2019)에는 여성회본부(낙안회) 주관으로 '제1회(6월)/제2회(10월) 방정환학교 문화탐방' 행사가 어린이와 청소년 인성교육 프로그램으로 잇달아 시행되었다. 또 포덕 163년(2022) 10월에는 청년회중앙본부와 함께 제1차 어린이 가을수련회를 2박 3일 동안 중앙대교당과 봉황각 등지에서 개최하며, 천도교 어린이 교육 프로그램의 다양화를 도모하였다.

한편 낙안회는 포덕 162년(2021) 6월부터 방정환어린이도서관과 함께 매월 1회 '온라인 어린이 시일식'을 봉행하였다. 어린이 시일식은 어린이 세대에게 천도교 교리와 역사를 전수하는 귀중한 장이 되었다. 온라인 어린이 시일식을 포덕 163년(2022)에는 청년회중앙본부와 낙안회가 함께 진행하였다. 그러나 포덕 164년(2023) 8월 13일 시일식을 마지막으로, 온라인 어린이 시일식은 현재 중단된 상태이다.

5장 사회활동과 대외협력

천도교여성회가 창립 당시(내수단) 내세운 목적은 "천도교의 종지에 들어맞는 새 세상을 만들기"였다. 이는 여성회 활동이 내적으로 내수도(內修道)를 통한 도성입덕을 하는 것에서부터 외적으로 대사회적인 개벽운동에 이르는 폭넓은 활동을 포괄하는 것을 의미한다. 이 장에서는 여성회의 사회적인 활동으로 봉사와 치유 사업, 사회운동, 생명생태사업, 통일운동 및 대외협력사업을 담았다. 여성들은 한편으로 동하계수련과 특별수련, 주말수련과 봉사활동을 통해 모시고 살리는 여성 특유의 역할을 수행하면서, 대외적으로 이 세상 사람을 한울님으로 모시고, 한울 세상으로 살려내는 사업에도 열과 성을 다하였음을 알 수 있다. 하나하나의 자리마다 여성회원들의 발길과 손길이 미치도록 하기에 회원들은 숨이 턱에 차는 노고를 마다하지 않아야 했다. 한두 줄의 건조한 문장 이면에 깃든 여성회원들의 노고근면하는 정성, 공경, 믿음을 깊이 헤아려 주기를 바란다.

제1절 봉사활동

❶ 초기의 봉사활동

1) 재난 구호와 기부 활동

동학 창도 초기부터 '동학 신앙 공동체'의 가장 중요한 기능 중 하나가 유무상자(有無相資) 정신을 구현하고 실천하는 것이었다. 포덕 20년대와 30년대에도 해월신사는 형과 아우와 같은 우리 도인 사이에 "형이 배를 곯는데 아우가 배부르고, 아우가 배를 곯는데 형이 배부른 것은 옳지 못하다"면서 유무상통(有無相通)을 강조하였다. 또 당시에 동학 포덕이 폭발적으로 증대한 것은 동학에 입도하면 어제까지 반상(班常)을 엄별하던 사람도 '접장(接長)'으로 존대하는 문화와 함께 "동학에 들면 배를 곯지 않는다"는 믿음이 당시 민중들의 호응을 이끌어낸 덕분이었다.

그러나 천도교 시대, 그리고 여성회(내수단) 창단 이후 일제강점기를 보내는 동안의 여성회 활동에 관해서는 주로 계몽교육과 문화운동 등의 기록만 남아 있다.(1936.10.7 천도교내성단 곡산지부에서 수해구제품 93점을 조선일보 곡산지국에 기탁 등)

해방기의 혼란과 6·25 전쟁의 시련을 딛고, 포덕 97년(1956) 천도교부인회로 재편하고, 포덕 109년(1968) 천도교여성회로 다시 재편한 이후에야 천도교여성회의 대 사회활동, 그중에서도 봉사활동의 사례들이 산발적으로 등장하게 된다. 포덕 113년(1972) 6월에 전국 지부에 농번기 교인농가 돕기운동을 전개하도록 요청하고 농촌 일손돕기에 나선 데 이어 그해 8월 집중 폭우로 인해 수재민이 발생하자 의류 260점을 모아 한국일보사에 기탁했다. 포덕 120년(1979) 9월 16일 여성회본부는 수재민 돕기로 의류 260점을 조선일보사에 기탁하였다.

포덕 118년(1977) 7~8월에는 수해를 당한 언양교구 교인 구호에 나선 데 이어, 조선일보사와 한국일보사에도 구호품을 기탁했다. 또 이 해 11월 전북 이

중앙총부 주최로 경로 위안잔치에 참석한 교인일동(포덕 120년 6월 8일, 가평)

리역 폭발 사고 이재민과 청운양로원에 의류와 연탄 등 구호품을 전달하였다.

포덕 120년(1979) 6월 8일 총부 주최 경로 위안잔치가 개최되었다. 이후 여성회가 이 행사를 이어받았다.

2) 국군 장병 위문

포덕 112년(1971) 12월 여성회본부는 위문품을 모아 육군 포병 부대와 한국일보사에 기탁했다. 포덕 114년(1973) 12월 28일, 여성회 김정숙 부회장을 비롯한 회원 10여 명은 육군 모 부대를 찾아 『천도교 개관』, 『신인간』, 『여성동아』 등 200여 권의 책과 두 달여 동안 모금한 위문금 등을 전달했다. 이와 함께 지승신 어린이의 무용을 곁들인 위문 활동으로 국군 장병의 노고에 고마움을 표했다. 포덕 115년(1974) 12월 30일에는 여성회본부 총무 강기순 외 천보경 김경렬 전초련 이순종 등이 일선 전방부대를 방문하여 위문품(새인간연맹보 200부, 사과 10상자와 사탕 5자루)을 전달하였다. 포덕 118년(1977) 12월 24일 인일기념일을 맞아 여성회본부는 중부전선의 한 부대를 방문하여 위문품을 전달하였다. 포덕 120년(1979) 12월 20일에는 여성회본부 주관으로 임원과 회원 등 28명이 제2 땅굴을 시찰하고, 관할 부대장에게 위문금품을 전달하였다.

한편 포덕 121년(1980) 6월 11일 여성회본부 주최로 우이동 봉황각에서 경로 위안잔치를 거행했다. 이는 여성회가 창립 이후 한 갑자(60년)를 넘어서면서 주옥경 초대회장을 비롯한 원로들이 연로해지고, 또한 고령화 추세에 따라 교인들의 장수가 일반화되면서 필요성이 생기게 된 새로운 사업이었다. 경로 위안잔치는 포덕 122년(1981) 9월 6일에도 봉황각에서 개최되었다. 2년간의 시행 이후 한동안 쉬었던 경로 위안잔치는 이후 서울지부 행사로 전환하여 포덕 130년대부터 지속적으로 추진해 오고 있다. 그 밖에 여성회는 포덕 126년(1985)부터 포덕 130년(1989)까지 동아일보사가 시행한 무궁화 묘목 나누어주기 행사에 한동안 참여해 봉사했다.

한편 포덕 135년(1994) 발족하였던 개혁추진위원회 산하 조직으로 포덕 136년(1995) 4월 21일 여성들로 구성된 '천도교샘봉사단(단장 고윤지, 부단장 지정해 김영숙)'이 결성되어 교단 안팎의 봉사문화를 확산시키는 중요한 계기를 마련한 바 있다. 샘봉사단은 청년회서울연합회(회장 박남준)와 함께 문화행사를 기획하고 교인들을 초대하여 문화공연을 하거나 가리산수도원 등의 청소 봉사활동을 전개하였다.

❷ 국립재활원 봉사활동

포덕 140년대 이전까지 산발적으로 진행되던 봉사활동은 포덕 130년대 중반 이후로 접어들면서 좀 더 체계적이고 조직적인 형태로 진전되었다. 그 첫 발을 뗀 것이 국립재활원 봉사활동이다. 강북구 삼각산로에 위치한 국립재활원은 포덕 90년(1949)에 창립된 보건복지부 산하의 유서 깊은 기관으로 국내 유일의 재활전문 국립중앙기관이다. 산하에 재활병원, 재활연구소, 중앙장애인보건의료센터와 건강검진센터가 있어 다양한 사회복귀 지원 프로그램을 통해 장애인의 건강과 행복을 책임지는 기관으로 성장해 왔다. 이 시기에는 소소한 소모품용 의료 보조용품을 자체적으로 소분하거나 마련하는 '손 많이 가는 일'이 많았다. 여성회에서는 이 사실을 접하고, 서울 인근지부 회원들이 순번제로 재활원을 방문하여, 손길을 보태기로 한 것이다.

여성회는 포덕 136년(1995) 12월 13일 서울 인근 12개 지부의 임원, 회원 40여 명과 본부 임원 10여 명이 국립재활원을 찾아 봉사활동 교육을 받은 후 포덕 137년(1996) 1월 11일 서울지부를 시작으로 포덕 141년(2010) 11월 16일 서울지부 봉사활동까지 아래의 여러 지부의 참여로 진행되었다; 강서(5, 참여 횟수) 공항(2) 관의(12) 도봉(2) 동대문(13) 동서울(9) 마포(14) 본부(10) 서대문(9) 서울(19) 성남(1) 양주(10) 영등포(15) 용산(8) 의정부(16) 인천(8) 천정(4) 한강(14)

포덕 138년(1997) 6월 11일에는 봉황각에서 1년 6개월 동안 봉사활동에 참여한 지부 회원을 초청하여 '위로와 공경의 모임'을 개최하여 봉사활동 참여자를 격려했다. 이 자리에서는 정성상(조준희(서울), 김상녀(동대문), 김탄실(천정), 김순련(부회장))과 공경상(서대문, 관의, 마포, 영등포, 서울 지부), 믿음상(의정부, 인천, 동대문 지부) 등의 시상에 이어 문화 프로그램을 진행했다. 지난 1년 6개월간, 18개 지부 연인원 300여 명이 봉사활동에 참여했다.

포덕 141년(2000) 12월 19일, 국립재활원 강당에서 재활원 임직원 및 자원봉사자 150여 명이 참석한 가운데 열린 2000년 자원봉사 보고회에서 국립재활원으로부터 감사패를 받았다. 약 5년 동안 헌신적인 봉사로 장애인 재활에 기여한 공로가 인정되어 감사패를 받게 된 것이다. 이후 국립재활원 자원봉사활동은 포덕 142년 7월까지 진행한 후 국립재활원 내부 사정으로 인해 중단하게 됐다. 이에 여성회본부는 국립재활원 봉사활동이 종료됨에 따라 앞으로 하계사회복지관에서의 봉사활동을 모색하게 된다.

이순종 부회장은 포덕 142년(2001) 1월 5일 자《여성회보》에 '자원봉사 5년을 회고하면서'라는 글에서 "봉사는 장애인에게 목욕시키기, 운동시키기, 대화 나누며 희망을 주고 친구가 되어 주는 일, 식사 시간 음식 섭취를 돕는 일, 청소를 돕는 일, 그릇을 닦는 일, 세탁하는 일, 솜 자르는 일, 가제 자르는 일, 장갑에 밀가루를 넣어 뒤집는 일" 등을 하였으며, "1년을 지내면서 공급실의 1인 솜과 가제를 자르고 장갑 뒤집는 일"이 천도교 여성회원들에게만 맡겨지게 되었다고 전했다. 또 3년 이상 장기 봉사한 회원만 16명에 이른다고 회고했다. 천보경 회장 당시 시작한 봉사가 조혜숙 회장 대까지 이어졌고, 각 지부 역시 지부회장이 바뀌어도 봉사를 계속했으며, 원근을 가리지 않고 참여한 모든 참여자가 헌신적인 봉사 정신으로 성실히 임해주었기에 가능했다고 평가했다.

천도교 여성들의 봉사활동은 본부의 활동 외에도 지부별로도 다양하게 전개되었고, 또 개인 차원으로 대사회 봉사활동을 전개하는 경우가 많았다. 대표적으로 최경란 여성회중앙위원은 노인잔치, 양로원 방문 김치 담그기, 무의탁노인돕기 등의 봉사활동을 10여 년 넘게 계속해 왔으며, 그 공을 인정받아 포덕 141년(2000) 라이온스클럽 지역 부총재로 추대되기도 했다.

❸ 한마음봉사단

국립재활원 봉사 이후 한동안 소강상태에 있던 봉사활동을 재개하기 위해 포덕 142년(2001) 11월 13일 여성회본부 임원과 봉사단원(15명), 서울 인근지부장 등 29명이 참석한 가운데 한마음봉사단이 발대식을 갖고 출범했다. 봉사단장은 만장일치로 김동순 동덕을 선출했다. 그 밖에 부단장 이애준, 심점례, 총무 이미희도 선임했다. 여성회는 포덕 142년(2001) 7월 국립재활원 봉사 종료 후 봉사활동의 전문성과 지속성을 갖도록 '봉사단'을 꾸릴 것과 봉사 장소를 하계사회복지관으로 결정하고, 복지관 실무자와 봉사활동 방향을 협의해 왔다. 공모를 통해 이름을 '한마음봉사단'으로 정하고, 포덕 142년(2001) 12월 11일, 김영숙, 이애준 등 한마음봉사단원 2명이 하계사회복지관에서 봉사를 실시함으로써 본격적인 활동을 시작했다.

'천도교여성회 한마음봉사단'은 하계사회복지관에서 관내 영세 노인과 무의탁 노숙자들을 위한 점심 식사 배식, 조리와 설거지 보조 등의 내용으로 매주 금요일, 1회 2인이 오전 9시 30분부터 오후 2시까지 봉사하였다. 봉사 시작에 앞서, 포덕 142년(2001) 12월 6일 봉사단원과 임원 등 24명이 하계사회복지관을 방문, 허승엽 관장으로부터 복지관 안내와 소개를 받았다. 하계사회복지관은 재단법인 천도교유지재단이 위탁 운영 계약 체결로 운영해 왔다. 봉사단원들은 이 해 12월 26일 전체회의를 열고 봉사단복으로 빨간색 조끼를 결정했다. 포덕 143년 들어서도 봉사활동은 계속되었으며, 이 해 5월 22일에는 해월신사 묘역 정화작업에 본부 임원과 한마음봉사단이 함께했고, 8월 31일에는 본부 수해성금 기탁에도 함께했다.

포덕 146년(2005) 3월 14일에는 생활환경실천운동의 일환으로 쓰레기 처리장을 견학한 후 인근에 있는 지체 부자유 어린이들의 복지시설인 인강원을 방문하였다. 이 자리에서는 관의지부에서 보낸 의류 200여 점과 여성회에서 준비한 간식 8상자를 전달하였다.

포덕 147년(2006) 2월 16일에는 봉사단원 22명이 참석한 가운데 정기총회를 열고 신임단장으로 김순련, 부단장 김형자, 총무 윤광선을 선출했다. 또 이날 총회에서는 우수봉사 지부와 봉사자(한강지부 / 유금희, 배명숙, 조정자, 김옥자, 백연숙)를 시상하였다. 4년 동안 단장으로 봉직한 김동순은 73회, 배명숙은 37회의 봉사 활동에 참여하였다. 봉사단은 그동안 노원구청장의 표창장을 받았으며, 교회 각종 기념일, 하계복지관, 봉황각 3.1운동 행사 등에서 수많은 봉사활동을 전개해 왔다. 한마음봉사단은 포덕 147년(2006) 3월 30일 새터민(탈북주민) 정착 및 독거노인 도우미 교육을 받고 탈북자 도우미로 활동(이애준, 김영숙)하였다.

포덕 148년(2007) 우리나라 서해안 태안 앞바다에 선박 충돌로 기름이 유출

여성회본부가 참여한사랑의 김장 나눔 행사 (한국종교연합 주최, 포덕 157년 11월 23일, 중앙대교당 앞)

되며 최악의 해양오염사고('태안기름유출사고')가 발생했다. 이에 전 국민이 태안 해안가로 몰려들어 오는 기름을 일일이 손으로 닦아 내는 활동을 전개했다. 여성회에서도 포덕 149년(2008) 1월 이후 여러 차례 현장에 나가 기름 닦아 내기 봉사활동을 전개하였다. 당시 해안가에 달라붙어 일일이 기름을 닦아 내는 장면은 전 세계적으로 커다란 화제가 되었으며, 지금까지도 인간이 일으키는 자연재해를 인간의 힘으로 복원시켜 낸 '기적과도 같은' 일로 전해오고 있다. 이 활동에 임한 여성회원들은 손수 해안 바위나 돌멩이는 물론 모래 속까지 스며든 기름을 닦으며 "땅 아끼기를 어머님 살같이 하라" 하신 해월신사님의 말씀을 체감하고 체득하는 시간이었다고 회고 하고 있다.

포덕 149년(2008) 11월 8일부터 30일까지 KCRP 여성분과 이라크 어린이돕기 봉사활동에 참여했다. '천도교여성회'가 돌본 환자는 인천 길병원(이길녀)의 후원으로 이라크 심장병 어린이 티시나(7세)이다. 이라크에서 할머니 눅샤와 이라크 의사 아자드만이 함께 왔다. 이순옥(인천), 김병옥(양주) 동덕은 직접 돌봄을 담당하여 3주간 심장병 수술의 전 과정 동안 병원 내에서 여러 절차 진행을 도와주었다. 이라크 어린이 돕기 봉사활동에 다른 종단은 각 종단 계열의 병원에서 이를 실행하였으나, 천도교여성회는 다행히 길병원의 도움으로 참여할 수 있었다.

포덕 150년(2009) 6월 4일 우이동 여성교육복지관에서는 한마음봉사단 주최로 30년 만에 여성원로 초청 오찬회가 열렸다. 이 행사는 한평생 교단과 여성회를 위해 애써온 원로들의 노고에 보답하는 뜻에서 마련됐으며, 여성 원로를 포함하여 40여 명의 회원이 참석했다.

또 한마음봉사단은 포덕 141년(2010) 10월 23일을 기점으로 여성회본부가 한국종교연합(URI-Korea)과 함께 매년 진행한 '나눔과 봉사를 위한 김장 담그기' 행사의 봉사자로 참여하여 이후 4년간 겨울을 앞두고 여러 종단 종교인들과 함께 수백 포기의 김장김치를 담그고, 의창수도원, 공릉사회복지관, 한마음복지관, 종로구 주민센터 등을 통해 불우한 이웃에게 전달하였다.

한마음봉사단은 포덕 152년(2011) 4월 14일 제4기 발대식을 거행하고 10년째의 봉사활동에 임했다.

봉사단은 1기 김동순, 2기 김순련, 3기 김정순 단장(부단장 김향기 외)에 이어 4

기 김향기 단장(부단장 이미희 외)까지 이어지며 10여 년간 봉사활동을 계속해 왔으나, 이후 후임 봉사단 임원 선정을 하지 못한 채 오늘에 이르고 있다.

④ 나누리봉사단

한마음봉사단이 한동안 침체기에 들어 있던 중 포덕 155년(2014) 들어 봉사단 활동은 새로운 전기를 모색하는 계기를 마련하였다. 이 해 1월 6일, 여성회 임원이 박남수 교령과 간담회를 가지는 자리에서 자살방지위원회, 어린이 인성교육 운동, 생명의 전화 등으로 여성회의 봉사활동을 다각화할 제안을 받게 된 것이다. 이에 여성회는 한마음봉사단을 좀 더 확대된 형태로 개편하여 다양한 나눔과 모심 활동을 전개하기로 했다.

여성회본부는 공모를 통해 천도교여성회 자원봉사단 33명을 모집하고, 포덕 155년(2014) 5월 29일 '나누리봉사단' 발족식을 가졌다. 봉사단 명칭도 공모를 통해 결정하였다. 나누리봉사단은 봉사활동을 위한 교육사업, 위안부 여성 인권회복 등 범사회적인 활동 등을 기존의 한마음봉사단과 함께 더욱 체계적,

천도교여성회 나누리봉사단 발족식(포덕 155년 5월 29일, 총부 회의실)

전문적으로 수행해나가기로 했다.

포덕 155년(2014) 당시 여성회는 의식주 생활개선 운동(환경문제) 외에 불우이웃돕기(김장 나눔), 한마음봉사단의 공릉복지관 봉사활동 등을 실시하고 있으며, 나누리봉사단은 단원 자격을 일반교인으로까지 확대해 나갈 계획이다. 제1기 나누리봉사단 단원은 다음과 같다.; 단장 김향기, 부단장 이미희, 단원 이홍자 홍순억 장인숙 심점례 고향숙 이순복(이상 본부), 김형자 신금순 정순이(이상 도경), 고향숙 김명덕(이상 한강), 박창옥(의정부), 최영혜 이상미 김옥순(이상 성동). 김명월 김순덕 김재수(이상 공항), 김순홍(인천), 이순복 김향기 명은숙 박금자 김영자 문양자(이상 영등포), 박태량 이춘희 김순녀 박징재 한정희 홍순억(이상 서울), 이영이 임순화 김민옥 한정희 심점례(이상 도봉), 이홍자 이미희(이상 마포), 장인숙(수원)

코로나19 팬데믹이 잠시 주춤했던 포덕 162년(2021) 11월 15일 코로나19로 인해 헌혈인구가 줄어 부족한 혈액 수급 활동으로 중앙대교당 앞마당에서 '찾아가는 헌혈캠페인'을 전개하였다. 교인뿐만 아니라 인사동에서 일반인들에게도 헌혈 독려를 위한 홍보활동을 펼쳤으며, 11월 28일에는 중앙대교당에서 '평화나눔 랜선음악회'를 개최하여 코로나19로 힘든 시민들을 격려하고 위로하는 나눔의 자리도 만들었다. 이 행사에는 박차귀 천도교여성회 회장(공동대표)을 비롯하여, 각 종단별 대표와 운영위원, 헌혈 참가자들이 참여하였다.

포덕 164년(2023)에는 문체부 후원으로 (사)한국사회평화협의회가 주최하는 2023 이웃사랑실천캠페인에 동참하여 7월 한 달간 교단 내 독거교인을 대상으로 집 청소 작업, 물품 지원사업을 시행해 총 66명의 숙덕 어르신들에게 도움을 드렸다. 거제시, 서울 도봉구와 강북구 거주 독거교인 댁 청소와 쌀, 건강음료, 생활소모품 등을 지원하고 도담을 나누며 잠시나마 즐거운 대화의 시간을 마련하였다. 이번 사업을 통해 사회 전반적인 현상 속에서 천도교단 내에도 빠르게 독거노인이 늘어나고 있음을 파악할 수 있었다. 이들을 돌보아서 모시고 살리는 일이 여성회의 중요한 과업 중 하나라는 사실을 인식하는 계기가 되었고, 여성회는 앞으로 이 부문 활동을 더욱 강화해 나가기로 하였다.

제2절 사회운동

❶ 여성회 초창기의 사회운동

여성회는 창립기 색복(色服) 착용과 단추 달기, 쪽 찌기 운동 등의 사회계몽, 문화운동을 전개하며 사회적인 문제에 관심을 기울였으나 이후 대외적인 활동은 청년당(청우당)의 여성부, 여자부에 일임하고 주로 교단 내 여성교육과 계몽 교양 개선, 수도연성을 통한 의식 고양 등으로 모심과 살림의 일꾼으로서의 역할을 감당해 왔다. 포덕 70년대에 접어들면서 여성회(내성단)는 단발운동 등으로 여성의 사회참여 여건을 개선하고자 하는 운동을 전개하여 근대적인 문화생활을 보급하는 활동에 나섰다. 포덕 73년(1932) 6월 8일 단오절을 기하여 천도교여성회(내성단) 본부에서는 색의장려 전단을 만들어 각 지방 지부에 발송하는 한편 경성부(京城部)에서는 장충단(奬忠壇), 동묘(東廟), 남묘(南廟) 등 3대로 나누어 문맹퇴치, 미신타파, 조혼 폐지 등을 강조하는 전단을 부인들에게 배포하였다.

이에 비해 여성동맹(구) 계열에서는 민족유일당을 지향하던 신간회의 자매단체인 근우회(槿友會)의 핵심 연대 단체의 하나로서 참여하여 근우회를 통한 부인강좌, 순회강연, 야학 운동, 여성 문맹퇴치 운동 등 여성 계몽운동에 앞장섰으며, 남녀평등 및 자주적 민족의식을 강조하는 등의 좀 더 적극적인 사회운동을 전개했다.

❷ 호주제 폐지 운동

천도교여성회는 포덕 140년(1999) 12월 14일부터 수운회관 벽면에 남녀 성비 불균형 타파를 위한 호주제 폐지 촉구 현수막을 내건 것을 시작으로 본격적으로 호주제 폐지 운동에 참여하였다. 천도교여성회는 포덕 142년(2001) 10월 11일 '호주제 폐지를 위한 종교여성행진' 행사에 참여하고 이어 "호주제 폐지를 위한 종교여성연대"에도 참여했다. 여기에는 여성회본부 내의 전담기구로 결성한 '후천개벽실천모임'이 참여하였다.

우리나라에서 호주제 폐지 운동은 1950년대 민법 개정안이 마련된 때부터 시작된 이후 반세기 이상 지속되어 오고 있었다. 일반적으로 전통적인 가족제도의 근간으로 여겨져온 호주제는 사실상 일본의 메이지 유신 이래 확립되어 일제강점기에 우리나라에도 도입된 일제 잔재이다. '호주제 폐지를 위한 종교여성연대'는 '종교'와 '여성'이라는 기치를 걸고 모인 천도교, 기독교, 불교, 개신교, 천주교 내의 20여 개 여성종교인 단체가 참여한 협의체다. 연대에는 각 단체별 대표 1인, 실무자 1인이 참여하여, 이웃종교의 여성의 위치와 문제 상황에 대한 정보를 나누고 공감을 확대하면서, 호주제 폐지 운동에서 핵심적인 단체로 자리매김해 나갔다.

이후 후천개벽실천모임은 호주제 폐지를 위한 종교여성연대 차원의 공동기도회를 비롯하여, 공청회, 세미나와 궐기대회, 국회 앞 시위, 여타 시민단체와의 연대 활동 등에 지속적으로 참여했다. 종교인연대 등이 범국민적으로 결성한 호주제폐지시민연대 등의 적극적인 활동으로 호주제는 2005년 3월, 민법 개정안이 의결되면서 역사에서 사라지게 되었다. 효력은 2008년 1월 1일부터 발생하였다. 이로써 일제강점기에 도입된 호적 제도가 폐지되었고 가족관계등록부가 도입되어 새로운 제도와 함께 발효되었다. 호주제 폐지 운동은 동학 창도 이래 끊임없이 제기된 '양성 동등과 상호존중 문화'의 획기적인 진전을 이루는 계기가 되었고, 천도교여성회가 이 운동을 성사시킨 핵심 단체로 참여하게 된 것은 필연이면서도 다행한 일이 아닐 수 없었다.

한편 이러한 분위기 속에서 천도교단도 포덕 154년(2013)을 전후로 오랫동안 '교호제(教戶制)'로 운영되어 오던 교헌 이하 각종 규정(성미수납 등)을 교인제(教人制)로 변경하는 결의를 잇달아 시행하여 오늘날 교단의 기본 체제도 교인제로 운영되고 있다. 다만, 이에 즈음하여 여성회는 포덕 74년 중앙종리원(신)에서 교회 갱시조직과 아울러 여성(부인)을 '성미호주(誠米戶主)'로 변경하는 결의를 하고 실행에 옮겼던 전통을 상기하고 그 정신을 되살리는 방안 등 호주제 폐지의 후속 조치를 위한 연구를 계속하고 있다.

③ 인권운동

포덕 134년(1993) 1월 18일 제85주년 도일기념식 후 천도교여성회는 당시 보스니아 헤르체고비나에서 자행되고 있는 회교권 여성들에 대한 성폭행 사태에 대해 인류적 양심에 의한 공분을 표하는 성명서를 발표하고 규탄대회를 가졌다. 규탄대회는 김경렬 회장의 성명서 낭독에 이어 임순화 동덕의 선창으로 구호를 외치면서 마무리되었다. 성명서에서 여성들은 "세르비아 전사들이 헤르체고비나에서 회교도 여성들을 집단 성폭행한 만행에 분노하고 규탄"한다면서 "이는 인간의 자유와 평등을 주지(主旨)로 하는 인내천, 사인여천의 윤리 도덕을 실현하는 데 앞장서 온 천도교 여성들로서는 간과, 좌시할 수 없는 사태"라고 밝혔다. 천도교 여성들은 이러한 사태에 대한 전 세계인의 공동 대응을 촉구하며 대한민국 정부도 적극 나설 것을 주문하고 유엔에도 세계 정의 평화 구현을 위한 좀 더 적극적인 활동에 나설 것을 주문했다.

포덕 153년(2012) 5월 29일 여성회본부 교양강좌 겸 동민회 평화포럼 행사로 한국정신대문제대책협의회의 윤미향 공동대표를 초청하여 〈일본군 위안부 피해자의 인권회복과 재발방지를 위한 진실과 정의실현 : 나비의 꿈〉을 개최하였다. 이후 여성회는 위안부 인권 문제에도 관심을 갖고 관련운동에 적극 참하였다. 특히 포덕 133년(1992)부터 시작된 수요집회는 포덕 152년에 1천 회를 넘기며 국내 인권운동 집회 최장기록을 다시 갱신하고 있었다. 여성회원들은 청년회중앙본부 임원과 함께 여러 차례 수요집회에 참여하여 위안부 문제의 정의로운 해결을 위한 노력을 경주하였다.

한편, 램지어 하버드대 교수가 포덕 161년(2020) 초에 '태평양 전쟁에서의 성적(性的) 계약'이라는 논문을 발표하여 위안부 피해자들이 성노예나 전쟁 범죄의 피해자가 아니라 자발적인 매춘 행위를 한 것이라고 주장하여, 전 세계 양심적인 시민들의 분노를 불러일으켰다. 국내적으로도 이에 대한 대대적인 항의 집회가 전개되었고, 천도교여성회도 포덕 162년(2021) 2월 21일, 교단 안팎의 동학-천도교 관련단체와 연대하여 규탄 성명서를 발표하고, 하버드대 당국에 논문을 취소할 것을 요구하였다.

❹ 후천개벽실천모임

천도교여성회는 포덕 142년(2001) 이후 종교 여성단체와 연대하여 호주제 폐지 운동에 참여하는 것을 계기로 좀 더 주체적이고 능동적인 입장에서 대사회 활동을 전개하기 위하여 여성회 산하 전문기구로 '후천개벽실천모임' 창립에 나섰다. 이는 여성회 내 환경운동을 전담하는 '환경보호실천한울타리'에 이은 두 번째 전문기구이다. 여성회는 이를 통해 천도교의 개벽사상을 사회적으로 실천함으로써 행복한 가정, 희망찬 사회를 만들어 가는 개벽 역군으로서의 천도교 여성의 위상을 정립하고 천도교 포덕과 중흥에도 앞장선다는 계획이다. '후천개벽실천모임'은 당면 사업인 호주제 폐지 운동뿐만 아니라 생활 속에서 천도교의 교리와 신앙적 입장을 실천궁행하는 천도교여성회의 전위 역할을 할 것으로 기대를 모으고 있다.

후천개벽실천모임은 호주제 폐지 운동에 참여하는 한편, 여성회본부에 제안하여 포덕 143년(2002)의 여성회 사업목표로 '행복한 가정문화 만들기 운동' 선언문을 제시하고 "낡은 가부장 중심의 문화나 여성 상위라는 극단의 논리를 모두 통섭하여, 시천주 신앙으로 건전한 공동체로서의 가정과 가족문화를 만들어 가는" 이라고 그 취지를 밝혔다. 취지문은 계속해서 '시천주'의 참뜻이 이루어진 도가를 완성하고 가족 구성원 모두가 각자의 가치를 존중하고 서로 할 일을 다하며 조화를 이루는 가정이야말로 한울님의 참뜻을 제대로 살려가는 가정이라고 보고, 이를 위한 방법과 노력을 강구해 나갈 것이라고 밝혔다.

후천개벽실천모임은 제78주년 창립기념식에서 '즐거운 명절 보내기' 상황극으로 이러한 선언문의 내용을 구체화했다. 상황극은 어느 명절날, 한 가정을 무대로 펼쳐진다. 시어머니와 세 명의 며느리가 등장해 명절날 음식 준비에서부터 차례 지내기, 차례 후 명절날 가족 놀이 등에서 노동만 하고 소외되는 여성의 처지를 토로했다. 이를 통해 천도교에서의 바람직한 명절 문화를 관객과 함께 생각해보는 장(場)이 마련되었다.

5 민족의 자주성과 정기 수호 운동

여성회의 사회운동 가운데 빼놓을 수 없는 것 중 하나가 민족의 자주성과 민족정기를 수호하는 운동이다. 이 부문의 운동은 교단 내의 전위단체(동학민족통일회)나 청년회에서 더 적극적으로 전개하고 있지만, 여성회는 그 특장을 살리는 모심과 살림의 길을 걸어가면서, 민족 살림, 나라 살림의 차원에서 이 부문 운동에도 동참해 왔다.

포덕 142년(2001)에는 동민회, 청년회, 미술인회 등과 연대하여 일본의 역사 교과서 왜곡을 규탄하는 공동성명서를 발표했다. 포덕 152년(2011) 1월 30일에는 동민회, 청년회 등과 함께 한일군사협정 체결을 반대하면서 일본이 호시탐탐 한반도에 대한 군사적 연계를 맺으려는 것은 '제2의 한반도 진출'을 획책하는 것임을 규탄하는 성명서를 발표했다. 이어 포덕 153년(2012)에는 동민회, 청년회, 개벽하는사람들, 한울연대, 동학 관련 단체 등과 함께 한일군사정보보호협정 체결 움직임에 반대하는 성명서를 발표했다. 또 포덕 154년(2013) 5월 22일에는 동민회, 청년회 및 동학 관련 단체 등과 함께 아베 일본 총리를 비롯한 우익정치인들의 한일관계 역사 왜곡 망언과 우경화를 획책하는 궤변과 망동을 규탄하는 성명서를 발표했다.

포덕 156년(2015) 7월 29일, 여성회는 천도교중앙총부를 비롯하여 청년회, 동학민족통일회, 한울연대, 개벽하는사람들 등과 함께 가쓰라 테프트 밀약 규탄 성명을 발표했다. 이 밀약은 110년 전인 1905년 7월 29일 필리핀에서 미국 육군장관 테프트와 일본외상 카쓰라가 맺은 비밀협약으로 필리핀에 대한 미국의 식민 지배 우위권을 인정하는 대신 조선에 대한 일본의 지배 우위권을 인정하는 내용으로 되어, 당시의 을사조약과 후일 한일병탄의 빌미를 제공한 밀약이다.

또 포덕 160년(2019) 10월 28부터 사흘간 한국민족종교협의회 합동민족문화연수회에 참석하여 박차귀 회장과 여성회원 30여 명은 8개 종단 120여 명과 함께 독도를 방문하여 "3·1운동 100주년 민족종교인 독도수호대회"를 개최하여 독도가 우리 땅임을 천명하고, 이 땅의 역사와 문화를 지켜나가자고 결의하였다.

하계수련 기간 중 개최한 아베정권 규탄 불매운동 및 궐기대회(포덕 160년 8월 3일, 봉황각)

여성회는 3·1운동 100주년에 즈음하여, 포덕 160년(2019) 2월 28일 백여 개의 남북해외여성단체가 참여하여 일본 대사관 앞에서 펼친 '3·1운동 100주년을 맞으며 일본군 성노예 문제해결을 요구하는 남북해외여성단체 및 연대단체 공동성명' 발표에 함께했다.

또 여성회는 포덕 160년(2019) 의창수도원에서 하계수련을 진행하면서 8월 3일에는 당시 일본 아베 정권의 부당한 경제 보복조치를 규탄하며 일본 제품 불매 운동을 위한 궐기대회를 개최했다.

포덕 162년(2021) 6월 6일 현충일을 맞아 천도교단 및 동학 관련 23개 단체가 연대하여 일본의 후쿠시마 원전 오염수 방류를 생명주권 침략으로 규정하고 즉각적인 중단을 요구하는 성명서를 발표했다. 여성회 등은 오염수 방류가 1894년의 동학혁명처럼 동학인과 천도교인을 재기포하게 만드는 사건이며, 1919년의 3·1운동을 재현하게 만드는 만행이라고 규정하고 전 세계 양심 세력과 연대하여, 끝까지 싸워 나갈 것을 천명하였다.

제3절 생명생태사업

❶ 여성회 생명운동의 뿌리

앞에서, 천도교여성회 100년사를 돌아보았을 때, 그 역사와 전통을 한마디로 "모심과 살림의 길"이었다고 언급하였다. 이는 조선 사회에서 이중 삼중의 질곡에 처해 있던 여성들 자신을 스스로 모시고 살리는 일(內修道)에서 출발하여, 가정과 교회, 그리고 국가 사회 전체에 걸치는 천도교 여성들의 활동 특징이 '모시고 살리는 활동'이라는 공통점으로 묶일 수 있다는 판단에 따른 규정이자 선언이다.

다소 이념적이고 이상적인 구호라고 여길 수 있지만, 천도교여성회가 지켜나가는 동학 천도교의 기본 교리인 시천주(侍天主)와 사인여천(事人如天), 삼경(三敬)의 교리를 밑바닥에서부터 실천하는 담당자가 여성이라는 점에서 보면, 오히려 당연한 귀결이라고 하는 것이 더 적확하다.

이런 배경하에 비추어 보면 천도교여성회(내수단)가 창립되었을 때 주요 사업 목표 중 하나로 '모성(母性)' 보건을 언급한 점이 눈에 띈다. 오늘날에는 저출생 문제 등 좀 더 원천적인 수준에서 이 문제를 다루지만, 포덕 60년대 한국(조선) 사회에서 모성 문제를 다룬다는 것은 여성의 생명과 건강에 대한 관심과 직결되는 것이라 할 수 있다. 그러나 이 문제가 지닌 선진적인 성격 때문에 이후 이에 대해서는 운동이 확대되지 못하고 청년당과 연대한 신문화운동의 일환으로 여성의 모성 보호 운동에 관심을 갖는 것으로 이어져 갔다.

❷ 생태환경운동의 시작과 환경보호실천한울타리 조직

천도교여성회의 생명생태운동은 포덕 130년대 이후에 좀 더 본격적인 형태로 전개되기 시작했다. 당시 전국적으로 벌어진 쓰레기 줄이기 운동에 동참하는 한편, 오랫동안 후순위에 밀려 있던 천도교의 삼경사상 등에 기반한 생명

공경운동을 전면적으로 벌여나갈 필요성을 절감하게 된 것이다. 포덕 133년(1992) 10월 22일부터 일주일간 시행된 168주기 대신사 탄신기념 합동수련에서 여성회는 차 대접 시 1회용 컵 대신 플라스틱 컵을 사용하고, 1회용 봉지 차 대신 한방차를 대접했다. 또 11월 18일 복호동 방문 때 1회용 도시락 대신 보온밥통을 준비하고 각자 개인 그릇을 준비하여 쓰레기 발생을 줄였다. 포덕 136년(1995) 7월 5일부터 3차에 걸쳐 매주 수요일 무공해 비누를 제작했으며, 비누 판매 수익금은 여성회 봉사 사업에 사용하였다. 무공해 비누는 3장에 1,000원으로 여성회 사무실에서 판매하였다.

포덕 140년대에 접어들면서, 여성회의 생명생태운동은 조직화되어 갔다. 포덕 141년(2000) 3월 8일 제12차 상임위원회에서는 중앙총부에서 위임한 환경운동 전담 기구 구성을 결의하고 그 이름을 '여성회 환경보호실천한울타리'로 정하였다. 취지문에서는 "천도교여성회의 한울타리 환경보호운동은 '환경을 보호하자'는 캠페인이 아니라, 우리 안에 깃들어 있는, 땅을 도구로 여기고 자연을 정복 대상으로 여기는 문명 위에 더 많은 물질, 더 안락한 생활만을 추구하며 사는 삶의 태도, 자연을 바라보는 그릇된 인식·태도, 육신의 안락함만을 추구하는 문명의 양식 전부를 반성하는 것"이라고 선언하였다.

한울타리는 첫 번째 사업으로 일회용품 안 쓰기 운동에 동참하기 위해 포덕 141년(2000) 3월 21일 장바구니 2,500개를 제작하였다. 여성회는 창립기념일을 기해 전국 64개 지부에 장바구니를 배포하고 여성회원들과 함께 본격적인 환경보호실천 운동을 펼쳐나가기로 하였다. 또 천도교 환경운동 사상과 철학적 배경에 대한 자료집을 제작하여 배포하기로 했다. 두 번째 사업으로 한울타리는 회원들의 환경 감수성을 기르고자 환경관련 시설 방문 견학과 학습 활동을 전개하였다. 이 해 5월에는 '길동자연생태공원'을 탐방하고 온갖 꽃들과 곤충들, 동물들이 어우러진 생명력 넘치는 환경을 목격하며 환경과 생명의 중요성을 절감하면서, 생명운동의 필요성에도 깊은 공감을 이룬 일정을 진행하였다.

또 그해 8월 31일 17명의 회원이 참가한 가운데 서울시 하수처리장, 정수장, 쓰레기 소각장 등을 8시간에 걸쳐 탐방하고, 우리 생활 속의 쓰레기가 생산되고 처리되는 현장에서 환경문제의 심각성을 통찰하였다.(『신인간』 598호) 이날 행사는 물의 소중함을 '땅 아끼기를 어머니 살같이 하라'는 해월신사 말씀을

천도교여성회를 비롯한 전국 20여 개 여성단체 대표들이 모여 생활환경실천운동 여성단체연합을 발족했다.(포덕 142년 5월 24일)

떠올리며 "물 아끼기를 어머니 눈물같이 하자"는 각오를 다지는 시간이 되었다.

포덕 141년(2000) 5월 31일, 이순종 부회장은 KCRP 여성분과 주체 '생명 여성 종교' 세미나에서 "천도교에서 본 여성과 생명"이라는 주제로 발표하였다. 이 부회장은 이 발표에서 먼저 천도교 여성관의 교리적 배경을 시천주와 수운대신사의 여성해방 실천, 해월신사의 여성존중사상, 삼경사상과 만물이 시천주라는 것, 그리고 천지부모 사상 등으로 소개하였다. 이어서 천도교의 여성운동과 생명운동 전개과정을 식생활 개선운동과 의복간소화운동의 초기운동과 그것을 계승한 한살림운동 등 대내외적 측면에서 살펴보고, 현재의 한울타리 운동까지 소개하였다.(『신인간』 599호)

포덕 142년(2001) 6월 1일과 4일에는 고윤지 회장 등 임원이 생활환경실천운동여성단체연합 창립총회에 참여하여, 천도교여성회도 한울타리를 중심으로 이 운동에 적극 참여키로 했다.

포덕 143년(2002) 제78주년 여성회 창립기념식을 맞아서 환경보호실천 한울타리는 "환경보호실천 포덕 143년 선언-건강한 먹거리로 우리와 한울님을 서로 살리자!"라는 선언문을 발표하였다. 이 선언문은 "20세기 말부터 전 세계 인류는 물론 생명계 전체는 생태계와 인류가 서로 상생하지 않으면 '생명' 전체가 절멸할 수도 있다는 사실을 피부로 느끼게 되었다"고 전제하고 "해월신

생활환경실천운동 음식물쓰레기 없는 날 캠페인에 참석한 천도교 여성회원들 (포덕 145년 9월 1일)

사의 '땅 아끼기를 어머님 살같이 하라'는 가르침을 계승하고, '이천식천'의 지혜를 발휘하여 건강한 먹거리를 챙기는 데서부터 환경보호실천운동을 시작한다"고 밝혔다. 특히 이 선언문에서는 "여성들이 하는 일을 '살림'이라고" 한다면서 그것은 '살아 있는 것을 계속 살아 있게 하고, 죽어가는 것을 다시 살아나게 하는 것이며, 수명이 다한 것을 고이 땅으로 돌려보내 되살아나게 하는 것'이라는 살림 철학을 천명하였다.

❸ 생활환경실천운동과 천지부모 공경 운동

환경생명운동에 대한 관심은 그 이후로도 지속적으로 제기되었다. 이는 그만큼 환경, 생태, 생명 위기 문제가 시대의 화두로 자리 잡아 가는 상황과 맞물려 있다. 고윤지 회장과 한울타리 단원들은 이후 종교단체환경실천협의회, 생활환경실천운동 대표자회의 등에 잇달아 참여하며 활동의 폭을 넓혀 갔다. 포덕 142년(2001)에는 생활환경연합 주관 사업의 일환으로 여성회본부 관내(종로구) 동사무소와 아파트단지에 설치된 폐형광등 수거함 현황을 조사(사진 촬영 등)하고 생활환경연합, 시청, 환경부에 보고하여 문제점이 개선되도록 하였다. 천도교여성회의 의욕적인 환경운동이 공로를 인정받아 포덕 143(2002)년 12월

31일에는 고윤지 회장이 환경부장관으로부터 공로상 표창을 수상하였다.

포덕 144년과 145년에도 생활환경 회의, 대한어머니생활환경 회의, 생활환경연합, 종교단체환경실천협의회, 환경 전시회 및 학술세미나와 실천 캠페인 등에 회장단과 임원 등이 거의 매주 참여하며, 천도교여성회의 정성 어린 활동을 대내외에 각인시켜 나갔다.

포덕 145년(2004) 6월 2일에는 생활환경실천운동여성단체연합이 발의한 '매월 첫째 수요일 음식물쓰레기 없는 날 실천 결의대회'에 임원과 회원이 참여한 것을 계기로 이를 여성회 자체 활동으로 승화시켜 나가는 차원에서 천도교 여성들이 음식물쓰레기를 최소화하고, 나아가 '0'(제로)으로 만드는 데 앞장서 나가자는 결의를 다졌다. 포덕 146년과 147년에는 예년과 같이 각종 생활환경 관련 단체와의 연대와 함께 자체적으로 음식물쓰레기 줄이기를 비롯하여, 생명존중 사상을 확산시키는 데 심혈을 기울였다.

포덕 148년(2007)에도 각급 단체와의 연대를 통한 생활환경실천운동은 계속되었다. 그에 더하여 교단 내에서의 환경운동 확산을 위해 여성회 하계수련에서 "자연환경 훼손에 대한 진정한 반성을 통해 천지부모를 공경하는 방법을 몸소 실천한다"는 취지로 "천지를 내 부모님같이 섬기자"를 수련 목적으로 삼고 수련에 임하면서 환경운동을 천지부모 공경 운동 차원으로 승화시켜 갔다. 여성회 하계수련과 병행하는 어린이 수련캠프도 자연환경 속에서 환경의 소중함을 몸소 체험하는 프로그램을 다수 반영하면서, 어린이들의 생명생태 감수성을 길러나갔다.

포덕 149년(2008) 9월 22일에 실시한 '숲 해설 강사 양성을 위한 숲 학교'도 여성의 전문성 강화와 인재 발굴 차원과 더불어 천도교 여성의 환경지킴이 활동을 더욱 전문화해 나가는 것으로 여성회의 생명생태운동의 다양성을 확보하는 기회가 되었다. 이는 포덕 150년(2009) 사업목표에도 반영하여 "숲 학교 수료생들을 중심으로 천도교의 대표적 환경단체를 구성하고, 유아교육 프로그램과 연계한 심화 과정을 만드는 것"을 결의하였다.

포덕 150년(2009)에 들어 여성회는 생활환경실천운동의 일환으로 '음식물쓰레기 줄이기 교육'을 총부, 연합합창단과 전국 주요 지부(북부산 영등포 선구 부산시 송탄 마산 한강)를 순회하며 실시하여, 여성들의 환경 감수성과 생명생태운동의 중요성에 대한 인식을 제고시켜 나갔다.

❹ 천도교한울연대 출범과 여성회의 생명환경운동

포덕 150년대 이후 구제역, 조류독감을 비롯한 동물 전염병, 사스와 신종플루 같은 대유행 감염병이 일상화하면서, 환경문제에 대한 인식과 위기감도 고조되었다. 따라서 생명환경운동의 필요성에 대한 대중들의 요구도 더욱 커져갔다. 천도교여성회를 비롯하여 교단 내의 생명환경운동 단체들은 이러한 요구에 부응하여, 천도교의 환경운동을 좀 더 힘 있게 전개하기 위해 천도교단 내에 환경운동단체 연합을 만들자는 협의를 진행하였다.

포덕 151년(2010) 7월 9일 기관연석회의에서 천도교생명환경운동 단체 결성을 논의하면서 연대협의체 결성이 속도를 더해갔다. 이에 천도교여성회의 생활환경실천운동(한울타리)과 동학민족통일회 환경위원회, 청년회중앙본부 생명위원회 등의 연대 협의체인 '한울살림실천연대' 출범식을 8월 14일에 거행했다. 계속적인 협의를 거쳐, 포덕 151년(2010) 10월 10일에는 "천도교한울연대"(명칭 변경) 창립총회를 했다. 한울연대에 여성회본부(회장 이순종)에서는 김순홍 당시 총무가 공동의장으로 참여하였다. 이후 한울연대는 천도교를 대표하여 대외적으로 빈발하는 환경 이슈에 적극적으로 참여하면서, 천도교 생명운동의 역량을 대외적으로 발휘해 나갔다.

한울연대는 애초에 천도교단 내 환경관련 단체 및 운동의 '연대기구'라는 성격을 탈피하면서 집중력이 배가되는 성과도 있었으나 기존 조직 내의 환경운동 역량을 감소시키는 영향도 없지 않았다. 이는 교단 내 인력 및 운동 자산이 한정된 것과도 관련이 있지만, 새로운 운동이 기존의 조직을 활성화하고 강화하도록 하는 지혜로운 접근이 필요하다고 할 것이다. 다행히 천도교여성회 차원에서는 생활환경실천운동을 포덕 150년대 내내 전개해 나갔다. 포덕 155년(2014)의 나누리봉사단에서는 일반적인 봉사활동 외에 의식주 생활 개선을 통한 환경문제에 대한 인식 제고 운동을 벌이기도 했다.

한편 포덕 156년(2015)부터 여성회가 참여한 한국종교인평화회의(KCRP) 운동인 "답게 살겠습니다" 운동에서는 포덕 158년(2017) 7월 11일, 세부 사업 중 하나로 '7대 종단 어머니 답게 살겠습니다' 선포식을 거행하였다. 이 선포식에서는 '어머니다움'의 주요 덕목으로 "지구환경 보존과 인류 평화에 이바지하는 어머니가 되겠다"는 내용을 포함하였다. 이는 천도교의 '천지부모' 사상을 그대로 반영한 것으로 보아도 무방하다. 천도교여성회는 "답게 살겠습니다" 창립 초기부터 이 운동에 적극 참여하고 있다.("답게 살겠습니다" 편 참조)

생명환경운동은 '모심과 살림'의 실천이라는 천도교여성회의 운동 정신을 가장 잘 발휘할 수 있는 운동 영역이다. 크고 화려하지는 않지만, 여성회는 그러한 정신과 이념을 살려 창립 이래 100년 동안 여러 난관을 극복하면서 운동을 계속해 왔다. 천도교여성회와 한울연대 등의 생명생태 운동의 성과로 포덕 160년(2019) 8월 14일 지일기념식 후에 "이천식천 환경보존행사"가 열려서 '천도교 환경선언문'을 채택하며, 천도교의 생명생태운동 정신을 대내외에 천명하기도 하였다.

코로나19 팬데믹은 환경생명 위기가 전 지구적으로 확산되고 전면화되면서 등장한 인류 문명사 차원의 새로운 전환기를 선언한 상징적인 사건이었다. 이 기간 동안 여성회는 '온라인 수련식'을 비롯한 새로운 운영 방식을 도입하고, 지구를 살리는 천 마스크 만들어 보급하기 운동을 벌이며 환경운동을 계속해 나갔다.

제4절 천도교여성회의 민족통일운동

남북분단은 민족사적으로는 물론이고 천도교단과 천도교여성회에도 심대한 타격을 입힌 역사적 비극이다. 분단 후 천도교 여성들은 총부와 청우당 등 전위단체의 분단저지운동에 힘을 보태며 통일된 자주 독립국가 건설을 염원하였다. 포덕 89년(1948) 남과 북이 함께 분단저지운동(일명 '3·1재현운동')을 전개하고자 남측에서 보내는 밀서를 소지하고 유은덕, 박현화 두 분 여성이 휴전선을 넘다가 유은덕은 체포되어 희생되었고, 박현화는 무사히 밀서를 전달하여, 그해 3월 1일을 전후로 대대적인 통일(분단 저지)운동이 전개된 바 있다.

6·25 전쟁과 이후의 분단체제, 군사정부-유신정권을 거치면서 남북통일운동은 오랫동안 금단의 영역으로 남아 있었다. 그러나 천도교인은 누구나 '민족통일'이 천도교 중흥의 핵심 관건이라는 인식을 뚜렷이 하고, 특히 월남한 교인이 많으므로, 그 어느 조직보다 통일에 대한 염원이 뜨겁게 내연(內燃)하고 있는 사람들이었다. 마침내 포덕 128년(1987) 민주화운동으로 문민정부가 들어서면서 이듬해부터 통일운동이 폭발적으로 확산되기 시작하였다. 정운채 교령(1988.4.1 취임)이 적극적으로 통일운동을 전개하면서, 천도교인의 통일 열기도 뜨겁게 달아오르기 시작했다.

포덕 130년대 들어 제3국을 통한 남북 천도교 교류와 서신 왕래가 시작되고, 이후 10여 년간 활발하게 전개되었다. 특히 포덕 117년(1976) 미국 망명을 거쳐 포덕 120년대에 북한으로 망명한 최덕신, 류미영 전 교령 부부의 존재는 천도교 역사의 큰 고난이면서, 통일운동 국면에서는 전화위복의 계기로도 작용하였다. 여성회에는 류미영 조선천도교회지도위원회 위원장과 인연이 깊은 사람이 많았으므로, 자연 남북 천도교 교류에도 깊이 참여하게 되었다.

포덕 134년(1993)에 당시 오익제 교령과 북한 천도교의 류미영 위원장이 중국 북경에서 만나 동학혁명 100주년 기념사업을 공동으로 개최하는 데 합의하기에 이르렀다. 이 합의는 남북 관계 경색으로 성사되지는 못하였으나, 이후 남북 천도교 교류의 중요한 준거로 자리매김하였다. 이후에 거의 매년 남북 천도교 대표자 회동이 제3국(중국)에서 개최되었다. 이 시기에는 남북 천도교의 공동 관심사(공동기념식, 기도회 등)를 공동으로 진행하였다.(남북 각각)

포덕 130년대 중반 이후 북한 지역에 닥친 자연재해와 경제난 등을 계기로 북한동포 돕기 운동이 전개되면서, 마침내 여성들이 남북교류와 협력 역사의 전면에 등장하게 되었다.

❶ 북한 천도교인 지원사업

포덕 137년(1996) 적십자사를 통한 북한동포 돕기에 성금을 기탁한 것을 시작으로, 북한 천도교인에 대한 직접적인 지원사업을 전개할 여지를 마련하였다. 포덕 138년(1997) 3월 28일부터 4월 2일까지 5일 동안 '북한 동포 돕기 옥수수 1만 톤 보내기 범국민 캠페인'이 전개되었다. 이 행사는 천도교 등 6대 종단과 사회단체 합동으로 시행한 것인데, 천도교여성회는 광화문에서 본부 및 12개 지부 회원 등 총 54명이 모금운동에 참여하였다. 또 여성회는 자체적으로 굶주리는 북한동포를 돕기 위해 전국 지부를 통해 모금운동을 전개했다. 5월 21일부터 6월 30일까지 매 시일 한 끼 금식과 한마음 통장 갖기 운동을 통해 모금한 성금 270만 원을 중앙총부를 통해 북한에 전달할 수 있도록 하였다.

또 이 해에 우리민족서로돕기운동에서 전개한 북한동포 사랑의 옷 보내기 운동에도 여성회 20개 지부 회원이 참여하여 1차로 서울 인근지부에서 모은 '사랑의 옷(침구류)' 55상자(2,330점)를 포덕 138년(1997) 11월 8일 행사 주관 단체인 '북한 동포 사랑의 옷 보내기 운동' 본부에 기증하였다. 또 2차분 85상자는 포덕 139년(1998) 1월 중순에 기증했다. 2차분 기증품은 포덕 138년(1997) 11월

북한 동포 사랑의 옷 보내기 운동

1일부터 12월 5일까지 49일 대기도회 기간 중에 모은 옷과 침구류, 구두 등 총 2,433점이다. 여성회원들은 북한동포들을 생각하며 수집한 옷을 일일이 깨끗하게 세탁, 정리해서 당국에 전달했다.

포덕 140년(1999) 1월 22일에는 인천항 제4부두에서 우리민족서로돕기 운동본부에서 추진한 '북한 동포 사랑의 옷 보내기' 환송식에 참여했다. 각 종단에서 모은 옷들은 환송식 후 배편에 실려 북한 남포항으로 향했다. 또 여성회는 서울 인근지부 회원들이 모은 '사랑의 옷' 71상자를 포덕 139년(1998) 12월 29일 우리민족서로돕기 운동본부에 기증했다. 이날 기증한 '사랑의 옷' 71상자는 옷을 비롯하여 침구류, 구두 등을 포장한 것으로 트럭 2대분에 달한다.

포덕 140년 이후에도 상임위원회, 중앙위원회 등을 통해 북한 천도교인에게 옷 보내기, 북한동포 돕기 성금모금에 대한 지속적인 논의와 결의, 전국 회원들을 대상으로 한 모금활동은 계속되었다. 포덕 146년(2005) 10월 10일에는 고대 교우회에서 기증한 어린이 양말 600족을 북한 어린이들에게 나눠주도록, 조선천도교회지도위원회 류미영 위원장 앞으로 전달하였다.

❷ 남북 천도교 여성 교류사업

포덕 120년대 이래 북한동포 돕기운동, 북한 바로 알기 운동이 지속적으로 전개되면서 남북 간의 화해 분위기가 조성되고, 북한 천도교인과 동포를 지원하기 위한 천도교단과 여성회의 활동도 활발해지는 가운데 포덕 140년(1999) 8월 26일 북경에서 남북 천도교 대표회담이 개최되었다.(남측의 김광욱 교령, 이철기 연원회 의장 외 북측의 류미영 위원장, 한영업 부위원장 외) 이 모임은 이후 본격적으로 전개된 남북교류협력의 시발점이 되었다. 이 회담에 여성회는 대표단에 함께 하지는 못하였으나, 회담에 참가하는 류미영 위원장 앞으로 정성 어린 마음이 담긴 선물(한복)을 전달하여 교류에 동참하였다.

포덕 141년(2000) 6월 15일 김대중 대통령과 김정일 위원장이 평양에서 6·15 공동선언을 한 이래로 대대적인 남북교류사업이 전개되었다. 그해 8월 15일 북한 이산가족 방문단 단장은 다름 아닌 조선천도교회지도위원회 류미영 위

3·1민족대회에 참가한 북한 천도교중앙위원회 라문환 부위원장을 비롯한 6명의 북측 교인이 중앙총부를 방문하고 중앙대교당에서 남북천도교 합동시일식에 봉행했다.(포덕 144년 3월 2일)

원장이었다. 천도교에서는 대교당 정문에 류미영 위원장의 서울 방문을 환영하는 플래카드를 내건 것은 물론, 류미영 위원장이 방한하는 공항 쪽 도로에 마중을 나가 대대적인 환영 분위기를 조성하였다. 류미영 위원장은 단장으로서의 공식적인 일정을 소화하는 한편, 비공식적으로 가족상봉을 하였으며, 천도교인 대표들과도 접촉하여 회포를 나누었다. 이로써 남북 천도교 교류협력의 기틀을 세우고, 통일운동에 앞장설 수 있는 중요한 전기를 마련하였다. 또 그해 10월에는 주선원 종무원장 등 대표단이 평양의 천도교교당을 방문하여 분단 후 첫 합동시일식을 봉행했다.

이듬해 포덕 142년(2001) 금강산에서 개최된 공동선언 1주년 기념행사에 남측 대표단의 일원으로 고윤지 회장과 김영숙 부회장, 유남실 교화부장이 참석하여 북한 천도교 대표단(강철원 부위원장 등)과 역사적인 상봉을 하고 류미영 위원장에게 보내는 선물을 전달하였다. 이후 교류가 계속되는 동안 천도교여성회 대표진 또는 고윤지 동학민족통일회 의장은 적극적으로 남북 천도교 여성 교류의 장을 넓혀 가기 위한 노력을 계속하였다. 이 해에 허경일 도정은 김철 교령과 함께 평양을 방문하여 조선천도교회지도위원회 류미영 위원장 등과 회동하였다. 또 8월 15일에는 평양에서 열린 통일축전에 천도교단의 일원으로 다수의 여성이 참석하였다. 또한 남북 천도교 교류가 활발하던 시기에 류미영 위원장은 새로 선출된 회장에게 축전을 보내 천도교여성회가 남북 천도교 교류와 민족통일의 선도자가 되자고 당부하기도 하였다.

포덕 143년(2002)에는 남과 북의 동포들이 워커힐 호텔을 대회장으로 삼아 8·15민족대회를 개최하였다. 북에서는 116명의 대표단이 참석하였는데, 이 자리에 고윤지 여성회본부 회장, 박차귀 부산시교구 여성회장을 비롯한 다수 천도교인이 참석하였고, 여성회는 정성껏 마련한 선물을 북측 천도교 대표단(단장 박문철)에게 전달하였다. 이 해 10월 15일에는 금강산에서 남북여성통일대회가 개최되었다. 여성회에서는 김영숙 부회장 등 4명이 참석하였다.

포덕 144년(2003) 3월 2일, 서울 중앙대교당 시일식에 북측 천도교인 6명(단장 리문환 부위원장)이 참석하여 남북분단 이후 처음으로 서울에서 남북 천도교인 합동시일식을 봉행했다. 여성회에서는 환영의 꽃다발을 증정하고, 감격 어린 합동시일식에 함께하며 남과 북의 천도교 여성들이 앞장서서 하루 빨리 민족통일을 이루어 나갈 것을 다짐하였다. 포덕 145년(2004) 인천 문학경기장에서 열린 우리민족대회(남북공동)에 고윤지 여성회장이 천도교 남북 대표단 일원으로 참석하여 북측 천도교 강철원 위원장, 박문철 서기장 등과 회동하여 회포를 나누었다.

포덕 146년(2005) 9월 10일에는 남북여성통일행사가 10일부터 14일까지 평양 등지에서 개최되었다. 고윤지 회장은 민화협여성분과위원장 자격을 겸하여 김영숙 부회장과 함께 참가하였다. 고윤지 회장은 북측 대표 이동희와 함께 평양 청년동맹회관에서 6.15공동선언실천을 위한 남북여성 공동결의문 낭독을 하였다. 포덕 148년(2007) 6월 14일부터 열린 남북공동기념축전에는 김영숙 여성회장과 박길수 청년회 상임위원, 박창수 동민회 공동대표 등이 참가하여 일정을 소화하는 가운데 북측 천도교인 박문철 서기관 등과 회동하고 남북 천도교 교류협력 방안을 협의하였다.

그러나 이명박 정부 이래로 남북 관계가 경색되면서, 북한 천도교와의 교류가 단절되다시피 하고 말았다. 그러던 중 포덕 156년(2015)에는 모처럼 만의 남북 종교인 교류 행사가 금강산에서 개최되었다. 남북 종교인 200여 명이 회합한 이 행사에 여성회에서는 이홍자 부회장과, 고윤지(동민회 공동의장) 전 회장 등이 박남수 교령, 한광도 연원회 의장 등으로 구성된 천도교 대표단의 일원으로 참석하여 북측 천도교인들과 교류하였다.

한편 포덕 157년(2016) 11월 23일, 북조선 천도교중앙지도위원회 류미영 위원장이 환원하였다. 여성회는 중앙총부 방침에 따라 공동으로 조전을 보내 류미영 위원장의 성령출세를 기원하고 북조선 천도교인들을 위로하였다. 그 이후 현재까지 남과 북의 교류는 거의 단절된 것은 물론 날이 갈수록 경색되고 있다. 그러나, 천도교여성회는 남북교류가 재개되고, 천도교여성회가 민족통일에 헌신하게 될 날을 앞당기기 위해 심고와 기도를 지속해 가고 있다.

이러한 남북교류사업 외에 고윤지 회장은 취임 이후 천도교여성회 회장 자격으로 대통령 통일정책 자문기구인 민주평화통일정책자문위원회 위원으로서 활동하였고, 통일운동단체 협의회인 통일운동교육협의회 이사로도 활동하였다. 또 한마음봉사단 사업의 일환으로 새터민의 한국 사회 적응 및 정착을 지원하는 사업을 진행하였다. 새터민 가족을 1~3개월간 동행하며 기관(주민센터 등)이나 사회시설(은행), 사회활동(장보기, 지하철 타기 등)의 일상생활에 필요한 여러 활동을 지원하였다. 이 과정에서 여성들은 훗날 남북이 통일되었을 때 서로간의 생활 방식이나 인식의 차이를 어떻게 극복해 나가야 하는지에 대한 많은 통찰을 얻었다고 회고하였다.

제5절 대외협력사업

해방 이전 천도교여성회의 대표적인 협력사업은 여성동맹(구)의 근우회 제휴 활동이다. 포덕 69년(1928) 4월 5일 제1차 전국대표대회를 개최한 여성동맹은 이 회의 결의사항 중 하나로 '근우회(槿友會)' 지지를 선언하였다. 근우회는 포덕 68년(1927) 2월에 창립된 신간회(新幹會)의 자매단체로, 신간회에는 천도교청년동맹(구)이 참여하고 있었다. 신간회나 근우회는 당시 조선의 신문화운동과 자치운동, 독립운동을 위해 특히 좌파와 우파가 연대한 민족운동 단일화를 꾀하였다. 근우회를 통해 천도교여성회(동맹)가 독립운동에 참여하게 된 것이다. 이 근우회는 표면적으로 '조선여성의 지위향상'과 '조선여성의 굳센 단결'

을 취지로 내세우고 (1) 여성에 대한 사회적, 법률적 차별 철폐, (2) 봉건적 인습과 미신타파 (3) 조혼 폐지 및 결혼의 자유 (4) 인신매매 및 공창 폐지 (5) 농촌부인의 경제적 이익 옹호 (6) 부인 노동 임금 차별 철폐 및 산전산후 임금지불 (7) 부인 및 소년층의 위험 노동 및 야업 폐지 등을 내세웠다. 이는 천도교여성회(내수단, 여성동맹)가 표방한 운동 이념과 대동소이하다. 신간회와 근우회에는 천도교 구파 계열의 권동진, 박래홍, 이종린 등이 핵심 간부로 참여하고 있었으며, 근우회에도 다수의 천도교여성(동맹) 회원들이 참여하였다. 김수월(경성) 김숙(내수단 창립위원) 박호진(경성) 최의순(개벽사) 등은 근우회 조직 내에서 핵심적인 임무를 담당하였다. 근우회는 포덕 72년(1931) 신간회와 더불어 해산됨으로써 그 사명을 다하였다.

아래에서는 여성회의 대표적인 대외협력사업 중 생활환경실천운동협의회, 종교여성환경단체협의회와의 연대활동은 '생명생태운동' 편에서 다루었으므로 그 밖의 연대활동에 대해 소개한다.

❶ 종교인여성협의회

천도교여성회 대외협력사업의 두 번째 대표적인 기구는 종교인여성협의회이다. 이 기구는 한국종교인협의회(회장 최덕신 천도교 교령) 산하 여성기구로 포덕 109년(1968) 6월 1일, 제1회 총회를 열고 결성되었다. 여성회에서는 홍창섭, 허경일, 노성저, 홍경지, 천보경 등이 대표로 참여했다. 2회 회의에는 김정숙, 전영혜, 이영숙, 김경렬 등이 참여하였다. 이 협의회는 최덕신 교령 이후 계속적인 활동이 이어지지 못하였고, 포덕 120년(1989) 한국종교인여성협의회가 탄생하였다. 출범 당시 천도교여성회 참여 상황에 대한 기록은 현재 남아 있지 않으나, 포덕 133년(1992) 제2차 상임위원회에서는 한국종교인여성협의회에 교체 파견할 이사진 추천 건을 논의하여 신임 김경렬 회장 외 부회장을 선임하기로 했다. 포덕 134년(1993) 5월 17일 여성회 임원들은 봉황각을 방문한 한국종교인여성협의회 임원과 이사진을 맞아 경내를 안내하며 봉황각의 유래를 설명하고, 의암성사 묘소를 참례하였다. 참가자 일동이 기탁한 성금은 여성회가 동학혁명 100주년 성금으로 희사했다.

협의회 회장을 비롯한 임원진은 이후 매년 여성회 창립기념식에 참석하여 축사를 하는 등 연대를 계속하였으며, 여성회에서도 매년 수 차례씩 열리는 각종 회의와 행사에 대표단을 파견하여 참여하였다. 포덕 140년(1999) 4월 12일에는 종교여성협의회 주체로 각 종단 성지순례 사업의 일환으로 21명의 대표단이 경주 용담성지를 방문하였다. 조혜숙 본부 회장을 비롯한 임원진이 이들을 맞이하여 성지를 안내하고 천도교 의식에 따라 참례식을 봉행하였으며, 김근오 수도원장으로부터 동학의 유래와 용담성지에 대한 강의를 들었다. 그러나 포덕 140년대 이후에는 이 단체가 특정 종단에 깊숙이 관계된 이유 등으로 연대 활동이 소원해졌다.

❷ 한국여성단체협의회와의 연대활동

여성회는 포덕 136년(1995) 9월 19일 33번째로 한국여성단체협의회(이하 여협)에 가입하고 제32회 전국여성대회에 참석했다. 여협 주최로 포덕 136년(1995) 10월 12일 유관순기념관에서 열린 제32회 전국여성대회는 '경제 주체로서의 여성'이라는 주제로 진행되었으며, 김영삼 대통령 내외분과 전국 여성단체 대표들이 참석했다. 여성회에서는 천보경 회장, 고문을 비롯하여 실무진과 회원 등 모두 25명이 참석했다. 행사에 앞서 포덕 136년(1995) 10월 4일에는 여협 2층 회의실에서 여협 이사회가 개최되어 천보경 회장이 참석한 바 있다.

여협은 포덕 100년(1959) 창립한 단체로 광복 이후 최초로 결성된 여성단체협의회이다. 천도교여성회는 포덕 113년(1972) 9월 29일 여성단체협의회 회의가 수운회관에서 개최될 때 대표 10명이 참석한 것을 계기로 여협 가입 및 연대 활동을 하고자 했으나, 이후 교단 상황과 맞물리면서 무산된 바 있다. 또 포덕 121년(1980)에는 제6차 대의원대회에서 여협 가입을 결의하고 그 추진을 실무진에게 위임하였다. 그러나 실제 가입은 그로부터 10여 년이 지나서야 이루어지게 된 것이다.

포덕 136년 가입 이후 여성회는 현재까지 천보경, 조혜숙, 고윤지, 김영숙,

한국여성단체협의회에서 주관하는 '이웃돕기성금모금운동'에 동참하여 명동에서 모금활동을 펴는 여성회원(포덕 137년 12월 14일, 명동)

이순종, 이홍자, 박차귀, 박징재 회장의 임기까지 이어오며 20년째 적극 참여하고 있다. 매년 총회격의 전국여성대회와 이사회, 정책토론회, 지도자 연수회 등은 물론 여협 주최의 캠페인과 대외 봉사활동, 각종 사회운동, 대통령 후보 초청 간담회에도 그 일원으로서 능동적으로 참여하고 있다. 천도교여성회의 대외연대 활동으로서는 가장 오랫동안, 가장 활발한 활동을 벌이고 있는 셈이다. 여협에서는 천도교여성회의 회원단체 가입 이후 거의 매년 창립기념식에 참석하여 축사를 해 주는 등 연대 의지를 적극적으로 발휘하고 있다. 특히 천도교여성회가 호주제 폐지 운동에 적극 참여하게 된 직접적인 계기도 여협 활동의 일환으로 관여하게 되면서부터이다. 여협을 통해 여성회는 세계여성대회(포덕 153년, 이순종 회장 외), 아시아태평양여성단체연합(포덕 154년, 이순종 회장 외) 총회 등 세계 행사에도 참여하는 경험을 축적하였다.

고윤지 회장은 "여협의 대표적인 행사인 전국여성대회나 워크숍 등에 참석한 경험은 천도교여성회의 안목을 확장하는 좋은 기회가 되었다. 앞으로는 젊은 여성들이 더 많이 이러한 대외 협력 활동을 주도해 나가면 좋겠다"고 밝혔다. 이순종 회장은 여협 참가 과정에 대해 "여협은 해방 이후에 시작되었지만, 천도교여성회는 그보다 더 오랜 단체로서 여협 가입 이후 그 영향력이 적지 않다. 특히 내가 회장 시절 활발한 여협 활동으로 여성계 내에서의 천도교여성회의 위상을 드높였다는 평가를 받았다. 꼭 필요한 대외 활동의 하나이므로, 앞으로도 중요하게 여기고 잘 참여해 나가기를 바란다"고 밝혔다.

이러한 천도교여성회의 적극적인 활동의 결실로 포덕 163년(2022) 12월 15일 여협 제63주년 창립 기념식에서는 박차귀 당시 천도교여성회장이 여협 추천으로 여성가족부 장관상을 수상하였다.

❸ 한국종교인평화회의(KCRP) 여성위원회

한국종교인평화회의(KCRP)는 포덕 106년(1965) 서울에서 천도교 등 6개 종교 지도자들의 대화모임이 그 시작으로, 포덕 127년(1986) 제3차 아시아종교인평화회의(ACRP) 서울 총회를 계기로 하여 출범한 종교 간 연대기구이다. "한국종교인평화회의는 한국 종교인 상호 간의 교류와 이해를 증진하며 이웃종교 사이의 공동과제를 함께 연구, 실천하여 보다 나은 한국 사회를 이룩하고, 전 세계 종교인들과 긴밀한 협력을 통해 세계 평화에 이바지하고자 합니다. KCRP는 이를 설립의 주요 목적으로" 한다. 현재는 천도교 외에 개신교, 불교, 원불교, 유교, 천주교, 한국민족종교협의회가 회원 종단으로 참여하여 종교간대화협력사업, 남북종교인교류사업, 국제교류사업 등을 전개하고 있다. 서울 외에 전국 주요 지역에도 지역별 평화회의가 구성되어 있으며, 대체로 서울 조직과 유사한 구조로 편성되어 있다.

천도교여성회에서는 포덕 130년(1989) 박공주 당시 회장이 KCRP 대회에 참석한 것을 시작으로 연대하고 있다. 〈KCRP-여성위원회〉는 포덕 140년대(2001)에 '여성분과'로 시작하여 몇 년 후 산하위원회가 되었으며, 이순종 중앙위원(당시)이 세미나에서 '천도교여성운동'에 관해 발표하기도 하였다. 이후 KCRP 또는 여성위원회가 주최하는 워크숍, 이웃종교 이해 강좌, 여성종교 지도자 대화캠프 등에 역대 본부 회장 및 실무진과 회원들이 매년 지속적으로 참여하고 있다.

특히 포덕 158년(2017) KCRP 주최로 시작된 "답게 살겠습니다" 운동에 천도교여성회도 적극 참여하며 연대활동의 성과를 높여 가고 있다. 박차귀 고문은 포덕 137년(1996) 부산종교인평화회의(PCRP) 여성분과위원회 초대회장에 취임하여 8년간 봉사하고 포덕 144년(2003)부터는 사무총장을 맡아오고 있다.

④ 한국민족종교협의회 여성분과

한국민족종교협의회(이하 '민종협')는 민족종교 상호 간의 화합과 유대를 증진시키며, 민족종교의 근본이념을 바탕으로 올바른 가치관을 제시하고, 민족문화의 창달과 민족정신의 선양을 목적으로 포덕 126년(1985) 창립하여, 포덕 132년(1991) 12월 18일 사단법인이 되었다. 천도교도 20여 개 회원 종단의 하나로 참여하고 있다.

천도교여성회는 포덕 132년(1991) 김경렬 당시 회장이 민종협의 도덕실천운동결의대회 및 특별강연회에 참석한 것을 계기로 관계를 맺게 되었다. 여성회는 민종협의 사업 특성상 긴밀한 연대 관계를 맺는 것은 아니지만, 주요 회의나 단체 행사에 회장 및 임원들이 빠지지 않고 참석한다. 특히 포덕 149년(2009) 이래로 6년 동안 민종협 산하 여성위원회에 박차귀 상임위원(당시)이 여성회장에 선임되면서, 민종협 전체 회의나 행사, 여성위원회 회의나 행사 등으로 참여의 여지가 더욱 넓어졌다. 박차귀 천도교여성회 고문(현)은 현재까지 민종협 여성회장으로 봉직하고 있다.

포덕 156년(2015) 4월 28일부터 이틀간 봉황각에서는 제1회 민종협 여성회 임원연수회가 개최되어 의암성사 묘소 참례, 봉황각의 유래 특강에 이어 중앙대교당을 방문하는 프로그램을 진행하기도 하였다. 또 이 해 11월 6일부터 이틀간은 민종협 여성연수회가 경주 용담정 일대에서 개최되었다. 이홍자 부회장 외 임원들이 참여하여 이들을 안내하고, 성지 순례도 하였다. 물론 유사한 활동에 천도교여성들도 적극 동참하여 이웃종교 성지순례 등에 적극 참여하며 교류와 협력의 장을 넓혀 가고 있다.

❺ "답게 살겠습니다" 운동—(사)한국사회평화협의회

박징재 현 회장이 공동회장으로 참여하고 있는 "답게 살겠습니다" 운동은 한국종교인평화회의(KCRP)가 포덕 156년(2015)부터 추진해 온 범국민 실천 운동으로, 저출생, 고령화, 양극화 등 다양한 사회문제 해결을 위해 천도교를 비롯한 7대 종단이 이웃종교 상호 간의 경청과 이해, 화합을 바탕으로 사회에 새로운 변혁의 기운을 불러일으키고자 하는 취지로 시작됐다. 천도교여성회에서는 "답게 살겠습니다" 운동이 시작된 포덕 156년(2015) 당시 이순종 회장 때부터 한국종교인평화회의와 함께 이 운동을 적극적으로 전개해 나가기로 하고 여성회 내에 '답게살기운동' 전담기구를 설치했다. 이순종 회장 등 5명의 자문위원을 두고 이홍자 부회장을 천도교여성회 측 공동의장으로 하여 실행위원, 사무국, 운영위원회 체제를 갖추었다. 또 '답게살기운동'을 위한 천도교인 스스로 돌아보기 요강을 아래와 같이 정하고 이를 여성회원 및 교인들과 공유했다.

> 우리는 수운대신사님의 심법을 이어받아 성령으로 수련하여 '답게살기운동'으로 스스로를 돌아본다.
>
> 1. 한울님께 감사하자.
> 1. 자신을 귀하고 거룩하게 여기며 공경하자.
> 1. 타인을 한울님같이 공경하자.
> 1. 사물과 자연을 한울로서 대하며 공경하자.
> 1. 스승님의 삶을 닮게 살도록 최선을 다하자.
> 1. 남의 작은 허물을 내 마음에 논란하지 말자.
> 1. 나의 작은 지혜를 하루 한 가지씩이라도 남에게 베풀자.
> 1. 종교인으로서 세상에 주인의식을 갖고 이웃에 손길을 나누자.
> 1. 사계명을 잘 지키자.
> 1. 십무천을 잘 지키자.
> 1. 임사실천 10개조를 잘 지키자.

여성회는 포덕 156년(2015) 하계수련 주제를 "답게 살겠습니다"로 정하고 수

수운대신사 생가 앞에서 진행한 “답게 살겠습니다” 대국민 홍보 캠페인(포덕 160년 10월 19일)

현도기념일 2부 행사로 진행된 “답게 살겠습니다” 선포식(포덕 160년 12월 1일, 중앙대교당)

련 기간 중인 8월 2일, 용담수도원에서 “답게 살겠습니다” 운동 선포식을 개최했다. 이듬해인 포덕 157년(2016) 하계 합동수련 기간에는 천도교인답게 인사하기, 경전암송하기, 사인여천 실천을 위한 1분 스피치 등을 “답게 살겠습니다” 사인여천 실천 운동 세부 과제로 제시하고 이를 수련 기간 실천 운동으로 전개해 나갔다.

포덕 158년(2017) 6월 16~17일 속리산 레이크힐스 호텔에서 열린 “답게 살겠습니다” 운동 제2차 대토론회에는 이홍자 회장을 비롯한 실무진과 여성회원 등 18명이 참여하였다. 이 행사는 ‘오늘과 내일’을 주제로 하는 그룹 토의 및 발표, 단합의 밤, 법주사 경내 순례, 7대 종단별 회의 및 결의대회 순으로 진행되었으며, 7대 종단에서 평신도 170여 명이 참석하였다.

포덕 158년(2017) 7월 11일에는 천도교중앙대교당에서 '어머니답게 살겠습니다' 선포식이 개최되었다. 이날 한국종교인평화회의 각 종단을 대표한 여성 신도들은 이 시대의 신앙인이자 어머니로의 역할에 대한 중요성과 사명감을 다지며 사랑과 희생정신으로 행복한 가정을 만들고, 열심히 신앙생활을 하며, 사회 일원으로 봉사하고, 지구 환경 보존과 인류 평화에 이바지하는 어머니가 되겠다고 선포했다. "답게 살겠습니다" 운동이 시작된 포덕 156년(2015) 이후 공공기관을 비롯해 학교, 각종 단체가 이 운동에 참여했다. 국회의원을 시작으로 종로구청, 동대문구청 공무원 등이 선포식을 이어왔다. 이 운동의 성과에 힘입어 포덕 159년(2018) 3월, (사)한국사회평화협의회를 설립했다.

한편, 여성회는 포덕 158년(2017) 하계수련 기간에도 "답게 살겠습니다" 사인여천 실천 운동 대회를 이어나갔다. 같은 해 11월 3일부터 4일까지 1박 2일간 경남 남해에서 열린 여성회 워크숍은 "답게 살겠습니다"를 주제로 전국 지부회장과 회원 등 총 103명이 참가하여 '사인여천 실천을 위한 대토론회'를 열었다. 참가자들은 9개 조로 나뉘어 토론하고 발표하는 시간을 가졌으며, "답게 살겠습니다" 운동본부 권길중 대표회장이 행사에 참여하여 '인간은 누구나 자기답게 살아야 한다'는 주제로 강연을 했다.

여성회는 포덕 159년(2018)과 포덕 160년(2019) 주요 사업으로 세 가지 방향성을 제시하면서, 그중 하나를 "답게 살겠습니다" 사인여천 실천운동 전개로 정하여 매년 1월 시행하는 동계수련과 7, 8월 중 시행하는 하계수련 기간에 "답게 살겠습니다" 사인여천 실천운동 대회를 개최했다.

또한 "답게 살겠습니다" 운동은 여성회를 넘어 교단 차원의 참여로 이어졌다. 포덕 160년(2019) 9월 22일 90여 명이 참석한 여성 지도자 워크숍에서 '다짐' 릴레이 캠페인 발대식을 가진 것을 시작으로 10월 19일 경주 동학축제 기간에 제1차 다짐 릴레이 캠페인을 실시하였고, 12월 1일 제114주년 현도기념일을 맞아 2부 행사로 '사인여천 "답게" 평등한 사회 만들기' 제2차 '다짐' 릴레이를, 12월 11일 부산 동천고등학교에서 "스마트 쉼" 운동을 개최하여 정신건강 증진을 도모하는 등 다양한 행사를 펼쳤다. 포덕 161년(2020) 합동 동계수련 기간인 1월 4일 "답게 살겠습니다" '사인여천 실천을 위한 경전암송대회'를 개최했다. 그러나 이날 이후에 몰아닥친 코로나19로 "답게 살겠습니다" 운동은 한동안 비대면으로 전환될 수밖에 없었다.

한편, 한국종교인평화회의가 "답게 살겠습니다" 운동을 전담할 기구로 산하에 설립한 (사)한국사회평화협의회는 코로나19 기간 중인 포덕 162년(2021)을 탄소중립 선언 원년으로 정하고 같은 해 12월 27일 동대문디자인플라자(DDP)에서 '지구인답게 토크콘서트' 등을 개최했는가 하면, 11월 15일에는 헌혈캠페인, 11월 18일에는 평화나눔 랜선음악회를 각각 천도교 중앙대교당 앞마당에서 개최하였다. 포덕 163년(2022)에는 반포한강공원에서 '굿바이탄소콘서트'를 열었다. 이 행사에는 천도교여성회가 가장 선도적으로 참가 신청서를 제출하는 등 정성을 다했다. 여성회는 한국사회평화협의회 "답게 살겠습니다" 운동 실무단체로서 거의 매월 열리는 정기회의에 참여하고 총회와 평가회를 비롯하여 한국사회평화협의회가 주최하는 크고 작은 행사에 빠짐없이 참석해 왔다.

코로나19가 잦아들면서 "답게 살겠습니다" 운동도 다시 활발해졌다. 여성회는 포덕 164년(2023) 원불교 소태산 기념관에서 열린 '2023년 답게 살겠습니다' 세미나와 탄소중립 실천 캠페인에 참가했다. 이 대회에서 천도교를 비롯한 7대 종단 신도 대표들은 '탄소중립 실천 다짐문'을 낭독하고 지구위기 대응에 앞장서 나갈 것을 다짐했다. 종교화합을 넘어 환경문제를 이슈로 폭넓은 사회운동을 벌여나가고 있는 "답게 살겠습니다"운동은 지금까지의 운동 못지않게 앞으로의 행보에 더욱 귀추가 주목되고 있으며 천도교와 여성회 또한 적극적인 사회변혁운동으로서 이 운동에 동참해 나갈 것으로 보인다.

일찍이 수운대신사는 주유천하를 하면서 목격한 당시 세태를 '군불군 신불신 부불부 자부자(君不君 臣不臣 父不父 子不子)', 즉 "임금이 임금답지 못하고 신하가 신하답지 못하고 어버이가 어버이답지 못하고 자식이 자식답지 못한" 것으로 탄식하셨다. 그리고 이를 개벽하고 세상을 건질 도법으로서 동학 천도교를 창도하신 것을 생각하면, "답게 살겠습니다" 운동은 그 어느 종단이나 단체보다 천도교여성회가 앞장서야 할 운동이라고 할 수 있다. 지금 이 세상이 처한 여러 사회문제 해결의 출발점이자 귀결점이 바로 '답게 사는 것'이며 이것이 '한울사람' '한울여성'으로서의 천명을 수행하는 길이라 여기며, 오늘도 천도교 여성들은 수행의 자세로 묵묵히 이 운동에 임하고 있다.

다시 시작하는 여성회

여성회 미래 100년의 전망

여성회의 100년 역사를 돌이켜보면 일제강점기, 전쟁기, 분단 체제하의 극심한 자기검열적 사회의 전개 속에서 여성회는 '참된 진리의 삶과 신앙의 길'을 추구하며, 불철주야 노고근면하며 모심과 살림의 가치 추구를 위해, 정성과 공경과 믿음으로 일관해왔다. 여성회 100년사에는 끊임없는 재기의 순간만큼이나 수많은 좌절과 실패의 역사가 깃들어 있다. 오늘 새로운 100년을 시작하면서, 우리는 오히려 성공의 역사에서보다 그 실패와 좌절의 역사적 경험에서 미래로 나아갈 힘과 지혜와 용기를 얻는다. 아래에서는 여성회 100년사의 숱한 노력의 열매 중 앞으로 되살려 나갈 것들을 끄집어내어 새로운 시대의 비전 또는 과제로 제시해 본다.

백년사를 마무리하며

여성회 미래 100년의 전망

고윤옥 _천도교여성회100년사 편찬위원

1.

이제 우리는 새로운 출발점에 서 있다. 지금까지 살펴본 천도교여성회 100년의 역사는 어쩌면 이 지점에 서서 다시 새로운 100년을 내다보고 말하기 위한 준비 과정이었다고 할 수도 있다. 지난 100년은 우리나라로서도 그러하고 천도교여성회로서도 그야말로 파란만장한 역사의 시간이었다. 그 길을 천도교 여성들은 '모심과 살림'의 사명을 다하기 위하여 '정성 공경 믿음'으로 일관해 왔다고 말할 수 있다.

지난 100년사를 돌아보고, 이제 다시 새로운 미래 100년사를 내다보려는 이 시점에, 주옥경 초대회장을 비롯한 천도교여성회 선구자들이 천도교여성회(내수단)를 창립할 때의 그 목적을 상기할 필요가 있다; "우리 단(團)은 천도교의 종지에 들어맞는 새 세상을 만들기로 목적합니다."라는 목적은 오늘에 이르러서도 크게 달라질 이유가 없다. 현재 천도교 여성회 규약의 목적과 비교해 보아도 이 점은 분명해진다; "본회는 천도교의 인내천주의 목적을 달성하기 위하여 천도교를 믿는 모든 여성들이 동귀일체하여 철저한 수도를 이행함으로써 안으로 도가완성하고 밖으로 포덕천하하는 데 이바지함을 목적으로 한다."

천도교의 종지를 인내천주의로 구체화하였고, 새 세상을 만들기로 목적한다는 것을 '여성, 동귀일체, 수도, 도가완성, 포덕천하로 구체화한 것뿐이다. 이를 다시 말하면, '여성의 주체성' '여성의 역량(자질, 인재)' '여성의 가치 있는 신앙과 활동'으로 말할 수 있다. 창립 당시의 시대 상황에 비추어 보면 가부장 문화에서의 자주성, 여성교육과 수도연성을 통한 자질 함양과 여성 고유의 활동 영역 확보, 독립운동과 문화활동을 의미한다. 그리고 이것은 오늘의 천도교 여성이 모심과 살림의 길을 실천하는 데도 요긴한 것임을 알 수 있다.

이러한 성찰을 토대로 지난 100년의 역사를 돌아보면서 우리는 천도교여성회와 여성회원의 활동을 "모심 살림, 정성 공경 믿음"이라는 다섯 개의 단어, 두 개의 범주로 자리매김할 수 있었다. 그리고 이것이 앞으로 100년의 역사를 지향하는 데에도 여전히 유용하며 힘 있는 지표가 될 수 있음을 재확인한다.

천도교 여성의 운동은 모심의 영역에서 자기치유로서의 자기살림(수도, 수양, 교양)과 서로모심으로서의 여성살림(여성회 활성화, 여성의 사회적 지위 향상, 모성-생명성의 강화와 확보)과 교단살림(청년, 어린이, 교구, 전문성)으로부터 시작해서 나라살림(민주, 통일, 평화)의 기초를 튼튼히 하는 데 있다. 그 위에 마침내 천지부모 모심으로서의 세상살림(포덕천하, 광제창생, 생명살림)과 한울여성으로서의 천명을 수행하는 천도교여성회의 비전을 설정할 수 있을 것이다.

2.

지금 100년의 마디에 즈음하여 이제 우리는 더 크고 넓게 세계사의 지평에서 오늘 천도교 여성회와 여성회원이 서 있는 자리를 말할 수 있게 되었고, 그러지 않으면 안 되는 시대 상황, 지구적 환경 속에 놓여 있다. 지난 100년이 서세동점의 흐름이 정점에 도달하고, 우리나라의 한류와 중국의 비약적인 재도약을 비롯하여 동아시아 여러 나라가 동세서점(東勢西漸)의 흐름을 만들어 간 시간이었다면, 이제 우리는 전 지구적 기후위기와 생물대멸종, 지구 전역을 석권하는 초거대기업의 시대를 살아가게 된 것이다. 그러는 사이에 인구는 점점 고령화되고 급기야 인구가 줄어들기 시작하는 전대미문의 역사적 대전환기에 우리는 놓여 있다. 그뿐만 아니라, 동학-천도교 창도 이래로 계속해서 성장하기만 하던 종교인구도 급격하게 줄어들고 사회 전반에 걸쳐 탈(脫) 종교화가 가속화되는 시대를 살아가게 되었다. 해방 이후 분단의 시대 상황 속에서 몇 차례에 걸쳐 중흥의 도약을 거듭 시도하던 천도교도 이러한 대전환의 내외 정황 속에서 (양적인 측면에서) 쇠약을 면치 못하고, 사회적으로 그 존재감마저 위협받는 상황에 처하게 되었다.

천도교여성회 100주년은 그러한 교단 안팎의 여건 속에서 맞이하게 되었다. 게다가 여성회 내부의 상황도 만만치 않기는 마찬가지다. 직접적으로 여성회 외적으로는 현재 우리나라에서 심각하게 고려해야 할 사회문제로 부의 편중, 노령인구의 급속한 증가 그리고 청년층의 결혼 기피, 저출산 문제 등을 꼽을 수 있다. 인구 노령화는 여러 나라가 겪고 있는 현상이지만 문제는 우리나라의 경우는 그 속도가 너무 빠르며 사회보장제도가 충분히 마련되지 않은 상태에서 노령인구 증가로 사회의 붕괴와 소멸을 우려할 처지에 내몰리고 있다는 점이다. 이는 현재의 기성세대에게는 단지 '노후문제'로 다가오지만, 청년 세대에게는 삶의 희망과 의미 자체가 사라지고, 존귀함은 물론 존재 자체가 위기로, 벼랑 끝으로 내몰리는 절체절명의 상황으로 다가오고 있다.

현대 사회의 탈종교화는 기성종교가 인류에게 희망과 비전을 제시하지 못하고 물질문명의 발달로 세속화되는 추세이기 때문이다. 물질적 성장만으로 세상만사를 해결할 수 없으며 물질 측면의 풍요와 속도와 성장을 좇을수록 사람은 기술과 문명에 압도되어 스스로 나약하고 무기력한 존재로 전락해 가는 역설적인 상황에 직면해 있다.

3.

여성회의 100년 역사를 돌이켜보면 일제강점기, 전쟁기, 분단 체제하의 극심한 자기검열적 사회의 전개 속에서 여성회는 '참된 진리의 삶과 신앙의 길'을 추구하며, 불철주야 노고근면하며 모심과 살림의 가치 추구를 위해, 정성과 공경과 믿음으로 일관해왔다.

여성회 100년사에는 끊임없는 재기의 순간만큼이나 수많은 좌절과 실패의 역사가 깃들어 있다. 오늘 새로운 100년을 시작하면서, 우리는 오히려 성공의 역사에서보다 그 실패와 좌절의 역사적 경험에서 미래로 나아갈 힘과 지혜와 용기를 얻는다. 아래에서는 여성회 100년사의 숱한 노력의 열매 중 앞으로 되살려 나갈 것들을 끄집어내어 새로운 시대의 비전 또는 과제로 제시해 본다.

(1) 여성회는 무엇보다 여성회원들의 자기살림(수도연성을 통한 도성입덕)을 기본으로 한다. 천도교 신앙의 기본 목적이 되는 한울님 모심을 깨닫는 것과 자아완성, 안심정기(安心正氣)야말로 일찍이 수운대신사께서 '거룩한 내 집 부녀 이 글 보고 안심하소'라고 하신 말씀의 실현이자 성취라고 할 수 있기 때문이다. 특히 현대 사회가 각종 공해나 질병, 극도의 경쟁과 개인주의로 말미암아 스트레스가 가중되고 신뢰가 저하되는 데 따르는 마음의 질병을 앓고 있는 것에 비추어 보아도, '내수도(內修道)'라는 여성회 본연의 임무가 출발점이 되어야 한다. 아래 모든 제안과 비전들은 최종적으로 이 하나에 귀일(同歸一體)한다고

해도 과언이 아닐 것이다.

(2) 창립 초기(내수단)부터 여성회 발전의 초석이 된 지부순회는 이제 지부의 자생력을 기반으로 한 활동으로 거듭나야 한다. 이러한 지부순회는 임원과 회원 등 사람(여성)이 시작이고 끝이기는 하지만, 이것이 결실을 맺고 다음 단계로 나아가기 위해서는 규범과 제도화가 필요하다. '사람'에만 의지하고 의존해서는 안 된다는 말이다. 지부순회의 성과가 물적, 심적 양 방면에서 지부활동의 동력이 되기 위해서는 표준화가 필요하다. 표준화는 제도화이면서, 변화와 변동을 추구할 수 있는 출발점이 된다. 여성회 역사 속에서는 창립기(내수단, 여성동맹)에 이미 '서식 표준화' 등의 과제가 제기되었다. 이것이 100년 후인 오늘에도 여전히 유효한 과제로 남아 있다. 다만, 인터넷 연결망을 활용하는 온라인화와 같은 시대적 변화가 반영되어야 함은 물론이다. 이를 위해 서식 제작 및 작성법 등 실무 강좌를 운영할 수 있을 것이다. 또 이 범주에서는 여성회 각 지부별 특성화와 전문화, 부산연합여성회, 경상도여성회와 같은 권역별 연대체 결성, 여성회의 대외협력사업('여협'이나 '사회평화협의회' 등)의 일환으로 외부단체와의 연계(각 지부 또는 권역별)의 강화도 고려할 수 있다.

(3) 여성회의 전통적인 과제 중 하나가 인재 양성이다. 의암성사의 교육 강조와 투자에서부터 여성회(내수단) 창립 이전부터의 '부인야학'을 이어 창립기 이래로 꾸준히 계승해 온 전통을 되살리려면 '천도교여성대학' 설립이 현실적인 과제로 다가온다. 이는 우선 물리적인 캠퍼스를 갖춘 대학이 아니라, 여성회 내부에서 산발적으로 시행되고 있는 강좌나(수련) 강도회를 '교과목'화하여 학점을 부여하고 일정한, 학점(과정)을 수료하면 '천도교 여성대학 학사증'을 교부하는 운영이 가능할 것이다. 이는 수운대신사가 동학을 창도할 때, 『용담유사』의 각 경편을 지으셔서 여성들도 쉽게 욀 수 있도록 한 이래 스승님들이 끊임없이 구축하고자 했던 '여성교육'의 제도화 전통을 오늘에 되살리는 것이다.

천도교여성회 100년 역사에서 살펴보면 다음과 같은 이수과목을 개설할 수 있다; ①동하계 특별수련과 주말수련 ②설교강사 양성과정 ③교리 교사와 『천도교여성회100년사』 ④『신앙과 여성』(이상 전공필수) ⑤철학과 종교학 ⑥여성학(전공교양) ⑦문화예술(음악.미술.서예.전통문화) ⑧체육(몸살림.검무) ⑨현장학습(성지순례, 조사, 역사탐방) ⑩생태학(숲 해설가, 텃밭) ⑪봉사활동(봉사단 참여나 개인 봉사활동) ⑫작문(글쓰기, 스승님이나 선열들에 대한 에세이 등) ⑬실용(동화구연, 역사답사, 숲 해설 등의 전문 과정) ⑭기타 특강 과정 등. 이들이 모두 '천도교여성대학' 내의 학과목이다. 이 과목들은 천도교여성회가 그동안 실행했던 교육, 교양 프로그램들이다. 여성교육복지관이 물리적인 '천도교여성대학'의 공간으로 자리매김할 수도 있다. 여기에 시대적인 변화를 반영하여 인공지능(AI) 등의 최신 트렌드에 대한 교양교육, 특강도 학점 인정 과정으로 개설할 수 있을 것이다.

특히 주말수련 참여는 여성대학의 학점 이수과정이 될 수 있다. 이 중 '여성 설교자'는 그동안 사례가 드물지 않았으나, 그것을 제도적으로 뒷받침하고 정례화하는 데까지 나아가지 못하였다. 이는 총부와 연계하거나, 그 제도(종학대학원) 내에서 수행할 과제라고 할 수도 있으나, 이제는 여성회가 일정한 자율성을 바탕으로 수행할 수 있도록 교단과 협의할 단계가 되었다. 또 여성대학 졸업자의 지속적인 교회활동을 뒷받침하는 맥락에서 여성 교구장, 종의원을 비롯해서 여성 대의원 수의 확장과 총부 중요 직에 종사하는 여성 교역자의 제도적인 확장(인원 보장)도 고려할 때가 되었다.

(4) 인재 양성 정규과정 외에 '여성 장학생'을 위한 장학제도 운영도 고려할 수 있다. 현재 일부 지부에서 소규모로 운영하고 있지만, 이를 일원화하거나 본부 단독으로 미래 천도교 여성 활동을 이끌어 갈 여성 인재(학생, 연구자, 외부인사 등)에 대하여 지원과 교류, 연대를 위한 노력을 장기적인 관점에서 시행하는 것이다. 이 또한 현재 교단 내의 유사 단체와 연계하여 시행할 수도 있을 것이다.

(5) 회원 복지 강화이다. 이 역시 '여성교육복지관'을 기반으로 삼을 수 있다. 이는 현대사회의 흐름 속에서 천도교여성회원들의 고령화가 가속화되는 것과도 관련이 있다. 일찍이 여성회는 지금부터 25년 전 포덕 121년에 경로위안잔치를 처음 시작하였다. 이는 여성이 모심과 살림의 일꾼이라는 측면에서 여성회 고유 사업이기도 하다. 현재 교단 중심으로 이 부문 사업을 추진하는 과정에서 큰 비용을 치르고 있으나 만난(萬難)을 극복하며 반드시 이루어 가야 할 과제이다. 물론 이는 여성회의 힘과 정성만으로 감당할 과업이 아니라 중앙정부(국가)나 지자체의 지원, 교단과의 상호보완 속에 추구할 일이다. 이를 위해 여성회 안팎의 (여성)요양보호사 인력 같은 관련 인재 현황을 파악해 둘 필요가 있다.

여기에는 복지 차원을 넘어 '여성성'과 '모성' 보호를 위한 실질적인 운동도 포함할 수 있다. 역시 여성회 창립기 주요 과제로 설정한 '모성 운동'을 계승하는 일이다. 출산한 여성을 위한 격려와 관심, 남성에게도 '여성성'을 길러 주는 교육 강좌 개설, 사회적으로 여성성과 모성을 보호하는 제도적, 문화적 환경 조성 운동 등도 여기에 속한다.

(6) '여성 청년'과의 연대이다. 현재 '여성 청년'(미혼 여성)은 청년회 또는 대학생단 차원에서 활동을 하고 있다. 그러나 전체 회원 중에서 실제 활동에 참여하는 인원은 극소수일 뿐 아니라, 여성 청년이 '여성회원'으로 성장하는 사례가 점점 줄어들고 있어, 그 원인 분석과 대안을 마련하는 일은 여성회뿐 아니라 청년회나 대학생단에게도 유의미한 일이 될 수 있다. 또 어린이지도 및 교육도 함께 생각할 일이다. 여성회의 '어린이 운동' 역시 창립기부터 현재에 이르기까지 지속되어 온 활동이다. 청년회가 가장 주된 이 부문 운동의 담당자이기는 하지만, 여성회도 청년회 못지않은 전통을 가지고 있다. 특히 최근 10, 20년 사이에 동·하계 수련을 이용한 어린이 수련캠프 운영이나 어린이 온라인 시일식 등을 여성회원이나 여성모임이 주도해 온(필연적인, 시대적인) 배경을 분석하여, 능동적으로 이에 대처해 나가야 한다. 이 또한 어린이들만의 문제가 아니라, 젊은 여성(어머니)과 여성 인재 활동(어린이 지도교사) 등의 영역에 걸친 사안이 된다.

(7) 여성의 내부의 전문위원회 역사와 전통을 계승하는 일이다. 여기에는 다음과 같은 사례들을 열거할 수 있다. 여성연합 합창단은 지금은 잘 운영되고 있지만 이 밖에 ①연구위원회와 여성회사편찬위원회(상설기구; 본부와 지부 사료 수집, 원로 인터뷰 상설화) ②봉사단 ③후천개벽실천모임 ④여성회보 편집위원회 ⑤독서 공부모임과 글쓰기 모임 ⑥풍물 등 공연팀 ⑦숲 해설가 및 역사(답사)강사 모임 ⑧어린이 지도교사 모임(낙안회) ⑨수련지도자 모임 ⑩(설교 등) 강사모임 ⑬동화구연가 모임 ⑭경전 원전 읽기 모임 ⑮한우리 공부 모임 등이 그것이다. 이들은 연대활동을 벌이거나, 모임을 통한 상호 교류와 정보 공유 등의 활동을 전개해 나갈 수 있다.

(8) 모심과 살림 활동이다. 가장 시급한 과제는 역시 기후위기, 생태계 파괴의 극복이다. 이미 이는 파괴적인 속도와 규모로 진행되는 단계에 접어들었다. 일개 단체의 힘만으로 이를 대적할 수 없는 전 지구적 전 인류적 과제가 된 것이다. 동학-천도교는 창도 당시부터 이러한 괴질(怪疾)의 만연에 대하여 경고하였고, 여성회도 기회가 될 때마다 이에 대해 대처하고자 하였다. 그리고 현재도 이 부문의 운동 즉 생명평화운동에 대해서는 교단 내 그 어느 단체보다 앞장서서 참여하고 있다. 그러나 지금까지 간헐적으로 전개되어 온

이 부문 활동을 정규화하면서, 여성회원들의 생활 속에서 (실성미 운동처럼) 필수적인 신앙 과정으로 자리매김하는 활동이 필요하다. 이제야말로 '땅 아끼기를 어머니 살같이 하는 사람들'이 필요한 시대가 되었기 때문이다. 이는 생명생태운동, 평화운동 등으로 연장되고 확장될 수 있다. 이는 오늘날 가장 첨예한, 그리고 첨단의 사회운동 영역이라는 점에서 이는 '오래된 미래의 운동'이라고 할 수 있다.

(9) 통일운동이다. 우리 교단은 남북분단과 전쟁을 거치면서 교세가 침체되었으며, 현재도 남북분단은 그 어느 종단이나 단체보다 천도교(민족 자주성을 중요한 기반으로 삼는)에 불리한 조건이 되고 있다. 천도교의 통일운동은 단지 남과 북이 하나의 정부로 합치는 과정이 아니라, 한국 근현대사의 전개과정에서 야기된 모순적인 상황(서구화와 같은)을 극복하는 내적인 다시 개벽의 과정으로서 자리매김해야 한다. 이러한 '민족통일의 개벽사적 성격'을 잘 이해하고 이를 관철시켜 나가는 것을 천도교여성회 통일운동으로 자리매김해야 한다. 물론 현실적으로 남북교류사업이나 북한동포돕기 운동은 첫째, 정부 차원의 남북화해와 교류 분위기, 둘째, 재정과 인력의 뒷받침과 역량이 필요한 사업이다. 그러나 이러한 현실적인 상황 전개를 기다리고 또 촉구하는 한편으로 천도교(여성) 고유의 통일철학과 경로를 모색하는 것도 반드시 지금 당장 시행해야 할 준비 과정이라고 할 수 있다. 이것은 지난 역사에서 천도교여성회가 전개했던 일련의 통일운동(북한 돕기와 남북 천도교 교류)의 성과를 계승하고 한계를 극복하는 과정이 될 것이다.

(10) 대외협력사업과 사회활동이다. 우리 사회는 파편화와 개인화의 흐름 속에서 이에 대한 대안으로, 동질적인 사람과 단체가 서로 연대하여 전 지구화, 전 세계화, 전 사회화하는 각종 문제에 대응하는 것이 일반적인 경로가 되었다. 천도교여성회는 지난 역사 속에서 수많은 대외협력 및 연대를 통한 사회활동 사례를 축적해 왔고 지금도 이는 이어지고 있다. 이런 점을 좀 더 적극적으로 살려낼 방안이 모색되어야 한다. 중앙-상임 위원에 집중된 인력(분야별 담당 전문가)을 더욱 개방적으로 운영하는 것이 그 출발점이 될 것이다.

4.

천도교여성회 100주년에 즈음하여 천도교단이 처해 있는 안팎의 사정을 살펴보면, 상황은 녹록치 않다. 희망보다는 걱정이 먼저 떠오르고, 의지를 압도하는 과제가 막막하고, 의욕을 넘어서는 열악한 환경이 더할 나위 없는 '팩트'라고 할 수도 있다.

그러나 그러한 속에서 희망의 틈을 찾는다면, 단연 여성회가 그 답이라고 할 수 있다. 불연기연의 이법에 비추어 보면, 지난 100년 여성회가 숱한 위기와 고비와 좌절을 이기고 극복하며 오늘에 이르는 원동력이 되었던 여성(회원)들의 정성, 공경, 믿음의 수도생활이 있었고, 지금도 여전히 자리매김하고 있기에 우리는 이 전환기에 즈음하여 어쩌면 역사상 최고의 기회를 맞이한 것이라는 점을 깨달아야 한다.

지금 현재의 여성회 또한 교단, 나아가 이 사회가 나날이 고령화하는 추세가 눈에 띄는 현상이지만, 그래도 상대적으로 젊은 인재가 많은 편이고, 때로는 고답적인 것으로 느껴질 수 있는 여성회 내부의 여러 의결 절차나 조직 내적 전통들은 달리 보면 그만큼 오랜 시련과 좌절 속에서 구축해 온 조직 안정을 위한 자기 수호 시스템이라고 할 수도 있다. 어느 경우든 지금의 우리가, 앞으로의 우리가 해야 할 일은 이러한 조건을 선순환시키는 것뿐이다. 앞서도 말했듯이 지난 100년 동안 천도교여성회가 겪어 냈던 수많은 좌절과 실패야말로 오늘 이후의 천도교여성회의 귀중한 자산이 될 것이라는 점도 중요한 관건이다.

이렇게 희망의 서사를 열거하였지만, 앞으로 어찌 지금까지보다 더 큰 어려움이 없겠는가. 지금 당장 우리는 얼마나 큰 함지(陷地)에 빠져 있는가. 얼마나 깊은 사지(死地)에 놓여 있는가. 그러나 그럼에도 불구하고 물구물공(勿懼勿恐)할 일이다. 향아설위의 가르침, 성령출세의 진리를 되새긴다면, 지금 미래 100년의 역사를 내다보는 것은 우리들 자신만이 아니기 때문이다. 주옥경 초대회장을 비롯한 수십만의 여성회 선배 선열들, 나아가 수운대신사, 해월신사, 의암성사, 춘암상사와 수백만 순도선열들의 성령이 함께하고 있는 것이다. 그야말로 '아무 주저 할 것도 없고 거리낄 것도 없다.'(기미독립선언서)

우리는 다시 출발점에 서 있다.
지난 100년의 역사가 오늘 이후의 새 시대를 잉태하여 이제 막 출산하였다.
새로운 여명기가 시작되었다.
가자. 다시 새로운 100년을 향하여!

집필자 후기

가고 다시 돌아오지 아니함이 없는 길

노은정·박길수

1.

이 책은 100년 만에 나오는 책이다. 이 책이 만들어지는 데는 100년의 시간-역사가 필요하였다. 다른 역사책과 다른 점은, 이 책의 많은 등장인물이 현재도 살아서 활동하고 있으며, 여전히 새로운 역사를 지어 가고 있다는 점이다. 그러므로 이 책은 미완의 책이다. 달리 말하면 '열린 결말'의 책이다. 독자들은 무엇보다 이 점을 염두에 두었으면 한다.

열려 있다는 것은 미래로 향한 개방만이 아니다. 이 책은 과거로도 열려 있다. 이 책은 과거 역사 정리의 완결판이 아니라, 과거 역사, 다시 말해 포덕 65년(1924) 4월 5일, 천도교여성회(천도교내수단) 창단 이래 100년간의 활동사를 향해 끊임없이 나아가는 관문이다. 이 책을 관문 삼아, 현재 이 책에 빠져 있는 이야기들, 혹은 흐릿하고 잘못 칠해진 색깔을 바꾸는 작업을 얼마든지 할 수 있다는 점에서 이 책은 과거로 열려 있는 책이다. 이를 달리 '역사는 끊임없이 재해석된다'고 말한다. 여기에는 이 책이 사료(史料)를 완전히 담아내지 못하였다는 뜻이 포함된다. 책의 규모와 의미에 비하여, 본격적인 집필을 시작한 시점이 너무 늦었고, 그마저도 중간에 집필이 전면 중단된 시기가 끼어 있어서 실질적인 집필 기간은 훨씬 더 짧았다. 이 점에 대하여 용서와 양해를 함께 구한다. 그런 만큼 이 책은 새롭게 보완될 여지가 그 어느 책보다도 많다는 점을 분명히 해 둔다. 촉박하기 이를 데 없는 시간에도 불구하고 이 책의 집필을 완료하고, 간행에까지 이를 수 있었던 것은 30년 전에 『천도교여성회70년사』(60년사 포함)가 한번 간행된 바 있고, 특히 『동학천도교인명대사전』과 『동학천도교편년사』가 간행 또는 정리되어 교단 안팎의 자료를 일일이 찾지 않고 참고할 수 있었던 덕분이다. 더욱이 ≪천도교여성회보-한울세상≫이 40여 년 동안 간행되어서, 70년사 이후의 자료는 거의 전적으로 위 세 자료에 의존하였다. 그러나 ≪천도교여성회보-한울세상≫에 한계가 없지 않았으니, 공식 문서상으로 확인해야 할 많은 내용이 누락되거나 기사에 미비한 사항(육하원칙 등) 들이 많아서 애를 먹었다. 재삼 부탁하건대, 자료 수집, 정리, 보존을 체계화하고 정례화하여 주시기를 엎드려 빈다.

2.

그럼에도 불구하고, 또는 그렇기 때문에, 이 책을 집필하면서 염두에 두었던 것은 단정적인 서술보다는 이 책의 내용을 토대로 더 많은 사실들을 발굴하고 취합할 수 있는 도구서로서의 역할을 할 수 있도록 구조를 짜는 일이었다. 그것이 성공했는지 여부는 이 책이 발간된 이후 얼마나 많은 후속 서술들이 이루어지느냐에 달려 있다. 이 책을 만들면서 발견된, 혹은 창안된 많은 생각들과 여성회 활동에 관한 정보들, 그리고 그러한 정보들을 정리하고 취급하는 기술적인 방법의 많은 부분이 이 책에 반영되지 못하고, 집필진의 머릿속에 남아 있다. 이것들이 좋은 계기를 만나서 더 나은 결과를 만들어 낼 수 있기를 바란다.

역사는 사람의 역사이고, 또 사람이 역사이어야 한다고 생각하지만, 이 책을 집필함에 있어서는 사람보다 조직의 활동, 즉 회의(총회, 중앙위원회)나 사업의 외형을 위주로 서술해야 했다. 그런 까닭에 초고 독회 과정에서 많은 분들의 요구가 빗발쳤다. 자신이 참여한 사업, 혹은 사업에 참여한 자신의 활동(이름)이 누락되었다며 추가해 달라는 요청이었다. 그러나 모든 사업과 회의, 활동의 내용에 사람의 역사를 일관되게 반영하기에는, 고려해야 할 변수가 너무 많았다. 또 이 책은 100년사를 정리하는 것이기에, 한 시대, 한 장면에서의 우선순위에 대한 판단이 입장과는 다를 수 밖에 없다는 점도 감안해야 했다. 이 책은 집필진의 의도나 바람과는 상관 없이 '사람'(회원)보다는 '여성회'가 부각되도록 하는 데 초점을 맞추었음을 다시 한번 상기하면서, 많은 분들의 양해를 구한다.

또 하나 염두에 두었던 것은, 이 책이 '과거를 자랑하는 책'이 아니라 '미래를 내다보고, 미래로 향하는 동력을 제공하는 책'이 되도록 하는 것이다. 이것은 집필진의 의도이기 이전에 많은 여성회원들이 바라고 요구한 바이기도 하다. 실제로 여성회 100년사 가운데는 오늘날 계승할 가치가 있는, 그리고 여성회 100년 역사를 가능하게 한, 화려하지 않지만 귀중한 많은 활동의 역사적 경험들이 켜켜이 쌓여 있었다. 그러나 그들 중 오늘날 지속-계승되지 않거나, 혹은 산발적으로 실행되면서, 그 성과를 지속-발전시키는 방향으로 나아가지 못하고 있는 것이 한둘이 아니었다. 이 책으로 그것을 새롭게 정리하고, 발전적으로 계승할 수 있는 여지를 만들고자 하였으나, 다소 장황한 접근이 되고 말았다. 그러나 한편으로는 충분한 사례를 제시함으로써, 독자(여성회원)들이 간접경험을 풍부히 할 수 있게 애를 썼다는 점도 밝혀 둔다. 이 책 안에 담긴 서 말의 구슬들을 꿰어 가는 것이 여성회원들이 자주적으로 해 나가야 할 후속작업이 아닌가, 책임을 미루어 본다.

이 점에서 이 책이 직접적으로 지시(指示)하는 다음 단계의 과업을 예를 들면, 다양한 단행본의 발간이다. 그중에서도, '사람 이야기'를 수집하고 기록하는 일이, 급선무이자 가장 손쉬운 접근 경로가 아닌가 한다. 이미 여성회에서는 원로 여성들의 구술 녹취를 통해 2권의 단행본 - 『한울님 은덕으로 살아온 내 인생』『한울마음 여인들』 - 을 발간한 바 있다. 그러나 구술 녹취록이 가진 많은 장점에도 불구하고 그것이 갖는 한계도 뚜렷하다. 개인의 이야기를 종합하고, 그것을 관통하는 시대적, 역사적 의미를 발굴하며, 또 주변 환경 속에서 그 구술들의 의미, 개인의 역할과 한계 등에 대한 서술 - 역사 서술의 관점과 태도가 반드시 요구되는 까닭이다. 두 권의 단행본 외에 《천도교회월보》『신인간』에 수록된 수많은 천도교 여성들의 수필, 신앙체험담, 인터뷰 글들을 취합하고, 『동학천도교인명사전』과 『동학천도교편년사』를 교직(交織)할 때, 풍부한 '천도교 여성 이야기'가 재구성될 수 있을 것이다. 이것이 다시 "새로운 천도교여성회 역사"가 될 수 있을 것이다.

3.

이 책의 집필 과정에서 재확인하게 된 또 하나의 과업은 여성회역사편찬위원회가 상설기구로서 활동해야 한다는 점이다. 3년 혹은 6년을 임기로 교체되는 실무 임원진과 별개로 상설적인 활동 기구로 존립하면서, 그때그때 여성회 활동 자료를 취합하고 기록으로 남기며, 최소한 3년 임기 단위로는 평가 및 정리를 해 나갈 필요가 있다는 것이다. 이것을 《천도교여성회보-한울세상》을 통해 정기적으로 발표하면, '천도교여성회 200년사'를 지금부터 집필해 나가는 셈도 될 것이다. 다만, 이를 위해서 여성회원들 가운데 희망자를 선발하여, 천도교여성회 집필자로서의 소양을 갖추는 과정이 필요할 듯하다. 현재의 《한울세상》의 기사 현황이나, 이 책을 집필하는 과정에서 취합해 보았던 현재의 본부 활동사나 지부 활동사(이 책-1권-에 이어 앞으로 '2권'으로 나오게 될) 등의 자료를 볼 때, 원천적으로 자료를 만들어내고(회의록, 사업 결과 정리 등) 정리하는(회보에 기사화, 본부에 보고 등) 과정을 체계화하고 표준화할 필요가 있다는 점을 발견할 수 있었다. 무엇보다 회의가 원만하게 진행되도록 하는 일, 회의록을 체계적, 공식적으로 정리하고 확인하는 일로서, 여성회본부의 '공식문서(사료)'를 생산하고 축적하는 과정을 올바르게 해야만, 바른 역사(서)를 만들어 낼 수 있다. 이것이 곧 '규모일치'의 의미일 것이다. 이 규모일치는 여성회(내수단) 창립 시기부터 빠지지 않고 등장하는 여성회의 과제였음이 이를 반증한다.

이 책을 집필하는 과정에서 많은 시간을 할애한 것이 〈연보〉이다. 이 연보는 천도교여성회 역사를 시간순으로 일별할 수 있게 할 뿐 아니라, 무엇보다 앞으로 새롭게 자료를 발굴 수집하여 추가해 나가는 데 요긴한 도구 기능을 할 것이다. 각 항목에 대한 세부 내용을 보강해 나가는 것이 곧 천도교여성회 역사의 새로운 해석과 보완의 출발점이 된다는 점에서 이 책의 가장 큰 특장이라고 할 수 있다.

이 책을 집필하면서 특별히 인상적이었던 것은 포덕 140년대(2000) 이후 역대 여성회장들은 '천도교 여성 시대'의 개막을 주창(主唱)하고, 여성이 천도교의 주인이 되는 시대를 부르짖는 대목이다. 마침내 천도교여성회 창립 100주년 기념 학술세미나는 여성들로만 발표자를 구성하여, 여성들의 이야기를 풀어 나갔다. 앞으로 이 관점이 더욱 철저히 관철되어 '여성 천도교 시대'를 열어내는 것이 여성들에게 희망일 뿐 아니라, 천도교에도 희망이고, 세상에도 희망이 될 것이라고 생각한다.

4.

이 책을 집필하는 과정에서, 최대한 희망의 서사를 앞세우고 부각시키고자 애를 썼다. 역사는 집필자의 의도보다 자료(史實)에 근거함이 우선이라고 말할 수 있으나, 100년사는 일반적인 역사책과는 달리 기념비적인 책이라는 점을 고려하여, 생략하고 행간에 감추어 둔 경우도 적지 않다. 그에 대해서는 여성회 활동과 관련된 다른 기록이나 구전과 비교하면 금방 그 실체에 접근할 수 있을 것이다. 그러나 실체에 접근한다는 것과 실체의 전모를 파악하는 것은 별개의 문제다. 너무나 많은 사람들이, 각자의 입장을 가지고 하나의 사건 덩어리를 형성하고 있다 보니, 첨예하게 대립하는 입장 차이가 때로는 큰 파열음을 만들기도 했다. 한편으로 생각하면, 그러한 견제는 여성회 내부의 긴장감을 고조시키지만 '긴장감'은 긍정적으로도, 부정적으로도 작용할 수 있는 중립적인 것이다. 그러한 긴장을 긍정적인 에너지나 계기로 삼는 것은 여성회를 구성하고 있는 회원(임원)의 역량에 달린 일이다. 이것은 천도교여성회뿐 아니라, 천도교단 나아가 여느 사회단체에도 적용될 수 있는 보편적인 담론이다. 집필 및 편찬 과정에, 지면에 담을 수 없는 많은 일들이 있었으나, 이는 집필 과정에서 알게 된 사실이므로 비밀로 간직코자 한다.

초고인 상태에서 본부 상임위원 및 여성회 100년사 자료위원 등의 독회를 거쳤으나, 시간 부족을 호소하고 비판하는 분들도 있었다. 이 점은 시간에 쫓긴 편찬위원 및 집필자의 사정을 감안해 주시기를 부탁드릴 수밖에 없다. 또 교서편찬위원회의 감수를 받고자 하였으나, 부문단체 역사서 간행에 관해서는 교서편찬위원회가 감수하지 않는다는 답변을 받았고, 다만, 일부 편찬위원들로부터 원고 교정 도움을 받았음을 밝혀 둔다.

과정이 어떠하였든지, 천도교 여성회 100년사의 집필자로 위촉되어 집필을 맡게 된 것은 역량에 어울리지 않는 과분한 일이어서 두렵고 떨리는 일이면서도, 한편으로는 너무도 감사한 일이었다. 지난 역사의 현장에 서 있는 듯한 생생한 체험의 연속이었고, 선열들의 거룩한 발걸음을 함께 걸어보는 귀중한 주유팔로의 시간들이었다. 이러한 기회를 주신 천도교여성회 박징재 회장님과 지정해, 고윤옥, 김춘옥 편찬위원 님, 그리고 그 밖에 관계 되신 여성회 임원들께 감사드린다.

5.

노은정, 박길수 두 사람, 그리고 표지 디자인을 맡아준 윤태원 등은 40년 전부터 늘 만나고 헤어지며, 따로 또 같이 천도의 길을 함께 걸어가는 동덕이자, 천도문화의 길을 더불어 개척하려 하는 동지이며, 인생의 희로애락을 같이하는 동무이다. 우리는 다시 새로운 길을 떠난다. 가고 다시 돌아오지 아니함이 없는 그 길이다.

한울님과 스승님 감응하옵소서.

포덕 165년(2024) 3월, 지구인문학연구소에서

감사의 말씀

고맙습니다, 다시, 고맙습니다

전국의 천도교 여성회원 여러분, 모시고 안녕하십니까?

여성회100년사편찬위원의 중책을 맡게 된 순간이 아직도 생생합니다. 돌이켜 그때 저의 심정을 비유할 말을 찾아보니, 아마도 대신사님이 "천지가 아득해서 정신수습 못할러라" 하신 말씀에 가깝지 않을까, 거기에까지 생각이 미칩니다. 게다가 이 거룩한 사업이 원만하고 평탄하게 진행되지 못하고, 큰 시련기를 거쳐야 했습니다. 그때 편찬위원들의 심정은 차마 글로 기록하기 어렵고 말로 표현할 수도 없습니다. 우리가 이러한데, 이 모든 일을 최종 책임지는 박징재 회장님, 천도교여성회창립100주년기념사업추진위원장님의 고심이야 더 말할 나위가 있겠습니까?

천도교여성회100년사는, 여성회 창립 100주년의 핵심 사업으로 포덕 163년(2022) 5월 20일 제1차 상임위원회에서 각 회장 임기에 활동한 부장 중 2명의 자료위원을 추천받아 편찬 준비위원회를 구성하면서 시작되었습니다. 그해 10월 9일, 제1차 편찬 준비위원회에서 위원장을 선임하여 집필진 등의 구성에 착수하였습니다. 이어 11월 13일 제2차 편찬 준비위원회에는, 전차 회의에서 추천된 김춘성(세미나) 교수와 노은정(100년사) 동덕이 참여하면서 자료수집에 착수하였으며, 편집위원으로 지정해, 고윤옥, 김춘옥, 노은정을 선정하였습니다. 포덕 164년(2023) 3월 5일 제3차 편찬 준비위원회에서는 각 위원 추천을 일부 완료하였으며, 편찬 관련 논의를 진행하였습니다. 중도에 편찬(집필)이 수개월간 중단되는 일이 있었으나, 7월부터 자료수집을 재개하고, 포덕 165년(2024) 1월 26일에는 박길수를 집필진에 추가 위촉하고, 편집과 진행을 도서출판 모시는사람들에 의뢰키로 하였습니다. 이후 1개월여의 추가 작업을 거쳐 2월 26일 독회 작업을 실시하고, 지속적인 수정 보완을 계속하여 포덕 165년 3월 9일, 인쇄 의뢰하였습니다.

마무리 과정에서 거듭해서 편찬위원회 회의와 실무자, 담당자, 집필자들과의 회합을 하면서 원고를 보완하고, 고윤지, 고윤옥, 이순옥, 고온자, 한재신 님 등이 며칠에 걸쳐 독회와 교정작업을 계속하였으며, 전국의 상임위원 등에게 회람하고 독회와 수정 보완을 하는 도움까지 추가하여, 초 단기간 내에 마칠 수 있었습니다.

목적지가 가까워올수록, 초기의 그 아득하던 천지 사이가 점점 밝아지는 것을 느끼면서, 비로소 조금씩 알 수 있었습니다. 아, 이 길을 편찬위원과 집필진만 가는 것이 아니구나. 저녁기도식과 새벽기도식 때마다 여성회원 여러분들의 마음이 여기 '천도교여성회 100년사'를 편찬하는 현장에 닿아 있다는 것을 점점 더 또렷이 느낄 수 있었습니다.

무엇보다 여기 이 자리에는 주옥경 초대회장 이하 역대 회장님과 원로, 선배, 선열들의 성령이 출세하고 계시다는 것을, 마지막에야 깊이 깨닫고 웃다가 또 울었습니다. 지난 100년간의 그 모심과 살림의 길을, 온몸으로 느끼면서 울다가 또 웃었습니다.

한편, 그럴수록 또다른 두려움이 생겨났습니다. 과연 이 100년사가 수운대신사, 해월신사, 의암성사, 춘암상사 이래의 가르침과 주옥경 초대회장 이래 역대 회장과 선열들의 위업을 얼마나 오롯이 담아내고 있는가 하는 두려움이 그것입니다. 그 두려움은 끝내 해소되지 못하고, 편찬위원들, 그리고 기념사업추진위원장인 박징재 회장과 임원진 모두가 함께 안고 가야 할 숙제일 것입니다. 다만 하나의 위안으로 삼고자 하는 것은 이 100년사 편찬은 끝나는 것이 아니라, 오히려 과거 - 현재 - 미래로 더 넓게 열리게 되리라는 확신을 갖게 된 사실입니다. 지부 역사를 편찬할 때 더 많은 자료가 취합될 것이며, 오래된 자료, 숨겨진 자료들이 앞으로도 더 많이 발견될 것과, 그것을 보는 우리의 안목이 우리의 정성과 공경과 믿음에 따라서 더욱더 넓어지고 깊어질 것이라는 기대를 갖게 된 것입니다.

끝으로 이 천도교여성회100년사 집필을 위하여 모진 고난의 길을 걸어와 마침내 저희에게 귀중한 원고를 넘겨주신 노은정, 박길수 두 분 집필위원과 감수를 맡아주신 선생님들께도 깊이 감사드립니다. 이 지면으로 몇 장을 채워도 다 못할 많은 말들은, 지면 너머에 남겨두겠습니다. 오늘까지의 역대 회장님과 원로, 선배, 선열들의 피와 땀과 눈물, 정성과 공경과 믿음의 역사를 이어서, 내일의 천도교여성들이 더 밝고 거룩한 천도교여성회 역사를 일구어 가기를 심고합니다.

엎드려 절하며, 감사드립니다. 다시, 감사드립니다.

포덕 165년(2024) 3월 일

천도교여성회100년사 편찬위원을 대표하여

지 정 해 심고

부록

천도교내수단 규약 (포덕 65년, 1924)

천도교내성단 규약 (포덕 72년, 1931)

천도교부인회 규약 (포덕 97년, 1956)

천도교여성회 규약 (포덕 109년, 1968)

천도교여성회 규약 (포덕 114년, 1973)

천도교여성회 전국 지부 현황

천도교여성회 100년 연보

찾아보기

천도교여성회 창립100주년 기념사업추진위원회

천도교내수단 규약

포덕 65년(1924) 4월 5일(추정)

제1조 우리의 이름은 천도교내수단이라 합니다.
제2조 우리 단은 천도교의 종지에 들어맞는 새 세상을 만들기로 목적합니다.
제3조 단의 본부는 경성(서울)에 둡니다. 지방에는 지방부를 둘 수가 있습니다.
제4조 우리 단에 들어올 사람은 15세 이상의 천도교를 믿는 여자에 한합니다.
제5조 단원은 단규(團規)가 허하는 범위 내에서 단(團)을 위하여 의견을 이야기할 수 있으며 또는 임원을 선거할 수 있고 선거될 수도 있는 동시에 단의 규약을 이행할 의무가 있습니다.
제6조 단의 소임을 다하기 위하여 아래와 같은 부(部)를 둡니다.

1. 포덕부(布德部) 1. 음악부(音樂部)
1. 노무부(勞務部) 1. 서무부(庶務部)

제7조 각 부의 소임을 다하기 위하여 각 부에는 위원 몇씩을 둡니다.
제8조 위원은 총회에서 투표 선정하되 누구나 어느 부 위원이 될까 하는 것은 위원회에서 결정합니다.
제9조 위원의 임기는 1개년으로 합니다. 결원(缺員)이 있는 때는 위원회에서 보선(補選)합니다.
제10조 단위 경비는 단원의 의무금과 기타의 찬조금으로 씁니다. 의무금은 입단금이 30전, 월연금(月捐金)이 5전입니다.
제11조 단의 집회는 정기 총회, 임시 총회, 위원회의 세 가지가 있습니다.

1. 정기 총회는 매년 4, 10월 양월 중에 열읍니다.
2. 임시 총회는 일이 있는 때마다 위원회의 결의로써 열읍니다.
3. 위원회는 역시 정기와 임시의 두 가지가 있는데 정기회는 매월 첫 토요일 오후 2시에 열고 임시회는 일이 있는 때마다 각부 대표위원의 발의로 열읍니다.

제12조 총회는 단원 반수 이상, 위원 반수 이상이 출석하지 않으면 열지 못합니다.
제13조 단원은 아래에 보인 바와 같은 경우에서는 단원된 자격을 잃어버립니다.

1. 천도교인의 자격을 잃은 때
2. 단의 체면을 손상하는 때
3. 월연금을 이어서 석달치를 내지 않거나 단규에 작정된 집회에 이어서 세 번을 출석치 않는 때

제14조 이 규약은 총회의 3분지 2 이상의 결의로써 개정할 수가 있습니다.
제15조 이 규약에 나타나지 않는 것은 위원회의 결의로써 할 수가 있습니다.

지방부에 관한 규약

제1조 20인 이상의 단원이 있는 곳에는 지방부를 둘 수가 있습니다. 특별한 사정이 있는 때에는 다르게 할 수도 있습니다.
제2조 지방부에 단원의 입단금은 그 반액을 본단(本團)으로 보냅니다.
제3조 지방부의 기관 조직은 단규에 의해서 합니다.

천도교내성단 규약

포덕 72년(1931) 3월 16일(추정)

제1조 우리 단의 명칭은 천도교내성단이라고 한다.

제2조 우리 단의 강령은 다음과 같다.

1. 천도교를 믿는 여자로 하여금 천도교의 종지에 맞는 새 세상을 만드는 데 있어 한낱 충실한 일꾼이 되게 함.
2. 단결을 굳건히 하여 일반 여자의 지위를 향상케 함.

제3조 우리 단은 천도교 중앙종리원과 지방종리원의 지도를 받는다.

제4조 우리 단은 본부를 서울에 두고 각 지회에 지방부를 둔다.

제5조 우리 단에 들어올 사람은 17세 이상의 천도교를 믿는 여자로서 3회 이상의 실행이 있고 단의 규약을 준수하는 자에 한한다.

제6조 우리 단에 입단하려면 입단금을 구비하여 그 지방부의 허가를 받아야 한다. 지방부가 없는 곳은 제 수속을 단 본부에 직접 청원해야 한다.

제7조 단원은 의무금으로 입단금 30전, 연례금 30전을 납입해야 한다. 단, 입단한 해에는 연례금을 면제한다.

제8조 단원의 가족으로서 입단하고자 할 때는 입단금 및 연례금을 반액으로 한다.

제9조 단원은 단의 사업을 위해서 자기의 의사를 발표하며 또한 단 위원의 선거권 및 피선거권을 갖는다.

제10조 단원은 다음과 같은 실행을 약속한다.

1. 내수도는 교리를 중심으로 매일 30분 이상 낭독할 것
2. 하복을 제외하고는 염색복을 입되 단추를 달며 머리는 쪽을 지을 것

제11조 우리 단은 고문 약간 명을 둔다.

제12조 우리 단은 단 본부·지방부·지방반의 3조직을 가진다.

제13조 단을 대표하기 위해 대표 1인을 둔다.

제14조 단의 임무를 다하기 위해 다음과 같은 부를 둔다.

1. 포덕부
2. 서무부
3. 재무부

제15조 각 부에는 위원 약간 명과 상무위원 약간 명을 두어 단위 일체 임무를 집행한다.

제16조 본부 대표 및 중앙집행위원은 전국대표대회에서 선거하며 각부 위원은 중앙집행위원회에서 호선 결정한다.

제17조 중앙집행위원의 임기는 1개년으로 하며 결원이 생길 때는 위원회에서 보선할 수 있다.

제18조 단의 집회는 전국대표대회·중앙집행위원회의 둘로 한다.

1. 전국대표대회는 단 본부 중앙집행위원회의 대표가 이를 소집한다. 지방부는 이에 준한다.
2. 전국대표대회는 매년 3월 초순에 연다. 특별한 경우는 중앙집행위원회의 결의로써 임시 대표대회를 소집할 수 있다.

제19조

는 지방부 대표 및 본부 중앙집행위원회의 반수 이상, 중앙집행위원회는 위원의 반수 이상 출석하여야 개최할 수 있다. 단, 특별한 경우는 반수가 미달되어도 개최할 수 있다.

제20조 단의 경비는 단원의 입단금 반액 및 연례금 3분지 1 또는 유지의 찬조금으로써 충당한다. 입단금 반액과 연례금 3분지 2는 그 지방부에서 사용하되 군부(郡部)에는 85전, 면부(面部)에는 5전을 할당한다.

제21조 단원은 다음에 해당하는 경우 단원의 자격을 상실한다.

1. 천도교인의 자격을 잃었을 때
2. 단의 체면을 손상시켰을 때
3. 의무금을 납입하지 않을 때 및 단규에 복종하지 않을 때

제22조 본 규약은 전국대표대회의 결의로써 개정할 수 있다.

제23조 본 규약에 명시되어 있지 않은 것은 위원회의 결의로써 한다.

지방부 규약

제1조 13인 이상의 단원이 있는 군부(郡部)에는 지방부를 둘 수 있다. 특별한 사정이 있는 군 지부에는 13명이 미달되어도 군 지부를 둘 수 있다.

제2조 지방부의 명칭은 「천도교 내성단○○부」라고 칭한다.

제3조 지방부의 기관은 본부에 준해서 조직한다.

제4조 지방부 위원은 단원대회에서 선거하며 임기는 1개년으로 한다. 지방부의 경비는 입단금의 반액과 연례금의 3분지 2 혹은 유지 찬조금으로써 충당한다. 단, 입단금 반액과 연례금 3분지 1은 본부에 납입하여야 한다.

제5조 5개 동(洞)에 3인 이상 7인까지의 단원이 있을 때는 반(班)을 조직할 수 있다.

제6조 지방부 집회는 단원대회 및 위원회의 두 가지로 한다.

1. 단원대회는 매년 2회 이상 한다.
2. 위원회는 매년 6회 이상 한다.
3. 반회(班會)는 매월 2회 이상 한다.
4. 반대표대회는 매년 6회 이상 한다.

천도교부인회 규약

포덕 97년(1956) 4월 4일(추정)

제1조 우리 회의 이름은 천도교부인회라 함.

제2조 우리 회는 본부를 서울에 두고 각 지방에 지방부를 둠.

제3조 우리 회의 강령은 다음과 같음.

1. 우리는 천도교를 믿고 닦고 행함으로써 후천 개벽의 인격 향상을 기함.
2. 우리는 천도교를 퍄고 가르치고 조직함으로써 광제창생의 덕업 완성을 기함.
3. 우리는 모든 여성의 정치적·경제적·사회적 지위의 평등과 생활의 자유를 기함.

제4조 우리 회는 천도교중앙총부의 지도를 받음.

제5조 우리 회의 회원은 회의 강령과 규약을 잘 지킬 것을 서약한 사람으로써 조직함.

제6조 우리 회에 들 사람은 회원 한 사람 이상의 보증이 필요하며 보증인은 3개년 이상 오관을 실행한 회원이 아니면 될 수 없음.

제7조 우리 회에 드는 사람은 입회원서와 입회금을 갖추어 지방부를 경우하여 본부에 제출하여야 함.

제8조 우리 회의 경비는 회원의 의무금과 희사금 및 천도교중앙총부의 보조금으로써 충당함.

제9조 우리 회의 회계연도는 매년 4월 1일부터 다음 해 3월 말일까지로 함.

제10조 회원은 소정의 의무금을 납부하여야 함.

제11조 회원의 가족으로 입회하는 사람은 의무금을 반액으로 함.

제12조 회원은 회의 일에 대하여 자기의 뜻을 말하고 의결할 수 있으며 또는 임원을 선거할 수도 있고 선거될 수도 있음.

제13조 우리 회는 본부·지방부·반(班)의 세 계단으로 조직함.

제14조 우리 회에는 교도사 1인과 고문 약간 인을 둠.

제15조 우리 회의 본부는 교도사 1인, 대표 1인, 부대표 2인과 각 부 부장 및 부원 약간 인으로써 조직함.

제16조 교도사는 회의 자문에 응함.

제17조 대표는 우리 회를 대표하며 회무 전반을 총할 결재함.

제18조 회무를 집행하기 위하여 다음과 같은 부서를 두고 각 부에는 부장 한 사람과 부원 약간 인을 둠.

가. 총무부
나. 포덕부
다. 조직부
라. 교화부
마. 재무부
바. 사업부
사. 서무부
아. 감사부

제19조 우리 회에는 다음과 같은 전문위원회를 둠.

가. 연구위원회
나. 청년지도위원회
다. 학생지도위원회
라. 어린이 지도위원회

제20조 본부 대표와 부대표·중앙위원은 전국대표대회에서 선거하고, 중앙상임위원은 중앙위원회에서 선거하며, 각 부 부장은 본부 대표가 천거하되 중앙상임위원회의 동의를 얻어야 함.

단, 각 부 부원은 부장의 천거로써 본부 대표가 임명함.

제21조 우리 회의 모든 임원의 임기는 1개년으로 함.

제22조 우리 회의 최고결의기관은 전국대표대회

로써 하며 부득이한 경우에는 중앙확대위원회로써 전국대표대회를 대행할 수 있음.
단, 정기 전국대표대회는 매년 4월에 열기로 함.
제23조 전국대표대회는 지방부 대표와 중앙위원으로써 구성함.
제24조 전국대표대회·중앙위원회 및 상임위원회는 본부 대표가 소집함.
단, 본부 대표가 필요로 할 때 또는 대회 구성원 과반수가 요구할 때는 임시대회를 소집할 수 있음.
제25조 전국대표대회는 회의 예산·결산과 제반 규액 및 회의 중요 사항을 의결함.
제26조 전국대표대회와 중앙위원회는 회원 반수 이상의 출석으로써 하며 모든 의결은 참석 인원의 과반수로써 함.
단, 규약 수정에 있어서는 참석 인원의 3분지 2 이상의 찬성으로 함.
제27조 회의 발전을 위하여 크게 이바지한 회원은 그 공로에 따라 표창함.
제28조 회원으로서 회의 규약·강령을 위반하였거나 회의 명예를 손상시켰을 경우에는 그에 적응한 징벌에 처함.
제29조 지방부는 13인 이상의 회원이 있는 곳에 설치함.
제30조 지방부는 대표 1인, 부대표 2인, 총무 1인과 집행위원으로써 조직함.
제31조 지방부의 부서와 임원의 임기는 본부에 준함.
제32조 지방부의 임원은 지방 회원대회에서 선거하되 본부의 승인을 얻어야 함.
제33조 한 동리에 5인 이상의 회원이 있는 곳에는 반을 조직함.
제34조 지방부의 모임은 회원대회·집행위원회·반회의 세 가지로 함.
제35조 이 규약에 나타나지 아니한 사항은 중앙위원회의 결의로써 할 수 있음.

천도교여성회 규약

포덕 109년(1968) 9월 15일

제1장 총칙

제1조(명칭) 우리 회의 이름은 천도교여성회라 칭함.

제2조(목적) 우리 회는 천도교를 믿는 모든 여성을 단결 조직함으로써 다음의 3대 목적 달성을 위하여 총 매진함.

1. 우리는 천도교를 믿고 닦고 행함으로써 후천 개벽 신인간으로서의 인격 향상을 기함.
1. 우리는 천도교회의 발전과 우리나라의 무궁한 번영에 공헌함.
1. 우리는 세계 평화와 인류의 행복을 위하여 보국안민 포덕천하 광제창생함으로써 지상천국 건설에 기여함.

제3조(강령) 우리 회의 강령은 다음과 같음.

1. 우리는 5관과 4계명을 철저히 행함.
1. 우리는 경천·경인·경물의 삼경 사상을 생활화함.
1. 우리는 정직·근면하고 서로 도우며 서로 신뢰하여 단결을 공고히 함.

제4조 우리 회는 본부를 서울에 두고 각 지방에는 지부를 둠.

제5조 우리 회는 천도교중앙총부의 지도를 받음.

제2장 회원

제6조 우리 회의 회원은 회의 목적 강령과 규약을 잘 행하고 지킬 것을 서약하고 입회한 사람으로써 조직함.

제7조 회원은 소정의 의무금을 납부하여야 함.

제8조 회원의 가족으로 입회하는 사람은 모든 의무금을 반액으로 함.

제9조 우리 회에 들 사람은 회원 한 사람 이상의 보증이 필요하며 보증인은 3개년 이상 오관을 실행한 회원이 아니면 될 수 없음.

제10조 우리 회에 드는 사람은 입회원서와 입회금을 갖추어 지방부를 경유하여 본부에 제출하여야 함.

제11조 회원은 회의 일에 대하여 자기 뜻을 말할 수 있으며 또한 모든 임원을 선거할 수도 선거될 수도 있음.

제3장 조직

제12조 우리 회는 본부·지방부·반의 세 계단으로 조직함.

제13조 우리 회의 본부는 교도사 1인, 회장 1인, 부회장 2인과 감사 2인, 각 부 부장 및 부원 약간 명으로써 조직함.

제14조 회무를 집행하기 위하여 다음과 같은 부서를 두고 각 부에는 부장 한 사람과 부원 약간 인을 둠.

가. 총무부 나. 포덕부
다. 조직부 라. 교화부
마. 재무부 바. 사업부

제15조 우리 회에는 다음과 같은 전문위원회를 둠.

가. 연구위원회
나. 청년지도위원회
다. 어린이 지도위원회

제4장 경비

제16조 우리 회의 경비는 회원의 의무금과 천도교중앙총부의 보조금 및 유지인사의 희사금, 기타 수입으로써 충당함.

제17조 회원의 모든 의무금은 그 반액을 본부에 올려야 함.

제18조 우리 회의 회계연도는 매년 1월 1일부터 12월 말일까지로 함.

제19조 시상식에 참석하기 위하여 상경하는 분의

경비는 본부와 지방부에서 공동으로 부담함.
제20조 우리 회는 공익사업 기타의 경비를 조달하기 위하여 사업체를 유지 경영할 수 있음.

제5장 임원

제21조 우리 회는 교도사 1인과 고문 약간 명을 두며 교도사는 종신직으로서 우리 회를 지도 감독하며, 고문은 회의 자문에 응함.
제22조 우리 회는 회장 1인, 부회장 2인, 감사 2인, 각 부장 1인씩을 둠.
제23조 교도사는 성덕사 어른 중에서, 고문은 원로회원 중에서 추대하되 전국 대의원 대회에서 이를 행함.
제24조 회장은 우리 회를 대표하며 회무 전반을 총람 결재함.
제25조 부회장은 회장이 유고 시에 이를 대리함.
제26조 감사는 회의 경과 사항과 회무 전반을 감사함.
제27조 회장·부회장·감사 및 중앙위원은 전국 대의원 대회에서 선거하고, 중앙 상임위원은 중앙위원회에서 선거하며, 각 부 부장은 상임위원회에서 천거하되 회장이 이를 임명함.
단, 각 부 부원은 부장의 천거로써 회장이 임명함.
제28조 우리 회의 모든 임원의 임기는 3개년으로 함.

제6장 회의

제29조 회의는 전국 대의원 대회·중앙위원회·중앙상임위원회 및 부장회의 네 가지로 함.
제30조 전국대의원대회는 우리 회의 최고 결의기관으로서 3년마다 매 12월에 개최하며 부득이한 경우에는 중앙확대위원회로써 이를 대행할 수 있음.
단, 대회구성원 과반수 또는 회장이 필요로 할 때는 임시전국 대의원 대회를 소집할 수 있음.
제31조 전국 대의원 대회는 지방지부 대의원과 중앙위원으로써 구성함.
제32조 전국 대의원 대회·중앙위원회·중앙상임위원회 및 부장회는 회장이 이를 소집함.
제33조 전국 대의원 대회는 회의 기본방침을 결정하며 규약의 개정 및 회의 중요 사항을 의결함.
제34조 전국 대의원 대회와 중앙위원회·중앙상임위원회 및 부장회는 그 구성원 반수 이상의 출석으로써 하며 모든 의결은 참석 인원의 과반수로써 함.
단, 규약 수정 및 중대하다고 인정되는 사항에 있어서는 참석 인원의 3분지 2 이상의 찬성을 요함.
제35조 중앙위원회는 매년 12월에 개최하며 포상에 관한 사항과 예산안 결산안의 심의 결정, 규정의 개정 및 대회의 위임사항 기타 중요 사항을 심의 결정함.
제36조 중앙상임위원회는 회장이 필요로 할 때 또는 상임위원 과반수가 요구할 때 개최되며 전국 대의원 대회 및 중앙위원회의 위임사항, 기타 중요 사항을 심의 결정함.
제37조 부장회는 필요에 따라 수시 개최하며 회무 전반을 심의 집행함.

제7장 포상

제38조 천도교와 여성회의 발전을 위하여 크게 이바지한 회원은 그 공로에 따라 포상함.
제39조 우리 회의 상에는 천일상·지일상·인일상 및 기타 포상으로 함.
제40조 입교 후 20년 이상 오관과 회원의 의무를 실행하고 교회와 여성회의 발전에 크게 공헌하여 천일상·지일상·인일상을 다 받고 거의 도성덕립에 이른 분에게는 성덕사(成德師)의 존칭을 올리고 성덕사는 우리 회의 최고 존칭으로 함.
제41조 천도교의 진리를 궁행실천하여 그 덕행이 지상천국 건설에 이바지하였음이 현저할 때는 천일상의 상장과 부상을 수여함.
제42조 헌신적인 활동에 의하여 천도교와 우리 회의 발전에 크게 이바지하여 그 공로가 현저할 때는

지일상의 상장과 부상을 수여함.
제43조 회원으로서 1년에 10호 이상 포덕하였을 때는 인일상의 상장과 부상을 수여함.
제44조 물심양면으로 우리 회를 도운 분과 기타 고마운 분에게는 감사장과 기념품을 수여함.

제8장 지방부

제45조 지방부는 13인 이상의 회원이 있는 곳에 조직함.
제46조 지방부는 대표 1인, 부대표 2인, 감사 2인, 총무 1인, 각 부장 약간 인 및 13인 이내의 집행위원을 둠.
제47조 지방부의 대표·부대표·감사 및 집행위원은 지방회원대회에서 선거하되 대표는 본부의 인준을 요함.
제48조 지방부의 부서와 임원의 임기는 본부에 준함.
제49조 한 동리에 5인 이상의 회원이 있는 곳에는 반을 조직함.
제50조 지방부의 모임은 회원대회·집행위원회·부장회 및 반회의 네 가지로 함.

부칙

이 규약에 나타나지 아니한 사항은 별도 규정에 의하여, 기타는 중앙상임위원회 의결로써 할 수 있음.

천도교여성회 처무 규정

- 포덕 109년(1968) 9월 15일 제정

제1장 총칙

제1조 이 규정은 규약에 나타나지 아니한 점을 밝혀서 규약 시행상 그 세칙으로 삼음.
제2조 우리의 목적과 강령은 모든 회원이 늘 마음에 새겨두고 모임에 있어서는 사계명 다음에 이를 낭독함.

제2장 회원의 자격 의무 및 권리

제3조 천도교를 믿는 여성 동덕이라야 우리 회에 들어올 수 있음.
제4조 특별한 이유 없이 의무금을 1년 이상 체납한 회원은 자동적으로 회원 자격을 잃게 됨.
제5조 회원은 회의 목적 달성과 강령 실현을 위하여 협조 활동하며 모든 모임에 출석할 의무를 가짐.
제6조 회원은 그 거주 지역에 반을 조직할 의무가 있음.
제7조 회원의 의무금은 입회금 100원, 월례금 매달 20원으로 함.
제8조 회원은 회의 모든 일에 대하여 보다 좋은 방법을 건의할 의무가 있으며 모든 건의는 회장 앞으로 서면으로 제출하여야 함.
제9조 회원은 윤리 도덕면에서 법률면에서 또는 경제면에서 특수하고 매우 억울한 곤경에 빠졌을 때 회의 활동과 기능을 통한 도움을 요청할 권리가 있음. 이와 같은 요청은 회장 앞으로 서면으로 제출하여야 함(신상의 비밀은 완전 보장함).

제3장 조직 및 사무 분장

제10조 1시간 이내에 오갈 수 있는 지역 내에 5인 이상의 회원이 있을 때는 반 조직을 서둘러야 함.
제11조 반에는 반장을 두고 반장은 회와 회원 사이의 연락 및 반 운영의 책임을 지며 연락의 내용은 주로 회의 공고 사항, 주지 전달, 회원 격려, 의무금의 전달 및 기타 회와 회원의 요구 사항으로 함.
제12조 반장은 반회에서 선출하되 본부 또는 지방부의 임원을 겸할 수 없음.
제13조 총무부는 다음과 같은 일을 맡음.

1. 회 운영 전반에 관한 기획 및 관리
2. 회인(會印)·회장인(會長印)의 관수
3. 문서 작성
4. 일지 및 기타 서무 일반
5. 기관지 발행
6. 기타 각 부에 따르지 않는 일

제14조 각 부장 중에서 1인은 상무로서 각 부에 속

한 사무 일체를 처리하여야 함.
제15조 상무는 부장회의 천거로써 회장이 임명함.
제16조 포덕부는 다음과 같은 일을 맡음.
1. 포덕에 관한 기획
2. 입교식의 진행
3. 순회
4. 기타 포덕부에 따르는 일
제17조 교화부는 다음과 같은 일을 맡음.
1. 교화에 관한 기획
2. 강도회 개최
3. 교양 강좌 개최
4. 순회
5. 기타 교화부에 따르는 일
제18조 조직부는 다음과 같은 일을 맡음.
1. 조직에 관한 기획
2. 지방부의 조직
3. 조직에 관한 장부 관리
4. 반장회 소집 및 반 운영 전반에 관한 일
5. 순회
6. 기타 조직부에 따르는 일
제19조 재무부는 다음과 같은 일을 맡음.
1. 재무부에 관한 기획
2. 금전의 출납(회에서 운영하는 사업체의 금전 출납 포함)
3. 결산안·예산안의 작성 지휘
4. 경비 및 기금 조달
5. 기타 재무부에 따르는 일
제20조 사업부에는 다음과 같은 일을 맡음.
1. 사업부에 관한 기획
2. 사업체의 운영
3. 기타 사업부에 따르는 일
제21조 연구위원회는 다음과 같은 일을 맡음.
1. 교리·교사의 연구
2. 여성 문제의 연구
3. 회 운영 방안 및 방침에 관한 연구
4. 연구물 출판
5. 기타 연구부에 따르는 일
제22조 청년지도위원회는 다음과 같은 일을 맡음.
1. 청년 지도에 관한 연구 기획
2. 청년 활동의 후원
3. 기타 청년 지도에 따르는 일
제23조 어린이 지도위원회는 다음과 같은 일을 맡음.
1. 어린이 지도에 관한 연구 기획
2. 어린이 시일학교 지도에 따르는 일
3. 어린이회 육성 지도에 따르는 일

제4장 경리

제24조 금전의 출납은 재무부장, 총무, 부회장을 경유하여 회장의 결재로써 행함(출금 절차가 끝나지 않으면 일체 출금치 못함).
제25조 예산 결산은 1월 1일부터 12월 말까지로 하되 그때그때의 실정을 감안하여 신축성 있게 할 수 있음.
제26조 경조 대상자는 회원의 의무를 다한 회원에 한함. 경조금은 회원 당사자는 1,000원, 직계 가족은 500원으로 함.
제27조 경조금 및 위로금은 환원·회갑·혼례·문병·특수한 재해에 한하여 출금함. 단, 문병은 사고로 인한 입원 및 장기의 중병에 한함. 재해는 화재 홍수 등으로 생활상의 큰 피해를 입었을 때에 한함.

제5장 임원

제28조 고문은 회장·부회장·감사를 역임하고 우리 회에 공로가 많은 이로써 전국 대의원 대회에서 추대함.
제29조 회장·부회장은 열성 회원으로서 중앙위원을 거친 분 중에서 선출함.
제30조 총무 및 각 부장은 자격을 겸비한 분으로 선출함.
제31조 각 전문위원은 그 방면의 취미와 연구를 쌓은 분으로서 함.
제32조 회장·부회장·감사·총무·각 부장·부원 및 각 전문위원회 위원장을 실무위원으로 함.

제33조 중앙위원은 이유 없이 2년간 회의에 출석하지 않으면 자동적으로 중앙위원의 자격을 잃게 됨.
제34조 중앙상임위원은 이유 없이 계속해서 5회 이상 회의에 출석하지 않으면 자동적으로 상임위원 자격을 잃게 됨.
제35조 실무위원은 이유 없이 계속 5회 이상 회의에 출석하지 않으면 자동적으로 실무위원의 자격을 잃게 됨.

제6장 회의

제36조 부장·부원 및 각 전문위원회 위원장 연석회의를 실무위원회로 함.
제37조 실무위원회는 회장이 소집함.
제38조 모든 회의는 그 구성원 반수 이상의 실수가 출석치 않으면 개회치 못함.

제7장 포상

제39조 포상 및 감사장에 대한 일은 회장·부회장·각 부장·각 전문위원회 위원장 및 지방부 대표가 제안함.
제40조 포상 및 감사장에 관한 일은 실무위원회와 중앙상임위원회의 동의를 거쳐야 함.

제8장 지방부

제41조 지방부는 적어도 1인 이상의 대의원을 전국 대의원 대회에 보낼 수 있음. 단, 그 비례는 다음과 같음.
회원 50인 이내 1인
회원 150인 이내 2인
이하 회원 100인이 늘어남에 따라 대의원 1인씩을 늘림.
제42조 지방부는 회의 발전에 도움이 되는 사업체를 유지 경영할 수 있음.

부칙

이 규정에 나타나지 아니한 사항은 중앙상임위원회·실무위원회, 지방부는 집행위원회의 결의로써 할 수 있음.

천도교여성회 규약

포덕 114년(1973) 12월 22일 개정
포덕 115년(1974) 4월 5일 공포 부분 개정
포덕 136년(1985) 4월 27일 개정
포덕 139년(1988) 3월 31일 부분 개정
포덕 157년(2006) 3월 26일 부분 개정

제1장 총칙

제1조(명칭) 본회는 천도교여성회라 칭한다.

제2조(목적) 본회는 천도교의 인내천주의 목적을 달성하기 위하여 천도교를 믿는 모든 여성들이 동귀일체하여 철저한 수도를 이행함으로써 안으로 도가완성하고 밖으로 포덕천하하는 데 이바지함을 목적으로 한다.

제3조(강령) 본회는 전 조의 목적을 달성하기 위하여 다음과 같은 강령을 갖는다.

1. 우리는 오관과 사계명을 철저히 행함으로써 후천개벽의 새인간으로서의 인격 향상을 기한다.
2. 우리는 경천·경인·경물의 3경사상을 생활화함으로써 우리나라의 무궁한 번영에 공헌한다.
3. 우리는 보국안민·포덕천하·광제창생함으로써 지상천국을 건설하여 세계 평화와 인류 행복에 기여한다.

제4조(위치) 본회는 본부를 서울에 두고 각 지방교구에 지부를 둔다.

제5조(제약) 본회는 천도교의 부문단체로서 천도교 중앙총부의 지도를 받는다.

제2장 회원

제6조(자격) 본회 회원은 천도교에 입교한 18세 이상의 여성으로서 본회의 규약과 결의를 준수할 것을 서약하는 자에 한하여 회원 2인 이상의 천거로 될 수 있다.

제7조(의무) 본회 회원은 항시 회의 지시 명령에 복종하여야 하며 회비 납부의 의무를 갖는다.

제8조(입회) 본회 회원이 되고자 하는 사람은 입회원서와 입회 당월의 회비를 갖추어 소속 지부를 경유 본부에 제출하여 회원증을 발급받음으로써 회원 자격을 갖는다.

제9조(권리) 본회 회원은 일반 회무에 대하여 의견을 진술할 수 있으며 규약에 의한 선거권 및 피선거권이 있다.

단, 피선거권에 대한 세부 사항은 규정으로 정한다.

제10조(자격상실) 본회 회원으로서 6개월 이상 계속 회원의 의무를 이행하지 않거나 천도교인의 자격을 잃었을 때는 회원의 자격이 자동적으로 상실된다.

제3장 대회

제11조 대회는 본회의 최고 의결기관으로서 중앙위원·지부회장으로 구성된다,

제12조 대회는 규약을 의정하며, 본부 회장 및 부회장, 본부 감사 및 중앙위원을 선거하고 기타 본

회의 중요 사항 일체를 의결한다.
제13조 대회는 3년마다 12월에 정기적으로 개최하며 본부 회장이 소집한다.
※ 포덕 121년(1980) 6차 대회에서 3년마다 12월에 개최하던 대회를 3년마다 3·4월 중에 개최하기로 규약 개정.
단, 중앙위원 및 지부회장 과반수 이상의 요구가 있을 때와 본부 회장이 필요하다고 인정할 때는 임시대회를 소집할 수 있다.
제14조 비상한 경우에는 확대 중앙위원회로써 대회를 대행할 수 있으며 확대 중앙위원회는 중앙위원과 본부 감사로 구성한다.
제15조 대회는 재적 과반수 이상의 출석으로 성립되며 출석 인원 과반수의 찬성으로 결의된다.
단, 선거와 규약 개정에 관한 사항은 출석 인원 3분지 2 이상의 찬성으로 결의하되 2회에 걸쳐서 3분지 2의 수에 미달시는 과반수로 결정한다.
제16조 지방대의원 선출 요령은 규정으로 정하며 대회는 1개월 전에 공고한다.

제4장 중앙위원회 및 상임위원회

제17조 중앙위원회는 본부 회장단 및 중앙위원으로 구성하되 중앙위원은 49인 이내로 한다.
제18조 중앙위원회는 매년 12월에 정기적으로 개최하며 본부 회장이 소집한다.
단, 중앙위원 과반수의 요구나 본부 회장의 필요에 따라서 임시 중앙위원회를 소집할 수 있다.
제19조 중앙위원회는 예산·결산의 심의, 규정의 개정, 포상에 관한 사항을 의결하며 중앙위원 중에서 상임위원을 선출하되 그 인원은 21인 이내로 한다.
제20조 중앙위원회의 성원 및 결의 방법은 대회에 준하되 규정 개정에 관한 사항은 출석 인원 3분지 2 이상의 찬성을 얻어야 한다.
제21조 중앙삼임위원회는 본부 회장이 수시 소집하여 회무 수행상 중요 사항을 의정하며 상임위원 중에서 본부 구성에 필요한 각 부 부장을 본부 회장에게 천거한다.

제5장 본부

제22조 본부 회장은 중앙상임위원회에서 천거한 각 부장을 임명하며 이를 통할하고 아래와 같은 부서로서 회무를 분담 처리케 한다.

회장 1인
부회장 2인
감사 2인
각 부장 1인
가. 총무부 나. 포덕부 다. 조직부
라. 교화부 마. 재무부 바. 사업부
각 부원 약간 명

단, 본부 회장이 회 운영상 필요하다고 인정될 때는 약간 명의 고문을 추대할 수 있으며 회장이 추천하여 총회의 인준을 얻어 위촉한다.

제6장 지부

제23조 회원 21인 이상의 지역에 지부를 설치하며 회원 5인 이상이 있는 동리 단위로 반을 조직한다.
단, 필요할 시는 본부 직할 지부를 둘 수 있다.
제24조 각 지부에는 회장 1인, 부회장 1인, 감사 2인을 두며 기타 임원 및 부서는 지부 규모에 따라 본부에 준한 방법으로 축소 운영한다.
제25조 각 분회는 분회장 1인, 부분회장 1인으로 회무를 집행한다.

제7장 지부 총회 및 지부위원회

제26조 지부 총회는 지부위원 및 관내 대의원으로서 구성하며 분회는 관내 회원으로 구성한다.
제27조 지부 총회는 회장·부회장·감사·지부위원을 선거한다.
단, 선거된 회장은 본부의 인준을 받아야 한다.
제28조 지부 총회는 매년 11월에 정기적으로 회장이 소집하며 기타 운영 방법은 본부에 준한다.
제29조 지부위원회는 지부위원 13인으로 구성하며 회장이 수시 소집하여 지부의 중요 회무를 의정한다.

제8장 임원의 직능

제30조 본부 회장은 본회를 대표하며 회무 전반을 통할한다.

제31조 본부 부회장은 회장을 보좌하며 회장 유고 시에는 그 직무를 대행한다.

제32조 본부 감사는 본회 전반에 걸쳐 행정·회계·경리·상벌 사항을 감사한다.

제33조 본부 각 부장은 소관부를 관리하며 부원은 부장을 보좌하며 부무를 처리한다.

제34조 지부회장은 각 지부를 대표하여 관내 전반 회무를 관장한다.

제35조 본회 각 임원의 임기는 3년으로 한다.
단, 보결 임원의 임기는 전임자의 잔여 임기로 한다.

제9장 회계

제36조 본회의 세입·세출은 중앙위원회의 의결을 얻어야 집행할 수 있고 각 지부의 세입·세출은 지부 총회의 의결을 얻어야 집행할 수 있다.

제37조 중앙위원회 또는 지부 총회의 예산 결정이 없을 때는 중앙상임위원 또는 지부위원의 결의로써 집행한 후 사후 승인을 얻을 수 있다.

제38조 본회 세입은 회비 및 천도교중앙총부 및 각 교구의 보조금과 특별찬조금 및 사업수입으로 충당한다.

제39조 회비의 결정 및 징수 방법과 출납 요령은 규정으로 정한다.

제40조 본회 회계연도는 매년 1월 1일부터 12월 말일까지로 한다.

제41조 본회는 공익사업과 회의 경비를 조달하기 위하여 사업체를 경영할 수 있다.

제10장 상벌

제42조 본회에 공로가 있는 회원에게는 상응한 표창을 하며 표창의 종류 및 방법은 규정으로 정한다.

제43조 본회의 규율을 어긴 회원에게는 제명·면직·정권·견책 등의 징벌을 하며 세부 사항은 규정으로 정한다.

부칙

제44조 본 규약은 공포한 날로부터 유효하다.

제45조 본부 정·부회장은 중앙총부의 인준을 받는다.

제46조 본 규약을 개정할 시에는 천도교중앙총부의 인가를 얻어야 하며 대회 1개월 전에 공고하여야 한다.

제47조 본 규약에 포함되지 않은 세부 사항은 규정으로 정하거나 중앙상임위원회 결의로써 수시로 결정하고 행한다.

천도교여성회 처무 규정

- 포덕 115년(1974) 12월 23일 개정

제1장 총칙

제1조 이 규정은 규약에 나타나지 아니한 점을 밝혀서 규약 시행상 그 세칙으로 삼는다.

제2조 우리의 목적과 강령은 모든 회원이 늘 마음에 새겨두고 모임에 있어서는 사계명 다음에 이를 낭독한다.

제2장 회원의 자격 및 회원증 발급

제3조 회원의 신분은 규약 제6조에 해당한 자에게 회원증을 발급한다.

제4조 회원증 발급을 원하는 회원은 소속 지부에 발급 신청서를 내야 한다.

제5조 회원증 발급 신청을 받은 지부는 발급 양식 제1호에 의하여 본부에 신청해야 한다.

제6조 본부는 발급 신청자에 대한 규정 제3조의 상위 여부를 조회하여 유자격자에 한하여 아래와 같이 발급한다.

1. 회원증은 발급 양식 제2호로 한다.
2. 발급 번호는 지부별로 일련번호를 정하고 소

속 회원의 연번호제로 사용한다.

3. 본부는 발급 양식 제3호의 발급 대장을 비치해야 한다.

제7조 소속 지부 이동과 회원증을 분실하였을 때는 즉시 소속 지부를 통하여 사유서를 첨부 재발급 신청을 해야 한다.

제3장 회원의 의무 및 권리

제8조 회원은 회의 목적 달성과 강령 실현을 위하여 협조 활동하며 모든 모임에 출석할 의무를 가진다.

제9조 회원은 회의 모든 일에 대하여 보다 좋은 의견을 건의할 의무가 있으며 모든 건의는 회장 앞으로 서면으로 제출하여야 한다.

제10조 회원의 의무금은 매달 월례금으로 50원을 소속 지부에 납부한다.

※ 포덕 121년(1980) 제6차 대회에서 월례금을 200원으로 인상하기로 규정 수정.

제11조 지부의 화원 의무금은 반액은 본부에 상납하고 반액은 지부 운영에 충당하며 납부 방법은 양식 제4호와 같이 한다.

제4장 각 부서의 사무 분장

제12조 총무부는 다음과 같은 일을 맡는다.

1. 회 운영 전반에 관한 기획 및 관리
2. 회인(會印)·회장인(會長印)의 관수
3. 문서 작성
4. 일지 및 기타 사무 일반
5. 회원증 발급
6. 기관지 발행
7. 물품 처리 및 취급에 관한 사항
8. 강연회 개최
9. 섭외에 관한 사항
10. 지부 설폐(設弊)에 관한 사항
11. 기타 각 부서와의 상호 연락을 맡는다.

제13조 포덕부는 다음과 같은 일을 맡는다.

1. 포덕에 관한 기획
2. 입교식의 집행
3. 순회 계획
4. 청수봉전에 관한 사항
5. 기타 포덕부에 따르는 일을 한다.

제14조 교화부는 다음과 같은 일을 맡는다.

1. 교화에 관한 기획
2. 강도회 개최
3. 수도 연성에 관한 일
4. 교양강좌 개최
5. 순회
6. 기타 교화부에 따르는 일을 한다.

제15조 조직부는 다음과 같은 일을 맡는다.

1. 조직에 관한 기획
2. 지부의 조직에 관한 사항
3. 조직에 관한 장부 관리
4. 반장회 소집 및 반 운영 전반에 관한 일
5. 순회
6. 기타 조직부에 따르는 일을 한다.

제16조 재무부는 다음과 같은 일을 맡는다.

1. 재정에 관한 기획
2. 금전의 출납(회에서 운영하는 사업체의 금전 출납 포함)
3. 예산안·결산안 작성
4. 회비 수납에 관한 사항
5. 경비 및 기금 조달
6. 기타 재무 운영에 따르는 일

제17조 사업부는 다음과 같은 일을 맡는다.

1. 사업에 관한 기획
2. 사업체의 운영
3. 자선에 관한 일
4. 위문에 관한 일
5. 기타 사업부에 따르는 일

제5장 임원 자격과 직능

제18조 규약 제31조의 본부 회장 유고 시는 본부 부회장이 서열로 그 직무를 대행한다.

제19조 고문은 회장·부회장·감사를 역임하고 우리 회에 공로가 많은 이로써 전국 대의원 대회에서

추대한다.

제20조 회장·부회장은 독실한 회원으로서 중앙위원을 역임한 분 중에서 선출한다.

제21조 총무 및 상무, 각 부장은 오관실행을 행하는 독실한 회원 중에서 선발한다.

제22조 회장은 회의 운영상 필요하다고 인정할 때 전임 상무를 둘 수 있다.

제23조 상무의 추천은 부장회의 추천을 받아 회장이 임명한다.

제24조 상무는 각 부서의 사무 연락을 하며 각 부장의 결의 사항을 종합하여 본부 회장에게 결재를 받아야 한다.

제25조 본부 회장은 회의 운영상 필요하다고 인정할 때 연구위원 약간 인을 둘 수 있다.

제26조 연구위원은 상임위원 중에서 실무위원회의 추천에 의하여 회장이 위촉한다.

제27조 실무위원은 회장·부회장·총무·상무·각 부장·부원으로 구성한다.

제28조 중앙위원은 이유 없이 2년간 회의에 출석하지 않으면 자동적으로 중앙위원의 자격을 잃게 된다.

제29조 중앙상임위원은 이유 없이 계속해서 5회 이상 회의에 출석하지 않으면 자동적으로 상임위원 자격을 잃게 된다.

제30조 실무위원은 이유 없이 계속 5회 이상 회의에 출석하지 않으면 자동적으로 실무위원의 자격을 잃게 된다.

제6장 회의 운영

제31조 규정 제27조의 실무위원의 회의를 실무위원회라고 한다.

제32조 실무위원회는 회장이 소집한다.

제33조 모든 회의는 그 구성원 과반수 출석으로 하며 출석원 과반수 찬성이 있어야 한다.

제34조 1시간 이내로 오갈 수 있는 지역 내에 5인 이상의 회원이 있을 때는 반 조직을 둘 수 있다.

제35조 반에는 반장을 두고 반장은 회와 회원 사이의 연락 및 반 운영의 책임을 지며 연락의 내용은 주로 회의 공고 사항, 주지 전달, 회원 상호 친목, 의무금의 징수 및 기타 회와 회원의 요구 사항을 지부에 전달한다.

제36조 반장은 반회에서 선출한다.

제7장 대회 대의원 선출

제37조 대회 구성원은 규약 제11조에 의하여 중앙위원, 지부회장, 분회장, 비례대의원으로 구성한다.

제38조 대의원 선출은 의무금을 6개월 이상 계속 본부에 납부한 지부에 한하여 자격을 인정한다.

제39조 규정 제37조의 대회 대의원은 1개년 이상의 의무금을 계속한 회원으로 한다.

제40조 규정 제37조에 의하여 비례대의원을 다음 각 항에 의하여 선출한다.

1. 비례는 회원 100명까지일 경우 지부회장 외 1인, 150명 이상이면 지부회장 외 2인의 비례로 한다.
2. 비례대의원 선출 기준 회원 수는 계속 의무금을 상납한 지부 회원 수로 한다.
3. 대의원 선출은 규정 제38조에 의하여 선거권·피선거권이 있다.

제41조 분회는 원칙적으로 분회장 1인만 대회 참석권을 인정하되 회원 13인 이상의 자격을 가진 분회에 한한다.

제42조 지부회장이 부득이한 사정으로 대회에 출석하지 못할 경우에는 해당 지부 임원으로서 대리로 출석할 수 있으되 지부회장의 위임장을 소지한 자에게 그 자격을 인정한다.

제43조 비례대의원 선출 방법은 지부 총회에서 한다.

제44조 비례대의원이 부득이한 사정으로 불참 시는 재선 보고를 제출하여야 하며 대리는 인정치 않는다.

제8장 지부

제45조 지부회장은 본부에 지부 총회 회의록과 이

력서를 제출하여 취임 승낙 인준을 받아야 한다.
제46조 지부는 회의 발전에 도움이 되는 사업체를 유지 경영할 수 있다.
제47조 분회는 회원 13인 이상이면 분회를 둘 수 있다.
제48조 부분회장은 각 부장을 대행하여 분회장을 보좌한다.
단, 분회장·부분회장은 분회 회의에서 선출한다.

제9장 회계

제49조 금전의 출납은 재무부장, 총무, 부회장을 경유하여 회장의 결재로써 이행한다.
제50조 예산·결산은 1월 1일부터 12월 31일까지로 하되 그때그때의 실정을 감안하여 신축성 있게 할 수 있다.
제51조 경조(慶弔) 대상자는 회원의 의무를 다한 회원과 직계 가족에 한한다.
제52조 경조금 및 위로금은 환원, 회갑, 혼례, 문병, 특사한 재해(화재·홍수) 등으로 생활상의 큰 피해를 입었을 때에 한하여 간부회의 합의에 의하여 지출할 수 있다.

제10장 상벌

제53조 회비를 3개년 이상 실행한 회원으로서 오관실행을 계속한 분이라야 포상 대상이 되며 심사 방법은 연월성·회비 성적을 기준으로 한다.
제54조 기타 여성회에 특수한 공로가 있는 분으로 하되 실무위원회의 결의에 의하여 상응 포상을 한다.
제55조 제명에 관한 자

1. 회규에 중대한 범행을 행한 자
2. 회의 분열과 파괴를 범한 자
3. 규약을 위반한 자
4. 임원으로 중대한 과실이 이는 자

제11장 부칙

제56조 이 규정은 공포한 날로부터 그 효력을 가진다.
제57조 이 규정에 나타나지 아니한 사항은 중앙상임위원회·실무위원회, 지부는 집행위원회 결의로써 보완할 수 있다.

천도교여성회 전국 지부 현황

포덕 165년(2024) 1월 현재 활동 지부

01. 강릉지부	02. 강서지부	03. 고부지부	04. 경산지부(자인분회)
05. 고성지부	06. 고현지부	07. 공주지부	08. 공항지부
09. 관의지부	10. 광주지부	11. 남대구지부	12. 남해지부
13. 대구시지부	14. 대연지부	15. 대전지부	16. 도봉지부
17. 동대문지부	18. 동두천지부	19. 동부산지부	20. 동서울지부
21. 동작지부	22. 마산시지부	23. 마포지부	24. 말등대지부
25. 부산시지부	26. 부산남부지부	27. 부안지부	28. 북마산지부
29. 북부산지부	30. 사내지부	31. 사천지부	32. 삼천포지부
33. 서부지부	34. 서산지부	35. 서울지부	36. 선구지부
37. 성남지부	38. 송도지부	39. 송탄지부	40. 수원지부
41. 시흥지부	42. 안동지부	43. 양주지부	44. 여주지부
45. 영등포지부	46. 영산지부	47. 옥구지부	48. 온양(아산)지부
49. 용담지부	50. 용산지부	51. 울산지부	52. 원주지부
53. 의정부지부	54. 이리지부	55. 인천지부	56. 정선지부
57. 종로지부	58. 진양지부	59. 진주지부	60. 창녕지부
61. 천정(관악)지부	62. 춘천지부	63. 포상지부	64. 포항지부
65. 한강지부	66. 화천지부	67. 부산여성연합회	

천도교여성회 전국 지부 현황

※다음의 지부명은 천도교여성회 시대 이후 존립했던 모든 지부 및
산하단체(합창단, 봉사단)를 망라한 조직(포덕 165년 3월 현재)

강남지부	강서지부	공항(김포)지부	관의지부
당산	도경지부	도봉지부	동대문지부
동서울지부	동작지부	마포지부	봉천지부
서부지부	서울시지부	성동지부	영등포지부
용산지부	종로지부	천정(관악)지부	한강지부
동두천지부	말등대지부	부천지부	성남지부
송탄지부	수원지부	시흥지부	양주지부
여주지부	의정부지부	인천지부	조암(화성)지부
강릉지부	거진지부	김화지부	속초지부
사내(화천)지부	원주지부	정선지부	춘천지부
화천지부	정진지부	고덕지부	공주지부
당진지부	대전지부	보은지부	서산지부
신도안지부	온양(아산)지부	유성지부	진천지부
청주지부	한밭신도지부	경산지부(자인분회)	경주지부
김해지부	고성지부	고현지부	남해지부
대구대덕(남대구)지부	대구동부지부	대구시지부	대연지부
대동(동부산)지부	마산시지부	부산남부지부	부산시지부
부산여성연합회	부산연합합창단	북마산지부	북부산지부
사천지부	삼천포지부	선구지부	송도지부
안강지부	안동지부	영산지부	영양지부
용담지부	울산지부	진양지부	진주지부
창녕지부	천도교연합봉사회	통영지부	포상지부
포항지부	고부지부	광주(유덕)지부	동광주지부
부안읍지부	부안지부	옥구지부	이리(익산)지부
정읍지부	신호지부(일본)		

천도교여성회 100년 연보

1924 ~ 2024

여성회 창립 전 동학 역사

1860.04.05 경신 수운대신사(최제우) 동학 창도. 이 해에 대신사 부인 박씨 사모 입교하여 최초의 동학교도가 되심

1861.06.00~1863.08 수운대신사는 경전을 지으면서 '거룩한 내 집 부녀', '현숙한 내 집 부녀'라고 칭하여 여성의 지위와 존재에 대한 존중을 구체적으로 표현함

1863.08.14 해월신사(최시형), 수운대신사로부터 동학의 도통을 승계하여 제2세 교조가 됨

1864.03.10 수운대신사 대구장대에서 좌도난정률로 순도

1865.00.00 해월신사, '평등설법'을 하고, '부인수도'를 장려하며, 부인은 한 집안의 주인으로서 모시고 살리는 모든 활동이 부인으로부터 비롯될 뿐 아니라, 부인도통으로 교단과 세상을 살리리라고 예언하고 당부하심. 부인의 말이라도 배울 만한 것은 배워야 한다고 강조함

1890.11.00 해월신사, 복호동에서 「내칙」, 「내수도문」을 친히 지어 부인의 수도에 법경으로 삼게 함

1894.05.11 동학혁명 당시, 전주화약에서 '과부 개가 허용' 주장

1897.12.24 의암성사(손병희) 해월신사로부터 동학의 도통을 승계하여 제3세 교조가 됨

1898.04.05 해월신사, 관에 체포

1900.01.01 이때부터 5년간 일본에 체류하시면서, 세계 문명의 흐름을 살피고, 교인 댁 자제들을 일본에 유학하도록 주선함

1905.12.01 의암성사, 동학을 천도교로 선포. 이후 동덕여학교를 비롯한 여러 여성 교육기관을 후원 또는 직접 경영하시면서 따님을 비롯한 많은 도가 자녀들이 여학교에 진학하여 여성 인재로 성장하도록 독려

1906.03.17 중앙총부, 각 지방에 72대교구 설치

1906.04.24 중앙총부, 한성 부인전교실을 남서(종로방면) 초동 87통 1호 전원(全元)의 집에 정하고 전교사(전원) 선임

1906.05.17 한성부 서서(서촌방면) 사직동 제47통 2호 이구(李九) 집에 부인전교 설정(전교사 이구(李久))

1906.00.00 그때까지 대개 이름이 없이 ××댁, ×씨(부인) 등으로 불리던 여성에게 화(嬅) 자와 남편의 이름 한 글자를 따서 이름을 짓도록 함

1907.07.22 중앙총부, 수운 대선생은 대신사(大神師), 해월 선생은 신사(神師)로 추존

1908.01.18 춘암상사(박인호), 의암성사로부터 도통(종통)을 승계하여 제4세 대도주가 됨

1909.11.19 천도교, 동덕여자의숙에 의연금(월 10환) 무기한 출연하기로 함

1910.03.05 천도교, 부인 봉교사(奉教師) 40명을 선발하여 각 지방에 파송, 포교하기로 함

1911.04.01 동덕학교, 관훈동 151번지 총부 건물(의암성사 집)로 이전하여 운영(총부는 송현동 이전)

1911.04.02 동덕여학교 제1회 졸업식

1914.12.27 동덕여학교의 경영권 일체 천도교회에서 인수 운영 시작

1915.07.00 동덕여학교 기와집 교사 철거 후 양풍 2층 건물과 부속건물 건축

1919.03.01 민족대표 33인, 독립 선언. 주옥경 사모님, 서대문감옥 앞에 집을 얻어 놓고 의암성사 보필

1919.09.02 천도교청년교리 강연부 창립

1919.11.29 의암성사, 수감중이던 서대문감옥에서 뇌일혈로 쓰러져 병감 이송

1920.07.00 천도교청년회 안주지회에서 7월부터 시일 부인강습회

1920.09.26 전주청년회에서 '사회 계발에는 여자교육이 남자교육보다 낫다'는 주제로 토론회

1920.10.00 청년회 정평지회 여자야학 개설

1920.10.22 의암성사 병보석으로 출감하여 상춘원에서 요양 시작 - 주옥경 사모님 간호

1920.10.31 대도주(춘암상사) 서대문감옥 출옥

1920.12.00 황해도 해주교구 여자야학회(강사 양재원, 이춘봉) 설립

1921.01.30 천도교 평양여자청년회 창립. 차기숙 송영화 고영숙 김연화 김학선 송성옥 등 주축

1921.02.01 천도교청년회, 2월 첫째 일요일부터 여자 일요 강습회

1921.03.17 천도교 평양여자청년회 야학부 설치. 매일 밤9시부터 2시간, 3개월 천도교 교리 수업

1921.03.27 원산부교구 임시여자교리강습회 수료식 거행 (16명)

1921.03.29 북간도 용정교구 여자청년회 조직 (30명)

1921.04.11 평양 천도교 여자청년회 야학부 설치

1921.05.01 안주교구 여자청년회 설립

1921.06.01 청년회, 시일부인강습회 조직하여 매시일 진행

1921.06.19 원산 천도교청년회 여자학술강습소 명사십리 원족회

1921.06.30 함흥 천도교여자청년회, 함흥기독교청년회 주최 연합토론회

1921.여름. ~12월 북청청년회 여자강습회

1921.07.09 평양여자청년회 임시 여자교리강습회 수강증서 수여 (30명)

1921.07.12 평양 천도교 여자청년회, 야학부 폐강식 (40명)

1921.09.19 천도교청년회 평양지회 6개월간의 추계 여자강습

1927 포덕68년

회 (35명)

1921.09.25 천도교 평양여자청년회 평양대교구실에서 예회(例會, 70명)

1921.11.20 천도교청년회 함흥지회에서 여자지육부 창립

1921.12.11 청년회 원산지부 9개월간 여자강습회 개최-수료식(60명 수료)

1922.01.07 천도교대헌 폐지 및 종헌과 종규 공포 시행

1922.01.18 총부, 제도 개선으로 신임된 박인호 교주 취임식 (대교당)

1922.초. 서울에서 천도교여자청년회 설립

1922.01.00 천도교청년회 원산지회에서 부인회 설립 (16명)

1922.02.26 함경북도 북청군 신포항 천도교 전교실에서 여자강습회

1922.03.01 북청청년회 여자강습회(8세부터 30세, 50명)

1922.03.11 청년회본부 주최 강습회 수료증 수여 (남 7, 여 17 수료)

1922.03.21 북청군 신창 천도교전교실 여자야학부 초등부인과 신설

1922.03.27 함남 북청 양화면 천도교전교실 여자강습회발기회 개설

1922.04.01 천도교청년회 전주지회 포덕부, 전주 고사동교구실에 부녀교리강습회 설립

1922.05.19 의암성사 향년 62세로 환원

1922.06.05 의암성사 영결식, 교회장으로 대교당에서 봉행 - 우이동 안장

1922.06.06 춘암상사 교주직 사임

1922.06.10 임시 교인대회, 무교주제(無敎主制) 채택

1922.06.12 ~07.20. 천도교인대회대표위원회

1922.06.20 개벽사, 『부인(婦人)』 창간

1922.07.30 함남 고원군교구 여자교리강습회 2회 수업(종업)식

1923.03.31 ~04.13. 천도교 임시종법사회

1923.09.02 천도교청년당 창단. 7대 부문 운동으로 여성부 추진

1923.09.15 개벽사에서 『부인(婦人)』의 제호를 개칭한 『신여성(新女性)』 창간

1923.10.15 안주군 천도교여자청년회에서 개설한 여자야학 개강 (70명)

1923.11.17 창녕부인회, 창녕공립보통학교에서 부인야학회 창립

1924.03.12 동덕여학교 학예회(대교당)

1924.03.13 평양천도교여자청년회, 저축 실행 장려

1924.03.15 동덕여학교 10회 졸업식 및 동덕여자보통학교 1회 졸업식

[일러두기] 1. 실무회의(월 1~4회)는 기록하지 않음
2. 내는 대내 활동 외는 대외 활동

1924 포덕65년

04.05. 내 천도교내수단 창단, 주옥경 손광화 김우경 외

05.06. 내 개벽사 신여성부, 상춘원에서 부녀원유회

07.10. 내 천도교중앙종리원에서 흑의염색운동 전개

10.28. 내 대신사출세백년기념관 기공

1925 포덕66년

01.29. 내 내수단 부인대강연회 개최(중앙대교당)

03.31.~04.02. 내 중앙종리원, 2회 종리사 정기총회(대교당), 178명 중 105명

06.22. 내 신여성사, 동아일보사 후원으로 상춘원에서 부녀 원유회 개최

08.14. 내 천도교교인대회, 200여 명 참석

08.15. 내 임시 종리사 총회에서 분규 발생

1926 포덕67년

04.03. 내 천도교청년동맹 발기회 및 창립총회(구)(신파. 천도교청년당 명칭과 체제 유지)

06.10. 외 순종황제 인산 봉행, 6·10만세운동 발발. 청년동맹과 여성동맹 관여

07.18. 내 천도교 청년여자와 학생이 중심이 되어 천도교여자청년회 조직

08.08. 내 천도교평양청년여자회 발족

09.15. 내 청년당 평양당부의 청년여자회 창립

10.15. 내 평양 천도교청년여자회, 설암리종리원 여자강습회

11.08. 내 안주 천도교내수단, 부인야학강습소 설치

12.10. 내 평양 천도교청년여자회, 일반 부녀 위한 야학강습회

12.19. 내 천도교내수단 4회 정기총회

1927 포덕68년

연초. 내 주옥경 내수단 고문 일본 동경 유학

03.21. 내 해월신사 탄신 백주년

06.02. 내 천도교여성동맹(구) 창립총회

06.08. 내 내수단 전국 지부에 강습과 야학강습 권장하고, 정기보고 지시

08.07. 내 내수단 및 여성동맹, 각각 여성강습회

08.25. 내 청년당구성부와 내수단구성부 연합, 일주일간 농촌부인강도회

08.25. 내 내수단단천부 창립

11.03. 내 내수단 여성문제 강연회

11.27. 내 천도교청년여자회 본부, 위원회 개최

11.27. 내 여성동맹 완도부 조직

12.01. 내 내수단 부인야학 개강, 생도 30여 명

12.19. 내 내수단 제4회 정기총회

1928 포덕69년

12.27. 내 장진군, 함흥 하기천면, 북청, 정평 내수단 창립(12월)

1928 포덕69년

03.10. 내 여성동맹선천부 설치 대회
03.20. 내 천도교내수단 갑산부 창립
04.04. 내 내수단(신) 1회 전국 대표회의, 대표 85명
04.05. 내 여성동맹(구) 1회 전국 대표회의, 대표 63명
04.05. 내 내수단 전국대회(중앙대교당)
05.01. 내 내수단 2회 부인야학 개강
06.22. 내 만주 봉황성종리원, 천도교내수단 지회 창립
06.22. 내 여성동맹선천부 임시대회
07.31. 내 내수단북청부 집행위원회
08.09. 내 내수단선천부 임시총회
09.01. 내 내수단정주부 농한기 부녀강습
09.12. 내 경성부 용산내수단 창립
09.16. 내 내수단곽산부 야학(교리 산술 습자 토론) 설치
10.01. 내 내수단경성부에서 야학(교리 조선어 산술 습자 작문) 시작
10.13. 내 여주군 내수단 지회 창립
10.27. 내 내수단북청부 3회 임시총회
10.28. 내 정주 내수단 1회 총회
12.15. 내 박천 내수단 부인야학(가사 조선어 산술 서신 쓰기)
12.30. 내 내수단철산부 창립
12.30. 내 내수단평양외성부 창립

1929 포덕70년

01.23. 내 정주 내수단, 정주군 관내 종리원 순회
02.19. 내 평북 강계 종남면 원평리 천도교내수단 강연회
03.15. 내 정주 내수단 임시총회
04.04. 내 내수단(신) 2회 전국대표대회, 65명 중 55명
04.05. 내 여성동맹(구) 3회 정기대회
04.06. 내 개천 내수단 2회 단원대회
04.17. 내 구성 내수단 단원대회
05.03. 내 북청 내수단 제3회 정기대회
05.13.~15. 내 내수단 아동보육 대강연회
05.20. 내 평남 안주 내수단 단원 30명 다과회
08.20. 내 정주 내수단원 7일간 강습회
11.01. 내 내수단용청부 단원대회
12.02. 내 주옥경 고문 동경 유학 마치고 귀국

1930 포덕71년

02.06.~28. 내 주옥경 고문 서북 지역 순회
03.09. 내 내수단덕천부 창립대회 (64명)
03.09. 내 내수단순안부 창립
03.17. 내 안주 내수단 여자야학 (강습원 70명)
03.23. 내 평양 내수단 정기대회
03.25. 내 내수단본부, 7주년 창립기념식 및 기념 축하연
03.25. 내 함남 내수단이원부 6주년 창립기념식
03.25. 내 평남 개천 내수단 7주년 창립기념식
04.04. 내 내수단(신) 3회 대표대회, 주옥경 대표 선출
04.07. 내 여성동맹(구) 정기총회(중앙대교당)
04.13. 내 여성동맹 1회 중앙집행위원회, 한봉소 대표 선출
04.20. 내 여성동맹예산부 창립
05.04. 내 여성동맹선천부 3회 정기대회
05.04. 내 여성동맹중앙부 1주간 춘계강좌
05.31.~06. 내 중순 주옥경 대표 함남, 강원 북부 순회
06.02. 내 여성동맹 3주년 창립기념식
11.05. 내 영변 내수단, 5개월간 무산아동야학 개설
12.22. 내 북청 내수단 집행위원회 및 부인야학회 개최
12.23. 내 교단 합동대회 개최, 5년 만에 합동
12.23. 내 내수단(신)과 여성동맹(구) 합동 - 천도교내수단으로

1931 포덕72년

03.15. 내 황해도 곡산종리원 부인야학회 개설, 수업증서 수여 (부인 60여 명)
03.16. 내 내수단(신)과 여성동맹(구) 합동대회, 천도교내성단으로
03.20. 내 동경 내성단 대회 (단원 30여 명)
03.22. 내 선천 천도교, 내수단 및 여성동맹 합동대회-내성단
03.25. 내 개천종리원, 내수단 및 여성동맹 합동대회-내성단
03.25. 내 맹산 내수단 8주년 창립기념식
03.29. 내 전주 종리원, 내수단 및 여성동맹 합동대회-내성단
04.04. 내 천도교내성단 제1차 대회
04.14. 내 구성군 내성단 전군 단원대회
04.29. 내 내성단희천부 단원대회 및 집행위원회
05.10. 내 내성단정주부 단원대회
06.18. 내 내성단하갈우부 단원대회
06.21. 내 내성단순천부 단원대회
06.28. 내 내성단신의주부 단원대회
06.28. 내 내성단고원부 단원대회
07.02. 내 내성단홍원부 단원대회
07.05. 내 내성단신의주부 1주간 단원 강습회
08.01. 내 평북 용천군 남압리 내성단 여자야학 개설(30명)
08.29. 내 내성단구성부, 제1회 반 대표회
08.31. 내 가산군 내성단 총회, 단원 40명
09.20. 내 평남 덕천 내성단 제2회 정기총회
09.30. 내 내성단고원부 4일간 구풍기계강습회

1932 포덕73년

02.14. 내 맹산 내성단, 지도자강습회
03.20. 내 내성단경성부 정기대회
03.30. 내 내성단, 『부인필독』 간행
04.02. 내 제2회 천도교대회, 신구파 재분열
04.05. 내 내성단(신) 제2차 대표대회에서 이학득 대표 보선 (주옥경 피선 후 사임)
04.24. 내 내성단(구) 제2차 전단대표대회 및 중집위원, 한봉소 대

표 선출

04.30. 내 평북 내성단구성부 제1차 단원대회(17명)

05.10. 내 내성단 내 고원부 정기총회

1933 포덕74년

01.05. 내 내성단맹산부 단원대회

03.06. 내 내성단경성부 단원대회

03.25. 내 내성단 9주년 창립기념식

04.24. 내 영변 내성단, 용산면 구장동에서 강연회

04.05. 내 내성단(신) 전국대표대회에서 규약 개정

1934 포덕75년

03.25. 내 내성단 10주년 창립기념식

04.04(05). 내 내성단(신) 전국 대표회의, 이경숙 대표 선출

04.27. 내 내성단평양부, 조선일보 후원으로 우체국, 고무공장, 곡산회사 견학

08.15. 내 『신여성(新女性)』 폐간(통권 38호)

1935 포덕76년

03.30. 내 내성단(신) 11주년 창립기념식

04.00. 내 내성단 손광화 중앙집행위원 평남 지역 지부 순회

1936 포덕77년

02.09. 내 내성단(신) 경성부 정기 단원대회

04.05. 내 내성단(신) 전국 대표회의, 신남홍 대표 선출

1937 포덕78년

03.25. 내 내성단 13주년 창립기념식 ※특히 이 해부터 전시체제하, 사회 전반에 일제의 강압이 가중됨(일제 강압 정책에 따른 여러 사업 진행 - 생략)

1938 포덕79년

04.04. 내 내성단(신) 11차 전단 대표회의, 손광화 대표 선출

04.08. 내 의암성사 탄신 78회 경축식 봉행 후 내성단 24명 의암성사 묘소 성묘

1939 포덕80년

03.25. 내 내성단 16주년 창립기념식

04.02. 내 중앙종리원 2회 법회, 천도교중앙종리원을 천도교본부로 변경

04.04. 내 내성단(신) 12차 전국 대표회의, 손광화 대표 유임

04.05. 내 내성단(구) '천도교부인회'로 개칭

07.09. 내 총부 관장회의, 내수회 지방대표 강습회 개최 결정. 봉황각에서 72명 부인강좌(일주일)

09.10. 내 내성단본부, 부인강습회 개최 (16명)

1940 포덕81년

02.18. 내 내성단 주최 척사대회

04.03. 내 춘암상사 향년 86세로 환원(04.07. 교회장)

04.04. 내 신구파, 대회 개최하고 8년 만에 합동

04.04. 내 내성단(신) 제13차 전국대표대회, 손광화 대표 유임

04.04. 내 내성단(신), 부인회(구) 합동대회-천도교내수회 출범

04.21. 내 천도교내수회 합동대회, 손광화 대표 선출

1941 포덕82년

04.04. 내 내수회 2회 정기대회, 손광화 대표 선출

05.31. 내 내수회 수원지부 조직 위해 수원 순회, 옥경, 이연

09.08.~1942.02.06 내 내수회본부, 순천 자산 개천 영변 운산 태천 가산 박천 단천 청진 길주 지부 순회강도

09.13. 내 주옥경, 봉황각 영구 보존 위해 수도원 건립 제안. 자신 식사 30석 꺼리 성금 기탁

09.23.~10.09 내수회음성부 음성군 대소전교실 금왕 감곡 음성 맹동 대소면미곡리, 맹동면현리, 음성 등에서 순회 강도회

09.23. 내 내수회창성부, 3주간 순회 강도회

10.06. 내 총부 직원 일동과 내수회원 수십 명 추계 원족(만경대)

1942 포덕83년

02.06. 내 임전보국단, 내수회에 근로봉사 참여 요구

03.03. 내 종로서, 천도교총부와 내수회 간부 신분 조사

03.25. 내 종로서 고등계, 내수회대회 경과 기록 총부에 요구

04.22. 내 내수회 조성일이 불경죄로 종로서 출두. 청서(請書) 제출하고 해결

08.20.~. 내 내수회 주최, 교령 등 9명 우이동에서 기도회

12.29. 내 내수회, 1월 1일부터 7일간 연성기도회 집회 허가원 계출

1943 포덕84년

01.01.~07. 내 내수회 주관 연성기도회

04.04. 내 내수회 3회 정기대회, 손광화 대표 선출

04.07. 내 제1회 집합연성기도회(여성회원 39명 참석)

04.04. 내 내수회 4차 전회 대표대회, 임원 유임

1945 포덕86년

09.23. 내 총부, 전국대회준비위원회 구성

10.24. 내 천도교청우당 부활

10.25.~29. 내 천도교총부, 임시전국대의원대회(최린 출교 문제로 갈등)

1946 포덕87년

04.05. 내 내수회 대표대회, 주옥경 대표 선출

05.23. 내 신구파 3차 분열

08.10. 내 내수회(부인회), 폐업공창(公娼)구제연맹(14개 단체) 가입 ※내수회'와 '부인회' 명칭 혼용됨(1946년까지)

1947 포덕88년

1947 포덕88년

01.15. 내 내수회, 전국 8개 여성단체 대표자 200여 명과 함께 '조선여성단체총연맹' 결성

03.20.~05.초 내수회 미·소 공동위원회에 대표 파견

03.25. 내 내수회-부인회 20주년 창립기념식

05.07. 내 부인회, 총부 직원 초대 위로연

06.23. 내 미소공위협의에 정당단체 대표로 천도교부인회 김정룡 참여

1948 포덕89년

01.06. 내 내수회 척사대회

04.04. 내 신구 합동대회, '천도교총부' 명칭(구) 사용

04.19. 내 남북정당사회단체대표자 회의(평양)에 천도교청우당원 외에 학생대표 허경일(서울대 사학과)

08.18. 내 천도교부인회, 중간파 정당 통일전선의 7개 여성단체 부문 일원으로 참여

08.23. 내 내수회 부인강좌

08.28.~ 내 7일간 내수회 부인연성

1949 포덕90년

01.30. 내 내수회, 주옥경 대표 주도로 포덕백년기념사업유지회 발족

03.21. 내 내수회 총회, 위원장(주옥경), 부위원장(김정룡) 선정

03.25. 내 내수회 26주년 창립기념식

04.26. 내 내수회 상무 최종숙 선정

1950 포덕91년

01.15. 내 내수회 회의

01.24. 내 내수회에서 간담회 겸 척사대회

03.25. 내 내수회 27주년 창립기념식

1952 포덕93년

04.04. 내 총부, 경기도 광주군 언주면 내곡리 김정은 집에서 전국대회

1954 포덕95년

03.25. 내 천도교내수회, 31주년 창립기념식

04.04. 내 총부, 전국대회 소집(4.25. 전국대회 속개)

05.13. 내 내수회, 총선 앞두고 18개 여성단체와 함께 공동성명 발표

06.30. 내 부인회(내수회) 수련 시작 1주년 기념행사(총부직원 및 청년회 간부 초대 오찬)

08.28. 내 천도교내수회 연성 시작

1955 포덕96년

01.17. 내 총부, 임시대회 소집, 총부직제 개편('천도교총부'→'천도교중앙총부', 교령제)

01.21. 내 주옥경 대표 회갑 잔치

12.24. 내 인일기념식에서 청년회유소년부, 학생회, 내수회에서 연예 및 가무 공연

1956 포덕97년

01.26. 내 천도교부인회 중앙확대위원회

04.04. 내 내수회 전국대회에서 '천도교부인회'로 개칭

1957 포덕98년

01.01. 내 천도교부인회 임원진 확대(회장 주옥경, 부회장 김병화 홍경지)

12.22.~23. 중앙총부, 임시전국대회 소집, 교헌 개정, 공진항 교령 선출

1958 포덕99년

01.26. 내 부인회 중앙확대위원회

03.11.~21. 부인회 여성교역자 단기강습회

03.22.~06.09. 부인회, 지방 순회강연. 광주교구, 황화전교실, 구자곡전교실, 대전교구 등

04.07. 내 부인회 경운학원 개원

12.21. 내 부인회, 연구위원회 발족(김명주 등 18명)

1959 포덕100년

01.18. 내 부인회 중앙상임위원회

04.05. 내 부인회 기관지 『오늘』 창간

00.00. 내 부인회 경운유치원 개설

03.30. 내 경운학원 제1회 졸업식 (졸업생 16명)

04.08. 내 의암성사기념사업 추진 발기 겸 창립총회

1960 포덕101년

04.05. 내 창도백주년 기념사업

06.01. 내 중앙총부 임시대회 소집하고 신용구 교령 선출

06.30. 내 부인회 양이제 권태화 임재화 등이 추진해 온 용담정 복원 낙성식

1961 포덕102년

04.06. 내 중앙총부 정기전국대회, 신용구 교령 재선, 종무원장제 채택

1962 포덕103년

02.10. 내 경운유치원 3회 졸업식 후 폐원(경운학원 폐원)

1963 포덕104년

04.03.~04. 내 총부 전국대회, 교헌 일부 수정 및 신용구 교령 재선

04.28. 내 부인회, 중앙확대위원회, 주옥경 대표 선출

1964 포덕105년

12.22. 내 중앙총부 전국 대의원대회 신용구 교령 선출

1966 포덕107년

12.22. 내 중앙총부 7차 전국 대의원대회, 신용구 교령 재선

1967 포덕108년

02.10. 내 신용구 교령 노환으로 환원(향년 85세)

04.04. 내 중앙총부 임시전국대회 개최하고 최덕신 교령 선출

12.21.~22. 내 총부 9차 임시전국대의원대회, 최덕신 교령 재선출

1968 포덕109년

02.15.~03.09. 내 부인회강도회 (62명 중 46명 수료)

02.28. 내 부인회송가대 결성

05.12. 내 부인회본부 어린이시일식 봉행 및 월례강좌 개최 지시(지부)

06.01. 외 한국종교인협의회 산하 종교인여성협의회 1차 총회, 홍창섭 허경일 노성저 홍경지 천보경

06.30. 외 종교인여성협의회 2차 총회, 홍창섭 허경일 김정숙 천보경 전영혜 이영숙 김경렬

08.06. 내 부인회 22차 중앙상임위원회 개최

09.04. 내 부인회 23차 중앙상임위원회에서 규약 수정 심의 확정

09.15. 내 부인회 중앙확대위원회에서 '천도교여성회'로 개칭

09.29. 내 여성회 1차 중앙상임위원회(=1차 대회), 주옥경 회장 선출

11.17. 내 여성회 인천시지부 결성

1969 포덕110년

01.00. 내 본부 및 각 지부, 어린이시일학교 개설

03.16. 내 부산 남부교구 여성회지부 결성

03.25. 내 여성회 46주년 창립기념식

04.03. 내 총부 임시 전국대의원대회

08.01.~13. 내 여성 교역자 양성 단기강도회

09.07. 내 여성회 교리강좌(이후 10.05.에도 시행)

07.00.~10. 내 여성회 교양강좌

02.09. 내 수운회관 건립 기공식(여성회, 수운회관 건립 모금운동 시작)

03.10. 내 여성회, 대신사 순도 105주기, 용담성지 대신사 묘소 참배

05.19. 내 여성회, 의암성사 순도 47주기, 의암성사 묘소 참배

06.02. 내 여성회, 해월신사 순도 71주기, 해월신사 묘소 참배

03.25. 내 46주년 창립기념식, 주옥경 회장에게 '성덕사' 존칭 추존 및 훈장 수여

07.12. 내 우이동, 봉황각 총부별관 입주 봉고식. 여성회 등 부문단체 사무실 1층에 마련

12.28. 내 최덕신 교령, 정운채 종무원장 등 총부임원과 박현화 부회장, 최시영 감사 여성회본부 임원이 〈여성회의 내일〉을 주제로 간담회

1970 포덕111년

04.06. 내 2차 여성회대의원대회(60여 지부 52명), 전국대회는 포덕 87년 이후 20여 년 만에 개최. 실성미, 수운회관건축 성금모금 운동 결의

04.07.~09. 내 여성 지도자 양성강도회(봉황각, 3일간)

06.17. 외 화악산수도원 창설(초대원장 한태원, 음5.5 단오)

1971 포덕112년

04.05. 내 천일기념식에서 여성회 김경렬 청수봉전

04.06. 내 중앙총부, 11차 전국대의원대회, 최덕신 교령 재선출, 주옥경 회장 종법사 추대, 허경일 여성단체 지원 요청 발언

05.05. 내 여성회, 어린이날 기념식에서 노트와 연필 선물

05.09. 내 중앙상임위원회

06.20. 내 1차 중앙확대위원회(3차 전국대의원대회) 최시영 회장 선출

07.08. 내 여성회원 20명 합창단 결성

07.23. 외 방정환동상 제막식(남산)

07.25.~29. 내 서울지역 여성회원 수련회(봉황각 별관)

08.02.~20. 내 수재민돕기 구호품 모집 및 동양방송국 전달

08.25.~29. 내 여성회 주최 단기수련회, 33명

12.19.~26. 내 일선장병 위문금품 모집 및 포병부대 전달

12.23. 내 여성회, 제2차 중앙위원회, 국가비상시국에 처한 결의문 채택

1972 포덕113년

12.31. 내 이 해 연중 경기, 충청, 경상 지역 지부 순회

03.25 내 48주년 창립기념식(수운회관 2층 대강당), 주옥경 만세삼창 후 폐식

06.00. 내 전국 지부에 농번기 교인농가 돕기 운동

06.02. 내 6차 상임위원회

06.12.~18. 내 본부 주최 수련회(일주일, 수운회관 2층 수련실)

07.00.~09. 내 서울, 강원, 경기 일원 지부 순회, 최시영 회장 외 임원진

12.00. 내 위문금품 모아 육군 포병 부대와 한국일보에 기탁

08.00. 내 수재민 돕기 의류 260점 모아 한국일보에 기탁

08.14. 내 지일기념식 후 여성회본부 주최 경축행사

12.06 내 중앙총부 12차 임시전국 대의원대회 (분규수습, 교령-재단 이사장 분리)

12.23 내 중앙위원회(수운회관 15층), 여성 필수교서 발간 결의, 73명 중 58명

1973 포덕114년

02.03. 내 전국 지부에 농한기 이용 교리공부 지도지침 전달

03.25. 내 49주년 창립기념식

1974 포덕115년

05.06. 내 본부(최시영 회장), 아산교구 방문, 현충사 순례 (30명)
07.16. 내 교사편찬위원회에서 여성회창립일을 4월 5일로 수정 확인
12.15. 내 여성 필수교서 『신앙과 여성』(김용문 박응삼) 간행
12.22. 내 4차 전국 대의원 대회, 최시영 회장 선출
12.25. 내 『신앙과 여성』 출판기념회(발행 11.15)
12.28. 내 육군부대 방문, 『천도교개관』 등 책 200여 권과 위문금 전달

1974 포덕115년

03.25. 내 50주년 창립기념식 거행, 300여 명
04.01. 내 총부 13차 전국대의원대회 개최. 최덕신 교령 재선
05.01.~10. 내 지부회장 연성강도회(봉황각), 29명
06.09. 내 총부 별관에서 야외시일, 서울 수원 인천 지역 회원 50여 명
07.01.~21. 내 본부 주최 연성수련회, 연인원 611명
12.23. 내 2차 중앙위원회, 39명
12.30. 내 여성회 실무진 등 일선 전방부대 방문, 위문품 전달, 강기순(총무), 천보경 김경렬 전초련 이순종

1975 포덕116년

01.31. 내 총부 임원+여성회 실무위원 간담회
02.08. 내 주옥경 종법사 팔순 축하연 (봉황각)
02.16. 내 여성회 51주년 창립기념식, 70명
04.06. 내 총부 14차 임시 대의원대회, 천일기념일 국가기념일 지정 촉구, 대신사 묘소 확정(위치) 결의, 구미용담 성역화 결의
06.16.~22. 내 여성회본부 임원 멸공구국기도회
08.05.~11. 내 구미용담 성역화, 도가완성 및 기화 수련회
12.18.~20. 내 총부 제8차 감사회의에서 최덕신 등 4명 정권(2년)
12.22. 내 총부 직원조회에서 김광욱 교령 대행 선출

1976 포덕117년

02.07. 내 총부 제15차 임시전국대의원대회(서울빌딩 지하다방) 제16대 교령 김명진 선출 - 이후 양파 분열
03.25.~27. 내 여성회, 교단 정상화와 교인 단결을 기원하는 연성수련회
12.27. 내 총부 16차 임시 전국대의원대회, 17대 교령 이우영 선출

1977 포덕118년

02.26. 내 서울 지역 여성회원 간담회
03.25. 내 제53주년 창립기념식, 200여 명
04.02. 내 총부 17차 전국 대의원대회, 제18대 교령 이영복 선출
05.07. 내 5차 전국여성회대의원대회, 김정숙 회장 선출
05.16~22. 내 여성회본부 임원 특별연성
07.06. 외 범여성 총력안보 미군철수 반대 궐기대회, 60여 명
07.27.~08.03. 외 여성 특별연성회, 전국 25개 교구 93명
07.00.~08. 내 여성회, 안양교구 등 수해 피해교인 구호사업, 조선일보사, 한국일보사 구호금품 전달
11.17. 내 전북 이리역 폭발 사고 이재민과 청운양로원에 의류 및 연탄 등 구호품 전달

1978 포덕119년

01.08. 내 여성회 야외시일식
03.18. 내 여성회본부 상임위원회
03.25. 내 54주년 창립기념식, 200여 명
05.13. 내 여성회 중앙위원회, 후 봉황각에서 3일 특별연성
06.07. 내 여성회 교리강습회
08.05.~12. 내 여성회 하계 특별연성
10.03. 내 여성회, 단합 야유회(서오릉, 25명)
12.23. 내 2차 중앙위원회

1979 포덕120년

02.04. 내 여성회, 신년간담회
03.25. 내 55주년 창립기념식, 『신앙과 여성』 재판 발행
05.14.~20. 내 여성회 연성, 용담수도원
08.13. 내 이영복 교령 및 여성회원 국군묘지 참배
10.07. 내 여성회본부, 야외시일식(우이동), 서울 근교 회원 100여 명
07.18.~08.27. 내 총부 청년 여성 학생 등 계층별 하기 연성회 (용담수도원)
12.20. 내 여성회본부, 제2땅굴 시찰 후 부대장에게 위문금(20만원) 전달, 28명 참가
12.26. 내 3차 중앙위원회

1980 포덕121년

03.25. 내 56주년 창립기념식
04.03. 내 천도교연원회, 양이제 고문 종법사 추대
04.25 내 총부 제18차 전국대의원대회, 무인멸왜기념탑 건립추진위원회 구성
05.09. 내 6차 전국여성회대의원대회, 전초련 회장 선출
06.11 내 경로위안잔치 (봉황각)
07.13 내 신입회원 교리강좌 개설
07.00.~122.06. 내 시일 교양강좌
07.15~08.30. 내 여성회 하기 연성강도회 (용담수도원)
10.14.~18. 내 전국 여성교역자 단기교육 (우이동 종학원)
12.18. 내 1차 정기중앙위원회

1981 포덕122년

01.09. 내 여성회 수련강도회(용담수도원) 38명
03.30. 내 57주년 창립기념식, 400여 명

07.00.~123.12. 내 수요강좌 개설
07.15.~08.30. 내 총부, 용담 의창 부안 화악산 등 수도원 계층별 하기 연성수련회
09.26. 내 70세 이상 원로교인 200여 명 초청, 경로위안잔치(봉황각)
12.16. 내 자녀교육연구소와 자매결연
12.26. 내 2차 중앙위원회

1982 포덕123년

01.17. 내 주옥경 종법사, 봉황각에서 88세로 환원(01.21. 敎會葬)
02.03.~09. 내 동계 연성강도회 (용담), 18개 지부 80여 명
03.25. 내 58주년 창립기념식
08.20. 내 가리산수도원 개원(원장 조동원)
09.17.~23. 내 여성회, 대교당에서 특별연성 (일주일)
12.16. 내 3차 중앙위원회

1983 포덕124년

01.13.~19. 내 제1차 여성회 동계 연성강도회(의창수도원), 168명
01.17. 내 주옥경 종법사 환원 제1주기, 묘소 참례식
02.24. 내 총부 지원, 하계동 새마을유아원(원장 홍경지) 개원
03.25. 내 59주년 창립기념식, 200여 명
04.02 내 총부 제20차 전국대의원대회, 고정훈 교령 선출
04.13. 내 제7차 정기 대의원 대회, 전초련 회장 재선
07.26.~09.01 내 총부, 전국 5개 수도원에서 계층별, 지역별 하기 연성강도회
09.29. 내 여성회본부, 남양주군 월문리 말등대교구 인근 1,300평 벼베기일손 돕기, 임원 15명
10.31.~11.02 내 교직자 단기교육(봉황각), 30명
12.15. 내 중앙위원회, 49명 중 35명

1984 포덕125년

01.23.~29. 내 전국 지부 동계수련(용담, 의창수도원)
03.22.~25. 내 여성회 수련강도회(의창수도원), 35개 지부, 95명
03.25. 내 60주년 창립기념식, 학술발표회(봉황각), 약 500명
04.16. 내 상임위원회, 『천도교여성회 60년사』 독회
06.29. 내 확대중앙위원회
08.19.~25. 내 여성회 하계수련회(의창수도원), 90명
10.28. 내 대신사 탄신 160주년 기념
12.26. 내『천도교여성회 60년사』 출판기념회, 100여 명

1985 포덕124년

01.26. 내 여성회 동계연성 폐강식(의창수도원)
03.25. 내 여성회 제61주년 창립기념식, 150명
06.29. 내 제8차 임시대의원 대회, 박공주 회장 선출
07.23. 내 제5차 상임위원회
07.27.~28. 내 전국교육자회 제10차 정기대회(설악산), 박공주, 유금희
08.03. 내 가리산수도원 순회, 김옥희 총무
08.03.~06. 내 의창수도원 수련강도회 격려 방문, 박공주
08.07.~09. 내 용담수도원 수련강도회 격려 방문, 박공주
08.20. 내《천도교여성회보》 창간
08.27. 내 경인지역 지부장 간담회, 박공주+실무진, 지부장 30여 명
09.06.~09. 내 여성회 지도자 단기교육(우이동 종학원), 33개 지부, 85명
09.21. 내 아산교구 교당낙성식, 박공주+실무진
10.04.~05. 내 대신사 부인 박씨 사모님 유적지 1차 답사
10.14.~15. 내 대신사 부인 박씨 사모님 유적지 2차 답사
10.16. 외 민족통일연구회 초청강연회 / 박공주+실무진
10.19. 내 제6차 상임위원회, 박공주 외 14명
10.19. 외 영우회위령제 / 김병화 홍경지(고문)
10.21.~23. 내 대신사 부인 박씨 사모님 유적지 3차 답사
10.31. 내 월례 교리·교사 강좌 / 서울 인근 8개 지부, 25명
11.13. 내 1차 여성회 규약수정위원회 / 박공주 등 10명
12.08.~20. 내 지부 순회 / 춘천 화천 지부(박공주), 유덕 광주 부안 부안읍 옥구 고덕(김경렬), 정선), 고성 삼천포(고윤지), 송탄 수원(오미경 포덕), 조암 김해(배화식 교화차장), 안동(김옥희 총무)
12.16.~19. 내 총부 전국 교직자 단기교육, 박공주
12.23. 내 정기중앙위원회. 총부에 박씨 사모님 및 한씨 사모님 도당호 추서 건의
12.23. 내 박씨 사모님 유적지 조사 보고회, 유금희, 고윤지 등 50여 명 참석
12.23.~29. 내 용담수도원 수련회 격려, 박공주

1986 포덕127년

01.17. 내 주옥경 종법사 환원 4주기 묘소 참례, 박공주 외 30여 명
01.24. 내 신숙 선생 자제 신만균 동덕 내외 초청 성금 전달, 박공주+실무진
01.29. 내 용담수도원(남해지부 연성수련회), 박공주
02.20. 내 8차 상임위원회, 박공주 외
02.16.~ 내 전국 지부 순회, 부산시 대연 북부산 남부산 마산 대구시 남대구 창녕(박공주), 당진 대전(김경렬), 공주 의정부(김옥희), 봉천(유금희), 말등대(오미경), 포상 고현(고윤지), 화천(이경화 강사)
02.20. 내 8차 상임위원회, 박공주 외
03.25. 내 62주년 창립기념식 및 모의설교대회
04.02 내 총부 제22차 전국대의원대회, 고정훈 교령 재선출
04.16. 내 9차 정기대의원대회, 박공주 회장 재선
04.28. 내 1차 상임위원회, 21명 중 18명 참석
05.11. 외 총부 황토현동학혁명 기념탑 참배, 시일식, 박공주+임원진
05.19. 내 의암성사 환원 64주기 묘소참배식, 박공주 외 16명
05.19. 내 서울시지부 정기총회, 박공주 회장 외

1987 포덕128년

05.26.~06.01. 내 서울교구 용담성지 순례, 박공주 외

06.17.~21. 외 제3회 ACRP 회의(천도교 대표 이순종 중앙위원), 박공주+실무진 5명

06.22. 내 동대문교구 순회, 박공주, 조옥남, 오미경

06.29. 외 국조받들기학술대강연회, 박공주+실무진

07.06. 내 사내전교실 야외시일식, 박공주, 조옥남 오미경

07.16. 내 2차 상임위원회, 박공주 등 17명

07.27. 내 의창수도원 하계수련회 개강식, 박공주, 임원진 12명

07.30. 외 독립기념관 의암성사 어록비 건립 봉고식, 박공주 외

07.31. 내 용담수도원 하계수련회, 김경렬, 조옥남

08.02.~03. 외 대구보성공고 신축봉고식 및 교육자회 정기총회, 박공주 외

08.17. 내 서울교구 천덕송경연대회 순회, 박공주 회장 외

08.31. 내 영등포교구 순회, 박공주, 이수복, 조옥남 외

09.14. 내 대구시교구 순회, 박공주

10.18. 외 민족통일대학강좌, 박공주 외(~12/13매주)

11.11. 내 여성회에서 총부에 박씨 사모님 및 한씨 사모님 도당호 추서 재차 건의

11.18. 외 충남 목천 세성산 동학군위령제 순회, 박화자

11.09. 내 인천지부 순회, 박공주, 조옥남 천보경

11.09. 내 포항지부 순회, 김경렬

11.10. 내 울산지부 순회, 김경렬

11.16. 내 공항전교실 교당입주식, 박공주, 조옥남 외

11.19. 내 4차 상임위원회, 박공주 외

11.22. 내 광주지부 순회, 김경렬

11.23. 내 완도지부 순회, 김경렬

11.23. 내 의정부지부 순회, 박공주, 조옥남 오미경

11.24. 내 옥구지부 순회, 김경렬

11.24. 내 부안지부 순회, 김경렬

11.26. 내 이리지부 순회, 김경렬

12.06. 내 선구지부 순회, 박공주, 이경화

12.07. 내 남해지부 순회, 박공주, 이경화

12.07. 내 동두천지부 순회, 이수복 이경선

12.07. 내 양주지부 순회, 이수복, 이경선

12.08. 내 고현지부 순회, 박공주, 이경화

12.08. 내 포상지부 순회, 박공주, 이경화

12.19. 내 정기중앙위원회

1987 포덕128년

01.17. 내 주옥경 종법사 환원 5주기 묘소참배식, 박공주 외 30여 명

02.01. 내 서울지부 윷놀이대회 순회, 박공주 외

02.22. 내 부산시 동부산 북부산 부산 남부 대연 순회, 박공주, 이성자

02.23. 내 송도지부 순회, 박공주, 이성자

03.10. 내 5차 상임위원회, 박공주 등 16명

03.15.~16. 내 마산 북마산 창녕 영산 순회, 박공주, 천보경

03.25. 내 63주년 창립기념식 및 기념행사

04.20. 내 주옥경 종법사 묘역에 무궁화나무 50여 그루 식수

05.01. 내 전국 교구장회의, 박공주, 김경렬

05.01. 내 서울지부 결성 4주년 기념, 박공주

05.01. 내 김용문 이광순 김형모 합동 묘비제막식(포천 교회묘지), 김경렬

05.05. 내 서울교구 제65회 어린이날 기념행사, 박공주

05.10. 내 종학원 제18기 신입교인 단기교육 특강, 박공주

05.11. 외 정읍 동학혁명 전승기념대회, 박공주+임원진

05.13. 내 종학원 신입교인 단기교육 폐강식, 박공주

05.19. 내 의암성사 환원 65주기 묘소참배, 홍창섭(고문) 이수복

06.01. 내 화악산수도원 설립 17주년 기념식, 홍경지(고문) 김경렬 조옥남

06.02. 내 해월신사 묘소참배식, 박공주 외

06.12. 외 한일 종교인평화회의, 박공주, 이순종 이수복

06.26. 내 6차 상임위원회, 박공주 등 18명

07.07. 외 아시아종교평화회의, 이순종

07.20. 내 화악산수도원 하계수련회 격려 방문, 김경렬 박화자

08.03. 내 의창수도원 하계수련회 격려 방문, 박공주, 임원 6명

08.05.~06. 내 강릉수도원 하계수련회 격려 방문, 김경렬 천보경

08.07.~08. 내 호암수도원 하계수련회 격려 방문, 김경렬 천보경

08.06.~07. 내 용담수도원 하계수련회 격려 방문, 박공주 이수복

08.14. 외 동학혁명정신 헌법전문 삽입 결의대회(국회의사당), 박공주 외 회원 다수

08.19.~21. 내 포상고현교구 연합강도회, 이경화

08.20. 내 가리산수도원 창설 5주년 기념식, 홍경지, 박공주, 조혜숙 외

08.24. 내 총부에 수재의연금 및 의류 전달, 박공주 외

10.11. 내 원주지부 순회, 박공주, 조옥남 이경화

10.18. 내 성남지부 순회, 이수복 김명숙

10.12. 내 KBS사회교육방송(교령사) 녹화, 박공주, 김경렬

10.23. 내 7차 상임위원회, 박공주, 홍경지 등 15명

11.01. 내 공주지부 순회, 김경렬

11.14.~15. 내 안동지부 순회, 김경렬

11.20. 외 신숙선생 20주기 추모제, 홍경지 등 회원 다수

11.20. 외 색동회의밤 리셉션, 김경렬

11.23. 내 서울 인근지부장회의, 박공주 외 16개 지부회장 등 28명

11.24.~26. 외 문화공보부 주관 산업시찰, 박공주 등 5명

12.09. 외 황토현 동학전적지 준공식, 박공주, 홍경지 외 회원 다수

12.12. 내 의정부교구 교당낙성식, 박공주 외 임원진 4명

12.18. 내 정기중앙위원회

12.27.~30. 내 신정맞이 흰떡, 참기름 보급, 조옥남

1989 포덕130년

1988 포덕129년

01.17. 내 주옥경 종법사 환원 6주기 묘소참배, 박공주 외 130여 명
02.22. 내 수유유아원 졸업식, 박공주 외
03.05. 내 고성지부 순회, 김경렬
03.06. 내 삼천포지부 순회, 김경렬
03.06. 내 대전지부 순회, 박공주, 조옥남
03.13. 내 이리지부 순회, 김경렬
03.25. 내 제64주년 창립기념식 및 모의설교대회
04.01 내 총부 23차 전국대의원대회, 정운채 교령 선출
04.08.~09. 외 동아일보사 무궁화묘목 나누어주기 운동, 박공주 외 20여 명
04.20. 외 종교협의회, 건국 40주년 종교심포지엄, 이순종
04.28. 내 용담정봉고식, 박공주, 김경렬
04.28. 내 경주교구 순회, 박공주, 김경렬
05.01. 내 서울지부 결성 5주년 기념식, 박공주 외
05.03. 외 제19회 아시아 여성강좌, 김경렬 박화자
05.11. 외 동학혁명 전승기념대회, 박공주 외 임원진. 회원
05.11.~17. 내 의정부지부 특별수련, 김경렬 부회장
05.19. 내 의암성사 환원 66주기 묘소참배식, 박공주, 홍경지 외 20여 명
05.25. 외 종교협의회 심포지엄, 김경렬 이순종 박화자
05.28. 내 해월신사 묘소참배식, 홍경지, 김경렬 등 임원진 9명
06.18. 내 화악산수도원 창립기념식, 홍경지, 김경렬
06.25. 외 민족통일연구회 통일대학강좌, 박공주 외 임원진
07.14. 외 종교협의회 심포지엄, 김경렬, 이순종
07.21. 내 9차 상임위원회, 21명 중 15명
07.24. 내 수원지부 순회, 박공주
07.24. 내 부산시교구 순회, 김경렬
08.02.~03. 내 의창수도원 하계수련 독려, 박공주+임원진
08.11.~12. 내 용담수도원 하계수련 독려, 박공주+임원진
09.09. 외 종교협의회 심포지엄, 박화자
09.11. 내 송탄지부 순회, 박공주
08.25. 내 용담성지 대신사동상 기공식, 박공주 외 회원 다수.
08.28. 내 원주, 춘천, 화천, 홍천 교구 친목대회, 김경렬
09.11. 내 사천지부 순회, 김경렬
10.12.~22. 외 종교협의회 초청 미주순회, 조혜숙
10.16.~33. 내 동대문지부 강도회, 이경화 강사
10.19. 외 영우회 순도선열 위령제, 홍경지
10.28. 내 여성회, 총부로부터 대신사동상 건립 성금모금 감사패 수상
11.05. 내 춘암상사 묘소 참배 및 신임교령 봉고, 박공주
11.15. 외 종교협의회 남북통일 종교인대회, 박공주 외 5명
11.24. 외 감천장 양로원 방문, 김경렬 외
12.19.~21. 내 여성 지도자교육(의창수도원)
12.21. 내 정기중앙위원회

1989 포덕130년

01.10. 내《천도교여성회보》 20호 발행 자축연
01.13. 내 의창수도원 동계수련회 격려, 박공주+임원진
01.17. 내 주옥경 종법사 환원 7주기 묘소 참배, 박공주 외
01.27. 내 전국교구장 회의, 박공주
02.12. 내 서울지부 윷놀이대회, 박공주 외
02.22. 내 수유유아원 졸업식, 박공주, 조옥남
02.26. 내 원주지부 순회, 김경렬
02.27. 외 종교협의회 3·1운동 70주년 종교학술대회, 김경렬 이문진 이순종
02.27. 외 KCRP 민족평화를 위한 종교인대회 전야제, 박공주
02.28. 외 KCRP 3·1운동 70주년 기념 민족평화 종교인대회(중앙대교당), 박공주 외
03.19. 내 서울지부 정기총회 및 창립기념식, 박공주 외
03.25. 내 65주년 창립기념식 및 모의설교대회, 200여 명
04.01. 내 총부 24차 전국대의원대회, 오익제 교령 선출
04.02. 내 정기연원회, 차기숙 고문 종법사 추대
04.04. 내 서울교구청년회 한울날앞밤마당놀이, 김정숙(고문) 박공주 조혜숙
04.08.~09. 외 동아일보사 무궁화묘목 보급운동, 박공주 외 회원 20여 명
04.21. 내 10차 정기대의원대회, 김경렬 회장 선출
04.28. 내 상임위원회, 김경렬 회장 외
05.11. 외 황토현 동학혁명 전승기념 행사, 김경렬+임원진
05.13. 내 총부 서울 인근교구장 회의, 김경렬
05.19. 내 의암성사 환원 67주기 묘소참배식, 김경렬 외 30여 명
05.19. 외 종교협의회 종교문화강좌, 김경렬, 조덕행 정원덕
05.22. 내 2차 상임위원회, 김경렬 외 15명
06.04. 내 한강지부 순회, 김경렬, 유금희
06.11. 내 관의지부 순회, 김경렬
06.13. 내 3차 실무위원회, 김경렬 등 7명
06.18 내 남대구지부 순회, 김경렬
06.25. 내 송도교구 증축낙성식, 김경렬, 조옥남
06.25. 내 원주지부 순회, 김옥희
07.03. 내 3차 상임위원회, 김경렬 등 17명
07.08.~09. 내 마산지부 순회, 김경렬
07.08.~09. 내 아산지부 순회, 김옥희
07.16. 내 동대문지부 순회, 이소원(중앙위)
07.23. 내 영등포지부 순회, 이소원
07.23. 내 공주지부 순회, 김옥희
07.29.~30. 내 울산지부 순회, 김경렬
07.29.~30. 내 가리산수도원 순회, 김옥희
07.30~08.01. 내 용담수도원 순회, 김경렬
08.01.~03. 내 강릉수도원 순회, 김경렬, 박화자
08.03.~06. 내 의창수도원 순회, 김경렬, 이수복 조옥남 유금희
08.04.~07. 내 화악산수도원 순회, 이춘홍(사업, 유금희

1990 포덕131년

08.06. 내 대학생단 20여 명 여성회 예방, 성지순례 지원 등, 김경렬+임원진
08.06. 내 여주지부 순회, 이소원
08.09.~11. 내 호암수도원 순회, 김경렬
08.12.~13. 내 남해지부 순회, 김경렬, 김옥희
08.16. 내 천도교교육자회 회의(의창수도원), 김경렬
08.26.~27. 내 부산남부·북부산 지부 순회, 김경렬, 김옥희
09.03. 내 공주지부 순회, 김옥희
09.03. 내 송탄지부 순회, 이춘홍
09.05. 내 4차 상임위원회, 김경렬 등 14명
09.20.~23. 내 여성 지도자 단기교육, 34개 지부 73명
09.29. 내 내칙·내수도문 반포 100주년 기념비 건립 준비 답사
09.30. 내 5차 상임위원회, 김경렬 등 14명
10.01. 내 공주교구 순회, 김옥희
10.01. 내 서천교구 순회, 이소원
10.08. 내 중앙총부 부문단체연석회의, 김경렬 외
10.08. 외 한국종교협의회 초청 일본종교인 20여 명 중앙대교당 방문, 김경렬
10.12. 외 문화공보부 제3땅굴 시찰, 김경렬 등 4명
10.19. 외 39주기 동학영우회 위령제, 김경렬 등 4명
10.21. 외 한국종교협의회, 천도교와 통일교 대화 모임, 김경렬
10.15. 내 온양지부 순회, 이소원
10.21. 내 총부에 수재의연금 전달, 실무진
10.29. 내 수원지부 순회, 김옥희
11.05. 내 화악전교실 순회, 이춘홍
11.05. 내 송탄지부 순회, 김옥희
11.09. 내 대신사 묘비 건립 기공식, 김경렬, 김정숙 홍경지
11.10. 내 6차 상임위원회, 김경렬 등 18명
11.19. 내 성남교구 순회, 김경렬 유금희
11.19. 내 여주교구 순회, 이소원
11.23. 내 의창수도원 수련생 위한 김장, 임원진
11.27.~12.02. 외 한국여협 한일종교부인회의(일본 오사카), 백덕실 장순옥 이순종
12.12.~18. 내 울산지부 강도회 지도, 이소원
12.13. 내 포덕 전단 배포, 임원진+회원 14명
12.21. 내 정기중앙위원회, 49명 중 40명
12.27.~29. 내 불우동덕돕기, 김경렬 회장 등 5명

1990 포덕131년

01.04. 내 의창수도원 순회, 김옥희 오미경 조혜숙
01.04.~06. 내 용담수도원 순회, 김경렬
01.06.~07. 내 가리산수도원 순회, 김옥희
01.13.~14. 내 호암수도원 순회, 김경렬
01.17. 내 주옥경 종법사 제8주기 묘소참배식, 김경렬 외 총부 임원 및 회원 50여 명
01.31. 내 온양지부 수련강도회, 김경렬
02.10.~11. 내 지부 결성 준비 거진교구 순회, 김경렬
02.18. 내 양주·동두천교구 합동시일식 지부 순회, 김옥희
02.18. 내 온양지부 수련강도회, 김경렬
02.18. 내 서울지부 윷놀이 대회 참석 및 성금 전달, 임원진
02.20. 내 수유유아원(원장 허경일) 제7회 졸업식 참석 및 성금 전달, 김경렬
02.25. 내 장수지부 순회, 김경렬, 주창실
02.25. 내 성남지부 순회, 이수복 김명숙
02.25. 내 인천지부 순회, 김옥희 유금희
03.03.~09. 내 대신사 순도 및 순국선열 추모기도회
03.25. 내 66주년 창립기념식, 200여 명
05.01. 내 서울지부 7주년 기념식, 김경렬 외
07.19. 내 8차 상임위원회, 김경렬 등 18명
07.26. 내 화악산수도원 하계수련 격려, 이춘홍
08.05. 내 가리산수도원 하계수련 격려, 김경렬
08.07. 내 강릉수도원 하계수련 격려, 김옥희 유금희
08.08. 내 용담수도원 하계수련 격려, 김경렬, 조옥남
08.21. 내 의창수도원 하계수련 격려, 조혜숙 전영혜(감사) 조옥남 김명숙 주창실
09.19. 내 9차 상임위원회, 김경렬 등 16명
09.25. 내 내칙·내수도문 반포 100주년 기념비 건립 관련 전국 지부장회의
10.15. 내 폭우피해 교인 수재의연금 전달, 실무진
12.20. 내 내칙·내수도문 반포 100주년 기념비 제막식, 500여 명
12.27. 내 정기중앙위원회

1991 포덕132년

01.07. 내 용담수도원 수련 독려, 김경렬
01.13. 내 실무진간담회(영동), 김경렬 등 실무진 등 14명
01.15. 내 의창수도원 수련 독려, 김경렬
01.17. 내 주옥경 종법사 9주기 묘소참배식, 김경렬 등 총부 임직원, 여성회원 등 60여 명
01.24. 내 내칙·내수도문 기념비 건립 평가회의, 총부 각 기관장, 홍경지(고문), 김경렬 회장 외
02.04. 내 가리산수도원 수련 독려, 김경렬
02.08. 내 화악산수도원 수련 독려, 김경렬
02.09. 내 고현교구 낙성식, 김경렬
02.12. 내 하계유아원 졸업식, 김경렬, 홍경지, 유금희, 주창실
02.20. 내 수유유아원 졸업식, 김경렬, 유금희 주창실
03.07. 내 12차 상임위원회, 김경렬 외
03.10. 내 서울 인근지부장 간담회, 김경렬+임원진
03.17. 내 강서지부 창립 10주년 기념식, 김경렬, 홍경지
03.31. 내 포항지부 순회, 김경렬 회장
03.21. 내 동학혁명 97주년 기념식, 김경렬+임원진
03.25. 내 제67주년 창립기념식 및 학술발표회(내칙내수도문 반포 100주년 기념)
03.28. 외 효사상회 효사상과 민족통일강연회, 전영혜 유금희 이

춘홍 주창실 등 임원진
03.31.~04.06. 내 의정부지부 수련강도회 지도, 이소원
04.04. 내 내칙·내수도문 기념비, 축대 마무리 공사 확인, 김경렬
04.08. 외 종교협의회 남북통일 종교인세미나, 김경렬, 주창실
04.14. 내 삼천포교구 교당낙성식, 김경렬
04.14. 내 진주지부 순회, 김경렬
04.17. 내 내칙·내수도문 기념비 마무리 공사 확인, 김경렬
05.01. 내 서울지부 결성 8주년 기념식, 김경렬 외
05.09. 외 민주자유당 초청 오찬간담회, 김경렬 외 회원
05.11. 외 황토현 동학군 전승기념식, 동학민족통일회 발기인대회, 김경렬 외 회원
05.12. 내 의암성사 묘역, 주옥경 종법사 묘역 성묘, 김경렬 외 회원 20여 명
05.15. 내 종학대학원 개강식, 유금희 오미경 주창실
05.15. 외 한일종교여성회, 김경렬 외
05.18. 내 주옥경 종법사 묘소 등 수찬공사, 김경렬 외
05.19. 내 의암성사 환원 69주기 묘소참배식, 김경렬 외
05.20.~26. 내 부산남부교구 수련강도회 지도, 이소원
05.23. 내 가리산수도원 오관교 준공식, 유금희 오미경
05.24. 내 복호동 내칙·내수도문 기념비 마무리 공사 확인, 김경렬, 유금희
05.31. 내 해월신사 환원 93주기 준비 묘소 성묘, 임원진
06.10. 내 서울 인근지부장 간담회
06.15. 내 종학대학원 1기 졸업식, 임원진
06.15. 내 화악산수도원 창립기념식, 유금희, 오미경
06.19. 내 복호동 주민포덕 간담회, 김경렬+임원진, 임운길 교화관장
06.29. 외 한국민족종교협의회 도덕실천운동 결의대회, 특별 강연회, 김경렬+실무진
08.06.~12. 내 하계 합동수련회(용담수도원)
09.14. 내 온양교구 순회, 김경렬
09.26. 내 의암성사 묘소 및 주옥경 종법사 묘소 성묘, 김경렬, 홍경지 외
10.05. 외 태안 동학혁명순국선열 위령제, 김경렬, 유금희 주창실
10.13. 내 전주교구 순회, 김경렬
10.25. 내 동대문교구 수련강도회, 김경렬, 주창실
10.28. 내 대신사 탄신 167주년 기념 대신사 존영 봉안식(용담정), 김경렬, 유금희 이춘홍
10.29.~11.04. 내 추계 합동수련회, 불우교우 돕기성금모금
11.09. 내 인천교구 인천시민포덕대회, 김경렬
11.09. 외 종교협의회 범종교인의 밤, 유금희 주창실 전영혜
11.15. 내 13차 상임위원회, 21명 중 17명
11.24. 내 온양교구 순회, 김경렬
11.29. 내 내칙·내수도문 기념비 건립 1주년 기념 복호동 유적지 순례
12.08. 내 성남교구 순회, 김경렬
12.19. 내 정기중앙위원회, 재적 49명 중 39명

1992 포덕133년

01.17. 내 주옥경 종법사 환원 10주기 묘소참배식, 김경렬 외 총부 임직원 등 50여 명
01.19. 내 동대문교구 순회, 김경렬
02.01. 내 최시영 고문 환원(02.03 영결식)
02.08. 내 춘천지부 화재 참사 위로, 성금 전달, 김경렬, 유금희 주창실
02.09. 내 이리교구 순회, 김경렬
02.15. 내 진주교구 지부결성 협의차 교구장 방문, 김경렬 회장
02.16. 내 남해지부, 고현지부 순회, 김경렬
02.20. 내 수유유아원(원장 허경일) 졸업식, 김경렬, 유금희
02.24. 내 14차 상임위원회, 김경렬 회장 등 17명
03.03.~09. 내 수운대신사 순도 기념 합동수련회
03.15.~21. 내 마산지부 수련회지도, 이소원
03.19. 내 마산지부 수련회 순회, 김경렬
03.21. 외 동학혁명 98주년 기념식, 임원진
03.25. 내 68주년 창립기념식, 기념강연(조동원 원장 - 오심즉여심과 동귀일체)
04.02 내 총부 25차 전국대의원대회 개최, 오익제 교령 재선출
04.27. 내 11차 정기대의원대회, 김경렬 회장 재선
05.04. 내 1차 상임위원회, 김경렬 회장 등 21명
05.06. 내 복호동 답사(전교실 마련 건), 김경렬+실무진
05.13. 내 2기 종학대학원 졸업식, 김경렬+실무진
05.15. 내 의암성사 묘소 참배, 김경렬 회장+실무진
05.26. 내 동대문지부 수련회 격려, 김경렬, 유금희
05.28. 외 한국종교여성협의회 이사회, 여성유도회 창립기념식, 김경렬+실무진
06.02. 내 해월신사 순도 94주기 묘소참배, 김경렬 외
06.05. 내 화악산수도원 창립 22주년 기념식, 김경렬, 임원진, 회원
06.17. 내 서울 인근지부장회의 및 회보 발간 자축 기념식, 김경렬 외
06.22. 외 한국종교여성협의회 창립 3주년 기념강연회, 김경렬, 실무진, 상임위원
06.25. 내 천도교교육자회 수련회(용담수도원), 김경렬 외
06.30. 내 서울지부 논산 해월신사 손씨사모님 묘소 참례, 김경렬+임원진
07.26. 내 동서울교구 입당식, 김경렬+임원진
08.17. 내 2차 상임위원회, 여성전용 복호동수도원 건립 결의
08.20. 내 가리산수도원 개원 10주년 기념식, 김경렬 외
08.23. 내 이리교구 순회, 김경렬
08.28.~31. 내 여성 지도자 단기교육(의창수도원)
08.31. 내 부산시교구 산하 원동수도원 개원식, 임순화
09.05. 내 사내지부 순회, 김경렬

09.27. 내 인천교구(서울, 경기, 강원 지역 동귀일체 한마당), 김경렬+임원진
10.09. 외 정신문화원, 인간성 회복 그 과제와 처방 학술토론회, 김경렬 외
10.18. 내 전주교구 순회, 김경렬
10.19. 외 42주기 영우회위령식, 김경렬+임원진
10.21. 내 동대문교구 수련강도회, 김경렬, 유금희
10.22.~28. 내 여성회·청년회 합동수련회, 연인원 1,500명
11.03. 내 태백교구 낙성식, 김경렬 외 임원진, 기자
11.11. 외 우금치 동학혁명 추모식, 김경렬+임원진
11.18. 내 내칙·내수도문 반포 102주년 기념, 복호동 성지순례, 김경렬 외
11.21. 외 동학혁명 100주년 기념 학술토론회(세종문화회관), 실무진
11.24. 외 남북교류추진위원회 각 종단 대표 발표회, 김경렬
11.26. 내 용담수도원 종학대학원생 49일 수련 격려, 김경렬, 김영숙 천보경
11.28. 외 민족종단협의회 창립기념식 및 출판기념식, 김경렬
12.13. 내 서울지부 경로잔치, 김경렬+실무진 전원
12.15. 내 정기중앙위원회, 49명 중 42명
12.20. 내 대전교구 순회, 김경렬
12.24. 내 서울교구 청년회 송년의 밤, 실무진 전원
12.29. 내 감천장양로원(수원) 방문, 김경렬 외

1993 포덕134년

01.08. 내 용담수도원 순회, 김경렬, 천보경
01.10. 내 의정부교구 순회, 김경렬
01.11. 내 4차 상임위원회, 복호동수도원 건립추진위원회 구성 결의
01.17. 내 주옥경 종법사 환원 11주기 기념식, 김경렬 외 실무진 및 교인, 유가족 등 32명
01.18. 내 보스니아 헤르체고비나 회교권 여성 성폭행 규탄대회
02.04.~05. 내 춘천, 사내지부 순회, 김경렬
02.07. 내 서울지부 윷놀이대회, 임원진
02.09. 외 양주노인대학(학장 김광욱) 개강식, 유금희, 김영숙
02.15. 내 서울 인근지부장회의, 김경렬 외 13개 지부 29명
02.18. 외 수유1동 어린이집(원장 허경일) 10회 수료식, 김경렬, 유금희 김영숙 외
02.21. 내 삼천포교구 순회, 김경렬 회장
03.03.~09. 내 순도·순국 정신 계승과 동학혁명 100주년 기념사업 성공 기원 합동수련회, 김경렬 외 25개 교구 연인원 715명(여성회원 446명)
03.14. 내 청원교구 순회, 김경렬
03.18. 내 5차 상임위원회, 김경렬 외
03.25. 내 69주년 창립기념식, 신앙체험담과 성공사례발표
03.28. 내 동대문교구 순회, 김경렬
04.11. 내 공주교구 순회, 김경렬
04.15. 내 종학대학원 졸업식, 김경렬+실무진
05.01. 내 서울지부 창립 10주년 기념식, 김경렬+실무진
05.11. 내 총부 동학혁명군 전승기념대회, 김경렬
05.14. 내 의암성사 묘소, 주옥경 종법사 묘소 성묘, 김경렬, 임원진 및 회원 20여 명
05.16. 내 관의교구 순회, 김경렬
05.19. 내 총부 주최, 71주기 의암성사 환원일 묘소 참배, 김경렬+임원진
05.21. 내 가리산수도원 순회, 김경렬
05.30. 내 온양교구 순회, 김경렬
05.31. 외 환경윤리 종교인선언대회, 김경렬, 실무진 및 회원
06.01. 내 종학대학원 야간반 1기 수료식, 김경렬+임원진
06.04. 내 용담수도원 순회, 김경렬
06.21. 외 한국종교여성협의회 창립 4주년 기념 강연회, 김경렬+실무진
06.27. 내 대연교구 순회, 김경렬, 천보경
06.27. 내 서부교구 순회, 김옥희
07.04. 내 당산교구 순회, 김경렬
07.09. 내 동대문교구 하계수련 지도, 이소원
07.11. 내 이리교구 순회, 김경렬
07.11. 내 동서울교구 순회, 김옥희
07.25. 내 원주교구 순회, 김경렬, 김보일
07.25. 내 공항교구 순회, 김옥희
07.29. 내 온양지부 순회, 김경렬
08.01. 내 수원교구 순회, 김옥희
08.06.~13. 내 총부 주최, 전국 여성하계수련(용담수도원)
08.13. 외 미술인회, 천도교미술인전(중앙대교당), 김경렬+실무진
08.15. 외 종교인 인간띠잇기대회, 김경렬+임원진
08.22. 내 여주교구 순회, 김경렬
09.05. 내 김포교구 순회, 김옥희
09.10. 내 가리산수도원 순회, 김경렬
09.19. 내 성남교구 순회, 김경렬
10.10. 내 전주교구 순회, 김경렬
10.10. 내 부천교구 순회, 김옥
10.17. 내 수원교구 순회, 유금희 김보일
10.27.~28. 외 동학혁명 100주년 기념 학술세미나, 임원진 및 회원 다수
10.30. 외 한국종교협의회 초청강연회, 김경렬+실무진
11.09. 내 내칙·내수도문 기념비 건립 3주년 기념 복호동순례
11.16. 외 한국종교여성협의회 이사회, 김경렬, 김영숙
11.21. 외 해월신사 독공지비 봉고식(정선), 김경렬+실무진
11.25. 외 범종단 남북통일세미나, 김경렬+실무진
11.29. 내 3차 상임위원회, 김경렬 등 20명
12.02. 외 한국종교여성협의회 불우이웃돕기 방문(도봉구 인강원), 김경렬, 김영숙
12.09.~10. 외 한국종교여성협의회 통일교 방문, 김경렬, 실무진 및 회원

12.20. 외 부산예술학교 개교 축하, 김경렬
12.26. 내 성남교구 순회, 김경렬
12.29. 내 정기중앙위원회, 『천도교여성회 70년사』 발간 결의

1994 포덕135년

01.03.~10. 내 총부 동계수련(의창수도원), 임원진
01.10.~16. 내 온양교구 수련 강도회, 김경렬
01.10.~16. 내 의정부지부 수련 강도회 지도, 이소원
01.17. 내 주옥경 종법사 12주기 묘소참배식, 김경렬 외 총부 임직원, 회원 등 70여 명
01.28. 내 1차 상임위원회, 15명 참석
02.13. 내 성남교구 순회, 김경렬
02.15.~17. 내 가리산수도원 순회, 김경렬
02.18. 외 수유유아원 제11회 수료식, 김경렬+실무진
02.20. 내 제1차 도서편찬위원회, 김경렬 외
02.22. 외 하계유아원 수료식, 김경렬
02.25. 내 2차 상임위원회, 상임위원 등
03.03.~09. 내 대신사 순도 130주기 여성회·청년회 주최 합동 수련회(중앙대교당)
03.10. 내 3차 상임위원회, 상임위원 등
03.13. 내 온양시교구 순회, 김경렬
03.15. 외 동학인의 밤(프레스센터), 김경렬 외 실무진과 회원
03.21. 외 동학혁명 100주년 기념식(탑골공원), 김경렬 외 실무진, 회원
03.25. 내 70주년 창립기념식 및 지부 발전 성공사례 및 체험담 발표
04.15. 외 종학대학원 4기 수료식, 김경렬+임원진
04.19. 외 한국종교여성협의회 이사회, 강좌, 김경렬 회장
04.19. 외 79회 원불교 대각개교절 기념 종교인 대화의 모임, 김경렬
04.24. 내 관의교구 입당식, 김경렬
04.25. 내 1차 복호동수도원 순회, 김경렬 외
04.27. 내 온양교구 순회, 김경렬
05.01. 내 서울지부 결성 11주년 기념식, 김경렬 외
05.04. 내 의암성사 묘소, 주옥경 종법사 묘소 성묘, 실무진 및 회원 16명
05.11. 외 황토현 기념탑 참배식(정읍), 김경렬, 홍경지 실무진
05.19. 외 의암성사 동상 제막식(청원), 김경렬, 홍경지 실무진
05.22. 내 마포교구 순회, 김경렬
05.26. 외 한국종교협의회 초청 간담회, 김경렬
05.27. 내 서울 인근지부장회의, 14개 지부 29명
05.29. 내 강서교구 입당식, 김경렬+실무진
05.30. 내 4차 상임위원회, 김경렬 등 15명
06.02. 내 96주기 해월신사 묘소 참례, 김경렬+실무진
06.04. 내 2기 종학대학원 야간반 수료식. 김경렬 실무진
06.08. 내 가리산수도원 순회, 김경렬
06.11. 내 사내교구 교당 준공식, 김경렬
06.13. 내 화악산수도원 24주년 창립기념식, 유금희 이정순
06.17. 내 2차 복호동수도원 순회, 김경렬 외
06.19. 내 관의교구 순회, 김경렬
06.21. 외 한국종교여성협의회 창립 제5주년 기념식, 김경렬, 유금희 외
06.24. 내 3차 복호동수도원 순회, 김경렬 외
07.06. 외 한국종교협의회 종교개혁세미나, 김경렬, 김영숙
07.07. 외 아시아·태평양 평화재단 주최 평화 학술세미나, 김경렬 외 실무진
07.11. 내 5차 상임위원회, 상임위원 21명
07.17. 내 동대문교구 순회, 김경렬
07.22.~29. 내 중앙총부 하계수련(의창수도원), 20개 지부 연인원 240여 명
08.07. 내 강릉수도원 13주년 기념일, 김경렬
08.12. 외 미술인회 회원전, 김경렬+실무진
08.19. 내 6차 상임위원회, 상임위원 15명
08.20. 내 가리산수도원 12주년 기념일, 임원진, 회원
08.27. 내 부산시지부 순회, 김경렬, 천보경
09.04. 내 사천지부 순회, 김경렬, 이희영
09.15. 내 7차 상임위원회, 상임위원 17명
09.23. 외 5개 종단 종교인미술인전(예술의전당), 김경렬 외 유금희 및 회원
09.28.~29. 외 동학혁명 100주년 국제학술발표회, 김경렬+임원진
10.01. 외 태안 동학혁명군추모탑참배식, 고문, 임원진 및 회원
10.02. 내 인천지부 순회, 김경렬
10.03. 내 선구교구 순회, 김경렬
10.07. 외 서울평화교육센터세미나, 김경렬
10.13. 내 『천도교여성회 70년사』 출판기념식, 김응조 감사패
10.16. 내 의정부교구 순회, 김경렬
10.18. 외 한국종교협의회 세미나, 김경렬, 유금희
10.26 내 여성회·청년회 합동수련회(중앙대교당), 7일간 연인원 273명
10.28.~30. 내 온양교구 순회, 김경렬
11.06. 내 대전교구 순회, 김경렬
11.08. 외 3·1운동협회 세미나, 김경렬
11.11. 외 공주 우금치 동학혁명군위령탑 참례식, 고문, 임원진 및 회원
11.13. 내 대구시지부 순회, 김경렬
11.14. 내 8차 상임위원회, 상임위원 18명
11.17.~19. 외 한국종교협의회 세미나(도고온천), 김경렬
11.25. 외 홍성 동학농민혁명 100주년 위령제. 고문, 임원진 외
11.28. 외 동학혁명100주년기념관 건립 기공식(전주), 김경렬
12.02. 내 차기숙 종법사 환원(135.12.04 總部葬)
12.02. 외 한국종교평화회의 회의, 김경렬
12.15. 내 화악산수도원 순회, 김경렬
12.23. 외 한국종교협의회 세미나, 김경렬 회장

1995 포덕136년

1995 포덕136년

01.17. 내 주옥경 종법사 환원 13주기 묘소 참배, 김경렬, 홍경지 박공주(고문) 등 50여 명
01.27. 내 1차 상임위원회, 상임위원 19명
02.15. 외 광복 50주년 결의문 채택, 김경렬
03.03.~09. 내 대신사 순도 및 순도 선열 합동 위령식, 여성회·청년회 합동수련회
03.04. 내 복호동 순회, 수도원 건립 관계, 김경렬
03.08. 내 복호동수도원 건립 기공식, 김경렬, 홍경지 고문, 임원진 외
03.13. 내 복호동 순회, 수도원 건립 관계, 김경렬, 김보일
03.15. 내 서울 인근지부장회의, 15개 지부 30명
03.17. 내 2차 상임위원회, 김경렬 등 19명
03.18. 내 복호동 순회, 수도원 건립 관계, 김경렬
03.25. 내 71주년 창립기념식, 복호동수도원 건립 보고
03.25. 내 3차 상임위원회, 김경렬 등 20명
03.29. 외 한국종교인평화회의, 김경렬, 실무진
03.30. 외 민주평화통일자문회의, 김경렬, 유금희 김영숙
03.31. 내 복호동 순회, 수도원 건립 관계, 김경렬
04.03 내 총부 28차 정기대의원대회 개최, 제26대 김재중 교령 선출
04.07. 내 복호동 순회, 수도원 건립 관계, 김경렬, 유금희 이정순
04.25. 내 복호동수도원 낙성식, 김경렬, 김재중 교령, 여성회 고문 등 200여 명
04.27. 내 12차 여성회 전국대의원대회, 천보경 회장 선출
05.01. 내 서울지부 제12주년 기념식, 김경렬
05.09. 내 1차 상임위원회, 천보경 등 21명
05.19. 내 의암성사 순도 73주기 묘소 참례, 천보경+실무진
06.02. 내 해월신사 순도 97주기 묘소 참례, 천보경+실무진
06.02. 내 화악산수도원 창립 제25주년 기념식, 홍경지(고문) 외
06.14. 내 2차 상임위원회, 천보경 등 20명
06.18. 내 영등포교구 낙성식, 천보경 회장+실무진
06.20. 외 한국종교여성협의회 창립 6주년 기념식, 천보경 외 실무진 상임위원
07.11. 내 강서교구 특별수련강도회 순회, 천보경+실무진
07.26. 외 한일 과거청산범국민결의대회, 이순종, 회원
07.31. 내 복호동수도원 순회, 수도원 건립 잔금, 천보경 외 실무진
08.06.~13. 내 총부 주최, 전국 여성하계수련(의창수도원)
08.14. 외 광복-분단 50년 범종교 평화통일기원대회, 천보경, 홍경지(고문) 외 실무진 및 회원
09.13. 내 서울 인근지부장회의, 19개 지부 지부장
09.14.~15. 외 한국종교인평화회의 종교지도자세미나, 천보경, 이순종
09.19. 외 한국종교여성협의회 이사회, 이순종
09.19. 외 한국여성단체협의회(이하 '여협') 가입
09.24. 내 서울지부 영월 직동 답사, 박공주, 김보일 외 실무진
09.27.~10.04. 내 복호동수도원 개원 기념 수련회, 9개 지부 23명
10.12. 외 32회 전국여성대회 참석, 천보경+실무진, 회원
10.14. 외 여협 재일부인회 지도자 초청 간담회, 천보경 회장
10.18. 외 여협 정책 토론회, 천보경 회장+실무진
10.19. 외 45회 영우회위령제, 천보경 외 상임위원
10.19. 내 4차 상임위원회, 천보경 외
10.21. 내 부문단체지도위원회 / 천보경, 이순종
10.22. 내 대구시지부 순회, 천보경 회장, 김보일 부회장
10.22.~28. 내 대신사 탄신 171주년 재가기도식 및 특별수련, 천보경 외 여성회원
10.24. 외 여협 32회 전국여성대회 평가회, 천보경
11.08. 외 여협 총무처장관 초청 간담회, 천보경
11.10. 내 전주동학혁명기념관 해월신사 동상 제막식, 천보경, 박공주 외 실무진
11.11. 내 우금치 동학혁명위령탑 추모식, 박공주 외 실무진
11.12. 내 부산지역 연합모임 참가, 천보경, 이성자
11.17. 내 내칙·내수도문 기념비 건립 제5주년 기념식, 천보경 외 16개 지부 67명
12.02. 외 이웃돕기운동본부 사랑의 열매 달아주기 및 이웃돕기 모금운동, 천보경+실무진
12.06.~08. 내 남해지역 연합모임 참석, 천보경, 김영숙 이정순 김순홍
12.08. 외 KCRP 범종단 북한수재민 돕기운동, 이순종
12.13. 외 여협 창립 제36주년 기념식, 천보경+실무진
12.18.~20. 내 1차 전국 지부장회의 및 단기교육(의창수도원), 24개 지부 31명
12.26. 외 국립재활원 자원봉사 교육, 이희영 외

1995 포덕137년

01.16. 외 한국종교여성협의회 1월 이사회, 이순종
01.24. 외 96년 여성정책 추진 방향 토론회, 이순종
01.29. 외 KCRP 95년도 정기총회, 이순종
02.07. 내 5차 상임위원회, 천보경 외 상임위원
02.13. 외 여협 정기이사회, 이순종 총무
02.23. 내 중앙위원회, 49명 중 43명
02.27. 외 여협 제38차 정기총회, 천보경
03.16. 내 6차 상임위원회, 천보경 등 20명
03.19. 외 여협 3월 이사회, 유금희 조준희 송영옥 이순종 등
03.25. 내 72주년 창립기념식, 김경렬 복호동수도원장 공로패
04.19. 내 복호동수도원 개원 1주년 기념 특별수련회, 20명
04.28. 내 최시영 종법사 묘비제막식(포천 교회묘지), 천보경 외
06.06. 내 서울지부 영월 직동 사적 표지비 제막식, 천보경 외
07.24.~26. 내 전국 지부장회의 및 단기수련(의창수도원), 30개 지부 64명
09.04. 내 7차 상임위원회, 천보경 등 20명

09.10. 외 여협 정기이사회, 천보경
09.20. 외 여협, 김덕룡 장관 초청 정책간담회, 천보경
10.01. 외 여협 정기이사회, 천보경
10.08. 외 대한민국부인회 초청 오찬간담회, 천보경
10.12. 외 여협 제33회 전국여성대회, 천보경 외 홍경지 박공주 백덕실(고문) 실무진, 회원 등 72명
10.17. 내 송탄지부 순회, 천보경, 이성자
11.10. 내 동서울지부 순회, 천보경, 이희영
11.16.~18. 내 삼천포 진주 사천지부 순회, 천보경, 이희영
11.21. 내 내칙·내수도문 반포 106주년 및 기념비 건립 6주년 기념식, 천보경 외
11.24. 내 춘천지부 순회, 천보경, 김보일
12.14. 외 여협 이웃돕기 성금모금, 천보경 외 상임위원 및 회원

1997 포덕138년

01.14. 외 여협 이사회, 천보경 (03.04 천보경)
01.15. 내 8차 상임위원회, 21명 중 18명
01.17. 내 주옥경 종법사 환원 15주기 묘소참배식, 천보경 외 임원진 등 50여 명
02.19. 내 2차 정기중앙위원회, 49명 중 42명
02.25. 외 여협 정기총회, 천보경, 김보일
03.25. 내 73주년 창립기념식 및 기념강연(차옥숭 - 수운대신사와 해월신사의 사상에서 살펴본 여성에 대한 이해)
03.28.~4.02. 외 북한동포돕기 옥수수 1만 톤 보내기 범국민 캠페인, 임원진, 12개 지부 회원 54명
04.10.~11. 외 한국여성단체장 연수, 천보경 이희영
04.23. 외 승공통일연합회 세미나, 천보경
04.25. 내 복호동수도원 개원 2주년 기념식, 천보경, 이성자 유금희
05.01. 내 서울지부 14주년 결성기념식, 천보경
05.21. 내 9차 상임위원회, 17명
05.21.~06.30 내 북한동포돕기 매시일 한끼 금식 모금운동
06.11. 내 서울 인근지부 자원봉사자 위로와 공경의 모임(봉황각), 55명
06.12.~13. 외 종교지도자세미나, 천보경, 이순종 외 임원진
08.13. 내 10차 상임위원회, 천보경 등 13명
08.18.~20. 내 3차 전국 지부장회의 및 단기수련
09.30. 외 여협 34회 전국여성대회, 천보경 외 21개 지부 회원 44명
09.29. 내 해월신사 순도 100주년 기념 학술세미나(중앙대교당), 천보경 외
10.03. 내 서울지부 정선 싸내 유적지 순례, 이순종(총무)
11.04. 외 여협 대통령후보(김대중) 여성정책 대담, 천보경
11.05. 내 11차 상임위원회, 천보경 외
11.08. 외 북한동포 사랑의 옷 보내기 운동에 1차분 55상자 기증 (139.01.중순 2차분 85상자 기증)
11.20. 외 여협 대통령후보(이회창) 여성정책 대담, 천보경
12.17. 내 내칙·내수도문 기념비 참배식, 천보경, 홍경지 외 실무진 및 회원 49명

1998 포덕139년

01.13. 외 여협 이사회, 천보경(02.01 천보경)
02.04 내 금 모으기 운동 동참하여, MBC 여의도 본사 방문, 천보경+임원진
02.11. 내 12차 상임위원회, 천보경 외
02.24. 외 여협 4차 정기총회, 천보경, 김보일
02.25. 외 15대 김대중대통령 취임식, 천보경
02.26. 내 3차 정기중앙위원회, 49명 중 39명
02.26. 내 13차 상임위원회, 천보경 외(3.4 14차 상임위)
03.25. 내 74주년 창립기념식, 회원 200여 명
03.31. 내 13차 여성회 전국대의원대회, 조혜숙 회장 선출
04.02 내 총부 제28차 정기대의원대회, 27대 김광욱 교령 선출
04.08. 내 월례 상임위원회, 조혜숙 회장 외(5.6 월례 상임위, 20명)
05.17. 외 장성 황룡촌 동학혁명승전기념식, 조혜숙
05.19. 내 의암성사 묘소, 주옥경 종법사 묘소 성묘, 임원진 및 서울 인근지부회장, 상임위원 등 35명
05.20. 외 여협 단체장 초청 행사(청와대), 조혜숙
05.25. 내 해월신사 묘소 성묘, 임원진 및 서울 인근지부장
06.02. 내 해월신사 순도 100주년, 조혜숙 외 여성회원 봉사활동
06.14. 내 대구시지부 순회, 조혜숙, 이경화(조직)
06.18. 외 종교지도자 청와대 초청, 조혜숙 회장
06.21. 내 부산시지부 순회, 조혜숙, 고윤지(총무)
06.27. 외 중앙총부 교역자 교육 및 수련(의창수도원), 조혜숙
07.16. 내 서울 인근지부장회의, 조혜숙 외
08.05.~11. 내 전국 여성회원 하계수련회(용담수도원)
08.13. 외 한국종교지도자협의회(종지협) 8·15광복 53주년 기념 구국기도회, 조혜숙 회장 외 임원진
08.15. 외 광복절 정부수립 기념행사, 조혜숙
08.20. 내 가리산수도원 제16주년 개원기념식, 조혜숙, 오금순
09.07.~09. 내 전국 여성 지도자 교육 및 간담회(의창수도원)
09.12. 내 춘천교구 개축 봉고식, 조혜숙
09.13. 내 연원회 1차 교역자간담회, 조혜숙
09.20. 내 해월신사 어록비 제막식(포항시 신광면), 조혜숙
09.22. 내 양주교구 노인대학, 조혜숙+임원진
09.25. 내 서울지부 횡성 수레너미 해월신사 사적순례 참가, 임원진
09.29. 외 여협 35회 전국여성대회, 조혜숙 외 임원진 12명
09.30. 외 종지협 개천절 경축강연회, 조혜숙
10.19. 외 영우회 제48주기 위령식, 조혜숙
10.28. 외 동학학회 창립총회 및 학술세미나, 조혜숙
11.03. 내 명동산수도원 개원 2주년 기념식, 조혜숙
11.18. 내 내칙·내수도문 반포 기념비 건립 8주년 기념식, 조혜숙 외 임원진 등

1999 포덕140년

11.28. 외 동학민족통일회 운영위원회, 조혜숙
12.01. 내 본부 사무실 이전 봉고식(2층→9층)
12.01. 내 5차 상임위원회, 조혜숙 등 16명
12.06. 내 의정부지부 순회, 조혜숙, 전영혜 고윤지 이경화 오금순
12.08. 외 여협 이사회, 조혜숙
12.08. 외 여협 39주년 기념식, 조혜숙, 전영혜
12.09. 내 5차 상임위원회, 상임위원 16명
12.09. 내 서울 인근지부장회의, 조혜숙 외
12.10. 외 여협 사랑의 열매 달아주기 캠페인, 조혜숙+임원진
12.20. 내 대전지부 순회, 조혜숙, 전영혜 이경화
12.21. 외 여협 이사회 및 창립 33주년 기념식, 강연회, 전영혜 조옥남 차숭례(여협이사)

1999 포덕140년

01.17. 내 주옥경 종법사 환원 제17주기 묘소참배식, 조혜숙 외 임원진, 인근지부장 등 15명
01.22. 외 북한동포 사랑의 옷 보내기 환송식, 임원진
01.27. 내 6차 상임위원회, 21명 중 20명
02.19. 내 3차 인근지부장회의, 조혜숙 등 15명
02.24. 내 1차 정기중앙위원회, 49명 중 41명
03.10. 내 7차 상임위원회, 상임위원 19명
03.25. 내 75주년 창립기념식, 150여 명, 여성합창단 축하
04.20.~21. 외 여협 전국 여성단체지도자 연수(양평), 조혜숙, 오금순
04.25. 내 복호동수도원 개원 4주년 기념식, 조혜숙+임원진
05.01. 내 서울지부 결성 16주년 기념식, 조혜숙 외
05.01.~06.30. 내 북한동포돕기 식량보내기 성금모금 운동, 전국 여성회원
05.14. 내 8차 상임위원회, 조혜숙 등 16명
05.17. 내 의암성사 및 주옥경 사모님 묘역 성묘, 서울 인근지부 회원
06.09. 내 4차 서울지역 지부장회의
06.13. 내 인천지부 순회, 조혜숙(설교), 이경화(천덕송 지도)
06.27. 내 관의지부 순회, 조혜숙(설교), 이경화(천덕송 지도) 오금순
08.01. 내 공항지부 순회, 조혜숙 회장(설교), 조덕행
08.02.~09. 내 전국 여성회원 하계수련(용담수도원), 29개 지부 129명
08.08. 내 2차 전국 지부회장회의(용담수도원)
08.19. 내 9차 상임위원회, 조혜숙 외
09.16. 외 여협, 36회 전국여성대회, 조혜숙 외 임원진 및 회원 등 35명
09.19. 내 영등포지부 순회, 조혜숙, 조덕행
10.08. 내 서울지부 성지순례 참가, 임원진
10.08. 외 이희호 여사 초청 청와대 예방, 조혜숙
10.12. 외 여협 이사회, 조혜숙 (11.09; 11.19; 12.14 조혜숙)
10.14. 외 NGO종교 21세기 준비세미나, 조혜숙
10.20. 내 춘암상사 묘소 참배 및 성묘, 조혜숙, 임원진 등 15명
10.26. 외 제3회 종교예술제, 조혜숙 외 임원, 회원
10.27. 외 여협 통일원장관 초청 조찬회, 조혜숙
10.31. 내 시흥지부 순회, 조혜숙, 오금순
11.02. 외 학술세미나, 조혜숙
11.03. 내 명동산수도원 개원기념식, 임원진
11.14. 내 동서울지부 순회, 조혜숙, 이경화 오금순
11.24. 내 내칙·내수도문 기념비 건립 제9주년 기념식, 조혜숙 외 임원진, 서울 인근지부회장 10명
12.02. 외 한국자원봉사단체협의회(자봉협) 자원봉사 전국지도자 대회, 임원진 등 10여 명
12.08. 외 환경보호운동 연대회 조찬간담회, 조혜숙
12.12. 내 10차 상임위원회, 조혜숙 외 상임위원
12.21. 외 여협 과대포장 반대 캠페인, 조혜숙
12.24. 내 총부, 천도교 위상을 드높인 공로로 여성회에 공로패 수여

2000 포덕141년

01.17. 내 주옥경 종법사 환원 제18주기 묘소참배식
01.28. 외 환경부 제1차 환경정책실천협의회, 조혜숙 회장 천도교환경정책실천협의회 위원 위촉
02.23. 내 중앙위원회, 49명 중 45명
03.08. 내 12차 상임위원회, 〈환경보호실천한울터리〉 구성 결의, 조혜숙 외
03.15. 내 여성회 임원 및 지부장 7명, 음성 꽃동네 장애인시설 견학
03.25. 내 76주년 창립기념식, 역대 여성회장 사진 봉안식, 회원 180명
04.05. 내 여성회 인터넷홈페이지 개통
04.25. 내 복호동수도원 개원 5주년 기념식, 조혜숙 외 임원진
05.01.~04. 외 종지협 주최 금강산순례 참가, 조혜숙 회장
05.17. 내 의암성사 및 주옥경 사모님 묘역 성묘, 조혜숙 외 임원진, 총부 임직원, 회원 등 20여 명
05.19. 내 해월신사 묘역 성묘, 조혜숙 외 임원진, 총부 임직원 및 회원 20여 명
05.21~12.21. 내 북한 천도교돕기 성금모금(28번 매시일 한끼 금식 후 식사대금 적립)
05.31. 외 KCRP여성분과 생명여성종교 세미나, 이순종 중앙위원 발표
06.02. 내 해월신사 순도 102주년 참배식, 실무진 외
06.14. 내 13차 상임위원회, 일본 신호지부 결성 준비모임
06.21. 내 서울 인근지부장회의, 임원진, 19개 지부회장
08.03.~10. 내 여성회원 하계수련회(용담수도원)
08.06. 내 전국 지부장회의(용담수도원)
08.15. 외 남북이산가족 상봉 방문단 단장 류미영 환영대회
08.18.~24. 내 일본 신호교구 방문, 지부설립 협의, 조혜숙 외
08.30. 내 14차 상임위원회, 상임위원 19명

08.31. 외 서울시 환경탐방행사, 실무진 외 회원 17명
10.01. 내 마산시지부 순회, 조혜숙, 이경화
10.06. 외 여협 제37회 전국여성대회, 조혜숙 등 24명
11.05. 내 원주지부 순회, 조혜숙, 이경화
11.12. 내 송탄지부 순회, 조혜숙, 이경화
11.20. 내 내칙·내수도문 반포 기념비 건립 제10주년 기념식, 조혜숙 외 회원 200여 명
11.26. 내 수원지부 순회, 조혜숙, 이경화
12.03. 내 춘천지부 순회, 조혜숙, 이경화
12.13. 내 15차 상임위원회, 21명 중 17명
12.17. 내 양주지부 순회, 조혜숙, 오금순

2001 포덕142년

01.17. 내 주옥경 종법사 환원 제19주기 묘소참배식
03.25. 내 77주년 창립기념식, 200여 명
03.30. 내 14차 여성회 전국대의원대회, 고윤지 회장 선출
03.30. 내 영등포지부 순회, 고윤지 회장, 이옥춘 김명덕
04.01. 내 1차 상임위원회, 고윤지 등 18명
04.02. 내 총부 30차 전국대의원대회, 28대 김철 교령 선출
04.12. 내 주옥경 종법사 묘소 참례, 신임 임원 봉고, 고윤지 외 실무진
04.12. 내 서울지부 순회, 이병엽 임봉애
04.19. 내 2차 상임위원회, 고윤지 등 17명
04.19. 내 인천교구 순회, 김명주 김경숙 이순옥 변해옥
04.25. 내 복호동수도원 개원 6주년 기념식, 고윤지 등 회원 60여 명
05.00. 내 여성회 사무실 이전(수운회관 902호)
05.01. 내 서울지부 창립 18주년 기념식, 고윤지 외
05.03. 내 1차 서울 인근지부장회의
05.10. 내 서대문지부 순회, 전영혜 권영숙
05.17.~18. 외 한국종교인평화회의 1회 종단교역자 대화캠프, 고윤지+실무진
05.28.~07.31. 내 여성회 발전방안 모색 전국지부설문조사
05.31. 내 한강지부 순회, 양처례 김순련 이장엽 고윤심
05.31. 내 해월신사 묘소 참례 및 성묘, 임원진, 회원 12명
06.01. 외 생활환경실천운동여성단체연합('생활환경실천운동' 공동대표 고윤지), 고윤지 외(06.04 고윤지 외)
06.14.~16. 외 6·15 남북공동선언 1주년 기념 금강산 민족통일대토론회, 고윤지, 김영숙, 유남실, 여성회의 선물(류미영) 북측 대표단에 전달. 이후 류미영 위원장과 서신 왕래 지속
06.21. 내 용산지부 순회, 김항결 김동순
06.28. 내 성남지부 순회, 이경화
07.00. 외 국립재활원 봉사활동 종료(136.12.26 개시)
07.03. 내 총부 주관 동학강좌 대학가 홍보, 고윤지 외 김정자 김영자 신금순
07.03. 외 6회 여성주간 기념식, 김영숙 김정자
07.07. 내 2박3일 주말수련 개강식(매주 금 오후 7시~일 오전 7시)
07.05. 내 3차 상임위원회, 고윤지 등 20명 참석
07.21.~22. 내 대구대덕, 대구시 지부 순회, 김정자 김순홍 김영자
07.27.~08.03. 내 전국 여성 하계수련회(용담수도원), 36개 지부 147명
08.14. 내 고문 자문회, 홍경지 전초련 차숭례 천보경 김경렬 고문 외 임원진
08.29. 내 1차 여성회-청년회 간담회, 고윤지 외
09.07. 외 환경부주최 낙동강 발원지 견학, 고윤지, 김영숙
09.13. 내 서택순선생 유택방문, 고윤지 등 임원진 7명
09.16. 내 공주지부 순회, 고윤지
08.26. 내 의정부지부 순회, 김영숙 신금순
09.21. 내 광주지부 순회, 김영숙 유남실 김명덕 이옥춘
10.12. 외 여협 제38회 전국여성대회, 고윤지 외 임원진, 회원
10.18. 내 4차 상임위원회, 고윤지 외
10.21. 내 춘천지부 순회, 고윤지, 김영숙 유남실
10.02. 내 동경교구 여성회 동경지부 결성식, 김정자, 김영자
11.02. 외 마포구음식물쓰레기자원화센터 방문, 김영자 고복심
11.13. 내 여성회 한마음봉사단발대식
11.15. 내 내칙·내수도문 기념비 참례식, 고윤지 외 임원진, 회원 등 10여 명
12.04. 외 KCRP 이웃종교 이해강좌-문명충돌 위기와 종교 세미나, 유남실 외
12.11. 외 한마음봉사단, 하계사회복지관 봉사 시작
12.31. 내 2001연간 주말수련 계속

2002 포덕143년

01.01.~12.31. 내 2002연간 주말수련 계속
01.04.~10. 내 전국 지부장수련회(복호동수도원)
01.17. 내 주옥경 종법사 환원 20주기 참례식, 고윤지 외 임원진, 회원 등 30여 명
01.24. 내 5차 상임위원회, 고윤지 외
01.29. 외 여성부 출범 1주년 기념식, 고윤지
02.21.~23. 내 1차 중앙위원회 및 수련·교육(봉황각)
02.26. 외 여협 45차 정기총회, 고윤지 외 실무진 3명
03.07. 내 서울 인근지부장회의, 고윤지 외 임원진, 서울 인근지부장 16명
03.12. 내 6차 상임위원회, 고윤지 외
03.22. 외 KCRP 정기총회, 고윤지, 유남실
03.25. 내 제78주년 창립기념식, 기념행사(상황극, 노래부르기, 연합합창단 발표, 사진전시회 등)
03.29. 외 여성정책 토론회, 고윤지 회장, 김정자 부회장
03.29.~4.04. 내 총부주최 21일기도 수련참석자 대상 봉사활동, 28개 지부 회원
04.05. 내 고문단 자문회의, 강기순 고문 등 8명, 실무진
04.09. 외 여협 이사회, 고윤지, 김영숙
04.11. 외 종교단체환경실천협의회('종교환경실천'), 고윤지

2003 포덕144년

04.25. 내 복호동수도원 개원 7주년 기념식, 김영숙 등 회원 30명
05.01. 내 서울교구여성회 재결성 19주년 기념식, 고윤지 외
05.02. 내 한마음봉사단 자원봉사자 교육, 김동순 단장 외 단원 30여 명
05.05. 외 환경의날 기념식, 고윤지, 김영숙
05.09. 외 하계사회복지관 효도잔치 한마음봉사단 음식 준비
05.14. 외 생활환경실천운동 공동대표회의, 고윤지
05.14. 외 환경부 여성계 대표자 회의, 고윤지
05.16. 내 의암성사 묘역 성묘, 고윤지 고문, 임원진, 회원 등 35명
05.21. 외 여성부 여성계대표자 간담회, 고윤지
05.22. 내 해월신사 묘역 성묘, 임원진 외 한마음봉사단원 27명
05.26. 내 여성회 고문 및 원로회원 증언녹취사업 착수
06.19.~24. 외 제6회 대한민국종교예술제(월드컵 기념 미술제), 고윤지, 김영숙 외
06.20. 외 주부 물살림실천결의대회, 고윤지 외 임원진 및 회원
06.21. 외 호주제 폐지를 위한 종교여성연대, 호주제와 종교 심포지움(여성회후천개벽실천모임) / 임원진 및 회원 30여 명
07.03. 외 7회 여성주간 기념식, 김영숙 지정해
07.04. 내 7차 상임위원회, 고윤지 외
07.22. 외 KCRP 여성분과 모임, 지정해
07.22. 내 용담수도원 쓰레기 줄이기 실천교육 강의, 김영숙
07.29.~08.05. 내 전국 여성 하계수련회. 어린이 수련 캠프를 함께 진행
08.12. 외 여협 대표자회의, 고윤지
08.13. 외 서대문형무소 순국·순도 종교연합위령제, 김영숙 외 임원진
08.14.~17.(8.15) 외 민족통일대회(워커힐호텔), 고윤지, 박차귀 부산시지부회장, 북측 천도교인과 교류
08.20. 내 가리산수도원 개원 20주년 기념식, 고윤지, 김영숙 김명덕
08.22. 외 생활환경실천운동 실무자회의, 김정자
08.29.~30. 내 원동수도원 개원 10주년 기념식, 고윤지, 유남실
08.31. 내 KBS수해성금 기탁, 고윤지 외
09.05. 내 8차 상임위원회, 고윤지 등 14명
09.09. 외 아셈 민간포럼 종교·여성분과 워크숍, 고윤지 외 임원진 3명
09.10. 외 평화통일정책자문회의, 고윤지
09.12. 내 제4차 인근지부장회의, 고윤지 회장 등 18명
09.15. 내 대전지부 순회, 고윤지, 유남실
09.15. 내 김제지부 순회, 김정자, 김순홍
09.27. 외 한국여성단체협의회 전국 여성대회, 고윤지 외 임원진 및 회원
10.08. 외 한국여성단체협의회 이사회, 고윤지
10.11.~12. 외 KCRP 여성분과위원회 2002 가을 세미나, 김영숙, 유남실 외
10.13. 내 성남지부 순회, 고윤지 회장, 김정자
10.13. 내 송탄지부 순회, 김순홍 김명덕 외
10.15. 외 종교예술제 개막식, 고윤지 회장
10.15.~18. 외 남북여성대회, 김영숙 유남실 외, 남북 천도교인 교류회
10.16. 외 원불교한울안운동, 고윤지, 김순홍
10.16. 외 여협 대통령후보 여성정책토론회(이회창), 고윤지 외 임원 4명
10.20. 내 의정부지부 순회, 김정자 유남실
10.23. 내 시흥시 목감동 주사모님 땅 답사, 고윤지 외 3명
10.26. 내 종무위원회 및 교구장 회의, 김영숙
10.28. 외 대신사 탄신기념 학술세미나, 고윤지 외 임원 4명
10.31. 내 9차 상임위원회, 고윤지 등 19명
11.03. 내 명동산수도원 개원기념식, 신금순 지정해
11.04.~05. 내 성지순례(교룡산성, 금산사 외), 고윤지 외 32명
11.10. 내 당산지부 순회, 고윤지, 김명덕
11.11. 내 우금치 동학혁명군위령식, 고윤지, 김영숙
11.12. 외 여협 이사회, 고윤지 (12.08 김정자)
11.15. 외 대선후보 정책토론회(노무현), 김정자 김영숙 외 실무 3명
11.20. 내 목감동 땅 2차 답사, 고윤지 외
11.21. 내 내칙·내수도문 기념비 참례식, 고윤지 외 임원진, 회원 등 20여 명
11.25. 외 여협 주최, 주한외국대사부인 초청간담회, 고윤지
11.26. 외 조계종 불교여성개발원 창립 2주년 기념세미나, 고윤지, 지정해
12.04. 외 대한어머니회 음식물 쓰레기 줄이기 생활실천 수칙발표회, 김영숙 지정해 외
12.08. 내 서울지부 교구경로잔치, 김영숙 지정해
12.12. 내 고문 자문회, 허경일 천보경 강기순 차숭례 고문 외 실무진
12.13. 내 하계사회복지관, 자원봉사자 및 후원자 위안행사, 임원진, 봉사단원 등 19명
12.15. 내 시흥교구 순회, 고윤지, 김명덕
12.31. 외 환경부장관 공로상 표창, 고윤지

2003 포덕144년

01.01.~12.31. 내 2003연간 주말수련 계속
01.14. 외 여협 이사회, 고윤지 (2.11; 6.10 고윤지; 3.11 김정자)
01.14. 외 대한어머니생활환경 대표자 회의, 김영숙
01.14. 외 대한어머니생활환경 실무자 회의, 김영자
01.19. 내 도봉지부 순회, 고윤지 회장, 유금희 부장
02.05. 외 생활환경연합 공동대표, 환경부장관 시상식, 고윤지, 김영숙
02.10. 외 종교단체환경실천협의회, 고윤지(5.26 세미나 김정자; 10.10 고윤지)
02.13. 내 서울 인근지부회장회의, 고윤지 외

2004 포덕145년

02.14. 외 환경부 여성계 대표간담회, 고윤지
02.14.~15. 외 KCRP총회, 김영숙 김순홍 외
02.16. 내 정선지부 순회, 고윤지, 지정해
02.18. 외 여협 총회, 고윤지 외 실무진 3명
02.22. 내 2회 중앙위원회
02.27. 내 한마음봉사단 정기총회
03.01.~02. 외 3·1절 남북공동행사, 고윤지 등 17명
03.02. 내 남북천도교 합동시일(중앙대교당, 최초), 임원진 및 회원
03.07. 내 시흥 목감동 땅 3차 답사, 고윤지 외
03.09. 내 아산지부 순회, 김순홍 지정해
03.16. 내 동대문지부 결성식, 고윤지 외
03.20. 외 여성 장관 초청환영회, 고윤지
03.21. 외 아시아종교인 평화선언대회, 고윤지 외 11명
03.25. 내 제79주년 창립기념식 및 기념행사(노래 함께 부르기, 중창, 시조창, 여성풍물패 공연, 창작품 전시 및 판매)
03.28. 외 보건복지부장관 초청 정책토론회, 고윤지 외 실무진 3명
03.29.~30. 내 용담지부 순회, 김영숙 김순홍
03.29.~30. 내 남해지역천도교 체육대회, 고윤지, 신금순
04.02. 외 생활환경실천운동 공동대표회의, 고윤지(5.13; 5.24;9.1; 9.17 고윤지 7.4 김영숙)
04.17. 내 12차 상임위원회, 고윤지 외
04.23. 외 환경부장관 초청 생활환경실천운동 대표자 모임, 고윤지
04.25. 내 복호동수도원 개원 8주년 기념식, 고윤지 외
04.25. 내 2차 전국 지부장회의(복호동수도원)
05.01. 내 서울지부 재결성기념식, 고윤지, 김영숙 김정자
05.04. 내 부산시지부 결성기념식, 고윤지, 유남실
05.13. 외 생활환경 실무자모임, 고윤지, 지정해(05.24; 06.11; 09.05 지정해)
05.15. 내 의암성사 묘소, 주옥경 종법사 묘소 성묘, 고윤지 외 26명
05.18. 내 남해지역 4개교구 합동시일식, 고윤지, 김영숙
05.24. 외 용담검무보존회 창립총회, 고윤지 외
05.25. 내 동서울교구 입당식, 고윤지, 김영숙 신금순
05.27. 외 장성 황룡촌승전기념식, 김영숙, 지정해
05.29. 내 해월신사 묘소 성묘, 고윤지 외 19명
05.31. 외 동학민족통일회 제5차 운영위원회, 고윤지
06.02. 외 생활환경 음식물쓰레기 줄이기 캠페인, 가두행진, 고윤지 외 31명
06.04. 내 화악산수도원 개원기념식, 고윤지, 김영숙
06.05. 내 총부별관 2층 주옥경 사모님 유품 정리, 회원 20명
06.06. 내 서울교구 성지순례 참가, 김순홍 외
06.09. 외 여협 강금실 법무장관 정책토론회, 고윤지 외 3명
06.16. 내 답사여행 안내 전문가 양성과정 개설(여행이야기 제휴)
06.22. 내 부산 연합회의 참석, 신금순 유남실
06.26. 내 13차 상임위원회, 고윤지 외
07.02. 내 목감동 대지 경계 측량, 고윤지, 김영숙
07.12.~13. 내 남해지부 연합회의, 고윤지, 김영숙
07.23.~30. 내 전국 여성 하계수련회, 어린이 수련(용담수도원), 13개 지부 150명
08.19.~20. 내 가리산수도원 개원 기념일 및 후원회 창립총회, 고윤지 외
08.25. 외 시민연대, 민족화해협력범국민협의회('민화협'), 종교여성연대 민주당사 방문, 고윤지
08.28. 내 7차 인근지부장회의, 17개 지부 20명
08.29.~30. 내 원동수도원 개원기념식, 신금순 지정해
08.30.~31. 내 영양지부 순회, 고윤지, 신금순 지정해
09.02. 외 여협 금연교육, 고윤지 외 4명
09.20. 외 호주제폐지시민연대 모임, 후천개벽실천모임 14명(9.25 공청회, 고윤지 외)
09.24. 외 지은희 여성부장관 정책토론회, 고윤지 외 4명
09.24. 외 민주평통자문회의, 고윤지
09.25. 외 KCRP 여성분과회의, 고윤지, 김영숙 유남실
10.01. 외 국군의날 행사, 고윤지
10.17. 외 동학학회 세미나, 고윤지, 김영숙
10.20. 외 종교여성연대 모임, 유남실(11.14 고윤지)
10.21. 외 평통자문회의, 고윤지
10.26. 내 영등포지부 결성 45주년 기념식, 고윤지, 김영숙 김명덕 지정해
10.28. 외 종교예술제음악제, 김영숙 지정해
11.02.~03. 내 명동산수도원 개원 기념일, 고윤지, 김영숙
11.05. 외 여협 김정숙, 김경춘 국회의원 정책토론회, 고윤지 외
11.05. 외 생활환경실천운동 성과전시회, 고윤지 외
11.07.~08. 내 여성회 전국 지도자 워크숍(유성 유스호스텔)
11.11. 내 우금치 동학혁명군 위령식, 지정해
11.11. 내 고성산 동학혁명군 위령식, 고윤지
11.12. 외 KCRP 자원봉사와 실천세미나, 고윤지, 김영숙 외
11.16. 내 인천지부 제35주년 기념식, 고윤지, 유남실 신금순
11.20. 내 복호동 내칙·내수도문 기념비 참례, 고윤지 외 8명
11.26. 외 불교여성개발원 3주년 기념법회, 김영숙 지정해
11.28. 외 평통자문위 상임위원회의, 고윤지 회장
11.29.~30. 내 삼천포지부 순회, 고윤지, 김영숙
12.03. 외 종교여성연대 호주제 폐지 기도회, 김영숙 유남실 외
12.10. 내 앵산동 항아설위 반포지비 제막식, 고윤지, 김영숙 지정해
12.14. 내 서천교구 순회, 고윤지, 김영숙

2004 포덕145년

01.01.~12.31. 내 2004연간 주말수련 계속
01.15. 내 14차 상임위원회, 고윤지 외
01.17. 내 22주기 주옥경 종법사 추모식, 고윤지 외 32명
02.03. 외 KCRP 4회 종단교역자 대화캠프, 고윤지 외
02.10. 외 여협 이사회, 고윤지 회장(03.11; 03.24; 04.13; 07.13; 09.14;

2005 포덕146년

11.09 고윤지)

02.12. 내 인근지부장회의, 17개 지부 27명

02.18. 외 대통령 영부인 권양숙 여사 초청 오찬(청와대), 고윤지

02.28. 내 3차 중앙위원회, 49명 중 32명

03.01. 외 3·1절 기념식, 고윤지

03.04. 내 15차 상임위원회

03.17. 내 세계일보 인터뷰, 고윤지

03.25. 내 80주년 창립기념식 및 기념행사(영상으로 보는 80년사, 부채춤, 중창, 가야금병창, 사물놀이)

03.30. 내 15차 전국대의원대회, 고윤지 회장 재선

04.05. 내 총부 31차 전국대의원대회, 이철기 교령 선출

04.02. 외 여협 대의원 대회, 김정자 지정해

04.07. 외 생활환경 대표자 실무회의, 고윤지 외(5.6 고윤지 외)

04.16. 내 1차 상임위원회, 고윤지 외

04.19. 내 용담정 총부 임원 봉고식, 고윤지 회장

04.21. 내 한마음봉사단, 하계복지관 개관기념 및 경로잔치 봉사활동

04.21. 외 KCRP 여성분과회의, 고윤지, 김영숙 외

04.28. 내 동민회 운영위원회, 고윤지 외

04.30. 외 국제여성승공연합 창립기념식, 고윤지, 지정해 (6.14; 6.29 정정숙)

05.07. 외 평통자문위원회, 고윤지 회장

05.23. 내 부산연합합창단 발대식, 고윤지, 김영숙

05.27. 외 유도회여성회 창립 29주년 기념식, 김영숙 지정해 외

05.30. 내 동서울지부 순회, 고윤지, 하정덕

06.02. 외 생활환경 결의대회, 실천 캠페인, 고윤지 외 31명

06.02. 외 생활환경실천운동 연합 매월 첫째 수요일 음식물 쓰레기 없는 날 실천결의대회(1차) / 임원진 및 회원

06.04. 내 총부 기관연석회의, 고윤지

06.05. 외 환경의날 기념식, 김영숙 김정자 외

06.06. 외 현충일 국립묘지 참배, 고윤지

06.13. 내 당산지부 순회, 고윤지, 박태량

06.14.~16. 외 6·15 남북공동 제3차 회의, 고윤지 회장

06.16. 내 글쓰기 강좌(강사 박길수) 개강식

06.17. 내 2차 상임위원회, 고윤지 외

06.21.~22. 내 화악산수도원 개원기념식, 지정해 하정덕

06.29. 내 동민회 6차 정기총회, 고윤지, 김영숙

06.30. 외 환경부주최 종교단체환경실천협의회, 고윤지

06.30. 외 종교단체 환경보존실천운동 세미나, 고윤지

07.04. 내 마산지부 순회, 고윤지, 지정해

07.07. 내 인근지부장회의, 18개 지부 38명

07.13. 외 여협 이사회, 고윤지

07.18. 내 종로교구 이전 입당식, 고윤지, 정영주

07.19.~08.09. 내 전국 여성 하계수련(재가 2주, 용담수도원 합동 1주, 어린이 여름 캠프)

07.21. 외 여협주최, 오명 과기처장관 정책토론회, 고윤지 외 실무진

07.25. 내 관의지부 결성식, 고윤지, 김영숙 박태량

08.11. 내 14회 미술인회 전시회, 고윤지, 김영숙 지정해

08.15. 외 광복절 기념식(독립기념관), 고윤지

08.20. 내 가리산수도원 개원기념식, 고윤지, 김영숙 박태량 하정덕

08.29.~30. 내 원동수도원 개원기념식, 고윤지 외

09.01. 외 생활환경실천운동 연합 음식물 쓰레기 없는 날 실천결의대회(2차), 임원진, 회원 21명

09.06. 외 종교여성연대 호주제 폐지 종교지도자 기자간담회, 고윤지, 유남실 외

09.10. 외 불교연합 10주년 창립기념식, 고윤지, 지정해

09.15. 외 평통자문회의, 고윤지

10.02. 내 동민회 임시총회, 고윤지

10.02. 외 갑진개혁운동 100주년 기념 학술발표회, 김영숙 지정해

10.03. 내 수원지부 순회, 고윤지, 하정덕, 정영주

10.08. 내 중앙총부 임직원 워크숍, 고윤지, 박태량, 지정해

10.08. 외 이웃종교의 만남, 고윤지, 박영화 외

10.12. 외 종교협의회 회의, 지정해 외

10.17. 내 울산지부 순회, 고윤지, 지정해

10.21.~22. 외 KCRP 워크숍, 고윤지 외 실무진

10.22.~23. 내 화악산수도원 팔각정 봉고식, 고윤지 외 실무진 3명

10.26. 외 평통자문회의, 고윤지

10.27. 외 여협 전국여성대회, 고윤지 외 30명

10.29. 외 환경부 재활용활성화 간담회, 고윤지

11.03. 내 명동산수도원 개원기념식, 고윤지 외 실무진 3명

11.12. 외 KCRP 심폐소생술교육, 고윤지 외

11.16. 내 내칙·내수도문비 참례, 고윤지

11.18. 외 여성부 여성단체장 간담회, 고윤지

11.21. 내 익산지부 순회, 고윤지, 지정해

11.22. 외 생활환경실천운동 활동보고, 전시회, 고윤지 외 16명

12.09. 외 환경부 종교단체환경정책 실천협의회, 고윤지

12.09. 외 KCRP 자원봉사 2차 교육, 박영화 외 6명

12.09. 외 KCRP 여성분과, 지정해

12.12. 외 천주교 포콜라레나 35주년 기념식, 하정덕 지정해

12.13. 외 민화협 회의, 고윤지

12.14. 외 여협 이사회, 고윤지

12.16. 내 4차 상임위원회의, 고윤지 외

2005 포덕146년

01.01.~12.31. 내 2005연간 주말수련 계속

01.04. 외 민화협 1차 회의, 고윤지(2.22;7.20;9.1 고윤지, 4.22 통일포럼-고윤지)

01.07. 외 6·15 남북공동선언 실천 남북해외 공동행사 남측 여성준비위원회 회의, 김영숙

01.11. 외 여협 이사회, 고윤지 회장(2.3; 3.8;5.10, 6.9;11.8 고윤지,

2005 포덕146년

4.12; 9.13 김정자)

01.17. 내 주옥경 종법사 23주기 추도식, 고윤지 외 43명

01.19. 외 한나라당 박근혜대표 여성단체 대표자 초청간담회, 고윤지, 김영숙

01.20. 내 5차 상임위원회, 고윤지 외

01.27.~28. 외 KCRP 5회 종단교역자 대화캠프, 김영숙, 하정덕 박태량

01.28. 외 생활환경 제2차 단체장회의, 음식물 쓰레기 처리장 견학, 고윤지, 지정해

01.31. 외 민화협 결성식 및 운영위원회, 고윤지, 김영숙 박영화

01.31. 외 6·15 공동선언기념사업회 발족식, 김영숙, 박영화

02.16. 외 여협주최, 정동영 통일부장관 정책토론회, 김정자 김영숙 실무진 3명

02.20. 내 서울교구사 출판기념회, 고윤지, 지정해 박태량

02.23. 외 KCRP 여성분과회의, 김영숙

02.24.~26. 내 1차 중앙위원회 및 단기교육, 49명 중 38명

03.13. 내 여성회관(복지관) 건립을 위한 부지 매입(봉황각 인접 부지)

03.13. 내 고현지부 순회, 김정자, 하정덕

03.13. 내 부산남부지부, 고윤지, 박영화

03.14. 내 2차 인근지부장회의, 18개 지부 33명

03.16. 외 환경부장관 환경광고 시상식, 고윤지, 김영숙 지정해

03.25. 내 81주년 창립기념식 및 『천도교 여성운동의 선구자 - 수의당 주옥경』 출판기념회, 회원 및 교인 250명(김응조 감사패), 한울장터 개장

04.06. 외 생활환경 실무회의, 지정해

04.10. 내 제암리·고주리 순도·순국선열 추도식, 고윤지 외 실무진, 회원

04.12. 외 환경정책종교협의회, 고윤지

04.12. 외 종교여성연대 회의, 지정해

04.25. 내 복호동수도원 개원 10주년 기념식, 회원 62명

04.27.~28. 외 여협 지도자 연수, 고윤지, 이흥자

04.29. 외 평통종교분과회의, 고윤지 회장

05.01. 내 서울지부 길성기념일, 고윤지 외 실무진 3명

05.02. 외 KCRP 한·이라크 지도자워크숍, 고윤지 외 실무진 5명

05.03. 내 숲 해설 견학(유명산), 김영숙, 이흥자 지정해 외

05.04. 외 민화협 여성분과 2차 회의, 고윤지

05.10. 외 여성부 '여성 통일을 말한다' 정책토론회, 고윤지

05.15. 내 고성지부 순회, 고윤지, 하정덕

05.19. 외 민화협 제1차 공동의장 회의, 고윤지

05.22. 내 창녕지부 순회, 고윤지, 박태량

05.28. 외 민족종교협의회 여성회 창립, 김정자 외 7명

05.31. 외 6·15 여성분과 공동 제2차 회의, 고윤지

06.02. 외 민화협 집행위원 회의, 고윤지(6.29 상임위-고윤지)

06.04. 외 환경의날 기념식, 고윤지, 지정해 하정덕

06.09. 외 여협 1사1촌 결연식(횡성), 고윤지 외 실무진 4명

06.10.~11. 내 화악산수도원 개원 35주년 기념식, 고윤지, 이흥자 외

06.23. 내 6차 상임위원회, 고윤지 외

06.24. 내 현도100주년 준비위원회, 고윤지

06.26. 내 포항지부 순회, 고윤지, 하정덕

06.27. 외 여협주최, 복지부장관 정책토론회, 김영숙 외 실무진 5명

06.27. 외 생활환경 실무자 회의, 지정해

07.01. 외 이웃종교 여성들과의 만남, 김정자 외 17명

07.03. 내 강서지부 순회, 고윤지 외

07.10. 내 북부산지부 순회, 고윤지, 이흥자

07.19. ~08.08. 내 전국 여성 하계수련(재가 2주, 용담수도원 합동 1주 및 어린이 여름 캠프)

07.19. 외 평통자문회의, 고윤지 회장

08.08. 외 6·15 여성분과 공동회의, 박영화

08.14. 외 8·15 남북공동행사, 고윤지, 김영숙

08.15. 외 8·15 남북공동행사 환영회, 고윤지

08.16. 외 남북통일 여성 만남의 장, 고윤지 외 실무진 6명

08.16. 외 8·15 행사 북측 대표단 환송회, 김영숙

08.20. 내《천도교여성회보》 100호 발간(1985.8.20 창간)

08.20. 내 가리산수도원 개원기념식, 김영숙 박영화

08.22. 내 동민회 여성회 청년회 연석회의, 지정해

08.23.~24. 외 평통자문위 세미나(이천), 고윤지

08.30. 외 여협주최, 우리 축산물 견학, 고윤지 외 실무진 5명

09.04. 내 대연지부 순회, 고윤지, 이흥자

09.04. 내 청년회 창립기념식, 김정자 외 실무진 3명

09.07. 외 KCRP 여성분과 회의, 지정해

09.07. 외 민종협주최 세미나, 김정자, 박차귀(감사)

09.09. 외 방북 기본교육, 고윤지, 김영숙

09.10.~14. 외 남북통일 여성대회(평양), 고윤지, 김영숙

09.11. 내 선구지부 52회 결성기념식, 지정해 하정덕 박영화

09.15. 외 북한 방문 1차 실무회의, 지정해(9.21 2차-지정해)

09.22. 내 7차 상임위원회, 고윤지 외

09.22. 내 현도100주년 기념행사 준비 철야기도회(의창수도원), 고윤지

10.07. 외 생활환경실천운동 대표자 회의, 고윤지

10.07. 외 평통자문회의, 고윤지

10.09. 내 공항지부 순회, 고윤지, 김정자

10.13.~14. 외 KCRP 여성분과 워크숍, 이흥자 김동순 박태량 지정해

10.19. 내 현도100주년 기념사업 준비위원회 5차 회의, 고윤지

10.20. 내 제3차 인근지부장회의, 고윤지 외

10.21.~22. 외 민화협 워크숍(충주), 고윤지

10.23. 내 동서울지부 길성기념일, 고윤지 외 실무진 4명

10.25. 외 환경부 종교단체협의회 회의, 고윤지

10.26. 외 여협 전국여성대회, 고윤지 외 20명

10.30. 내 영등포지부 결성기념일, 고윤지 외 실무진 3명

11.01.~02. 내 여성 지도자 워크숍(남해 선구지부), 회원 120명

2006 포덕147년

11.02. 외 생활환경실천운동 실무자 회의, 지정해

11.15. 외 생활환경실천운동 대표자+실무자 회의, 고윤지, 지정해

11.16. 외 여협주최, 건설부장관 초청 정책토론회, 고윤지 외 14명

11.17. 내 내칙·내수도문 기념비 참례, 고윤지 외

11.20. 내 경주지부 순회, 고윤지, 하정덕

11.27. 내 동부산지부 순회, 고윤지, 이흥자

11.28. 외 생활환경실천운동 평가회, 전시회, 고윤지 외 18명

12.01. 내 현도 100주년 기념식, 고윤지, 실무진, 전국지부 회원

12.02. 외 여협, 통일부장관 초청 통일현황, 전망 청취, 고윤지

12.06. 외 평통 상임위원회, 고윤지(12.6 중랑구협의회-고윤지)

12.07. 외 KCRP 여성분과 회의, 지정해

2006 포덕147년

01.01.~12.31. 내 2006연간 주말수련 계속

01.04.~09. 내 여성회원 합동 동계수련회(복호동수도원), 고윤지 등 62명

01.10. 외 여협 이사회, 고윤지(2.14; 6.16; 7.10 고윤지 5.9 지정해)

01.16. 외 여협주최, 박순자 한나라당여성위원장 간담회, 고윤지

01.17. 내 주옥경 종법사 환원 24주기 추도식, 고윤지 외

01.18. 외 KCRP 총회, 박차귀(감사) 이흥자 지정해 외 6명

01.19. 내 9차 상임위원회, 고윤지 외

02.07. 외 생활환경실천운동 대표자+실무자 회의, 고윤지, 지정해(2.14 실무자-지정해)

02.10. 외 민화협 회의, 고윤지(2.27; 9.6 집행위, 3.9; 6.28 회의, 6.1 공동회의 고윤지)

02.16. 외 평화여성회 회의, 김영숙 박영화

02.21. 외 여협 총회, 고윤지, 김정자 김영숙 지정해

02.23. 내 2차 중앙위원회, 고윤지, 실무진, 중앙위원

02.25. 외 평통자문위 종교분과 학술발표, 고윤지

02.27. 외 통일교육협의회 이사회, 고윤지 (7.20; 10.16 고윤지)

03.02. 내 인근지부장회의, 고윤지 외

03.02. 외 여협 회장 이·취임식, 고윤지 외 실무진 5명

03.05. 내 대구대덕지부 순회, 고윤지, 지정해

03.07. 내 10차 상임위원회, 고윤지, 실무진 외

03.12. 내 부산남부지부 순회, 이흥자 지정해

03.12. 내 고현지부 순회, 박영화 하정덕

03.13. 외 KCRP 여성분과 회의, 지정해

03.14. 외 종교여성연대 회의, 고윤지, 지정해

03.14.~15. 외 여협 이사회(양평), 고윤지

03.21. 내 부안지부 순회, 고윤지, 김정자

03.22. 외 세계 물의날 행사, 고윤지, 김영숙

03.25. 내 제82주년 창립기념식 및 기념행사(서울+부산 합창단 공연, 영상(활동) 공연, 한울장터, 일일찻집

04.03. 외 여협 지방선거 지도자 대회, 김정자 김영숙 외 실무진 5명

04.17. 외 종교여성연대 회의, 고윤지, 지정해

04.17. 외 생활환경실천운동 대표+실무자 회의, 고윤지

04.21. 외 KCRP 종교교역자 캠프, 김영숙, 박차귀 외 실무진 4명

05.03. 외 민화협 통일한마당 세미나, 이흥자 지정해

05.08. 외 생활환경실천운동 실무자 회의, 지정해

05.09. 외 민종협 여성분과 회의, 김정자

05.11. 외 환경부 종교단체 환경실천협의회 회의, 고윤지

05.15. 외 KCRP 여성분과 회의, 지정해

05.16. 내 의암성사 묘소, 주옥경 종법사 묘소 성묘, 임원진 및 회원 40여 명

05.18.~19. 외 민족종교 성지순례, 박차귀, 김정자

05.19. 내 의암성사 환원일 묘소참배식, 고윤지, 김영숙

05.20. 내 서울 인근교구장회의, 고윤지 외

05.24. 외 여신학회 창립기념식, 고윤지, 지정해

05.25. 내 해월신사 묘소 성묘, 임원진 및 회원 21명

05.26. 외 종교단체 환경정책실천협의회 출판기념회, 고윤지, 김정자

05.28. 내 마포교구 입당식, 고윤지 외 실무진 5명

05.29. 외 종교여성연대 회의, 고윤지, 지정해

05.31. 내 화악산수도원 개원기념식, 고윤지, 김정자 이흥자 지정해

06.01. 외 유도회 창립기념식, 김영숙 지정해 박영화

06.02. 내 해월신사 환원일 묘소 참배, 고윤지

06.05. 외 환경의날 기념식, 고윤지 외 실무진 5명

06.07. 외 6·15 남측여성분과 회의, 김영숙 박영화

06.14.~15. 외 6·15 남북통일 대축전(광주), 고윤지 외 실무진 5명, 남북 천도교인 교류회

06.18. 내 상주은척지부 순회, 고윤지, 박태량

06.20. 외 저출산 고령화 대책연석회의, 고윤

06.29. 내 제11차 상임위원회, 고윤지 회장 외

07.06. 외 민화협 후원의 밤, 고윤지, 김영숙 지정해 이흥자

07.10. 외 여협 지도자 교육, 고윤지

07.13. 내 인근지부장회의, 고윤지, 실무진, 지부회장

07.16. 내 수원지부 순회, 고윤지, 지정해

07.18.~08.08. 내 전국 여성회원 하계수련(재가 2주, 의창수도원 합동 1주, 어린이 여름캠프)

07.22. 외 동민회 통일기행 차막, 김영숙 외 3명

07.27. 외 생활환경교육(국회도서관), 이애준 심점례 하점선 이순복 윤광선

08.01.~08. 내 여성회 합동 하계수련(의창수도원)

08.05. 외 생활환경실천운동 어린이 및 여성회원 교육

08.20. 내 가리산수도원 개원기념식, 고윤지, 박태량 박영화 지정해

08.20. 외 생활환경실천운동 교육(가리산수도원)

08.25. 외 여협, 지방선거 및 대선거구제 도입 등 선거법 개정 서명운동, 회원 100명 참여

08.29. 외 명예 축산물위생감시원 활동, 조보아(8.30 윤광선)
08.29.~30. 내 원동수도원 개원기념식, 고윤지, 하정덕
09.06. 외 민주화운동기념사업회, 여성통일마당, 고윤지, 김영숙 지정해 박태량
09.09. 외 제2차 동민회 평화통일기행 및 강좌(철원), 고윤지, 김영숙 지정해
09.22. 외 환경부 제1회 푸른하늘의날 행사, 고윤지, 김영숙
09.22. 외 평통자문위 종교분과 상임위원회, 고윤지
09.24. 외 KCRP 여성분과 회의, 지정해
09.30. 외 생활환경실천운동 그림백일장(경희궁), 고윤지, 김영숙 지정해 외 인근지부 회원
10.10. 외 여협 이사회, 고윤지
10.11. 외 생활환경실천운동 대표자+실무자 회의, 고윤지, 지정해
10.15. 내 대전지부 순회, 고윤지, 하정덕
10.15. 내 동서울지부 결성기념식, 김정자 김영숙 정영주 박영화
10.17. 내 대한민국 종교예술제 회의, 지정해
10.18. 외 여협 지역대표 간담회, 고윤지
10.18. 외 여협, 국무총리 접견 현안문제 토의(총리 공관), 고윤지
10.24. 외 KCRP 20주년 기념식, 고윤지 외
10.26. 외 민화협 상임위원회, 고윤지 회장
11.02.~03. 내 명동산수도원 개원기념식, 박태량
11.06.~07. 내 여성회 워크숍(의창수도원)
11.11. 내 영월 직동 기념비, 박태량 지정해
11.12. 내 송도지부 순회, 고윤지, 하정덕
11.14 외 생활환경실천운동 음식물쓰레기줄이기 평가보고회, 임원진
11.15 외 여협, 42회 전국여성대회, 여성회원 20명
11.15 외 새터민정착지원 문화특강 서울시티투어, 김영숙 이애준 조보아
11.17~18. 외 이충무공 노량대첩 승첩제 기념식, 연합합창단 등 21명
11.21 외 불교여성연합회 10주년 출판기념식, 고윤지, 지정해
11.23. 내 내칙·내수도문비 참배, 고윤지 외 10명
11.27 외 평통자문위 소위원회, 고윤지
11.27 외 종교여성연대회의, 천도교여성회 본부 참여
11.29 외 동민회 환경운동 포럼, 고윤지, 이애준
12.05 외 생활환경실천운동 대표자 회의, 고윤지

2007 포덕148년

01.01.~12.31. 내 2007연간 주말수련 계속
01.05.~09. 내 여성회 동계 합동수련(복호동수도원), 72명
01.17. 내 주옥경 종법사 환원 제25주기 추도식, 고윤지, 실무진, 회원
01.17. 외 KCRP 총회, 여성분과회의, 지정해
01.17. 외 통일교육위원회 이사회, 고윤지
01.31. 외 민화협 회의, 고윤지
02.09. 외 KCRP 7회 종단교역자 대화캠프, 지정해 박태량 이흥자
02.20. 외 여협 이사회, 고윤지(3.13 고윤지)
02.27. 내 3차 중앙위원회, 41명 중 35명
02.28. 외 여협 총회, 고윤지, 김정자 김영숙 지정해
03.05. 외 생활환경실천운동 대표자+실무자회의, 고윤지, 지정해
03.05. 외 6·15 공동위원회 남측대표자 회의, 고윤지
03.08. 내 6차 인근지부장회의, 15개 지부 29명
03.11. 내 용담지부 순회, 고윤지, 이흥자
03.17. 내 우이동 주말수련 결산보고회, 고윤지 외 70여 명
03.18. 내 도경지부 순회, 고윤지, 김정자 지정해
03.25. 내 제83주년 창립기념식 및 여성 원로 녹취록-『한울님 은덕으로 살아온 내 인생』 출판기념회, 부산+서울 연합합창단 공연, 여성원로 34명 영상 소개
03.30. 내 16차 전국대의원총회, 김영숙 회장 선출
04.03. 내 총부 34차 전국대의원대회, 31대 김동환 교령 선출
04.25. 내 복호동수도원 개원기념식, 실무진 10명
04.29. 내 한강교구 이전 봉고식, 실무진 8명
05.01. 내 서울지부 재결성기념식, 실무진 5명
05.07. 외 여협 어머니전당 선포식, 김영숙, 지정해 박태량
05.11. 외 생활환경협의회, 고윤옥
05.11. 내 황토현 동학혁명전승기념식, 실무진 7명
05.14. 내 의암성사 묘소, 주옥경 종법사 묘소 성묘, 인근지부 회원 40여 명
05.20. 내 청주교구(교구장 주선자) 교당입주봉고식, 실무진 4명
05.30. 내 해월신사 묘소 성묘, 김영숙 등 회원 21명
06.03. 내 2회 동학문화예술제, 지정해 이흥자(부회장) 유태자
06.05. 외 환경의날 기념행사, 김영숙 외 18명
06.07. 외 민화협 통일토론회, 김영숙 외 9명
06.08.~09. 외 KCRP 환경운동 워크숍, 김영숙 외 7명
06.14.~17. 외 6·15민족통일대축전 기념 평양 방문, 남북 천도교인 교류회, 김영숙
06.19. 내 화악산수도원 개원기념식, 이흥자 지정해, 유태자
06.27.~29. 외 여협 지도자 연수(금강산), 김영숙, 지정해
06.27. 외 환경부 종교단체환경정책실천협의회, 이흥자
06.27. 내 2차 상임위원회, 김영숙 등 23명
07.03.~04. 내 남해지부 수련강도회 격려, 김영숙, 하정덕
07.06. 내 전국 교구장회의(의창수도원), 김영숙
07.10 외 여협 이사회, 이흥자(9.11 김영숙)
07.10. 외 서울 시정보고회, 김영숙, 지정해
07.12. 내 1차 인근지부장회의, 김영숙 등 30명
07.15. 내 여주지부 순회, 김영숙, 지정해
07.20. 내 연원회 특별수련(의창수도원), 김영숙
07.20. 외 생활환경실천운동 이사회, 김영숙
07.30.~08.06. 내 전국 여성 하계수련 및 어린이 수련학교(의창수도원)

2008 포덕149년

08.20. 내 가리산수도원 개원 기념일, 김영숙, 유태자 박태량 하정덕
09.02. 내 동대문지부 순회, 김영숙, 이흥자 지정해 유태자 박태량
09.13. 내 3차 상임위원회, 김영숙 등 22명 참석
09.19. 외 생활환경실천운동 대표자+실무자 회의, 김영숙
10.05. 외 여협주최, 정책토론, 조찬모임
10.05. 외 생활환경실천운동 교육, 회원 30명
10.10. 외 사형제 폐지 촉구 행사, 김영숙 외
10.11. 외 남북 정상회담 후 권양숙 여사 주최 청와대 모임, 김영숙
10.17. 외 새터민 봉사활동 관련 국정원 방문, 김영숙 외
10.18. 외 여협주최 제43회 여성대회 김영숙 회장 외 20명
10.19.~20. 외 11회 대한민국 종교·문화 축제, 김영숙 외 회원 다수
10.21. 내 의정부지부 순회, 김영숙
10.23. 내 삼천포지부(여성회 워크숍 준비), 실무진
10.26. 외 생활환경 대표자+실무자 모임, 김영숙
10.26. 외 민화협 토론회, 김영숙
10.29. 외 평통 종교포럼, 김영숙
10.30. 외 생활환경 실무자 모임
11.01. 내 인근지부장회의, 김영숙 외 실무진, 18개 지부 33명
11.02. 내 명동산수도원 창립 기념식, 김영숙
11.04. 내 강서지부 순회, 김영숙
11.07.~08. 내 여성회 지도자 워크숍(삼천포교구), 김영숙 외
11.08.~30. 외 KCRP 이라크 어린이 돕기 봉사활동, 김영숙 외
11.11. 내 공주 우금치 동학혁명군 추모식, 김영숙 외
11.12. 내 내칙·내수도문 100주년 기념비 건립 17주년 기념식, 회원 10명
11.13. 외 KCRP 후원의 밤 행사, 김영숙 외
11.20.~28. 외 KCRP 여성분과위 중국방문, 김영숙 외
11.20. 외 생활환경 음식물 줄이기 교육·홍보 사업 전시회 및 활동 보고회, 김영숙
12.05. 외 여협 대표자 간담회 및 여성 금연 운동 행사, 김영숙
12.09. 내 서울시지부 경로잔치 및 바자회, 김영숙 외 실무진
12.11. 외 여협 정기 이사회, 김영숙
12.16. 내 대구대덕지부 순회, 김영숙, 지정해
12.16. 내 가리산수도원 증축 기념식, 이흥자, 유태자
12.23. 내 당산지부 순회, 김영숙 지정해 유태자 고윤옥
12.24. 내 여성회 합동 송년회, 김영숙 외 실무진, 인근지부 회원

2008 포덕149년

01.00. 내《천도교여성회보》제호를 '한울세상'으로 변경(제112호, 2008년 1월호)
01.04.~09. 내 전국 여성회원 합동 동계수련(복호동수도원)
01.16. 외 민화협 통일포럼, 박태량 고윤옥
01.17. 내 주옥경 종법사 제26주기 추도식, 김영숙 외 실무진, 인근지부 회원
01.19. 외 태안반도 기름유출현장 봉사활동, 김영숙, 박태량 외
01.24. 내 4차 상임위원회, 김영숙 외
01.25. 외 남북평화재단 통일포럼, 박영숙 외 실무진 3명
01.28. 외 여협 이사회, 김영숙
01.29. 외 생활환경실천운동 대표자+실무자 회의, 고윤옥
02.01. 외 여협 정기총회, 김영숙, 이흥자 지정해 고윤옥
02.13. 외 KCRP 실무자 회의, 지정해
02.19. 내 춘암상사어록비 건립추진회의, 지정해
02.28. 내 1차 중앙위원회, 김영숙 외 실무진, 중앙위원
02.29. 내 천도교여성교육복지관 주말수련 재개, 2008연간 계속
03.06. 내 제3차 인근지부장회의, 김영숙 외
03.12. 외 KCRP 총회 및 여성분과 모임, 김영숙, 고윤옥
03.14. 외 민종협 총회, 김영숙, 박태량 고윤옥
03.25. 내 84주년 창립기념식, 여성 교역자 양성 강조, 200여 명
04.15. 내 의창수도원 순회, 김영숙, 박태량
04.20. 내 부안지부 순회, 김영숙, 박영화
04.25. 내 복호동수도원 개원 기념식, 실무진 등 8명
05.04. 내 부산시지부 순회, 김영숙, 지정해
05.15. 내 의암성사 묘소, 주옥경 종법사 묘소 성묘, 김영숙 외 여성회원 30여 명
05.17. 내 여성 지도자 공부 모임 개강식
05.18. 내 창녕지부 순회, 김영숙, 지정해
05.24.~25. 내 부산연합회 및 남부지부 순회, 김영숙, 박영화, 유태자
05.26. 외 KCRP 총회, 김영숙, 고윤옥
05.29. 내 여주 천덕산 해월신사 묘소 성묘, 김영숙 외 여성회원 26명
06.07.~08. 내 화악산수도원 개원기념식, 김영숙, 지정해 박태량
06.26. 내 5차 상임위원회, 김영숙 외 16명
07.20. 내 시흥지부 순회, 김영숙, 지정해
07.15.~08.04. 내 전국 여성회원 하계수련(재가 2주, 의창수도원 합동 1주 및 어린이 수련학교)
09.18.~19. 외 민화협 여성위원회 주최 백령도 통일기행, 김영숙, 하정덕 유태자
09.22. 내 숲 해설 강사 육성 숲학교 개설(교장 박노진, 교사 이광호)
09.26.~27. 외 KCRP 여성분과 세미나(봉황각), 6개 종단 60명 참여
10.19. 내 도경지부 순회, 김영숙, 하정덕
10.26. 내 영등포지부 창립기념일, 김영숙, 지정해 박태량 하정덕 고윤옥
11.02. 내 명동산수도원 개원기념일, 김영숙, 박화자(감사) 박태량 유태자
11.10. 외 민화협 여성평화대화마당, 김영숙, 지정해
11.13. 내 내칙·내수도문 기념비 18주년, 실무위원 등 10명
11.16. 내 인천지부 결성기념식, 박영숙 외 실무위원 4명

11.19. 외 종교단체 환경정책실천 협의회, 김영숙
12.14. 내 공항지부 순회, 김영숙, 박태량 유태자
12.21. 내 송탄지부 순회, 김영숙, 이흥자 하정덕

2009 포덕150년

01.01. 2009연간 주말수련 계속
01.05.~10. 내 전국 여성회원 합동 동계수련(가리산수도원)
01.17. 내 주옥경 종법사 환원 27주기 추도식, 김영숙 외 30여 명
01.21. 내 용담수도원 순회, 김영숙 외 실무진 3명
01.21. 외 KCRP 여성분과 모임, 고윤옥
02.03. 외 여협 54차 정기총회, 김영숙 외
02.09. 내 한강지부 결성기념식, 이흥자 외 실무위원 3명
02.10. 외 KCRP 총회, 김영숙, 지정해
02.12. 외 여협 임시총회, 김영숙 외 실무진 3명
02.14.~15. 내 남해지부 순회, 김영숙, 박영화
02.17. 외 6·15남측위원회 공동대표 회의, 김영숙, 박태량
02.26. 내 2차 중앙위원회, 48명 중 35명
03.19. 내 7차 상임위원회, 21명 중 11명
03.25. 내 85주년 창립기념식 및 축하공연(활동사 영상, 서울+부산 연합합창단 공연, 한울장터)
04.03. 외 총리공관 방문, 김영숙
04.13.~14. 외 여협 워크숍(대전), 김영숙 외 실무진 3명
04.15. 내 가리산수도원 순회, 김영숙, 박영화
04.21. 외 청와대 방문, 김영숙
04.25. 내 복호동수도원 개원기념식, 김영숙 외 실무의원
04.26. 내 청주지부 순회, 김영숙, 박영화
05.01. 내 서울지부 결성기념식, 김영숙 외 실무진
05.14. 내 의암성사 묘소, 주옥경 종법사 성묘, 김영숙 외 회원 30여 명
05.24. 내 해월신사 묘소 성묘, 서울·부산 지역 회원 73명
05.28. 내 화악산수도원 개원기념식, 김영숙 외 실무진 2명
06.04. 내 여성회 원로 초청 오찬회(천도교여성교육복지관)
07.05. 내 마산지부 순회, 김영숙, 이흥자
07.16.~08.05. 내 전국 여성회원 하계수련(재가 2주, 의창수도원 합동 1주, 어린이 수련회)
08.20. 내 가리산수도원 개원기념식, 김영숙 외 실무위원
08.26. 외 민화협 여성 평화통일대화마당, 김영숙 외
08.28.~29. 외 여협 지도자 워크숍(옥계), 김영숙 외 실무진 3명
09.20. 내 의정부지부 순회, 김영숙, 유태자
09.25. 외 민화협 통일기행, 이흥자 박태량
09.27. 내 신도안지부 순회, 결성 독려, 김영숙, 지정해 유태자
09.29. 내 9차 상임위원회, 29명 중 14명
10.07. 외 생활환경실천운동 공동협약식, 김영숙
10.11. 내 울산지부 순회, 김영숙 외
10.16. 외 KCRP 여성분과 세미나, 김영숙 외 실무진 7명
10.18. 내 진주지부 순회, 김영숙 회
10.25. 내 종로지부 순회, 김영숙, 지정해
10.27.~29. 외 KCRP 워크숍(양양), 김영숙 외 실무진 3명
10.28. 내 영양지부 순회, 이흥자, 지정해 부회장 외
11.03. 외 여협 창립50주년 전국여성대회, 김영숙 외 22명
11.05.~06. 내 5차 여성회 워크숍(용담수도원), 회원 70여 명
11.15. 내 춘천지부 순회, 김영숙 외
11.22. 내 포상지부 순회, 김영숙 외
11.22. 내 고현지부 순회, 지정해 외

2010 포덕151년

01.01. 2010연간 주말수련 계속
01.04.~09. 내 전국 여성회원 동계수련(복호동수도원)
01.28. 내 10차 상임위원회, 21명
02.02. 외 여협 총회, 김영숙 외 실무진 3명
02.23. 외 KCRP 총회, 김영숙, 지정해 박차귀
02.26. 내 3차 중앙위원회, 48명 중 34명
03.08. 외 여협 제2회 전국여성대회, 김영숙 외 실무진
03.25. 내 86주년 창립기념식 및 여성원로 체험록 『한울마음 여인을』 출판기념회, 한울장터
03.30. 내 17차 전국대의원총회, 이순종 회장 선출
04.01. 내 총부, 35차 전국대의원대회, 32대 임운길 교령 선출
04.06. 외 종교단체 환경정책실천협의회, 이순종
04.18. 내 도봉수유교구 순회, 시일설교, 이순종, 김동순 나정숙
04.25. 내 송탄교구 순회, 시일설교, 이순종
04.29. 내 1차 상임위원회, 이순종 외 상임위원 21명 중 17명
05.01. 내 서울지부 재결성기념일, 이순종
05.02. 내 당산교구 순회, 시일설교, 이순종
05.19. 내 의암성사 묘소, 주옥경 종법사 묘소 성묘, 이순종 외 회원 29명
05.23. 내 부산여성연합회 제23주년 기념식, 이순종, 김동순 나정숙 외 여성회 원로, 실무진
05.25. 내 여주 해월신사 묘소 성묘, 회원 19명
06.03.~07.21. 내 전국 여성회원 하계 재가수련
06.10. 내 원로고문 오찬간담회, 이순종 외 실무진
06.16. 내 화악산수도원 개원기념식, 이순종 외 실무진
06.17. 외 KCRP 여성위원회, 이순종, 김동순 나정숙
07.08. 내 서울 인근지부장회의, 이순종, 실무진 외
07.26.~08.01. 내 전국 여성회원 합동 하계수련(의창수도원), 어린이 수련학교, 33개 지부 97명, 어린이 수련학교 51명
08.20. 내 가리산수도원 개원기념식, 이순종 외 실무진 3명
08.31. 외 민화협 회의, 나정숙 전영근
10.05. 외 민화협 동북아여성평화회의, 나정숙 전영근
10.07.~12.09. 내 목요 교리연구강좌 개강
10.10. 내 청주교구 순회, 이순종 및 실무진
10.23.~24. 외 14회 대한민국 종교문화축제, 이순종 외
10.30. 외 46회 여협 전국여성대회, 김동순 외 17명
11.02. 내 명동산수도원 개원기념식, 이순종, 나정숙 김동순

2011 포덕152년

11.04.~05. 외 KCRP 워크숍, 김동순 나정숙
11.07. 내 춘천교구 순회, 이순종, 전영근 홍순억
11.08. 외 KCRP 여성위원회 정기세미나, 김성자 외 실무진
11.09. 외 민종협 여성위원회 회의, 나정숙 부회장
11.16. 내 복호동수도원(내칙·내수도문 기념비), 이순종 외 실무진
11.21. 내 인천교구 순회, 이순종, 전영근 김순홍 등
11.23. 외 종교연합 나눔의 행사(김장, 중앙대교당), 여성회 실무진 및 회원 80명
12.21. 내 서울 인근지부장회의, 실무진 및 지부장 등 26명

2011 포덕152년

01.01. 2011연간 주말수련 계속
01.04.~10. 내 전국 여성회원 합동 동계수련(법원수도원), 22개 지부 51명
01.17. 내 주옥경 종법사 환원 29주기 추도식, 이순종 외 여성원로, 회원 등 30여 명
01.28. 외 환경부 종교단체환경정책 실천협의회, 이순종
01.28. 외 생활환경실천운동연합회, 나정숙 홍순억
02.06. 내 한강지부 결성기념식, 이순종, 나정숙 김동순
02.11. 외 여협 제56차 정기총회, 이순종, 박차귀
02.12.~13. 내 남해교구(남해 선구 고현 포상지부) 간담회, 이순종, 나정숙
02.24. 내 2차 중앙위원회, 49명 중 38명
02.24. 외 KCRP 정기총회, 나정숙 외 2명
02.28. 외 여협 간담회, 이순종(3.28 이순종)
03.03. 내 목요 교리강좌 개강
03.08. 외 100주년 세계여성대회 대토론회, 이순종
03.25. 내 87주년 창립기념식 및 축하 행사(부산연합회 공동참여, 부산+서울 연합합창단 발표회), 한울장터
03.28. 외 생활환경실천운동, 나정숙 전영근
04.12. 외 종교연합 5개 종단 북한식량보내기 기자회견, 이순종
04.14. 내 4기 자원봉사단 발대식, 10개 지부 30여 명
04.14.~15. 외 여협 워크숍, 나정숙 전영근
04.29. 외 종교연합 56차 세미나, 이순종
05.01. 내 서울지부 결성기념식, 이순종 외
05.02.~06.13. 외 여협 글로벌리더십아카데미, 나정숙 전영근
05.08. 내 영등포지부 어버이날 행사, 전영근 김성자
05.12. 내 의암성사 묘소, 주옥경 종법사 묘소 성묘, 실무진, 회원 30여 명
05.15. 내 도봉수유지부 결성기념식, 이순종, 김순홍
05.24. 내 해월신사 묘소 성묘, 이순종 외 회원, 교인 등 12명
05.29. 내 통영지부 결성기념식, 이순종, 김순홍
06.04.~06. 내 화악산수도원 개원기념식, 이순종
06.08.~10. 외 여협 회의, 김동순 전영근
06.09. 외 KCRP 회의, 김동순 전영근
06.13.~07.31. 내 총부주최 49일 이신환성 재가수련
06.17. 외 민종협 여성회 정기총회, 이순종 외
06.18. 외 민종협 여성회 봉황각 참례행사 안내, 김동순 외
06.23. 내 4차 상임위원회, 33명 중 21명
07.17. 내 신도지부 순회, 이순종, 심점례
07.17. 내 법원수도원 15주년 개원기념식, 김동순
07.27.~08.02. 내 전국 여성회원 하계수련, 어린이 수련학교(의창수도원), 33개 지부 119명(어린이 수련학교 48명)
08.25. 외 민종협 9회 전통예술제, 김동순 외 실무진 3명
08.20. 내 가리산수도원 29주년 개원기념일, 전영근
09.24.~25. 내 삼천포지부 순회, 이순종, 심점례
09.29.~11.24. 외 2기 글로벌여성아카데미, 윤정란
10.12. 외 민종협 여성분과위원회, 김동순
10.16. 내 서울지부 바자회, 홍순억 윤정란
10.23. 내 영등포지부 결성기념식, 이순종 외 실무진
10.05.~25. 내 서울지부 여성회 수련 격려, 이순종, 홍순억
11.07.~08. 외 민종협 전국종교인교류대회, 김동순 전영근
11.10. 내 5차 상임위원회, 2차 여성회관 건립 기금 모금재개 결의, 상임위원 고문 감사
11.18. 내 전국지부장회의(복호동수도원), 이순종 외 실무, 지부장 50명
11.19. 외 대한민국 종교문화축제, 이순종, 전영근
12.04. 내 서울지부 경로잔치 참여, 홍순억
12.13. 외 종교단체 환경정책실천협의회, 이순종
12.19. 외 민종협 민족종교지도자대회, 이순종, 김동순 김성자
12.22. 내 6차 인근지부장회의

2012 포덕153년

01.01. 2012연간 주말수련 계속
01.05.~10. 내 여성회 합동 동계수련회(복호동수도원)
01.17. 내 주옥경 종법사 환원 30주기 추도식, 이순종 외 실무진
01.26. 내 6차 상임위원회, 19명 중 14명
02.05. 내 서울지부 윷놀이대회, 홍순억
02.05. 내 영등포지부 윷놀이대회, 전영근
02.07. 외 여협 제57차 정기총회, 이순종 외 실무진 3명
02.10. 외 여협 여성정책세미나, 이순종
02.23. 내 2차 중앙위원회, 48명 중 35명
02.24. 외 민종협 27차 정기총회, 이순종, 박차귀
03.08. 외 여협 세계여성의날 행사, 김동순 심점례 전영근
03.15. 내 제3차 인근지부장회의, 이순종 회장 외
03.25. 내 88주년 창립기념식, 여성회관 건립 원년의 해 선언, 연합+서울교구 합창단 축가, 이영복 종법사 인사, 한울장터
05.01. 내 서울지부 결성기념식, 이순종 외
05.08. 내 영등포교구 어버이날 행사, 전영근 외
05.13. 내 부산여성연합 기념식, 이순종, 김성자
05.22. 외 한국민족종교협의회 여성분과위원회, 나정숙 전영근
06.21. 내 7차 상임위원회, 19명 중 17명
06.29. 외 종교단체 환경정책실천협의회, 이순종
06.29.~30. 외 민종협 여성분과 연수회(부산), 전영근 김성자

07.01. 외 한·일군사협정 '한·일정보보호협정' 체결에 대한 제단체 공동성명, 홍순억
07.11. 외 종교연합(URI) 평화포럼, 심점례 임지연
08.05. 내 부안지부 순회, 이순종, 나정숙 전영근
08.15.~21. 내 전국 여성회원 하계수련(의창수도원), 35개 지부 회원 및 일반교인 137명
09.10. 외 종교문화축제, 김동순 외
09.17.~19. 외 여협 제33차 세계여성대회, 이순종, 나정숙 외
09.21. 내 내칙·내수도문 기념비 참례, 실무진 및 회원 11명
09.26. 외 KCRP 여성분과회의, 임지연
10.07. 내 공항교구 이전봉고식, 이순종, 전영근
10.11.~12.06. 내 목요 교리강좌 개최(매주)
10.20. 외 KCRP 종교인화합대회, 이순종 외
10.21. 내 서울지부 바자회, 김성자 외
10.21. 내 관의교구 합동위령식, 이순종, 나정숙
10.25. 외 민종협 임시총회, 이순종
11.04. 내 도봉수유교구 입주봉고식, 이순종, 임지연
11.06. 외 여성문제연구회 창립기념식, 이순종 외
11.12.~18. 내 KBS라디오 '믿음으로 사는 삶' 출연, 이순종
11.20. 내 내칙·내수도문 기념비 참례, 이순종 외 실무진 11명
11.20. 외 종교연합 김치 담그기 행사, 심점례
12.04. 외 여협 제53주년 기념식, 이순종, 김영숙
12.06. 내 8차 상임위원회, 8차 인근지부장회의, 19명 중 17명 외 전영혜 박태량

2013 포덕154년

01.01. 2013연간 주말수련 계속
01.03.~08. 내 전국 여성회원 합동 동계수련(의창수도원)
01.17. 내 주옥경 종법사 추도식, 총부 임직원, 여성회 임원 및 회원
01.18. 외 생활환경실천운동 회의, 홍순억
01.20. 내 영등포지부 순회, 김동순 나정숙 외
01.31. 내 9차 상임위원회, 21명 참석
02.01. 외 여협 정기총회, 이순종, 김동순 나정숙 전영근
02.24. 내 서울지부 윷놀이대회, 나정숙 외
02.24. 내 영등포지부 윷놀이대회, 김성자
02.28. 내 3차 중앙위원회, 이순종 외
03.08. 외 여협 세계여성의날 대토론회, 김동순 외
03.14. 내 인근지부장회의, 이순종 외
03.25. 내 89주년 창립기념식 및 축하공연(연합합창단), 한울장터
03.29. 내 18차 정기전국대의원 총회, 이순종 회장 재선
04.02. 내 총부 36차 전국대의원대회, 33대 박남수 교령 선출
04.25. 내 1차 상임위원회의, 이순종 외
05.01. 내 서울지부 결성기념식, 임지연
05.05. 내 영등포지부 어버이날행사, 이순복
05.24. 내 여성교육관 주말수련 개강, 고향숙 외, 2009연간 주말수련 계속
05.26. 내 부산여성연합 창립기념식, 이순종, 장인숙
05.26. 내 동부산지부 순회, 이순종, 장인숙
05.26. 내 천도교단체연합, 일본우익 망언 대일규탄성명, 홍순억
05.30. 내 교리연구강좌 개강식, 이순종 외
05.30. 외 여협 창립 54주년 후원의밤, 실무진 등 7명
05.31.~06.01. 외 민종협 여성회 성지순례, 실무진 등 7명
06.01. 내 해월신사 묘소 참례, 이순종, 홍순억
06.13. 내 화악산수도원 개원기념식, 이순종, 임지연
06.16. 내 도봉수유지부 결성기념일, 이순종 외
06.16. 외 종교연합 67차 평화포럼, 김성자 임지연
06.27. 내 2차 상임위원회, 21명 중 17명
06.30. 내 여주지부 순회, 이순종, 장인숙
07.02. 외 여협 회의, 장인숙
07.03. 외 여협 글로벌아카데미, 장인숙
08.01.~04. 내 청소년인성교육 여름캠프(의창수도원)
08.06.~12. 내 전국 여성회원 합동 하계수련(용담수도원)
08.11. 내 제1차 전국 지부장회의(용담수도원)
08.25. 내 수원교구 순회, 이순종, 장인숙
09.23. 외 겨레얼살리기운동본부 10주년 기념행사, 심점례
09.25. 외 한민족대회 10주년 기념행사, 심점례
09.28.~29. 내 사천 삼천포 지부 순회, 이순종, 장인숙
10.16.~17. 외 민화협 연평도 탐방행사, 이흥자 외
10.20. 내 서울지부 바자회, 홍순억
10.30. 외 여협 48주년 전국여성대회, 실무진 외
11.08.~09. 외 불교여성개발원 바자회, 이흥자 김성자
11.00. 외 한국종교연합 2013 김장나누기(대교당 앞마당), 실무진 및 서울인근회원 50여 명
11.12. 내 3차 상임위원회, 20명 중 16명
11.17. 내 인천지부 창립기념일, 이순종, 김순홍
11.17. 내 수원교구 신축 봉고식, 장인숙
12.12. 내 3차 상임위원회, 이순종 외 실무진, 상임위원

2014 포덕155년

01.01. 2014연간 주말수련 계속
01.06. 내 여성회 실무진, 박남수 교령과 간담회
01.06.~12. 내 1차 전국 여성회원 합동 동계수련(법원수도원, 02.03~09. 제2차 동계수련)
01.17. 내 주옥경 종법사 제32주기 추모식 이순종 외 실무진
02.06. 내 4차 상임위원회의, 20명 중 17명
02.09. 내 서울지부 척사대회, 홍순억
02.11. 외 생활환경실천운동 회의, 이순종
02.16. 내 영등포지부 척사대회, 김성자 이순복
02.18. 외 여협 제59차 정기총회, 이순종, 이흥자 심점례
02.21. 외 KCRP 회의, 이순종 외
02.27. 외 민종협 정기총회, 이순종 외
02.27. 외 1차 중앙위원회, 49명 중 47명
02.27. 내 신인간사 주최 전국 지부회장간담회, 이순종 외 전국

2015 포덕156년

25개 지부장 참석

03.01. 내 인근지부장회의, 이순종 외 인근지부장 30여 명

03.07. 내 세계여성대회, 실무진

03.21. 외 KCRP 여성분과회의, 실무진

03.25. 내 90주년 창립기념식 및 축하공연(여성회변천사 영상, 축시, 강연(윤석산), 서울+부산 합창단 축하공연)

04.10.~11. 외 여협, 여성 지도자 워크숍, 이순종

04.19.~20. 내 포상교구 봉고식, 포상+고현+남해+선구교구 합동시일식, 이순종, 장인숙

05.01. 내 서울지부 결성기념식, 이순종 외

05.04. 내 영등포지부 경로잔치, 이순종 외

05.11. 내 부산시지부 결성기념식, 이순종, 장인숙

05.19. 외 KCRP 여성분과위원회 회의, 이흥자, 김순홍

05.21. 외 KCRP 행사 개막식, 이흥자 심점례

05.27. 외 민종협 여성임원회의, 김순홍

05.29. 내 나누리봉사단 발족식, 회원 20명

05.29. 내 한국정신대문제대책협의회 윤미향 공동대표 초청 강연회

05.30. 외 여협, 통일안보 강연회 참석, 실무진

06.09. 외 여협, 국립현충원 참례식, 이순종 외 실무진

06.10. 외 KCRP 2014년 여성위원회세미나, 이흥자 외 실무진, 인근지부 여성회원

06.15. 내 도봉수유교구 봉고식, 결성기념일, 이순종 외 실무진

06.19. 내 5차 상임위원회, 20명 중 16명

06.25. 외 여협 심포지움, 이순종

07.04.~05. 내 남해지부 순회, 이순종, 이순복 장인숙

07.06. 내 선구지부 순회, 이순종, 이순복 장인숙

07.08. 외 여협 세미나, 이순종(7.22 간담회-이순종)

07.11.~12. 외 민종협 연수, 이흥자, 심점례 고향숙

07.29.~08.04. 내 전국 여성회원 합동 하계수련(용담수도원), 90명

08.03. 내 제2차 전국 지부장회의(용담수도원)

08.25.~28. 외 8차 ACRP 국제대회, 이흥자 외 실무진, 회원

09.17.~18. 외 민화협 통일워크숍(화천, 양구), 이흥자 고향숙

09.21. 내 서울지부 바자회, 홍순억

09.21. 내 동대문교구 준공식, 이순종

09.25. 외 민화협 16주년 후원의밤, 이흥자 심점례 고향숙

10.08. 외 이슬람 여성과 KCRP 여성종교인들과의 만남, 이흥자

10.14.~15. 외 21회 아시아·태평양 여성단체연합(FAWA) 서울총회, 이순종 외 실무진

10.16.~17. 외 KCRP 부산행사, 고향숙

10.26. 내 영등포지부 결성기념식, 이순종 외

11.10. 외 49회 여협 전국여성대회, 이순종 외 15명

11.13. 외 KCRP 전체 회의, 이흥자 심점례 고향숙

11.16. 내 인천지부 결성기념식, 이순종, 장인숙 김순홍

11.17. 외 자살예방 국민선언 선포식, 김순홍

12.04. 외 6차 상임위원회, 20명 중 17명

2015 포덕156년

01.01. 2016연간 주말수련 계속

01.06.~12. 내 전국 여성회원 합동 동계수련(용담수도원), 70명

01.17. 내 주옥경 종법사 추도식, 이순종 외 30여 명

01.29. 내 7차 상임위원회, 20명 중 14명

02.05. 내 정기 교양강좌 개최(수운회관)

02.26. 내 2차 중앙위원회, 49명 중 39명

03.08. 내 영등포지부 윷놀이대회, 실무진

03.12. 내 2차 인근지부장회의, 지부장 등 30여 명

03.24. 외 '답게살기운동' 실무자 준비회의, 고향숙

03.25. 내 91주년 창립기념식, 축하공연(활동사 영상 상영, 서울연합합창단 공연)

03.31. 외 '답게살기운동' 실천과제 선정 세미나, 실무진 외 인근지부 회원 10명

04.23. 외 KCRP '답게살기운동' 출범식, 실천결의대회, 실무진 전원 외 회원 30명

04.26. 내 서울지부 창립기념식, 이순종 외

04.28.~29. 외 민종협 여성회 임원연수(봉황각), 이흥자 외

05.01. 내 서울지부 결성기념식, 이순종 외

05.03. 내 영등포지부 어버이날 행사, 이순복

05.12. 외 종교연합(URI) 76차 평화포럼, 심점례, 신주민

05.17. 내 도봉수유지부 결성기념식, 이순종, 심점례

05.31. 내 부산여성연합회 창립, 부산연합합창단 창단기념식, 이순종, 장인숙

05.31. 내 부산송도지부 순회, 이순종, 장인숙

06.04. 내 여성회 상반기 교양강좌 개강

06.09. 내 복호동수도원 순회, 이순종

06.09. 외 '답게살기운동' 업무분장 회의, 이흥자 외 실무진

06.25. 내 8차 상임위원회, 20명 중 13명

07.12. 내 한밭신도지부 순회, 이순종

07.13.~08.30. 내 총부주최 49일 특별수련 참여, 이순종 외 실무진, 여성회원

07.17.~19. 내 6차 교역자 연수교육, 이흥자 이순복

07.28.~08.04. 내 전국 여성회원 합동 하계수련(용담수도원)

08.02. 내 3차 전국지부장회의, "답게 살겠습니다" 선포식

09.01. 외 KCRP 답게살기운동 국회의원 선포식, 이흥자 외

09.02. 외 KCRP 여성분과위원 회의, 이흥자 외

09.03. 외 KCRP '답게살기운동' 실무자, 사무국 회의, 이흥자 신주민(9.15; 10.13 심점례 신주민)

09.15. 외 한국종교연합 78차 평화포럼, 심점례

09.19. 외 종지협 종교문화축제, 심점례 신주민

09.20. 내 양주지부 순회, 이순종, 이흥자 장인숙

09.20. 내 서울지부 바자회, 홍순억

10.15. 내 하반기 교양강좌 개강

10.22.~25. 내 일본신호교구, 지부 결성준비, 이순종

10.29. 외 여협 제50회 전국여성대회, 이순종 외 실무진, 지부회장 20명

11.01. 외 원불교 '답게 살기 선포식' 이흥자
11.02. 외 KCRP 여성위원회 세미나, 이흥자 외
11.06.~07. 외 민종협 여성연수회(용담정), 이흥자 외
11.08.~10. 외 KCRP 금강산회의, 이흥자
11.13. 외 KCRP 2015 전국종교인 화합마당, 이순종 외 실무진
11.16. 외 민족협 창립 30주년 기념식, 예술제, 이순종 외
11.18. 내 URI와 시천주복지관 김장 담그기 행사, 이순종 회장 외 실무진, 회원 30명
11.18. 외 한국종교연합(URI Korea) 주최, 시천주복지재단 주관 2015겨울나기 독거노인 돕기 김장 담기 행사 / 이순종 외 실무진
11.22. 내 익산지부 결성식, 이순종, 장인숙
11.26. 외 공릉사회복지관 2015 자원봉사자와 후원자 초청행사, 이순종 외 실무진, 봉사단원
11.30. 외 KCRP 여성위원회 회의, 심점례 신주민
12.03. 내 9차 상임위원회, 이순종 외 실무진
12.06. 내 도경지부 순회, 이순종 외 실무진 3명
12.06. 내 서울지부 경로잔치, 홍순억 부장 외
12.10. 내 한마음봉사단 초청 위로모임, 이순종 외 실무진 등 8명
12.16. 외 민화협 여성위원회 평화통일대회 한마당, 이흥자 외
12.17. 외 여협 56주년 창립기념식, 이순종 회장
12.22. 외 시천지복재재단 '따뜻한 사랑상자' 나눔행사 봉사, 이흥자 외

2016 포덕157년

01.06.~12. 내 전국 여성회원 합동 동계수련(용담수도원)
157.01.17 내 주옥경 종법사 환원 34주기 추도식, 이순종 외 실무진
01.21. 내 10차 상임위원회, 이순종 외
01.23.~24. 내 마산지부 순회, 이순종, 이흥자 홍순억 장인숙
01.31. 내 전주지부 결성식, 이순종, 이흥자 장인숙
02.03. 내 9차 상임위원회, 20명 중 14명
02.16. 외 여협 61차 정기총회, 이순종 외 실무진 3명
02.18. 내 3차 중앙위원회, 이순종 외 실무진
02.24. 외 KCRP 정기총회, 홍순억 심점례
03.08. 외 여협 세계 여성의날, 이흥자 외
03.13. 내《천도교여성회보》 150호 발간
03.17. 내 총부 38차 정기전국대의원대회, 34대 이정희 교령 선출
03.20. 내 서울지부 정기총회, 이순종, 신주민
03.25. 내 92주년 창립기념식, 여성합창단 기념공연
03.26. 내 19차 정기 대의원 총회에서 이흥자 회장 선출
03.31. 외 "답게 살겠습니다" 포럼, 이흥자 심점례
04.21. 내 1차 상임위원회, 21명 중 20명
05.01. 내 서울지부 결성기념식, 홍순억 신주민
05.01. 외 원불교100주년기념식, 이흥자
05.04. 내 이정희 교령과의 간담회, 이순종 외 실무진 전원
05.06. 외 민종협 임원 임시회의, 이흥자 심점례 신주민
05.17. 외 한국종교연합 제82차 평화포럼, 심점례
06.14. 외 KCRP '답게살기운동' 실행위원 회의, 홍순억 신주민 (7.12; 8.24; 9.6; 9.20; 11.08 홍순억 신주민)
06.20. 내 서울지부 정기총회, 이순종, 신주민
06.23. 내 2차 상임위원회, 21명 중 20명
06.24. 외 여협, 국민융화프로젝트 '트인세상' 국민대토론회, 이흥자 외 실무진 등
06.29. 외 KCRP 30주년 기념식, 이흥자 외 실무진 및 회원 20여 명
07.01.~02. 외 민종협 여성회 연수회, 심점례, 홍순억 외
07.07. 내 1차 서울 인근지부장회의, 이흥자 외 20여 명
07.17. 내 용인시교구추진위원회 봉고식, 이흥자
07.19. 외 URI 제83차 평화포럼, 심점례
07.27. 외 KCRP '답게살기운동' 회장단 회의, 이흥자(11.15 이흥자)
08.01.~07. 내 전국 여성회원 합동 하계수련(의창수도원), 여성회원 90명, 일반교인 43명, 어린이 9명
08.04.~08. 내 하계 어린이 수련(여성교육복지관)
08.06. 내 1차 전국 지부장회의(의창수도원)
08.06. 내 "답게 살겠습니다" 사인여천실천 운동(의창수도원)
08.08. 외 여협 종이접기협회 창립 27주년 기념행사, 이흥자, 심점례
08.09. 외 KCRP '답게살기운동' 실행위원 영광수련원 답사, 홍순억 신주민
08.20. 내 가리산수도원 개원기념식, 이흥자, 심점례 이미희
08.30. 외 KCRP '답게살기운동' 대표 회의, 이흥자
09.01. 외 종교인 '피조물에 대한 기도회' 기도문 발표, 이흥자, 홍순억
09.07. 외 여협 '응답하라 중장년층' 여성인력활성화 심포지엄, 이흥자, 심점례 홍순억
09.21. 외 URI 제85차 평화포럼, 심점례
09.23.~24. 외 "답게 살겠습니다" 대토론회(전남 영광), 실무진
10.13. 내 이정희 교령과 간담회, 이흥자 외 실무진
10.16. 내 서울지부 바자회, 이흥자 외
10.23. 외 한울연대 창립기념식, 이흥자 외
10.25. 외 URI 제86차 평화포럼, 심점례
10.27. 외 여협 제51차 전국여성대회, 이흥자 외 실무진, 회원 등 20명
10.30. 내 춘천지부 창립기념식, 이흥자, 심점례 이미희
11.03. 내 명동산수도원 개원기념식, 이흥자
11.11. 외 여협, WE 대토론회, 이흥자 외 실무진 3명
11.17.~20. 내 사인여천실천운동 홍보차 일본 신호교구 방문, 이흥자 등
11.23. 외 '2016 사랑과 나눔의 김장 나누기' 행사(대교당 앞마당), 이흥자 외 실무진, 회원 등 50여 명
11.23. 외 '어린이가 행복한 나라' 창립 총회, 이흥자, 홍순억 신주

민

11.25.~26. 내 여성교육복지관 주말수련 마무리, 실무진

12.07.~08. 외 KCRP '답게살기운동' 추진중앙본부 실행위원 워크숍, 홍순억 신주민

12.15. 내 3차 상임위원회, 21명 중 19명

12.18. 내 대구시지부 순회, 이흥, 심점례 홍순억

12.18. 내 대구대덕지부 순회, 이흥자, 심점례 홍순억

2017 포덕158년

01.04.~10. 내 전국 여성회원 합동 동계수련(법원수도원)

01.10. 외 KCRP 답게살기운동 실행위원 회의, 홍순억 신주민 (2.8; 2.27; 6.8; 6.27 홍순억 신주민)

01.13. 내 용담수도원 순회, 이흥자, 김명덕

01.17. 내 초대회장 주옥경 종법사 환원 35기 추도식; 이흥자, 실무진 등 회원 27명

01.20. 외 "답게 살겠습니다" 추진본부 신년교례회, 이흥자 외 실무진

01.25. 외 여협 '국회시국풍자전 인격모독 행위를 강력히 규탄한다' 성명서 발표, 이흥자, 심점례

02.02. 내 4차 상임위원회, 21명 중 19명

02.05. 내 한강지부 결성기념식, 이흥자 외 실무진 3명

02.19. 내 서울지부 윷놀이대회, 이흥자

02.21. 외 여협 정기총회, 이흥자 외 실무진 3명

02.21. 외 KCRP 정기총회, 신주민

02.22. 외 민종협 여성회 임원회의, 이흥자

02.23. 내 1차 중앙위원회

02.26. 내 아산지부 순회, 이흥자, 심점례 정향선

03.08. 외 여협, 제51회 세계여성의날, 이흥자 외 실무진

03.09. 내 시천주복지재단 관련 합동회의 참석, 이흥자 외 실무진, 목감동 땅과 주옥경 종법사, 여성회 관련성 설명

03.22. 내 천도교연원회, 조동원 가리산수도원장 종법사 추대

03.25. 내 93주년 창립기념식 및 축하공연(서울+부산 연합합창단 공연, 영상 상영)

03.25. 내 여성회, 설민석 역사왜곡 규탄 성명서 발표

03.28. 외 KCRP "답게 살겠습니다" 추진본부 회장단회의 및 연구위원 상견례, 이흥자, 신주민

04.09. 내 대전지부 순회, 이흥자, 김명덕

04.15. 내 화악산수도원 개축 기공식, 이흥자

04.21. 내 주말수련 개강식

04.25. 내 복호동수도원 개원 22주년 기념식, 이흥자 외 실무진, 회원 및 대전교구 교인 15명

04.26. 외 "답게 살겠습니다" 운동 종로구청 직원 선포식, 홍순억

05.01. 내 서울지부 재결성기념식, 이흥자, 홍순억

05.23. 외 "답게 살겠습니다" 추진본부 회장단회의, 이흥자 (6.27; 8.23. 이흥자)

05.28. 내 부산여성연합회 창립, 부산연합합창단 창단 기념식, 이흥자, 정향선

06.08. 외 KCRP "답게 살겠습니다" 추진본부 유교 선포식, 이흥자 외 실무진 3명

06.13. 내 가리산수도원 조동원 종법사 추대 축하식, 이흥자 외 실무진

06.14. 외 민화협 여성평화통일간담회, 이흥자, 심점례

06.15. 외 한국민족종교협의회 여성임원 통일교육, 심점례 외 15명

06.16.~17. 외 "답게 살겠습니다" 대토론회(속리산), 이흥자 포함 여성회원 18명

06.21. 외 민화협 민단남북교육 포험, 홍순억 신주민

06.22. 내 5차 상임위원회, 21명 중 15명

06.29. 내 목요 교리강좌 통한 유적지순례(복호동수도원), 여성회원 및 교인 30명

07.04. 외 "답게 살겠습니다" 실행위원 및 준비위원 회의, 이흥자, 홍순억, 신주민

07.07. 외 여성가족부 2017년 양성평등주간 기념식, 이흥자, 홍순억 신주민

07.11. 외 7대 종단 '어머니답게 살겠습니다' 선포식(중앙대교당), 이흥자 외

07.21. 외 "답게 살겠습니다" 실행위원, 여성위원회 회의, 홍순억, 신주민 외(8.8 홍순억 신주민)

07.25.~31. 내 전국 여성회원 합동하계수련(용담수도원)

07.28.~31. 내 낙안회 주관 어린이 수련(용담수도원)

07.29. 내 "답게 살겠습니다" 사인여천 실천운동 개최

07.29. 내 2차 전국지부장회의, 이흥자 외 실무진, 지부회장 등 30여 명

08.15. 외 민종협 일제강점기 한국 민족종교인 유해 봉환식, 이흥자 외

08.18. 외 서소문공원 천주교성지화 반대시위, 신주민

08.20. 내 가리산수도원 개원기념식, 이흥자 외

08.30. 외 민화협 여성회 3차회의, 심점례 신주민

09.03. 내 안중지부 재결성식, 이흥자 외

09.07. 외 여협, 5080중장년 여성! 중심에 서다 심포지엄, 이흥자 외 실무진 4명

09.12. 외 "답게 살겠습니다" 실행위원 회의, 홍순억 신주민 (10.10 홍순억, 신주민)

09.13.~15. 외 민종협 대마도 워크숍, 이흥자 외

09.19.~21. 외 민화협 2017 여성평화회의(제주), 심점례

09.26.~27. 외 KCRP 2017 종교인 화합마당(광주), 이흥자 외

10.15. 내 서울지부 바자회, 이흥자, 홍순억 이미희

10.20. 외 "답게 살겠습니다" 홍보 세미나 이흥자, 실무진 외 20여 명

10.22. 내 영등포지부 결성기념식, 이흥자 외 실무진 3명

11.01. 외 세계여성단체 제1주년 기념식, 이흥자, 심점례

11.02. 외 여협, 제52회 전국 여성대회, 심점례 외 실무진 등 18명

11.03.~04. 내 "답게 살겠습니다" 여성회 워크숍(남해)

11.07. 외 "답게 살겠습니다" 기자간담회, 홍순억, 신주민
11.18. 외 "답게 살겠습니다" 다짐대회(중앙대교당), 이흥자 외 실무진
11.24. 외 인내천의식개혁운동연합회 출범식, 이흥자 외 실무진 등
11.24. 외 종지협 창립 20주년 기념식, 이흥자 외 실무진 등
11.24. 내 주말수련 폐강식, 이흥자 외
11.27. 외 URI와 시천주복지재단 2017 김치나눔행사, 이흥자 외 실무진 등 20명
11.30. 내 6차 상임위원회, 21명 중 19명
12.08.~09. 외 "답게 살겠습니다" 실행위원 워크숍(익산), 홍순억 신주민
12.12. 외 서소문역사바로세우기 반대시위, 신주민

2018 포덕159년

01.05.~11. 내 전국 여성회원 합동 동계수련, 사인여천 실천운동대회(용담수도원)
01.17. 내 주옥경 종법사 환원 36주기 추도식, 이흥자 외 실무진
02.01. 내 7차 상임위원회, 21명 중 19명
02.18. 내 서울지부 척사대회, 이흥자 외 실무진
02.21. 내 2차 중앙위원회, 이흥자
02.25. 내 청주지부 순회, 이흥자, 홍순억 장인숙
03.01. 외 민족협 99주년 3·1절 민족공동행사 일제강제징용희생자 유해봉환 추모제, 신주민 외
03.07. 외 "답게 살겠습니다" 정기총회, 이흥자, 홍순억 신주민
03.08. 외 여협, 세계여성의날, 이흥자 외 8명
03.20. 외 "답게 살겠습니다" 실행위원회의, 홍순억 (4.19; 6.05 홍순억 신주민)
03.24. 내 94주년 창립기념식 및 축하공연, 영상으로 보는 여성회, 서울+부산 연합합창단 축하공연
03.27. 외 민화협 회의, 이흥자
03.29. 내 총부에 대교당 수련방석 100개 기증, 이흥자 외 실무진
04.07.~08. 내 남해지역 순회, 이흥자, 장인숙
04.19. 외 "답게 살겠습니다" 회장단 회의, 이흥자
05.13. 내 광주지부 순회, 이흥자, 장인숙
05.20. 내 도봉수유지부 결성기념식, 이흥자, 정향선
05.24.~25. 외 민종협 여성회 안보시찰 연수(제3땅굴), 이순복 외
05.27. 내 부산여성연합회 창립, 연합합창단 창단기념식, 이흥자, 홍순억 장인숙
06.14. 내 8차 상임위원회, 복호동수도원 활성화 방안 논의
06.18. 외 "답게 살겠습니다" 회장단 회의, 이흥자
06.18. 외 민화협 여성평화심포지움, 심점례 신주민
06.28. 내 2회 교리강좌- 유적지순례(충북 청원 의암성사 생가터와 의암기념관)
07.05. 외 여성가족부 2018 양성평등주간 기념식, 심점례 신주민
07.16. 외 KCRP 여성회 회의, 심점례 홍순억
07.17. 외 한국사회평화협의회 "답게 살겠습니다" 실무회의, 홍순억 신주민
07.18. 외 세계여성단체협의회 세미나, 이흥자
07.31.~08.06. 내 전국 여성회원 합동 하계수련(용담수도원)
08.04 "답게 살겠습니다" 사인여천 실천운동 대회
08.08. 외 한국사회평화협의회 "답게 살겠습니다" 회장단 회의, 실행위원, 여성위원, 연구위원회 및 현판식, 홍순억 신주민 외
08.20. 내 가리산수도원 개원기념식, 이흥자 외 실무진 3명
08.24 내 전국 지부장회의(용담수도원)
09.09. 내 강릉지부 순회, 이흥자, 장인숙
09.14. 외 서소문역사공원 천주교선포식 저지운동, 신주민
10.01. 외 KCRP 여성위원회의, 홍순억
10.05. 외 민화협 통일정책포럼, 심점례 신주민
10.09. 내 복호동수도원 밭 경작계약서 체결
10.10.~12. 외 민종협 여성회·청년회 합동 연수회(울릉도, 독도), 이순복 외
11.01. 외 한국사회평화협의뢰 운영위원회의, 홍순억 외 실무진 3명
11.03. 외 민종협 16회 민족종교 전통예술제, 화합마당, 심점례
11.10. 외 한국사회평화협의회 주최 '한반도 평화다짐 걷기축제', 이흥자 외 실무진
11.15.~16. 외 KCRP 2018 이웃종교 화합대회(경주), 이흥자 외
11.17.~18. 내 삼천포지부 순회, 이흥자, 심점례
11.21. 외 한국종교연합 2018 사랑의 김장 나누기, 이흥자 외 실무진, 인근지부회장, 여성회원
11.23. 외 KCRP 여성위원회세미나, 이흥자 외 실무진
11.24. 외 KCRP 21회 대한민국종교문화축제, 이순복, 신주민
11.29. 외 한국민족종교 창립 33주년 학술대회, 심점례 신주민
12.06. 외 URI 97차 평화포럼, 심점례
12.06. 내 9차 상임위원회, 21명 중 19명
12.11. 외 한국사회평화회의 운영위원회, 홍순억 신주민
12.13. 내 여성교육복지관 주말수련 하반기 일정 종료
12.14. 외 KCRP 여성위원회, 심점례 홍순억
12.18. 외 여협 창립 59주년 기념식 및 정기이사회, 이흥자, 심점례

2019 포덕160년

01.03.~09. 내 전국 여성회원 합동 동계수련(용담수도원)
01.05 내 사인여천 실천운동 대회 및 경전암송대회
01.17. 내 주옥경 종법사 37주기 추모식, 이흥자 외 실무진
01.31. 내 10차 상임위원회, 21명 중 17명
02.11. 내 3차 중앙위원회, 49명 중 45명
02.18. 외 여협 정기총회, 이흥자 외
02.18.~20. 외 KCRP 3·1운동100주년 기념행사, 이흥자 외
02.21. 외 한국사회평화협의회 '답게' 운영위원회, 신주민

2020 포덕161년

02.28. 외 한국사회평화협의회 '답게' 이사회, 총회, 이흥자, 심점례 신주민
03.01. 내 3·1운동 100주년 기념행사(대교당), 이흥자 외 실무진, 여성회원
03.03. 내 서울지부 윷놀이대회, 신주민
03.08. 외 여협, 세계여성의날 기념식, 이흥자 외 10명
03.12. 내 20차 전국대의원 총회, 박차귀 회장 선출
03.15. 내 총부 39차 정기 전국대의원대회, 35대 송범두 교령 선출
03.25. 내 95주년 창립기념식 및 축하공연(영상으로 보는 천도교여성회), 박차귀 회장 취임식
04.01. 외 한국사회평화협의회 이사회, 박원순 서울시장 면담, 박차귀
04.25. 내 복호동수도원 24주년 개원기념식, 박차귀 외 30명
05.01. 내 서울지부 결성 51주년 기념식, 박차귀, 신주민
05.05. 내 부산시지부 결성기념식, 박차귀, 소금주
05.16. 내 1차 상임위원회, 박차귀 외
05.26. 내 부산여성연합회 창립, 연합합창단 창단 기념식, 박차귀, 박징재
06.02. 내 해월신사 묘소 참배, 박차귀 외 실무진 3명
06.02. 내 제1차 방정환학교 문화탐방 행사(전주)
06.05. 외 여협 정책세미나, 박차귀 외 실무진 3명
06.07. 내 화악산수도원 개원기념식, 박징재 외
06.09. 내 대전지부 순회, 박차귀, 김순홍
06.18. 외 URI 생명존중 종교인대회, 박징재 주영선
06.20. 내 1차 서울 인근지부장회의, 박차귀 외
06.22. 내 3·1운동 유적지답사(강원 지역)
06.24. 외 KRCP 6·25 전쟁 UN전몰장병 추모제(부산), 박차귀
06.29. 내 3·1운동 유적지 답사(서울 지역)
07.21. 내 강남교구 교당입주봉고식, 박차귀
07.30.~08.05 내 전국 여성회원 합동 하계수련(의창수도원)
07.31.~08.04 내 어린이 하계수련(의창수도원)
08.03. 내 일본 아베정권 경제보복 규탄 일본제품 불매운동 궐기대회, 실무진 외
08.11.~12. 내 새터민 학생과 함께하는 한울학교 인성교육(강화도), 김미정
08.20. 내 가리산수도원 개원기념식, 박차귀 외 실무진 및 회원 40여 명
08.22. 외 한국사회평화협의회 이사회의, 박차귀
08.23. 내 시천지복지재단 궁을행복요양원 개원식, 박차귀 외 실무진
09.05. 외 한국사회평화협의회 운영위원회의, 주영선 신주민 (11.12 주영선 신주민)
09.21.~22. 외 여성회 지도자워크숍(부산 해운대유스호스텔)
10.05. 내 3·1운동 유적지 답사(영산, 밀양)
10.11.~12. 외 한국사회평화협의회 '답게' 대토론회(경주), 박차귀 외 실무진 5명
10.17. 외 한국사회평화협의회 운영위원회, 박차귀
10.21.~22. 외 이웃종교화합대회(대구), 박차귀 외 실무진
10.28.~30. 외 민종협 여성회 연수회(울릉도, 독도), 박차귀 외 25명
11.02.~03. 내 경상도연원회 여성연합회 워크숍, 박차귀
11.02.~03. 내 명동산수도원 개원기념일, 소금주
11.03. 내 진주지부 순회, 박차귀
11.15.~17. 외 일본 신호교구 방문, 지부결성 타진, 박차귀
11.26. 외 URI(한국종교연합) 김치나눔행사, 박차귀 외 실무진 및 서울인근 여성회원
11.28. 외 민종협 민족종교 항일독립운동 학술대회, 박차귀 외 10명
12.01. 내 사인여천 "답게 살겠습니다" 평등한 사회 만들기 다짐 릴레이캠페인
12.11. 외 천도교 "답게 살겠습니다" 운동본부 청소년 스마트 쉼 운동(부산 동천고교), 박차귀
※ 2019년 12월 30일, 코로나19 바이러스 발병

2020 포덕161년

01.03.~09 내 전국 여성회원 합동 동계수련(용담수도원)
01.04. 내 "답게 살겠습니다" 사인여천실천 경전암송대회(용담수도원)
01.16. 내 2차 상임위원회, 21명 중 17명
01.14. 외 한국사회평화협의회 운영위원회의, 주영선 신주민
01.17. 내 주옥경 종법사 제38주기 추모식, 박차귀 외 실무진
02.13. 내 1차 중앙위원회, 박차귀 외
03.25. 내 96주년 창립기념식 사상 처음 온라인 중심 봉행(최소 인원 대교당 참석), 공로패 수여와 축하공연 생략
05.19. 외 여협 정기 이사회, 박차귀, 신주민
05.31. 내 부산시교구 시일설교, 박차귀
06.00.~08.00. 내 환경보호 천 마스크 만들어 전국 지부 배포
06.02. 외 한국사회평화협의회 이사회 및 총회, 박차귀, 주영선 신주민
06.03. 외 여협 현충원 참배, 박차귀, 주영선 신주민
06.22. 외 KCRP 여성위원회, 박징재 김미정
10.22. 외 여협, 55회 전국여성대회, 박차귀 외
11.15. 외 한국사회평화협의회 '찾아가는 헌혈캠페인'(대교당 앞마당), 박차귀 외
11.28. 외 한국사회평화협의회 '평화나눔 랜선음악회'(대교당), 박차귀 외
12.17. 내 회상 실무회의 개최. 이 해 주요 회의는 대개 화상(줌) 회의로 개최

2021 포덕162년

01.01.~07. 내 전국 여성회원 동계수련(비대면 재가수련 진행, 화상)
01.17. 내 주옥경 종법사 환원 39기 추모식, 박차귀 외 실무진
01.28. 내 3차 상임위원회(비대면), 21명 전원 서면 결의

01.28.~3.18. 내 여성회 49일 재가수련(단체 카톡방 운영)
02.18. 외 여협 66차 정기총회, 박차귀, 주영선 김미정 하정덕
02.21. 외 램지어 하버드대 교수 역사왜곡 논문 동학·천도교인 성명서 발표(중앙대교당), 신주민
02.24. 외 한국사회평화협의회 '답게' 운동 이사회, 박차귀
02.25. 내 2차 중앙위원회, 49명 중 33명 참석(줌)
03.08. 외 세계여성의날 기념식, 박차귀 외
03.19.~7.01. 내 여성회 105일 재가수련(단체 카톡방 운영)
03.24. 외 한국사회평화협의회 총회(비대면), 박차귀, 주영선 신주민
03.25. 내 97주년 창립기념식(전면 온라인 거행), 모범지부상 등 시행 못함
03.25. 외 KCRP 총회(서면 결의), 박차귀
03.30. 외 여협, 21대 회장, 임원단 이취임식, 박차귀, 주영선
04.20. 외 여협, 이사회, 리더십포럼, 박차귀(5.18; 6.15 박차귀)
04.29. 외 부산 KCRP 임원회의, 박차귀
05.02. 내 부산시지부 창립기념식, 박차귀
05.21. 외 민종협 여성회 종단대표회의, 박차귀, 신주민
06.06. 내 천도교 부문단체, 관련단체 연대, 일본 침략야욕(도쿄올림픽 독도 땅 표기 및 후쿠시마 원전오염 폐수 방류 계획) 규탄 성명서(중앙대교당), 신주민
06.21. 외 한국사회평화협의회 이사회(화상), 박차귀
06.23. 외 부산 KCRP 6·25참전UN 전몰장병합동위령제, 박차귀 외
06.29. 외 부산 KCRP 7대종단, 지역 KCRP 랜선 토론회, 박차귀
07.06.~12. 내 전국 여성회원 하계수련(비대면 재가수련)
07.13.~08.30. 내 총부 주관 재가수련 참여
07.08. 외 부산 KCRP 회장단회의, 박차귀
07.13.~8.30. 내 여성회 2차 49일 재가수련(단체 카톡방 운영)
07.23. 외 한국사회평화협의회 사업기획회의, 박차귀, 주영선 신주민
08.24. 외 여협, 정기이사회, 박차귀
08.28. 외 한국사회평화협의회 '제자리찾기' 캠페인 4대 덕목 실천사례발표(유튜브 참여), 박차귀, 주영선
08.31.~10.18. 내 여성회 3차 49일 재가수련(단체 카톡방)
09.28. 외 여협 정기이사회, 포럼, 박차귀
09.29. 외 민종협 여성회 세미나, 박차귀, 신주민
10.08. 외 한국사회평화협의회 사업계획회의(화상), 박차귀, 주영선 신주민
10.19. 외 여협 정기이사회, 박차귀(11.16 박차귀)
10.19.~12.06. 내 여성회 4차 49일 재가수련(단체 카톡방)
10.19. 외 KCRP 9회 아시아종교인평화회의(화상), 박차귀
10.22. 외 한국사회평화협의회 이웃사랑 실천캠페인 사전작업 봉사(가톨릭회관), 주영선 신주민 외
10.24. 외 한국사회평화협의회 이웃사랑 실천캠페인 봉사(명동밥집), 주영선 신주민, 김향기
11.08. 외 민종협 학술심포지엄, 박차귀
11.09. 외 여협 제56주년 전국여성대회, 박차귀 외 회원 12명
11.17. 외 민종협 '홍익인간제세이화' 강연회, 박차귀
11.18. 외 한국사회평화협의회 종교인답게, 국민답게 회복 캠페인(강화도), 박차귀, 주영선 신주민
11.25. 내 5차 상임위원회, 박차귀 외
12.02. 내 복호동수도원 밭관리계약, 박차귀 외 2명
12.04. 내 경상도여성연합회 총회, 박차귀
12.07.~163.01.24 내 5차 여성회 49일 재가수련(단체 카톡방 운영)
12.09. 외 여협 윤리위원회, 박차귀
12.12. 내 대동교구 낙성봉고식, 박차귀

2022 포덕163년

01.01.~07. 내 전국 여성회원 합동 동계수련(비대면 재가수련)
01.07. 외 여협 윤리위원회, 박차귀(1.14; 2.7; 3.2 박차귀)
01.17. 내 주옥경 종법사 제40주기 추도식, 박차귀 외 실무진
01.18. 외 여협 정기이사회, 박차귀 (03.22 박차귀)
01.19. 외 한국사회평화협의회 이사회, 박차귀
01.25.~3.14. 내 6차 여성회 49일 재가수련(단체 카톡방 운영)
01.26. 내 박씨 사모님 148주기 추모식(재가 봉행)
02.04. 내 6차 상임위원회(비대면 서면 결의), 상임위원 20명 전원
02.15. 외 여협 제67차 정기총회, 박차귀 외 실무진 3명
02.17. 내 3차 중앙위원회, 48명 중 47명(위임 포함)
02.20. 내 서울지부 정기총회, 박징재 외
02.24. 외 KCRP 총회, 박차귀 회장(위임)
02.27. 내 부산시지부 정기총회, 박차귀
03.08. 외 여협 제114회 세계여성의 날 기념식, 박차귀 외 실무진 3명
03.18. 외 한국사회평화협의회 총회, 박차귀, 주영선 신주민
03.17. 내 총부 40차 정기 전국대의원대회, 36대 박상종 교령 선출
03.25. 내 98주년 창립기념식 및 축하공연(온라인 비대면 봉행), 창립100주년기념사업추진위원회 구성 결의
03.25. 내 21차 전국대의원 총회, 박징재 회장 선출
04.14. 외 한국사회평화협의회 총회, 박차귀, 신주민 외
04.30. 내 어린이날 제정 100주년 기념 전야제, 4월 그믐날 밤, 중앙대교당 앞마당, 실무진 외
05.01. 내 어린이날 제정 100주년 기념행사, '모도가 봄이다' 중앙대교당 앞마당, 실무진 외
05.01. 내 서울교구 제54주년 결성기념식, 박징재
05.01. 내 부산시지부 창립기념식, 박차귀
05.16. 내 복호동수도원 방문기도식, 주변 청소, 박징재, 고윤지(고문) 외 실무진, 회원, 교인
05.20. 내 1차 상임위원회, 박징재 외
05.22. 내 부산여성연합회 창립 및 부산연합합창단 창단 기념식, 박차귀
05.26. 외 여협, 양성평등 발전 정책협약식, 박징재, 신주민

2023 포덕164년

06.03. 내 화악산수도원 창립 25주년 기념식, 박징재, 고윤옥, 한재신
06.07. 외 여협 현충원 참배, 박징재, 고윤옥, 이순옥
06.08. 외 한국사회평화협의회 1차 이사회, 운영위원회, 박징재, 박혜정
06.12. 내 춘천지부 합동위령식, 교당보수봉고식, 박징재, 고윤옥, 한재신, 고온자
06.15.~17. 외 민종협 여성회 시민문화 홍보사업 청우일신회 순례(통영), 박징재, 고온자 이순옥
06.21. 외 여협 5차 정기이상회, 고윤옥
06.26. 내 여성회100주년기념 준비위원회, 박징재 외
07.01. 내 여성교육복지관 주말수련 재개
07.02. 외 한국사회평화협의회 '사회적경제와 일상속 탄소중립 바로실천' 세미나, 실무진, 회원 34명
07.02.~03. 내 박씨 사모님 사적, 정선 싸내 도보 순례, 박징재, 신주민
07.17. 내 대구대덕지부 순회, 박징재, 한재신 고온자
07.17. 내 법원수도원 개원기념식, 이순옥
07.24. 내 성남지부 순회, 박징재, 한재신 고온자
07.31. 내 서산교구 순회, 박징재, 고온자
08.01.~07. 내 전국 여성회원 하계수련(비대면 재가수련)
08.20. 내 가리산수도원 40주년 개원기념식, 박징재 외 실무진 6명
08.26.~27. 외 한국사회평화협의회 종교인답게 화합캠페인 성지순례, 박징재 외 9명
09.07. 외 한국사회평화협의회 운영위원회(화상), 조순덕
09.17. 외 한국사회평화협의회 지구인답게 탄소중립실천 나무심기(여의도), 고윤옥 외 5명
09.19. 내 3차 상임위원회, 박징재 외 22명 성원
09.20. 외 여협, 7차 정기 이사회, 박징재
09.23. 외 여협 권영세장관 조찬회, 박징재, 고윤옥
09.25. 내 동두천지부 순회, 박징재, 김명덕 고온자
09.27. 외 여협, 서울맹학교와 함께하는 청와대 방문, 박징재
10.03. 외 민종협 개천절 기념 예술제 및 화합의 한마당, 박징재 외
10.09. 내 여성회100주년 기념사업추진위원회 1차 회의, 박징재 외
10.13.~14. 내 서울 인근지부 여성 지도자 워크숍(파주)
10.16. 내 관의지부 순회, 박징재, 고온자
10.18. 외 KRCP 7대종교 연대 탄소중립 실천캠페인 개막식, 조순덕 외 실무진
10.24. 내 아산지부 순회, 박징재, 고온자
10.24. 내 영등포지부 결성 64주년 기념식, 고윤옥, 이순옥
10.29. 내 여성교육복지관 주말수련 폐강식
11.05. 외 한국사회평화협의회 굿바이 탄소콘서트, 박징재 외
11.08. 외 KCRP 탄소중립실천 천도교세미나, 박징재, 조순덕 외
11.13. 내 여성회 100주년 기념사업추진위원회 2차 회의
11.27. 내 여주지부 순회, 박징재, 조순덕 고온자
11.28. 내 복호동수도원 밭 임대계약차 진행, 고윤옥 박혜정 이순옥
11.30. 외 여협, 제57회 전국여성대회, 박징재 외 실무진, 회원
12.02. 외 민종협, 민족종교와 한류학술대회, 박징재 외 실무진, 회원
12.10. 내 가리산수도원 순회, 박징재, 김명덕 조순덕 이순옥
12.15. 외 여협, 제63주년 기념식(박차귀 고문 여성가족부 장관상 수상), 박징재, 김명덕
12.18. 내 서울지부 경로잔치, 박징재 외
12.19. 내 4차 상임위원회, 박징재 외
12.21. 외 민종협 정기회의, 박징재, 박차귀
12.25. 내 서울교구 송년회, 박징재
12.27. 외 한국사회평화협의회 사업결과 보고, 사업계획 논의, 박징재, 박혜정 조순덕

2023 포덕164년

01.03.~09. 내 전국 여성회원 동계수련(비대면 재가수련)
01.17. 내 주옥경 종법사 제41주기 추모식, 실무진 및 회원
01.17. 내 박씨 대사모 순도비건립위원회, 박징재
01.26. 내 박씨 대사모 제149주기 환원 기도식(재가)
01.30. 내 5차 상임위원회, 박징재 외 상임위원 고문 감사
02.05. 내 한강지부 결성 40주년 기념식, 박징재, 한재신 이순옥 조순덕
02.14. 외 여협 정기총회, 박징재, 고윤옥 이순옥 고온자
02.20. 내 가리산수도원, 박징재, 고윤옥 김명덕 조순덕
02.22. 내 1차 중앙위원회
02.26. 내 수원지부 순회, 박징재, 이순옥 고온자
03.08. 외 여협 세계여성의날 기념식, 박징재 외 실무진, 회원
03.12. 내 시흥지부 순회, 박징재, 한재신 고온자
03.21. 외 여협, 정기이사회, 박징재 (4.18; 5.16; 6.20;7.18 박징재 고윤옥)
03.25. 외 99주년 창립기념식, 축하공연(3년 만에 대면 기념식), 경물바자회
04.07.~165.03. 내 전국 여성 교리강습회
04.12. 내 대신사 대사모 숭모비건립추진위원회 울산 방문, 박징재
04.13. 외 한국사회평화협의회 총회, 조순덕, 신주민
04.15. 내 총부 129주년 보은동학농민혁명군 위령제, 박징재 외 임원, 회원
04.16. 내 서울교구 제113주년 기념식, 박징재, 신주민
04.22. 내 여성회 창립 100주년 맞이 초청 강연회, 현경 교수(중앙대교당)
04.24. 외 여협 저출산 문제해결 방안 대토론회, 박징재 외 실무진
04.25. 내 복호동수도원 방문 및 내칙·내수도문비 청소, 박징재

2023 포덕164년

회장 외 임원진
04.26. 내 대신사 대사모 숭모비 건립추진위원회(울산), 박징재
05.14. 내 의정부지부 순회, 박징재
05.18. 외 한국사회평화협의회 운영위원회(비대면), 박혜정 조순덕
05.19. 내 중앙총부 101주기 의암성사 환원 묘소 참배식, 김명덕, 한재신
05.31. 내 대신사 대사모 숭모비 건립추진위원회, 박징재
06.02. 내 총부 125주기 해월신사 순도 묘소 참배식, 박징재, 고온자
06.06.~08. 외 민종협 2023민족종교 교단순례, 박징재 외 임원진 등
06.18. 내 양주지부 순회, 박징재 외
06.19. 외 민종협 2023 겨레얼 2차 심포지엄, 박징재 외 8명
06.21.~22. 내 화악산수도원 개원기념식, 박징재, 고온자
06.24. 외 한사평 2023 "답게 살겠습니다" 세미나, 박징재 외 33명
06.25. 내 전주지부 순회, 박징재, 고온자
06.26. 내 6차 상임위원회, 박징재 외
06.30. 내 대신사 대사모 숭모비 건립추진위원회, 박징재
06.30.~07.01 내 여성 지도자 워크숍(용담 울산 양산), 고윤옥 조순덕 신주민
07.04. 외 여협, 오세훈 서울시장 조찬 정책포럼, 박차귀, 조순덕
07.16. 내 법원수도원 개원기념식, 박징재 외
07.20. 외 한국사회평화협의회 천도교 교인돕기 물품 포장작업(대교당), 박징재 외
08.01~04. 내 여성회 합동 하계수련회(의창수도원)
08.03~05. 내 어린이 하계수련(의창수도원, 여성교육복지관)
08.11. 내 대신사 대사모 숭모비 건립추진위원회, 박징재
08.19. 내 가리산수도원 순회, 박징재, 김명덕
08.25.~26. 내 한국사회평화협의회 이웃종교 화합 캠페인 성지순례(전남 영광), 조순덕 외
08.26.~27. 내 대신사 대사모 숭모비 건립추진위원회
09.02. 외 KCRP, 성평등 각 종단별 강의(의창수도원), 고윤옥 외
09.05. 외 KCRP, 한·이슬람 종교간 대화 세미나, 박징재, 고윤옥
09.13. 내 대신사 숭모비 건립추진위원회, 박징재
09.23.~24. 외 여협, 8차 정기이사회, 워크숍(부여), 박징재
10.13.~14. 내 중앙총부 성지순례(예산, 청주), 박징재
10.14. 외 한국사회평화협의회 지구인답게-희망은 숲 '나무심기, 박징재 외
10.15. 내 도봉종로 합동봉고식, 박징재 외 실무진
10.17. 내 9차 정기이사회, 박징재
10.21. 내 창립 100주년 맞이 학술세미나(중앙대교당) "동학, 천도교여성의 삶과 새로운 시작"(김춘성 이상임 박소정 정혜정 김춘옥 발표)
10.28. 내 총부 2023 경주동학문화제, 박징재 외 전국 여성회원
10.29. 내 지도자워크숍 '동학기행'(용담), 박징재 외 실무진
10.30.~31. 내 지도자워크숍 '동학기행'(용담 울산 양산), 박징재 외 실무진 등
11.01. 외 여협, 58회 전국여성대회, 박징재 외 실무진, 회원 다수
11.03. 내 명동산수도원 개원기념식, 소금주 외
11.10.~11. 외 예산시동학농민회, 동학학회 학술세미나(예산), 박징재
11.11. 외 129주기 우금치 동학혁명군 위령식, 박징재, 대전 지역 회원
11.11. 외 129주기 고성산 동학혁명 위령식, 부산, 남부 지역 회원
11.19. 내 서울지부 경로잔치, 박징재 외 실무진
11.20. 내 복호동수도원(밭 임대 재계약 차 방문), 박징재, 박혜정
11.22.~23. 외 KCRP 2023 종교인화합한마당(대전), 박징재 외 총부, 여성회 실무진, 대전, 부산 지역 회원
11.28. 외 민종협 예술제 및 겨레얼살리기국민운동본부 창립 20주년 기념식, 박징재 외 다수
12.06. 내 6차 상임위원회의, 박징재 외 상임위원, 고문, 감사
12.09.~10. 외 민종협 여성회, 청장년회 워크숍, 신주민
12.11.~13. 내 중앙총부 임직원 연수, 수련, 신주민
12.12. 내 가리산수도원 방문, 박징재, 고윤옥 김명덕 조순덕
12.14. 외 여협, 64주년 창립기념식, 박징재 외 실무진
12.15. 내 총부 탑골공원 성역화 대비 학술토론회, 박징재 외 실무진 등
12.19. 외 KCRP 여성위원회 송년회, 박징재
12.19. 외 여협, 제11차 정기이사회, 박징재
12.20. 내 1차 서울 인근지부장회의, 박징재 외
12.21. 외 한국사회평화협의회 평가회의, 박징재 조순덕 신주민

찾아보기

【ㄴ】

【ㅅ】

【ㅊ】

【ㅋ】

【ㅌ】

【ㅍ】

【ㅎ】

【기타】

천도교여성회 창립100주년 기념사업추진위원회

추진위원장(대회장)

박징재

자문위원

(종법사) 조동원, (고문) 천보경 차숭례 이순종 김영숙 이흥자 고윤지 박차귀

추진위원

(상임·중앙위원) 고윤옥 김명덕 박태량 이미희 박혜정 조순덕 한재신 고온자 이정녀 이순옥 신주민 강정옥 문춘옥 박노자 박영화 박창옥 성경순 손윤자 원정애 장영애 전영근 황명옥 공영희 김순자 김정화 김혜영 류미순 박둘덕 박희숙 백영희 신남이 신정엽 심점례 이동교 이윤정 임복림 장예성 장정숙 정귀애 정남순 정미라 정홍숙 전남월 주선자 최경자 최영혜 최정옥 최진심 함형숙

(지부장) 정행엽(강남) 강신자(강서) 박내천(경주) 김순분(고성) 신정엽(고현) 김춘희(관의) 김명월(공항) 주영애(광주) 황기연(남부) 박막점(남해) 박행자(당산) 성경순(대구대덕) 최정옥(대구시) 하수희(대동) 박노정(대전) 강선녀(도경) 박문희(도봉종로) 장정숙(동대문) 김정자(동두천) 노명숙(동서울) 신동숙(마산) 이정녀(마포) 강선순(부산시) 이영숙(부안) 신남이(북부산) 최정남(사천) 박송학(삼천포) 박태량(서울) 김미순(선구) 박희숙(성남) 진미환(송탄) 유경옥(수원) 곽선옥(시흥) 김혜영(아산) 김명금(안중) 김춘자(양주) 김태남(여주) 박혜정(영등포) 권무선(영산) 이복임(용담) 지종미(울산시) 박창옥(의정부) 이순옥(인천) 박희숙(전주) 서정희(정선) 서경옥(진주시) 김연년(창녕) 염정열(청주) 정재필(춘천) 박동숙(통영) 김행전(포상) 이정필(포항) 주영선(한강) 이주향(한밭신도) 일본신호지부

(원로) 김보경 김순남 김복악 김순례 김순애 김영희 노명숙 박소제 박정례 반득연 배덕엽 송차엽 심금순 염입분 오승희 윤여길 이민지 이분희 이수복 이순선 이영례 이칠순 이희영 장승훈 정운벽 조영례 차숭례 천보경 함형복 황옥점

천도교여성회100년사 편찬위원회

편찬위원 지정해 고윤옥 김춘옥 노은정

자료위원 고윤지 김영숙 신금순 지정해 유태자 박영화 홍순억 장인숙 정향선 이미희 김미정 신주민

집필위원 노은정 박길수

교정도움 라명재 성강현 윤철현 이영노

천도교여성회100년사

- 모심과 살림의 길, 정성 공경 믿음의 삶

인쇄일　2024년 3월 15일
발행일　2024년 3월 25일

기　획　천도교여성회100주년기념사업추진위원회
추진위원장 박징재

지은이　천도교여성회100년사편찬위원회
서울시 종로구 삼일대로 457(902호)
천도교여성회(02-732-6867)

편찬인　지정해　고윤옥　김춘옥　노은정

발행인　박길수

발행처　도서출판 모시는사람들(02-735-7173)
서울시 종로구 삼일대로 457(1207호)

집필자　노은정　박길수

편　집　소경희　조영준

관　리　위현정

인　쇄　피오디북(031-955-0081)

ISBN　979-11-6629-189-0　03250

※ 이 책은 천도교여성회100주년기념(2005.3.25.)으로, 천도교여성회의 출판기금으로 출판합니다.